"十二五"国家重点图书出版规划项目
当代财经管理名著译库
海峡两岸会计学术经典论丛

CAPITAL MARKETS-BASED ACCOUNTING RESEARCH

Theory Framework and Empirical Evidence

资本市场会计研究

理论框架与实证证据

金成隆 陈美惠 曾小青 著

东北财经大学出版社
Dongbei University of Finance & Economics Press
大连

图书在版编目（CIP）数据

资本市场会计研究：理论框架与实证证据 / 金成隆，陈美惠，曾小青著．
—大连：东北财经大学出版社，2015.10（2017.11重印）
（海峡两岸会计学术经典论丛）
ISBN 978-7-5654-1943-0

Ⅰ．资… Ⅱ．①金… ②陈… ③曾… Ⅲ．资本市场-会计-研究 Ⅳ．F830.91

中国版本图书馆CIP数据核字（2015）第110384号

东北财经大学出版社出版发行
大连市黑石礁尖山街217号 邮政编码 116025
教学支持：（0411）84710309
营 销 部：（0411）84710711
总 编 室：（0411）84710523
网 址：http：//www．dufep．cn
读者信箱：dufep @ dufe．edu．cn
大连美跃彩色印刷有限公司印刷

幅面尺寸：185mm×260mm 字数：529千字 印张：33.75
2015年10月第1版 2017年11月第2次印刷
责任编辑：刘东威 责任校对：仲 果
封面设计：冀贵收 版式设计：钟福建
定价：78.00元

教学支持 售后服务 联系电话：（0411）84710309

如有印装质量问题，请联系营销部：（0411）84710711

本研究受台湾“科技部”科研项目（项目号：103-2410-H-004-027-MY3、103-2410-H-004-033-MY2、102-2410-H-004-025、102-2410-H-606-002、101-2410-H-606-007）、中央高校基本科研业务费专项资金（项目号：31541411101）以及中南财经政法大学科研项目（项目号：21431311101）资助。

序 言

这是一本财务会计理论的专业参考书，也是一本教导如何进行会计实证研究的参考书。本书是作者过去近20年来教授财务会计理论与财务会计实证研究的心得，因此内容兼顾理论与实证。由于长期教授这两门课程，作者不仅了解学生对于相关中文参考教材的殷切需求，更了解学生最迫切想学习的内容是什么。基于此背景，遂执笔撰写理论与实证兼顾的资本市场会计理论研究的参考书。

本书共分11章。第1章介绍会计理论的基本概念。第2章介绍决策理论与效率市场，这是财务会计理论与研究的基本功夫。会计信息具有两大功能:(1)提供信息给投资者做决策之用，此为事前的评价功能。(2)事后的监管功能，用来评估管理当局监管受托资金的绩效；将此观念放大，可以说会计信息有助于订立各种契约的契约监管功能。第3章与第4章介绍财务报表在事前投资决策上的功能，由于“决策有用性”具有信息观与计量观，因此第3章与第4章分别从这两个观点探讨会计信息的“决策有用性”。

第5至第7章则在探讨会计的第二个功能:在契约上的监管功能。第5章介绍实证性会计理论与经济后果，解释会计信息在制定契约与执行契约上的角色，并说明采用不同会计方法对于契约的影响。由于最重要的契约是薪酬契约与债务契约，因此第6章与第7章分别介绍会计信息在薪酬契约与债务契约上的功能。

不论是事前决策功能或是事后契约的监管功能，都希望会计信息具有“高质量”的特性，因此第8章与第9章用来介绍此议题。第8章介绍盈余管理的相关问题，同时由于近年来迎合盈余的预期已成为管理当局的“重要业绩”的象征，因此本章接着介绍预期管理与迎合预期的内容。第9章进一步探讨盈余质量的相关内容。

前面几章都是在探讨对于会计信息的需求，第10章与第11章则进一步探讨信息的生产，以迎合资本市场的需求。第10章介绍信息中介者——分析师的功能与角色。最后一章（第11章）则探讨准则监管机关是否应该介入准则的监管，以及如何监管；在本章也同时介绍公司自愿披露的动机。

本书能够顺利完成，首先感谢东北财经出版社领导及相关工作人员，他们的支持与鼓励是主要的推手，尤其是编辑专业而全身心地投入，令人钦佩。另外，感谢学术界各同仁的帮助，感谢吴明政教授、苏淑慧教授与林美凤教授给予许多宝贵的意见，让本书的错误可以降低到最小的程度。

本书由于首次出版，再加上时间匆促，疏漏之处在所难免，尚祈读者诸君不吝指正，是所至盼。

金成隆·陈美惠·曾小青　谨识

2015年9月

目 录

第 1 章

绪论

过去半个世纪以来,世界主要的财务会计准则制定机构发布了相当多强制性财务报告的规范,除规定要公布传统的历史成本资料之外,也常会要求披露公允价值的信息、非财务性信息,以及预测性信息。就发布准则的数量以及速度而言,可以说是史无前例的,因此出现了所谓的**"财务报告革命"**(Financial Reporting Revolution)的现象(Beaver,1998)。当许多行业出现立法松懈的情况时,财务报告立法(主要是通过公认会计原则)不但获得相当的支持,且更获得全球自由经济市场的共识(Lev,1988)。有鉴于此,了解财务报告如何影响资本市场的运作及其所产生的**经济后果**,是现代会计学者应该具备的基本专业知识。另外,在设定最佳的会计准则时,该如何对有关公平与效率的议题有较佳的取舍与考量,更是准则制定者所关心的。

会计理论可以解释现有的会计实务,预测未来的会计实务,进而引导未来会计实务的发展。因此,了解会计理论的内容有助于回答上述几个重要的问题。有鉴于此,本书旨在介绍财务会计理论,而非一般性的财务会计教科书。图1-1为本书的基本框架。

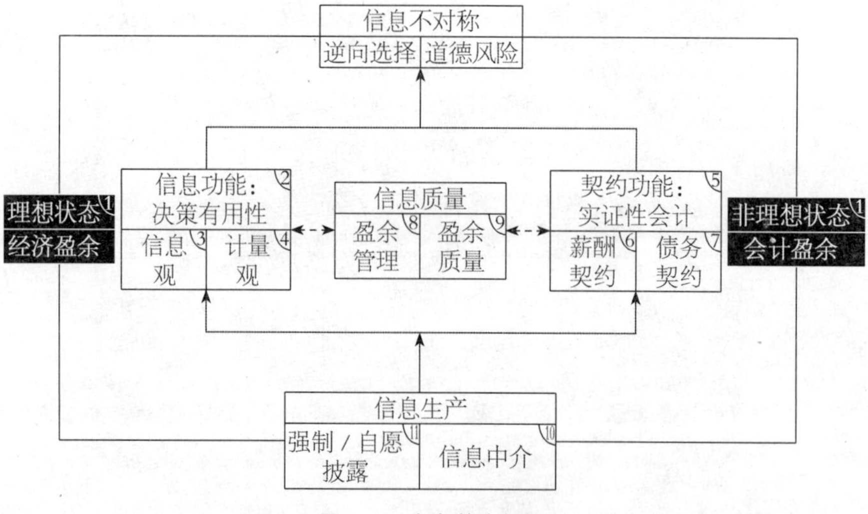

图1-1 本书基本框架

第1章共分六节:

●1.1节说明财务报告的历史演进过程。

●1.2节就**财务报告**如何在**资本市场**中运作加以介绍。在资本市场中,资金提供者与企业家之间的资源常无法有效配置和使用,主要原因是市场中存在**信息不对称**(Information Asymmetry),以致引起了**逆向选择**(Adverse Selection)与**道德风险**(Moral Hazard)的问题,本节针对这两类信息不对称加以说明；同时，说明在这两类信息不对称的情况下，会计信息所扮演的角色；之后，则就财务报告的**基本环境**加以介绍。

●1.3节说明**经济盈余**与**会计盈余**的概念。首先，介绍在**理想的状况**下（市场是完整与完美的），经济盈余（Economic Earnings）与**经济资产**的衡量过程，以及在此情况下会计信息所具有的特性。其次，介绍在现实社会中市场不理想的状况下（市场是不完整或是不完美的），会计盈余与会计资产的衡量过程，以及在此情况下会计信息所具有的特性。接下来比较理想状况与非理想状况下会计信息的特性差异。

●1.4节说明在目前的财务报告实务中，**应计基础**所扮演的角色与功能。

●1.5节说明本书各章的内容安排。

●1.6节扼要说明会计理论的功能。

1.1 财务报告的演进

1.1.1 历史演进

会计的起源可以追溯到约520年前复式簿记的发展。公元1494年，意大利数学家Luca Pacioli在其所出版的著作中，完整而又系统地介绍了复式簿记的概念。与此同时，抽象的资本与所得的概念也已发展出来。这些概念于1543年传入英国，引发了英国会计实务的发展。约在公元1900年，英国公司法要求公司提供审计后的财务报表。在此之前，财务报表的提供都是自愿性的，而非强制性的。然而，在**自愿披露**的这段期间，为何公司会有自愿披露的动机，这是一个值得讨论的议题。此外，由于没有一套公认的会计原则，因此自愿披露的质量与数量是否有效，也是值得讨论的。

最早的复式簿记是由意大利数学家Luca Pacioli所整理的。

20世纪初，美国的会计实务开始快速发展。1909年，由于美国公司要计算所得税的金额，因此更加引发了衡量盈余的要求。1929年的股市崩盘与之后的**经济大萧条**，促使美国通过**《证券交易法(1934年)》**，并成立了美国**证券交易委员会**（Security Exchange Commission，SEC），对公司的财务报告与披露做出了相当的规范与监管。因此，此项立法可以说是会计从自愿性披露时代正式进入受监管时代的重要里程碑。

早期会计的重心是资产负债表，以迎合债权人的需求。然而，20世纪

20年代，资产负债表的固定资产常常脱离成本而被任意升值，因而成为1929年经济大萧条的原因之一。有鉴于此，经济大萧条之后，**历史成本**法应运而生，例如Paton and Littleton（1940）在他们的论文中强调**配比原则**、**稳健原则**，以及**持续经营原则**等观念，并鼓吹使用历史成本编制报表。因此，此时的损益表逐渐取代**资产负债表**，成为财务报告的焦点。然而，随着**国际会计准则**的普及，近来使用**公允价值法**似乎有增加的趋势。虽然如此，目前的财务报告其实仍然是历史成本法与**公允价值**法并用的情况。

为了尊重会计专业的发展，监管机构（如美国的**证券交易委员会**）将发布准则的工作授权给会计专业团体（如美国的**财务会计准则委员会**，Financial Accounting Standards Board，FASB）。然而，早期会计专业团体所制定的准则，有时会与监管当局意见不一致，此时不仅会打击监管机构对会计专业团体的信心，同时有损会计专业团体的专业性与权威性。例如，投资抵扣的会计处理有递延法与当期确认法两种，会计原则委员会（Accounting Principle Board，APB）发布APB第2号文件时采用前者，然而SEC却拒绝接受此公报，同意两种方法都可以采用。监管机构与会计专业团体意见不一致的主要原因，就是没有一套和谐一致的会计观念作为发布推演会计准则的基础。有鉴于此，会计专业团体遂将重心放在会计观念的建立上，以此作为推演会计准则与实务的基础。20世纪60年代晚期之前，会计专业团体即在追求建立一套最佳的会计观念，找出最佳的会计准则。然而，这并不是一件容易的事，同时长期以来的成效也不是很大。①

与此同时，财务与经济领域的学术发展对会计专业产生了重大的影响。首先，统计领域的**决策理论**与财务领域的**有效市场理论**认为，理性决策者会使用信息（含会计信息）来修正他们的信念，会计学界逐渐将此观念融入财务报告的框架中。另外，经济领域同时也提出Arrow不可能定理（Impossibility Theorem of Arrow），认为社会中每一个人的信念或偏好并不相同，此时我们不可能将这些不同的信念或偏好，整合出一套最佳的社会偏好；通常仅能通过协议或是妥协的方式，找出一套虽无法满足所有个人但却可以接受的整体偏好或是排序。这一理论正足以说明为何会计界无法找出一套大家都可以接受的会计观念作为发布会计准则

① 例如，面对持续出现的通货膨胀现象，会计界应该采取何种应对的方法呢？这一问题可以追溯到20世纪20年代，有些学者建议采取局部性的做法。例如，存货采取后进先出法，固定资产进行定期重估，以及折旧采取加速折旧法等。也有学者建议采取全盘修正的做法，包括采取通货膨胀会计或是现值会计。例如，美国《财务会计准则公报》（Statement of Financial Accounting Standards，SFAS）第33号曾要求公司要提供调整通货膨胀的补充报表。

10.8.2 Lehavy, Li, and Merkley(2011)

问 题

Lehavy等作者检验年报(10k)的可读性对卖方分析师预测行为的影响。

假设:

H1:年报(10k)的可读性越低,分析师跟随的人越多。

H2:年报(10k)的可读性越低,分析师预测修正需要越长的时间。

H3:年报(10k)的可读性越低,分析师盈余预测的信息内涵越多。

H4:年报(10k)的可读性,会影响分析师盈余预测的属性(如离散度、精确度、整体分析师的预测环境以及公开信息的重要性等)。

作者使用下式检验H1:

$$Analyst_{it} = \beta_0 + \beta_1 FOG_{it} + \beta_2 FOG_{it}^2 + CONTROL_{it} + \varepsilon_{it} \quad (10\text{-}9)$$

$Analyst_{it}$=年报(10k)公告之后,IBES在第一次分析师一致性预测时,所包含的分析师人数。为检验本研究的问题,关键点就是要先计量年报“可读性”(FOG)。作者使用Fox index(详见8.3.2节的说明)来计量:

Fox index=(每个句子的平均字数+整篇文章所用的复杂文字数÷整篇文章的文字数)×0.4;

复杂文字定义为具有三个音节以上的文字。Fox index越大,表示越适合高学龄的读者阅读。也就是说,此时因为不易理解因而可读性低。实证结果发现,$\beta_1 > 0$,显示年报(10k)的可读性越低,分析师跟随的人越多,支持H1。由于可读性低,因此投资者需要有人帮忙解读,因而对分析师的需求就增加了。另外,FOG_{it}^2 系数 $\beta_2 < 0$,表示可读性对于分析师人数增加的影响呈递减的趋势。

作者使用下式检验H2:

$$RESPONSE_{Analyst}(RESPONSE_{Firm}) = \beta_0 + \beta_1 FOG_{it} + CONTROL_{it} + \varepsilon_{it} \quad (10\text{-}10)$$

$RESPONSE$ 为分析师解读年报所花的时间,作者使用分析师层级($RESPONSE_{Analyst}$)以及公司层级($RESPONSE_{Firm}$)两种计量方法。$RESPONSE_{Analyst}$:10k年报公告日至每一位分析师第一次预测日的期间(以日作单位),越长表示分析师花越多的时间在解读年报资料。由于每一家公司有多位分析师报告,因此将该公司所有的$RESPONSE_{Analyst}$加权平均,就可以得到公司层级的$RESPONSE_{Firm}$。实证结果发现,不论是分析师层级或者公司层级,β_1都显著为正,因此支持H2。

作者使用下式检验H3:

$$AI_{it}=\beta_0+\beta_1 FOG_{it}+CONTROL_{it}+\varepsilon_{it} \tag{10-11}$$

AI为分析师预测修正所引起的报酬,除以年报公告至年底整个期间的报酬,越大表示分析师预测修正的信息越多。实证结果显示,$\beta_1>0$,因此支持H3。

作者使用下式检验H4:

$$Forecast\_feature_{it}=\beta_0+\beta_1 FOG_{it}+CONTROL_{it}+\varepsilon_{it} \tag{10-12}$$

$Forecast_feature$是指分析师预测的属性。作者使用四个计量方法。

(1)预测离散度(D):D为各分析师对于i公司t年预测盈余的离散程度,也就是:

$$D_{it}=[\frac{1}{N_{it}-1}\sum_{i=1}^{N_{it}}(F_{ijt}-\overline{F}_{it})^2]/Price$$

F_{ijt}为分析师j对i公司t年的预测盈余,$\overline{F_{it}}$为各分析师对i公司t年预测盈余的平均数。N_{it}为对i公司t年预测盈余的预测个数。$Price$为股价。(此处纳入计算离散度D的分析师,是指年报(10k)公告之后IBES第一次一致性预测的分析师)

(2)预测离差(SE):SE为各分析师对i公司t年预测盈余平均数的离差平方和:

$$SE=(A_{it}-\bar{F}_{it})^2\div Price_{it-1}$$

A_{it}为i公司t年公告的盈余。该变量主要在计量所有分析师的平均预测值$\overline{F_{it}}$,与实际盈余之间的距离,越大表示整体分析师的预测误差越大。

(3)整体不确定性($UNCER\_overall$)可以用下式表示:

$$[(1-1/N)D+SE]$$

当分析师人数很大时($N\rightarrow\infty$),整体不确定性就是预测离散度(D)与预测离差(SE)的总和。

(4)公开信息量($COMMON$)可以表示如下:

$$COMMON=\frac{SE-D/N}{[(1-1/N)D+SE]^2}$$

公开信息量是计量分析师在预测盈余时所使用的公开或公有信息的程度,也就是表示分析师在预测时较依赖公开信息。

实证结果显示,当以预测离散度(D)与预测离差(SE)为因变量时, $\beta_1>0$,因此支持H4。也就是说,年报可读性越低时,分析师预测的离散度越大,且整体分析师预测得越不精确。从这些结果与H3的结论可以推知:虽然年报可读性较差时分析师预测较不准确,但投资者仍认为是有价值的。

另外,当以整体不确定性($UNCER\_overall$)为因变量时, $\beta_1>0$,表示年报可读性越低时,分析师预测的整体信息环境变得越差,与预期相符。最后,当以公开信息量为因变量时, $\beta_1>0$,表示年报可读性越低时,分析师预测时公开信息(如年报(10k))变得更加重要(相对于私有信息而言)。

10.8.3 Kross and Suk(2012)

问　题

《公允披露条例》的规定,会不会改变分析师对于公开信息的使用方式? Reg. FD 限制了分析师取得私有信息的部分渠道,因此分析师在作预测时将更仰赖各类公开披露的信息。Kross and Suk(2012)打算检验:Reg. FD 实施前后,公开信息的披露(如盈余公告、管理者预测和业绩发布会)对于分析师预测修正的反应是否有所不同? 这些反应包括预测修正的速度、频率以及幅度。同时也检验分析师预测的离散度和准确性是否也发生了变化。

假设

作者提出以下假设:

H1a:Reg. FD 实施后,公开信息的披露会使分析师发布预测修正的速度加快。

H1b:Reg. FD实施后,公开信息披露会使分析师预测修正的人数增加。

H2：Reg. FD实施后，公开信息披露会使分析师预测修正的幅度增加。

H3a：Reg. FD实施后，公开信息披露会使分析师预测的离散度变小。

H3b：Reg. FD实施后，公开信息披露会使分析师预测的误差变小。

作者分别使用以下三条回归模型检验H1a和H1b（这三条回归式分别使用盈余公告、管理者预测与业绩发布会作为公开信息的替代变量）：

$$DELAY[FRAC] = \beta_0 + \beta_1 FD + Control + \varepsilon \tag{10-13}$$

DELAY：为公开信息披露日（以下简称披露日）至之后每位分析师预测修正日的平均天数，除以披露日至下次盈余公告日的天数。*FRAC*：为披露日后5天内发布预测修正的分析师人数，除以该季分析师预测人数。*FD*：Reg. FD实施之后为1，之前为0。根据H1a（H1b），$\beta_1 <(>)0$。

实证结果与预期相同，即不论是盈余公告、管理者预测和业绩发布会，*DELAY*回归中*FD*的系数皆显著为负，表示*FD*实施后，分析师对于公司公开披露信息的反应速度加快；而在*FRAC*回归中*FD*的系数皆显著为正，表示在实施*FD*后，分析师对于公开披露的反应频率增加，也就是因为这些信息披露对分析师预测具有信息内涵，所以在披露日会引起更多分析师修正预测。

作者分别使用下列三个回归模型检验H2：

$$MAGNI = \beta_0 + \beta_1 FD + Control + \varepsilon \tag{10-14}$$

MAGNI：指公开信息引起分析师盈余预测的修正幅度。

$$MAGNI = (AFCpost - AFCprior) / 季初股价$$

AFCprior（*AFCpost*）是指公开信息披露前30天（后5天）内分析师的一致性预测。H2预期 $\beta_1 > 0$，也就是FD实施后，公开信息披露会引起分析师大幅修正预测。实证结果符合预期。

假设H3是由下式检验的：

$$\begin{aligned} \Delta DISP[\Delta ERROR] = \beta_0 + \beta_1 FD + \beta_2 SUR^E + \beta_i Controls + \\ \sum \beta_i FirmQtrFixed + \varepsilon \end{aligned} \tag{10-15-1}$$

$\Delta DISP$与$\Delta ERROR$分别表示盈余公告日前后分析师预测离散度和预测误差的变

动。换言之，$\Delta DISP$=盈余公告日后的预测离散度（季度盈余公告日后45天内分析师预测的标准差），减掉盈余公告日前的预测离散度（季度盈余公告日前45天内分析师预测的标准差）。同理，$\Delta ERROR$=盈余公告日后的预测误差（季度盈余公告日后45天内分析师的一致性预测和实际盈余差异的绝对值，以期初股价平减），减掉盈余公告日前的预测误差（季度盈余公告日前45天内分析师的一致性预测和实际盈余差异的绝对值，以期初股价平减）。实证结果发现，$\beta_1<0$，支持H3。

并非所有公司都会有管理当局预测和业绩发布会，作者为了解自愿性公开披露的影响，将样本依当季是否有管理当局预测（业绩发布会）分为：(1) MF (CC) quarter：有管理当局预测（业绩发布会），与(2) non-MF (non-CC) quarter：无管理当局预测（无业绩发布会）两组。为检验此二类自愿披露对于分析师预测离散和准确性的影响，作者执行下列回归模型：

$$DISP[ERROR]=\beta_0+\beta_1 FD+\beta_2 DMF+\beta_3 FD\times DMF+\beta_i Controls+\sum\beta_i FirmQtrFixed+\varepsilon \tag{10-15-2}$$

$$DISP[ERROR]=\beta_0+\beta_1 FD+\beta_2 DCC+\beta_3 FD\times DCC+\beta_i Controls+\sum\beta_i FirmQtrFixed+\varepsilon \tag{10-15-3}$$

DMF（DCC）为虚拟变量，若该季有管理当局预测（业绩发布会）时令其为1。β_3表示在FD后有/无预测（MF与CC）两组样本在分析师预测离散度和预测误差间的差异，H3预期FD实施后，管理当局预测（业绩发布会）会降低分析师的预测离散度和误差，因此预期$\beta_3<0$。结果符合预期，支持H3。

10.8.4 Groysberg, Healy, and Chapman (2008)

问 题

由于买方分析师的报告仅给自家机构的经理看，而不公开，因此就不会刻意去讨好被分析公司，也没有利益冲突的问题，因此，就没有像卖方分析师那样面临较大的压力。换言之，他们的推荐报告相对没有乐观倾向。

假设：

H1：相对于卖方分析师而言，买方分析师的股票推荐相对不乐观。

H2：相对于卖方分析师而言，买方分析师的盈余预测相对乐观。

作者使用下式Ordered probit模型来检验H1：

$$\Pr(REC)=\alpha_0+\alpha_1 BUYSIDE+\alpha_2\%BUY+\alpha_3\%HOLD+\alpha_4 AEXP+\varepsilon \quad (10\text{-}16)$$

REC：当推荐等级为“买进与强力买进”、“持有”和“卖出与绩效”不佳（类似“卖出与强力卖出”）时，其值分别为2，1，0。*BUYSIDE*：买方分析师为1，否则为0；*%BUY*：其他分析师对同一季同一公司的“买进与强力买进”的推荐百分比；*%HOLD*：其他分析师对同一季同一公司的“持有”推荐百分比；*AEXP*：分析师开始第一次推荐至当季的累计季数，再取对数值用来代表分析师的经验。实证结果显示：$\alpha_1=-0.341$（$t=-7.6$），这一结果与预期相同：相对于卖方分析师而言，买方分析师的股票推荐不乐观。

作者使用下式来检验H2：

$$ROPT_{ijt}^{t+k}=\alpha_0+\alpha_1 BUYSIDE_{jt}+\alpha_2 HORIZON_{ijt}^{t+k}+\alpha_3 AEXP_{jt}+\varepsilon_{ijt} \quad (10\text{-}17)$$

$ROPT_{ijt}^{t+k}$：代表 i 分析师预测的相对乐观程度，其计量方法为：

$$ROPT_{ijt}^{t+k}=\frac{FORECAST_{ijt}^{t+k}-\overline{FORECAST}_{it}^{t+k}}{STDEV(FORECAST_{it}^{t+k})}$$

$FORECAST_{ijt}^{t+k}$ 为 i 分析师于 t 时对 j 公司所作的第 $t+k$ 期的盈余预测。因此，$ROPT_{ijt}^{t+k}$ 代表该盈余预测减去该变量的平均数，再除以该变量的标准差。k 是指预测的长度，包括：1~3个月、4~6个月、7~9个月、10~12个月、13~15个月、16~18个月与18个月以上。例如，当 k 等于1~3个月（4~6个月）时，表示当月预测未来1~3个月（4~6个月）的盈余，其余类推。实证结果发现，不论预测期间长短，$\alpha_1>0$，与预期相同，表示相对于卖方分析师而言，买方分析师的盈余预测比较乐观。

10.8.5 Brown and Hugon（2009）

背 景

券商有时会组建分析师团队进行预测，有时则由个人分析师进行预测。

问题

分析师团队和个人的预测,究竟何者预测较准确?

假设

检验后发现团队的预测较不准确,因此作者认为组建团队应该是另有目的,例如可能重视时效性的关系(因为文献发现准确性与时效性是负相关的),因此作者就提出下列假设:

H1:分析师团队的预测比较具有及时性。

H2:分析师团队的盈余预测修正所引起的市场反应比较强烈。

其他问题

证券商何时会舍弃个人预测,而去组建分析师团队进行预测?

作者使用下式来检验研究问题(谁比较准?):

$$ACCUR=\alpha_0+\alpha_1 TEAM+\alpha_2 FAGE+\alpha_3 FREQ+\alpha_4 NIND+\alpha_5 BSIZE+\alpha_6 IEXP+\varepsilon \tag{10-18}$$

ACCUR 为分析师的预测准确性;*TEAM* 是分析师团队的虚拟变量,若预测是由二位分析师以上共同发布时,则 *TEAM*=1;*FAGE* 是预测日距盈余公告日的天数,也就是预测发布时间长短;*FREQ* 则为分析师的预测修正次数;*NIND* 表示分析师追随的行业个数;*BSIZE* 为证券商的规模;*IEXP* 为分析师的行业预测经验。实证结果显示,$\alpha_1<0$,表示团队分析师的预测较不准确。作者进一步比较团队预测和团队成员中个人的预测,结果还是显示分析师团队的预测准确性较低。

如果团队分析师的预测准确性较低,那么为何要组建团队分析?作者认为组建团队应该有其他的任务。由于团队分工有助于提早完成分析报告,且时效性与精确性是负相关的,因此很自然会提出假设H1。作者用下式检验H1:

$$TIMELY=\alpha_0+\alpha_1 TEAM+\alpha_2 FAGE+\alpha_3 FREQ+\alpha_4 NIND+\alpha_5 BSIZE+\alpha_6 IEXP+\varepsilon \tag{10-19}$$

TIMELY:分析师预测的及时性,也就是前面提到的领先分析师的计算方法:当次预测前最紧邻的其他分析师预测日距离当次预测日的天数,除以当次预测后最紧邻的其他分析师预测日距离当次预测日的天数,数值

越大表示分析师越注重时效性(也就是前面说的:越可能是领先分析师),实证结果是$\alpha_1>0$,表示团队分析师较重视预测时效性,所以发布的预测较及时。

Cooper et al.(2001)发现,领先分析师的预测市场信息量较大,因此市场反应也比较大。同理,作者提出**H2**,并使用下式进行检验:

$$CAR=\delta_0+\delta_1 REVP+\delta_2 TEAM+\delta_3 REVP\times TEAM+\delta_4 TIMELY+\delta_5 REVP\times TIMELY+\sum\nolimits_m \phi_m Controls+\sum\nolimits_m \gamma_m REVP\times Controls+\varepsilon \tag{10-20}$$

*CAR*为i分析师预测修正日前后3天(−1,+1)的累积异常报酬;*REVP*为分析师预测修正数字,再以股价平减。**H2**预期投资者对于分析师团队预测修正的反应较大,也就是预期*REVP*×*TEAM*交乘系数δ_3为正。实证结果显示*REVP*×*TEAM*的系数显著为正,符合预期。*REVP*×*TIMELY*的系数亦是显著为正,与Cooper et al.(2001)的结果一致。加入*REVP*×*TIMELY*后,*REVP*×*TEAM*的系数变小,但仍显著,表示及时地修正预测,市场反应较大,且分析师团队的预测修正,市场亦会给予额外的报酬。

最后,作者进一步检验另一个问题:证券商何时会组建分析师团队进行分析呢?作者提出两个会组建分析师团队的情况:(1)针对财务困难的公司,需要团队分析以便争取时效;以及(2)营运复杂度较高的公司,在预测时需要收集且分析较多的信息,因而需要组建团队来分析。作者以下式进行检验:

$$\Pr ob[TFIRM=1]=\Phi[\pi_0+\pi_1 ALTMAN+\pi_2 SIZE+\pi_3 NSEGS+\pi_4 FOLLOW] \tag{10-21}$$

*TFIRM*为虚拟变量,若公司有分析师团队预测时为1,否则为0。*ALTMAN*是依Altman计算的z-score,计量公司的财务困难度。*SIZE*是公司规模,一般而言,大公司分析师人数较多,也较可能有分析师团队预测。*NSEGS*是企业部门个数,部门越多,营运复杂度越高,分析师于预测时需要收集、分析较多的信息量。*FLLOW*是分析师追随人数,作为控制变量。结果显示,$\pi_1>0$且$\pi_2>0$,与预期相同,即被分析公司有财务困难,或规模较大时,证券商较可能组建分析师团队进行预测,以争取时效。然而,π_3并不显著。

附录 SAS/STATA实例

实例演练1：文献选读Kross and Suk（2012）

Kross and Suk(2012)研究中探讨监管公允披露(Reg.FD)的规定,是否会改变分析师对于公开信息的使用方式?作者针对(1)盈余公告;(2)管理者预测;(3)业绩发布会等三种信息公开方式,进行假设的验证。本实例以管理当局预测为主要的信息公开渠道(式(10-15-2)),说明该篇文献中几个重要研究变量的SAS/STATA程序语法,供读者参考。进行本实证需要有三个资料集:(1)管理当局的季度盈余预测资料集fore_mgf(内有变量:*ticker*, *fyear*, *qtr*, *estmate_mgf*, *fore_mgf*);(2)分析师预测资料集fore_analys(内有变量:*ticker*, *fpednts*, *analysis*(分析师代码),*estidats_analys*, *eps_analys*, *eps_actual*, *anndats_actual*);(3)季度财务资料集finaq(内有变量:*gvkey*, *fyearq*, *fqtr*, *datadate*, *prccq*(收盘价), *cshoq*(流通在外股数), *ibq*(扣除特殊项目前的净收入), *atq*(资产总额), *xrdq*(研发费用))。有关控制变量中的*ROA*(= *ibq*/*atq*), *LOSS*(若真实*eps* < 0时的值为1,否则值为0), *LMVE*(= log (*prccq* × *cshoq*))及*RD*的操作可参考前面几章的做法。相关程序及输出摘要,请登录本书网站www.dufep.cn下载所附实例演练程序示范。

实例演练2：文献选读Groysberg et al.（2007）

Groysberg et al.认为买方分析师的报告仅给自家机构的经理看,是不公开的,故没有像卖分析师那面临较大源自于权益市场的压力。换言之,他们的推荐报告相对没有乐观的倾向。他们在检验假设H1(相对于卖方分析师而言,买方分析师的股票推荐比较不乐观)时是采用Ordered probit模型,是因为因变量表示推荐买卖股票的等级,这些等级间不仅有大小关系,而且为多类别(≥3)。使用这类模型的好处是,它把资料的顺序纳入考量,为实证分析者提供了更丰富的结果。所以,我们可以比较自变量的改变如何影响因变量不同类别发生可能性的差异。Ordered(或Ordinal)probit表示模型选择用来估计概率的累积概率密度函数是正态分布,研究者也可选择采用以Logistic function为概率连结函数的Ordered logit模型。相关程序及输出摘要,请登录本书网站www.dufep.cn下载所附实例演练程序示范。

习题

1.分析师是资本市场中相当重要的信息中介者。一般而言,他们执行了与信息有关的三个功能。试评述之。

2.为何要研究分析师?

3.分析师使用了哪些来源的信息作为他们撰写报告的基础呢?

4.分析师如何将投入转化为产出呢?他们的决策模型如何?

5.分析师的研究报告就是他们的主要产出,通常包括哪些重要信息呢?试问:

(1)中国分析师的情况如何?

(2)美国分析师的情况如何?

(3)中国与美国之间的差异在哪里?请找一些国内与国外券商来比较。

6.能否找一篇分析师无效率使用公开信息的文献,并作一些评论。

7.分析师所预测的盈余,与一般财务报表中的盈余是否相同?

8.买方分析师与卖方分析师的行为是否不同?为什么?

9.关联性/非关联性分析师的行为是否不同?为什么?中国分析师的情况又是如何呢?

10.分析师可以受雇于独立的研究公司、经纪公司或是投资银行,Barber et al.(2008)研究发现,受雇于独立研究公司的分析师是最独立的,而投资银行的分析师是最不独立的。试问:

(1)你觉得中国分析师的情况又是如何?能否找一些实例去了解。

(2)《全球分析师研究和解》通过之后,会有什么影响?能否找一些文献去了解,或者自己设计一份研究计划。

11.Cooper et al.(2001)研究发现,领先分析师较重视时效性而牺牲可靠性,相对的,跟随分析师较重视可靠性而忽略时效性。因此,领先分析师的预测误差通常比较大,但公布预测时所引起的市场反应却是比较强的。试问:

(1)你觉得中国分析师的情况又是如何?请找一些实例去了解。

(2)当《全球分析师研究和解》通过之后会有什么影响?能否找一些文献去了解,或是自己设计一份研究计划。

第11章

准则制定

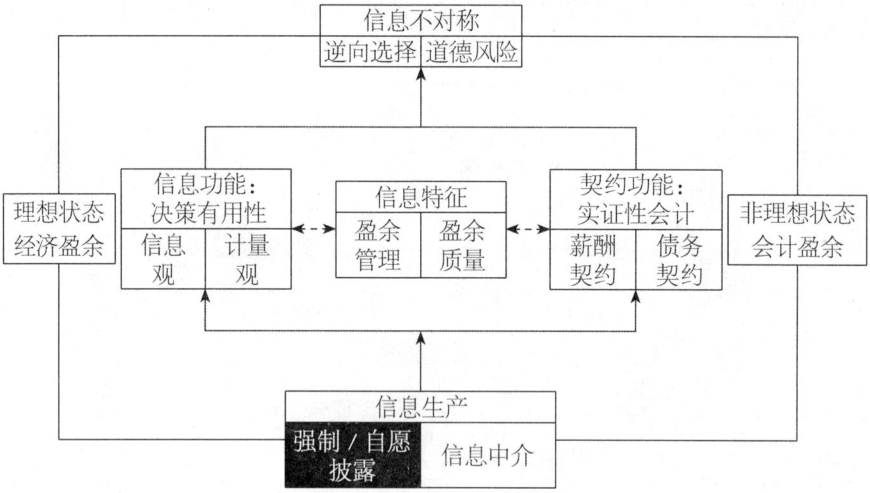

图 11-1　第 11 章架构

介绍准则制定的主管机关该如何制定准则。

本章旨在介绍准则制定的相关问题。制定准则的主管单位，是站在投资者与管理者之间的仲裁者，就财务会计理论而言，就是要如何制定准则，以使公司提供最优的信息数量与质量，也就是使公司所提供的信息，达到社会边际收益与社会边际成本相等的那一点。要协调投资者与管理者之间的冲突，虽然可以通过市场机制来达成，但市场机制可能基于某些原因，而无法达到最优点，因此本章也拟就市场机制失败的原因，加以说明。

在 19 世纪 80 年代，美国航空、金融、与通讯等行业虽然面对法规放松的情况，但只有财务报告立法不仅获得了相当多的支持，而且得到了全球自由经济市场的一致共识。准则制定究竟应该松绑还是加以规范，虽然并无明确答案，但本章拟就该问题加以探讨，以使读者对于监管在资本市场中究竟扮演何种角色，有更进一层的了解。最后，本章介绍近来比较引起学者重视的监管规范及其经济后果：国际财务报告准则。图 11-1 为本章在整体架构图中的定位。

11.1 经济活动的监管

经济活动的管制，举世皆然。例如，一般说来，诸如电信、交通等影响民生甚巨的公用事业，其费率都受到了政府监管。相对的，金融体系与资本市场，近年来更受到相当多的规范。就证券市场而言，政府监管的目的是要保护信息弱势的一方，也就是降低管理当局与投资者，或投资者与投资者之间的信息不对称。例如证券交易法或公司法规定要定期公布年报、半年报、季报等信息，而在公开说明书里更要提供其他详尽资料。如果因内幕交易而获利，必须以不当得利的形式归还公司。如果没有信息不对称的问题，政府就没有采取保护投资人措施的必要。除此之外，监管的另一目的，就是提高市场的“公平性”，以增强投资者的信心。

会计是一门通过监管以提供信息给相关使用者、降低信息不对称的学科。为保证会计信息的公信力，注册会计师专业团体（与公会）与相关的法律（如会计法）遂应运而生。其他规范，譬如《企业财务会计报告条例》等，对于会计人员也具有相当大的约束与影响。政府部门，如财政部门与统计部门，需要定期的财务资料做统计分析；税务部门需要财务资料以作为课征基础；中国证监会需要公开发行股票公司的财务资料以维护资本市场的公平与效率；证券交易所要求上市公司披露各种相关的财务资料；财务会计准则委员会与审计准则委员会则制定相关的会计或审计准则，作为公司遵循的依据。这些相关监管无异于规范了受管制单位（如上市公司）应生产信息的质量、数量与时间。综上所述，可以了解到会计是一个受管制的领域，政府通过直接或间接的方法，来监管该领域的经济活动。

介绍主管机关制定准则的三大原因。

11.2 政府监管的原因

有些学者认为，未监管的资本市场无法达到最优的信息生产量，因而出现**市场失灵**的现象（Leftwich，1980）。由于市场失灵的现象存在，因此需要政府加以监管，使信息生产量达到最优点，进而提高社会福利至最佳点，也就是使社会资源达到最优分配。市场失灵的主要原因有三个：财务信息的外部性效果、逆向选择的问题，以及私有信息的搜寻。本节将介绍如下。

会计信息是一种公共产品，因而会出现生产不足的现象。

11.2.1 财务信息的外部性

市场失灵的第一个原因，是有关**公共产品**（Public Goods）的问题。所谓公共产品，是指该产品一旦生产之后，某位消费者使用此产品，并不会降低其他消费者对此产品的使用量。典型的公共产品例子，如高速公路、收音机的音乐。相对的，私人产品则是购买者在购买之后，就排除其他消费者的使用。

在未监管的市场中，由于具有外部性，因此公共产品常会出现**生产不足**

(Underproduced)的现象。所谓外部性,是指生产者不能对所有使用者课征生产成本,或者是对所有受害者补偿成本时,就会产生外部性的情形。由于正面的公共产品会让所有使用者受益,因此社会利益覆盖面相当广,但因无法向所有受益者收费,因此私人利益远小于社会利益,从而就无法诱使生产者多生产该产品,而出现生产不足的现象。此处未付费的使用者,文献上常称为**搭便车**(Free Rider)。避免生产不足的方法,就是生产者与所有使用者缔约收费,但此方法所费不赀,甚至不可行。另一方法就是通过政府监管,由政府用所有纳税义务人的钱来补贴生产者,鼓励其多生产。

就财务报告而言,会计信息为一种公共产品。[①]首先,某公司的财务信息并不因某人使用而排除其他人使用。此外,某公司的相关信息,也常有助于了解其他公司。例如,本公司披露某种研发的进度与成功的概率,会让同业竞争者了解是否有必要再投入资源与该公司竞争,如果发现此公司即将研发完成,则其他公司就没有必要做无谓的研发,因为研发市场具有赢者全拿的特性。换言之,该信息具有外部性,且对社会福利甚有价值。但因对披露者并无好处,因此就没有披露的动机。其次,现有投资者与潜在投资者在组成最佳投资组合时,通过对这些信息的分析,会对所有公司有更进一步的了解,因而不论是否购买披露公司的股票,都会增加其效用。最后,该披露将增加对该经济区域整体资本市场的了解,从而降低此地区整体的资金成本。因为会计信息为一种公共产品,而生产会计信息需要一定的成本,因此在未监管的市场中,会出现前述生产不足的现象,此时通过政府干预,强制公司披露更多信息,就成为一个比较可行的方法。

11.2.2 逆向选择的问题

信息不对称所引发的另一项问题为逆向选择。在资本市场中,逆向选择常引起的问题有:(1)内幕消息;(2)隐匿坏消息。

诸如董事、监事、经理人员与公司大股东等内部人士,对于公司内部的消息比一般外部人士较为熟悉,因此根据此内幕消息常会获取超额利润。相对的,外部人士因为信息劣势,而使市场产生不公平的现象,甚至使外部人士撤离市场,于是市场出现失灵的现象。

另一种逆向选择的问题,就是经理人员为了让自己在**劳动力市场**中有良好的信誉与评价,常会延迟或隐匿报告公司的负面消息。果真如此,投资

① Gonedes and Dopuch(1974)与May and Sundem(1976)。

者就无法区分出好证券与坏证券,因而会使用平均价格购买,如此就形成了**混合均衡**(Pooling Equilibrium)而无法区别的现象。在此情况下,质量较差的证券的经理人员,就一直想将股票上市,而质量较高的证券的经理人员,则因股价被低估而不想将股票上市,形成劣币驱逐良币的现象,最终导致市场失灵。

同时,由于坏公司股东并不知道公司经营不佳,因而无法知道经理人员的表现,致使**并购市场**(Takeover Market)在监督经理人员的功能上大打折扣。该结果会让经理人员的平均素质降低许多。

为降低此类逆向选择的信息不对称,有几个方法可以采用。第一,由公司自己将**信号传递**(Signaling)给投资者。由于好公司股价被低估,因此这些公司可以直接披露更多相关信息,或者间接使用一些信号传递工具以传递公司股价被低估的信息(有关细节将于下一节说明)。信号传递对于个别公司而言,是有私人利益的,因为它的股价将获得提升,而社会资源或许也获得较佳的配置。然而,信号传递需要花费额外的成本(如披露信息成本),因为这些信息都是与过去绩效有关的,而非未来的绩效,这对于社会而言却是浪费的。也就是说,信号传递会出现信息生产过剩的结果。降低逆向选择的另外一个方法,则是由政府加以监管,甚至由信息中介者挖掘出更多的信息。

搜寻私有会计信息会产生生产过剩的无效率现象。

11.2.3 私有信息的搜寻

会计上所谈的信号传递,主要是从管理当局的立场来探讨其是否要生产或披露信息,而投资者都是站在被动的反应立场。事实上,投资者也有主动生产或搜寻信息的动机,特别是在资本市场上,投资者与投资者之间也存在信息不对称的情形(信号传递的信息不对称,是指管理当局与投资者之间的信息不对称)。

市场上的投资者所握有的信息不尽相同,因而有知情投资者(More Informed)与非知情投资者(Less Informed)之分。经济文献(Hirshleifer, 1971)分析显示,市场上的投资者有动机去搜寻私有信息以取得信息优势,从非知情投资者身上赚取超额报酬。就该观点而言,此点似乎牵涉公共政策常提到的公平性问题。

然而该现象并非表面上那么严重,因为资本市场存在各种分析师与管理顾问公司等财务中介机构,可以提供额外信息给非知情投资者。此时非知情投资者将会搜寻信息到下面这点：变成知情投资者的利益，等于搜寻额外信息的成本（Grossman and Stiglitz，1980）。准则制定者所应关注的问题是，一方面，投资者是否有足够的财力去购买分析师的信息？如果该信息太贵的话，公平性的问题就会凸显出来。另一方面，知情投资者在市场上所采取的行动，也会逐渐透露出他所握有的优势信息并反映在股价上（Grossman，1976）。再者，一般商品的价格因质量而异，买方视为相当公平，为何独独对分析师所提供的商品（优越的分析信息）觉得不公平呢？

在分析该问题时，我们似乎可以从公共政策的另一重点加以探讨——**效率性**（Efficiency）。市场上的投资者为获取超额报酬，可能会独自搜寻同一公司的相关信息，对于搜寻者而言，虽然可以获得个人利益；但就社会利益的角度言，仅是一种**零和博弈**（Zero-sum Game），也就是投资者之间的利益重分配。Hirshleifer 从交换体系分析该问题，也就是在一个只有交换而不生产的经济环境中，分析此推论，认为如果搜寻信息的成本为零时，仅是市场在重分配，而当成本不为零时，则搜寻信息为一种**无谓损失**（Deadweight Loss）。也就是说，搜寻信息虽然可以增加搜寻者的财富，但对整体社会而言利益却是0。因此，从社会最优的角度而言，搜寻信息是一种信息**生产过剩**（Overproduction）的浪费行为，特别是搜寻同一信息的人越多时，该行为越浪费。此时，如果由监管者规定公司生产一次此种信息，将是最优的。纵使在生产的经济体系下，搜寻信息虽然会让市场更加有效率，但如果重分配的效果小于搜寻信息的成本，则仍无法避免该无谓损失。

Hirshleifer（1971）[①]

延续第1章的释例，这里假设在交换体系下，也就是并无生产，也不能将商品用来储存，因此如果个人想要提高效用，就必须将现有禀赋 $y=(y_0, y_{1a}, y_{1b})$ 拿来与体系内其他人交换。本文假设体系是由代表性个人所形成的。现在分别以 P_0、P_{1a}、P_{1b} 代表商品 c_0, c_{1a}, c_{1b} 的价格，且 $P_0=1$，则代表性个人在求下列模型的效用最大化：（见第1章）

$$Max\, \nu(c_0) + \theta[\pi_a \nu_{1a} + \pi_b \nu_{1b}]$$
$$s.t.\ P_0c_0 + P_{1a}c_{1a} + P_{1b}c_{1b} = P_0y_0 + P_{1a}y_{1a} + P_{1b}y_{1b}$$

① 没有兴趣的读者，可以省略该范例，此举并不影响阅读的完整性。

$\pi_a(\pi_b)$ 代表 $a(b)$ 状况发生的概率；θ 为折现因子。在上述问题下，均衡价格为：

$$P_{1a}=\theta\pi_a\nu'_{1a}/\nu'_0 \quad P_{1b}=\theta\pi_b\nu'_{1b}/\nu'_0$$

现在举一个实际的例子。$y=(y_0,\ y_{1a},\ y_{1b})=(100,\ 200,\ 80)$，$\pi=(\pi_a,\ \pi_b)=(0.6,0.4)$，且令 $\theta=1$。再假设 $\nu=\ln(c)$。则：

$$P_0=1$$
$$P_{1a}=\theta\pi_a\nu'_{1a}/\nu'_0=[1\times0.6\times(1\div200)]/(1\div100)=0.3$$
$$P_{1b}=\theta\pi_b\nu'_{1b}/\nu'_0=[1\times0.4\times(1\div80)]/(1\div100)=0.5$$
$$W_0=P_0c_0+P_{1a}c_{1a}+P_{1b}c_{1b}=1\times100+0.3\times200+0.5\times80=200$$
$$E(U)=\ln(100)+0.6\times\ln(200)+0.4\times\ln(80)=9.5370$$

在0期时，假设代表人获得到私有、事前、确定性信息，认为1期时会发生状况a。此时他会将没有价值的商品 c_{1b}（价值为 $P_{1b}c_{1b}$）（注意：只有此一代表人知道），全部拿来换成133.3的 c_{1a}：

$$P_{1b}c_{1b}=P_{1a}c_{1a}\rightarrow 0.5\times80=0.3\times c_{1a}$$

因此所换得的 c_{1a} 为133.3，也就是说 $(c_0,\ c_{1a},\ c_{1b})$ 变成(100，200+133.33，0)=(100，333.3，0)。同理，在0期时，假设代表人获得到私有、事前、确定性信息，认为1期时会发生状况 b，此时他会将没有价值的商品 c_{1a}（价值为 $P_{1a}c_{1a}$），全部拿来换成120的 c_{1b}：

$$P_{1a}c_{1a}=P_{1b}c_{1b}\rightarrow 0.3\times200=0.5\times c_{1b}$$

因此所换得的 c_{1a} 为120，也就是说 $(c_0,\ c_{1a},\ c_{1b})$ 变成(100，0，80+120)=(100，0，200)。在此完美信息下，期望效用为10.2100，大于不确定情况下的效用9.5370：

$$E(U)=0.6\,[\ln(100)+\ln(333.33)]+0.4\,[\ln(100)+\ln(200)]$$
$$=0.6\times10.4143+0.4\times9.9035=10.2100$$

该信息会增加私人的利益，但是否会同样增加社会利益呢？未必！假设现在由整个社会支付一笔款项取得信息并同时公开给所有的人。此时，由于大家都知道未来会发生 a 状况，也就是说此为一公开信息，则对社会没有价值。因为事前概率改变、状态价格也改变，但却不会引起个人行动的改变，因此无法提高任何人效用。说明如下：当确知未来会发生 a 状况 ($\boldsymbol{\pi}=(\boldsymbol{\pi}_a, \boldsymbol{\pi}_b)=(1,0)$)：

$$P_{1a}=\theta\pi_a\nu'_{1a}/\nu'_0=[1\times1\times(1\div200)]/(1\div100)=0.5$$
$$P_{1b}=\theta\pi_b\nu'_{1b}/\nu'_0=[1\times0\times(1\div80)]/(1\div100)=0$$

相对的，当确知未来会发生 b 状况 ($\boldsymbol{\pi}=(\boldsymbol{\pi}_a, \boldsymbol{\pi}_b)=(0,1)$)：

$$P_{1a}=\theta\pi_a\nu'_{1a}/\nu'_0=[1\times0\times(1\div200)]/(1\div100)=0$$
$$P_{1b}=\theta\pi_b\nu'_{1b}/\nu'_0=[1\times1\times(1\div80)]/(1\div100)=1.25$$

因此，效用为：

$$E(U)=0.6[\ln(100)+\ln(200)]+0.4[\ln(100)+\ln(80)]$$
$$=0.6\times9.9035+0.4\times8.9873=9.5370$$

结果显示，信息公布后，私有利益不变（9.5370），也就是没有社会价值。因此，整个社会支付的这笔款项并不能增加效用，因此该信息就没有社会价值，因而没有必要支付此笔价格（所有人的行动都未改变，仅是价格改变）。

现在假设某人收集私有信息以进行投机与套利：

（1）认为1期时会发生状况 a：此时将所有的财富（c_0 与 c_{1b}）都转换为 c_{1a}，转换时可以按照旧价格 P_{1A}=0.3转换。就 c_0 而言，可以转换到333.3美元(1×100÷0.3)个 c_{1a}，之后该消息公布，则每个 c_{1a} 价值立即增加为0.5美元，因此总价值增加为166.7美元（333.3×0.5）。由于 P_0=1，因此相当有166.7个 c_0。同理，就 c_{1b} 而言，可以转换到133.3个 c_{1a}，连同原来200个，因此总共有333.3个 c_{1a}（将总财富W=200美元全部转换为 c_{1a}，因此这一做法使总财富W=333美元）。

（2）认为1期时会发生状况 b：此时将所有的财富（c_0 与 c_{1a}）都转换为 c_{1b}，转换时可以按照旧价格 P_{1B}=0.5转换。就 c_0 而言，可以转换到200（1美元×100÷0.5）个 c_{1b}，之后该消息公布，则每个 c_{1b} 价值立即增加为1.25美元，因此总价值增加为250美元（200×1.25）。由于 P_0=1，因此相当有250个 c_0。同理，就 c_{1b} 而言，可以转换到120个 c_{1b}，连同原来80

个，因此总共有200个 c_{1b}（将总财富 W=200 全部转换为 c_{1b}，因此此一做法使总财富 W=500 美元）。

拥有该信息，期望效用增加为10.8830，因此挖掘私有信息对于投资者是有利的：

$$E(U)=0.6\,[\ln(166.7)+\ln(333.33)]+0.4\,[\ln(250)+\ln(200)]$$
$$=0.6\times10.9251+0.4\times10.8198=10.8830$$

降低此种无谓损失的方法之一，就是经济体系中的所有人缔约不去搜寻信息。然而在信息不对称的情况下，该契约的执行与监督成本太高，甚至不可行，因而会有投资者私下偷偷去搜寻信息以获利，因此此种无谓损失就成为一种无法避免的现象。赞成监管的人因而主张，如果由政府要求公司公开在年报或公开说明书中披露该信息（Lev，1988），并对利用内幕交易者课以处罚，不是比较节省信息生产成本吗？因为此时只要生产一次就够了。

综上所述，在未监管的经济体系下，管理当局或投资者虽然有生产或披露信息的动机，但是此种情况下所生产的信息，从社会福利的角度而言，是否达到了最优生产量这一点？如果没有，就表示未监管的市场出现市场失灵的可能。此时，赞成监管的人就主张由监管者介入，强制公司进行财务报告，这将是一个较有效率与公平的做法。

11.3 准则规范的矛盾

最优准则制定的质与量，其实并非如此容易决定。

11.3.1 市场失灵的谬误

由于外部性、逆向选择与私有信息的搜寻等情况，使市场发生失灵，因此信息量无法达到社会边际利益等于社会边际成本这一点。然而，以上三种理由，似乎都没有具体考虑到在现实社会中执行监管的成本。也就是说，上述三种论述都是假设政府具有优势，由政府出面监管的成本是比较低的。然而此论述是否成立，是未经过验证的。

首先，就公共产品所引起的市场失灵而言，或许有人说公共产品的生产者可以与每一位搭便车的消费者签约，向其收费，这样就解决所谓生产不足以致市场失灵的现象。但该做法在现实社会是很难的，真的要做的话，成本可能远大于收益。在此情况下，就放弃向搭便车的消费者收费。如果由政府监管所引起的所有相关的契约或是监管成本,小于私人成本的话,由政府监管才是合理的,但真是如此吗?这是一个无解的问题。我们在后面将介绍政府监管的相关成本,届时读者会发现其实政府监管的成本是相当高的。同理,就信号传递与私有信息收集这两个论述而言,如果说由政府监管所发生的成本比私人所发生的成本更大的话,就不应该说市场出现失灵的问题了。

11.3.2 政府监管成本

前面提到的三项监管理由,似乎都没有全盘考虑政府的监管成本。监管本身也会发生各项直接与间接成本,就直接成本而言,包括:(1)监管机构在制定会计准则、监督企业是否按规定执行等成本。例如,美国证券管理委员会的预算,1936年、1961年、1974年、1980年,分别为300万美元、950万美元、2 360万美元、7 230万美元,增加幅度分别为217%、148%、206%。此外,自《萨班斯-奥克斯利法案》(简称SOX法案)颁布之后,为扩大美国证监会编制所增加的预算更是庞大。(2)企业在遵行会计准则、对准则提出意见的成本:Philolips and Zecher(1981)发现企业在1975年编制年报(10-K)、季报(10-Q)与中报(8-K)等报表时,发生的变动成本约为2.13亿美元,Bastable(1977)统计1 000家企业在遵循编制重置成本的会计信息时(ASR190),约需额外负担1 200万美元。其次,美国2002年SOX法案被称为近几十年来最重要的商业法案,可以重整投资者对于财务报表的信心。然而,实务界认为该法案成本相当高。例如,每家公司实施SOX第404节的成本,一年约介于300万~800万美元(FEI,2004)。至于间接成本,可能更是监管者所应考量的,因为会计准则的规范可能会影响到企业的投资、理财与生产决策,也就是引起所谓的经济后果。

SOX法案

《华尔街日报》引述美国通用汽车公司主管的观点,认为SOX法案真正的成本,并不在实际支付的现金,而是将原注意力应该关注在企业营运的人,反而将注意力放在遵守SOX的相关法规的细节上(Solomon et al.,January 2004,WSJ)。为了规避未来的高风险与诉讼,公司主管可能会改变企业策略,这可能影响到公司的价值与成长(Wallison,September 2003,WSJ),此举将改变整体的经济环境。例如,由于过高的执行成本,可能降低海外公司到美国上市的意愿。

近来世界各国已有许多国家采用IFRS,该准则的实施也将耗用巨大成本,例如,根据估计,欧盟每一家公司遵循IFRS的成本,约介于总收入的0.05%(大公司)~0.125%(小公司)。至于美国,证券交易委员会初步估计,每家公司编制前三年年报(Form 10-K)的成本约为3 200万美元(SEC 2008)。然而,何谓监管的最优规范水平呢?如果并非最优水平,将使社会福利无法朝向帕累托最优福利点发展,所引起的后果与成本或许更为严重。因此,监管固然有其必要,但监管程度应为多高?这是一个两难的问题,也是Arrow常提到的**不可能定理**(Impossibility Theorem)所探讨的主题。

另外,经济文献常提到,在未监管的市场中,公共产品虽会出现生产不足的情况,但在监管的市场中,公共产品却常会出现生产过剩的情况。因为使用者会由政府来免费补助,因此对此产品的需求可能会夸大。由于会计信息也是一项公共产品,因此在监管市场中,信息使用者(如财务分析师)常会觉得"多多益善"。财务会计准则委员会在制定会计政策时,就有可能因使用者"多多益善"的心理需求,而制定过多的披露规定。使用者此种心理需求,近来也已引起财务会计准则委员会的注意。例如,对于小公司、非公开发行公司,是否有必要制定如此多的规定,而引起**准则超载**(Standards Overload),该问题已引起一定的讨论。避免此种生产过剩的方法,就是要使用者付费(Demstez,1969),有线电视即是一例。就会计而言,可以要求公司提供年报给证监会,但使用者想要参阅时,必须付费,这样就可达到使用者付费、避免搭便车的现象,然而目前的规定却要求生产信息者付费。

11.3.3 监管对股价的影响

由于监管的成本与效益不易衡量,因此学者使用监管法规对股价的影响,来间接探讨该问题。美国1933年《证券法》与1934年《证券交易法》的实施,是财务报告由未监管进入监管的重要里程碑,因此Benston(1973)首先探讨1934年《证券交易法》的实施对公司股价的影响。虽然实证的研究设计有一些瑕疵,但整体的研究结论却发现,该法案实施对股价是没有显著的影响。其次,Chow(1983)进一步探讨1933年《证券法》的实施对公司股价的影响,结果发现股价出现下跌的现象,显示股东财富是受到负面影响的,因此作者推论该法案课征了私有成本(如股价的缩水),同时也课征了社会成本(如SEC发生的成本)。

2002年SOX法案可以说是近几十年来对资本市场发展影响最大的商

业法案。一般而言，投资者认为该法案的成本可能超过它们的收益。为检验该看法，Zhang(2007)检验与SOX法案立法过程相关的事件，发现市场对于SOX是有疑虑的，这些事件引起股市的下滑。此结果支持前面的看法，也就是实施SOX的成本是大于收益的。另外，Li(2014)检验海外到美国上市的公司是否会受到SOX的影响。到美国上市的海外公司，由于仍然受到SEC的规范，因此受到较多的监督、市场的透明度较佳，从而交易量也会较高。然而由于SOX法案的规范很多以致上市成本增加，这会让这些想到美国上市的公司打退堂鼓。作者以23个与SOX立法过程有关的事件为基础，检验该看法。结果发现，平均而言，这些事件的宣告会让海外公司的股价下跌(负的异常报酬)，而该下跌现象在公司治理较好的母国的公司，更为明显。

近来是否实施IFRS已成为全球政府、实务界与学术界相当关注的议题，而欧盟已于2005年全面实施此套准则。然而，该准则的实施对受影响的公司而言，究竟是一项好消息还是坏消息呢？为了解该问题，Armstrong et al.(2010)首先收集欧盟在过去讨论应否实施IFRS时先后公布的16项重大信息；其次检验这16项信息对股市的影响。研究结果发现，对于原来信息质量较差的公司而言，IFRS的实施具有正面的市场反应。因此，就此结论而言，IFRS的实施对于这些公司而言，净效益是正面的。

美国至今虽然尚未实施IFRS，但是也发生了一些与是否实施IFRS有关的重大事件，包括SEC宣告将草拟一项计划研究是否实施IFRS(2007年4月24日)、参议院举行IFRS的公开听证会(2007年10月24日)以及SEC主席Schapiro表达对是否实施IFRS计划的质疑等。Loos and Leung(2013)也检验了这些重大的15个相关事件(13项倾向采用、1项反对、1项中立)对美国股市的影响。整体而言，股市对于倾向采用IFRS是正向的反应。除此之外，作者进一步找出三种受IFRS影响比较大的情境，然后检验IFRS对这三种情境下的公司的影响。

(1)投资者感受到采用IFRS成本较高的行业将会持相对保留的态度。由于IFRS缺乏对各行业的详细指引、采用公允价值以及强调原则式的判断基础，这些特性会使得实施IFRS的成本相对增加，特别是诉讼成本较高的行业[①]；实证发现，投资者对于这些行业实施IFRS确实采取了比较保留的态度。

① 行业代码为2833-2836,3570-3577,3600-3674,5200-5961,7371-7379,or 8731-8734的公司。

(2)其次,采用IFRS利益较高的行业将会持相对赞成的态度。例如,如果某一个行业内,有很多的非美国公司采用IFRS,这表示采用IFRS对这些公司是比较有利的(信息处理成本较低、该行业的公司比较全球化等),因此这些利益也将同样适用于其他尚未采用的美国公司。事实上,美国SEC即是着眼于这一点而曾建议让这些公司提早采用IFRS。作者还发现,该行业实施利益较高,也就是股价反应较为正面。

(3)最后,执行IFRS的成本越高的行业,投资者认为对这些行业越是不利。如前所述,美国每家公司编制前三年年报(10-K表)的成本平均约为3 200万美元(SEC 2008),而各公司之间的差异也不相同。如果公司与实施IFRS的国家有频繁交易以致须编制IFRS与US GAAP两套报表时,改用IFRS将降低执行成本,因此,采用IFRS对这些公司是有利的。实证结果支持此看法。

公司自愿披露的主要动机包括:(1)资本市场的动机;(2)降低代理成本的动机。

11.4 公司生产私有信息的动机

在没有监管的资本市场,公司仍会自行生产会计信息。此外,即便监管者做了披露的监管,公司也仍有自愿披露额外信息的动机。公司自愿披露的主要原因可以划分为两类,第一,公司基于一些自利因素而有动机自愿在资本市场上披露信息;第二,公司与利害关系人常常需要以会计数字为基础签订与执行合约。本节分别从资本市场动机与契约代理动机探讨该问题。

11.4.1 资本市场的动机

11.4.1.1 资本市场交易

投资者对公司的认知情况,会影响到公司在资本市场的融资(不论是权益或是债务)。如果存在严重的信息不对称,则会增加投资者的信息风险,进而会要求较高的资金成本。因此,如果可以自愿披露信息,则可以避免该现象。

自愿性披露的方法很多,文献上较常提到的包括管理当局预测、业绩发布会、媒体、股市观测站或者管理当局讨论与分析等信息。其中,管理当局预测与业绩发布会是引起较多学术界注意的自愿披露。管理当局预测具有信息内涵,解释力占所有会计事件对股价解释力的55%(Beyer et al.,2010,后面会详细说明),因此是公司传递信息给投资者与分析师的重要方式与渠道。以往研究发现,外部董事越多,或是机构投资人持股越多的公司,管理当局越会采取自愿性披露,且次数越多、披露数字越是准确、越是偏向点估计(而非区间估计,上限或者下限的估计,或者定性的说明),而且一般不会出现乐观的估计(Ajinkya, Bhojral, and Sengupta, 2005)。Karamanou and Vafeas(2005)也提出类似看法,认为公司治理越佳者,管理当局预测的可能性以及预测质量也越好。此外,他们进一步发现,公司治理越佳者,管理当局预测的市场反应也越大。

问　题

Ajinkya et al.(2005)使用下列模型检验他们的论述:

$$MF = a_0 + a_1\ OUTDIR + a_2\ INST + a_3\ FD + Control + e$$

MF 为管理当局预测的几个属性,包括:(1)*OCCUR* =1,如果当期发布预测;(2)*FREQ*=样本期间发布预测的总次数(1997—2002 年);(3)*SPECIFIC*:点估计时为 3,区间估计为 2,上限或者下限估计为 1,定性叙述为 0;(4)*ERROR*=|预测 *EPS*-实际 *EPS*|/期初股价;(5)*BIAS* =(预测 *EPS*-实际 *EPS*)/期初股价,*BIAS* >0 表示为乐观估计。*MF* 为 *OCCUR* 时,上述回归模型为 Logit 回归模型,为 *SPECIFIC* 时,为 Order logit 回归模型,其余为一般的回归模型。*OUTDIR* 为外部董事人数,*INST* 为机构投资者持股比率。*FD* =1,如果是在实施《公允披露条例》之后。

实证结果

与预期相符合。

(1)当 *MF* 为 *OCCUR*, *FREQ*, *SPECIFIC* 时: $a_1 >0$, $a_2 >0$,表示公司治理越佳者(外部董事人数越多或机构投资者持股越多),预测变得比较可能、频率变多,且更加准确。

(2)当 *MF* 为 *ERROR*, *BIAS* 时: $a_1 <0$, $a_2 <0$,表示公司治理越佳者(外部董事人数越多或机构投资者持股越多),预测误差变小,且一般不会太乐观。

(3)当 MF 为 $OCCUR(SPECIFIC)$：$a_3>(<)0$；表示 FD 之后，虽然预测增加了，但是说得相对不精准了。

其他问题

$INST$ 与 $OCCUR$ 之间可能互相影响(互为因果)，作者使用两个方法克服：

(a)两阶段联立模型：

$$OCCUR = a_0 + a_1\ OUTDIR + a_2\ INST + a_3\ FD + Control + e$$
$$INST = b_0 + b_1 OCCUR + b_2\ Control + e$$

(b)改用以下模型：

$$OCCUR = a_0 + a_1\ OCCURL + a_2\ OUTDIR + a_3\ INST + a_4\ FD + Control + e$$

也就是自变量中加入前一期的 $OCCUR(OCCURL)$。因为 $OCCURL \rightarrow INST \rightarrow OCCUR$，因此放入 $OCCURL$ 可以控制住前一期披露对本期 $INST$ 的影响，如此才可以抽离出本期 $INST$ 对 $OCCUR$ 的影响。实证结果仍然存在。

业绩发布会通常包括报告与Q/A两个阶段，后者的信息量通常比前者多。

业绩发布会通常包括报告与Q/A两个阶段，而在Q/A阶段，管理当局与投资者之间可以面对面地沟通，因此比报告阶段具有更多的信息量(Matsumoto et al.,2011)。有鉴于此，业绩发布会已经成为国内外管理当局与投资者之间面对面沟通的有效工具。[①]企业亚洲网络(Corporate Asia Network)和国际爱迪西公司(TechInsight Inc.)的报告指出，举办业绩发布会将有助于提升公司与投资人之间的关系，并提升企业的信息透明度，同时也指出，有53.8%的大型公司常举办业绩发布会。

早期业绩发布会主要探讨召开与否的影响因素。弗兰克尔等人(1999)发现公司规模越大、获利越佳、销售增长越快、权益市值/账面值比越大、较多分析师跟进，以及当公司向资本市场募集资金时，公司召开业绩发布会的动机较大。Tasker(1998)研究指出，当会计信息质量越差时，公司越倾向举办业绩发布会。同时，也发现召开业绩发布会之公司其特质为：有较多分析师跟进报告、机构投资者持股比例高且过去经营绩效

① 国际投资关系机构(National Investor Relations Institute) 于1998年指出，在美国有82%的公司选择利用业绩发布会传达公司的重要消息。

佳。Bushee et al.(2003)发现，股东人数较多、法人持股比率低和股份周转率高的公司，较可能举行开放式业绩发布会。Chin，Kleinman，Lee，and Lin(2006)发现创新程度越高的公司，不仅召开业绩发布会的概率越大，且召开的次数也越多。当公司的控制股东控制权与现金流量权的偏离程度越大时，管理当局较不愿意召开业绩发布会(金成隆、林美凤与梁嘉纹，2008)。

另一类研究则是探讨业绩发布会的信息内涵。Frankel et al.(1999)发现，举办业绩发布会时对股价的波动及交易量有显著影响。Sunder(2002)也发现，召开业绩发布会期间内有较大的交易量、交易额，与较大的价格波动。Bowen，Davis，and Matsumoto(2002)发现，业绩发布会可提供额外信息给分析师，因而能降低分析师的预测误差。

业绩发布会可以分为封闭式与开放式两种，前者将引起公平性的问题。

业绩发布会其他经济后果的研究

Bowen et al.(2002)研究发现，业绩发布会可以让分析师预测更准确，且可以降低分析师预测的离散度。然而，限制参与者的**封闭式业绩发布会**(Closed Conference Calls)会增加参与分析师与一般投资者的信息不对称。Bushee et al.(2003)发现，小额投资者通常是分析能力较差、看法有分歧且资金较少，由于他们可以参与**开放式业绩发布会**(Open Conference Calls)，因此此类业绩发布会引起的股价波动较大、小额交易量较多。该特性就是由于无法参与封闭式业绩发布会的小额投资者所引起的。Bowen et al.(2002)进一步发现，召开业绩发布会的公司，信息不对称比较小，且持续举办者的信息不对称，小于偶发性举办者。

Kimbrough(2005)研究发现，分析师预测对于公司盈余常常有反应不足的现象，因此分析师盈余预测误差之间，就具有序列相关的现象存在。研究发现，如果在业绩发布会上同时宣告盈余，则此类反应不足的现象就会消失。因此，业绩发布会可以帮助分析师使用当期盈余来预测未来的绩效，进而形成有效的盈余预测。Mayew(2008)也指出，虽然分析师可以在业绩发布会中提出问题，然而管理当局却常选择具有声誉的分析师或者对公司比较友善的分析师作为回应的对象，因为这些分析师会向市场推荐公司的股票。管理当局与外部投资人之间的代理问题以及信息不对称的情况，将引起外部投资人对公司的信息需求。但是在业绩发布会期间,管理当局有可能选择性地披露信息,而非将所有的信息都披露给投资人;或者在业绩发布会上对有些问题避重就轻,避免回答参与者的一些问题。因此,业绩发布会虽有助于提供有用的信息给外部使用者,但管理当局选择性的披露策略,有可能无法完全降低代理问题与逆向选择的问题(Hollander et al., 2010)。

11.4.1.2 公司控制的竞争

并购市场或**公司控制权市场**(**Market for Corporate Control**),是另一个让经理人员提供或生产信息的有效机制。经理人员如果经营绩效不突出,将使得公司被并购的风险变大,而一旦公司被接管,通常会将原经理人员裁撤。股东对原来的经理越不满意,则被裁撤的机会也越大。因此,并购市场会诱使公司管理当局通过自愿披露对公司与自己有利的信息,以降低公司价值被低估的可能性,并想办法解释公司绩效不佳是另有原因。

11.4.1.3 股权激励动机

对于有发放股价基础的薪酬计划的公司而言,例如股票期权,公司经理会有动机通过自愿性信息披露来影响股价,进而影响薪酬计划以提高自己的财富。例如,第5章与第6章曾经提到,对于即将发放认股权的公司而言,经理人员会于事前故意压低盈余或者披露其他坏消息,以使股价变低从而可以用比较低的执行价格认购股票。或者是,于即将出售股票之前,故意披露好消息以提高股价,以便可以卖较高的价格。

11.4.1.4 诉讼成本动机

资本市场中,股东对于管理当局提起诉讼的风险,会对管理当局的披露政策产生两种影响,一方面,由于担心未及时提供有关公司负面的新闻而被告,管理当局有可能会提早披露坏消息。另一方面,诉讼风险有可能让管理当局不敢多披露公司信息,特别是有关未来的消息。例如,Skinner(1994)发现,有坏消息的公司提早披露的可能性,是有好消息公司的两倍。同时,他也发现,有坏消息的公司,比较容易被投资者提出诉讼;最后,他也发现,提前披露坏消息的诉讼成本,比未提前披露者高。

11.4.1.5 私有成本(Proprietary Cost)动机

在资本市场中,如果披露信息的成本越大,会让竞争对手取得商业机密,将对公司不利,此时公司将越不会想要披露私有信息。例如,高新技术行业行业竞争相当激烈,且进入障碍较小,因此公司在新股上市时,如果在公开说明书中披露太多与新产品有关的机密,将会伤害公司的竞争优势,因此,研究发现,当这些公司在新股上市时披露成本与披露程度呈现负向的关系(Guo, Lev, and Zhou, 2004)。

11.4.1.6 管理能力

能力好的管理当局,对于公司与行业未来展望比较了解,因此比较容易发布自愿性的盈余预测,且预测也会比较准。换句话说,管理当局自愿披露的行为,可以作为传递管理当局能力好坏的有效工具(Trueman, 1986; Baik et al., 2011)。

以上不论是哪一个原因,自愿披露对资本市场都会产生相对应的效果。公司如果充分披露有关企业的信息,则会有比较多的分析师去报告这家公司(对于信息中介者的影响),投资者也会比较信赖公司,从而会增加股票的流动性,并降低公司筹措资金的成本,或是股价因而会升高。这些原因都会让经理人员自愿披露有用的公司信息。以上所言是针对理论上的说法,现在再列举一些额外文献作进一步佐证。Merton(1987)将信息不对称定义为市场上投资者握有充分信息的人数,结果发现公司在自愿披露信息之后,因为市场上充分握有信息的人增加,则对公司股票的需求会增加,市价将因而跟着上升,且资金成本也会降低。Diamond and Verrecchia(1991)研究指出,自愿性披露会降低投资者与市场之间的信息不对称,增加市场的流通性,进而会吸引机构投资者的需求,因而股价会上升。

Lang and Lundholm(1996)以 Merton 的分析性研究结果作为实证的架构,他们发现披露的质量越高,则报告该公司的分析师人数越多。至于披露质量的高低,则以分析师对各公司的评级作为替代变量。Botosan(1997)直接检验披露质量与资金成本的关系,发现分析师较少报告的公司,由于市场上对其不了解,因此自愿披露就比较有用,当披露质量越佳时,资金成本越低。然而对于分析师较常报告的公司,由于信息较多,因此自愿披露就无此效果了。Sengupta(1998)分析披露质量与举债成本之间的关系,他发现披露质量每提升 1%,则举债成本将降低 0.02%,该关系对于风险越高的公司越明显,因为债权人认为披露质量越佳时,其信用风险也将越小。最后,Frankel et al.(1998)发现举办业绩发布会的公司,会有比较多的分析师报告。

综上所述,披露越多则跟进的分析师也越多,资金成本越低,流动性增加,且公司价值越高,因此,这些市场因素会使经理人员增加信息的生产与披露。

11.4.2 降低代理成本的动机

除了事前的评价角色之外,会计信息的另一角色为事后的监管角色,也就是契约上的角色。企业本身即是一群契约的组合体,因此企业存在的目的,就是要满足契约双方的要求。例如,所有权人与经理人之间的契约、高层主管与基层主管之间的契约、公司与债权人之间的契约、公司与供应商之间的契约、公司与下游厂商或顾客之间的契约、公司与员工之间的薪资契约,甚至公司与政府(如税务部门、证监会)之间的契约等。为了订立契约,契约双方常需要使用会计信息建立各种债务条款。

例如,所有权人与经理人之间的薪酬契约,常以管理人员的努力程度为基准,但管理人员的努力程度通常无法完全观察到,因此常以盈余作为经营成果的衡量方法,并以其大小给予奖惩。公司与债权人之间的债务契约,常要求企业维持一定的营运资金比率、利息保障倍数或负债比率等,而为监督债务人是否遵守债务条款,也需要会计信息。

另一问题是代理问题。当公司上市的时候,需将一部分股权出售,此时因为所有者兼经营者每多花一元钱在偷懒或特权消费上时,自己仅需承担持股那一部分,而外部股东也因持股而须承担另一部分;相对的,上市前偷懒或特权消费 100% 由自己承担,因此上市后偷懒或特权消费的情况会加重,对于外部股东而言,就产生了代理成本。然而在理性预期下,外部股东知道所有者兼经营者此种作风,因此会以扣除此项代理成本后的价格购买新股,也就是外部股东会受到价格保护。换言之,所有者的资金成本相对变高。

在此情况下,所有者兼经营者就有动机限制自己偷懒或特权消费的倾向,以提高新上市股票的价格。例如,在财务报表中提供更详尽的信息,以杜绝偷懒或特权消费的成本,甚至提供更多补充信息(与同业做比较)。另外，就是请注册会计师审计，以提高报表的可信度。当所有者兼经营者通过契约的规定来提供更多且可靠的会计信息，以限制自己偷懒或特权消费的倾向后，投资者就可以提高股票的购买价格。因此，在契约动机之下，即使监管者没有要求，公司仍有动机生产私有信息以供契约之用。更重要的是，缔约时就可能已经对执行或监督企业所需的信息种类与信息量有了约定，因而就不会出现前面所谓的信息生产过剩或生产不足的情况。

在逻辑上，前面所提的订约方式，可应用到所有的情况，但在现实社会中，却未必可行。例如，经理人与投资者之间，无法逐一签订契约，因为不同投资者对信息的需求并不相同，即使可行，每份契约的协议成本、重新协议成本、生产信息以监督或执行契约所耗的时间与成本，也将所费不赀。当然，另一方法是经理人与所有投资者签订契约，以节省协议成本、信息生产成本，但此方法可行的前提是，所有投资者对于契约内容、执行与监督方法以及所需信息能够达成共识，而该前提常常是不切实际的。因此契约理论的观点，通常仅适用于缔约双方仅有少数当事人的契约。

整体会计信息的解释力

公司每一季的累积异常报酬，受到许多事件的影响，其中诸如盈余宣告、管理当局预测、分析师预测，以及向证监会申报等事件，通常是几个被认为影响程度比较重大的事件。为了解这些重大事件对报酬的相对影响程度，Beyer et al.(2010)检验下列回归模型：

$$CAR = a + b_1 \times car^{EA} + b_2 \times car^{PRE-EA} + b_3 \times car^{MF} + b_4 \times car^{AF} + b_5 \times car^{SEC} + e$$

以上模型中：

CAR：当季第一天至最后一天的累积异常报酬。car^{EA}：盈余公告那三天的累积异常报酬；car^{PRE-EA}：季盈余公告之前如果有盈余相关的宣告，则为宣告那三天的累积异常报酬(如果未公告则为0)；car^{MF}：管理当局预测那三天累积异常报酬(如果管理当局未公告则为0)；car^{AF}：分析师盈余预测那三天累积异常报酬(如果分析师未公告则为0)；car^{SEC}：美国证监会申报日那三天的累积异常报酬(如季报、年报与其他申报日)。

发现

(1)上述5个会计事件日对于当季整个 *CAR* 的解释力约为28.37%。

(2) car^{MF} 的解释力占整个会计事件解释力的55%(15.67%/28.37%)。

(3) car^{PRE-EA} 的解释力占整个会计事件解释力的11%(3.21%/28.37%)。

因此,自愿性披露(car^{MF} 与 car^{PRE-EA})占了约66%的解释力,比率相当高。

(4) car^{AF} 的解释力占整个会计事件解释力的22%(6.14%/28.37%)。

(5) car^{EA} (盈余宣告)的解释力占整个会计事件解释力的8.18%(2.32%/28.37%)。

(6) car^{SEC} 的解释力占整个会计事件解释力的3.63%(1.03%/28.37%)。

因此,强制性披露(car^{EA} 与 car^{SEC})仅占整个会计事件解释力的12%(8.18%+3.63%),比率是较低的。

11.5 信号传递

公司自力救济的方法就是信号传递,本节介绍信号传递的意义与会计方法。

市场上的企业,质量并不相同,有些质量较高,有些则较低,例如有些公司可能因为研发出新的专利、技术突破,而成为此处的高质量公司。不同质量的公司犹如不同类型的公司,在信息不对称的情况下,质量高的公司会想办法与质量低的公司区分出来,以免市场按平均市价购买,而为了传递高质量的信息,所选用的方法或工具,必须是质量低的公司无法模仿才行,①否则两者都使用相同的方法,市场仍无法区分。

Spence(1973)首先推导出传递均衡(Signaling Equilibrium)的存在,他以劳动力市场为例,假设仅有高生产力与低生产力这两类劳工,他们自己知道自己的类型,但是雇主却不知道。由于雇主无法区分出高与低,因此仅愿意出平均工资。由于高生产力的劳工薪资被低估,因此他们就想要通过一些方式来表明自己是高生产力者。方法之一就是去拿高学历,因为对他们而言念书并不难;但是对于低生产力的劳工而言,念书拿高学历文凭实在是很难,因此他们宁可不拿高学历。此时就形成分离均衡(Separating Equilibri-

① 此一要求称为single crossing,也就是说低质量的公司如果要模仿的话,它必须要花比较高的代价,如果模仿的成本大于模仿后所得到的增额好处,则就不会想模仿了。此时,投资者就可以从所使用的方法反推出公司质量的好坏,此一结果称为分离均衡(separating equilibrium)。相对的如果都采用同一方法(例如,坏公司模仿好公司也划得来),则因无法区分开来,因而称为混合均衡(pooling equilibrium),此时所选用的信号传递方法就失败了。

um)的情况,也就是雇主可以通过文凭来区别出劳工的质量或是生产力(详见第2章的释例说明)。

然而,如果拿文凭本身没有提高劳工生产力的话,高生产力的劳工拿高学历这个行为,对于劳工本身是有利的,但是对于整个社会而言,并未增加社会福利,反而是一种无谓的浪费。将此情境应用到公司自愿披露信息之上。公司知道自己的质量,但是市场投资者却不知道,因此市场将以平均价格购买股票。被低估的好公司,就会通过披露额外信息来进行信号传递(Signaling),剩下的被高估的坏公司就会被重新按照新的平均价格确定股价,之后,被低估的公司也会进一步通过披露额外信息来进行信号传递。如此一直循环下去,直到剩下最差的公司留在市场上为止。为避免出现这种劣币逐良币的市场失灵的现象,公司可以选择一些方法来表明自己公司的质量。在文献中,采取信号传递的方法颇多,列举一些常见的方法:

(1)会计方法:例如Hughes and Schwartz(1988)以FIFO/LIFO的选择作为信号传递的工具。假设管理人员的薪酬视公司目前与未来股价而定,他们自己知道公司未来远景的好坏,如果公司为好公司,为传递此私有信息,其会选择LIFO,因为选择LIFO虽会降低当期的现金流量并增加破产成本(此为其信号传递的成本),但因坏公司不敢模仿,因此可区分出其为好公司,此时股价会上涨(此为其信号传递的利益)。如果信号传递的利益大于成本,则会采用LIFO。相对的,坏公司虽然可以模仿采用LIFO而使股价提高,但如果此利益仍小于因此所产生的高破产成本时,坏公司就不敢模仿而改采行FIFO。因此投资者根据FIFO/LIFO的选择,就可反推出公司远景的好坏。Jung(1989)使用博弈分析,发现高竞争力的垄断厂商的管理当局会使用LIFO以向潜在竞争者暗示,阻吓其不要进入该行业。

(2)盈余管理:盈余管理可分为自利性与效率性两类,其中效率性盈余管理可以作为信号传递之用,有关此点,本书已于第8章加以说明。

(3)审计质量:Trueman(1986)与Datar Feltham and Hughes(1991)使用分析性模式,发现公司在新上市时,由于信息不对称,高质量的公司会聘用高质量的注册会计师,而低质量的公司会聘用低质量的注册会计师,因此注册会计师的质量也是一项有用的信号传递工具。而Minnis(2011)以私有公司为研究对象,他的研究样本的主要特性是鉴证与否是由公司自己决定的,而非强制性的。实证结果发现有注册会计师鉴证的公司,盈余质量比未鉴证者更佳。

(4)自愿性披露:当公司有好消息时,会倾向自愿性披露盈余,以传递该信号;相对的,如果为坏消息,则倾向于隐藏(Chambers and Penman,1984)。加拿大的公司初次上市时,由于信息不对称的情况比较严重,高质量的公司会自愿披露财务预测,而低质量者则倾向不披露财务预测(Jog,1997)。[①]

(5)所有权结构:公司新上市时,高质量公司的管理人员会持有比较高的股权,以传递对公司远景信心的信号;相对的,低质量公司的管理人员会持有比较低的股权(Leland and Pyle,1977)。第7章曾提到,在银团贷款市场中,牵头行可以通过高持股来降低逆向选择的疑虑(Sufi,2007)。

(6)股票回购:股价被低估的公司,会通过股票回购来传递低估的现象,因此投资者看到股票回购时,可以将其解读为高质量的公司。另一方面,Barth and Kasznik(1999)发现未入账的无形资产越多的公司,也就是会计性信息不对称越大的公司,越会回购自己的股票,而回购股票对资本市场而言是一项利好的消息。

(7)售后服务保证:经济学领域指出,公司可以通过售后服务的保证来传递自己是好公司。然而,就会计角度而言,售后服务成本(或是负债)可以作为盈余管理的工具,成本高将是一项负面消息。实证结果发现(Cohen et al.,2012),这两股力量会互相抵销,然而与一般负债比较的话,售后服务保证的市场评价仍是优于一般负债,因为后者是负面的市场评价,而前者(售后服务负债)仍具有正面的信号传递的功能。[②]

信号传递方法,必须是信号传递者有选择的空间(FIFO/LIFO、注册会计师质量等)。该特性对于会计准则制定机关而言(证券期货监管部门或财务会计准则委员会),具有相当的含义。因为长久以来,**一致性(Uniformity)**与**可比性(Comparability)**一直是会计界争论的焦点之一,[③]如果要求企业采行一致性的会计政策,将抹杀企业主动进行信号传递的空间,也就是说,会计政策容许一定程度的弹性,从信号传递的角度而言并非坏

① 加拿大的公司在上市时,可以自行决定是否在招股说明书中披露盈余预测。此种好坏公司采行不同揭露盈余预测的现象,即为分离均衡的情形。

② 股利政策也是一项可行的信号传递工具:高股利政策的公司表示对公司远景比较看好;相对的,低股利政策的公司表示对公司远景缺乏信心。

③ 此一主题的争论可参阅Hendriksen (1982,p120-121)。

事。例如,允许以会计盈余管理作为信号传递的工具,或者允许各种会计方法的选择。

介绍两个监管理论:公共利益理论与利益团体理论。

11.6 监管的政治过程

本节将介绍两种监管理论:**公共利益理论**(Public Interest Theory)与利益团体理论(Interest Group Theory)。

公共利益理论是指监管者的利益与社会大众利益完全一致,其目的在于如何将市场引向最优点,以避免市场失灵。换言之,监管者追求社会福利最大化。截至目前,本章探讨如何设定最优的监管水平,即是公共利益理论的内涵。

然而如前所述,首先,实务中监管者无法知道何谓最优监管程度,因此该理论似乎过于理想化了。其次,在现实的经济体系下,资本市场的参与者包括知情投资者与不知情投资者、分析师、管理当局、审计人员、工会与政府等,而各参与者都有自己不同的目的与利益,如何满足这些人的利益,在实务中其实是一个政治协商的过程。再者,监管者本身也是代理社会大众执行监管任务,因此其本身也可能出现道德风险。社会大众委托该任务时,由于无法有效监督其是否认真工作,因此,也会出现监管者为了自身利益而产生偷懒或自利的行为。有鉴于此,遂出现了另一监管理论。

利益团体的监管理论主张监管者是在各种利益团体运作下进行协商,因此为了照顾各个利益团体,常会出现妥协的情形,而各利益团体为了自身利益,也会进行游说。由于有些利益团体会赞成某些法案,而有些会反对这些法案,因此最后变成哪一方的游说力量强,哪一方就游说成功。利益团体是监管的需求者,而监管者是一个有权力给予监管的仲裁者。

为了协调各利益团体的利益,就会成立准则制定机关,并由政府、实务界、学界共同组成。同时,通过各种公开听证会,让各利益团体都可以表达对于相关规范的看法。此外,市场失灵越是严重,监管的效益将越大。特别是如果市场失灵是因为管理当局所引起的话,监管者越是会对公司管理当局做出规范。基于以上说明,一般而言,在解释监管理论时,该理论比较与现实社会相符合。

兹以金融工具准则来说明。IASB于1998年12月发布IAS 39:《金融工具:确认与计量》,并预计于2001年1月开始实施。原来规定主要的金融工具都要使用公允价值计量。然而,这引起了金融业的反对,特别是银行业。首先,它们认为,该规定将引起盈余大幅波动;为了降低波动幅度,银行会减少长期贷款而改为短期贷款(因为长期贷款公平市价较容易受到利率影响)。其次,如果公允市价的市场尚未成熟,容易出现可靠性降低的疑虑。最后,未实现利得与损失如放入损益表,将导致银行丧失审慎或者稳健的意识。有鉴于此,IFAS遂修正原准则于下:(1)可供出售金融资产的未实现利得与损失改列入其他综合收益。(2)持有至到期投资,改用摊余成本法计量。然而,此举仍未能满足受规范的公司。在2007—2008年期间的金融危机,公允价值受到相当质疑,且IAS规范又过于复杂,因此IASB被迫于2009年发布IFRS 9,作为取代IAS 39的第一步。如果有可预测的现金流量的金融资产,依照摊销后成本计量,则此举可以缓和盈余波动的疑虑。然而,没有可预测现金流量的金融资产,仍应使用公允价值计量。虽然IASB进行了这些调整,但是欧洲的银行与保险业仍认为修正幅度不大,因此,欧盟决定延缓IFRS 9的实施,以便再广征各方意见。IASB尚未修正完成IFRS 9。然而,也有赞成者直接采用IFRS 9而不顾欧盟的延缓决定。

综上所述,监管者与各受管制者之间正处于协商的过程,如果受管制者的利益未得以照顾,他们将会诉诸政治的过程。

捕捉理论

在监管的协商过程中,受管制者常会利用影响力使自己获利,最后导致监管的过程是在谋取某些受管制者的利益而非全体社会福利,此种监管过程被某些受管制者捕捉(Capture),因此这一观点称为**捕捉理论**(Capture Theory)。在监管的过程中,也常出现另一个有趣的现象:**生命周期管制理论**(Life-cycle Theory of Regulation),也就是说监管者在监管的各个阶段所采取的取向并不相同,开始时常会说要为全体社会谋福利,但随着协商的演进,监管者的利益常会偏向于某些受管制者,最后则会站在偏袒或者保护某些受管制者的立场。因为监管措施的成功与否,常常要视受管制者接受与否而定,如不接受,可能让监管者难堪,甚至让监管者无法继续存在而解体。捕捉理论与生命周期管制理论也出现在会计监管的过程中。在20世纪70年代后期,美国国会抨击财务会计准则的制定过程常常受到“八大”(现在为“四大”)会计师事务所的影响。如何避免该问题,仍有待各方面的努力。

11.7 最近的披露规范

美国近期通过的《公允披露条例》(Reg.FD),以及IASB的国际财务报告准则(IFRS),近来引起了相当的关注与讨论。前者已于第10章介绍,本节则就IFRS加以说明。

介绍IFRS的相关重要议题:是否应趋同?采用IFRS的经济后是什么?机制背景重要吗?

11.7.1 国际会计准则的趋同

11.7.1.1 IFRS的目的

随着资本市场的国际化,使用一套**放之四海而皆准**的国际准则,已经逐渐引起不少政府、实务界与学术界的支持。为了调和各国会计准则上的差异,欧盟1606/2002号法规(又称为The IAS Regulation)要求所有上市公司自2005年起,应该采用IFRS编制合并财务报表。该号法规指出,实施IFRS的目的,是希望提高财务报告的信息透明度与可比性,进而强化欧盟资本市场的有效运作。

根据这段内容,我们可以将实施IFRS的目的划分为几个层次;第一,提高报表质量:IFRS最基本的目的,是提高使用IFRS公司财务报告的信息透明度与可比性。第二,降低资金成本,将稀有资源做最有效的配置:由于投资者可以较低的交易成本取得更多的信息,因此将降低权益或者债务市场的资金成本。此外,由于各公司可比性的提高,可以降低逆向选择的情况,使资金供给者有限的稀有资源做更有效的配置,甚至促进跨国之间的投资。第三,促进总体经济成长:有效资金的配置,可以进一步促进总体经济的有效成长,如促进经济增长或提高就业率等(Bruggemann et al.,2013)。

虽然IFRS已经在很多国家实施,但是仍有许多反对看法,这些反对者认为,由于制度与文化等背景的差异,各国会找出能配合自己国家各项制度背景下的最优会计准则,如果都使用同一套准则,反而无法达到财务披露的初衷与目的。即使是要采用一套放之四海而皆准的国际准则,则应该是使用目前的IFRS,还是美国的会计准则?因为美国GAAP也被公认为是一套高质量的财务会计准则。因此究竟哪一套准则比较好,是一个有趣的问题。事实上,有研究显示这两套准则对于信息不对称或是权益资金成本的影响差异不大(Leuz,2003)。

当然,另有一派看法是让FASB与IASB这两套准则趋同。事实上,FASB与

IASB确实有趋同合作的计划正在执行。[①]例如,有关衍生性金融工具的会计处理。然而,二者之间也存在着相当大的分歧。例如,在美国所有研发支出都要费用化,而IAS 18号则部分可以资本化。未来究竟将如何发展,则有待时间来证明。

美国立场

自2007年起,非美国公司在美国跨国上市时,可以直接采用IFRS基础的财务报告。美国证监会目前也正在考虑是否让美国公司采用IFRS基础的财务报告,主要是基于下列几个理由:(1)IASB与FASB趋同的努力;(2)国际使用IFRS的趋势越来越明显;(3)国际审计准则的发展;(4)各国证券主管机关加强协调与互动。

11.7.1.2 国家层级同意实施IFRS的因素

国家是否采用IFRS,与机制背景以及网络效应息息相关。

国际会计准则理事会(IASB)自2001年成立以来,积极推动全球性的IFRS。截至目前,已经有130多个国家或地区已经采用,有些是全面采用,有些是局部采用,有些则是采取趋同的方式。然而,究竟是哪些因素影响到国家选择采用或者不采用IFRS的决定呢?如果决定采用,又是哪些因素让国家选择全部采用或者局部采用呢?这是一个相当有趣的议题。

学术研究发现,如果实施IFRS的网络效果(Network Effects)越大,则这个国家越会倾向于选择采用IFRS,且采用的程度越高。所谓IFRS的网络效果,是指某个国家在实施IFRS之后,会增加与其他国家双边投资或者贸易的幅度;幅度越大,表示该国实施IFRS的网络效果越大。此外,由于小国家所感受到的网络效果比大国来得大,因此网络效果对于采用IFRS的影响,在小国家是更大的(Ramanna and Sletten,2014)。换言之,大国由于市场较大,即便不实施IFRS也会有较高的双边贸易,或是较容易引进较多的外资。这也就是为何小国家比较倾向采用IFRS的原因,即便它们的制度背景尚未完全成熟。此外,由于越来越多的国家采用IFRS,而某一小国家如果仍坚持不采用而被排除在网络之外时,所面临的成本将越来越大。

另外有一篇文章探讨哪些制度背景会影响到国家层级是否采用IFRS的决定。一般而言,在投资者保护较弱的国家,为了符合投资者的信息需求,方法之一就是采用IFRS。例如,如果国家的证券相关法令对于披露的要求

① FASB/IASB于2002年达成《诺沃克(Norwalk)协议》,承诺共同发展一套共享的会计准则。

不足，或者法律对投资者保护不足时（如对小股东保护不足），采用IFRS是一个有效解决的方法；相对的，在投资者保护已经很强的国家，采用IFRS的利益就相对小。此外，股票市场越是对国外开放，这个国家越容易吸收外资，因此此类国家越倾向采用IFRS（Hope et al.，2008）。

问 题

Ramanna and Sletten（2014）建立下列两个假说：

H1：实施IFRS的网络效果越大时，则这个国家越会倾向于选择采用IFRS。

H2：网络效果对于采用IFRS的正面影响在小国家比较大。

研究设计

作者使用以下模型检验H1与H2：

$$Adoption_{it} = a_0 + a_1\_Network_{it} + a_2 Network_{it} \times GDP_{it-3} + a_3\ GDP_{it-3} + Country + Year + e$$

Adoption：当完全采用IFRS时，等于2；当局部采用IFRS时，等于1；当未采用IFRS时，等于0。*GDP*：以各国*GDP*大小作为国家规模的替代变量。*Network*：为网络效果，有两种定义方法：

（1）$Network\_RAW_{it}$：i国家t年的网络效果，等于i国家与$t-3$年所有完全采用*IFRS*国家的贸易总和，再除以i国家$t-3$年的*GDP*。

（2）$Network\_Predicted_{it}$：i国家t年的网络效果，使用三个步骤估计：

（a）估计下列回归模型（1999—2001年）：

$$Trade_{ij,t} = a_0 + a_1 Trade_{ij,t-3} + a_2 Control + e$$

$Trade_{ij}$,t为i国t年与j国之间的贸易额，再除上ij两国*GDP*的平均数。

（b）估计出系数后，将实际的$Trade_{ij,t-3}$与*Control*的数字(2005—2008年)代入以上模型，则可以估计出i国家贸易额预测值，称为Predicted_$Trade_{ij,t}$：

$$Predited\_Trade_{ij,t} = \hat{a}_0 + \hat{a}_1 Trade_{ij,t-3} + \hat{a}_2 Control$$

（c）最后，将i国于t年所有完全采用IFRS国家的贸易额预测值加总，得到$Network_Predicted_{it}$。

实证结果

不论采用哪一个*Network*当自变量，$a_1 > 0$，$a_2 < 0$，与预期相符合。

11.7.2 IFRS的经济后果——实证证据

IFRS经济后果：评价功能与契约功能。

如前所述，会计信息具有事前评价的信息功能以及事后监督的契约功能。然而，目前IASB主要强调的是会计信息具有事前评价功能，对于事后监督的契约功能，似乎采取沉默的态度与立场（详见第5章说明）。因此，IFRS对于事前评价的信息功能的影响，被称为是预期的经济后果，而对于事后监督的契约功能的影响，却被称为是未预期的经济后果（Bruggemann，Hitz，and Sellhorn，2013）。

11.7.2.1 事前评价角色的经济后果

所谓会计信息的评价功能，就是会计信息可提供关于公司未来现金流量的数量、时间及不确定性的相关信息。对于权益投资人而言，会计信息可以提供事前评价的投资决策的功能；对于债权人而言，会计信息可以用来评估公司未来现金流入以及是否发生流动性陷阱的参考。有关事前评价角色的经济后果，我们可以划分为：（1）对会计信息质量特性的影响；（2）对资本市场的影响；（3）对总体经济的影响。

对会计信息质量特性的影响

如前所述，使用IFRS所编制的财务报表与会计信息，具有较高的信息透明度与可比性，因而具有较高的质量特性。就信息透明度而言，学术实证研究主要是探讨IFRS对于应计盈余、稳健会计与所得平稳化等质量特性的影响。基本上，实证结果发现，IFRS对于这些会计特性有负面影响（如Ahmed et al.，2011；Callao and Jarne，2010），或者没有显著影响（Atwood et al.，2011）。例如，Ahmed et al.（2011）发现，强制性IFRS实施之后，公司的盈余质量变差了，因为公司更会使用盈余平稳化，以及更会采用积极性的会计政策（更大的应计盈余以及较少的稳健会计）。作者认为可能原因是：（1）原则式（Principle-based）准则并没有详细指引；（2）统一会计处理让公司缺乏沟通公司内部信息的渠道；（3）IFRS的有些会计处理会导致更高的盈余平稳化以及应计盈余（例如某些开发费用的资本化）。

就可比性的实证研究而言，结果算是比较一致的。例如，IFRS实施之后，各国之间的财务报表可比性增加了（Yip and Young，2012）；非美国公司在采用IFRS之后，他们的财务报表与美国公司之间的可比性也明显提高了（Barth et al.,2012)。Brochet,Jagolinzer,and Riedl(2013)以英国上市公司为样本,发现在实施IFRS之后,内幕交易所引起的市场反应较小,主要原因有两个:(1)盈余质量提高;(2)可比性增加。作者认为,英国在实施IFRS之前会计准则就很接近IFRS,因此这一结果应该是来自于可比性。Wang(2014)发现,实施IFRS之后,跨国公司之间的信息转移程度增加了,主要是因为这些公司之间的可比性增加,使得某公司盈余宣告对于国外同业的影响会比实施之前大。

然而,却有研究发现结果并不是如此强烈。例如,Lang et al.(2010)使用两种方法衡量可比性,结果发现,在实施IFRS之后,其中一个可比性方法,会增加分析师报告与精确度,但另一个反而会降低。Liao et al.(2011)发现,IFRS在实施当年,可比性是增加了,但是之后却降低了。因此,整体而言,有关IFRS可以增加可比性或信息透明度的说法,在实证结果上并非完全获得支持。

对资本市场的影响

一般而言,目前的研究基本上认为,采用IFRS对资本市场是有帮助的。研究发现,强制采用 IFRS之后,股票市场的流动性会提高(Daske et al.,2008)、买卖价差会降低(Muller et al.,2011)、权益的资金成本会降低(Li,2010)、公私债的利率也会下降(Florou and Kosi,2011)、机构投资者的持股比例相对比较高(Florou and Pope,2012)、公司的投资效率会提高(Biddle et al.,2011),且一般不会出现股票报酬骤然大降(也就是出现极端负的报酬)的风险(DeFond,Hung,Li,and Li,2015)。虽然以上的发现常常集中在制度背景比较好的国家(例如执法较严格的国家),但是大致而言,支持IFRS对资本市场影响的看法。

问　题

Li(2010):欧盟国家在强制性实施IFRS后,权益资金成本会降低?

研究设计

作者使用以下模型检验:

$$COC = a + b_1 POST + b_2 MANDATORY + b_3 POST \times MANDATORY + Control + e$$

COC:权益资金成本,见本书第4章说明。*POST*:2005年及其之后年度为1,否则为0。*MANDATORY*:至2005年才开始采用者为1,提早适用者为0。

实证结果

结果发现:$b_3 < 0$,支持预期。

研究也发现，采用 IFRS 后，异常报酬的波动(Abnormal Return Volatility)会变大，且异常交易量(Abnormal Trading Volume)也会增加(Landsman et al.，2012)。新上市公司的股价折价幅度，也因为信息不对称降低而减少(Hung et al.，2014)；同行业公司间盈余宣告的信息移转效果，在采用IFRS后变得比较强(Kim and Li，2011)。此外，当采用IFRS国家的法律机制越强，或采用 IFRS 前信息不对称越严重的国家，此种信息移转的增量效果会越好。

最后，也有一些研究探讨 IFRS 实施后对分析师资讯环境的影响。由于采用 IFRS 后的会计质量与报表间的可比性提高，因此这些研究推论：由于分析师预测的信息环境变好，因而分析师预测的人数将增加，预测误差变小，且分析师间预测的离散程度会变小，实证结果支持该看法(Byard et al.，2011；Tan et al.，2011；Horton et al.，2012)。此外，Tan et al.(2011)进一步发现，强制采用 IFRS 之后，除了会吸引本国的分析师报告之外，也会吸引更多外国的分析师跟进。作者发现，IFRS 实施会增加外国分析师预测的准确性，但对本国的分析师没有影响。作者推论该差异的主要原因，是因为强制采行 IFRS 会增加跨国之间报表的可比性，以致降低国外分析师预测的难度。综上所述，这些结果提供了 IFRS 间接影响资本市场的证据。

对总体经济的影响

强制采用 IFRS 的另一项好处，就是信息外部性(报表间的可比性增加)。当投资人进行投资决策时，采用相同会计准则所编制的财务报表，将促使公司间财务状况的可比性提高，而该利益对于进行跨国投资的投资人而言是相当有帮助的。随着全球采用 IFRS 的国家越来越多之后，预期此类外部性将会显著增加。研究发现，在强制采用 IFRS 后，基金经理人在投资组合中会纳入更多其他国家的权益证券(DeFond et al.，2011)。此外，也有研究发现，实施IFRS之后，海外对于公司债(Beneish et al.，2012)以及权益市场(Amiram，2009)的投资会增加，但后者仅出现在投资者保护较强与贪腐情况较低的国家。Chen，Ng，and Tsang(2015)发现，强制实施IFRS之后，公司通常会到国外跨国上市，所跨的国家数会比较多，且当这些公司到国外跨国上市时，所选择的国家通常也是采用IFRS的国家，或者是规模较大、流动性较好的资本市场。作者进一步发现，当这些到国外上市的公司是来自下列特性的国家时，前述影响尤其明显：（1）采用IFRS之前，本国有许多会计问题并未规范，但IFRS却有规范；（2）本国会计准则与IFRS之间有较大的差异；（3）本国原来的披露要求较少；（4）本国资本市场所提供的资金较为不足。因此，这些实证结果支持IFRS对于总体经济的影响。

问　题

实施IFRS之后更会跨国上市，且所跨的国家也更多（Chen et al., 2015）。

研究设计

使用下列Logit（Poisson）回归式检验：

$$CL\_firm(CL\_N) = a_0 + a_1 IFRS + a_2 POST + a_3 IFRS \times POST + Control + e$$

$IFRS=1$，强制采用 $IFRS$ 公司；$POST=1$，实施 $IFRS$ 之后的期间；CL_firm：有跨国上市的公司为1；CL_N：跨国上市的国家数。

实证结果

实证结果发现，不论是以 CL_firm 或是以 CL_N 作为因变量，a_3 都显著为正数。因此，实施 $IFRS$ 之后更会跨国上市，且所跨的国家也更多，与预期相同。

11.7.2.2　契约角色的经济后果

会计信息的另一项角色，就是在债务契约签订之后，可以对股东的剥夺行为及早提供预警的功能。债权人为了避免此类剥削行为的发生，将会在契约中制定以会计数字为基础的债务条款。例如，借款公司在契约持有期间，若其杠杆比率超过某一个预先设定的门槛值，就有可能导致债务契约违约，因而查封预先设定的担保品，或者债务契约进入到重新谈判的过程。

为使债权人有效评估债权是否受到损害，以及及早收到该预警信息，会计数字应该具备可验证性与稳健性两项信息特性（Kothari et al., 2010）。然而，现行IFRS的制定过程，似乎违反了该特性，因而降低了会计数字在债务契约中的功能。第一，IFRS是一种原则式的会计准则，因此提供较少的范围例外(Less Scope Exceptions)、较少的处理例外(Less Treatment Exceptions),以及较缺乏详细的处理指引。[①]第二,为了提高会计信息的相关性,IFRS使用大量的公允价值来计量资产与负债。原则式准则的基本特性,就是在会计处理的过程中,需要较多的专业判断,因此如果以会计数字作为制定债务契约的基础,则未来订约双方对于会计确认与计量很容易产生认知不一致的情况。此外,公允价值的计量较不客观,很容易产生偏误或错误。因此,在签订债务契约时,会降低使用以会计数字为基础的债务条款的动机。[②]

Demerjian(2011)以美国私债为样本,发现在美国会计准则导入较多以公允价值为评价方式的规范后,债务契约明显减少使用以资产负债表数字为基础的债务条款。此外,Chen et al.(2015)探讨IFRS对债务契约的影响。结果发现,IFRS实施之后,由于盈余质量受到负面影响,因此借款条件变差了。例如,利率提高、担保品需求增加、借款期缩短,且使用会计数字的债务条款也减少了。另外,由于IFRS实施之后,会计信息质量不利于订约,因此主办银行的持股也增加了。这些结果显示IFRS对于债务契约是不利的。作者也发现,对于债务契约不利的影响,在IFRS对盈余质量的负面影响较为严重的公司,尤其明显。此外,当本国GAAP与IFRS之间的差距越大时,由于IFRS的影响越大,因而借款条件变差更加明显。如前所述,IASB忽略了会计在契约功能上的角色,因此,本节所提供的论述以及实证研究结果,被学者称为是未预期的经济后果(Bruuggemann et al.,2013)。

另外,也有研究探讨IFRS对于薪酬契约的影响(Ozkan,Singer,and You,2012)。研究发现,实施IFRS之后,欧盟国家普遍会增加使用会计信息作为薪酬基础。此外,也会增加使用会计信息在相对绩效中的权重(完整的说明详见第6章6.5节)。因此,欧盟薪酬委员会似乎认为IFRS可以增加会计信息的敏感性与精确性,因而在设计薪酬契约时,会增加会计信息的使用。

---

① 对于原则式准则之特性,可参考Schipper(2003)。

② 债务条款通常都会预先设定某一个门槛值,作为债权质量受到损害时的预警机制。订约前,债权人可通过债务人的历史信息,设定其最适当的门槛值;债权存续的过程中,则可通过债务人会计数字与债务契约的联系,作为债权受损的警示。然而IFRS的此两项特性,有可能使得债权人对于门槛数字设定的难度提高,债权人亦有可能以专业判断或估计的理由,避免债务条款违约。

徒法不足以自行，IFRS实施是否成功，与制度背景息息相关。

11.7.2.3 制度背景与机制背景的影响

机制背景的影响

徒法不足以自行，IFRS 实施是否成功，与实施国家的制度背景是息息相关的。例如，**成文法系**（Code-law，如法国、日本与德国等）与**普通法系**（Common-law，如美国与英国）国家之间的会计准则，在特性上会存在差异。普通法系的国家是委由民间机构（Private Sector）来制定会计准则，然后通过资本市场的运作，来解决投资者与公司之间的不对称问题，因此比较强调市场导向。相对的，在成文法系的国家，通常是由公共部门（Public Sector）邀约相关的利益团体，如银行、企业公会、员工工会等，一起协商以解决彼此之间的信息不对称，因此，他们并非通过外部资本市场的运作来解决信息不对称的问题。在此情况下，利害关系人对于高质量的会计准则的需求就比较低了。因此，在普通法系的国家，为保护投资者，严格执法的需求是比较高的，且会计准则的质量也比较好。

Ball, Kothari, and Robin（2000）比较成文法系与普通法系国家之间的会计差异，实证结果发现，普通法系国家的会计稳健性比成文法系国家要高，原因就是如前所说的，由于在成文法系国家，重要利害关系人不需要通过财务报告信息，即可以知道重大损失，进而要求公司采取对策。但是，在普通法系国家，则需通过财务报表来获取这些信息，因此稳健性或者损失的实时性信息是很重要的。Ball et al.（2000）的研究虽然与IFRS无关，但却指出，制度背景塑造出不同特性的会计准则。因此，接下来的问题是：同一套会计准则（例如 IFRS）在不同国家实施，是否会产生不同的经济后果呢？

为回答该问题，Ball, Robin, and Wu（2003）选了中国香港、新加坡、泰国与马来西亚这四个国家或地区为研究对象，它们的共同特性是，都是成文法系色彩相当浓厚的国家或地区，具有相当浓厚的家族企业特性，向银行借款是相当常见的，因而银行具有相当大的影响力。公司与相关利害关系人之间的沟通，或者对公司的监督，是通过内部协商的，而非依靠会计信息的披露，因此，对于会计信息质量的要求较低。然而，这些国家或地区受普通法系国家的影响很大，因而都采用了诸如IFRS等由普通法系国家发展的高质量会计原则。Ball et al.（2003）研究发现，虽然这些国家或地区有高质量的会计准则，但是会计质量却是相对低的（比较不稳健或是不具实时性）。该研究结果的含意是：徒法

(会计准则)不足以自行,会计准则的成功与否,有赖于当地的制度背景。许多学术研究支持这一说法,也就是法律(Legal System)或者机制制度(Institution System)较健全的国家,实施IFRS的效益较大。例如,研究发现,实施IFRS之后市场流动性会增加,但这一情况仅出现在法律规范较健全的地区(Daske et al.,2008;Christensen et al.,2013)。此外,实施IFRS之后,分析师预测误差与离散度会降低,而这一现象也是仅出现在法制较为健全且当地准则与IFRS差距较大的地区(Byard et al.,2011)。最后,Landsman et al.(2012)也发现,IFRS实施后虽然会增加盈余的信息内涵,但增加幅度也受到法制环境的影响。

配套措施的影响

前面这些研究将实施IFRS的利益归因于法制或者机制健全与否。事实上,另外有一些研究进一步指出,机制背景固然重要,其实实施IFRS的配套措施是更加重要的(Christensen et al.,2013)。前一节这些研究的共同论点是:只要法律制度与机制背景完备,足以确保IFRS能够顺利执行,就会产生前面提到的各项正面经济后果。此说法近来也受到一些学者的质疑。首先,欧盟大部分国家都在同年实施IFRS(2005年),如果实施年度前后发生一些与IFRS无关的政治经济形势的变化,也可能会导致前面所说的各项经济后果;在此情况下,我们不能排除这些经济后果是来自政治经济环境的变化,而不是因为实施IFRS的关系。其次,在实施IFRS时,许多国家也同时专门成立一个部门或者采取具体的配套措施,以确保会计准则确实在有效实施。例如,IAS Regulation(Berger,2010)曾要求即将实施IFRS的国家,采取具体而有效的措施,以确保公司会严格遵守新的会计准则。因此,有学者针对是否有采取这一配套措施的规定进行研究,检验是否只有严格遵守新的会计准则的具体配套措施的国家,才会出现这些经济后果(Christensen et al.,2013)。因此作者认为,具体配套措施的实际执法强度才是产生IFRS经济后果的主因。

具体而言,Christensen et al.(2013)发现:(1)实施IFRS之后,市场流动性并没有增加;(2)将实施IFRS的国家分为欧盟与非欧盟国家之后,发现欧盟国家的市场流动性会增加,但非欧盟国家则没有影响;(3)进一步将欧盟国家再划分为有采取具体配套措施与未采取具体配套措施的国家,结果发现流动性增加的情况来自有采取具体配套措施的欧盟国家,而未采取具体配套措施的国家,则没有影响。进一步控制其他政治经济环境的变化之后,此结论没有受到影响。这些结果指出,不论是否是欧盟的成员国,即使实施

IFRS也不会影响到市场流动性,除非欧盟成员国实施IFRS时同样采取具体措施者,才会引起市场流动性的增加。

Christensen et al.(2013)的发现可能有两种解读方式:(1)欧盟成员国同时实施IFRS并采取具体措施者,才有效果;(2)单独采取具体措施者,而不论是否实施IFRS,都会有效果产生。然而不论是哪一种解释,严格遵守新的会计准则的具体配套措施,对于是否产生经济后果,扮演了举足轻重的角色。为了进一步区分这两种解读方式,作者做了进一步的分析。他们观察到,虽然日本并未实施IFRS,但在2005年执法强度明显改变之后,[①]市场流动性显著变强。该结果似乎指出,即使未实施IFRS,但只要增强执法强度,仍会产生正面的经济后果(流动性)。然而有关日本的推论,由于样本较小,因而解读上仍要保守一些。

综上所述,大致而言,虽然许多文献是支持IFRS可以提高盈余质量,并产生正面的经济后果的看法,但是,此结论却是依赖于研究样本的机制背景与配套措施的执行程度而定。

11.7.2.4　竞争是否较好

目前美国GAAP与IFRS是两套被公认的高质量会计准则,就前者而言,它是根植于美国的机制背景所产生的,因此它的高质量或者成功,应该是准则本身与机制背景二者合并的所产生的结果。同样,目前所宣称的IFRS的成功,是根植于欧盟国家的机制背景;如果将其强加于美国或甚至于法治环境较弱的国家,这些成功经验是否也可以移植到美国呢?这是一个有趣而重要的问题。FASB与IASB都被视为是高质量的会计准则时,这两个单位究竟是趋同比较好?还是由它们自由竞争比较好呢?自2007年11月15日起,在美国上市的外国公司,可以自由选择采用IFRS(不需做调整)或者美国本身的GAAP编制财务报表。该做法似乎认同两套准则自由竞争。然而该做法是否比较好呢?或者是否会有后续效应呢?自由竞争的好处是,如前所述,其实没有人知道真正的最优监管水平是多高,因此,如果由一个单位完全决定监管水平,则根据利益团体理论的说法,监管者其实主要是在追求自身利益的最大化。例如,多发布监管要求可以扩大自己的影响力。另外,准则制定的过程本身就是利益团体角力的结果,而该结果取决于当时哪一方利益团体的游说力量较强。因此定出来一套准则,未必是较好的准则。

---

① 鉴于一系列的公司丑闻,2004年11月16日,日本金融服务管理局(Financial Service Authority)宣布一系列强化执行财务披露的措施。例如,强化年报的查核以及强化会计师的监督等。

相对的,如通过竞争,则可以避免此种现象的存在。然而自由竞争也是有缺点的,因为两套准则的监管者为了争取"客户",有可能降低监管的水平,因而增加信息使用者的信息风险,或者增加公司盈余管理的可能性。当然,在有效市场的假说下,此种迎合降低会计准则质量或者数量的做法,会因为价格保护而受到一些限制。

IFRS/US GAAP比较 Barth et al.(2012)

作者比较27个采用IFRS国家的公司与采用美国GAAP的美国公司,发现非美国国家的公司采用IFRS之后,盈余质量会提高,而与美国公司采用GAAP比较时,质量变得比较接近而具有可比性。相对的,非美国国家的公司如果是采用当地的会计准则,则盈余质量比较低,与美国公司之间的可比性降低。作者使用的三个盈余质量分别为:盈余平稳化、应计盈余与时效性。

Leuz(2003)以德国上市公司为样本,探讨采用美国GAAP与IAS公司在降低信息不对称上的差异,结果发现,这两套准则对于市场流动性与交易量的影响是没有显著差异的。Bartov, Goldberg, and Kim(2005)也以德国公司为研究对象,结果发现盈余反应系数最高的公司,是采用美国GAAP的公司,其次则是采用IAS的公司。至于采用德国本身GAAP的公司则是最差的。最后,Barth, Landman, Lang, and Williams(2006)比较采用美国GAAP的美国公司与采用IAS的非美国公司之间的盈余质量,实证结果发现,前者的盈余质量比后者要高。

综上所述,是否应该让两套准则自由竞争,这是一个目前尚无答案的问题,然而如果要改采实施IFRS时,差异性制度背景的考量确是一项不容忽视的问题。

11.8 文章导读

11.8.1 管理当局预测——Bamber et al.(2010)与Yang(2012)

研究问题

Bamber et al.(2010)提出下列两个假说:

(1)H1:管理当局个人特有的风格,是否会影响到管理当局预测的

披露特性?(个人经验会影响价值判断与行事风格)

(2)H2:管理当局个人特有的披露风格,受到哪些因素的影响?

作者Yang(2012)提出下列两个假说:

(1)H1:管理当局个人之前的预测越精确者,当期预测的市场反应越佳。

(2)H2:当市场不确定性越高时,H1的现象越强烈。

Bamber et al.(2012)为回答第一个问题,使用下列回归模型检验:

$$MF_{it} = a + b\,X_{it} + \tau_t + \gamma_i + e_{it} \tag{11-1}$$

$$MF_{it} = a + b_1\,X_{it} + \lambda_{MANAGER} + \tau_t + \gamma_i + e_{it} \tag{11-2}$$

以上模型中,MF 为管理当局预测的各项特性,包括:

(1)预测频率(F_Freq):盈余预测发布的次数。

(2)预测精确性($F\_Precision$):点估计、区间估计、上限或者下限估计、定性预测,分别令其等于3,2,1与0。

(3)预测消息($F\_Goodnews$):(预测EPS - 分析师一致性预测)/期初股价。

(4)预测偏误(F_BiasUP):预测EPS>(<)实际 EPS ,则为1(-1);预测 EPS =实际 EPS,则为0。

(5)预测误差($F\_AbsError$):[|预测 EPS -分析师一致性预测|/期初股价]×100。

X 为各项影响 MF 的控制变量(如公司规模、是否产生亏损、机构持股比率等)。τ_t 为年度固定效应,γ_i 为公司固定效应。$\lambda_{MANAGER}$ 为管理当局的个人固定效应(类似每一个管理当局设定一个虚拟变量)。选样标准是:

(1)每一位管理者必须在至少两家公司上过班,且至少连续受雇三年。

(2)样本区间为1995—2005年。(3)S&P1 500内的公司。

首先,作者将焦点放在预测频率(F_Freq)上,也就是(11-1)与(11-2)的因变量为预测频率(F_Freq)。实证结果如下:

Panel A:					模型（11-1）	模型（11-2）
所有控制变量(X)是否全等于0?						
F-statistics(p-value)					6.77	4.32
所有管理当局个人因素($\lambda_{MANAGER}$)是否全等于0?						
F-statistics					7.46	
Adjusted R^2					33.5 %	43.5%
Adjusted R^2的增量						
原始增量						10%
百分比						29.9%(10/33.5)
$\lambda_{MANAGER}$达到10%显著水平的比率						51%
Panel B：分配						
	MEAN	25%	50%	75%	Diff(75%,25%)	
$\lambda_{MANAGER}$分配:	0.00	−0.97	0.01	0.96	1.93	

实证结果显示,模型(11-1)与(11-2)的控制变量都对预测频率(F_Freq)具有解释力(F值都达到显著水平:6.77与4.32)。更重要的是,管理当局个人因素($\lambda_{MANAGER}$)对于预测频率(F_Freq)具有解释力(F值=7.46),因此,在发布盈余预测时,会受到管理当局个人特性或者风格的影响。当在模型(11-2)中加入管理当局个人因素($\lambda_{MANAGER}$)后, $Adjusted\ R^2$ 由33.5 %增加为43.5%,而增加比率高达29.9%(10/33.5)。当管理当局个人因素($\lambda_{MANAGER}$)由第一分位增加为第三分位时,每年会增加1.93(0.96+0.97)次的预测次数。

如果将模型(11-1)与模型(11-2)的因变量改为其他四个管理当局属性之后,结果也是大同小异。因此,第一个问题(管理当局个人特有的风格,是否会影响到管理当局预测的披露属性?)的答案为:是的!为回答第二个问题,作者使用以下模型:

$$FE\_\lambda_{MANAGER,\ MFi} = a + b_1 Acc/Fin + b_2 Legal + b_3 PreWWII + b_4 Military + b_5 MBA + e_{it} \quad (11\text{-}3)$$

以上模型(11-3)中, $FE\_\lambda_{MANAGER,\ MFi}$ 为根据模型(11-2)算出的管理当局个人因素($\lambda_{MANAGER}$),下标 MFi 代表五个管理当局预测属性任何一者。作者认为下列几个个人背景因素会影响管理当局的披露风格:

(1) Acc/Fin :背景是会计/财务背景者为1,偏向比较保守、精确的披露风格。

(2) $Legal$:具有法律背景者为1,偏向比较保守(不敢乐观)的披露风格(较少发布、向下引导)。

(3) $PreWWII$:第二次世界大战前出生者为1,偏向比较保守的披露风格。

(4) *Military*：有当兵经验者为1，正直，因此预测偏向较精确、保守的披露风格。

(5) *MBA*：有MBA学历者为1；追求自利。

实证结果如下：

	F_Freq	F_Precision	F_Goodness	F_BiasUP	F_AbsError
Acc/Fin =1	−**	+**	?	−**	?
Legal=1	?	?	−*	?	?
PreWWII=1	−***	?	?	?	?
Military=1	?	?	?	?	?
MBA=1	?	?	+*	?	−*

*，**，***分别代表显著水平0.01，0.05，0.10；-表示系数为负数，+表示系数为正；?代表不显著。例如，-**代表系数显著为负，达到0.05显著水平。

具有会计或财务背景者，较少发布预测，但是却比较精确，同时所发布的预测也比较保守。具有法律背景者，发布向下修正的预测，也就是预测时比较不敢比分析师一致性大太多，反映了害怕诉讼风险的特质。第二次世界大战前出生者，发布较少的预测，显示比较不喜欢用预测来沟通。具有军事背景者，具有下列披露特质：(1)较精确，不喜欢马虎；(2)发布向下修正的预测。具有MBA背景者，喜爱发布向上修正的预测，但是预测数字比较接近实际公告的EPS数字。

Yang(2012)为检验H1，模仿Bamber使用下列回归模型估计公司与管理当局的固定效应(使用1996—2005年样本)：

$$Accuracy = a + b_1 X_{it} + \lambda_{MANAGER} + \tau_t + \gamma_i + e_{it} \quad (11\text{-}4)$$

Accuracy 为{[|预测EPS - 实际EPS|×(-1)]/期初股价}，越大代表越精确。然后，将估计出来的 $\lambda_{MANAGER}$ ($FE\_\lambda_{MANAGER}$)与 γ_i (即 FE_γ_i)，公司固定效应)代入下列模型(使用2006—2009年样本)：

$$Accuracy = a + b_1 X_{it} + b_2 FE\_\lambda_{MANAGER} + b_3 FE\_\gamma_i + YEAR + e_{it} \quad (11\text{-}5)$$

以上模型中，$FE\_\lambda_{MANAGER}$ 与 FE_γ_i 分别为管理当局的个人固定效应与公司固定效应(由1996—2005年样本估计而得)。实证结果发现，b_2 与 b_3 都显著为正，显示公司与管理当局的固定效应是具有持续性的(因为1996—2005年样本估计出来的管理当局与公司风格，在2006—2009年仍会影响

Accuracy）。如果将 $FE\_\lambda_{MANAGER}$ 与 FE_γ_i 的数字，转换为四分位的数值（*MGR* 与 *FIRM*），实证结果也是相同的。

Yang(2012)使用以下模型检验H1(使用2006—2009年样本)：

$$CAR(-1,1) = a + b_1 NEWS_{it} + b_2 MGR + b_3 MGR \times NEWS + Control + e_{it} \quad (11\text{-}6)$$

$$CAR(-1,1) = a + b_1 NEWS_{it} + b_2 MGR + b_3 MGR \times NEWS + b_4 FIRM + b_5 FIRM \times NEWS + Control + e_{it} \quad (11\text{-}7)$$

NEWS 为管理当局预测减去之前分析师一致性预测，再以期初股价平减，越大代表预测越是好消息。

实证结果显示，模型(11-6)中的 $b_3>0$，表示管理当局之前(1996—2005年)的预测风格比较精确时，本期预测的信息内涵较多。但是当加入 *FIRM* 的变量之后，模型(11-7)中的 b_3 不再显著，反而是 $b_5>0$，显示公司固定效应是较强烈的。

Yang(2012)为检验H2，使用下列模型(使用1996—2005年样本)：

$$CAR(-1,1) = a + b_1 GOODNEWS_{it} + b_2 BADNEWS_{it} + b_3 MGR + b_4 FIRM + b_5 MGR \times GOODNEWS + b_6 MGR \times BADNEWS + b_7 FIRM \times GOODNEWS + b_8 FIRM \times BADNEWS + Control + e \quad (11-8)$$

如果 *NEWS* 大(小)于0时，令 *GOODNEWS*(*BADNEWS*)等于 *NEWS*，否则为0。作者将样本分为高低信息不确定性两组，分别对模型(11-8)进行回归，结果发现，在高不确定性样本下，b_1，b_2，b_3 与 b_4 都显著为正，且仅 b_3 未达显著水平，显示在高不确定性样本下，管理当局的披露风格会影响到市场对于管理预测的评价。相对的，在低不确定性样本下，b_1，b_2，b_3，b_4 都不显著。因此H2得到支持。

11.8.2 IFRS——Tan，Wang，and Welker（2011）

问 题

Tan，Welker以25个强制采用IFRS国家为对象，建立下列假说：

（1）H1：IFRS实施后，国外分析师报告人数会增加，且预测精确性也增加。

（2）H2：当分析师与被分析公司所在国同时采用IFRS，或者分析师之前有IFRS之经验时，H1的情况尤其明显。

（3）H3：当被分析公司原来的GAAP与IFRS差距很大，或者分析师与被分析公司两国之间原来的GAAP的差距，因采用IFRS而降低很多时，则H1的情况尤其明显。

作者以25个强制采用IFRS的国家为样本，将样本分为两群：在强制实施前自愿采用IFRS者（Voluntary），以及强制时才采用IFRS者。为检验H1与H2，作者使用下列回归模型检验：

$$FOR = a + b_1 POST + b_2 Voluntary + b_3\ POST \times Voluntary + Control + e \qquad (11-9-1)$$

$$ACCURACY = a + b_1 POST + b_2 Voluntary + b_3\ POST \times Voluntary + Control + e \qquad (11-9-2)$$

以上模型中，*FOR* 为国外分析师人数；*ACCURACY*：为{[|最后一次预测EPS - 实际EPS|×(−1)]/股价}，越大表示越精确。*POST*：对于强制时才采用IFRS者，采用之后的年度为1，否则为0，对于自愿者，2005年12月31日之后为1，否则为0。*Voluntary*：自愿采用IFRS者为1，否则为0。

然而，作者将国外分析师分为5类：(1) *ALL*：所有国外分析师。虽然作者以25个IFRS国家为样本，但是其他国家（包括采用与未采用IFRS的国家）的分析师也会报告这25个IFRS国家，因此作者样本中包括了来自34个国家的分析师。(2) *CTRY25*：来自25个IFRS国家的国外分析师。(3) *NCTRY25*：非来自25个IFRS国家的国外分析师。(4) *IFRSEXP*：以往有IFRS经验的国外分析师。(5) *NIFRSEXP*：没有IFRS经验的国外分析师。

作者分别对这5类分析师样本，对模型(11-9-1)进行回归。实证结果如下。对于*ALL*，*CTRY25*与*IFRSEXP*这三组而言，*POST*系数 b_1 显著为正，*NCTRY25*则为负。自愿采用者，五组都为正数。至于*POST*×*Voluntary*的系数 b_3，都不显著。*POST*之后，*ALL*，*CTRY25*，*IFRSEXP*这三组的分析师人数增加($b_1 + b_3 > 0$)；*CTRY25*的*POST*系数显著大于*NCTRY25*的*POST*系数；*IFRSEXP*的*POST*系数显著大于*NIFRSEXP*的*POST*系数。因此，支持H1与H2。

	ALL	CTRY25	NCTRY25	IFRSEXP	NIFRSEXP
POST（1）	+***	+***	－**	+***	不显著
Voluntary（2）	+**	+*	+***	+*	+**
POST×voluntary（3）	不显著	不显著	不显著	不显著	不显著
（1）+（3）=0（p-value）	***	***	不显著	***	不显著
CTRY25的POST=NCTRY25的POST?		***			
IFRSEXP 的POST=NIFRSEXP的POST?				**	

作者分别对用这5类分析师样本，对模型(11-9-2)进行回归，实证结果如下。

	ALL	CTRY25	NCTRY25	IFRSEXP	NIFRSEXP
POST（1）	+*	+*	不显著	+*	+*
Voluntary（2）	+*	+*	不显著	+**	不显著
POST×voluntary（3）	−*	−*	不显著	−**	不显著
（1）+（3）=0（p-value）	不显著	不显著	不显著	不显著	*
CTRY25的POST=NCTRY25的POST?		不显著			
IFRSEXP 的POST=NIFRSEXP的POST?				不显著	

整体而言，实证结果支持**H1**与**H2**。为检验**H3**，作者使用下列回归模型：

$$\Delta FOR = a + b_1 IFRS\_DIFF + \Delta Control + e \tag{11-10-1}$$

$$\Delta ACCURACY = a + b_1 IFRS\_DIFF + \Delta Control + e \tag{11-10-2}$$

ΔFOR是指IFRS实施后之FOR与实施前之FOR之差额，越大则表示实施IFRS后越多分析师报告。$\Delta ACCURACY$是指IFRS实施后的$ACCURACY$与实施前的$ACCURACY$的差额，越大则表示实施IFRS后分析师的预测更为精确。$IFRS_DIFF$则是指当地GAAP与IFRS的差异幅度。[①]作者分别用这5类分析师样本，对模型(11-10-1)与(11-10-2)进行回归，实证结果显示，$b_1 > 0$，支持H3：当被分析公司原来的GAAP与IFRS差距很大，或是分析师与被分析公司两国之间原来的GAAP的差距因采用IFRS而降低很多时，

① Bae et al. (2008)发展出两个指标，请参阅。

H1 的情况尤其明显。

作者在进一步检验中，使用另一种衡量 IFRS_DIFF 的方法：$gaapdiff_{af}$。$gaapdiff_{af}$代表分析师所在国与被分析公司所在国的GAAP的差异，如果越大，则实施GAAP后消除两国差异的幅度也越大。$\Delta gaapdiff_{af}$表示实施IFRS前两国差异幅度，减去实施IFRS后两国差异幅度，因此$\Delta gaapdiff_{af}$越大则表示实施IFRS后消除两国差异的幅度也越大。作者使用以下模型检验H3：

$$\Delta FOR_{i} = a + b_{1}\Delta gaapdiff_{af} + \Delta Control + e_{i} \tag{11-11-1}$$

$$\Delta ACCURACY_{i} = a + b_{1}\Delta gaapdiff_{af} + \Delta Control + e_{i} \tag{11-11-2}$$

实证结果显示，$b_1>0$，支持H3。

附录 SAS/STATA实例

实例演练1：文献选读 Yang（2012）

Yang在其研究中提出两个问题以了解，管理当局个人之前的预测越精准时，当期预测的市场反应是否越佳；而当市场不确定性越高时，前述现象是否越强烈。本例假设每家公司管理当局每一季最多只发布一次盈余预测，共有 411 笔管理当局（即公司）－季－年观测值，根据该实证模型（11-4），因变量为管理当局预测的准确性（$|fore\_mgf\text{-}eps\_actual| \times (-1)/P_0$），控制变量采 *SIZE*(log(*MV*))、*ROA*、*MB*、*HORIZON*（$|anndats\text{-}est\_mgf|/365$）、*ANALYS*（分析师预测人数）、*eps_Volatility*（前四季盈余标准差）、管理当局虚拟变量及年虚拟变量。相关程序语法与输出摘要，请登录本书网站www.dufep.cn下载所附实例演练程序示范。

实例演练2：文献选读 Tan，Wang，and Welker（2011）

Tan et al.通过模型（11-9-1）检验，分析师报告人数（预测准确性）会不会因为IFRS的采用而有增加（更准确）趋势；而这种变化趋势，对原先被报告公司在该国未强制采行IFRS前已自行采用的公司而言，分析师报告人数

(预测准确性)应该不会有显著差异,但对那些原先未强制实行IFRS且也未自愿适用IFRS的公司而言,分析师报告人数(预测准确性)的改变应该会特别明显。为检验此假说,研究者可以采用双重差分模型检验法,即将样本分成四个子样本,今若以*Voluntary*虚拟变量区分公司在该国尚未强制采用IFRS准则前,其是否已经自行自愿先适用IFRS;而以*post*虚拟变量来区分强制与未强制采行IFRS两段不同期间,这样的设计就把研究样本分成四组样本。换言之,(*Voluntary*, *Post*)=(1,1)表示强制采用IFRS前已自行采用且资料时间点为强制执行期间,(0,1)则表示强制采用IFRS前未自行适用且资料时间点为强制执行期间,其余读者可自行类推。本例以欧盟国家为例,自2005年起强制所有公司采用IFRS准则。相关程序语法与输出摘要,请登录本书网站www.dufep.cn下载所附实例演练程序示范。

习题

1. 以往文献提出,信息市场是失灵的,请说明。
2. 由于信息市场是失灵的,因此主管机关应该主动制定准则。请评述该观点。
3. 就财务报告而言,会计信息为一种公共产品。请评论该观点。
4. 公司自愿披露信息的动机是什么?试说明之。
5. 何谓信号传递?会计上常见的信号传递方法有哪些?试说明之。
6. 文献上的两大监管理论分别为:(1)公共利益理论;(2)利益团体理论。试说明并评论之。
7. 近来有许多国家已实施或是即将实施IFRS,因此,有关IFRS的议题正方兴未艾。试问:

   (1)IFRS的主要目的是什么?

   (2)IAS设定IFRS的主要使用人是哪些?

   (3)目前IAS主要强调的是会计信息具有事前评价功能,对于事后监督的契约功能,似乎采取沉默的态度与立场。请就正反意见提出你的看法。

   (4)"徒法不足以自行",IFRS实施是否成功,与实施国家的制度背景或相关配套措施是息息相关的。目前的IFRS是由成文法系的国家开发出来的,这些成文法系国家的制度背景与中国之间或有不同,在此情况下,中国实施IFRS是否可以提高盈余质量呢?试评论之。

8.IFRS对于事前评价的信息功能的影响,被称为是预期的经济后果,而对于事后监督的契约功能的影响,却被称为是未预期的经济后果(Bruuggemann et al.,2010)。试问:

(1)你同意Bruuggemann,Hitz,and Sellhorn(2010)的看法吗?

(2)请从学术文献角度说明目前有关于预期的经济后果。

(3)请从学术文献角度说明目前有关于未预期的经济后果。

9. 目前有关于预期的经济后果,其实是没有定论的。例如,Ahmed,Neel,and Wang(2011)发现,强制性IFRS实施之后,公司的盈余质量变差,因为公司更会使用盈余平稳化,以及更会采用积极性的会计政策(更大的应计盈余以及较少的稳健会计)。试问:

(1)读者是否可以自行演练如何检验Ahmed et al.(2011)的结论?

(2)既然没有定论,那么中国在实施强制性IFRS时,你觉得应该如何面对该问题?你觉得我们已经准备好了相关的配套措施吗?

10. 目前有关于未预期的经济后果,学界似乎发现不少的负面结果。试问:

(1)对于该结果,你有何看法?

(2)是否这就是IFRS对于事后监督的契约功能,采取沉默的态度与立场的原因?

11. 当会计科目使用公允价值入账时,会产生许多的未实现利得或损失,这些未实现利得或损失,常常并非是管理当局所能控制的,如将此数字列入损益表并评估管理当局绩效,似有欠公允。此举在目前越来越强调公允价值的情况下尤其严重。2007年IAS修订IAS 1:财务报表列报时,要求编制综合净利表,至于编制方法有两种:一种是单一报表法,另一种是两张报表法。前面提到的一些未实现损益则列入其他综合净利。当采用两张报表法时,应单独列入第二张报表中,此举似乎已在回应财务报告的监管角色。试问:

(1)你同意第二段的论述吗?

(2)事实上,比较多的美国公司采用第二种方法编制报表,你觉得原因是什么?

(3)如果从公共利益理论与利益团体理论而言,IAS 1的规定比较符合哪一个理论?

12. 为唤起投资者信心,美国于2002年通过SOX法案;该法案对于投资者而言,效益自然是受到相当肯定的。然而,由于执行成本过高,特别是

SOX 404(要求公司管理当局自评内部控制制度,也要求注册会计师鉴证)。此举引起了很多反弹,特别是小公司,同时也让许多国外公司纷纷离开美国,改去伦敦或者香港上市。试问:

(1)就公共利益理论而言,你觉得SOX 404法案是否监管过多了?从社会福利角度而言,你觉得最优监管程度是多高呢?试评论之。

(2)有些团体认为美国这一法案监管得太多太细了,建议改采原则式的监管方式,你觉得呢?

(3)中国有关内部控制的相关规范是否较合理呢?试评论之。

13.Armstrong et al.(2012)收集欧盟在过去讨论应否实施IFRS时先后公布的16项相关的重大信息;其次检验这16项信息对于股市的影响。研究结果发现,对于原来信息质量较差的公司而言,IFRS的实施具有正面的市场反应。因此,就此结论而言,IFRS的实施对于这些公司而言,净效益是正面的。试问:

(1)你同意用股价涨跌来衡量实施IFRS的净效益吗?为什么?

(2)如不同意,你觉得可以用什么方法衡量呢?

参考文献

中文部分

金成隆,林修葳,林美凤.新上市公司股价异常涨跌与财务预测关系之研究[J].会计评论,2002(34):31-56.

金成隆,林修葳,张永芳.强制性财务预测误差与盈余管理关系:20%门槛限制影响之研究[J].中国财务学刊,1999,7(1):31-56.

金成隆,郑丁旺.持续与非持续盈余反应系数之研究[J].会计评论.1999(31):19-42.

梁嘉纹,林伟妘.员工分红费用化与盈余管理之关联性[D].未发表论文,2010.

英文部分

Abarbanell, J. 1998.Abnormal returns to a fundamental analysis strategy. *The Accounting Review* 73(1):19-45.

Abarbanell, J., and B. Bushee.1997.Fundamental analysis, future earnings, and stock prices. *Journal of Accounting Research* 35:1-24.

Abarbanell, J. S. 1991.Do analysts earnings forecasts incorporate information in prior stock price changes? *Journal of Accounting and Economics* 14:147-165.

Abarbanell, J. S., and V. L. Bernard.1992.Tests of analysts' overreaction/underreaction to earnings information as an explanation for anomalous stock price behavior.

The Journal of Finance 47(3):1181-1207.

Abbott, L., J. Parker, and G. F. Peters.Audit committee characteristics and restatements.*Auditing: A Journal of Practice and Theory* 23:69-87.

Aboody, D., and B. Lev.1998.The value relevance of intangibles: The case of software capitalization.*Journal of Accounting Research* 36(3):161-191.

Aboody, D., and R. Kasznik.2000.CEO stock option awards and the timing of corporate voluntary disclosures.*Journal of Accounting and Economics* 29: 73-100.

Agrawal, A., and S. Chadha.2005.Corporate governance and accounting scandals.*Journal of Law and Economics* 48:371-406.

Ahmed, A. S., and S. Duellman.2007.Accounting conservatism and board of director characteristics: an empirical analysis. *Journal of Accounting and Economics* 43:411-437.

Ahmed, A. S., and S. Duellman.2013.Managerial overconfidence and accounting conservatism.*Journal of Accounting Research* 51:1-30.

Ahmed, A. S., B. K. Billings, R. M. Morton, and M. Stanford-Harris.2002. The role of accounting conservatism in mitigating bondholder-shareholder conflicts over dividend policy and in reducing debt costs.*The Accounting Review* 77:867-890.

Ahmed, A. S., M. Neel, and D. Wang.2011.Does mandatory adoption of IFRS improve accounting quality? Preliminary evidence.*Contemporary Accounting Research* 29:312-340.

Ahmed, A., B. Billings, R. Morton, and M. Harris.2002.The role of accounting conservatism in mitigating bondholder-shareholder conflict over dividend policy and in reducing debt cost.*The Accounting Review* 77:867-890.

Ajinkya, B., S. Bhojraj, and P. Sengupta.2005.The association between outside directors, institutional investors, and the properties of management.*Journal of*

Accounting Research 43:343-376.

Akerlof, G. A. 1970.The market for lemons: Quality uncertainty and the market mechanism.*Quarterly Journal of Economics* 84(3):488-500.

Albuquerque, A. 2009.Peer firms in relative performance evaluation.*Journal of Accounting and Economics* 48:69-89.

Albuquerque, A. M. 2014. Do growth - option firms use less relative performance evaluation? *The Accounting Review* 89(1):27-60.

Alexander, F. 1950.Five monographs on business income.New York: Study Group on Business Income, AICPA.

Ali, A., and P. Zarowin.1992.The Role of earnings levels in annual earnings-returns studies.*Journal of Accounting Research* 30:286-296.

Allen, A., and K. Ramanna, 2013.Towards an understanding of the role of standard setters in standard setting.*Journal of Accounting & Economics* 55: 66-90.

Allen, L., H. Guob, and J. Weintropa.2008.The information content of quarterly earnings in syndicated bank loan prices.*Asia- Pacific Journal of Accounting & Economics* 15:91-122.

Allen, A. M., and K. Ramanna.2013.Towards an understanding of the role of standard setters in standard setting.*Journal of Accounting and Economics* 55: 66-90.

Altamuro, J., and A. Beatty.2010.How does internal control regulation affect financial reporting? *Journal of Accounting and Economics* 49:58-74.

Amiram, D. 2009.Financial information globalization and foreign investment decisions, Working paper, University of North Carolina.

Anderson, K. L., and T. L. Yohn.2002.The effect of 10-K restatements on firm value information asymmetries, and investors' reliance on earnings.Working paper, Georgetown University, Washington, DC.

Anderson, R., S. Mansi, and D. Reeb.2004.Board characteristics, accounting report integrity, and the cost of debt.*Journal of Accounting and Economics* 37:315-342.

Antle, R., and A. Smith.1986.An empirical investigation of relative performance evaluation of corporate executives.*Journal of Accounting Research* 24:1-39.

Armstrong, C., A. Jagolinzer, and D. Larcker.2010.Chief executive officer equity incentives and accounting irregularities.*Journal of Accounting Research* 48:225-271.

Armstrong, C., M. Barth, A. Jagolinzer, E. J. Riedl.2010.Market reaction to the adoption of IFRS in Europe.*The Accounting Review* 85:31-61.

Arrow, K. J. 1963.Social choice and individual value, Cowles Foundation Monograph(New York,NY:John Wiley).

Arya, A., J. Glover, and S. Sunder.1998.Earnings management and the revelation principle.*Review of Accounting Studies* 3:7-34.

Ashbaugh, S., D. Collins, and R. LaFond.2006.The effects of corporate governance on firms' credit ratings.*Journal of Accounting and Economics* 42:203-243.

Ashbaugh - Skaife, H., D. Collins, and W. Kinney.2007.The discovery and reporting of internal control deficiencies prior to SOX - mandated audits. *Journal of Accounting and Economics* 44:166-192.

Ashbaugh-Skaife, H., D. Collins, W. Kinney, and R. LaFond.2008.The effect of SOX internal control deficiencies and their remediation on accrual quality. *The Accounting Review* 83:217-250.

Ashbaugh-Skaife, H., D. Collins, W. Kinney, and R. LaFond.2009.The effect of SOX internal control deficiencies on firm risk and cost of equity.*Journal of Accounting Research* 47:1-43.

Atwood, T. J., M. S. Drake, J. N. Myers, and L. A. Myers.2011.Do earnings reported under IFRS tell us more about future earnings and cash flows? *Journal of Accounting and Public Policy* 30:103-121.

Baber, W. R., S. H. Kang, and K. R. Kumar.1999.The explanatory power of earnings levels vs.earnings changes in the context of executive compensation. *The Accounting Review* 74:459-472.

Baber, W. R., S-H. Kang, and K. R. Kumar.1998.Accounting earnings and executive compensation: The role of earnings persistence.*Journal of Accounting and Economics* 25:169-193.

Badrinath, S. G., and N. P. Varaiya.2001.Share repurchase: To buy or not to buy.*Financial Executive* 17:43-48.

Bae, K. H., R. M. Stulz, and H. Tan.2008.Do local analysts know more? A cross-country study of the performance of local analysts and foreign analysts. *Journal of Financial Economics* 88:581-606.

Baginski, S., 1987.Intraindustry information transfers associated with management forecasts of earnings.*Journal of Accounting Research* 25:196-216.

Baginski, S., and J. Hassell.1990.The market interpretation of management earnings forecasts as a predictor of subsequent financial analyst forecast revision.*The Accounting Review* 65:175-190.

Bailey, W., H. Li, C. Mao, and R. Zhong.2003.Regulation fair disclosure and earnings information: Market, analyst and corporate responses.*Journal of Finance* 63:2487-2514.

Baik, B., D. B. Farber, and S. Lee.CEP ability and management earnings forecasts.*Contemporary Accounting Research* 28:1645-1668.

Ball, R., A. Robin, and G. Sadka.2008.Is financial reporting shaped by equity markets or by debt markets? An international study of timeliness and conservatism.*Review of Accounting Studies* 13:168-205.

Ball, R., A. Robin, and J. Wu.2003.Incentives versus standards: Properties of accounting income in four East Asian countries.*Journal of Accounting and Economics* 36:235-270.

Ball, R., and L. Shivakuma.2005.Earnings quality in UK private firms: Comparative loss recognition timeliness.*Journal of Accounting and Economics* 39:83-128.

Ball, R., and L. Shivakumar.2008.How much new information is there in earnings? *Journal of Accounting Research* 46:975-1016.

Ball, R., and P. Brown.1968.An empirical evaluation of accounting income number.*Journal of Accounting Research* 6(2):159-178.

Ball, R., S. Kothari, and A. Robin.2000.The effect of international institutional factors on properties of accounting earnings.*Journal of Accounting and Economics* 29:1-51.

Ball, R. T., R. M. Bushman, and F. P. Vasvari.2009.The debt - contracting value of accounting information and loan syndicate structure.*Journal of Accounting Research* 46:247-287.

Bamber, S. J. Jiang, I. Y. Wang.2010.What's My Style? The influence of top managers on voluntary corporate financial disclosure.*The Accounting Review* 85(4):1131-1162.

Banker, R., and S. M. Datar.1989.Sensitivity, precision, and linear aggregation of signals for performance evaluation.*Journal of Accounting Research* 27(1): 21-39.

Barber, B., R. Lehavy, M. McNichols, and B. Trueman.2001.Can investors profit from the prophets? Security analyst recommendations an stock returns. *Journal of Finance* 56:531-563.

Barber, B., R. Lehavy, and B. Trueman.2007.Comparing the stock recommendation performance of investment banks and independent research firms.*Journal of Financial Economics* 85(2):490-517.

Barber, B., R. Lehavy, M. McNichols, and B. Trueman.2006.Buys, holds, and sells: The distribution of investment banks' stock ratings and implications for the profitability of analysts' recommendations.*Journal of Accounting and Economics* 41:87-117.

Barber, W. R., S. H. Kang, and L. Liang.2006.Strong boards, external governance, and accounting restatements.Working Papers, University of George Washington .

Barron O., C.Kile C., and T.O'Keefe.1999.MD&A quality as measured by the SEC and analysts' earnings forecasts.*Contemporary Accounting Research* 16: 75-109.

Barron O., O.Kim, S. Lim, and D. Stevens.1998.Using analysts' forecasts to measure properties of analysts' information environment.*The Accounting Review* 73:421-433.

Barron, O. E., O. E., D. Byard, C. Kile, and E. J. Riedl, 2001.High - Technology intangibles and analysts' forecasts. *Journal of Accounting Research* 40(2):289-312.

Barth, M. E. 1994.Fair value accounting: Evidence from investment securities and the market valuation of banks.*The Accounting Review* 69:1-25.

Barth, M. E., J. A. Elliott, and M. W. Finn.1999.Market rewards associated with patterns of increasing earnings.*Journal of Accounting Research* 37(2): 387-413.

Barth, M. E., and R. Kasznik.1999.Share repurchases and intangible assets. *Journal of Accounting and Economics* 28:211-241.

Barth, M., and A. Hutton.2004.Analyst earnings forecast revisions and the pricing of accruals.*Review of Accounting Studies* 9:59-96.

Barth, M., M. Clement, G. Foster, and R. Kasznik.1998.Brand values and capital market valuation.*Review of Accounting Studies* 3:41-68.

Barth, M., R. Kasznik, and M. McNichols.2001.Analyst coverage and intangible assets.*Journal of Accounting Research* 39:1-34.

Barth, M. E., W. R. Landsman, M. Lang, and C. Williams.2012.Are IFRS-based and US GAAP-based accounting amounts comparable? *Journal of Accounting and Economics* 54(1):68-93.

Barth, M. E., W. R. Landsman, M. Lang, and C. Williams.2006.Accounting Quality: International Accounting Standards and US GAAP.Working paper.

Barton, J. 2001.Does the use of financial derivatives affect earnings management decisions? *The Accounting Review* 76(January):1-26.

Bartov, E. 1993.The timing of asset sales and earnings manipulation. *The Accounting Review* 68:840-855.

Bartov, E., and P. Mohanram.2004.Private information, earnings manipulations, and executive stock-option exercises. *The Accounting Review* 79(October): 889-920.

Bartov, E., D. Givoly, and C. Hayn.2002.The rewards to meeting or beating analysts' forecasts.*Journal of Accounting and Economics* 33:173-204.

Bartov, E., S. Radhakrishnan, and I. Krinsky.2000.Investor sophistication and patterns in stock returns after earnings announcements. *The Accounting Review* 75:43-63.

Bartov, E., S. R. Goldberg, and M. Kim.2005.Comparative value relevance among German, US, and international accounting standards: A German stock market perspective.*Journal of Accounting, Auditing & Finance* 10:677-698.

Bastable, C. W. 1977.Is SEC replacement cost data worth the effort.*Journal of Accountancy* 144:68-76.

Basu, S. 1997.The conservatism principle and the asymmetric timeliness of earnings.*Journal of Accounting and Economics* 24:3-37.

Beasley, M. 1996.An empirical analysis of the relation between the board of director composition and financial statement fraud. *The Accounting Review* 71:433–465.

Beatty, A., J. Weber, and J. J. Yu.2008.Conservatism and debt.*Journal of Accounting and Economics* 45:154–174.

Beatty, A., K. Ramesh, and J. Weber.2002.The importance of accounting changes in debt contracts: The cost of flexibility in covenant calculations. *Journal of Accounting and Economics* 33:205–227.

Beaver, W. H. 1968.The information content of annual earnings announcements.*Journal of Accounting* (Supplement):67–92.

Beaver, W. H., M. L. McAnally, and C. H. Stinson.1997. The information content of earnings and prices: A simultaneous equations approach.*Journal of Accounting and Economics* 23:53–81.

Beaver, W. H. 1998.Financial reporting: An accounting revolution.3rd edition. Englewood Cliffs, N.Y.: Prentice-Hall.

Beaver, W., and S. Ryan.2000.Biases and lags in book value and their effects on the ability of the book-to-market ratio to predict book return on equity. *Journal of Accounting Research* 38:127–148.

Beaver, W., and S. Ryan.2005.Conditional and unconditional conservatism: Concepts and modeling.*Review of Accounting Studies* 10:269–309.

Beaver, W., M. McNichols, and K. Nelson.2007.An alternative interpretation of the discontinuity in earnings distributions.*Review of Accounting Studies* 12:525–556.

Beaver, W., R. Clarke, and W. Wright.1979.The association between unsystematic security returns and the magnitude of earnings forecast errors. *Journal of Accounting Research* 17(2):316–340.

Beaver, W., R. Lambert, and D. Morse.1980.The information content of security prices.*Journal of Accounting and Economics* 2:3–28.

Beaver, W., R. Lambert, and S. Ryan.1987.The information content of security prices: A second look.*Journal of Accounting and Economics* 9: 139−158.

Beaver, W. H., M. McNichols, and K. Nelson.2007.An alternative interpretation of the discontinuity in earnings distributions.*Review of Accounting Studies* 12: 525−556.

Bebchuk, L. A., and J. M. Fried.2004.Pay without Performance: The Unfulfilled Promise of Executive Compensation.Harvard University Press, Cambridge, MA.

Begley, J., and R. Freeman.2004.The changing role of accounting numbers in public lending agreements.*Accounting Horizons* 18: 81−96.

Beneish, M., M. Billings, and L. Hodder.2008.Internal control weaknesses and information uncertainty.*The Accounting Review* 83: 665−703.

Beneish, M. D., B. P. Miller, and T. L. Yohn. 2012.The Impact of Financial Reporting on Equity versus Debt Markets: Macroeconomic Evidence from Mandatory IFRS Adoption, Working paper, Indiana University.

Bens, D., V. Nagar, D. Skinner, and M. Wong.2003.Employee stock options, EPS dilution, and stock repurchases.*Journal of Accounting and Economics* 36: 51−90.

Benson, G. 1973.Required disclosure and the stock market: An evaluation of the Securities Exchange ACTO of 1934.*American Economic Review* 63: 132−155.

Benston, G. 1985.The self-serving hypothesis: Some evidence.*Journal of Accounting and Economics* 7: 67− 84.

Bernard, V. L., and J. Thomas.1989.Post-earnings announcement drift: Delayed prie reaction or risk premium? *Journal of Accounting Research* (Supplement): 1−36.

Bergman, N. K., and S. Roychowdhury.2008.Inverstor sentiment land corporate disclosure. *Journal of Accounting Research* 46: 1057–1083.

Beyer, A., D. A.Cohen, T. Z. Lys, and B. R. Walther.2010.The financial reporting environment: Review of the recent literature. *Journal of Accounting and Economics* 50: 296–343.

Bharath, S. T., J. Sunder, and S. Sunder.2008.Accounting quality and debt contracting. *The Accounting Review* 83: 1–28.

Bharath, S. T., S. Dahiya, A. Saunders, and A. Srinivasan.2009.Lending relationships and loan contract terms. *Review of Financial Studies* 24: 1141–1203.

Biddle, G., G. Hilary and R. Verdi.2009.How does financial reporting quality relate to investment efficiency? *Journal of Accounting and Economics* 48: 112–131.

Biddle, G. C., C. M. Callahan, H. A.Hong, and R. L. Knowles.2011.Does mandatory adoption of international financial reporting standards increase investment efficiency? Working paper, The University of Hong Kong, University of Memphis, and Texas State University.

Block, S. 1999.A study of financial analysts: practice and theory. *Financial Analysts Journal* 55: 86–95.

Bonner, S., Z. Palmrose, S. Young.1998.Fraud type and auditor litigation: an analysis of SEC accounting and auditing enforcement releases. *The Accounting Review* 73: 503–532.

Boot, A. W. A., and A. V. Thakor.1994.Moral hazard and secured lending in an infinitely repeated credit market game. *International Economic Review* 35: 899–920.

Botosan, C. 1997.Disclosure level and the cost of equity capital. *The Accounting Review* 72: 323–349.

Botosan, C., and M. Harris.2000.Motivations for a change in disclosure frequency and its consequences: An examination of voluntary quarterly segment disclosures.*Journal of Accounting Research* 38:329−353.

Boubakri, N., O. Guedhami, D. Mishra, and W. Saffar.2012.Political connections and the cost of equity capital.*Journal of Corporate Finance* 18: 541−559.

Bouwman, M., P. Frishkoff, and P. Frishkoff.1995.The relevance of GAAP-based information: a case study exploring some uses and limitations. *Accounting Horizons* 9(4):22−47.

Bowen, R., A. Davis, and D. Matsumoto.2002.Do conference calls affect analysts' forecasts? *The Accounting Review* 77:285−316.

Bowen, R., E. Noreen, and J. Lacey.1981.Determinants of the corporate decision to capitalize interest.*Journal of Accounting and Economics* 3(2): 151−180.

Bowen, R., L. DuCharme, and D. Shores.1995.Shareholders' implicit claims and accounting method choice.*Journal of Accounting and Economics* 20: 255−295.

Brav, A., and R. Lehavy.2003.An Empirical Analysis of Analysts' Target Prices: Short-term Informativeness and Long−term Dynamics.*Journal of Finance* 58: 1933−1968.

Bradley, M., and M. Robert.2004.The structure and pricing of corporate debt covenants.Working paper, Duke University.

Bradshaw, M. 2002.The use of target prices to justify sell-side analysts' stock recommendations.*Accounting Horizons* 16:27−40.

Bradshaw, M. 2004.How do analysts use their earnings forecasts in generating stock recommendations? *The Accounting Review* 79:25−50.

Bradshaw, M. T., G. S. Miller, and S. J. Serafeim.2011.Accounting Method Heterogeneity and Analysts' Forecasts.Working paper, Boston College,

University of Michigan, and Harvard University.

Brav, A., J. Graham, C. Harvey, and R. Michaely.2005.Payout policy in the 21st century.*Journal of Financial Economics* 77:483–527.

Brealey, R., and S.Myers.1984.Principles of corporate finance, 2nd edition. New York: McGraw-Hill.

Brown, L. 1993.Earnings forecasting research: Its implications for capital markets research.*International Journal of Forecasting* 9:295–320.

Brown, L. D., and A. Hugon.2009.Team earnings forecasting.*Review of Accounting and Studies* 14(4):587–607.

Brown, L. D., and A. S. Pinello.2007.To what extent does the financial reporting process curb earnings surprise games? *Journal of Accounting Research* 45(5):947–981.

Brown, S., K. Lo, and T. Lys, 1999.Use of R2 in accounting research: measuring changes in value relevance over the last four decades.*Journal of Accounting and Economics* 28:83–115.

Bruggemann, U., J. Hitz, and T. Sellhorn.2013.Intended and Unintended consequences of mandatory IFRS adoption: A review of extant evidence and suggestions for future research.*European Accounting Review* 22(1):1–37.

Bruynseels, L., and E. Cardinaels.2014.The Audit committee: Management watchdog or personal friend of the CEO? *The Accounting* 89:113–145.

Burgstahler, D., and I. Dichev.1997.Earnings management to avoid earnings decreases and losses.*Journal of Accounting and Economics* 24(1):99–126.

Burgstahler, D., and M. Eames.2003.Earnings management to avoid losses and earnings decrease: are analysts fooled? *Contemporary Accounting Research* 20:253–294.

Burns, N., and S. Kedia.2006.The impact of performance-based compensation on misreporting.*Journal of Financial Economics* 79:35–67.

Bushee, B. 1998.The influence of institutional investors in myopic R&D investment behavior. *The Accounting Review* 73:305–333.

Bushee, B. J., D. A. Matsumoto, and G. S., Miller.2003.Open vs.closed conference call: The determinants and effects of broadening access to disclosure.*Journal of Accounting and Economics* 34(1):149–180.

Bushman, R. M., and R. J. Indjejikian.1993.Accounting income, stock price, and managerial compensation.*Journal of Accounting and Economics* 16:3–23.

Bushman, R. M., R. J. Indjejikian, and A. Smith.1996.CEO compensation: The role of individual performance evaluation.*Journal of Accounting and Economics* 21(2):161–193.

Bushman, R. M., and A. Smith.2001.Financial accounting information and corporate governance.*Journal of Accounting and Economics* 32:237–333.

Bushman, R., and J. Piotroski.2006.Financial Reporting Incentives for Conservative Accounting: The Influence of Legal and Political Institutions. *Journal of Accounting and Economics* 42:107–148.

Byard, D., Y. Li, and Y. Yu. 2011. The effect of mandatory IFRS adoption on financial analysts' information environment, *Journal of Accounting Research*, 49(1):69–96.

Callao, S.and J. I. Jarne.2010. Have IFRS affected earnings management in the European Union? *Accounting in Europe* 7(2):159–189.

Canning, J. 1929.The Economics of Accountancy.New York: Ronald Press.

Carcello, J. V., D. R. Hermanson, and Z. Ye.2011.Corporate governance tesearch in accounting and auditing: Insights, practice implications, and future research directions.*Auditing : A Journal of Practice & Theory* 30:1–31.

Carcello, J. V., and L. Chan.2013.Costs and benefits of requiring an engagement partner signature: recent experience in the United Kingdom. *The Accounting Review* 88:1511–1546.

Chakravarthy, J., Ed deHaan, and S. Rajgopal.2014.Reputation repair after a serious restatement. *The Accounting Review* 89:1329−1363.

Chambers, R. 1966.Accounting, evaluation and economic behavior.Englewood Cliffs, N.J.: Prentice-Hall.

Chan, K., N. Jegadeesh, and J. Lakonishok.1996.Momentum strategies.*Journal of Finance* 51:1681−1713.

Chan, L. H., K. C. W. Chen, and T. Y. Chan.2013.The effect of firm-initiated clawback provisions on bank loan contracting.*Journal of Financial Economics* 110:659−679.

Chan, L. H., K.Chen, T. Y. Chen, and Y. Yu.2015.Substitution between real and accrual-based earnings management after voluntary adoption of compensation clawback provisions. *The Accounting Review*, forthcoming.

Chaney, P. K., M. Faccio, and D. Pasley. 2012.The quality of accounting information and politically connected firms.*Journal of Accounting and Economics* 51:58−76.

Chambers, A., and S. Penman.1984.Timeliness of reporting and the stock price reaction to earnings announcements.*Journal of Accounting Research* 22 (Spring):21−47.

Chava, S., and M. R. Roberts.2008.How does financing impact investment? The role of debt covenants.*Journal of Finance* 63:2085−2121.

Chava, S., P. Kumar, and A. Warga.2010.Managerial agency and bond covenants.*Review of Financial Studies* 23:1120−1148.

Chen T. Y., C. L. Chin, S. Wang, and C. Yao.2015.The Impact of mandatory IFRS adoption on bank loan contracting.*Journal of International Accounting Research*, forthcoming.

Chen, H., J. Z. Chen, G. Lobo, and Y. Wang.2010.Association between borrower and lender state ownership and accounting conservatism.*Journal of*

Accounting Research 48:973−1014.

Cheng, Q., and T. D. Warfield.2005.Equity incentives and earnings management.*The Accounting Review* 80:441−476.

Cheng, M., D. Dhaliwal, and Y. Zhang.2013.Does investment efficiency improve after the disclosure of material weaknesses in internal control over financial reporting? *Journal of Accounting and Economics* 56:1−18.

Chi, H. Y., and C. L. Chin.2011.Firm versus partner measures of auditor industry expertise. *Auditing:A Journal of Practice and Theory* 30:201−229.

Chin, C. L., and H. Y. Chi.2009.Reducing restatements with increased industry expertise.*Contemporary Accounting Research* 26:729−765.

Chin, C. L., G. Kleinman, P. Lee, and M. Lin.2006.Corporate ownership structure and accuracy and bias of mandatory earnings forecast: Evidence from Taiwan.*Journal of International Accounting Research* 5(2):41−62.

Chin, C. L., W. R. Yao, and P. Y. Liu.2014.Industry audit experts and ownership structure in the syndicated loan market: At the firm and partner levels.*Accounting Horizons* 28:749−768.

Chiu, C., S. H. Teoh, and F. Tian.2013.Board interlocks and earnings management contagion.*The Accountings Review* 88:915−944.

Chordia, T., and L. Shivakumar.2005.Inflation illusion and post - earnings - announcement drift.*Journal of Accounting Research* 43(4):521−556.

Chow, C. W.1983.The impacts of accounting regulation on bondholder and shareholder wealth: The case of the Securities Acts.*The Accounting Review* 58:485−520.

Christensen, H. B., E. Lee, and M. Walker.2007.Cross - sectional variation in the economic consequences of international accounting harmonization: The case of mandatory IFRS adoption in the UK.*The International Journal of Accounting* 42(4):341−379.

Christensen, H. B., E. Lee, and M. Walker.2009.Do IFRS reconciliations convey information? The effect of debt contracting.*Journal of Accounting Research* 47(5):1167-1199.

Clarkson, P., M. Dontoh, G. Richardson, and S. Sefcik.1992.The voluntary inclusion of earnings forecasts in IPO prospectuses.*Contemporary Accounting Research* 8:601-626.

Claus, J., and J. Thomas.2001, Equity premia as low as three percent? Evidence from analysts ' earnings forecasts for domestic and international stock markets.*Journal of Finance* 56:1629-1666.

Clement, M. 1999.Analyst forecast accuracy:Do ability, resources, and portfolio complexity matter? *Journal of Accounting and Economics* 27:285-303.

Clement, M., and S. Tse.2005.Financial analyst characteristics and herding behavior in forecasting.*Journal of Finance* 60:307-341.

Cohen, D., A. Dey, and T. Lys.2008.Real and accrual based earnings management in the Pre and Post Sarbanes Oxley periods.*The Accounting Review* 83(May):757-787.

Cohen, D., and P. Zarowin.2010.Accrual based and real earnings management activities around seasoned equity offerings.*Journal of Accounting and Economics* 50:2-19.

Cohen, D., M. Darrough, R. Huang, and T. Zach.2010.Warranty reserve: Contingent liability, information signal, or earnings management tool? *The Accounting Review* 86(2):569-604.

Collins, D., and P. Hribar.2000.Earnings - based and accrual - based market anomalies: One effect or two? *Journal of Accounting and Economics* 29: 101-123.

Collins, D., and S. Kothari.1989.An analysis of the cross - sectional and intertemporal determinants of earnings response coefficients.*Journal of Accounting and Economics* 11:143-181.

Collins, D., M. Rozeff and, D. Dhaliwal.1981.The economic determinants of the market reaction to proposed mandatory accounting changes in the oil and gas industry: A cross - sectional analysis.*Journal of Accounting and Economics* 3:37−71.

Collins, D., G. Gong, and H. Li.2009.Corporate governance and backdating of executive stock options.*Contemporary Accounting Research* 26(2):403−445.

Collins, D., S.Kothari, J. Shanken, and R. Sloan.1994.Lack of timeliness and noise as explanations for the low contemporaneous return-earnings association. *Journal of Accounting and Economics* 18:289−324.

Collins, Daniel W., Michael S. Rozeff, and Dan S. Dhaliwal.1981.The economic determinants of the market reaction to proposed mandatory accounting changes in the oil and gas industry: A cross-sectional analysis. *Journal of Accounting and Economics* 3:37−72.

Cooper, R., T. Day, and C. Lewis.2001.Following the leader: A study of individual analysts' earnings forecasts.*Journal of Financial Economics* 61: 383−416.

Copeland, T., T. Koller, and J. Murrin.2000.Valuation: Measuring and Managing the Value of Companies.New York: Wiley.

Core, J., Guay, W. 1999.The use of equity grants to manage optimal equity incentive levels.*Journal of Accounting and Economics* 28:151−184.

Core, J., R. Holthausen, and D. Larcker.1999.Corporate governance, chief executive officer compensation, and firm performance.*Journal of Financial Economics* 51:371−406.

Correia, M. M. 2014.Political connections and SEC enforcement.*Journal of Accounting and Economics* 57:241−262.

Costello, A. M., and R. Wittenberg-Moerman.2010.The impact of financial reporting quality on debt contracting: evidence from internal control weakness reports.Working paper.

Cyert, R., and J. March.1963.The behavioral theory of the firm.Englewood Clifts, NJ: Prentice Hall.

Daniel, K., D. Hirshleifer and A. Subahmanyam.1998.Investor psychology and security market under-and overreactions.*Journal of Finance* 53: 1839-1886.

Daniel, N. D., D. J. Denis, and L. Naveen.2008.Do firms manage earnings to meet dividend thresholds? *Journal of Accounting and Economics* 45: 2-26.

Daske, H., L. Hail, C. Leuz, and R. S. Verdi.2008.Mandatory IFRS reporting around the world: early evidence on the economic consequences, *Journal of Accounting Research* 46(5): 1085-1142.

Datar, S. M., G. A. Feltham, and J. S. Hughes.1991.The role of audits and audit quality in valuing new issues.*Journal of Accounting and Economics* 14(1): 3-49.

Davis, A., J. Piger, and L. Sedor.2012.Beyond the numbers: Managers' use of optimistic and pessimistic tone in earnings press releases.*Contemporary Accounting Research* 29: 845-868.

De Franco, G., S. P. Kothari, and R. Verdi.2011.The benefits of financial statement comparability.*Journal of Accounting Research* 49(4): 895-931.

DeAngelo, L., 1981.Auditor independence, 'low balling', and disclosure regulation.*Journal of Accounting and Economics* 3: 113-127.

DeAngelo, H., L. DeAngelo, and D. J. Skinner.1996.Reversal of fortune dividend signaling and the disappearance of sustained earnings growth.*Journal of Financial Economics* 40(3): 341-371.

Dechow, P.1994.Accounting earnings and cash flows as measures of firm performance: The role of accounting accruals.*Journal of Accounting and Economics* 18: 3-42.

Dechow, P., A. Hutton, and R. Sloan, 2000.The relation between analysts' forecasts of long-term earnings growth and stock price performance following equity offerings. *Contemporary Accounting Research* 17:1-32.

Dechow, P., A. Hutton, J. H. Kim, and R. Sloan.2012.Detecting earnings management: A new approach. *Journal of Accounting Research* 50:275-334.

Dechow, P., and I. Dechiv.2002.The quality of accruals and earnings: The role of accrual estimation errors. *The Accounting Review* 77:35-59.

Dechow, P., and R. Sloan.1991.Executive incentives and the horizon problem: An empirical investigation. *Journal of Accounting and Economics* 14:51-89.

Dechow, P., and R. Sloan.1997.Returns to contrarian investment strategies: Tests of naive expectations hypotheses. *Journal of Financial Economics* 43:3-27.

Dechow, P., R. Sloan, and A. Sweeney.1995.Detecting earnings management. *The Accounting Review* 70:193-225.

Dechow, P., R. Sloan, and A. Sweeney.1996.Causes and consequences of earnings manipulation: An analysis of firms subject to enforcement actions by the SEC. *Contemporary Accounting Research* 13:1-36.

Dechow, P., S. Richardson, and I. Tuna.2003.Why are earnings kinky? An examination of the earnings management explanation. *Review of Accounting Studies* 8:355-384.

Dechow, P., W. Ge, and C. Schrand.2010.Understanding earnings quality: A review of the proxies, their determinants and their consequences. *Journal of Accounting and Economics* 50:344-401.

Dechow, P., W. Ge, C.Larson, and R. Sloan.2011.Predicting material accounting misstatements. *Contemporary Accounting Research* 28:17-82.

DeFond, M. L., and M. Hung.2003.An empirical analysis of analysts' cash flow forecasts. *Journal of Accounting and Economics* 35(1):73-100.

DeFond, M., and J. Jiambalvo.1994.Debt covenant violation and manipulation of accruals. *Journal of Accounting and Economics* 17:145-176.

DeFond, M., and M. Hung.2003.An empirical analysis of analysts' cash flow forecasts.*Journal of Accounting and Economics* 1:73-100.

DeFond, M., X. Hu, M. Hung, and S. Li.2011.The impact of mandatory IFRS adoption on foreign mutual fund ownership: The role of comparability. *Journal of Accounting and Economics* 51(3):240-258.

Degeorge, F., J. Patel, and R. Zeckhauser.1999.Earnings management to exceed thresholds.*Journal of Business* 72:1-33.

Dehaan, E., F. Hodge, and T. Shevlin.2013.Does voluntary adoption of a clawback provision improve financial reporting quality? *Contemporary Accounting Research* 30:1027-1062.

Demerjian, P. R., B. Lev, and M. F. Lewis, and S. McVay.2013.Managerial ability and earnings quality.*The Accounting Review* 88:463-498.

Demerjian, P. 2011.Accounting standards and debt covenants: Has the "balance sheet approach" led to a decline in the use of balance sheet covenants? *Journal of Accounting and Economics* 52(2-3):178-202.

Demirakos, E., N. Strong, and M. Walker.2004.What valuation models do analysts use? *Accounting Horizons* 18(4):221-240.

Demstez, H. Information and efficiency: Another viewpoint.*Journal of Law and Economics* 12:1-22.

Demski, J., and D. Sappington.1984.Optimal incentive contracts with multiple agents.*Journal of Economic Theory* 33(1):152-171.

Denis, D., D. Denis, and A. Sarin, 1994.The information content of dividend changes: Cash flow signaling, overinvestment, and dividend clienteles.*Journal of Financial and Quantitative Analysis* 29:567-587.

Desai, H., C. Hogan, and M. Wilkins.2006.The reputational penalty for aggressive accounting: earnings restatements and management turnover. *The Accounting Review* 81:83-112.

Dezoot, F. T., D. R. Hermanson, D. S. Archambeault, and S. A. Reed.Audit committee effectiveness: A synthesis of the empirical audit committee literature.*Journal of Accounting Literature* 21:38-75.

Dhaliwal, D., I. K. Kumar, and R. Pereira.2010.Costly public disclosure and the choice between private and public debt.*Contemporary Accounting Research*, forthcoming.

Dhaliwal, D., V. Naiker, and F. Navissi.2010.The Association between accruals quality and the characteristics of accounting experts and mix of expertise on audit committees.*Contemporary Accounting Research* 27:787-827.

Diamond, D. W., and R. E. Verrecchia.1991.Disclosure.liquidity, and the cost of capital.*Journal of Finance*: 1325-1359.

Dichev, I. D., and D. J. Skinner.2002.Large sample on the debt covenant hypothesis.*Journal of Accounting Research* 40(Sep.):1091-1123.

Dichev, Graham, Harvey, and Rajgopal.2013.Earnings quality: Evidence from the field.*Journal of Accounting and Economic* 56(Supplement):1-33.

Dikolli, S. S., S. L. Kulp, and K. L. Sedatole.2009.Transient Institutional investors and CEO contracting.*The Accounting Review* 84(3):737-770.

Do, Y., O. Hope, and W. B. Thoms.2013.Relationship-Specificity, Contract Enforceability, and Income Smoothing.*The Accounting Review* 88: 1629-1656.

Doyle, J., W. Ge, and S. McVay.2007a.Determinants of weaknesses in internal control over financial reporting.*Journal of Accounting and Economics* 44: 193-223.

Doyle, J., W. Ge, and S. McVay.2007b.Accruals quality and internal control over financial reporting.*The Accounting Review* 82:1141-1170.

Durtschi, C., and P. Easton.2009.Earnings management? Erroneous inference based on earnings frequency distributions.*Journal of Accounting Research*

47:1249-1282.

Easterwood, J., and S. Nutt.1999.Inefficiency in analysts' earnings forecasts: Systematic misreaction or systematic optimism? *Journal of Finance* 54: 1777-1797.

Easton, P., P. Eddey, and T. Harris.1993.An investigation of revaluations of tangible long-lived assets.*Journal of Accounting Research* 31(Supplement): 1-38.

Easton, P. 2004.PE ratios, PEG ratios, and estimating the implied expected rate of return on equity capital.*The Accounting Review* 79:73-95.

Easton, P. 1985, Accounting earnings and security valuation: Empirical evidence of the fundamental links, *Journal of Accounting Research* 23, 54-77.

Easton, P. D., and G. A. Sommers.2007.Effect of analysts' optimism on estimates of the expected rate of return implied by earnings forecasts.*Journal of Accounting Research* 45(5):983-1015.

Easton, P. D., and T. S.Harris.1991.Earnings as an explanatory variable for returns.*Journal of Accounting Research*, 29(1):19-36.

Edwards, E., and P. Bell.1961.The Theory and measurement of business income.Berkley: University of California Press.

Efendi, R., B. Ouyang, and E. P. Swanson.2013.Executive turnover following option backdating allegations.*The Accounting Review* 88:75-105.

Efendi, J., and A. Srevastava, and E. P. Swanson.2007.Why do corporate managers misstate financial Statements? The role of option compensation and other factors.*Journal of Financial Economics* 85:667-708.

Elgers, P., M. Lo, and R. Jr. Pfeiffer.2003.Analysts vs.investors weightings of accruals in forecasting annual earnings.*Journal of Accounting and Public Policy* 22:255-280.

Elliott, J., D. Philbrick, and C. Weidman.1995.Evidence from archival data on the relation between security analysts' forecast errors and prior forecast revisions. *Contemporary Accounting Research* 11:919–938.

Erkens, D. H., K. R. Subramanyam, and J. Zhang.2014.Affiliated Banker on Board and Conservative Accounting. *The Accounting Review* 89: 1703–1728.

Ertimur, Y., J. Livnat, and M. Martikainen.2003.Differential market reactions to revenue and earnings surprises. *Review of Accounting Studies* 8:185–211.

Faccoo, M. 2010.Differences between politically– connected firms and non-connected firms: A cross country analysis. *Financial Management* 39:905–927.

Faccoo, M., M. Masulis, J. McConnel.2006.Political connection and corporate bailouts. *Journal of Finance* 61:2597–2635.

Fama, E. F. 1976.Foundations of Finance.New York: Basic Books.

Fama, E. F., and K. R. French.1992.The cross-section of expected stock returns. *Journal of Finance* 47:427–465.

Fan, J., and T. J. Wong.2002.Corporate ownership structure and the informativeness of accounting earnings in East Asia. *Journal of Accounting and Economics* 33:401–425.

Fan, Q. 2007.Earnings management and ownership retention for initial public offering firms: Theory and evidence. *The Accounting Review* 82(1):27–64.

Fan, J., T. J. Wong, and T. Zhang.2007.Politically connected CEOs, corporate governance, and Post–IPO performance of China's newly partially privatized firms. *Journal of Financial Economics* 84(2):330–357.

Feldman, R., S. Govindaraj, J. Livnat, and B. Segal.2009.Management's tone change, post earnings announcement drift and accruals. *Review of Accounting Studies* 15:915–953.

Feltham, G. A., and J. A. Ohlson.1995.Valuation and clean surplus accounting for operating and financial activities. *Contemporary Accounting Research* 11:

689-732.

Feltham, G. A., and J. Xie.1994.Performance measure congruity and diversity in multi-task principal/agent relations.*The Accounting Review* 69:429-453.

Feng, M., C. Li, and S. McVay.2009.Internal control and management guidance.*Journal of Accounting and Economics* 48:190-209.

Financial Accounting Standards Board.1978.Statement of Financial Accounting Concepts No.1 Stanford, Conn.: FASB, November.

Financial Accounting Standards Board.1976.Scope and Implications of the Conceptual Framework Project.Stanmford, Conn.: FASB December 2.

Firth, M., O. Rui, and W. Wu.2011.Cooking the books: Recipes and costs of falsified financial statements in China.*Journal of Corporate Finance* 17: 371-390.

Florou, A. and U.Kosi. 2011.The economic consequences of mandatory IFRS adoption for debt financing, Working paper, University of Macedonia and Lancaster University.

Florou, A. , and P. F. Pope.2012.Mandatory IFRS adoption and investor asset allocation decisions, *The Accounting Review*, forthcoming.

Foster, G., C. Ohlsen, and T. Shevlin.1984.Earnings releases, anomalies, and the behavior of security returns.*Journal of Accounting Research* 31:216-230.

Frankel, R., H. Johnson, and D. J. Skinner.1998.An empirical examination of conferee call as a voluntary disclosure medium.*Journal of Accounting Research* 37:133-150.

Francis, J., D. Nanda, and X. Wang.2006.Re - examining the effects of regulation fair disclosure using foreign listed firms to control for concurrent shocks.*Journal of Accounting and Economics* 41:271-292.

Francis, J., K. Schipper, and L. Vincent.2005.Earnings and dividend informativeness when cash flow rights are separated from voting rights.

Journal of Accounting and Economics 39:329−360.

Francis, J., R. LaFond, P. Olsson, and K. Schipper.2004.Costs of equity and earnings attributes.*The Accounting Review* 79:967−1010.

Francis, J., R. LaFond, P. Olsson, and K. Schipper.2005.The market pricing of accruals quality.*Journal of Accounting and Economics* 39:295−327.

Francis, J. A. Huang, S. Rajgopal and A. Zang.2008.CEO Reputation and earnings quality.*Contemporary Accounting Research* 25:109−47.

Francis, J. R., and P. N. Michas.2013.The contagion effect of low - quality audits .*The Accounting Review* 88:521−552.

Franco, G. E., O. Hope, D. Vyas, and Y. Zhou.2014.Analyst report readability. Contemporary Accounting Research.Forthcoming.

Frankel, R., and C. M. C. Lee.1988.Accounting valuation, market expectation, and cross-sectional sectional stock returns.*Journal of Accounting and Economics* 25:283−319.

Frankel, R., M. Johnson, and D. J. Skinner.1999.An empirical examination of conference calls as a voluntary disclosure medium.*Journal of Accounting Research* 37(1):133−150.

Francis, J. R., M. Pinnuck, and O. Watanabe.Auditor style and financial statement comparability.*The Accounting Review* 89:605−633.

Francis, J., and L. Soffer.1997.The relative informativeness of analysts' stock recommendations and earnings forecast revisions.*Journal of Accounting Research* 35(2): 193−211.

Gagnon, J. 1967.Purchase versus pooling of interests: The search for a predictor. *Journal of Accounting Research*(Empirical Research in Accounting: Selected Studies) 5:187−204.

Gassen, J. 2008.Are stewardship and valuation usefulness compatible or alternative objectives of financial accounting? Working paper, Humboldt -

University Berlin.

Gaver, J., and K. Gaver.1998.The relation between nonrecurring accounting transactions and CEO cash compensation.*The Accounting Review* 73: 235–253.

Ge, W., and S. McVay.2005.The disclosure of material weaknesses in internal control after the Sarbanes-Oxley Act.*Accounting Horizons* 19:137–158.

Ge, W., D. Matsumoto, and J. L. Zhang.2011.Do CFOs Have Style? An empirical investigation of the effect of individual CFOs.*Contemporary Accounting Review* 28:1141–1179.

Gebhardt, W. R., C. M. C. Lee, and B. Swaminathan.2001.Toward an implied cost of capital.*Journal of Accounting and Research* 39:135–176.

Gerstein, M. H. 2002.The PEG ratio: Fact and fiction, a mathematically incorrect ratio that can enhance your investment success.Multexinvestor.com (August 30).

Gibbons, R., and K. J. Murphy.1990.Relative performance evaluation for chief executive officers.*Industrial and Labor Relations Review* 43:30–51.

Gilson, S., and J. Warner.1998.Private versus public debt: Evidence from firms that replace bank loans with junk bonds.Working paper, Harvard Business School and University of Rochester.

Givoly, D., and C. Hayn.2000.The changing time-series properties of earnings, cash flows and accruals: Has financial reporting become more conservative? *Journal of Accounting and Economics* 29(3):287–320.

Gjesdal, F. 1981.Accounting for stewardship.*Journal of Accounting Research* 19:208–231.

Gleason, C., and C. Lee.2003.Analyst forecast revisions and market price discovery.*The Accounting Review* 78:193–225.

Goh, B. W., and D. Li. 2011.Internal controls and conditional conservatism.

The Accounting Review 86(3):975–1005.

Gonedes, M., and N. Dopuch.1974.Capital market equilibrium, information production and selecting accounting techniques: Theoretical framework and review of empirical work.*Journal of Accounting Research* 12(Supplement): 48–129.

Graham, J. R., C. R. Harvey, and S. Rajgopal.2005.The economic implications of corporate financial reporting.*Journal of Accounting and Economics* 40:3–73.

Graham, J. R., S. Li, and J. Qiu.2008.Corporate misreporting and bank loan contracting.*Journal of Financial Economics* 89:4–61.

Greig, A. 1992.Fundamental analysis and subsequent stock returns.*Journal of Accounting and Economics* 15(2–3):413–442.

Grossman, S. 1976.On the efficiency of competitive stock markets where traders have diverse information. *The Journal of Finance* 31(2):573–585.

Grossman, S., and J. Stiglitz.1980.On the impossibility of internationally efficient mrket.*American Economic Review*:393–409.

Groysberg, B., P. M. Healy, and C. J. Chapman.2008.Buy - side vs.sell - side analysts' earnings forecasts.*Financial Analysts Journal* 64:25–39.

Gu, Z., and T. Chen.2004.Analysts' treatment of nonrecurring items in street earnings.*Journal of Accounting and Economics* 38:129–170.

Guay, W., S. Kothari, and R. Watts.1996.A market-based evaluation of discretionary accrual models.*Journal of Accounting Research* 34:83–105.

Guedhami, O., J. Pittman, and W. Saffar.2014.Auditor choice in politically connected firms.*Journal of Accounting Research* 52(1):107–162.

Gul, F. A., W. Donghui, and Z. Yang.2013.Do individual auditors affect audit quality? Evidence from archival data. *The Accounting Review* 88:1993–2023.

Gunny, K. 2005.What are the consequences of real earnings management? Working paper, University of Colorado.

Guo, R., B. Lev, and N. Zhou.2004.Competitive costs of disclosure by biotech IPOs.*Journal of Accounting Research* 42:319–355.

Hagerman, R. L., and M. E. Zmijewski.1979.Some economic determinants of accounting policy choice.*Journal of Accounting and Economics* 1:141–161.

Hail, L., and C. Leuz.2006.International differences in the cost of equity capital: do legal institutions and securities regulation matter? *Journal of Accounting Research* 44:485–531.

Hammersley, J., L. Myers, and C. Shakespeare.2008.Market reactions to the disclosure of internal control weaknesses and to the characteristics of those weaknesses under Section 302 of the Sarbanes Oxley Act of 2002.*Review of Accounting Studies* 13:141–165.

Hanlon, M., S. Rajgopal, and T. Shevlin.2003.Are executive stock options associated with future earnings? *Journal of Accounting and Economics* 36: 3–43.

Harris, J., and P. Bromiley.2007.Incentives to cheat: The influence of executive compensation and firm performance on financial misrepresentation. *Organizational Science* 18:350–67.

Hayn, C. 1995.The information content of losses.*Journal of Accounting and Economics* 20:125–153.

Healy, P. 1985.The effect of bonus schemes on accounting decisions.*Journal of Accounting and Economics* 7:85–107.

Healy, P., A. Hutton, and K. Palepu.1999.Stock performance and intermediation changes surrounding sustained increases in disclosure. *Contemporary Accounting Research* 16:485–520.

Healy, P., and K. Palepu.2001.Information asymmetry, corporate disclosure, and the capital markets: A review of the empirical disclosure literature. *Journal of Accounting and Economics* 31:405-440.

Heckman, J. J. 1979.Sample selection bias as a specification error.*Econometrica* 47(1):153-162.

Hendriksen, E. S. 1982.Accounting Theory.Homewood, I11.: Richard D. Irwin, Inc.

Hennes, K. M., A. J. Leone, and B. Miller.2014.Determinants and market consequences of auditor dismissals after accounting restatements. *The Accounting Review* 89:1051-1082.

Heflin, F., K. Subramanyam, and Y. Zhang.2003.Regulation FD and the financial information environment: Early evidence. *The Accounting Review* 78:1-37.

Hilary, G., and C. Hsu.2012.Endogenous confidence in managerial forecasts. *Journal of Accounting and Economics* 51:300-313.

Hilary, G., and L. Menzly.2006.Does past success lead analysts to become overconfident? *Management Science* 52(4):489-500.

Hilary, G., and I. R. Shen.2013.The role of analysts in intra - industry information transfer . *The Accounting Review* 88:1265-1287.

Hirshleifer, L. 1971.The private and social value of information and the reward to inventive activity.*American Economic Review* 61:561-573.

Hirshleifer, J. 1958.On the theory of optimal investment decision.*Journal of Political Economy* 4:329-352.

Holmstrom, B. 1979.Moral hazard and observability.*The Bell Journal of Economics* 10(1):74-91.

Holmstrom, B. 1982.Moral hazard in teams.*Bell Journal of Economics* 13: 324-340.

Holthausen, R. 1981.Evidence on the effect of bond covenants and management compensation contracts on the choice of accounting techniques. The case of the depreciation switch - back.*Journal of Accounting and Economics* 3:73-109.

Holthausen, R. W., and R. W. Leftwich.1983.The Economic consequences of accounting choice: Implications of costly contracting and monitoring.*Journal of Accounting and Economics* 5(2):77-117.

Holthausen, R. W., D. F. Larcker, and R. G. Sloan.1995.Annual bonus schemes and the manipulation of earnings.*Journal of Accounting and Economics* (February):29-74.

Hollander, S., M. Pronk, and E. Roelofsen.2010.Does silence speak? An empirical analysis of disclosure choices during conference calls.*Journal of Accounting Research* 48:531-563.

Hong, H., and J. Kubik.2003.Analyzing the analysts: Career concerns and biased earnings forecasts.*Journal of Finance* 58:313-351.

Hong, H., J. Kubik, and D. Solomon.2000.Security analysts' career concerns and herding of earnings forecasts.*Rand Journal of Economics* 31:121-144.

Hsieh, C., and K. Hui.2011.Analyst report readability in high-technology firms. Working paper, The Hong Kong University of Science and Technology.

Houston, J. F., L. Jiang, C. Lin, and Y. Ma.2014.Political connections and the cost of bank loans.*Journal of Accounting Research* 52:193-243.

Horton, J., G. Serafeim, and I. Serafeim.2012. Does mandatory IFRS adoption improve the information environment? *Contemporary Accounting Research*, forthcoming.

Hribar, P., and N. Jenkins.2004.The effect of accounting restatements on earnings revisions and the estimated cost of capital.*Review of Accounting Studies* 9:337-56.

Hribar, P., N. T. Jenkins, and W. B. Johnson.2006.Stock repurchases as an earnings management device.*Journal of Accounting and Economics* 41:3-27.

Hui, K. W., S. Klasa, and E. Yeung.2012.Corporate suppliers and customers and accounting conservatism.*Journal of Accounting and Economics* 53:115-135.

Hung, M., T. J. Wong, and T. Zhang.2012.Political consideration in the decision of Chinese SOEs to list in Hong Kong.*Journal of Accounting and Economics* 53(1-2):435-449.

Huang, X., S. H. Teoh, and Y. Zhang.2014.Tone management.*The Accounting Review* 89:1083-1113.

Hughes, P. J., and E. S. Schwartz.1988.The LIFO/FIFO choice: An asymmetric information approach.*Journal of Accounting Research* 26 (Supplement):41-58.

Hunt, A., S. Moyer, and T. Shevlin.2000.Earnings volatility, earnings management, and equity value.Working paper, University of Washington.

Indjejikian, R. J., and D. Nanda.2002.Executive target bonuses and what they imply about performance standards. *The Accounting Review* 77:793-819.

International Accounting Standards Board.2008.An improved conceptual framework for financial reporting(exposure draft, London:IASB, May).

International Accounting Standards Board, Conceptual Framework for Financial Reporting: The Reporting Entity (Exposure Draft, joint with FASB, Chapters 1 and 2, London:IASB, MAY 2008).

Jackson, S., X. Liu, and M. Cecchini.2009.Economic consequences of firms' depreciation method choice: evidence from capital investments.*Journal of Accounting and Economics* 48:54-68.

Jacob, J., T. Lys, and M. Neale.1999.Expertise in forecasting performance of security analysts.*Journal of Accounting and Economics* 28:51-82.

Janakiraman, S., R. Lambert, and D. Larcker.1992.An empirical investigation of the relative performance evaluation hypothesis.*Journal of Accounting Research* 30:53-69.

Jayaraman, S. 2012.The effect of enforcement on timely loss recognition: Evidence from insider trading laws.*Journal of Accounting and Economics* 53: 77-97.

Jensen, M. C., and W. H. Meckling.1976.Theory of the firm: Managerial behavior, agency costs and ownership structure.*Journal of Financial Economics* 3(4):305-360.

Erhard,W., and M. C. Jensen.2014.Putting integrity into finance theory and practice: A purely positive approach', Harvard Business School NOM Unit Working Paper No.12- 074;Barbados Group Working Paper No.12- 01; European Corporate Governance Institute(ECGI)- France Working Paper No.417/2014.Available at SSRN:http://ssrn.com/abstract=1985594 or http://dx.doi.org//0.2139/ssrn.1985594.

Jog, V.'The climate for Canadian initial public offerings.' In: Halpern, P.,(ED) Financing growth in Canada.University of Calagry Press:357-401.

Jones, J. 1991.Earnings management during import relief investigations.*Journal of Accounting Research* 29:193-228.

Joos, P. P. M., and E. Leung.2013.Investor perceptions of potential IFRS adoption in the United States.*The Accounting Review* 88(2):577-609.

Jorion, Ep., Z. Liu, and C. Shi.2005.Informational effects of regulation FD: Evidence from rating agencies.*Journal of Financial Economics* 76:309-330.

Johnson, S. A., H. E. Ryan, and Y. S. Tian.2009.Managerial incentives and corporate fraud: The sources of incentives matters.*Review of Finance* 13: 115-145.

Jung, W. O. 1989.Strategic choice of inventory accounting methods. *Contemporary Accounting Research* 6(1):1-25.

Jung, B., P. B. Shane, and Y. S. Yang.2012.Do financial analysts' long-term growth forecasts matter? Evidence from stock recommendations and career outcomes.*Journal of Accounting and Economics* 53:55-76.

Kadan, O., L. Madureira, T. Zach, and R. Wang.2009.Conflicts of interest and stock recommendations: The effects of the global settlement and related regulations.*Review of Financial Studies* 22(10):4189-4217.

Kahneman, D., and A. Tversky.1979.Prospect theory: An analysis of decision under risk.*Econometrica* 47:263-291.

Kalay, A. 1982.Stockholder - bondholder conflict and dividend constraints. *Journal of Financial Economics* 10(2):211-233.

Kanagaretnam, K., C. Y. Lim, and G. J. Lobo.2014.Influence of national culture on accounting conservatism and risk-Taking in the banking industry. *The Accounting Review* 89:1115-1149.

Karamanou, I, and N. Vafeas.2005.The Association between corporate boards, audit committees, and management earnings forecasts: An empirical analysis. *Journal of Accounting Research* 43:453-486.

Karpoff, J., D. Lee, and G. Martin.2008.The consequences to managers for financial misrepresentation.*Journal of Financial Economics* 88:193-215.

Kasznik, R., and B. Lev.1995.To warn or not to warn: Management disclosures in the face of an earnings surprise.*The Accounting Review* 70:113-134.

Kasznik, R., and M. F. McNichols.2002.Does meeting earnings expectations matter? Evidence from analyst forecast revisions and share prices.*Journal of Accounting Research* 40(3):727-759.

Khan, M., and R. L. Watts.2009.Estimation and empirical properties of a firm-year measure of accounting conservatism.*Journal of Accounting and Economics* 48:132-150.

Kim, J .B., and B. Y. Song.2011.Audit quality and loan syndicate structure.

Auditing: A Journal of Practice & Theory 30:71-99.

Kim, J. B., B. Y. Song and L. Zhang.2011.Internal control weakness and bank loan contracting: Evidence from SOX Section 404 disclosures.*The Accounting Review* 86:1157-1188.

Kim, J. B., B. Y. Song, and L. Zhang.2011.Internal control quality and analyst forecast behavior: Evidence from SOX Section 404 disclosures.Working Papers, John Molson School of Business, Concordia University.

Kim, J. B., J. S. L. Tsui, and C. H. Yi.2011.The voluntary adoption of International Accounting Standards and loan contracting around the world. *Review of Accounting Studies* 16:779-811.

Kim, Y. and Li, S. 2011.The Externality Effect of Accounting Standards Convergence: Evidence from Cross-border Information Transfers Around EU Mandatory IFRS Adoption, Working paper, Santa Clara University.

Kim, K., and J. R. Nofsinger.2007.Corporate governance, 2rd edition.Upper Saddle River, New Jersey, USA.

Kim, O., and R. E. Verrecchia.1997.Pre- announcement and event period private information.*Journal of Accounting and Economics* 24:395-419.

Kim,Y., and M. R. Park., and B. Wier.2012.Is earnings quality associated with corporate social responsibility? *The Accounting Review*, 2012-aaajournals.org.

Kimbrough, M. D. 2005.The effect of conference calls on analyst and market underreaction to earnings announcements.*The Accounting Review* 80: 189-219.

Klein, A. 2002.Audit committee, board of director characteristics, and earnings management.*Journal of Accounting and Economics* 33:375-400.

Konchitchki, Y., P. N. Patatoukas.2014.Taking the pulse of the real economy using financial statement analysis: Implications for macro forecasting and stock valuation.*The Accounting Review* 89:669-694.

Kravet, T., and V. Muslu.2013.Textual risk disclosures and investors' risk perceptions.*Review of Accounting Studies* 18:1088-1122.

Kothari, S. P., K. Ramanna, and D. J. Skinner.2010.Implications for GAAP from an analysis of positive research in accounting.*Journal of Accounting and Economics* 50:246-286.

Kothari, S., A. Leone, and C. Wasley.2005.Performance matched discretionary accrual measures.*Journal of Accounting and Economics* 39:163-197.

Kravet, T. D. 2014.Accounting conservatism and managerial risk - taking: Corporate acquisitions.*Journal of Accounting and Economics* 57:218-240.

Krishnan, G., 2003.Does Big 6 auditor industry expertise constrain earnings management? *Accounting Horizons* 17:1-16.

Krishnan, J. 2005.Audit committee quality and internal control: An empirical analysis.*The Accounting Review* 80:649-675.

Krishnan, G. V. and G. Visvanathan.2008.Does the SOX definition of an accounting expert matter? The association between audit committee directors' accounting expertise and accounting conservatism.*Contemporary Accounting Research* 25:827-857.

Kross, W. J., and I. Suk.2012.Does Regulation FD work? Evidence from analysts' reliance on public disclosure.*Journal of Accounting and Economics* 53:225-248.

La Porta, R. 1996.Expectations and the cross-section of stock returns.*Journal of Finance* 51:1715-1742.

LaFond, R., and R. Watts.2008.The information role of conservative.*The Accounting Review* 83:447-478.

LaFond, R., and S. Roychowdhury.2008.Managerial ownership and accounting conservatism.*Journal of Accounting Research* 46:101-134.

Lambert, R. A., and D. F. Larcker.1987.An analysis of the use of accounting and market measures of performance in executive compensation contracts. *Journal of Accounting Research* 25(Supplement):85−125.

Landsman,W. R., E. L. Maydew, and J. R. Thornock.2012.The information content of annual earnings announcements and mandatory adoption of IFRS, *Journal of Accounting and Economics*,53(1−2):34−54.

Lang, M., M. Maffett, and E. Owens.2010.Earnings co - movement and accounting comparability: The effects of mandatory IFRS adoption.Working paper, The University of North Carolina, The University of Chicago, and University of Rochester.

Lang, M. H., and R.Lundholm.1996.Corporate disclosure policy and analyst behavior.*The Accounting Review* 71(4):467−492.

Lang,M. H.,and R. J. Lundholm.1996.Corporate disclosure policy and analyst behavior.*The Accounting Review* 71:467−492.

Lara,J. M.,B. Osma,and F. Penalva.2010.Conditional conservatism and cost of capital.*Review of Accounting Studies* 16:247−271.

Liang, L., and E. J. Riedl.2014.The effect of fair value versus historical cost reporting model on analyst forecast accuracy.*The Accounting Review* 89: 1151−1177.

Larcker, D., S. Rrchardson, and I. Tuna.2007.Corporate governance, accounting outcomes, and organizational performance. *The Accounting Review* 82:963−1008.

Larcker, D., and A. Zakolyukina.2012.Detecting deceptive discussions in conference calls.*Journal of Accounting Research* 50:495−540.

Leftwich, R. 1980.Market failure fallacies and accounting information.*Journal of Accounting and Economics* 2:183−211.

Leftwich, R. 1983.Accounting information in private markets: Evidence from private lending agreements.*The Accounting Review* 58:23−42.

Lee, C. M. C. 1996. Measuring wealth. *CA Magazine* 129: 32–37.

Lee, C., J. Myers, and B. Swaminathan. 1999. What is the intrinsic value of the Dow? *Journal of Finance* 54: 1693–1741.

Leone, A., J. Wu, and J. Zimmerman. 2006. Asymmetric sensitivity of CEO cash compensation to stock returns. *Journal of Accounting and Economics* 42: 167–192.

Leuz, C., D. Nanda, and P. D. Wysocki. 2003. Discussion of ADRs, analysts, and accuracy: Does cross - listing in the United States improve a firm's information environment and increase market value? *Journal of Accounting Research* 41: 347–362.

Leuz, C., D. Nanda, and P. Wysocki. 2003. Earnings management and investor protection: an international comparison. *Journal of Financial Economics* 69: 505–527.

Lev, B. 1983. Some economic determinants of time-series properties of earnings. *Journal of Accounting and Economics* 5: 31–48.

Lev, B. 1988. Toward a theory of equitable and efficient accounting policy. *The Accounting Review* 63(4): 1–22.

Lev, B. 1989. On the useful of earnings from two decades of empirical research. *Journal of Accounting Research* 27(Supplement): 153–192.

Lev, B., and P. Zarowin. 1999. The boundaries of financial reporting and how to extend them. *Journal of Accounting Research* 37(2): 353–385.

Lev, B., and S. Thiagarajan. 1993. Fundamental information analysis. *Journal of Accounting Research* 31(2): 190–215.

Lev, B., S. Ryan, and M. Wu. 2008. Rewriting earnings history. *Review of Accounting Studies* 13: 1–33.

Li, C., L. Sun, and M. Ettredge. 2010. Financial executive qualifications, financial executive turnover, and adverse SOX 404 opinions. *Journal of*

Accounting and Economics 50:93-110.

Li, F. 2008.Annual report readability, current earnings, and earnings persistence. *Journal of Accounting and Economics* 45:221-247.

Li, N. 2010.Negotiated measurement rules in debt contracts.*Journal of Accounting Research* 48(5):1103-1144.

Li, S. 2010.Does Mandatory Adoption of International Financial Reporting Standards in the European Union Reduce the Cost of Equity Capital? *The Accounting Review* 85:607-636.

Li, X. 2014.The Sarbanes-Oxley act and cross-listed foreign private issuers. *Journal of Accounting and Economics* 58:21-40.

Liao, Q., T. Sellhorn, and H.A.Skaife.2011.The cross-country comparability of IFRS earnings and book values: evidence from France and Germany, *Journal of International Accounting Research* 11(1):155-184.

Lintner, J. 1965.The valuation of risk assets and the selection of risky investments in stock portfolios and capital budgets.*Review of Economics and Statistics* 47:13-37.

Lipe, R. 1990.The relation between stock returns and accounting earnings given alternative information.*The Accounting Review* 65:49-71.

Lisic, L. L., T. L. Neal, and Y. Zhang.The continuing impact of CEO power on audit committee effectiveness in the Post-SOX era.Working paper, George Mason University.

Liu, C., S. Ryan, and J. Wahlen.1997 Differential valuation implications of loan loss provisions across banks and fiscal agents.*The Accounting Review* 72:133-146.

Liu, J., and J. Thomas.2000.Stock returns and accounting earnings.*Journal of Accounting Research* 38:71-101.

Lobo, G. J., and J. Zhou.2006.Did conservatism in financial accounting increase after Sarbanes-Oxley Act? *Initial evidence.Accounting Horizons* 20(1):57-73.

Loh, R., and G. Mian.2006.Do accurate earnings forecasts facilitate superior investment recommendations? *Journal of Financial Economics* 80:455-483.

Mansi, S. A., and D. M. Reeb.2004.Board characteristics, accounting report integrity, and the cost of debt.*Journal of Accounting and Economics* 37:315-342.

Mansi, S. A., W. F. Maxwell, and S. P. Miller.2004.Does auditor quality and tenure matter to investors? Evidence from the bond market.*Journal of Accounting Research* 42:755-793.

Mark E. Zmijewski, and Robert L. Hagerman.1981.An income strategy approach to the positive theory of accounting standard setting/choice.*Journal of Accounting and Economics* 3:129-49.

Marquardt, C., and C. Wiedman.2004.How are earnings managed? An examination of specific accruals.*Contemporary Accounting Research* 21(2):461-491.

Marquardt, C., and C. Wiedman.2005.Earnings management through transaction structuring: contingent convertible debt and diluted earnings per share.*Journal of Accounting Research* 43(2):205-543.

Mashruwala, C., S. Rajgopal, and T. Shevlin.2006.Why is the accrual anomaly not arbitraged away? The role of idiosyncratic risk and transaction costs. *Journal of Accounting and Economics* 42:3-33.

Matsumoto, D. A. 2002.Management's incentives to avoid negative earnings surprises.*The Accounting Review* 77:483-514.

Matsumura, E. M., and J. Y. Shin.2006.An empirical analysis of an incentive plan with relative performance measures: Evidence from a postal service.*The Accounting Review* 81:533-566.

May, R., and G. L. Sundem.Research for accounting policy: An overview.*The*

Accounting Review 51:747-763.

Mayew, W. J. 2008.Evidence of management discrimination among analysts during earnings conference calls.*Journal of Accounting Research* 46 (3) : 627-659.

McNichols, M., and G. P. Wilson.1988.Evidence of earnings management from the provision for bad debts.*Journal of Accounting Research* 26 (Supplement):1-31.

McNichols, M., and P.O'Brien.1997.Self-selection and analyst coverage.*Journal of Accounting Research* 35:167-199.

Mclnnis, J., and D. W. Collins.2006.Do cash flow forecasts deter earnings management? Working paper.University of Lowa.

McVay, S. 2006.Earnings management using classification shifting: An examination of core earnings and special items. *The Accounting Review* 81: 501-531.

Merton, R. C. 1987.A simple model of capital market equilibrium with incomplete markets.*Journal of Finance* 42(3):483-510.

Merkley, K. J. 2014.Narrative disclosure and earnings performance: Evidence from R&D disclosures. *The Accounting Review* 89:725-757.

Mikhail, M. B., B. R. Walther, and R. H. Willis.1997.The development of expertise: Do security analysts improve their performance with experience? *Journal of Accounting Research* :131-157.

Miller, M. H., and F. Modigliani.1961.Dividend policy, growth and the valuation of shares.*Journal of Business* 34(October):411-433.

Minnis, M. 2011.The value of verification in debt financing: Evidence from private U.S.firms.*Journal of Accounting Research* 49:457-506.

Mobarak, A.,and D. Purbasari.2006.Corrupt protection for sale to from: Evidence from Indonesia.University of Colorado at Boulder.

Mohanram, P. S., and S. V.Sunder.2006.How has regulation FD affected the operations of financial analysts? *Contemporary Accounting Research*: 23: 491-525.

Mookherjee, D. 1984.Optimal incentive schemes with many agents.*Review of Economic Studies* 51(3):433-446.

Mullainathan, S., and R. H. Thaler.2000.Behavioral economics.International Encyclopedia of the Social and Behavioral Sciences.

Muller, K. A., E. J., and T. Sellhorn.2011.Mandatory fair value accounting and information asymmetry: Evidence from the European real estate industry. *Management Science* 57(6):1138-1153.

Murphy, K. J. 2000.Performance standards in incentive contracts.*Journal of Accounting and Economics* 30:245-278.

Myers, J. 1999.Implementing residual income valuation with linear information dynamics.*The Accounting Review* 74:1-28.

Myers, J., L. Myers, and D. Skinner.2007.Earnings momentum and earnings management.*Journal of Accounting, Auditing, and Finance* 22:249-284.

Myerson, R. B. 1979.Incentive compatibility and the bargaining problem. *Econometrica*:61-74.

Nikolaev, V. 2010.Debt covenants and accounting conservatism.*Journal of Accounting Research* 48:55-89.

Nini, G., A. Sufi, and D. C. Smith.2012.Creditor control rights, corporate governance, and firm value.*Review of Financial Studies* 25:1713-1761.

O'Brien, P. 1988.Analysts' forecasts as earnings expectations.*Journal of Accounting and Economics* 10:159-193.

Ogneva, M., K. Raghunandan, and K. Subramanyam.2007.Internal control weakness and cost of equity: evidence from SOX Section 404 disclosures. *The Accounting Review* 82:1255-1297.

Ohlson, J. A. 1995.Earnings, book values, and dividends in equity valuation. *Contemporary Accounting Research* 11(2):661-687.

Ohlson, J., and Juettner-Nauroth, B.2005.Expected EPS and EPS growth as determinants of value.*Review of Accounting Studies* 10(2-3):349-365.

Ou, J., and S. Penman.1989.Financial statement analysis and prediction of stock returns.*Journal of Accounting and economics* 11(4):295-329.

O Zkan, N. Z. Sin, and H. You.2012.Mandatory IFRS adoption and the contractual usefulness of accounting information in executive compensation. *Journal of Accounting Research* 50:1077-1107.

Palmrose, Z. 1988.An analysis of auditor litigation and audit service quality. *The Accounting Review* 63:55-73.

Palmrose, Z. 1991.Trials of legal disputes involving independent auditors: Some empirical evidence.*Journal of Accounting Research* 29 (Supplement): 149-193.

Palmrose, Z. V., and S. W. Scholz.2004.The circumstances and legal consequences of Non-GAAP reporting: Evidence from restatements.*Contemporary Accounting Research* 21:139-178.

Palmrose, Z. V., V. J. Richardson, and S. W. Scholz.2004.Determinants of market reactions to restatement announcements.*Journal of Accounting and Economics* 37:59-89.

Paton, W. 1922.Accounting theory.Chicago: Accounting Studies Press, Ltd.

Paton, W., and A. Littleton.1940.An introduction to corporate accounting standards.Columbus, Ohio: American Accounting Association.

Peltzman, S. 1976.Toward a more general theory of regulation.*Journal of Law and Economics* 19:211-240.

Phillips, S. M., and J. R. Zecher.1981.The SEC and the public interest: An economic perspective.Cambridge, Mass: MIT Press.

Pittman, J. A., and S. Fortin.2004.Auditor choice and the cost of debt capital for newly public firm.*Journal of Accounting and Economics* 37:113-136.

Previts, G., R. Bricker, T. Robinson, and S. Young.1994.A content analysis of sell-side financial analyst company reports.*Accounting Horizons* 8:55-70.

Purnanandam, A. and B. Swaminathan.2004.Are IPOs really underpriced? *The Review of Financial Studies* 17:811-848.

Qiang, X. 2007.The effects of contracting, litigation, regulation, and tax costs on conditional and unconditional conservatism: Cross-sectional evidence at the firm level.*The Accounting Review* 82:759-797.

Qiang, M., H. Pan, and B. Yeung.2011.Expropriation of minority shareholders in politically connected firms.Unpublished working paper.National University of Singapore.

Rajan, R., and H. Servaes.1997.Analyst following of initial public offerings. *Journal of Finance* 52:507-529.

Ramakrishnan, R., and J. Thomas.1991.Valuation of Permanent, Transitory and Price-irrelevant Components of Reported Earnings.Working Paper, Columbia University.

Ramanna, K., and S. Roychowdhury, 2010.Elections and discretionary accruals: Evidence from 2004.*Journal of Accounting Research* 48:445-475.

Ramanna, K. 2008.The implications of unverifiable fair-value accounting: Evidence from the political economy of goodwill accounting.*Journal of Accounting and Economics* 45:253-281.

Ramanna, K., E. Sletten.2014.Network Effects in Countries' Adoption of IFRS. *The Accounting review* 89:1517-1543.

Ramalingegowda, S., and Y. Yong.2012.Institutional ownership and conservatism.*Journal of Accounting and Economics* 53:98-114.

Reichelt, K. J., and D. Wang.2010.National and office-specific measures of auditor industry expertise and effects on audit quality.*Journal of Accounting Research* 48:647−686.

Richardson, S., R. Sloan, M. Soliman and I.Tuna.2005.Accrual reliability, earnings persistence and stock prices.*Journal of Accounting and Economics* 39:437−485.

Riedl, E. J., and G. Serafeim.2011.Information risk and fair value: An examination of equity betas and bid - ask spreads.*Journal of Accounting Research* 49:1083−1122.

Roberts, M. R., and A. Sufi.2009.Financial contracting: A survey of empirical research and future directions.*Annual Review of Financial Economics* 1: 207−226.

Rogers, R., and J. Grant.1997.Content analysis of information cited in reports of sell-side financial analysts.*Journal of Financial Statement Analysis* 3:17−30.

Roychowdhury, S. 2006.Earnings management through real activities manipulation.*Journal of Accounting and Economics* 42:335−370.

Schipper, K. 2003.Principles-Based Accounting Standards.*Accounting Horizon* 17:61−72.

Sengupta, P. 1998.Corportate disclosure quality and the cost of debt.*The Accounting Review* 73(4):459−474.

Sharpe, W. F. 1964.Capital asset prices: A theory market equilibrium under conditions of risk.*The Journal of Finance* 19:425−442.

Shefrin, H. M., and R. H. Richard.1988.The behavioral life-cycle hypothesis. *Economic Inquiry* XXVI:609−643.

Shleifer, A. 2000.Inefficient Market, Oxford: Oxford U.Press.

Sidhu, B., T. Smith, R. E. Whaley.2008.Regulation Fair Disclosure and the cost of adverse selection,*Journal of Accounting Research* 46:697−728.

Silverman, B. W. 1986.Density estimation for statistics and data analysis. London: Chapman and Hall.

Skinner, D. J. 1994.Why firms voluntarily disclose bad news.*Journal of Accounting Research* 32:38-60.

Skinner, D. J. 1997.Earnings disclosures and stockholder lawsuits.*Journal of Accounting and Economics* 23:249-282.

Skinner, D., and R. Sloan.2002.Earnings surprises, growth expectations, and stock returns or don't let an earnings torpedo sink your portfolio.*Review of Accounting Studies* 7:289-312.

Sloan, R. 1993.Accounting earnings and top executive compensation.*Journal of Accounting and Economics* 16:55-100.

Sloan, R. 1996.Do stock prices fully reflect information in accruals and cash flows about future earnings? *The Accounting Review* 71:289-315.

Smith, C. W., and J. Warner.1979.On financial contracting-an analysis of bond covenants.*Journal of Financial Economics* 7:117-161.

Soffer, L. C., S. R. Thiagarajan, and B. Walther.1999.Market reactions to earnings preannouncements.Working Paper, Northwestern University.

Song, C. J., T. Wayne, and H. Yi.2010.Value relevance of FAS No.157 fair value hierarchy information and the impact of corporate governance mechanisms.*The Accounting Review* 85(4):1375-1410.

Spence, M. 1973.Job market signaling.*Quarterly Journal of Economics* 67(3): 355-374.

Srinivasan, S. 2005.Consequences of financial reporting failure for outside directors: Evidence from accounting restatements and audit committee members.*Journal of Accounting Research* 43:291-334.

Sterling, R. 1970.Theory of the Measurement of Enterprise Income.Lawrence: University of Kansas Press.

Stickel, S. 1992.Reputation and performance among security analysts.*Journal of Finance* 47:1811-1836.

Stigler, G. J. 1971.The theory of economic regulation.*The Bell Journal of Economics and Management Science* 2:3-21.

Sue, S. H., and C. L. Chin, and L. C. Chan.Exploring the causes of accounting restatements by family firms.*Journal of Business Finance & Accounting* 40: 1068-1094.

Subramanyam, K. 1996.The pricing of discretionary accruals.*Journal of Accounting and Economics* 22:249-281.

Sufi, A. 2007.Information asymmetry and financing arrangements: Evidence from syndicated loans.*Journal of Finance* 62:629-668.

Sunder, S. 1976.Properties of accounting numbers under full costing and successful-effort costing in the petroleum industry.*The Accounting Review* 51:1-18.

Sunder, S. V. 2002.Investor access to conference call disclosures: Impact of regulation fair disclosure on information asymmetry.Working Paper, New York University.

Sweeney, A. 1994.Debt - covenant violations and managers ' accounting responses.*Journal of Accounting and Economics* 17:281-308.

Tan, H., S. Wang, and M. Welker.2011. Analyst following and forecast accuracy after mandated IFRS adoptions, *Journal of Accounting Research* 49 (5):1307-1357.

Tasker, S. 1998.Bridging the information gap: Quarterly conference calls as a medium for voluntary disclosure.*Review of Accounting Studies* 3:137-167.

Teoh, S. H., I. Welch, and T. J. Wonga.1998.Earnings management and the long-term market performance of initial public offerings.*Journal of Finance* 53(6):1935-1974.

Teoh, S., and T. Wong.1993.Perceived auditor quality and the earnings response coefficient. *The Accounting Review* 68:346–366.

Teoh, S., I. Welch, and T. J. Wong.1998b.Earnings management and the underperformance of seasoned equity offerings.*Journal of Financial Economics* 50:63–99.

Trueman, B. 1994.Analyst forecast and herding behavior.*Review of Financial Studies* 7:97–124.

Trueman, B. 1986.Why do managers voluntarily release earnings forecast? *Journal of Accounting and Economics* 8:53–71.

Tucker, J., and P. Zarowin.2006.Does income smoothing improve earnings informativeness? *The Accounting Review* 81:251–270.

Williamson, O. E. 1975.Markets and hierarchies: Analysis and antitrust implications.New York:Free Press.

Wang, D., 2006.Founding family ownership and earnings quality.*Journal of Accounting Research* 44:619–656.

Warfield, T., J. Wild, and K. Wild.1995.Managerial ownership, accounting choices, and informativeness of earnings.*Journal of Accounting and Economics* 20:61–91.

Watts, R. L. 2003.Conservatism in accounting, Part I: Explanations and implications.*Accounting Horizons* 17:207–221.

Watts, R. L. 2003.Conservatism in Accounting part II: Evidence and research opportunities.*Accounting Horizon* 17(4):287–301.

Watts, R. L., and J. L. Zimmerman.1981.The markets for independence and markets.New York:Touche Ross.

Watts.R. L., and J. L. Zimmerman.1978.Towards a positive theory of the determination of accounting standards. *The Accounting Review* 53:112–134.

Wiedman, C. 1996.The relevance of characteristics of the information environment in the selection of a proxy for the market's expectations for earnings: An extension of Brown, Richardson, and Schwager (1987). *Journal of Accounting Research* 34:313–324.

Williams, P. 1996.The relation between a prior earnings forecast by management and analyst response to a current management forecast. *The Accounting Review* 71:103–115.

Wittenberg-Moerman, R. 2008.The role of information asymmetry and financial reporting quality in debt trading: evidence from the secondary loan market. *Journal of Accounting and Economics* 46:240–260.

Womack, K. 1996.Do brokerage analysts' recommendations have investment value? *Journal of Finance* 51:137–167.

Wu, M. C., H. G. Fung, and Y. T. Huang.2012.What drivers the dating game of executive options exercise? Evidence from Taiwan.*Accounting and Finance* 52(2), 606–625.

Xie, H. 2001.The mispricing of abnormal accruals. *The Accounting Review* 76: 357–373.

Yang, H. I. 2012.Capital market consequences of managers' voluntary disclosure styles.*Journal of Accounting and Economics* 53,176–184.

Yip, R. W. W. Y. and D. Young.2012. Does mandatory IFRS adoption improve information comparability? *The Accounting Review* 87(5): 1767–1789.

Zeff, S. A. 1978.The rise of 'economic' consequences.*Journal of Accountancy* 146(6):56–63.

Zhang, X. 2000.Conservative accounting and equity valuation.*Journal of Accounting and Economics* 29(February):125–149.

Zhang, J. 2008.The contracting benefits of accounting conservatism to lenders and borrowers. *Journal of Accounting and Economics* 46:27–54.

Zhang, X. 2007. Accruals, investment, and the accrual anomaly. *The Accounting Review* 82:1333–1363.

Zhang, I. 2007. Economics consequences of the Sarbanes-Oxley Act of 2002. *Journal of Accounting and Economics* 44:74–115.

Zmijewski, M., and R. Hagerman. 1981. An income strategy approach to the positive theory of accounting standard setting/choice. *Journal of Accounting and Economics* 3:129–149.

的基础。

随着这些理论的发展，会计学界逐渐将此观念融入财务报告的框架中。例如，美国会计学会（American Accounting Association，AAA）1966年出版的刊物中即出现了决策有用性的观念。[①]后来的**美国财务会计准则委员会和国际会计准则理事会**（International Accounting Standards Board，IASB），都援引了决策有用观的基本观念。20世纪70年代，随着**代理理论与信息经济学**的发展（如Jensen and Meckling, 1976; Holmstrom, 1979; Spence, 1973），学术文献探讨了交易双方存在信息不对称的议题，此议题引发了会计信息如何降低逆向选择与道德风险的探讨。

90年代末期股市蓬勃发展，但是到了2000年初期股市却出现崩盘，许多高科技公司股价大跌。在此期间，许多新成立的公司确认收入较为混乱，因此一旦股市出现崩盘，所确认的收入就需要取消。之后，发生了众所周知的安然（Enron）与世界通讯（World Com）等舞弊案件，让投资大众对公司的财务报告丧失了信心。为挽救资本市场对财务报告的信心，美国于2002年通过了自《证券交易法（1934年）》发布以来最重要的证券市场的相关法案——**《萨班斯－奥克斯利法案》**（Sarbanes-Oxley Act，SOX）。此法案加强公司治理的要求，并对管理当局与会计师的责任进一步加以规范。自从SOX法案实施以来，公司已经较少使用激进的财务报告实务（Lobo and Zhou, 2006），而且即便是要进行**盈余管理**，也会使用真实的交易（如削减研发支出或是广告支出，以及放宽授信政策等），而非使用应计盈余（Graham et al.，2005）。

全球化已成为未来的重要趋势，因此是否应该建立一套适用全球各国的国际会计准则，已经成为近年来会计界的重大议题。如果要建立国际会计准则，面临的另一个问题是，到底应该采用高质量的美国**公认会计原则**（Generally Accepted Accounting Principle，GAAP），还是国际会计准则理事会所发展的**国际财务报告准则**（International Financial Reporting Standards，IFRS）？此问题目前正在如火如荼地探讨中。一般而言，IFRS是采用**原则导向**（Principle-based）的方式制定准则，相对的，美国GAAP则采用**规则导向**（Rule-based）的方式制定准则。[②]然而，目前全球已有约130个国家采用或

① 见A Statement of Basic Accounting Theory。

② 虽然美国GAAP被归类为规则导向，但是部分学者却认为，其实美国GAAP一开始采用原则导向，但随着时间的推移，详细的规范越来越多，逐渐变成目前的规则导向(Schipper, 2003)。

中国自2007年开始全面采用IFRS,同时废止原来的财务会计准则。

是宣布即将采用IFRS。

1.1.2 中国企业会计准则的变迁

中国企业会计准则的制定由财政部具体负责。改革开放初期,财政部先后发布了《国营工业企业会计制度——会计科目和会计报表》、《中外合资经营企业会计制度》、《外商投资企业会计制度》,这是中国会计核算制度从计划经济模式向市场经济模式过渡的重要探索。从1992年至1993年,财政部相继颁布了《企业会计准则——基本准则》、《企业财务通则》及分行业的会计制度和财务制度(简称"两则两制"),为后续具体会计准则的制定工作奠定了坚实的基础。1999年修订的《会计法》规定全国应实行统一的会计制度,以规范企业会计核算行为。自2000年至2004年,财政部先后发布《企业会计制度》、《金融企业会计制度》和《小企业会计制度》,标志着国家统一会计制度体系基本建成。2006年财政部发布了修订后的《企业会计准则——基本准则》和存货等38项具体准则,标志着中国会计准则与国际财务报告准则进行了实质趋同。为保持与国际财务报告准则的持续趋同,2014年财政部修订了5项、新增了3项企业会计准则。至此,中国企业会计准则共包括1项基本准则和41项具体准则,已经建立了比较完整的会计准则体系。

财务报告会影响资本市场的运作,本节说明资本市场中的资金供需情形,以及会计信息所扮演的角色。

1.2 资本市场与财务报告

1.2.1 信息不对称

在基本的经济体系中,主要的问题就是如何将稀有的家计部门(Household)的资金,有效地分配到各企业家所握有的投资机会中。公司通常会想吸纳这些稀有的资金以执行它们的投资机会,而**家计部门**则想将资金投入有潜力的投资机会上。在理想的状况下,也就是市场处在完美与完整的情形下时,由于双方对投资机会都有一致的评价,因此信息是对称的。此时,市场的运作就相当顺畅。然而,在实际的资本市场中,信息常常是不对称的,因此要将资金有效地配置到这些投资机会时,有两个问题需要解决。第一,管理当局通常比家计部门拥有更多有关公司投资机会的信息,并且他们通常存在高估这些机会价值的倾向。因此,家计部门在投资时常常

资金供需双方由于信息不对称,因而衍生出逆向选择与道德风险的问题。

会面临信息或是逆向选择的问题(Information or Adverse Selection Problem)。第二,一旦家计部门将资金投到公司后,管理当局常常会有动机剥削家计部门的资金,从而形成另一种所谓的代理或是道德风险的问题(Agency or Moral Hazard Problem)。这一关系,可以图1-2加以说明。

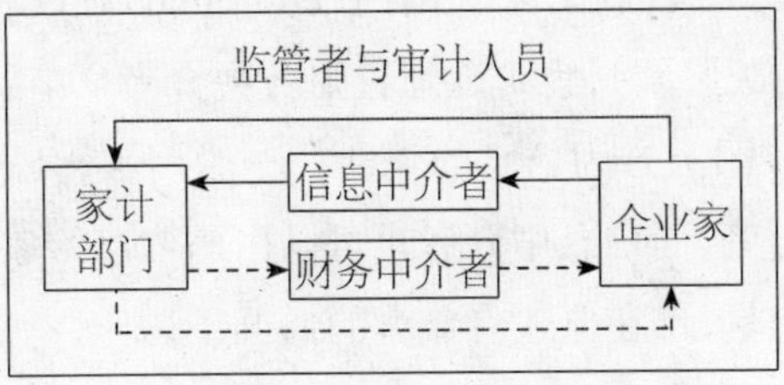

——：信息流向 -----：资金流向

图1-2 资本市场之信息流向

1.2.1.1 信息问题——逆向选择[①]

> 事前在评估投资标的(如股票)时,由于对投资标的不了解,因而可能出现劣币驱逐良币的情形。

信息问题,也就是文献上常看到的**柠檬车问题**(Lemon Car Problems),之所以会出现,是企业家与资金提供者之间存在信息不对称的现象,而且彼此之间的动机也并不相同,因此这类信息问题会使得资本市场出现逆向选择的现象。

在资本市场中,假设未来投资机会有一半是好的,而另一半是坏的。通常资金提供者无法区别**企业家**的投资机会的好坏,而企业家却很清楚自己的投资机会的情况。此时,拥有坏的投资机会的企业家,通常会宣称自己拥有好的投资机会;虽然资金提供者无法分辨好坏,但是他们知道企业家存在说谎的现象,因此仅愿意按照平均价格购买这些投资机会或是购买公司的股票。因此,如果不解决这类信息问题,好公司将被低估,而坏公司将被高估。

为解决这类逆向选择的问题,有几个方法可供参考。第一,由具有好的投资机会的企业家,通过自愿披露相关的信息,或是通过自力救济的**信号传递**(Signaling)方法,将私有信息传递给投资者,以减少这类信息不对称。选择一项有效的信号传递方法时,必须是仅有高质量企业家才有能力实行,而低质量企业家却并没有模仿能力时,此方法才有效果。如此,投资者就能从所看到的行动反推究竟是高质量或低质量的证券了。第二,由政府介入信息披露的监管,也就是由监管者决定应该披露的质量与数量,并要求所有上

① 财务报告会影响资本市场的运作,本节说明资本市场中的资金供需的情形,以及会计信息所扮演的角色。

市公司都遵循。最后，就是对于信息中介者这一产业的需求，因为**信息中介者**[①]，如**财务分析师**，会主动去挖掘并生成有用的私有信息，而削弱资金提供者的信息劣势。

图1-2提供了财务报告在资本市场中如何运作的框架图。该图下方为财务资金的流向。一般而言，家计部门(Houshold)可以将资金直接提供给企业家（如直接购买股票），也可以通过**财务中介者**(如银行与保险公司等）贷款给企业家。该图上方为信息的流向。一般而言，公司提供信息给家计部门或是信息中介者，而信息中介者也可以出售信息给家计部门。此外，这些信息与资金的流量，都在监管者监管的情况下运作，特别是就财务报告而言，审计人员也是一项有力的监督机制。

一旦投资完成，投资者将无法了解资金使用者是否善尽监管资金之责，也就有可能发生道德风险的情况。

1.2.1.2 代理问题——道德风险

当家计部门将资金投到某公司之后，他们通常不会积极介入公司的营运，而是委托企业家或是管理当局经营，此时代理问题就会应运而生。也就是说，管理当局会有动机追求自己利益的极大化，而牺牲资金提供者的利益。例如，当资金提供者投资资金在公司股票上时，管理当局就会进行特权消费、支付超额的红利给自己，或是投资在对公司不利的投资计划上(Jensen and Meckling，1976)。

另外，如果资金提供者是债权人，管理当局可以通过各种方法来剥削债权人的利益。例如，(1)另外发行清偿顺位优于原债务的其他债券；(2)将举债所得资金用来支付股利；(3)投资于风险更高的投资计划（Smith and Warner，1979)。在(1)与(2)这两种情况下，将使公司在发生财务困难时，无法清偿本金给债权人，因此，此做法虽然对管理当局有利，但对债权人却是不利的。在(3)这种情况下，也就是投资于风险更高的投资计划时，虽然赚取到高报酬的机会增加了，但是该好处完全由管理当局所独享，相对的，同时也会增加损失的概率，而这些亏损却由债权人来承担，因此，这就出现了剥削债权人利益的现象。

为缓和该代理问题，主要有三个方法可以选择。第一个方法，企业家与投资者之间可以签订最优合同，包括**薪酬契约**以及**债务契约**，以使企业家与投资者的利益相一致。这些契约需要企业家披露相关信息，以便投

① 本书提到信息中介者时，如没有特别说明，则是专指财务分析师。

资者可以评估企业家是否按照契约执行,同时让投资者了解企业家是否在追求投资者的利益最大化。第二个方法,则是通过分析师所挖掘的**私有信息**,来判断管理当局是否有滥用资源或是未善尽监管之责的情形。

缓和代理问题的第三个方法是由监管者强制公司披露财务信息,以改善管理当局独占信息优势的信息不对称状况。此外,公司可以聘请第三者(如**会计师**)进行监督,并经由鉴证以提高信息的可靠性,而无隐匿重大信息。因此,此推理就引发了对**审计服务**的需求,同时在学术上也引发审计服务需求的研究。事实上,提供审计服务对管理当局与股东都有利。对于股东而言,利益是显而易见的,文献上也有很多讨论。对管理当局而言,代理理论文献(Jensen and Meckling,1976)也指出对管理当局是有利的。

其他方法

为降低道德风险所引起的代理问题,也可以通过公司**控制权市场**以及**劳动力市场**。如果管理当局未善尽监管之责的话,将会被视为接收的对象,且因声誉不佳而在劳动力市场上很难找到好的工作,因此,这两个市场也可以产生监督的效果。

基于以上说明,披露财务信息的另一个主要需求,体现为缓和道德风险所引起的代理问题。至于披露财务信息的方式,可以是自愿披露,由分析师生成额外信息,或是监管者强制公司披露更多相关的信息。代理理论这种观点与 FASB(1976) 的立场一致,因为 FASB 认为财务报告的目的之一,就是提供信息以降低道德风险。

1.2.2 财务报告的功能

财务报告具有两项功能:事前评价的信息功能,以及事后订约的监管功能。

为了能够降低资金提供者与企业家之间的信息不对称,以便让稀有的资金得到最有效的配置,财务报告应该能够减少上述信息不对称所引起的信息问题与代理问题。一方面,为了能够减少信息问题所引起的逆向选择现象,财务报告应该能够提供有用的信息帮助资金提供者(投资者)于决策前评估公司的价值,以进行投资决策。所谓**有用的信息**,是指具有**相关性**与**可靠性**这两项质量特性,而这二者常常是互有取舍的。[①]所谓相关性,是

① 国际会计准则理事会将符合决策有用性的基本质量特性,划分为相关与忠实表达。由于目前有关财务报表质量特性的研究,焦点都是放在相关性与可靠性上,因此本书也以这两个特性作为介绍的基础。

指可以帮助决策者估计公司未来经济远景的信息特性，而可靠性则是指具有精确性的特性，因而可以避免偏误或是管理当局操纵的情况。财务报告的此项功能，称为**会计信息的估价角色**（The Valuation Role of Accounting Information）。

另一方面，为了降低代理问题所引起的道德风险的现象，财务报告应该能够提供有效衡量管理当局资产监管的信息，该功能称为会计**信息的监管角色**（The Stewardship Role of Accounting Information）。然而，除了解决股东与管理当局之间代理问题的薪酬契约，以及解决管理当局与债权人之间代理问题的债务契约之外，公司尚有许多其他契约存在（详见第5章），因此该监管角色可以放大为较广义的契约角色。也就是说，财务报告的第二个功能就扮演着契约的角色。

财务报告这两项功能所需的信息特性，有可能是一致的，也可能是不同的。

然而，会计信息的这两个角色未必是一致的（e.g. Gjesdal, 1981; Christensen et al., 2009）。一般而言，估值用的会计信息应该具有决策有用性，也就是帮助预测未来现金流量的金额、时间以及不确定性，以帮助使用者做出有利的投资决策。相对的，契约功能所使用的信息，通常要视契约而定。例如，就薪酬契约所用的会计信息而言，则应该具有**敏感性**（Sensitivity）与**精确性**（Precision）。所谓敏感性，是指所提供的会计信息，应该能反映出代理人的努力程度，如果反映的越多，则此信息越敏感。至于精确性，则是指所提供的会计信息所含噪声的程度，程度越小表示越精确。换言之，就薪酬契约而言，如果盈余数字的敏感性越高且精确性越大，则在薪酬契约中，盈余数字的有用性就越高。基于此，对于这两种角色下盈余特性的差异，财务报告应该如何权衡？这是会计理论所要探讨的基本问题之一。再如，就债务契约而言，可验证性与稳健性，可以及早提供债务人是否违约或是财务恶化的警示信息，因而是两项重要的债务契约的信息特性（Kothari et al., 2010）。

在制定新会计准则（如近来的IFRS）与评估其经济后果时，似乎应同时考量会计信息的这两个角色。准则制定本身可能难以兼顾各种功能，但却应该评估整体的利弊得失，作为权衡或是取舍的基础。例如，采用IFRS的主要特性是大量使用公允价值、采用原则导向而非规则导向，以及强调专业判断，其目的是希望这些信息特性能提高财务报告的可比性并减少信息不对称性，进而帮助投资者做出有用的决策。然而，大量使用公允价值与增加主观判断是否可以提高盈余数字的敏感性与精确性?虽然公允价值可以及时反映管理当局决策的成败,但是,这些会计数据的波动性会比较大,可能包括许多管理当局所无法掌控的因素。此外,如果客观的市场价值并不易取得时,反而容易造成操纵或偏误的现象。因此,就这点而言,根据IFRS编制的会计数字,是否比传统报表更具敏感性与精确性?这个问题有待进一步讨论。再者,IFRS的这些特性,是否会降低可验证性与稳健性,而不利于债务市场的发展?这也是值得深思的重要问题。

1.2.3 财务报告的环境

在资本市场运作下的财务报告,涉及投资者、管理当局、信息中介者、财务报告的监管者与审计人员。

由图 1-2 可以了解,财务报告的环境主要是由家计部门(投资者)、管理当局、信息中介者、审计人员与监管者等构成,这些成员中有些可能受到财务报告的影响,而有些则会影响到财务报告本身。

投资者

投资者之间禀赋(财富)、信念,以及偏好并不相同,甚至收集信息的能力以及解读信息的能力也可能不同,因此,投资者这个群体本身也是一个异质性的团体。这些异质的特性可能会影响到他们对信息的需求。例如,机构投资者对于信息的需求,肯定不同于一般非专业的投资者。

就一般非专业的投资者而言,虽然他们本身之间的特性并不相同,但是他们可以采取各种投资策略以满足自己的需求,而这些策略促使他们对信息产生进一步不同的需求。例如,他们可以自己进行选股投资,或是委托信息中介者帮忙投资(例如买入**共同基金**);他们可以自己决定投资对象,也可以听从分析师的建议进行投资;他们可以进行**分散风险**的投资组合,也可以不进行分散风险的投资策略;他们可以采取长期性的投资策略,也可以采取随时买卖以赚取差价的短线策略。随着所采用投资策略的不同,对于信息的需求就会不同。一般而言,当采取委托财务中介者投资、购买分析师的信息、进行分散风险投资,以及长期持有的投资策略,相对于自己进行投资、自己决定投资对象、不进行分散性投资策略,以及采取随时买卖以赚取差价的投资策略而言,对会计信息的需求较少。例如,如果是投资在完全分散风险的市场投资组合时,由于个别公司的风险已经被规避掉了,因而就没有必要再去收集个别公司的信息来评估风险;相对的,如果仅投资一只股票,则需要信息以评估该公司的风险。

管理当局

如图1-2所示，各公司管理当局之间彼此在竞争稀有的资金，因此会有自愿披露会计信息给投资者的动机(将于第11章说明)。管理当局对委托的外部资金（如权益与债务资金)具有善尽使用与保管之责，这被称为监管责任。然而，除了监管责任之外，管理当局也具有生产管理以及编制并提供财务报表的多重责任。就编制财务报表的责任而言，管理当局提供的信息不仅可以用来评估自己是否善尽监管之责，也将影响到公司在资本市场上的融资，以及公司的竞争状况。因此，事实上，各国证券相关法规对于管理当局这些职责都有相当程度的规范。

信息中介者

图1-2列示了另一个重要的资本市场的组成团体：信息中介者。信息中介者这个产业的投入就是会计信息与其他信息，至于产出则是信息的分析与解释的结果，如分析师的盈余预测或是推荐报告。他们的产出本身也是一种信息，而此种信息质量的好坏，足以彰显信息中介者能力的好坏。如前所述，非专业的投资者购买信息中介者的信息时，他们本身就不需要再依赖其他信息了。

一般而言，信息中介者具有三个功能：第一，挖掘或生产目前尚未公开的私有信息；第二，分析解释所收集的信息，作为预测之用；第三，解释已发生的事件。因此，信息中介者与财务报告之间的关系就变得比较复杂，因为分析师除了解释财务报告资料之外，本身也会生产信息而与财务报告之间形成竞争的关系。也就是说，信息中介者与财务报告之间不仅是互补关系，也具有替代的竞争关系。

另外，信息中介者常被监管者视为一般投资大众的代表，因而在发布财务报告时，常以信息中介者是否了解为重要的参考。

监管通常会涉及公平与效率这两个问题。

财务报告的监管者/审计人员

财务报告可以提供有用的信息给使用者，以减少信息问题与代理问题，然而，主管机关应该监管到什么程度才最恰当呢？有些人认为公司会有提供信息的动机，而投资者会有信息需求，通过市场机制那只看不见的手就可以自行解决逆向选择与道德风险的问题，因而资本市场以及劳动力市场的运作是没有问题的。根据该说法,监管者是不需要介入的,因为股价自然会反映出公司的价值以及管理当局的“身价”。

另有学者认为,信息本身是一种特殊的商品,资本市场中所有参与者的信念与解读能力未必相同,因此单单靠市场的力量并不能解决逆向选择与道德风险问题。换言之,**市场是失灵的**。在此情况下,监管者需要介入,发布公认会计原则以决定最合适的信息量。然而,最合适信息量究竟为何?这是一个社会选择的问题,基本上要考量的是**公平**与**效率**这两个原则,然而实务中怎样才算是做到**公平**与**效率**?这是一个没有标准答案的问题。

在现实生活中,由于资本市场中所有参与团体所要求的利益并不相同,因此,监管者所面临的问题是如何在各团体之间做妥协。也就是说,社会选择其实是一个政治协商的过程。虽然如此,有一点可以确定,在许多产业逐渐放松监管的当下,会计这个产业的监管却越来越多,这可以由发布的公认会计原则越来越多获得验证,而非任由市场自行来决定。

另外,审计人员也扮演了相当重要的角色。独立会计师的鉴证可以提高财务报告的可信度,因此当中国相关法规要求公司财务报表经过独立会计师鉴证之后,此规范对于财务报告质量的提升具有相当的助益。此外,独立会计师除了承担监督风险之外,也是会计信息的另一个重要来源。

1.3 经济盈余与会计盈余

> 理想市场下的经济盈余与现实市场下的会计盈余中间有相当的落差。本节说明二者的意义、特性以及差异之处。

会计的基本目的是提供信息,以帮助使用者了解经济个体所拥有的经济资源,以及对该经济资源的请求权。首先,本节说明在一个相当理想的经济体系下,会计所提供的经济资源以及请求权的信息特性,如经济盈余与经济资产具有何种特性。其次,由于现实社会往往并非如此完美或完整,因此,当市场是处在这种不理想的现实状态时,由于资产的估价以及损益的数额并不同于理想状态下的情况,此时所提供的会计盈余与会计资产等会计信息又将具有何种属性?

> 经济盈余是在一种完美与完整的理想状态下所计算出来的盈余,也就是期初与期末现金流量净现值的差异。

1.3.1 经济盈余:理想情况下的盈余

1.3.1.1 确定状况下的现值模型

本节首先说明完美市场、完整市场以及确定情况下**股利折现模型**的应用。在一个传统的经济体系下，家计部门提供各种生产要素，并消费生产部门所生产的产品，而**生产部门**使用家计部门所提供的各种生产要素生产各种产品。在此经济体系下，所谓的完美市场，是指商品或请求权所处的市场并不会发生交易成本，市场中任何一个参与者都没有任何优势赚取超额报酬，且任何参与者都无法影响市场价格。所谓确定情况，是指投资者可以百分百预知未来的情况，也就是原来预期的现金流量以及市场利率在将来一定会实现，同时投资者也知道它们一定会实现。在此假设下，任何一种经济资源或是请求权的价格，目前都可以预先知道。

至于**完整市场**，是指商品或请求权在任何情况下都存在交易市场，买卖标的可无限制地加以分割，因而参与者都可以观察到它们的市场价格。这里以会计学者较有兴趣的跨期请求权为例，完整市场是指对未来现金流量具有权利的跨期请求权，都存在着投资者想要的任何形态的交易市场（如现货或期货），因而这些形态的请求权都存在着市场价格。换言之，市场是相当"丰富"的，任何形态的交易市场都是存在的。因此，在完整与完美市场下，投资者可以进行任何形态的跨期交易，且不需花费交易成本。

例如，考虑一个简单的经济体系，假设市场除目前外（以0期表示），存在未来1、2两期。对于未来现金流量具有权利的某一请求权（如股票）而言，如果说它存在着完整的市场时，则意味着下列任何一种现货或是期货形态的交易都存在着市场（Beaver，1998）：（1）在第0期投资，而在第1期收到报酬（现金流量）；（2）在第0期投资，而在第2期收到现金流量；（3）在第0期投资，而在第1、2期都收到现金流量；（4）在第0期签约，规定在第1期投资，而在第2期收到现金流量（**期货市场**）；（5）在第0期知道存在一个市场：在第1期时将会有一个市场允许在当期（第1期）投资，而在第2期收到现金流量，也就是未来存在**现货市场**（Spot Market）。

在此简单的例子中，投资者想要的任何形态的交易都存在交易市场，因而所对应的请求权的价格也将存在。换言之，请求权的市场相当完整。如果上述任一情况不存在，市场就不够完整了。例如，第（1）种情况如不存在，则投资者想买一种股票，要求在目前投资，并于第1期清算，就无法找到这种请求权，因而市场就不够完整了。

在确定情况下，请求权的价格可预先确知，而在完美与完整的市场下，跨期请求权之间的价格可以股利折现的净现值模型加以互相连结。因此在本节的假设下，投资者就可以在不花成本、不增加风险的情况下套利，因而请求权的价值就可以折现值加以表达。也就是说，净现值较大的请求权，价值会大于净现值较小的请求权（Brealey and Myers，1984; Fama and Miller，1972；Hirshleifer，1958）。假设 V_0 代表未来现金流量的现值，C_{it} 代表 i 公司第 t 期的净现金流量，r_t 代表第 t 期的利率（注意，无下标 i，因为在本节假设下，所有资产都是无风险的，且赚取相同的报酬）。在前述两期的假设下，公司的净现金流量的折现值为：

$$ {}_0V_2 = \frac{C_1}{(1+r)^1} + \frac{C_2}{(1+r)^2} = {}_0P_1C_1 + {}_0P_2C_2 \tag{1-1} $$

${}_0V_2$ 代表两期现金流量在目前（第 0 期）的现值总和。${}_0P_1$ 代表第一期收到 1 美元现金流量在目前（第 0 期）的现值；${}_0P_2$ 代表第二期收到 1 美元现金流量在目前（第 0 期）的现值。

假设某公司仅有一项固定资产，资金全为自有资金而未举债。市场不仅是完美与完整的，且是确定的，也就是未来两期末各可收到净现金流量 100 美元 与 200 美元（当期的收入减去生产要素的成本）。无风险利率在两期都为 10%，则公司的资产负债表中，**固定资产**（总资产）与股东权益即为未来两期现金流量的净现值：

$$ {}_0V_2 = 100/(1+0.1)^1 + 200/(1+0.1)^2 = 256.20 \text{（美元）} $$

在本节的假设下，第 0 期资产的市价也应该等于 256.20 美元。此时的总资产与股东权益都等于 256.20 美元。因为在 10% 的无风险利率下，任何买方都不会用高于 256.20 美元的价格购买，而卖方也不会以低于 256.20 美元的价格出售。如果公司急需资金，可无限制地按 10% 举债。因此，唯一的均衡价格就是 256.20 美元。换言之，市场经由套利（Arbitrage）后，市价会等于净现值 256.20 美元。

经过一年后，由固定资产产生的现金流量的净现值（市价）为：

$$ {}_1V_2 = 200/(1+0.1)^1 = 181.82 \text{（美元）} $$

经济折旧为期初与期末净现值的差额，而会计折旧则为成本的分摊。

此时，第 1 年底资产负债表的总资产为 281.82 美元，包括现金 100 美元与此固定资产市价 181.82 美元。固定资产的价值，则由 256.20 美元降低至 181.82 美元，因此**经济折旧**（Economic Depreciation）为二者的差额 74.38 美元，也就是第 1 期期初现值与第 1 期期末现值之差额。因此，第 1 期公司损

益表的**经济盈余**(Economic Earnings)为:现金流入100美元,减去经济折旧74.38美元:

第1年现金流入	100.00美元
减:经济折旧	(74.38)
经济盈余	25.62 美元

股东权益的总额亦为281.82美元,包括原始投入资本256.20美元加上当期盈余 25.62美元。经济盈余25.62美元的另一个算法,是期初净现值256.20美元乘以固定利率 10%,事实上也就是原始投资自然增值的部分。由于市场为确定状态,因此第 1 期期末的资产账面价值,即是折现值或是市价181.82美元。

经济盈余25.62美元为一种事前或预期 (Expected) 的盈余,而在本节的理想状况下,预期情况在事后必然发生,因此此数字也是事后或已实现(Realized) 的盈余。总而言之,第1期期末的资产负债表中,资产包括现金100美元,以及固定资产181.82美元(原始投资256.20美元扣除折旧74.38美元),总资产为281.82美元,股东权益包括股本256.20美元,保留盈余为25.62美元。

在本节中假设未发放股利,如果发放了股利,则只要从保留盈余中扣除即可。在本节理想的情况下,**股利无关论**(Dividend Irrelevancy)的观点是成立的。也就是说,公司是否发放股利,或是何时发放股利,对股东财富是没有影响的。因为目前即使发放股利,则在理想状况下,股东拿到这一笔金额,在市场上也仅能以 10% 再投资,所以结果与继续留在公司按 10% 再投资的情况一样,股东的财富现值并没有区别。对于股东而言,投资公司的目的就是要获取未来的股利。由于在这种完美的理想状态下所提供的会计信息可以完全提供公司未来的现金流量信息,因此会计信息具有完全的相关性。

有用的会计信息的另一特征是可靠性。一方面,由于未来现金流量与折现率是已知且公开的信息,因此各年底资产的估价以及是否有损益(决定每年的现金流入以及经济折旧)就不需要涉及人为的估计与判断,因而不会出现错误的现象。另一方面,由于同样的原因,管理当局也不可能出现刻意的偏误报道或是进行盈余管理。因此,理想状态下的会计信息也符合可靠性的信息特性。

在早期的会计思潮下,财务报表所重视的是管理当局监管股东资产的权利与责任,因此所强调的是资产负债表中的资产、负债以及权益可以客观地加以衡量。在本节理想情况下,由于所有的资产与负债都可以按折现值加以衡量,因此所编制的财务报表就符合此要求。资产负债表上所衡量的资产即为经济资产,负债即为经济负债。经济盈余代表管理当局监管股东委托资产的绩效,因为管理当局任何决策都将反映在公司资产的市价上(公司市价是未来各期现金流量的折现值),好的决策将使价值增值比较多,因此资产负债表的资产价值会增加,同时经济折旧会减少(因为经济折旧的计算方法,是期初净现值与期末净现值之差额,期末净现值因好的决策而加大,因而经济折旧就会减少),从而经济盈余就会越大。在早期的会计思潮下,想法颇接近本节的结论。这种观点称为计量观(Measurement Perspective)。

早期思潮比较重视资产负债表,因为任一资产是未来各期现金流量的折现值,通过资产负债表就可单独了解管理当局的监管绩效,而经济盈余仅是资产负债表评估价值的增值,此时经济盈余相对于资产负债表而言,就显得相对不重要了。财务会计准则委员会认为,良好的会计信息具有相关性与可靠性。在本节理想情况下,财务报表所提供的信息同时符合此观点。由于资产负债表可以彰显未来各期的现金流量远景,因此对于现有潜在投资者而言符合相关性的质量特征。另外,由于资产负债表的评价金额,在理想状况下不可能有人为偏误,因而不会出现所谓盈余管理的可能性,因而将相当精确,故也符合可靠性特征。

综上所述,在理想的状态下,会计信息具有下列几项特性:(1)所有的资产、负债,以及股东权益都以市价入账,也就是以折现值入账,符合计量观;(2)会计信息具有相关性与可靠性,因而符合信息有用性的最高指导原则;(3)符合股利无关论的论述,也就是发放股利的金额与时机并不影响公司的价值。

在此理想状况下,监管机构的角色就相对没有那么重要。同时,在理想情况下,应计盈余就英雄无用武之地了。但理想情况在现实社会中真的存在吗?很不幸,现实的市场并非如此的理想,因此,计量观的会计信息就受到严重的挑战。

> 不确定情况下是指未来情况的发生是不可知的,但可以知道哪些状况可能发生,且相关的客观概率是可以知道的。

1.3.1.2 不确定情况下的现值模型

前一节探讨完美与完整市场的情况下,市场又是确定情况下的财务报表信息。本节放宽该假设,探讨比较符合现实经济体系下的情境:完美、完整,以及不确定情况下的财务报表信息。在不确定的情境下,完美的观念与前一节相同,但完整市场的意义,就有进一步加以说明的必要。在确定的情境下,完整市场是说对于未来现金流量具有权力的请求权,不论是哪一种交易形态(现货市场或期货市场),都存在着相对的市场使各交易可以完成,也就是市场相当的完整或充足。在不确定的情境下,完整市场中的请求权未来会收到的现金流量的多寡要视未来实际发生的状况而定。

所谓不确定性,是指对于未来将发生何种情况并不清楚,仅知道各情况发生的客观概率。例如,持有一只普通股,未来将收到多少股利要视情况而定,情况好就收到较多股利;反之,情况差就收到较少股利。这种**视状况而定的股利**(State-Contingent Dividend)就是不确定性的特性,而所收到股利的多寡将直接影响到股票的价值。由于市场是完整与完美的,因此在本节不确定性的情况下,具有下列特性:(1)假设未来具有一组明确的状况存在,而这些状况是市场参与者都知道的;(2)每一种状况的概率都是客观存在的,也就是所谓的客观概率,任何人都无需再用主观的看法去修正,且此概率也是市场参与者知道的;(3)每一期实际发生的状况 s 为何,也是所有市场参与者都知道的。

在不确定情况下,如果未来有 n 种状况,且市场也存在 n 种独立的**纯粹证券**(Pure Security),则市场就可以称为完整市场。所谓第 i 种状态下的纯粹证券,是指在第 i 种状态发生时可以获得1美元,而其他状态则未收到任何现金流量的证券。该证券又称为**状态证券**(State Security)或**基础请求权**(Primitive Claim)。例如,如果未来有三种(1、2、3)状况,且存在三个独立的纯粹证券:$X_1=(1,0,0)$[①], $X_2=(0,1,0)$与 $X_3=(0,0,1)$,此即为一个完整市场,因为此时所有的证券都可视为由这三个独立证券所组成的**复合证券**(Compound Security)。例如 $Z=(3,4,5)$ 是指在第1、2、3种状况下,分别收到3美元、4美元和5美元的证券,其是由 $3X_1+4X_2+5X_3$ 所构成的复合证券。也就是说,Z 证券相当于3个 X_1、4个 X_2,加上5个 X_3 证券所组成,价值相当。

在确定的情境下,请求权的折现值为:

---

① $X_1=(1,0,0)$ 是指第一种状况发生时,将收到1美元,而在其他两种状况下则未收到任何现金流量。

$$ {}_0V_t = {}_0P_t C_t \quad (1-2) $$

C_t 为第 t 期的现金流量，${}_0P_t$ 为第 0 期所持有的请求权在第 t 期收到 1 美元的现值或价格。${}_0V_t$ 为在第 t 期收到现金流量的现值（现在以 0 期表示）。相对的，在不确定的情况下，请求权的折现值将略加修正为：

$$ {}_0V_t = \sum_{s=1}^{S} {}_0P_{st} C_{st} \quad (1-3) $$

${}_0P_{st}$ 是指在第 t 期时，如果 s 状态发生，则该状态下的纯粹证券的价格又称为**状态价格**（State Price）。C_{st} 为第 t 期如果 s 状态发生所收到的现金流量。${}_0V_t$ 为在第 t 期收到现金流量的现值（现在以 0 期表示）。如前所述，纯粹证券是指某一情况发生时收到 1 美元，但在其他情况发生时则无任何现金。这一概念由 Arrow and Debreu 提出，因此又称为**阿罗-德布鲁证券**（Arrow and Debreu Security）。上面的式子（1-3）显示，现金流量 C_{st} 或状态价格 ${}_0P_{st}$ 越大，则折现值 ${}_0V_t$ 越大。状态价格 ${}_0P_{st}$ 的大小受到三个因素的影响：（1）状态的事前概率；（2）货币的时间价值；（3）投资者的偏好（可以用效用函数加以表示）。状态的事前概率越大、货币的时间价值越小或是边际效用越大时，状态价格 ${}_0P_{st}$ 越大。

释例（Hirshleifer，1971）

这里举例说明。假设经济体系内仅有一个商品，且市场为当期（0）与下期（1）两期，下期包括 a 与 b 两种互斥状况，概率分别为 π_a 与 π_b，市场是一个交换体系，并不能生产，第 0 期商品为 c_0，第 1 期 a，b 状况下的商品数量为 c_{1a} 与 c_{1b}。个人对各商品的持有份额以状态证券或状态请求权表示。假设**代表人**（每个人具有相同的效用函数、相同概率信念，与相同的禀赋）具有下列的效用函数：

$$ u(c_0,c_1) = \pi_a u(c_0,c_{1a}) + \pi_b u(c_0,c_{1b}) \quad (1-4) $$

这一函数为**状态独立**（State-Independence），也就是指效用函数可划分为不同状态效用的相加。另再假设其为**时间独立**（Time-Independence）函数，也就是函数可由不同时间的效用相加而得，即：

$$u(c_0,c_1)=\nu(c_0)+\theta\nu(c_1) \tag{1-5}$$

θ 为跨期时间偏好参数(如折现因子)。在此两项假设下,效用函数可以表达如下:

$$\begin{aligned}u(c_0,c_1)&=\pi_a u(c_0,c_{1a})+\pi_b u(c_0,c_{1b})\\&=\pi_a[\nu(c_0)+\theta\nu(c_{1a})]+\pi_b[\nu(c_0)+\theta\nu(c_{1b})]\\&=\nu(c_0)(\pi_a+\pi_b)+\theta[\pi_a\nu(c_{1a})+\pi_b\nu(c_{1b})]\\&=\nu(c_0)+\theta[\pi_a\nu(c_{1a})+\pi_b\nu(c_{1b})]\\&=\nu(c_0)+\theta(\pi_a\nu_{1a}+\pi_b\nu_{1b})\end{aligned}$$

现有禀赋 $y=(y_0,y_{1a},y_{1b})$拿来与体系内其他人交换。这里假设体系是由**代表人(Representative)**所形成的。所谓代表人是指体系内每个人都相同,可由一人代表。现分别以 P_0,P_{1a},P_{1b} 代表商品 c_0,c_{1a},c_{1b} 的价格,且令 $P_0=1$(也就是以其为**标杆(Numeraire)**)。代表人的禀赋为:$W_0=P_0y_0+P_{1a}y_{1a}+P_{1b}y_{1b}$,其是在 $P_0c_0+P_{1a}c_{1a}+P_{1b}c_{1b}=P_0y_0+P_{1a}y_{1a}+P_{1b}y_{1b}$ 限制下,求解下列效用之极大:

$$\begin{aligned}&\text{Max}\ \nu(c_0)+\theta(\pi_a\nu_{1a}+\pi_b\nu_{1b})\\&\text{s.t.}P_0c_0+P_{1a}c_{1a}+P_{1b}c_{1b}=P_0y_0+P_{1a}y_{1a}+P_{1b}y_{1b}\end{aligned}$$

在上述问题下,均衡价格为:$P_{1a}=\theta\pi_a\nu'_{1a}/\nu'_0$, $P_{1b}=\theta\pi_b\nu'_{1b}/\nu'_0$。由上式可以了解 π_s 越大、θ 越大,或 ν'_{1s} 越大,则状态价格 P_{1s} 越大,也就是状态的事前概率 π_s 越大、折现值 θ 越大(货币的时间价值越小),或是边际效用(ν'_{1s}/ν'_0)越大时,状态价格 P_{1s} 也会越大。

举一个例子说明不确定情况下如何衡量经济资产与经济盈余。假设爱海公司仅有一项资产,资金全为自有资金而未举债。市场为完美、完整以及不确定。未来两期都有好(G)与坏(B)两种状况,第1期 G 与 B 的概率各为0.5,且各将收到120美元与80美元。在第1期,如果是好(G)状况发生,则第2期发生 G 与 B 的概率各为0.5,各可收到现金流量280美元与200美元。如果是坏(B)状况发生,则第2期发生 G 与 B 的概率也各为0.5,各可收到现金流量180美元与140美元。[①]无风险利率在两期都为10%。相关资

① 在此例中,$s\in S=\{G,B\}$,也就是仅有两种状况。在上例中的 P_{1a} 与 P_{1b},可以将其想象为 P_{1G} 与 P_{1B},但是 P_{1a} 与 P_{1b} 已经包含折现因子(1/1.1)与利率0.5在内。

料详见图1-3。

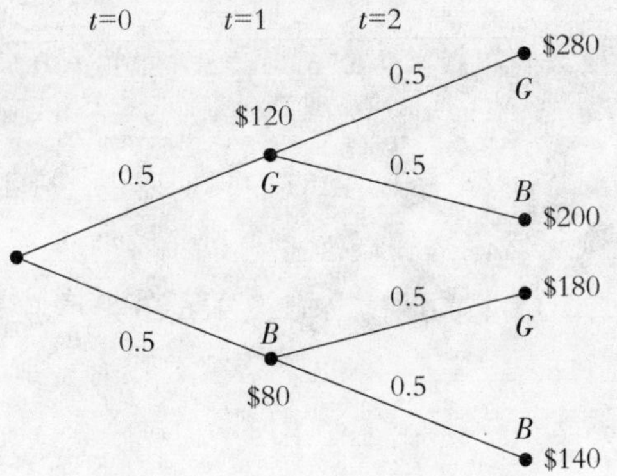

图1-3　资产的现金流量树形图

第0期时，对于第1期的期望金额为100美元。第1期的情况如果是 G 发生，此时对于第2期的期望金额为240美元，如果是 B 发生，此时对于第2期的期望金额为160美元。而在第0期时，对于第2期的期望金额为200美元。第0期时，对于第1期与第2期预期的期望金额各为100美元与200美元，为前一节确定情况下的数字，本节仅是加入概率的情况。未来现金流量的期望折现值为：

$$
\begin{aligned}
{}_0V_2 &= 0.5[120/(1.1)+80/(1.1)]+0.5[240/(1.1)^2+160/(1.1)^2] \\
&= 90.91+165.29= 256.20(\text{美元})
\end{aligned}
$$

因此，该公司资产负债表（第0期）中的总资产与股东权益为256.20美元：

爱海公司资产负债表

第0期期末　　　　单位：美元

资本资产			
预期折现值	256.20	股东权益	256.20

如果第1期实际状况为B，则第1期损益表（状况B）如下：

爱海公司损益表（状况B）

第1期　　　　单位：美元

销货（收现）	80.00
摊销（256.20 − 145.45）	(110.75)
净损益	(30.75)

风险态度

第0期资产与股东权益为256.20美元，那么第0期资产的市价是否也是256.20美元？该问题另外涉及投资者的风险态度。在第1期分别为G与B的状况下，对于第2期的预期期望值分别为225.45美元与338.18美元（见后述），在概率各为0.5时，期望值为256.20美元。对于风险中立者而言，第0期确定拿到256.20美元，与第1期各有0.5/0.5的概率拿到225.45美元与338.18美元是没有差别的。但是，一方面，对于风险厌恶者而言，由于他不愿承担风险、个性比较保守，因此他比较偏好前者。也就是说，如果要其接受后者，则在他心目中，后者的价值少于256.20美元。换言之，市场价值将少于256.20美元。另一方面，对于风险喜好者而言，由于赌性较强，因此后者的价值将大于256.20美元。为简化分析，本节假设投资者为风险中立。

第1期实际状况为B时，公司未来现金流量的折现值为：

$$ {}_1V_2 = 0.5\,(180 \div 1.1 + 140 \div 1.1) = 145.45(\text{美元}) $$

因此，爱海公司资产负债表（第1期）中的总资产与股东权益为225.45美元：

爱海公司资产负债表（状况 B）

第1期期末　　单位：美元

财务资产			股东权益	
现金		80.00	期初价值	256.20
资本资产			净损	(30.75)
期初价值	256.20			
累计摊销	(110.75)	145.45		
		225.45		225.45

第0期时预期公司将于第1期赚得的经济盈余为25.62美元（256.20×10%），但第1期已实现或是事后经济盈余为−30.75美元。因此，事前的经济盈余25.62美元与事后经济盈余−30.75美元相差56.37美元。经济盈余为−30.75美元也可以另外计算如下：

爱海公司损益表（状况 *B*）

第1期　　单位：美元

事前经济盈余(256.20×10%)		25.62
减:异常盈余		
(1)第1期		
期望现金流量 0.5×(120+80)	100	
坏状况下事后盈余	(80)	(20)
(2)第2期		
第0期对第2期之预期数字	181.82	
第1期对第2期之修正数字	(145.45)	(36.37)
事后经济盈余		(30.75)

在这种不确定性的情况下,事后盈余与事前盈余的差额56.37美元,称为**未预期盈余或异常盈余**(Unexpected Earnings 或 Abnormal Earnings)。如果第1期发生的状况为 *G*,则损益表与资产负债表分别如下:

爱海公司损益表（状况 *G*）

第1期　　单位：美元

销货(收现)	120.00
摊销费用(256.20 − 218.18)	(38.02)
盈余	81.98

爱海公司资产负债表（状况 *G*）

第1期期末　　单位：美元

财务资产			股东权益	
现金		120.00	期初价值	256.20
资本资产			本期盈余	81.98
价值	256.20			
减:摊销	(38.02)	218.18		
		338.18		338.18

虽然事前预期的经济盈余与事后实际实现的盈余并不相同,然而重点是,投资者在事前预期的那一刻,会计信息已经提供当时情况下可以得到的所有信息,进而做出最佳的预期,因而仍符合相关性的特性。同理,虽然预期盈余与事后盈余不同,但是管理当局也不可能刻意做出偏误的报道或是进行盈余管理,因为不论是事前或是事后,由于市场是完美且完整的,投资者将都可以算出应有的价值。

在本节不确定情况下,股利无关论的观点仍然是成立的,因为期末不论是否发放股利,以及不论是在哪一种状况下(G 或 B)发放股利,投资者将这些钱拿去再投资的利率仍是10%,因此最终的总财富仍然是一样的。而财务会计准则委员会所强调的会计信息具有相关性与可靠性也仍存在。由于资产负债表的资产是未来各期现金的折现值,因此财务报表具有相关性;在理想的状况下,资产的价值都是客观的现值,因此也具有可靠性。同理,资产负债表仍为投资者所重视的报表;相对的,损益表就无信息价值。

截至目前,所谈的概率为客观概率,也就是理想情况下,所有市场参与者都可以客观拿到而不需再加以修正的概率。然而,在不完美与不完整的现实社会,由于交易成本的存在,如投资者限于个人收集信息、分析信息,以及解释能力,因此在预测未来发生的概率时,通常无法达到理想的客观概率,而成为一种主观概率,在这种情况下,损益表的提供,就可以修正投资者存有偏误的主观概率,进而增加投资者的效用。下一节将放宽客观概率的假设,而改用主观概率的实际情况。

1.3.2 会计盈余:非理想情况下的盈余

现实社会往往是既不完整且又不完美的世界,因此无法由折现值评价资产的经济价值或是经济盈余。在完美与完整的情况下,公司价值可以通过折现值的做法,将多期的一串数字以一个净现值的简单数字加以表达。然而在非理想的情况下,就无法以一个简单数字表达了,此时资产价值与当期盈余的概念就变得相当模糊而无法加以清楚的诠释。

如前所述,在完整的市场中,投资者可直接观察到纯粹证券的价格,或者是间接地从线性独立的复合证券中反推出来。换言之,由于复合证券的价格是由各种纯粹证券的价格加总而得,因而复合证券的不同组合也可以形成各种纯粹证券,并进而求其价格。相对的,在不完整市场中,纯粹证券的种类少于状态证券的数量,因此有些状态证券的价格并不存在,即使市场中存在复合证券,也无法反推出状态证券的价格。事实上,有些复合证券的市场并不存在,更谈不上反推出状态证券的价格。例如,研究开发支出的结果、无形资产、石油储藏量与旧机器或设备等。同时,期货与保险市场不健全时,也是另一个不完整市场的释例。

释 例

在之前的释例中，假设我们知道未来有1,2,3等三种状况，且存在两个独立的纯粹证券：$X_1=(1,0,0)$，$X_2=(0,1,0)$，以及一个复合证券 $Z=(3,4,5)$。此时，我们可以反推出第三种状况下的纯粹证券 X_3。如果是你，你将如何形成投资组合，让它等于纯粹证券 X_3？也就是要解答下述问题的 a、b 与 c：

$$X_3=aX_1+bX_2+cZ$$

就石油公司储藏的原油而言，美国FASB发布的第69号准则要求石油公司除根据历史成本编制财务报表之外，也要按照市价提供补充报表。也就是说，资产负债表中应该按照市价来衡量递耗资产中的原油储藏价值。当国际市场上存在石油价格时，石油公司所储藏的原油价值则应该是多少呢？其实这是一个难以回答的问题，因为没有人知道真正的储藏量有多少，未来有哪些状况，每种状况发生的客观概率是多少，未来开采可以卖多少钱，应该用哪一个资金成本来折现。即使知道储藏量，但何时会出售？未来的开采成本是多少？由于数量、价格、成本与折现率都充满了不确定性，如何使用折现法估计出目前储藏原油的经济价值呢？换句话说，由于石油公司面对的是多期与多种状况，然而对于储藏原油的未来现金流量、各种状态，以及各状态下的客观概率并不是很清楚，即便使用折现法估计出了所谓的市价，该市价也是难以为所有人一致接受的。此外，所估计的市价常常会随着现实社会下主观概率、对未来状态的修正，以及对价量估计的修正而改变，因而即便有市价，也已经丧失理想状态下的经济资产与经济盈余的良好特性。虽然FASB已经想到了这一难题，因而规定一律用10%折现，且使用当期期末价格取代未来价格，但实际运作上仍然难以实行。当未来某种状况出现时，市场未必可以知道，此时反而出现理想状态下不会出现的内部消息。

另外，研究开发支出也是一个典型的例子。研发支出未来面临的状况种类、现金流量期数以及折现率等更是充满了不确定性。事实上，如果研发成果公布出来而被大众知道了，就没有投资者会再出价购买有关研发的信息，此时研发成果的价值就被摧毁了，因而市场上并没有研究开发的市价存在。至于大家常见到的有价证券(如股票),虽然每天都有收盘价,但这并不表示该价格就是该有价证券的经济价值,因为该市价未必是大家达成共识的价格。

另外一个无法评价公司资产的经济价值与经济盈余的情况就是市场不完美。在完美的市场中,资产的**投入价格**(Entry Value,也就是**重置成本**)会等于**出售价格**(Exit Value,又称为**清算价值**),同时也会等于**继续使用的价值**(Value in Use,又称为**折现值**)。但是在现实社会中,由于存在交易成本而使市场不完美,因而资产(例如厂房设备)的投入价格、出售价格,与继续使用的价值并不相同,则市场价值究竟是指哪一个呢?在不完美或不完整的情况下,由于并非所有的生产要素与产出都有市场可以交易,因此,每一位股东由于个人偏好不同,对公司各种可选择的生产方案优劣,具有不一致的排序与看法。有些认为没有市场的资产的投资优于有市场者,有些则持相反看法。相对于完整与完美的情况下,由于所有生产要素与产出都有市场,因而所有的股东都可以得到一致的排序,进而通过现值极大化选出最佳生产计划。而在不完美或不完整情况下,股东之间的看法与偏好并不一致,却又不能通过市场交易来解决,现值极大化也未必是大家一致的看法。

例如,市场是由诸如投资者、债权人、政府、工会、消费者、分析师、会计师以及监管者(如证监会或财务会计准则委员会)等各种利益团体所组成,每个组成部分的认知与利益也不相同,因而如果要采用经济盈余的计量观,则在财务报表中应该按照什么市价表达,也常会受到前述各组成部分的影响,因此实务中常常是难以实行的。

基于上述原因,就会计的资产评价与是否有损益而言,即便公司经由协议选出最后的生产计划,但所选的生产计划中,许多资产与负债的市场是不完美或是不完整的,此时无法计算出其折现值与经济盈余,因而无从编制资产负债表与损益表。因此,退而求其次的做法就是不求完美的经济盈余的计量观,而采纳**信息观**(Information Perspective)下的会计盈余的观点。在信息观下,会计人员提供财务报表信息(如会计盈余)的目的,旨在帮助投资者改变或修正对未来现金流量的主观概率、时间与金额的看法,进而由信息使用者自己做出审慎的判断与决策。换言之,信息观下的决策有用性,是指提供有用的信息让决策者自己做决策。

此时有两个极端而相反的做法。其一，就是提供所有关于公司的交易事项，交由信息使用者自己去寻找、处理，以及消化信息；其二，就是编制汇总的现金基础的报表。然而前者过于复杂，且没有效率，后者则是无法提供较有用的信息（如购置固定资产当年有重大现金支出，但在使用期间却无现金支出），因此，此种做法无法提供具有持续性的信息以评估公司的未来远景。

最后，折中的方法就是采取应计基础及历史成本会计制度。也就是说，通过调整现金流量的应计观念与历史成本会计，提供企业未来的经济远景或是绩效，以帮助使用人做相关决策。

1.4 应计基础的财务报表

现实社会中，会计盈余是以历史成本为基础，再加上应计会计的概念交织而成的。

1.4.1 应计会计

早期的会计主要在扮演着监管管理当局的角色，因此，衡量管理当局的绩效成为当时会计的主要功能。其中一些学者就在探讨如何衡量经济盈余的议题（Paton，1922; Canning，1929；Alexander，1950），这一研究也促成一些学者提议使用市价或是现行成本（Current Cost）来进行财务报告，例如Alexander（1950），Edwards and Bell（1961）与Chambers（1966）等。

然而，20世纪60年代末期，学界认为采用经济盈余的观点（或是计量观）编制财务报表，在执行上是有困难的，因此逐渐改用信息观的有用性。这一现象可以从60年代之后，许多以信息经济学为基础，探讨盈余与股价之间的关联性的研究（例如，盈余的信息内涵、盈余反应系数，这一部分留至第3章再详述）中获得验证。而更具体的例子，则是财务会计准则委员会所发布的《财务会计概念公告第1号》所述：

> "财务报告旨在提供有用的信息给现有投资者、潜在投资者、债权人及其他使用者，以估计未来现金流量的金额、时间与不确定 性……由于投资者与债权人的现金流量和企业的现金流量有关，因此财务报告应提供有用的信息给投资者、债权人及其他使用者，以估计企业未来现金流量的金额、时间与不确定性。"

这段叙述说明目前的财务报表主要是要提供有用的信息给报表使用人，

以修正未来现金流量的主观概率,进而估计出现金流量的期望值与风险。

财务报告旨在提供有用的信息,也就是符合决策有用性的质量特性。所谓决策有用性,就是指要提高会计信息的相关性与可靠性。在理想状态下的市场,信息具有完全的相关性与可靠性,但因现实社会中市场并非如此理想,因此财务报告就必须在相关性与可靠性之间取得平衡。目前的财务报表是依据历史成本原则编制出来的,主要原因是比较客观,可由第三者加以验证,因而比较符合可靠性。然而相对的,历史成本却缺乏相关性,特别是近来高科技产业无形资产无法入账,使这一情势更加明显。例如,历史成本一旦入账之后,原则上不能再变更,这虽提高了可靠性,但资产或负债的折现值或市价,随后可能随着经济情况而变更,以致与历史成本相去甚远。

在提高可靠性的同时,准则制定者为提高会计信息的相关性,也作了相当的努力,采用应计基础会计即是一例,而此观念已成为目前财务会计的主要基础。财务会计准则委员会(1978)即认为应计基础的观念比现金基础好:

> "应计基础下的盈余比现金观念下的盈余,能提供企业未来现金流量更好的信息。"

财务会计准则委员会认为,应计基础下的盈余可以提供更多的信息。例如,账龄分析法可以提供未来收现的信息;存货采用成本与市价孰低法,可以让投资者更了解存货出售的可能性与售价的合理性;固定资产计提折旧,可以了解企业持续性盈余或是获利的情况。因此,应计会计可以将现金制下的数字转化为较为平滑的盈余数字,进而更能传递有关公司未来经济远景或是持续性获利状况的信息。

应计基础

应计基础虽可提高会计信息的相关性,但也可能降低了可靠性。例如,就收益实现与配比原则而言,这是一个较为抽象且涉及人为判断的术语,因此,现实社会中,会计上有许多公认会计原则可供会计人员选择,而且也有些需要会计人员主观地估计(如固定资产使用年限、残值,或是应收款项的坏账率)。

理想的折旧费用是指期初现金流量折现值与期末现金流量折现值的差额。但在现实社会中，就无法计算出。例如，就目前会计界的固定资产折旧而言，有直线法、加速折旧法与递减法，使用不同方法会导致会计盈余差异相当大，因而在比较不同公司的绩效时会产生误解。再者，如存货的计价方法，有先进先出与平均法等，也会产生前述问题。另外，就石油业而言，会计界对于原始入账的勘探成本，有全部成本法或勘探成本法两种，而两者成本差距通常相当大，事后摊销的成本也因而会有很大的差距。

由上述特性可以了解，虽然应计观念下的历史成本的可靠性比较大，但不能否认的是，在这一方法下，会让会计盈余产生非故意的偏误，管理当局有故意操控的动机。这种有意无意的会计偏误与操控，在某种程度上会降低其可靠性。因此，信息观下的会计盈余，其可靠性是一种相对的概念，而非绝对的可靠。

由于理想情境下的经济资产与经济盈余无法于现实社会运作，因而会计界仅能接受目前的应计盈余会计的架构，并尽量在此架构下，提高会计信息的相关性与可靠性。方法之一，就是采取充分披露的原则。例如，在财务报告中，增加会计信息的充分披露，典型的例子就是提供会计政策、补充报表或是附注等额外信息。

近年来，会计思潮又起了变化，在国际会计准则委员会与财务会计准则委员会所公布的公报中，有越来越多的会计准则都使用公允价值评价，而重新开启了计量观。换言之，目前的会计准则是兼取信息观与计量观，这有助于提高会计的相关性与可靠性，进而增加信息的有用性。然而不能否认，历史成本的架构仍在会计界中占有重要的地位。

计量观的趋势

传统的财务报表中越来越多以市价衡量资产或负债，例如应收款项以净变现价值评价，长期负债或租赁资产以现金流量折现值入账，存货以**成本与市价(净变现价值)**孰低法评价，固定资产或无形资产可以办理**资产重新评估**以及**减值损失测试**，金融资产与负债也常常以公允价值入账。因此，目前的财务报告是历史成本与现值会计兼用之下的产物。

1.4.2 会计人员的角色

在完美与完整的市场下，由于没有交易成本，且所有的生产要素与产出都存在市场，因此，所有的商品都可以客观估计出未来的现金流量金额、时间以及折现率，所有股东可以做出一致的最佳生产决策。资产的价值为未来现金流量的折现值，而期初与期末经济资产价值的变动，就是当期的经济盈余。在这种情况下，会计人员的角色就是采取计量观，按照现值基础编制资产负债表。至于损益表，虽也是按现值计算，但仅是资产负债表的副产品。然而，在这种理想状况下，会计人员的功能与角色似乎没有那么重要了。

在不完美与不完整的市场下，由于无法客观衡量与评价资产，因此会计的目的，是向使用人提供信息以评估未来的经济远景及绩效。因此，使用历史成本与应计会计制度就成为其主要的基础。而为了能提供有用的信息，会计人员必须做到充分披露。这一做法可以提高可靠性。因此，现行的历史成本与应计会计制度，主要是在相关性与可靠性之间取舍下的产物。然而，此举虽能提高可靠性，但会计人员也需投入许多的估计与判断，因此，如何在相关性与可靠性之间取得较大的平衡，一直是会计人员的重要责任与角色。在此种非理想的状况下，会计人员的挑战虽变大，但相对而言，会计人员的责任与角色也越发重要了。

本书架构可以参阅图1-1，该图完整说明了各章节的定位。例如，图中标示了每一章所介绍的范围与内容。

1.5 本书架构

1.5.1 经济盈余与会计盈余——理想/非理想状况下的会计信息

本书基本上是以信息经济学为基础，探讨会计信息在决策上的有用性。本书的架构图详见图1-1。首先，本书1.3节探讨在理想的状况下财务报告的基本特性。在这种情况下，市场是信息对称的，公司未来的现金流量是为大家所知道的，即使在不确定的情况下，各种状态的客观概率也是大家所知道的。因此，可以使用折现模式计算出资产的折现值（使用价值），由于套利的关系，会让其等于资产的市价，称为经济资产，而期初与期末折现值的差异就是当期的经济盈余。在这种情况下，财务报表的信息是完全相关并可靠的,管理当局与外部投资者的评价结果都是这一价值,因而也就不需要监管者来制定会计披露准则。该部分为图1-1的左边方块(1)。

由于现实社会并不存在理想的状况,也就是市场是不完美或是不完整的,因此现实社会中以应计制下的历史成本为基础,同时也兼用现值会计评价资产。然而由于市场并非理想状态,因此使用公允价值或是现值时会有许多问题出现。目前IFRS趋于使用公允价值,如衍生性金融产品,因此以理想状态下的现值作为标杆,可以了解实际应用公允价值评价的问题所在。鉴于此,本书有必要先就理想状态下的会计信息的特性加以介绍。至于非理想状态下的盈余与信息特性,为图1-1的右边方块(1)。

信息不对称包括逆向选择与道德风险。

1.5.2 信息不对称

理想状态与非理想状态下的主要差异,就是由信息不对称所引起的,而信息不对称主要可以分为逆向选择与道德风险这两种状况。本节将说明为减少这两类信息不对称,会计信息扮演了何种的角色。

1.5.2.1 信息问题——逆向选择

如前所述,现实经济社会是一个不完整或是不完美的状态,也就是非理想的状态。理想与非理想状况下的主要差异,就是前者资本市场是信息对称的,而后者则是信息不对称的。第一种信息不对称为逆向选择的问题。会计信息的主要功能之一,就是提供有用的信息给投资者做决策以减少这一逆向选择的问题,然而要提供有用的信息给投资者,必须了解理性投资者的决策模式,因此第2章介绍了决策者个人的决策模式,也就是所谓的决策理论。这一个理论主要是假设投资者是理性的,他们会追求效用的最大化。

理解投资者的决策行为之后,接下来就是要提供"有用的"信息给理性投资者。具体而言,财务报告的主要功能,是提供有用的信息以帮助决策者做有用的决策,这种提供会计信息的概念,称为**决策有用性**(Decision Usefulness)。例如,在决策理论下,有用性的会计信息通常是指可以帮助使用者评估未来现金流量期望值与风险的信息。事实上,目前主要的准则制定单位,如IASB与FASB,都是以决策理论为基础,通过决策有用性的概念来设立各项准则。第2章将介绍决策理论以及决策有用性的内容。有用的信息,通常会涉及所谓的充分披露原则。

然而，市场是由许多理性投资者组成的，而且彼此之间存在理性的互动行为，而非仅是个人的理性决策，因此就触及了资本市场是否有效率的议题。第2章也会针对效率市场运作的内容以及其对财务报告的含义加以介绍。该部分为图1-1中的方块(2)。

在决策理论与有效资本市场的假设下，会计的功能之一就是提供有用的信息帮助理性投资者评估公司未来的现金流量的金额、时间，以及不确定性，以做出最佳的投资决策，这种观点就是**信息观**(Information Perspective)的决策有用性。这种观点认为财务报告所披露的信息使用何种形式并不重要，也就是说不管是在报表本身、附注披露，或是补充说明，都无所谓，只要能够说清楚，市场投资者都可以针对各种不同来源的信息解读出它所包含的内涵。传统应计制下的历史成本会计，就是这一观点的产物。

虽然信息观的决策有用性一直是会计监管单位采取的观点，也是学术界所接受的看法，但实际在资本市场的运作中，是否与这该观点相符呢？这一问题为各界所关注。因此，本书第3章将介绍学术界的实证结果。事实上，实证结果显示财务报表所提供的信息对于投资者而言的确是有用的。该部分为图1-1中的方块 (3)。

前面曾提到，会计最早的用途是帮助资金提供者监督管理当局是否有效保管与运用资金，同时反映有关管理当局运用资金的最终绩效。因此，使用公允价值计量资产与负债的变化最符合这一用途。该想法正好与理想状态下的会计信息一致，也就是使用折现值作为公允价值的衡量方法，计算出经济资产的价值。虽然信息观的决策有用性一直是会计学界采取的主要观点，然而，近年来各国又越来越强调使用公允价值，也就是在资产负债表的正表中，使用公允价值"衡量"资产与负债。这一做法加重了会计人员的责任，因为会计人员要主动将公允价值列入资产负债表中，而非由使用者自己去衡量公允价值。这一观点称为**计量观**(Measurement Perspective)的决策有用性。第4章就这一观点加以介绍。该部分为图1-1中的方块(4)。

1.5.2.2 代理问题——道德风险

除了逆向选择这类信息不对称之外，另一种信息不对称为管理当局与公司之间的代理问题：道德风险。如前所述，道德风险是指管理当局的努力情况无法被股东观察到，因而管理当局会有自利的动机。为减少这种道德风险，公司有必要设计出薪酬契约，使管理当局与股东的利益相一致，而这类契约常常以盈余作为判断是否努力的基准。因此，盈余究竟反映了多少管理当局的努力程度与绩效的信息量，将是判断盈余是否有用的一个重要指标。也就是说，会计的第二个角色与功能，就是要提供有关管理当局绩效的信息。

如前所述，会计信息的第一角色与功能是提供有用的信息以帮助投资者评估未来现金流量，因而可以缓和逆向选择的问题。前面在介绍这一角色时，曾提及揭露信息的形式以及所选择的会计政策并不重要，因为投资者可以看穿这种表面上的差异。然而，此处介绍的会计信息的第二个角色与功能是监督管理当局。在此功能下，大家都知道管理当局其实是相当关心会计政策的选择的，这是因为会计政策的选择会引发各种**经济后果**(Economic Consequences)。探讨经济后果与为何会选择某一会计政策是很重要的议题，这一观点就促成了所谓的**实证性会计理论**(Positive Accounting Theory)。本书第5章将介绍探讨会计信息与契约关系的实证性会计理论。该部分为图1-1中的方块(5)。

由于最常见到的契约为薪酬契约与债务契约，因此，第6章将先专门介绍薪酬契约理论。具体而言，在这一章中，先介绍代理理论的内容，并说明在设计薪酬契约时，一个好的盈余信息应该具有哪些特性。该部分为图1-1中的方块(6)。

事实上，除了薪酬契约之外，债务契约也会有道德风险的问题。例如，管理当局是否有剥削债权人的情况？为减少债权人与公司之间的代理问题，也常常订约以监督管理当局。例如，债务契约常以盈余保障倍数或是净值作为制定债务条款的基准，以有效监督管理当局是否依照契约执行。因此，第7章专章介绍会计信息与债务市场的关系。该部分为图1-1中的方块(7)。

此外，由于公司本身可以视为一群利害关系人之间所形成的一组契约的组合体，因此还存在其他各类契约。就此观点而言，除提供信息给投资者作为投资决策的参考依据外，会计信息在契约观点下，也衍生了另一个广义且重要的角色。有关此点，第5章实证性会计理论亦会作进一步的补充探讨。

第3章与第4章主要探讨会计信息在评价上的角色与功能，而第5章至第7章则探讨会计信息在契约上的功能。然而，不论是评价的信息功能或是契约上的监督功能，管理当局都有操纵盈余的动机。例如，为了盈余平稳化或是迎合分析师的预期，以提高市场投资者对公司股票的信心，管理当局都有动机进行盈余管理。同样，为了提高红利或是避免违反债务契约，管理当局有向上操控盈余的动机。基于此，本书第8章主要介绍盈余管理的动机、方法与经济后果。第8章的内容为图1-1中的方块(8)。

另外，会计信息本身就是一种商品，而商品质量的好坏，常常是客户很重视的问题。因此，盈余质量常受到使用者所关注。此外，就学术界而言，盈余质量也常是学术研究的焦点，因此本书第9章专章介绍盈余质量的决定因素、替代变量以及经济后果。第9章的内容为图1-1中的方块(9)。

1.5.3 信息的生产

降低逆向选择与道德风险的方法，除了由公司自行使用方法传递信息，或是由监管者强制要求公司披露基本信息之外，另一个渠道就是通过分析师挖掘额外的信息、分析并解释现有的信息。因此，分析师是资本市场中的一个很重要的信息中介者，同时，分析师也常常是市场信息使用的主要代表。本书第10章专章介绍分析师在资本市场中所扮演的角色。第10章的内容为图 1-1中的方块(10)。

本书最后一章旨在介绍资本市场中准则制定者所扮演的角色与功能。当许多产业都面临准则松绑的趋势时，会计专业的准则似乎有越来越多的现象。在准则监管者介入管制之前，会计信息的供需情况如何？此时公司为何会有自愿披露信息的动机？之后，准则监管者为何要介入管制而强制公司披露信息呢？也就是说，是什么因素让市场出现失灵而需要政府介入来纠正呢？ 基本上，不管市场失灵的原因是什么，都是由于信息的供给与需求无法达到社会最优点，因此，准则监管者必须介入，以调解管理当局（信息供给者）与投资者（信息需求者）之间的供需差异。此外，公司本身也有自愿披露盈余的动机。有关监管者的规范与公司自愿披露的部分，将在第11章加以介绍，该部分为图1-1中的方块（11）。

1.6 会计理论之角色

> 会计理论具有三个功能：解释现有的会计实务；预测未来的会计实务；引导未来会计实务的发展。

如前所述，会计理论可以解释现有的会计实务、预测未来的会计实务，甚至引导未来会计实务的发展。就解释现有的实务而言，例如，存在于管理当局与股东之间的代理问题，会计理论可以让我们了解管理当局为何重视会计方法的选择,因为会计方法的选择会影响薪酬契约,进而影响到管理当局的红利。此外,也可能会产生债务契约违约的问题。同时,也可以解释管理当局为什么会有操控盈余的动机。对这些现象的解释与了解将进一步作为预测未来会计实务的基础。就存货的评价方法而言,如果红利是根据盈余的百分比来发放,则采用先进先出法对管理当局是较有利的(相对于加权平均法或后进先出法)。本书将在后面几章陆续介绍。

就引导实务的发展而言,决策理论与效率市场理论所衍生的信息观的决策有用性为财务会计理论的重要一环。此外,会计理论常常建立在许多学术研究中,而实证研究显示,信息观的决策有用性在实务中确实是获得了支持。这些理论与实务中的成果,已经被诸如美国财务会计准则委员会、国际会计准则理事会,以及中国财务会计准则委员会等准则制定者采用,作为概念性框架或是公报中常援引的基础,这可以由过去三十几年来要求披露更多信息而获得验证。

另外,Ohlson(1990)所发展的**会计基础的评价模式**,可以使用资产负债表与损益表中的会计数字估计出公司的真实价值。由于这一模型的发展,有助于使用现值价值衡量资产,而这正与国际会计准则理事会使用公允价值的观点不谋而合,因此,这一评价模型有助于引导由信息观的决策有用性改为计量观的决策有用性的发展。

习题

1. 当许多行业面对法规放松的情况时,财务报告立法不仅获得相当支持,且更为全球自由经济市场所接受。你觉得这种“财务报告革命”的现象(Beaver,1998)是否合理? 中国是否也有这种现象呢?
2. 会计理论可以解释现有的会计实务、预测未来的会计实务,甚至引导未来实务的发展。请另外举例说明会计理论的这三项功能。
3. 为何柠檬车的问题会导致市场失灵呢?
4. 会计信息具有信息的评价角色,以及监管或是契约角色。请另外列举一例,说明这两个角色是相互冲突的。此外,如果你是准则制定者(如国际会计准则理事会),在此相互冲突的情境中,你将如何建立准则?
5. 资产的价值有投入价格、出售价格以及使用价值。在完美与完整的情况下,这三个价值是相同的。试问:

(1)为何市场不完美或不完整时,投入价格、出售价格与使用价值并不相同?

(2)这三者之间的大小,共有6种排序的情况:

投入价格 > 出售价格 > 使用价值

投入价格 > 使用价值 > 出售价格

出售价格 > 使用价值 > 投入价格

出售价格 > 投入价格 > 使用价值

使用价值 > 投入价格 > 出售价格

使用价值 > 出售价格 > 投入价格

请列举各种情况下,该资产对于公司的价值如何。

(3)上述6种情况下,根据目前资产减值损失的规定,将产生何种结论?

6. 假设和平公司有一项资产,资金全为自有资金而未举债。市场为完美、完整以及不确定。未来两期都有好(G)与坏(B)两种状况,第1期G与B的概率各为0.5,且各将收到132美元与108美元。在第1期,如果是好(G)状况发生,则第2期发生G与B的概率各为0.5,各可收到现金流量分别为131美元与111美元。如果是坏(B)状况发生,则第2期发生G与B的概率也各为0.5,各可收到现金流量分别为109美元与89美元。无风险利率在两期都为10%。试问:

(1)编制第0期的资产负债表与损益表。

(2)如果第1期是好(G)状况发生,编制第1期的资产负债表与损益表(应包括经济折旧)。

(3)如果第1期是坏(B)状况发生,编制第1期的资产负债表与损益表(应包括经济折旧)。

7. 在不确定情境下,如果未来有1、2、3等三种状况,且存在三个独立的证券:$X_1=(1,0,0)$,$X_2=(0,1,0)$与$X_3=(5,7,9)$。$X_1=(1,0,0)$是指第一种状况发生时将收到1美元,而在其他两种状况下则未收到任何现金流量,其余类推。试问:

$X_1=(1,0,0)$,$X_2=(0,1,0)$为两个纯粹的证券。为了组合成另一个纯粹的证券$X_4=(0,0,1)$,请问要如何组成?

第 2 章

决策有用性与有效市场

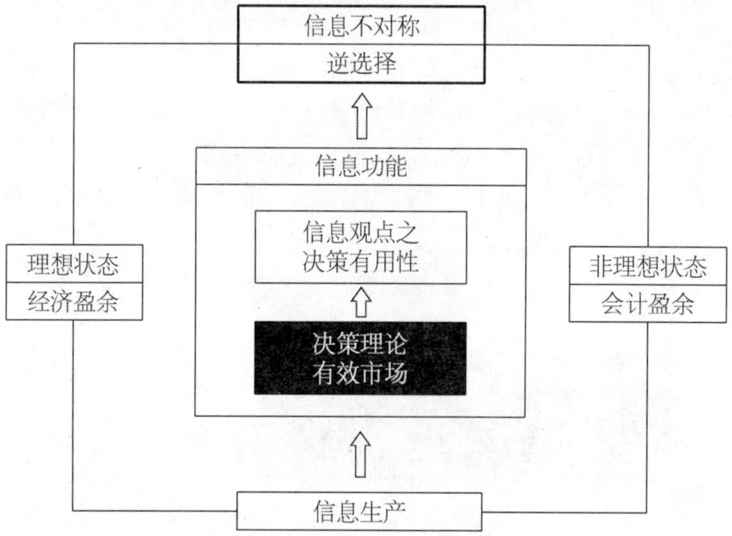

图2-1　第2章架构

提供给市场投资者的信息，应具有决策有用性的特性，为符合此特性，须先了解个人决策模型与资本市场运作情形。

第1章曾提及，理想状况下的情境在现实社会并不存在，因此使用**股利折现模型**计算公司价值或经济盈余有实际上的困难，特别是在不完整的市场下，完美的经济资产的现值是不存在的。因此，在此情况下我们要问的问题是：那要如何提供***有用***的会计信息呢？这一问题引发出所谓的**决策有用性**(Decision Usefulness)的会计信息观点。

20世纪60年代晚期，会计研究的思潮从**计量观**转向**信息观**，以提高会计信息的决策有用性。根深蒂固的传统性财务报表，虽然与现值模型所求得的市价相比，**相关性**较小，但仍具有相当的**可靠性**。因此，如何在以历史成本为基础的**财务报表**下，提高相关性进而提高决策有用性，成为当时会计界努力的方向。

如何提高财务报表信息对于投资者的决策有用性？在回答该问题的时候，首先，要了解报表使用者是谁，使用者需要什么信息，如何做决策。为了回答这些问题，有必要先介绍个人情境下的**决策理论**(Decision Theory)。因为个人情境下的决策理论可以帮助我们了解：在**不确定的情境**下，决策者如何使用信息修正对未来现金流量的**主观概率**估计，进而使自己效用最大化。其次，本章也介绍**投资组合理论**(Investment Portfolio Theory)，因为该理论是**个人情境**下决策理论的进一步应用。在该理论中，除了探讨投资者如何评估现金流量的期望值外，同时也评估现金流量的风险，进而确定最优投资组合。这些相关的理论已经被会计准则制定机构所采用，因而对于会计人员而言,有必要加以了解。

然而,市场是由多人组成的,因此本章进一步探讨比较符合实际情况的**多人情境**下市场如何运作,包括**有效市场**的假说以及**资本资产定价模型**的介绍;同时进一步说明在多人情境下,会计信息所扮演的角色与用途。图2-1为本章的架构图。

2.1 个人情境下的决策理论

了解个人决策模型,应先了解决策理论的意义及内容。

会计信息在资本市场中扮演两项重要的功能:**信息功能**与**契约功能**。对于公司的**资金提供者**而言(**股东**与**债权人**),信息功能主要扮演事前评价的角色,投资人通过公司会计信息的提供,可以评估公司未来现金流量的金额、时间与不确定性,以寻找潜在的投资机会,进而降低**逆向选择**问题。至于会计的**契约功能**,则是指资金提供者通过会计信息监督管理当局是否有效运用其资金,进而减少道德风险发生的可能性。本章至第4章侧重介绍事前**评价的功能**,至于**监管功能**则留待第5至第7章说明。

如前所述,由于现实社会并非完美或是完整的,因而没有理想的**经济资产**或者**经济盈余**的衡量方法,而需改用信息有用性的观点。基于此,本节将先说明理性决策者的决策过程。

2.1.1 决策理论的过程

为说明个人情境下的决策理论,本节举一实例。假设张三丰打算投资100 000美元于股票或公司债,期限一年。在决策理论下,分析上述决策可分五个步骤进行:

1.决策者的目标

假设决策者张三丰的目标是要使其**效用最大化**。在设定每一位决策者的效用函数时,实际上就是将决策者对不确定性结果的偏好程度加以量化。本节假设投资者为**风险中立者**,在该假设下,期望效用最大化等于是在追求期望现金流量最大化。至于**风险厌恶**这种情况,留待下节再加以说明。

2.可行方案(Courses of Action)

假设可行方案为 a_i ,而所有互斥且完备的方案集合为 A ,则 $a_i \in A$ 。假设本例仅有两个投资标的,即股票或公司债。在本例中, $A=\{a_1,a_2\}$ 。

a_1 =投资股票

a_2 =投资公司债

3. **发生的状况(Nature of State)**

假设发生的状况为 s_j ,而所有互斥且完备的状况集合为 S ,则 $s_j \in S$ 。假设本例仅有两种状况,即前景好与坏。在本例中, $S=\{s_1,s_2\}$:

s_1 =前景好(好消息)

s_2 =前景坏(坏消息)

4. **事前概率**

假设决策者能对于每一种状况 s_j 赋予一个主观概率 $\phi(s_j)$ 。每一种状态的概率都大于或等于0,且所有 m 种对应的概率加总等于1:

$$\phi(s_j) \geqslant 0, \forall s_j \in S$$

$$\phi(s_1)+\phi(s_2)+\cdots+\phi(s_m)=1 \tag{2-1}$$

决策者在赋予各种状况(概率)时,是根据当时所拥有的所有信息,如过去的财务报表资料。本例假设 $\phi(s_1)=0.6$, $\phi(s_2)=0.4$ 。

5. **结果(Outcome)**

决策者需了解每一种状况下的结果——$x(a,s)$。$x(a,s)$表示未来的结果视所采取的行动 a 与实际发生的状况 s 而定。在本例中,所有 $x(a,s)$ 的结果列示如下:

方案	状况 (概率)	
	s_1 (好)(0.6)	s_2 (坏)(0.4)
a_1 (股票)	3 000美元	1 000美元
a_2 (公司债)	1 500美元	1 500美元

例如,如果决策者买股票 (a_1) ,且前景好 (s_1) ,则决策者将拿到报酬3 000美元,即 $x(a_1, s_1)=3\ 000$ (美元)。

根据前述五步骤,可以求出决策者的最佳方案。令 $E(x(a_i, S)|a_i)$ 代表采取 a_i 方案下将得到的期望报酬,则

$$E(x(a_i,S)|a_i)=\sum_{j=1}^{m} x(a_i,s_j)\phi(s_j) \tag{2-2}$$

$x(a_i, s_j)$ 表示 s_j 状况发生，且决策者采取 a_i 时所得到的报酬。根据上式，可以求出各方案下的期望报酬：

$$\max_i E\,[x(a_i,S)|a_i]$$

在本释例中，投资股票与购买公司债的期望报酬（利润）为：

$E[x(a_1,S)|a_1]=3\ 000\times0.6+1\ 000\times0.4=2\ 200$（美元）

$E[x(a_2,S)|a_2]=1\ 500\times0.6+1\ 500\times0.4=1\ 500$（美元）

根据上述分析，决策者应选择投资股票才能使效用或利润最大化。

投资者的风险态度并不相同，有的是厌恶，有的是喜爱，有的则是中立的，这些态度会影响投资者的投资行为。

2.1.2 风险态度

前面的分析是假设投资者的目标是追求期望报酬最大化，而非期望效用最大化。事实上，每个方案的期望报酬，与每个方案带给决策者的效用、排序未必相同。例如，A投资会产生两种结果：运气好时会有15美元盈余，坏时仅有5美元盈余，概率均为0.5。B投资也会产生两种结果：运气好时会有10美元盈余，坏时没有盈余，概率分别为1与0。这两个投资方案的期望报酬都是10美元。如果是风险中立的人，其效用应该是一样的。但是有些人是风险厌恶者，不喜欢风险，因此会选择B投资，因为风险比较小。另一方面，如果是**风险偏好者**，因为喜欢风险，因而会比较喜欢A投资。

根据 Savage (1954) 的说法，在某些公理下，当决策者面临不确定的情形时，效用最大化可以用期望效用最大化来表示。

前一章都假设决策者为风险中立，也就是说决策者仅重视期望报酬的大小，至于报酬的风险并不在意。然而，在现实社会，比较符合现实的风险态度是风险厌恶，也就是在期望报酬相同情况下，风险越大，决策者越不喜欢。刻画风险态度的方法就是使用效用函数来表达。换言之，在不确定的情况下，决策者是在追求期望效用的最大化。

为了说明风险态度的概念，我们可以图2-2来解释。

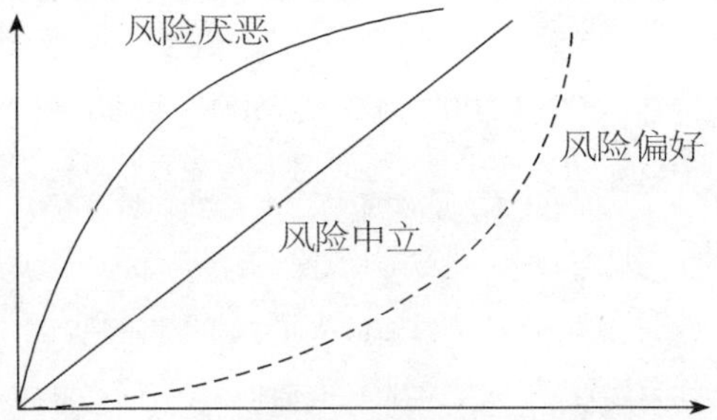

图2-2 风险厌恶与风险偏好的效用函数图

现在举一个例子来说明效用函数。假设甲是风险中立者,其效用函数为直线$U(x)=x$,在A与B两个方案下,期望效用值都是10:

$$E[U(x \mid A)]=15\times 0.5+5\times 0.5=10$$

$$E[U(x \mid B)]=10$$

该结果表示他对风险是没有偏好的,因此两方案不论是期望值或是期望效用,都是没有差别的。现在另外假设乙是风险厌恶者,而刻画风险厌恶的函数为**凹函数**(Concave Function),假设为$U(x)=\sqrt{x}$,则A、B两个方案的期望效用分别为:

$$E[U(x \mid A)]=\sqrt{15}\times 0.5+\sqrt{5}\times 0.5=3.05$$

$$E[U(x \mid B)]=\sqrt{10}\times 1+\sqrt{0}\times 0=3.16$$

此时,因B方案的效用3.16较A方案高,因此乙会选择B方案。另一方面,如果丙是风险喜好者,则其效用函数为**凸函数**(Convex Function)。在本例题中,假设效用函数为$U(x)=x^2$,则A、B两个方案的期望效用分别为:

$$E[U(x \mid A)]=15^2\times 0.5+5^2\times 0.5=125$$

$$E[U(x \mid B)]=10^2\times 1+0\times 0=100$$

相对的,此时A方案的效用125较B方案高,因此丙会选择A方案。在前节是假设效用函数$U\big(x(a,s)\big)=bx(a,s)$,也就是风险中立的情况(前节假设$b=1$)。为能更接近风险厌恶的实际情况,本节假设效用函数如下:

$$U(x(a,s))=(1\ 500+x(a,s))^{1/2}$$

各方案下的期望报酬为:

$$E[U(x(a_1,s))|a_1]=(1\ 500+3\ 000)^{1/2}(0.6)+(1\ 500+1\ 000)^{1/2}(0.4)$$
$$=60.25$$

$$E[U(x(a_2,s))|a_2]=(1\ 500+1\ 500)^{1/2}(0.6)+(1\ 500+1\ 500)^{1/2}(0.4)$$
$$=54.77$$

因此,购买股票的效用比较大。为说明风险对于决策者做决策的影响,假设在前景好与坏之下,股票报酬分别为2 500与1 750(期望值仍维持在2 200,但风险变小),则其期望效用为60.75。因此,当风险变小时,即使维持相同的报酬,对于风险厌恶者而言，效用由60.25提高为60.75。风险厌恶的现象对于会计人员而言，具有相当重要的意义，因为风险厌恶的决策者，不仅需要会计信息帮助其估计期望报酬，同时也需要运用会计信息估计各方案的风险情况。

会计信息系统所产生的财务报告会影响投资者的信心。

2.1.3 信息系统在决策过程的功能

决策者在做上述决策之前，也可以考虑在收集更多的信息后再做决策，例如，最近期月营业收入、下一季季报、半年报，甚至最近即将公告的年报，或分析师、管理当局的财务预测信息，根据这些最新信息，重新修正原来对于未来报酬的主观信念。

假设最新一期的财务报表公告后，有好消息（G）或坏消息（B）两种可能性。如果损益表显示好消息（盈余比去年好），则决策者对于未来远景看好的信心就大增；相反，如果损益表显示是坏消息（盈余比去年差），则决策者对于未来远景看坏的想法也会大增。换言之，他会因为该报表而修正原来的主观概率。

假设决策者认为如果未来远景不错的话，最新财务报表显示好消息的概率应为 $p(G|s_1)=0.8$，而拿到坏消息的年报结果的概率仅有 $p(B|s_1)=0.2$。同理，决策者认为如果未来远景不好的话，最新财务报表显示坏消息的概率应为 $p(B|s_2)=0.9$，而拿到好消息的年报结果的概率仅有 $p(G|s_2)=0.1$。本例的主观概率可表示如下：

状态	G（好消息）	B（坏消息）
s_1（好）	0.8	0.2
s_2（坏）	0.1	0.9

根据年报资料与前述主观的条件概率，决策者将可以得到**事后概率**（Posterior Probability）。例如，在看到年报为好消息的情况下，认为未来远景是好的事后概率 $p(s_1|G)$ 为：

$$
\begin{aligned}
p(s_1|G) &= \frac{p(s_1)p(G|s_1)}{p(s_1)p(G|s_1)+p(s_2)p(G|s_2)} \\
&= 0.6\times 0.8/(0.6\times 0.8+0.4\times 0.1) \\
&= 0.92
\end{aligned}
$$

另一方面，看到年报为好消息的情况下，认为未来远景不佳的事后概率 $p(s_2|G)=1-0.92=0.08$。因此，根据事后概率，决策者采取各种方案的期

望效用为：

$$E[U(x(a_1,s)|G)]=(1\ 500+3\ 000)^{1/2}(0.92)+(1\ 500+1\ 000)^{1/2}(0.08)=65.71$$
$$E[U(x(a_2,s)|G)]=(1\ 500+1\ 500)^{1/2}(0.92)+(1\ 500+1\ 500)^{1/2}(0.08)=54.77$$

此时决策者采取 a_1 的期望效用，将由没有参阅会计资料的60.25，增加为65.71。换言之，会计信息将提高决策者的效用。

由上面的分析可以了解，一个比较好的信息系统，是指 $p(s_1|G)$ 与 $p(s_2|B)$ 的值越大越好，此时我们说该信息系统能够提供较多的信息量，且产生的财务报表具有较高的盈余质量。将上面的分析进一步延伸，即如果有两个信息系统 η_1 与 η_2，则给决策者带来较高期望效用者，将是一个比较好的信息系统。例如，η_1 与 η_2 分别代表历史成本基础与市价基础下的财务报表，如果 $U(x(a,\ s)|\eta_1)$ 大于 $U(x(a,\ s)|\eta_2)$，就表示历史成本基础的报表对决策者比较有用。

分析师是最重要的会计信息使用者之一，常常被当做市场投资者的代表，他们在发布**盈余预测**或是**推荐股票**的买卖时，也是相当依赖会计信息的。例如，由图2-3可以了解，每当公司发布财务报表（季报）时，分析师在接下来几天会立即使用该信息修正他们原来的信念，进而修正原来的盈余预测。在第10章时，我们将进一步探讨有关分析师的相关议题。

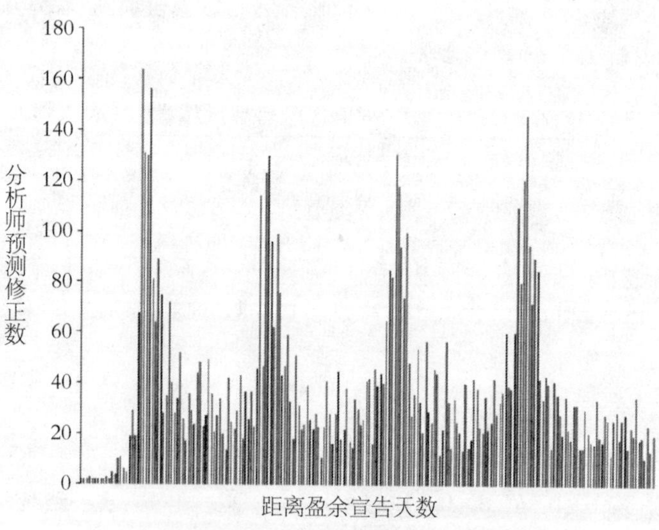

图2-3　盈余宣告与分析师预测修正

资料来源：Cooper R., T. Day and C. Lewis 2001. Following the leader: A study of individual analysts' earnings forecasts. Journal of Financial Economics, 61, 383-416.

2.2 投资组合理论

投资者会投资多种风险性资产(如股票),基本想法是:既定报酬(风险)下,求风险(报酬)之最小(大)。

前一节说明如何计算单一投资标的的期望报酬与风险,同时也说明会计信息如何修正投资者对于未来现金流量与风险的信念。然而,在现实社会中,可以投资的标的有许多种。例如,中国上市公司的股票有2 800余家。因此,当投资一组股票时,也就是形成一系列投资组合时,如何计算该组投资组合的风险与报酬,是信息使用者所关心的议题。其次,在各类投资组合中,应如何选择最佳的投资组合?这是市场参与者另一个关注的重点,也是财务学者关注的议题。由于会计的目的是给使用者提供信息,因此了解投资者的投资组合的形成过程,成为会计人员必须具备的基本知识。这样,才能进一步知道给投资者提供什么样的有用信息。因此,本节将说明投资组合理论。

2.2.1 投资组合的报酬与风险

风险越大,通常要求的报酬也越高。

2.2.1.1 报酬与风险

投资者投资风险性资产时(如股票)[①],应同时考虑此资产的报酬与风险。对于风险厌恶的投资者而言,风险越高,则所要求的报酬也越高。风险性资产 i 在 t 期已实现报酬率(Realized Rate of Return, $r_{i,t}$)可以表示如下:

$$r_{i,t} = \frac{p_{i,t} + D_{i,t} - p_{i,t-1}}{p_{i,t-1}} \tag{2-3}$$

$P_{i,t}$ 代表风险性资产 i 在 t 期的股价,$D_{i,t}$ 代表当期的股利。至于投资者在投资股票时,未来的**期望报酬率**(Expected Rate of Return, $\mu_{i,t}$)可以表示如下:

$$\mu_{i,t} = E(r_{i,t}) = \frac{E(p_{i,t}) + E(D_{i,t}) - p_{i,t-1}}{p_{i,t-1}} \tag{2-4}$$

而其风险可以标准差表示如下:

$$\sigma_i = \left\{\sum_{j=1}^{m}\left[r_{i,j} - \mu_i\right]q_j\right\}^{1/2} \tag{2-5}$$

① “风险性资产”的范围相当广,为了简化以方便读者了解,本章“风险性资产”专指股票,也就是二者交替使用。

式(2-5)中，$r_{i,j}$ 表示未来在 j 种状况下的报酬，q_j 为未来发生状况 j 的概率。

释 例

假设投资 A 股票，未来出现繁荣、正常与衰退的概率各为0.25,0.45与0.3；而相对应状况下的预期报酬为130%,10%与-80%，则其期望报酬 μ_A 与标准差 σ_A 为：

$$\mu_A = 130\% \times 0.25 + 10\% \times 0.45 + (-80\%) \times 0.3$$
$$= 13\%$$
$$\sigma_A = [(130\% - 13\%)^2 \times 0.25 + (10\% - 13\%)^2 \times 0.45 + (-80\% - 13\%)^2 \times 0.3]^{1/2}$$
$$= [0.6021]^{1/2} = 77.60\%$$

如前所述，投资者大多是风险厌恶者，也就是投资在风险较高的风险性资产时，会要求较高的报酬作为补偿。风险性资产风险越大，效用将越小；风险越小，则效用将越大。换言之，投资者是在既定的**期望报酬**下，追求**风险**最小化，或是在既定的风险下，追求期望报酬最大化。

在某些简化的假设下，效用函数可以用**风险性资产**的期望报酬与风险加以表达，此类函数称为**平均-风险效用函数**(Mean-variance Utility)：

$$U(A) = g(\mu_A, \sigma_A) \tag{2-6}$$

式(2-6)表示，在未来不确定的状况下，采行方案 A 所产生的效用同时会受到期望报酬 μ_A 与风险 σ_A 的影响。为方便说明，假设效用函数 $U(A)$ 为：

$$U(A) = g(\mu_A, \sigma_A) = \mu_A - \lambda\sigma_A \tag{2-7}$$

式(2-7)显示，风险性资产的报酬 μ_A 越高，则效用越大，且风险 σ_A 越大，则效用越小。此外，λ 越大表示越厌恶风险。现在假设某人投资股票 A 1 000美元，在不同的经济状况下，概率值 (p_j) 与报酬率 $(r_{A,j})$ 分别为：

状况	p_j	$r_{A,j}$ (%)
过热	0.1	30
繁荣	0.2	20
正常	0.4	10
衰退	0.2	0
萧条	0.1	-10

假设 $\lambda=1/3$，则 $U(A)=g(\mu_A,\sigma_A)=\mu_A-(1/3)\sigma_A=10\%-(1/3)\times 10.95\%=6.35\%$ 。如果投资者是一位风险更厌恶的投资者，例如 $\lambda=1/2$ ，则其总效用为 $U(A)=10\%-(1/2)\times 10.95\%=4.525\%$ ，比 6.35% 更小。此结果表明，对于同一个风险性资产，风险更厌恶的投资者的效用将会更低。

解 说

$\mu_A=10\%$，$\sigma_A=10.95\%$，计算如下：

$$\begin{aligned}\mu_A&=0.1\times 30\%+0.2\times 20\%+0.4\times 10\%+0.2\times 0\%+0.1\times(-10\%)\\&=10\%\\\sigma_A&=[0.1\times((30\%-10\%)^2+0.2\times(20\%-10\%)^2+0.4\times(10\%-10\%)^2+\\&\quad 0.2\times(0\%-10\%)^2+0.1\times(-10\%-10\%)^2)]^{1/2}\\&=10.95\%\end{aligned}$$

2.2.1.2 投资组合理论

通过投资组合，可以分散掉公司特有的风险或是非系统风险。

假设现在有某投资组合 P 是由 n 只股票构成的，它的期望报酬为：

$$\mu_p=w_1\mu_1+w_2\mu_2+\cdots+w_n\mu_n \tag{2-8}$$

式(2-8)中，μ_p 为投资组合 P 的期望报酬率。 μ_1 为第1只股票的期望报酬，μ_2 为第2只股票的期望报酬，μ_n 为第 n 只股票的期望报酬，其余类推。 w_1 为资金投资在第1只股票的比重，w_2 为资金投资在第2只股票的比重，其余类推。

至于**投资组合** P 的风险，也就是其方差为：

$$\begin{aligned}\sigma_p^2&=\sum\nolimits_{i=1}^{n}w_i^2\sigma_i^2+\sum\nolimits_{i=1,i\neq j}^{n}\sum\nolimits_{j=1}^{n}w_iw_j\sigma_{ij}\\&=w_1^2\sigma_1^2+w_2^2\sigma_2^2+\cdots+w_n^2\sigma_n^2+2w_1w_2\sigma_{12}+2w_1w_3\sigma_{13}+\cdots+2w_{n-1}w_n\sigma_{(n-1)n}\end{aligned} \tag{2-9}$$

式(2-9)中，σ_p^2 为投资组合报酬率的方差；σ_1^2 为第1只股票报酬率的方差；σ_2^2 为第2只股票报酬率的方差，其余类推。至于 σ_{12} 为第1与第2只股票报酬率的协方差，σ_{13} 则为第1与第3只股票报酬率的协方差，其余类推。该投资组合共有 $n(n-1)/2$ 个协方差，例如，当 $n=3$ 时，共有3个协方差。

假设有 A 与 B 两只股票，ρ_{AB} 为相关系数，则其协方差 σ_{AB} 计算公式为：

$$\sigma_{AB} = \mathrm{Cov}(A,B) = \rho_{AB}\sigma_A\sigma_B \tag{2-10}$$

为了能更加了解此式的特性，令 $w_1 = w_2 = \cdots = w_n = 1/n$ ，则式(2-9)可以简化为：

$$\begin{aligned}\sigma_p^2 &= (1/n)^2\sum\nolimits_{i=1}^{n}\sigma_i^2 + (1/n)^2\sum\nolimits_{i=1,i\neq j}^{n}\sum\nolimits_{j=1}^{n}\sigma_{ij}\\ &= (1/n)\left[\left(\sum_{i=1}^{n}\sigma_i^2\right)/n\right] + (n-1/n)\left\{\sum\nolimits_{i=1,i\neq j}^{n}\sum\nolimits_{j=1}^{n}\sigma_{ij}/[n(n-1)]\right\}\end{aligned} \tag{2-11}$$

$\left(\sum_{i=1}^{n}\sigma_i^2\right)/n$ 为 n 只股票方差的平均数，$\sum_{i=1,i\neq j}^{n}\sum_{j=1}^{n}\sigma_{ij}/[n(n-1)]$ 为所有协方差的平均数。由式(2-11)可以了解，当 n 趋近于无穷大时，$(1/n)\left[\left(\sum_{i=1}^{n}\sigma_i^2\right)/n\right]$ 趋近于零，因此 σ_p^2 趋近到 $\sum_{i=1,i\neq j}^{n}\sum_{j=1}^{n}\sigma_{ij}/[n(n-1)]$ 。换言之，投资标的越多，特别是持有市场投资组合时，所有公司个别的风险可以被消除，但此时投资组合 P 的风险完全由 $\sum_{i=1,i\neq j}^{n}\sum_{j=1}^{n}\sigma_{ij}/[n(n-1)]$ 所构成。$(1/n)^2\sum_{i=1}^{n}\sigma_i^2$ 为公司的特有风险，它是由诸如罢工、诉讼、重要主管意外死亡或是产品研发失败等归属于个别公司的因素，这些因素是随机的，因此可以通过扩大投资组合而加以分散掉，因此又称为**可分散风险**或是**非系统风险**，而 $(1/n)^2\sum_{i=1,i\neq j}^{n}\sum_{j=1}^{n}\sigma_{ij}$ 为**市场风险**，是指诸如通货膨胀、经济衰退等所有公司所面临的共同因素，因为无法分散，故又称为**不可分散风险**或**系统风险**(Systematic Risk)。因此，当持有市场投资组合时，会将公司特有的风险完全消除。

假设现在市场上除了股票 A 之外，另有股票 B 。在不同的经济状况下，报酬率各为：

状况	p_j	$r_{A,j}$ (%)	$r_{B,j}$ (%)
过热	0.1	30	15
繁荣	0.2	20	-45
正常	0.4	10	45
衰退	0.2	0	-15
萧条	0.1	-10	75

根据前面的公式，我们可以算出：

$\mu_A = 10\%$，$\mu_B = 15\%$，$\sigma_A = 10.95\%$，$\sigma_B = 40.25\%$，
$\sigma_{AB} = -1.8\%$，$\rho_{AB} = -0.41$

说　明

$$\sigma_{AB} = \sum p_j(r_{Aj} - \mu_A)(r_{Bj} - \mu_B)$$
$$= 0.1 \times (0.3 - 0.1) \times (0.15 - 0.15) + 0.2 \times (0.2 - 0.1) \times (-0.45 - 0.15) + 0.4 \times (0.1 - 0.1) \times (0.45 - 0.15) + 0.2 \times (0 - 0.1) \times (-0.15 - 0.15) + 0.1 \times (-0.1 - 0.1) \times (0.75 - 0.15) = -0.018$$

$$\rho_{AB} = \sigma_{AB}/[(\sigma_A)(\sigma_B)] = -0.018/(0.1095) \times (0.4025) = -0.41$$

这两只股票之间的相关系数 ρ_{AB} 等于-0.41，再由表2-1可以了解，在不同的投资组合下，各投资组合的报酬、标准差以及投资者的期望效用。

表2-1　　**不同的投资组合下，各投资组合的报酬、标准差以及投资者的期望效用**

w_A	w_B	μ_p (%)	σ_p (%)	μ_P, −（1/3)σ_P(%)
1.0	0	10	10.95	6.35
0.8	0.2	11	9.16	7.95
0.6	0.4	12	14.70	7.10
0.4	0.6	13	22.72	5.43
0.2	0.8	14	31.37	3.54
0	1.0	15	40.25	1.58

w_A 与 w_B 分别为投资在股票 A 与 B 的资金占总资金的比重。μ_p 与 σ_p 分别为投资组合的报酬率与标准差。如前所述，当所有资金投资于 A 股票时，μ_p =10%，σ_p =10.95%，投资者的效用为6.35；而当所有资金投资于 B 股票时，μ_p =15%，σ_p =40.25%，投资者的效用为1.58。投资于股票 A 的效用大于股票 B，原因是虽然股票 B 的报酬比股票 A 大，但是股票 B 的风险远大于股票 A。在表2-1中，如果80%资金投资于股票 A，20%资金投资于股票 B，则投资者的效用是最大的(7.95)，主要原因是，股票 A 与 B 的报酬是呈

负相关的 ($\rho_{AB}=-0.41$)，因此通过投资组合，可以降低风险，从而增加总效用。

当投资两只股票的效用大于仅投资一只时，可以依据同样道理，投资三只股票的效用会大于投资两只股票的效用，而投资 n 只股票的效用会大于投资 $n-1$ 只股票的效用。换言之，当持有市场投资组合时，会将**公司特有的风险**(Firm-specific Risk)完全消除，而仅剩下无法消除的**大盘因素的风险**(Economy-wide Risk)，我们称为公司的**系统风险**(Systematic Risk)。下一节将说明此概念。

2.2.1.3 资本市场线

假设市场投资组合的期望报酬为 $E(r_m)$，标准差为 σ_{r_m}。当持有市场投资组合 $(E(r_m),\sigma_{r_m})$ 时，会将特有的公司风险完全消除。换言之，当持有 $E(r_m)$ 的报酬时，具有最小的风险 σ_{r_m}。然而，每一个投资者的风险厌恶程度不同，风险厌恶程度较小者(λ 较小)，可以忍受的风险大于 σ_{r_m}，而风险厌恶程度较大者(λ 较大)，可以忍受的风险小于 σ_{r_m}。因此，对于这些投资者而言，他们可能会改变投资组合以便使效用最大化，但问题是一旦改变投资组合，则无法再将非系统风险排除了。例如，风险较厌恶者会将市场投资组合中风险较高的股票卖掉，而将所取得的现金用来购买风险较低的股票，但如此一来，所持有的新投资组合已非市场投资组合，从而无法将非系统风险剔除掉。

这时的一个做法，就是在资本场上购买无风险的资产。所谓买进**无风险资产**，是指投资者将资金借出以换取**无风险利率**。反之，卖出无风险资产，是指投资者按照无风险的利率借入资金。当市场可以无限制地买卖无风险资产时，所有的投资者都会持有无风险利率与市场投资组合所构成的组合，此时不仅可以提高自己的效用，同时也不会降低别人的效用。此种线性的效率组合，称为**资本市场线**(Capital Market Line)：

> 沿着资本市场线上下移动，可以提高投资者的效用。

$$E(r_p)=r_f+\frac{[E(r_m)-r_f]}{\sigma_{r_m}}\sigma_p \tag{2-12}$$

$E(r_p)$ 为无风险利率与市场投资组合所构成的效率投资组合的预期报酬；σ_p 则为该投资组合报酬率的标准差。在式(2-12)中，资本市场线的截距为无

风险利率 r_f，斜率为 $[E(r_m)-r_f]/\sigma_{r_m}$。例如，风险较少厌恶者可以按照无风险利率借入钱，并按照市场组合再额外买入股票，这样将增加报酬与风险；相反，风险较厌恶者可以将部分股票卖出（按市场组合的比率），将所得现金借出，这样将减少报酬与风险。因此，沿着资本市场线上下移动，会改变整组投资组合的报酬与风险，从而达到提高效用的目的。

例如，在前面释例中，股票 A 的报酬率为10%，风险为10.95%；假设同期的市场投资组合的期望报酬率 $E(r_m)$ 为10%，市场风险 σ_{r_m} 为1.8%。现在市场可以以5%的无风险利率进行借贷。假设某甲按照5%借入1 000，连同原来的1 000，总共有资金2 000全购买市场投资组合，则 μ_p 与 σ_p 分别为15%及3.6%，此时的期望效用为：$\mu_p-(1/3)\sigma_p=0.15-(1/3)(0.036)=0.138$，此数字大于仅持有市场报酬的期望效用：$0.1-(1/3)(0.018)=0.094$。

说　明

前述期望值与标准差计算如下：

$$\mu_p=(2\,000/1\,000)\times 0.1-(1\,000/1\,000)\times 0.05=0.15$$

$$\sigma_p=\left[(2\,000/1\,000)^2\right]^{1/2}\times 0.018=0.036$$

会计专业团体使用了决策理论的信念，制定并发布会计准则。

2.2.2　会计专业团体的立场

前一节针对投资者的决策理论做了说明，然而，目前主要发布会计原则的会计专业团体是否就是基于此观点发布会计准则呢？首先，**美国财务会计准则委员会**所发布的《**财务会计概念公告**第1号》指出："财务报告的第一个目的，是提供有用的信息给目前与潜在的投资者、债权人，以及其他的使用者，帮助他们做出投资、贷款以及其他类似的理性决策。"该说法有几点有趣的特性：第一，"**理性决策**"即是本章所提的，理性投资者根据贝叶斯决策理论做出效用最大化的决策。由此可见，这一说法与本章的内容是相合的。第二，提供信息的对象，包括目前与潜在的投资者、债权人，以及其他的使用者。第三，会计的目的是在提供信息给投资者自己做决策，而非帮他们做决策。IASB/FASB联合概念框架草案（2008）也提出了类似的看法，它们认为财务报表的主要目的，是提供有用的信息给现有或是潜在权益投资者、贷款者，以及其他债权人等，以供制定决策之用。

其次,《财务会计概念公告第1号》也提到,财务报告的第二个目的是:"提供信息给目前与潜在的投资者、债权人,以及其他的使用者,以帮助评估未来股利、利息及证券或贷款出售、赎回或到期而来的现金收入的金额、时间,以及不确定性。"该定义提及未来的现金收入的金额、时间以及不确定性,表示决策者应该是风险厌恶者,因为其他类型的投资者将不会担忧未来是否是不确定的。就此点而言,与本章的风险厌恶的理性决策者是一致的。事实上,评估未来现金收入的金额、时间以及不确定性,主要目的就是评估风险性资产(如股票)的期望报酬与风险。另外,财务会计概念公告所提到的这两个目的,都是以目前与潜在的投资者、债权人以及其他的使用者为对象,因此,财务报告提供信息的对象为整个资本市场,而非现有的投资者。在前面范例中所提到的结果 $x(a,s)$,即很类似此处所提的未来现金收入之金额;而 $p(s_1|G)$ 与 $p(s_1|B)$ 等条件概率值的修正,即是会计信息所提供的信息内容的具体呈现。通过对此信念的修正,就可以将目前财务报表的信息与公司的股价联系在一起。

IASB/FASB联合概念框架草案(2010)也提出了类似的看法,它们认为财务报表的主要是目的,是要提供有用的信息给现有或是潜在权益投资者、贷款者,以及其他债权人等资金提供者制定决策之用。此外,该概念框架也提到,财务报表的信息有助于使用者评估未来现金流量的金额、时间与不确定性。该定义与美国财务会计概念公告的主要差异,在于此公告中并没有在其定义中加入"理性"这两个字。虽然如此,理性的决策理论仍将在本书的讨论中占有相当重要的地位。

然而,怎样的会计信息才是符合决策有用性呢?《财务会计概念公告第2号》与IASB/FASB联合概念框架草案都指出,决策有用性的质量特性包括了相关性与可靠性这两项特性。例如,《财务会计概念公告第2号》指出,所谓**相关性**,是指与决策有关,具有改变决策的能力。也就是说,如果一项信息能够帮助使用者预测过去、现在与未来事件的可能结果,或者是能实证或是更正之前的预测结果,就说这项信息具有相关性。在前一章讨论理想状态下的情境时,财务报表信息提供了未来的现金流量的信息,这些信息自然地具有价值的相关性。至于在非理想的情况下,财务报表信息可以改变投资者对于未来现金流量的信念,因而对于这些使用者在做决策时是具有相关性的。

IASB/FASB联合概念框架草案也指出，所谓**可靠性**，是指一项信息可以免除重大错误或是偏误，并能忠实表达其所要表达的现象或是状况。一项可靠性的信息，也必须能够符合中立性。相关性与可靠性似乎面临取舍的问题，如基于历史成本及市价的会计信息，在相关性与可靠性上常常无法兼顾，前者比较符合可靠性，而后者比较偏向于相关性。

2.3 多人情境下的信息

资本市场是由多人互动所形成的，因此须了解多人情况下的资本市场运作。

财务报告是在多人而非单人的情境下所产生的，因此在多人下，财务信息具有更多单人情境下所不具有的特性。

2.3.1 有效市场

有效市场的假设是财务会计研究的基础。

2.3.1.1 有效市场的意义

如果在一个资本市场中，所有能影响股票市场的信息都已经被迅速且充分反映在股价中，则此市场称为一个有效率的市场。所谓充分反映，是指在任何一个时点，股价都是在反映当时所有可以使用的公开信息下的**不偏价格**。因此，如果市场对于某一信息是有效率的情况下，投资者无法使用该信息获取超常报酬。

一般而言，有效市场可以划分为三类：

1. **弱式有效市场**

如果所有过去股价的信息都已经反映在现有的股价中，则此市场就称为弱式有效市场。因此，投资者在选择股票时，无法从与过去股价走势有关的信息中获得**超常报酬**。

2. **半强式有效市场**

如果市场中股票的目前股价已经反映所有已公开的信息，则此市场就称为半强式有效市场。因此，在半强式有效市场下，投资者无法从分析公开的信息（如财务报告）中获得超常报酬。

3. **强式有效市场**

如果市场中股禀的现行价格已反映已公开与未公开的信息，则此市场称为强式有效市场。因此，即便有内幕消息，任何人都无法在股市中获得超常报酬。

与公开财务报告比较有关的是半强式有效市场。在美国，大多数的研究都指出股市符合半强式有效性。至于中国股市，一般认为是弱式有效市场。因此，本书后面如果没有特别说明，就是专指半强式有效市场。

2.3.1.2 有效市场的含义

在有效市场下，投资者对于任何一项投资，犹如是在玩一个**公平游戏**（Fair Game）。也就是说，平均而言，投资者仅能赚取正常的报酬，而无法赚取到超常报酬。当然，投资者可能因为运气而偶尔会赚取到超常报酬，但是，平均而言，投资者无法持续击败市场而持续赚取超常报酬，因而，投资者的平均超常报酬为零（至于超常报酬可由后面的资本资产定价模型来决定）。

另外，在有效市场下，股价是呈现**随机游走**（Random Walk）的走势，也就是说，前后各期股价之间呈现无关的情况。这是因为如果是有关的，则投资者将充分使用这一关联性来赚取超常报酬。例如，公司发布好消息，而这个好消息未于同一天充分反映，而是逐渐反映，则前后期就有关联性了，此时投资者可以根据公告当天的好消息，赚取超常利润，此时市场就不是有效的了。相对的，如果股价在宣告当天充分反映，也就是股价是不偏的，则未来的股价就无法再预测了，也就是前后期将不再存在关联性了。因此，此时的股价就呈现随机游走的走势。另外有一点也要提出来，就是所谓的有效市场，是指针对某些公开的信息而言，并非是对所有的信息都是充分完全地反映出来。

在有效市场的假说下，如果不影响现金流量，则会计政策的选择应不会影响股价。

根据前述的有效市场观点，我们可以推演出几个重要的含义。首先，在有效市场下，采用何种会计政策是无关紧要的，因为只要有足够的信息告诉投资者公司所采用的会计政策为何，以及各会计政策之间的差异，投资者就可以自己推知各政策下的盈余差异。另外，在财务会计上采用**直线法**或是**双倍余额递减法**，对于盈余虽有影响，但是在报税时是另用一套，因此不会影响到公司实际的现金流量。换言之，只要清楚告知所采用的折旧方法，以及各折旧方法之间的差异，那么盈余数字本身并不重要。根据以上叙述，投资者并不会被所采用的会计政策所困惑，而管理当局也不会在乎采用什么会计政策。

其次，有效市场并不要求所有的投资者都是**知情投资者**（Informed Investors）。事实上，市场中仅需要存在足够的知情投资者，效果就与全部都是知情投资者是相同的，因为这些知情投资者会根据披露的公开信息，通过买卖股票而使股价回归到不偏的价格。至于**非知情投资者**（Naïve Investor），他们会模仿这些知情投资者的买卖决策而使股价收敛到合理的价格；或者投资于基金，或者购买**分析师**的预测信息，这些都会使股价朝着知情投资者的价格逼近。因此，知情投资者的信息优势终将被其他人所利用。最后，在有效市场下，影响股价的信息来源很多，而会计信息仅是其中的一种，因此，如果会计人员不提供会计信息的话，他的角色将会由其他信息来源所取代。然而，作为一个重要的专业人士，会计师应该站在服务社会的立场，向社会持续提供有用的信息。

2.3.2 资本资产定价模型

通过 CAPM 可以决定风险性资产的必要报酬率。

本节将说明**资本资产定价模型**（Capital Asset Pricing Model, CAPM）。在完美而确定的市场假设下，公司价值为未来各期现金流量的折现值。具体而言，这些假设为：(1) 每位投资者都可以预测未来现金流量；(2) 市场是完美的（也就是任何人无法影响市场利率，每个人都可以无限制按市场利率借贷，所有人都可以无成本地取得所有信息，无交易成本）；(3) 消费越多，效用越大；(4) 投资者知道其他人也是理性的。

然而当市场不确定时，上述的推论也同样适用。本章仅介绍 Sharpe (1964) 与 Lintner (1965) 的一年期基本的 CAPM。换言之，假设期初投资，期末收回现金流量。该模型需符合下列假设：

(1) 风险性资产的报酬率的分布由期望报酬与风险来描述。

(2) 市场是完美的。

(3) 投资者是理性、风险厌恶以及追求效用最大化者。

(4) 投资者具有相同的预期（也就是具有相同的信息，且对未来期望报酬与风险的看法相同）。

(5) 市场存在无风险利率（r_f），且可以无限制借贷。

当市场达到**均衡**的时候，也就是每个人都持有市场投资组合时，i 风险性资产可以通过下式 CAPM 来定价：

$$E(r_i)=r_f+[E(r_m-r_f)]\frac{Cov(r_i,r_m)}{\sigma_{r_m}^2}=r_f+[E(r_m-r_f)]\beta_i \tag{2-13}$$

在式(2-13)中，风险性资产的**预期报酬** $E(r_i)$ 等于无风险利率 r_f 加上如下所示的风险溢价（Risk Premium）：

$$[E(r_m - r_f)]\frac{Cov(r_i, r_m)}{\sigma^2_{r_m}} \tag{2-14}$$

β_i 越大，表示风险的数量或单位越大。

风险溢价由两部分构成：第一，就是**风险的数量**或单位 $Cov(r_i,r_m)/\sigma^2_{r_m}$ ，每项资产的风险数量是不同的，数量越多，则风险越高。因为分子 $Cov(r_i,r_m)$ 代表 i 证券与市场投资组合的预期报酬率间的协方差，并以市场投资组合报酬率的方差 $(\sigma^2_{r_m})$ 加以平减（Deflated），所以该数字越大，则代表 i 证券报酬率随投资组合报酬率变化的幅度也越大。该数字 $Cov(r_i,r_m)/\sigma^2_{r_m}$ 又称为 β_i 。第二，是指每一单位（或数量）的**风险价格** $[E(r_m - r_f)]$ 。综上所述，CAPM 是指证券的预期报酬，为无风险利率加上该证券的风险溢价，而证券的风险是由 β_i 加以衡量。市场投资组合的 β 等于 1。另外，β 大于 1 的股票，为风险大于市场投资组合的股票；β 小于 1 的股票，为风险小于市场投资组合的股票。 $E(r_i)$ 也可以视为公司的资金成本，因为这也是市场投资人要求的投资报酬率。

在这个方程式中，我们可以了解，理性的投资者会将所有公司个别的风险，通过多样化的方式将它们消除掉，最后剩下的仅是系统风险 β_i 。系统风险越高，则要求的报酬率也越高，这也正是风险厌恶投资者的行为。

CAPM 是一种事前的预期信念，而市场模型则是一种事后的概念。

2.3.3 市场模型

资本资产定价模型是一个**事前预期的模型**，表示风险性资产在未来的预期报酬率相对于市场投资组合报酬率变动的程度。然而，在现实生活中，我们所拥有的却是些已经发生的、事后的资料（如个股实际的报酬率）。因此，我们常假设未来的贝塔系数 (β_i) 不变，并使用这些历史资料估计各公司的贝塔系数。首先，我们可以将 CAPM 方程式(2-13)改写为：

$$\begin{aligned} E(r_i) &= (1-\beta_i)r_f + \beta_i E(r_m) \\ &= \alpha_i + \beta_i E(r_m) \end{aligned} \tag{2-15}$$

其次，根据上式可以进一步导出下列市场模型：①

$$r_{it} = \alpha_i + \beta_i r_{mt} + \varepsilon_{it} \tag{2-16}$$

① 参阅 Fama (1976)，第3章。63~68页有详细的说明。

比较（2- 15）与（2- 16）两个式子，我们可以发现，$\alpha_i = E(r_{it}) - \beta_i E(r_{mt})$，而 $\beta_i = \mathrm{Cov}(r_i,\ r_{mt})/\sigma^2(r_{mt})$。

其实，我们可以将上式看成统计学中的简单回归式，使用过去的历史资料估计 α_i 与 β_i 两个系数值（以 a_i 与 b_i 表示）：

$$r_{it} = a_i + b_i r_{mt} + e_{it} \tag{2-17}$$

根据回归分析，第 i 种证券的贝塔系数估计值 b_i，为第 i 种证券与市场投资组合之间的协方差（$\sigma^2_{r_i,r_m}$）除以市场投资组合方差（$\sigma^2_{r_m}$）：

$$b_i = \frac{\sigma_{r_i,r_m}}{\sigma^2_{r_m}} = \frac{\sum_{t=1}^{n}(r_{mt} - \mu_m)(r_{it} - \mu_i)}{\sum_{t=1}^{n}(r_{mt} - \mu_m)^2} \tag{2-18}$$

根据估计的贝塔系数 b_i 与已发生的历史市场投资组合的报酬率 r_m，我们可以估计出 i 证券**正常或预期的报酬率（Normal or Expected Rate of Return）**：

$$E(r_{it}|r_{mt}) = \hat{a}_i + \hat{b}_i r_{mt} \tag{2-19}$$

最后，i 证券第 t 期实际的报酬率减去预期或是正常的报酬率，就可以得到**超常或异常的报酬率（Abnormal Rate of Return）**：

$$\hat{e}_{it} = r_{it} - E(r_{it}|r_{mt}) = r_{it} - (\hat{a}_i + \hat{b}_i r_{mt}) \tag{2-20}$$

该报酬率，就是因为公司特有因素（如 i 公司盈余宣告）所引起的异常报酬率。在有效市场中，$E(\hat{e}_{it})$ 应该等于零，因为信息是随机出现的，然而当年已实现或实际的报酬率未必等于零，因为事后会有新的事件（如年报公告）出现。因此，市场模型的好处是，可以让我们在事后将已实现的报酬率分为预期的部分 $(\hat{a}_i + \hat{b}_i r_{mt})$ 以及未预期的部分 $\hat{e}_{it}$。

问　题

假设台积电公司 2011—2015 年的报酬率 r_{it} 分别为 30%，12%，10%，−10%与 33%，而相对应的市场报酬 r_{mt} 为 15%，6%，8%，1%与 22%，则根据回归分析，第 i 种证券的贝塔系数估计值 b 是多少？如果 2016 年的报酬为 18%，而市场报酬率为 15%，则 2016 年的异常报酬率为多少？

台积电公司 2013 年报酬率为 18%，但为何异常报酬率却是 −6.19%？因为年报公告前，市场预期该公司盈余比实际公告的多。

解答

估计出来的回归式为：

$$r_{it}=a+br_{mt}+e_{it}=-5.785\%+1.998r_{mt}+e_{it}$$

因此2016年的异常报酬率为：

$$18\%-[-5.785\%+(1.998)(15\%)]=-6.19\%$$

问 题

为何所估计出来的 $\hat{e}_{it}$ 纯粹是i公司特有因素所引起的超常或是异常的报酬率,而不是市场因素所引起的?甚至是公司特有与市场因素所共同引起的?

说明

CAPM为事前的模型,式(2–13)中各股的预期报酬率与预期的市场报酬率 $E(r_m)$,跟事后实际发生的数值(分别为 r_i 与 r_m)未必会相等：

$$r_{it}=E(r_{it})+v_{it} \quad (2\text{–}21\text{–}1)$$

$$r_{mt}=E(r_{mt})+\mu_t \quad (2\text{–}21\text{–}2)$$

v_{it} 是指所有因素(含公司特有因素,如i公司盈余宣告,以及市场因素)共同引起的i公司股价的变化,而 μ_t 则为市场因素(如政府利多政策的公布)所引起的公司价格的变化。由式(2–15)、式(2–21–1)与式(2–21–2)可以得到：

市场模型所估计的异常报酬率,是专指由公司个别因素所引起的,而非大盘因素所造成的。

$$r_{it}=\alpha_i+\beta_i r_{mt}+v_{it}-\beta_i\mu_t \quad (2\text{–}22)$$

式(2–16)与式(2–22)相比较,则可以得到：

$$\varepsilon_{it}=v_{it}-\beta_i u_t \quad (2\text{–}23)$$

由式(2–23)可以了解,经由市场模型而得的异常报酬率 e_{it} ,是指t期所有影响公司股价的因素所引起的异常报酬率 v_{it} ,剔除由市场因素所引起的部分 $\beta_i\mu_t$ ①(Watts and Zimmerman,1986)。

信息不对称是指管理当局与投资者之间信息不一致的情形，也可能是指投资者之间所拥有的信息是不相同的。

投资者之间也会有信息不对称的情况存在。

2.4 信息不对称

信息不对称(Information Asymmetry)的情况，大抵可分为两种：(1)投资者之间的信息不对称；(2)管理当局与投资者之间的信息不对称。分别说明于后。

2.4.1 知情投资者与非知情投资者

如前所述，在有效市场假设下，市场中仍然可能同时存在知情投资者与非知情投资者。由于这两类投资者之间所握有的信息量不同，因此会产生彼此之间信息不对称的现象。证券市场即是一个典型的好例子。例如，常见的知情投资者为机构投资人，而散户常常是信息弱势的非知情投资者。在此情境下，知情投资者可能是证券的持有人，也可能是非持有人，可能是买方，也可能是卖方。换言之，在某一价格下，他想买；在另一价格下，他想卖。重点是其是否拥有信息优势，而与其是否持有证券或是买方或卖方并无关系。

首先，在投资者之间存在信息不对称的情况下，知情投资者会积极地想与不知情的投资者交易，以便从非知情投资者那边获取超常报酬。相对的，非知情的投资者也会采取一些方法来应对。例如，较具体的例子，就是非知情投资者会长期持有公司的股票，而拒绝与知情者交易，以避免信息不足所产生的损失。然而，此种消极策略会使交易量萎缩，而降低了知情者获利的可能性。

其次，非知情的投资者会想办法去得到知情者所拥有的信息。例如，非知情的投资者会从知情投资者愿意支付的价格反推其所拥有的信息。此种行为形成所谓的**"从价格中学习"**(Learning from Prices)的现象，即为Grossman(1976)的研究主题。换言之，由于知情投资者的行动会揭露一些他们独有的信息，因此股价会充分反映此种信息，而在极端情况下，会充分反映所有的信息。这就是所谓的有效市场的**价格保护**(Price Protected)的功能。

最后，非知情的投资者还可以使用信息中介者，如分析师的信息，以获取知情投资者所拥有的信息，如共同基金买入分析师的信息。综上所述，其

---

① 虽然市场报酬变化 μ_t，但根据CAPM的公式，会影响到i公司的部分为 $\beta_i\mu_t$。

实非知情投资者，并非信息拥有的弱势一方，可能是基于成本效益的考量，而选择成为非知情者。

这是典型的资本市场的逆向选择问题。

2.4.2 知情管理当局与不知情投资者

管理当局通常比外部投资人握有更多有关公司的信息，因而形成两种常见的管理当局/投资者之间的信息不对称：逆向选择与**道德风险**[①]。虽然市场是很有效率的，因而可以反映所有已经公开的信息，但是公司与投资者之间，仍可能存在信息不对称的现象。例如，公司管理当局进行内幕交易。

在出售证券的情境下，由于信息不对称，很可能产生**逆向选择**的现象。逆向选择的文献首先出现在Akerlof（1970）研究的旧车市场中。出售汽车的车主知道车的状况，但是买方并不知道，因此就形成了逆向选择的信息不对称的现象，因为车主可以根据信息优势而自买方获取利益。然而，买方知道车主有这种企图，但是由于不知道车的质量，因此将仅愿意用所有汽车的平均价格购买，结果质量优于平均价格的车主就不愿意出售而退出市场，留下来的车都是质量比较差的。例如，假设车的质量介于0与1之间，因此买方仅愿意按照0.5的价格购买；此时大于0.5质量的车就退出车市，而仅剩下小于0.5的车。如果买方知道仅剩下介于0与0.5之间的车，则进一步将仅愿意出价0.25购买，如此循环下去，最终导致市场关闭而无任何交易的现象，而使整个车市消失。因此，信息不对称是市场不完整的一个重要原因。

将其应用在出售证券市场的情境下，所谓逆向选择，是指所出售证券的质量，或好或坏，投资者无法分辨，因此会出一个平均、单一的价格来买。为了将旧车市场的例子应用到证券市场，假设证券持有人（潜在发行者或卖方）拥有的信息，相对于非持有人（潜在的买方）而言比较优越。此种优越的信息包括一般的**内部消息**以及一些已公开的信息。因此，内部消息就成为逆向选择的另一个例子。拥有内部消息的公司内部人员，可以利用此种内部消息获取利润。美国的**安然案**就是典型的案例。此案例会让投资者失去对股市与财务报表的信心，主要原因是股价无法反映公司的真实价值。当然，股市不可能反映公司所有的内部消息，因为一旦公司的内部信息被披露的话，会损害到公司的发展，如正在研发的创新计划等。在此情境下，高质量证券的持有人被迫持有的证券数量，可能比信息对称下应握有的数量还要多。在此情况下，这些投资者握有的投资组合并非最佳，因而并未将原可

① 有关道德风险这一议题，将留待第6章再详加说明。

分散掉的非系统风险加以分散。

为杜绝此类逆向选择的现象，方法之一就是由监管部门强制公司披露相关信息，规定公司要强制性地披露财务信息。美国通过的**《萨班斯-奥克斯利法案》**(Sarbanes-Oxley Act，2002)，目的就是要提高披露的程度，以减少此类逆向选择的现象，而其中很多是有关财务报告的相关规范。因此，财务报告在这个过程中扮演了相当重要的角色。

另外一个方法就是由信息较多的一方主动地对市场参与者**披露额外信息**来进行**信号传递**(Signaling)。高质量证券的持有人可能会通过自力救济[①]的信号传递方法，缓和此类信息不对称。选择一项有效的信号传递方法时，必须是高质量者才会采行，否则此方法就没有什么效果。具体来说，如果低质量者也可以模仿而采取同一种方法，那么投资者就无法从所看到的行动反推测出究竟是高质量或低质量的证券了。信号传递的方法还可以通过第三者给予**鉴证**或其他类似做法(**保险或售后服务保证**)，以增加其有效性。例如，事后如果证实证券为低质量时，卖方保证要支付买方一定的补偿。然而，鉴证或售后服务需要花费成本，且后者似乎使卖方承担过度的风险。

与会计有关的信号传递方法颇多，本书第11章会详细说明。

Spence(1973)首先推导出传递均衡的存在。他以求职市场为例，由于雇主无法区别求职者的质量，因此高能力的员工就以高学历来展现自己，而低能力的员工因受教育的成本太高(念不下来!)，因而就放弃追求高学历。这样一来，学历就可以反映出员工工作的能力。

Spence（1973）

假设市场上存在 A、B 两种申请工作的人，概率各为 q 与 $1-q$，其生产力分别为1美元与2美元。为了要传递信息，申请者可以选择教育程度 y，A、B 两种人为取得每单位教育程度的单位成本各为1美元与1/2美元，具体如下

员工类型	边际生产力	概率	y 单位教育之成本 $c_i(y)$
A	1	q	y
B	2	$1-q$	$y/2$

假设雇主心中存在一个临界的教育程度 y^*，如果应征者的 y 小(大)于 y^*，则雇主会认为应征者为 $A(B)$类。换言之，雇主信念为：

① 自力救济：又称私力救济，指纠纷主体在没有中立的第三者介入的情形下，依靠自身或其他人的力量解决纠纷，获得权利。

P(生产力 = 2 | $y < y^*$) = 0， P(生产力 = 2 | $y \geq y^*$) = 1

雇主在上述信念下，面对各类应征者所提供的教育程度 y 时，愿意给予的薪资 $w(y)$ 为：

信念	判定员工的类型	边际生产力	薪资 $w(y)$
$y < y^*$	A	1	1
$y \geq y^*$	B	2	2

接下来的问题是：在上述薪资表之下，各类应征者会如何选择对自己最有利的教育程度 y？也就是说选择一个 y，使净利（$I = w(y) - c_i(y)$）最大。如果说 A 与 B 各选：

A 类： $y=0$　　此时净利 $I=w(y)-c_A(y)=1-0=1$

B 类： $y=y^*$　　此时净利 $I=w(y)-c_B(y)=2-y^*/2$

那么，这就是所谓的**信号传递均衡**(Signaling Equilibrium)。但是要达到**信号传递均衡**，必须满足哪些条件才行呢？必须是 A 类选择 $y=0$ 的净利大于选择 $y=y^*$，A 才会乖乖地选 $y=0$，即：

$$I(y=0)=w(y=0)-c_A(y=0)=1-0=1$$
$$>I(y=y^*)=w(y=y^*)-c_A(y=y^*)=2-y^* \quad (2\text{-}24)$$

同理，B 选择 $y=y^*$ 的净利大于选择 $y=0$，B 才会乖乖地选 $y=y^*$，即：

$$I(y=y^*)=w(y=y^*)-c_B(y=y^*)=2-y^*/2$$
$$>I(y=0)=w(y=0)-c_B(y=0)=1 \quad (2\text{-}25)$$

由式(2-24)与式(2-25)推得：$1<y^*<2$。综上所述，一个完整的信号传递均衡为：**如果雇主的信念为** P（生产力 $=2$ | $y<y^*$）$=0$，P（生产力 $=2$ | $y \geq y^*$）$=1$，**且** $1<y^*<2$，**则** A **类应征者的最佳行动为** $y=0$，B **类应征者的最佳行动为** $y=y^*$。在此均衡下，雇主看到 $y=0$ 的人就推论他是 A 类员工，而看到 $y=y^*$ 的人就推论他是 B 类员工，因此这种均衡称为**分离均衡**(Separating Equilibrium)。

除分离均衡之外，另有一种混合均衡 (Pooling Equilibrium) 表示两类员工都选择相同的 y，以致雇主无法以文凭来区分员工能力的好坏。

2.5 决策有用性的学术观点

财务报告应符合决策有用性的观点。决策有用性的观点可以分为计量观与信息观的决策有用性。

由于决策有用性的会计信息观点包含了信息观下的决策有用性以及计量观下的决策有用性，因此在学术研究上都有相当多的文献加以探讨。有鉴于此，本节扼要介绍这两种观点如何应用在学术研究上，至于详细内容，则将于第3章与第4章加以介绍。

2.5.1 计量观的研究

计量观强调使用公允价值。

相对于信息观而言，计量观的决策有用性，是指在财务报表主表中大幅增加公允价值评价的角色。就目前的学术研究而言，在采用计量观的研究中，许多是建立在奥尔森(Ohlson)所发展的**会计评价模型**(Accounting-based Evaluation Model)上。首先，根据**干净盈余关系**(Clean Surplus Relation)：

$$BV_t = BV_{t-1} + NI_t - D_t \tag{2-26}$$

式(2-26)的意义，是指期末股东权益账面价值 (BV_t) 等于期初股东权益账面价值 (BV_{t-1}) 加上当期盈余 (NI_t)，再减去当期股利 (D_t)。将式(2-26)移项可得：

$$D_t = BV_{t-1} + NI_t - BV_t \tag{2-27}$$

另外再假设：

$$x_t^a = NI_t - r \times BV_{t-1} \tag{2-28}$$

式(2-28)的意义，是指**异常盈余**或是**超额盈余** (x_t^a) 等于当期实际盈余减去正常盈余，而正常盈余为折现率乘上期初股东账面价值 $(r \times BV_{t-1})$。传统的股利折现模型为：

$$V_0^* = \sum_{t=1}^{\infty} \frac{D_t}{(1+r)^t} \tag{2-29}$$

将式(2-27)与式(2-28)代入式(2-29)中，则可以得到会计评价模型：

$$V_0^* = BV_0 + \sum_{t=1}^{\infty} \frac{x_t^a}{(1+r)^t} \tag{2-30}$$

式(2-30)的意义,是指公司的**真实价值**(Intrinsic Value)或是公司的**现值**(Current Value) V_0^*,等于资产负债表中的账面价值加上异常盈余,而这两种数字,基本上都是财务报表中的会计数字。换言之,右手边第一项是资产负债表的数字,第二项是损益表的数字。另外,该模型的一个很重要的特色是,所算出来的真实价值或是现值不会受到所采用的会计方法或是政策的影响(详见第4章4.2.3.2节的范例说明)。

根据Ohlson(1995)所发展的该会计模型,我们可以估计出公司的真实价值,或是公司的现值,同时也可以探讨财务报表中的数字与公司价值的关联性在哪儿,有助于计量观的研究。因此,此模型成为后来使用计量观作为研究的重要模型。有关该模型更深入的内容,留待第4章再加以说明。

信息观以历史成本为基础,辅以配合原则。

2.5.2 信息观的研究

2.5.2.1 盈余与股价关联性

在此观点下,财务报告的信息应该能帮助使用者预测未来公司的现金流量的金额、时间以及不确定性,进而评估公司的股价。在目前的会计研究中,盈余是最重要的信息,因此,最常见到的问题就是:盈余与股价是否具有关联性。为检测盈余与股价的关联性,可以划分为三个阶段:第一,股价与未来股利的关联;第二,未来股利与未来盈余的关联;第三,未来盈余与当期盈余的关联。下面将分别加以说明。

股价/未来股利的关联

首先,正如第2章所述,股价与未来股利是通过评价模式来联结的。在确定情况下,股价为未来各期现金流量(股利)的折现值,也就是通过第1章方程式(1-1)的股利折现模式来联结。在不确定情况下,公司的价值受到三个因素的影响:未来各期在各状态下可以收到的股利,投资者对各状态发生的概率的信念,以及每一期在各状态下收到1美元的状态价格。然而,我们仍然可以通过第1章方程式(1-3)的不确定情况下的股利折现模式来联结。也就是将所有折现模式中的参数(如确定股利)改为期望值(期望股利)即可。

在此阶段，会计人员要思考的问题是：未来盈余与未来股利之间是否具有关联性。如果是的话，股价可以视为未来期望盈余的一个函数。这也是第二阶段要讨论的问题。

未来股利/未来盈余的关联

其次，既然未来支付股利的能力是决定公司价值的重要因素，那么，如果股利与盈余之间具有一定的关联性，则盈余是有用的。股利与盈余具有关联性，这是相当合乎直觉的。例如，实务上常常使用股利支付率来联结未来盈余与未来股利。此外，目前的许多实证文献也支持这一联结。例如，有研究指出，盈余变动与股利支付能力的变动，是具有正向关联的(Leftwich and Zmijewski,1994)。有关此方面的研究，读者可以参阅Leftwich and Zmijewski (1994)的回顾文章。到此阶段，我们可以简略地说：有了未来各期的盈余信息，我们就可以估计出公司的股价。

未来盈余/当期盈余的关联

最后，如果未来盈余与未来股利之间具有相关性，则对会计人员而言，下一个问题是：如何使用过去与当期的盈余预测未来的盈余？当期盈余对于未来盈余的预测能力，依当期盈余的**持续性**而定。所谓持续性，是指当期发生的盈余中，未来持续发生的百分比，或者是未来持续发生的期数；持续发生的百分比或是期数越大，则当期盈余的持续度就越大。由此观之，其实公司当期盈余是由各种不同持续度的盈余组成分子所构成。

为了方便解释，我们假设盈余是由**永久性盈余**(Permanent Earnings)与**暂时性盈余**(Transitory Earnings)两种盈余组成分子所构成。所谓永久性盈余，是指当期盈余中，在未来会永久持续发生的盈余；所谓暂时性盈余，是指当期盈余中，在未来不会再发生的盈余，这一部分通常由诸如罢工与意外灾害等偶发性事件所引起。因此，在当期盈余中，永久性盈余的组成分子比重越高，则在使用当期盈余预测未来盈余时，预测的未来盈余将会越大。

> 为简化问题，假设盈余仅有两种，即永久性与持续性，而永久性是指未来每一期都会持续再发生。

举例而言，假设第0期末的损益表披露的盈余为100美元，现在第1年公告的盈余为160美元，因此第1年度盈余增加数为60美元。假设这60美元都是我们未预期到的盈余。请问，身为分析师的你，在预测第2年度的盈余时，你的预测数字是多少？(为简化起见，假设第0年的100美元为永久性盈余)

由于第0年的100美元为永久性盈余，因此在未来各年都会持续产生此盈余。现在最重要的就是当期未预期盈余60美元中，有多少会在未来持续发生。现在假设有三种情况：(1)该60美元全部都是永久性盈余；(2)该60美元全部是暂时性盈余；(3)该60美元有1/3是永久性盈余，其他2/3为暂时性盈余。在第一种情况下，分析师将预测第2年以及之后各年度的盈余为160美元(100+60)。这种情况就是一般的随机游走。所谓随机游走，是指对于未来盈余的预期数字，就是当期已经发生的数字。

在第二种情况下，预期未来各期的盈余为100美元，因为此时的未预期盈余60美元都是暂时性盈余，因而仅在当期发生，而在未来不会持续再发生。至于在第三种情况下，预期的未来盈余应该是120美元(100+60×1/3)，因为在未预期盈余60美元中，仅有20美元(60×1/3)为永久性的，其余40美元为暂时性的，因此在未来各期不会再发生。

损益表内划分为营业内收益与营业外损益，概念上有点接近永久性盈余与暂时性盈余。

问　题

上面列举了永久性盈余与暂时性盈余的特性。在学术上是否有较为正式的说明方式?

说明

上述三种情况，可以引用Beaver, Lambert, and Morse (1980)(简称BLM)的研究加以说明。我们首先介绍上述第三种情况：首先，当期未预期盈余60美元中1/3是永久性盈余，其他2/3为暂时性盈余。其次，暂时性盈余的比重为2/3，使用$\theta=2/3$表示。由于在第1期对于未来各期盈余的预期等于120美元 (100+60×1/3)，此叙述转化为BLM的说法就是：

$$E_1(x_2)=E_1(x_3)=\cdots=E_1(x_k)=x_1-\theta a_1=160-(2/3)60=120$$

上式说明如下。$E_1(x_2)$是指第1期时对第2期盈余的预期，$E_1(x_3)$是指第1期时对第3期盈余的预期，其余类推。第1期实际盈余x_1为160美元，未预期盈余(或异常盈余)a_1为60美元，其中暂时性盈余的比率θ为2/3，而持续性的比率($1-\theta$)为1/3。因此，对未来盈余预期的数字为120美元(100+60×1/3)。

然而，到第2期盈余公告时，可能有误差。假设第2期实际盈余为123美元，与预期盈余($E_1(x_2)$)120美元之间的误差为3美元，则实际盈余x_2可以表示为：

$$x_2 = E_1(x_2) + a_2 = x_1 - \theta a_1 + a_2$$
$$\Rightarrow 123 = 120 + 3$$
$$= 160 - (2/3)60 + 3$$

BLM将上式一般化，假定盈余 x_t 之时间序列的走势设为：

$$x_t = x_{t-1} - \theta a_{t-1} + a_t$$

因此，$E_t(x_{t+1}) = E_t(x_{t+k}) = x_t - \theta a_t,\ k > 1$。换言之，本期 t 对于未来各期盈余的预测，都是相等的。其中，暂时性盈余的比率 θ 为2/3，而永久性的比率为（$1-\theta$）。a_t 为第 t 期盈余预测误差，也就是未预期的盈余。

当永久性的比率（$1-\theta$）为1时，也就是 $\theta=0$ 时，此时为随机游走走势，也就是第一种情况：预期未来各期的盈余为160美元。当暂时性盈余的比率 θ 为1时，也就是第二种情况：预期未来各期的盈余为100美元。

2.5.2.2　学术性的研究观点

如前所述，盈余与股价的关联性可以划分为三类联结：第一，股价与未来股利的关联；第二，未来股利与未来盈余的关联；第三，未来盈余与当期盈余的关联。在目前的学术界，如何通过一些简化来达成这些联结，作为研究的起点呢？

首先，就第一个联结（股价与未来股利的关联）而言，最简化的做法，就是假设未来各期的股利是相等的，也就是：

$$E_t(D) = E_t(D_{t+1}) = E_t(D_{t+2}) = \cdots = E_t(D_{t+k}),\ k > 0 \quad (2-31)$$

在此假设下，公司价值可以表达为：

$$P_t = \rho E_t(D_{t+k}) \quad (2-32)$$

对于第二个联结（未来股利与未来盈余的关联）而言，简化的方法就是假设盈余与股利之间呈现固定的比率关系，也就是股利支付率为常数（λ）。换言之，我们假设：

$$E_t(D_{t+k}) = \lambda E_t(x_{t+k}) \quad (2-33)$$

在方程式(2-33)的假设下,预期股利的变动率等于预期盈余的变动率:

$$\frac{E_t(D_{t+k})-E_{t-1}(D_{t+k})}{E_{t-1}(D_{t+k})}=\frac{E_t(x_{t+k})-E_{t-1}(x_{t+k})}{E_{t-1}(x_{t+k})} \tag{2-34}$$

为了说明式(2-34),假设 $k=1$,则该式子左边的意义,是指在 t 与 $t-1$ 年对于 $t+1$ 年的股利所做的预期数字的差额。也就是表示经过一年后(由 $t-1$ 年至 t 年),由于新资料的取得(如会计资料),因而对于 $t+1$ 年这一年股利的预期所做的修正比率。同理,方程式右边则表示经过一年后(由 $t-1$ 年至 t 年),对于 $t+1$ 年这一年盈余的预期所做的修正比率。经由式(2-32)、式(2-33),可以得到未来盈余与股价之间的关联性:

$$P_t=\rho\lambda E_t(x_{t+k}) \tag{2-35}$$

问　题

上面这两个关联似乎都相当简单,学术性期刊所发表的文章,真的是像这样假设的吗?

说明

是的。Beaver, Lambert, and Morse(1980)与 Collins and Kothari(1989)的文章,都是基于该假设。

在第一个与第二个关联下,我们可以得到:

$$\frac{\Delta P_t}{P_{t-1}}=\frac{\Delta E_t(D_{t+k})}{E_{t-1}(D_{t+k})}=\frac{\Delta E_t(x_{t+k})}{E_{t-1}(x_{t+k})} \tag{2-36}$$

也就是股价变动的百分比,等于未来股利的变动百分比,同时也等于未来盈余变动的百分比。换言之,股价变动的幅度,依赖于未来盈余变动的百分比。

式(2-36)已将未来盈余与股价相联结,因此,最后第三个关联为:当期盈余如何预测未来盈余 $E(x_{t+k})$ 及其变动 $\Delta E(x_{t+k})$？这一问题涉及当期盈余的持续性,也就是盈余的时间序列走势。如前一节所述,Beaver, Lambert, and Morse (1980)与 Collins and Kothari(1989)假设盈余呈现如下的走势:$x_t=x_{t-1}-\theta a_{t-1}+a_t$。随着 θ 的不同而呈现出不同的持续性。在下一章,我们将完整介绍Beaver, Lambert, and Morse(1980)与 Collins and Kothari (1989),

以说明他们如何将盈余与股价相联结。

附录 SAS/STATA实例

通过CAPM估计权益资金成本

本例将介绍实务上如何应用CAPM模型求出权益资金成本。本例采用2006年1月至2010年12月期间共60个月的奇美电子(3481)、台积电(2330)、联电(2303)、华硕(2357)、日月光(2311)、鸿海(2317)、仁宝(2324)、台达电(2308)、矽品(2325)、宏碁(2353)、友达(2409)、光宝科(2301)、联发科(2454)及宏达电(2498)等14只电子股月报酬率为研究对象,同期间的大盘指数报酬率为代理市场报酬率。相关程序语法与输出摘要,请登录本书网站www.dufep.cn下载所附实例演练程序示范。

习题

1. 准则制定机构是不是根据决策理论与有效市场假说的概念,发布相关的概念性框架或是准则公告?试评述之。
2. 投资者之间常常存在着信息不对称,例如散户与专业投资者之间。试问:
   (1)从准则制定机构的立场而言,是否有必要消除投资者之间的信息不对称?
   (2)在处理该问题时,由于各投资者之间具有相当的异质性,因此你觉得将会碰到哪些问题?你将如何解决?
3. 在本章Spence(1973)的范例中,在分离均衡中,必须具备哪些条件?此类分离均衡仅有一组解吗?
4. 假设三种证券A、B与C的投资报酬率分别为12.0%,15.0%及-5.0%,某投资者期初投资在这三种证券的比例分别为30%,40%及30%。试问:
   (1)求该投资者持有该投资组合一年后的投资报酬率。
   (2)现若已知投资这三种证券的投资报酬率标准差分别为12%,15%,10%,且投资A,B的投资报酬率相关系数为0.5,而A与C的相关系数为0.35,B与C的相关系数为-0.10。试求该投资者持有该投资组合一年后的投资报酬率方差及标准差。

(3)若投资当年的无风险利率为7%,市场的期望投资报酬率为10%,而证券A的 $\beta=1.2$,试通过CAPM模型求投资该证券的期望报酬率。

(4)现若又同时得知证券B与C之 β 值分别为0.95及1.05,求该投资组合的 β 值。

5.承上题,现若上面情境为市场景气的情况。若景气时,三种证券A,B与C的投资报酬率分别为9%,10%及-7.0%,且已知市场景气发生的概率为40%。试问:

(1)现假设投资证券A,B与C的投资报酬率标准差分别为15%,18%,12%,试分别求投资这三种证券的期望报酬率及其标准差。

(2)求该投资组合的投资报酬率及标准差。

6.下表为在某一投资组合内的两只股票,对其个别持有一年后的预期报酬都相同,但是可以获得该报酬的概率并不相同。试问:

(1)分别求出投资A与B股票的期望报酬率及其标准差。

(2)已知周董的效用函数为 $U(r)=3r$ (r 表示报酬率),则周董会选择投资哪一只股票?

(3)已知依林的效用函数为 $U(r)=\sqrt{3r}$,则依林会选择投资哪一只股票?

(4)又知小猪的效用函数为 $U(r)=3r^2$,则小猪会选择投资哪一只股票?

(5)试评论(2)~(3)的结果。

(6)现他们三人决定每个人出资80美元共同投资这两只股票,在这两只股票的资金分配各为50%,且投资A与投资B两者并不相关,则他们投资一年后的期望报酬及标准差是多少?

(7)若定义他们的效用函数 $U(r)=2\mu_r-\sigma_r^2$,求他们三人的投资效用。

报酬(美元)	A	B
30	0.15	0.3
26.4	0.7	0.4
21.6	0.15	0.3

第 3 章

信息观——实证证据

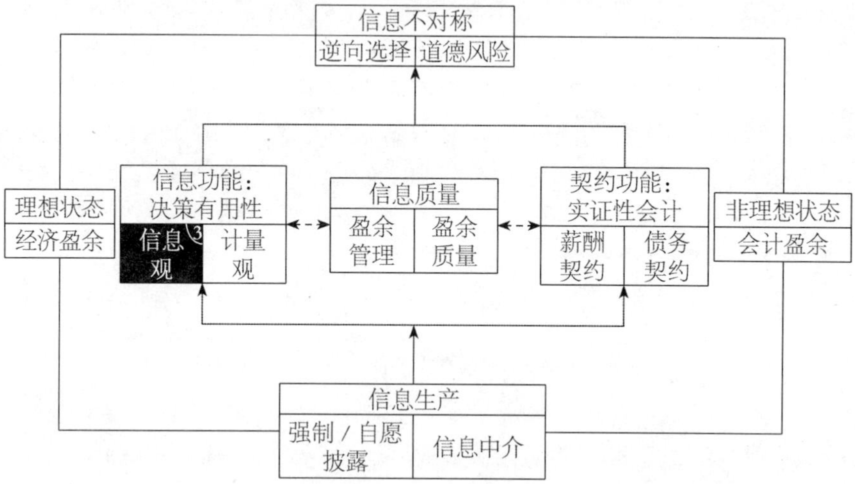

图3-1　第3章架构

美国《财务会计概念公告第1号》指出，会计信息的主要目的是决策有用观，也就是指对于理性投资者而言，会计信息有助于他们的决策。国际会计准则理事会也认为会计的基本目的为决策有用性。而有关决策有用观的观点，则包括信息观与计量观。本章主要探讨信息观的决策有用观，至于计量观的决策有用观，则于下一章介绍。图3-1为本章在整体架构图中的定位。

信息观点的决策有用性，在实证研究上是否能获得支持呢?有一些经典的相关文章，随后将介绍给读者。

3.1 前言

根据有效市场假说的预期，市场会充分反映所有已经公开的信息(包括财务报告的信息)。由于股价会受到投资者个人的禀赋、效用函数以及信念(Belief)的影响，因此如果会计信息有用的话，根据贝叶斯定理的理性决策模型，投资者应该会修正他们个人对于公司未来现金流量的金额、风险以及时间的观念，进而决定是否要买或是卖这家公司的股票。而投资者买卖公司股票的供需行为，将进一步影响到股票的价或量的变动。因此，在效率市场的假说下，我们预期具有**信息内涵**(**Information Content**)的财务报告应该会影响股价，且同时可以预期股价的变动方向。这种将信息内容视同盈余有用性的观点，就是之前所提到的信息观(Information Perspective)的财务报告。

自从1968年Ball and Brown探讨盈余信息内涵与股价关联性的研究后，此类信息观的研究议题，就如雨后春笋般地涌现，一直到这几年才因为重视公允价值而逐渐转为计量观。根据信息观的看法,会计人员的主要功能是提供有用的信息(也就是具有内涵的信息)给投资者,由投资者自行消化这些信息,进而做出判断与决策。同时,在信息观下,通过市场对股价的反应,会计人员可以知道哪些信息对投资者是有用的,哪些对投资者是没有用的,基于此可以进一步修正所提供的信息内容。

有关盈余与股价的研究,主要可以划分为下面几个阶段:(1)探讨盈余与股价的方向性(Sign)研究;也就是未预期盈余为正(负)时,**异常报酬**是否将为正(负)?此类研究可以Ball and Brown(1968)为代表。(2) 探讨盈余与股价关联性的幅度或是**大小(Magnitude)**的研究,也就是未预期盈余与异常报酬之间是否呈现正的相关关系?此类研究可以Beaver, Clarke, and Wright (1979)为代表。(3)探讨盈余与股价之间的回归分析,也就是探讨异常报酬的系数(称为**盈余反应系数(Earnings Response Coefficient, ERC)**)是否为正?此研究可以Beaver,Lambert, and Morse(1980)为代表。(4)探讨盈余反应系数受到哪些因素的影响,也就是为什么有些公司的盈余反应系数比较大,而有些比较小? 此研究可以Collin and Kothari (1989)为代表。(5)探讨盈余/股价之间是否彼此会互相影响?此类研究以Beaver, McAnally, and Stinson (1997)为代表。

在文献上探讨盈余与股价之间的关系时,有两种常见的方法:**事件研究法(Event Study)**与**关联性研究法(Association Study)**。前者主要在探讨某一事件(如盈余或是股利宣告等事件)前后数天**短窗口期(Short Window)**的股价反应,目的在于检验该事件对股价的冲击或影响,如Ball and Brown (1968)的研究;后者则仅探讨盈余与股价之间是否具有关联性,并不检验二者之间的因果关系,因此通常使用长窗口期的研究,如Collins and Kothari (1989)。

3.2 盈余与股价相关性研究的基本观念

> 进行盈余与股价间的相关性研究时,盈余与股价该如何衡量,是会计研究的基础,本部分介绍这一观念。

在盈余公告前,投资者对于公司现金流量的金额、时间与概率(先验信念(Belief))已经有一个预期,这一预期的形成,可能是根据以往的年报或是其他的资料来源。由于每个人收集信息的意愿以及处理信息的能力未必相同,因而先验信念也未必相同;同时,一旦公司盈余发布后,每个投资者都会根据该信息修正他们的先验信念。例如,如果发布的是好消息时(公告盈余大于原来预期的盈余），投资者会调升他们对于未来绩效的信念，因而股价会上升；投资者修正的信念越大，则市场交易量与股价通常也会增加越多。反之亦然。当盈余的信息内涵越多，也就是信息的“决策有用观”越大时，盈余对股价的影响将越大。虽然Beaver（1968）发现盈余对**交易量**是有影响的，但Kim and Verrecchia（1997）发现交易量在某些情况下并非衡量盈余信息量的良好指标，因此后面主要集中在盈余对股价影响的研究上。

异常报酬

当《中国证券报》或美国《华尔街日报》公告某公司的盈余时[①]，当天就是一个重大的事件日（$t=0$），由于信息会在前几天走漏，或是投资者在看到信息后需花一些时间消化，因此通常以公告日期前后几天作为研究窗口期，计算股价的总影响数。我们可以根据**市场模型**计算 j 公司在 t 期的**累积异常报酬**（Cumulative Abnormal Return，CAR）：

$$R_{jt} = \alpha_j + \beta_j R_{mt} + \varepsilon_{jt} \tag{3-1}$$

首先，我们可以在CSMAR数据库上拿到估计期每天的 R_{jt} 与 R_{mt} 的资料，对式（3-1）进行回归分析，然后估计出 a_j 与 β_j 的值（假设分别为0.002与0.6）。假设我们的事件窗口期为公告日与前后一天，也就是（-1,1），这三天的 R_{mt} 分别为0.001，0.002与0.001，这三天实际的 R_{jt} 分别为0.005,0.008,与0.004，则这三天的异常报酬（Abnormal Return，AR）分别应该为：

$$AR = \text{实际报酬} - \text{预期报酬}$$
$$AR_{-1} = 0.005 - (0.002 + 0.6 \times 0.001) = 0.0024$$
$$AR_0 = 0.008 - (0.002 + 0.6 \times 0.002) = 0.0048$$
$$AR_1 = 0.004 - (0.002 + 0.6 \times 0.001) = 0.0014$$

因此，盈余公告所引起的**累积异常报酬**CAR为0.0086（0.0024+0.0048+0.0014）。预期报酬是指如果没有盈余宣告的影响而根据大盘报酬 R_{mt} 来估计的话，公司应有的正常报酬。

① 美国上市公司在发布年报前，通常会在媒体先公告年度盈余，例如此处的《华尔街日报》。

根据有效市场假说，如果盈余信息具有信息内涵，则好消息（坏消息）应该会产生正（负）的累积异常报酬。至于消息好坏通常是以**未预期盈余**（又称**异常盈余**，Unexpected Earnings，or Abnormal Earnings，简写为 UE ）来衡量：

$$UE=(AE-FE)/Price$$

式中，UE 表示未预期盈余；AE 表示实际或是公告盈余；FE 表示预期盈余；$Price$ 表示期初股价。

预期盈余

预期盈余应该如何计算?文献中有几种常用的方法。

（1）时间序列法：常见的就是**随机游走**（Random Walk），也就是说，以去年的盈余（$Earning_{t-1}$）当做今年预期将发生的盈余 ($E_{t-1}(Earning_t)=Earning_{t-1}$)。后面介绍的文章Collins and Kothari（1989）即以此计算预期盈余。另外还有其他几个时间序列模型，在本章介绍相关的文章时，会再详细说明，这些文章包括：Beaver，Clarke，and Wright（1979）与Beaver，Lambert，and Morse（1980）。

（2）分析师的一致性预测：以盈余公告前所有分析师预测的中位数作为当期的预期盈余。一般文献大多使用该方法，因为该方法通常比较准确。详细细节会在第10章说明。

至于为何使用股价平减，而非盈余来平减，在本章介绍Collins and Kothari（1989）时会有详细的证明。

假如前例j公司年报公告前，投资者预期当年度EPS为0.25美元，但实际公告的EPS为0.3美元，则未预期盈余或是异常盈余为0.05美元（假设以上数字都经过股价平减），表示有好消息发布。本例题的CAR与UE都是正的，大致符合盈余信息具有有用性的命题。

3.3 重要的研究

3.3.1 Ball and Brown（1968）的研究

这篇文章是会计市场研究较早期的经典之作。

Ball and Brown可以说是最先系统性证明盈余具有信息内涵的学者，其研究为信息观的决策有用观的经典代表作。Ball and Brown主要检验未预期盈余的符号与异常报酬的符号之间是否呈现正向关系。

他们以美国公司为样本，研究期间为1946—1965年，选样标准为：(1)盈余资料在Compustat Tapes能够获得；(2)采用历年制的公司；(3) CRSP (The Center for Research in Security Prices，证券价格研究中心)至少有100个月的股价资料；(4)在《华尔街日报》中可以找到宣告日。结果共有261个纽约证券交易所(NYSE)样本符合本研究的条件。

他们主要的测试包括短窗口期与**长窗口期**两种测试。首先是短窗口期的部分，他们主要在检验盈余公告时具有正（负)向的未预期盈余，是否会引发正(负)向的异常报酬。由于当时并没有日报酬资料，因而他们以月报酬取代日报酬。这类短窗口期（窗期仅包括当月）的研究就是典型的事件研究法。在他们的研究样本中，正向与负向的未预期盈余样本数，分别为1 231个与1 109个。通过符号检验发现，在盈余公告当月，正（负）向的未预期盈余确实会显著地引起正（负）向的异常报酬的出现。因此他们认为，盈余具有信息内涵，会传递有用的新信息，因而是引起股价变动的原因。这一推论的主要理由是，由于是短窗口期，因而股价由其他干扰事项所引起的可能性会比较小。[①]

符号检验

为检验正(负)的未预期盈余 (*UE*) 是否有正(负)的累积异常报酬 (*CAR*)，可使用卡方独立性检验。假设有40个样本，资料如下：

	正 *UE*	负 *UE*
正 *CAR*	14	6
负 *CAR*	6	14

我们可以使用 χ^2 检验值检验：

$$\chi^2 = (14-10)^2/10 + (6-10)^2/10 + (6-10)^2/10 + (14-10)^2/10 = 6.4$$

经查表可知：在0.10、0.05、0.01的显著水平下，χ^2 值分别为2.71、3.84与6.64。本例 χ^2 =6.4，对应的显著水平为0.05。因此我们可以得出结论：未预期盈余与累积异常报酬间有显著关联性。换言

① 然而不能否认的是，相对于以日报酬作为窗期而言，此处的干扰原因的可能性仍是比较大的。

之，正的未预期盈余会导致正向的异常报酬（发生频率为14/40），而负的未预期盈余会导致负向的异常报酬（发生频率亦为14/40）。

另一方面，他们检验好坏消息这两组样本，在盈余公告当月与宣告前11个月的窗期(-11,0)内，平均累积异常报酬的趋势；研究结果如图3-2所示。该图显示，好消息这一组(未预期盈余为正)从-11月份开始，平均的累积异常报酬越来越大；相对的，坏消息这一组(未预期盈余为负)，从-11月份开始，平均的累积异常报酬则越来越小。平均而言，盈余公告前一年开始持有好消息的股票，约可以获得 6% 的异常报酬；而如果是持有坏消息的股票，约产生 9% 的损失。这一长窗口期的研究结果透露了几个结论：

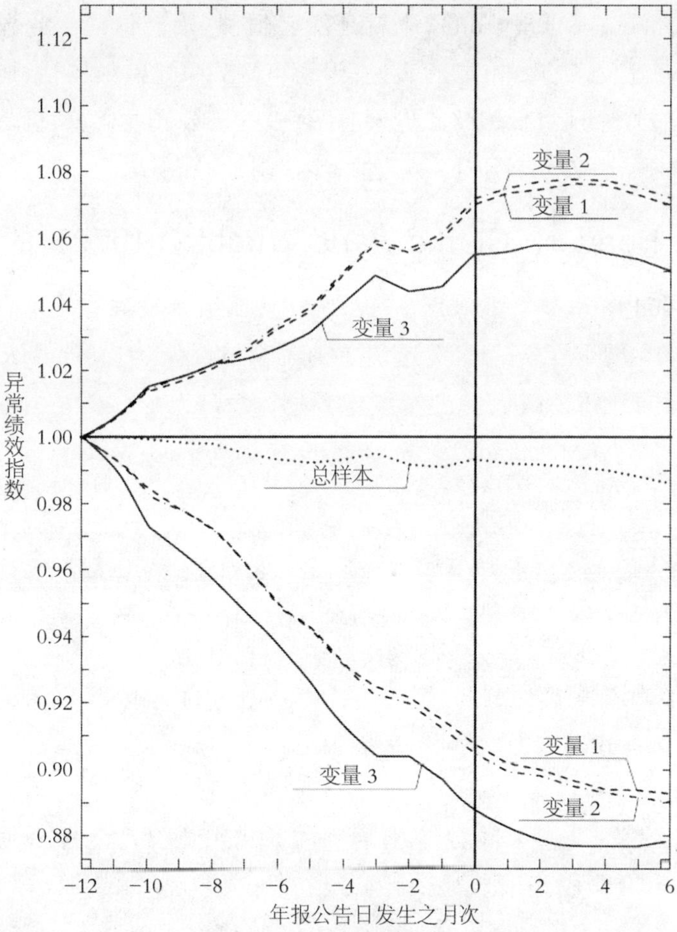

资料来源：Ball, R. and P. Brown 1968.An empirical evaluation of accounting income number. Journal of Accounting Research, 6(2): 159-178.

图3-2 盈余与股价的关系图（Ball and Brown）

第一,年度盈余的信息于宣告日前 12个月即已被市场预期,因而宣告当月平均累积异常报酬反而没有出现大幅波动;至于提早披露的原因可能是季报、管理当局预测或是分析师预测等。在盈余信息的价值中,仅剩约 10%~15% 在宣告当月尚未被市场所预期到。

第二,该结果表示,相对于股价而言,会计盈余是一个落后指标。这种价格领先盈余的现象,在介绍 Beaver, Lambert, and Morse(1980) 的文章中将会进一步说明。因此,会计盈余仅是在反映其他已经影响股价的信息来源的内容,本身所提供的额外信息并不多。因此,会计信息并非引起股价变动的重要原因,充其量仅能与其他来源的信息具有关联性。

第三,宣告日后一段期间,**股价仍持续反映年度盈余的信息**(Post-earnings-announcement Drift),也就是涨者恒涨,跌者恒跌。此**异常现象**(Anomaly)违反了有效市场的假说,因为市场如果是有效的话,应该会充分反映已公开的信息,然而此现象显示,根据已公开的信息,仍然可以赚得异常报酬。此观点将于下一章进一步说明并讨论。

这篇文章计算*CAR*与*UE*的相关性,而非仅作符号检验。

3.3.2 Beaver, Clarke, and Wright (1979) 的研究

Ball and Brown 可以说是最先系统性证明盈余是具有信息内涵的学者,他们的主要重点放在正(负)的未预期盈余是否有正(负)的 *CAR* 的符号检验上,然而他们并未进一步检验未预期盈余越大是否 *CAR* 也越大。为了解这种大小(Magnitude)关系,Beaver, Clarke, and Wright(简称BCW)遂进行该论点的检验。

问 题

预测盈余是计算未预期盈余的基础,目前的研究基本上都是使用分析师的预测作为预测的盈余。然而,早期分析师预测的数据库并不流行,因而BCW如何计算呢?

说明

作者假设未来的盈余呈现一个成长模型,也就是当期盈余再加上一个成长的趋势,至于该趋势,则为过去数期的平均成长 $(1/Q)\sum_{q=1}\Delta A_{t-q}$ (A_t 为 t 期盈余,Q 为过去期数),因此预期盈余为:

$$E(A_t)=A_{t-1}+(1/Q)\sum_{q=1}\Delta A_{t-q} \quad (3-2)$$

据此，未预期盈余为：

$$A_t-[A_{t-1}+(1/Q)\sum_{q=1}\Delta A_{t-q}]=\Delta A_t-(1/Q)\sum_{q=1}\Delta A_{t-q}$$

首先，使用1965—1974年间的276家公司2 652个样本，BCW根据未预期盈余的大小，将样本分为25组（每一组约为106个样本），算出每一组内的平均未预期盈余与平均CAR；其次，根据这25个平均未预期盈余与平均CAR计算出**等级相关系数**（Rank Correlation Coefficient），结果这一相关系数达到1%的显著水平。因此，未预期盈余越大，CAR也确实越大。

分组检验

作者为何要分组检验,而不直接根据这2 652个样本的未预期盈余与CAR计算出相关系数呢？

说明

因为未预期盈余的计算会有衡量误差出现，通过分组再计算每一组的平均数，可以删除掉随机的预测误差。

3.3.3 Beaver，Lambert，and Morse（1980）的研究

这篇文章进一步使用回归分析检验盈余反应系数的符号与大小。

Ball and Brown的研究主要在于探讨正的未预期盈余会导致正的异常报酬，而负的未预期盈余会导致负的异常报酬。BCW则发现，整体而言，未预期盈余会与异常报酬呈现正向的关联性。同时，许多探讨盈余与股价关系的研究，使用下列回归分析的方式探讨盈余的信息内涵：

$$CAR\ (或R)=a+b\ UE+\varepsilon \quad (3-3)$$

式（3-3）中，CAR为异常报酬，R为报酬，UE为未预期盈余。如果盈余具有信息内涵，则b的系数应该是显著为正的。在学术上，b称为盈余反应系数（Earnings Response Coefficient，ERC），是指每增加一单位的未预期盈余，则可产生b单位的异常报酬。例如，如果b等于0.9，则表示每增加一单

位的未预期盈余 UE,将产生0.9的异常报酬。一般而言,ERC 越大或是此回归式的复判定系数(R^2)越大,则表示盈余与股价的相关性也就越大,也就是盈余的信息内涵越大。

如前所述,一般而言,在探讨盈余/股价的研究时有两种方式。第一种是事件研究法,使用的是短窗口期的研究,通常是指盈余公告那一两天。事件研究法的目的,是检验盈余公告本身是否可以传递新的信息而成为引起股价变动的原因。上述 Ball and Brown 的第一类短窗口期研究即属于这种事件研究。

另一类研究方法,称为**关联性研究**(Association Study),是探讨长窗口期股价的变动与公告盈余的关联性。例如,探讨年盈余公告的信息内涵时,窗口期为一年;而在探讨季报时,窗口期常常为一季。这类研究认为,市场参与者在整个会计期间(年或季),会从许多来源获悉与盈余有关,或是与评价有关的事件与信息,这些信息可能不是财务报表上的信息(例如**业绩发布会**),但却是与评定股价有关的信息。因此,这类研究主要的焦点,是探讨会计上所报道的盈余,与引起股价变动的事件所传递的信息,两者是不是一致的。换言之,这类研究主要是探讨决定盈余的过程中是否能够有效地捕捉到与评定股价相关的事件。因此,关联性研究旨在探讨盈余与股价的关联性,而非探讨盈余是不是引起股价变动的原因。基本上,前述 Ball and Brown 同时使用了这两种方法。不论是使用长窗口期或是短窗口期,都可以使用上述的回归式做研究。

业绩发布会即美国的 Conference Calls。

Beaver, Lambert, and Morse (1980,简称BLM) 的研究,即是使用回归分析来探讨盈余反应系数。BLM 将年度盈余 X_t 分为两部分:$X_t = x_t + \varepsilon_t$;$x_t$ 为与噪声(Noise)无关的盈余,会影响公司股价;后者 ε_t 为盈余中的噪声,对公司股价没有影响,纯粹起因于噪声。还有类似的其他研究(Lev, 1983; Ali and Zarowin, 1992)。*BLM* 假定 x_t 的分配呈 *ARIMA*(0, 1, 1)形态,即

$$x_t = x_{t-1} - \theta a_{t-1} + a_t \tag{3-4}$$

因此,$E_t(x_{t+1}) = E_t(x_{t+k})$,$k > 1$。换言之,本期 t 对于未来各期盈余的预测都是相等的。为了使股价与盈余之间连上关系,作者假设股价与未来盈余之间的关系为:

$$P_t = \rho E(x_{t+k} | x_t, x_{t-1} \cdots) \tag{3-5}$$

ρ 包含了其他影响股价的因素，包括利率、系统风险、公司会计方法、股利支付率、盈余成长等。各公司的 ρ 应该不同，然而为简化起见，BLM假设 ρ 为一个常数，也就是各公司之间是相同的。因此，

$$\begin{aligned}\frac{\Delta P_t}{P_{t-1}} &= \frac{\Delta E(x_{t+k})}{E(x_{t+k})} \\ &= \frac{(1-\theta)\Delta X_t + (1-\theta)\theta a_{t-1} - (1-\theta)\Delta\varepsilon_t}{X_{t-1} - \theta a_{t-1} - \varepsilon_{t-1}}\end{aligned} \tag{3-6}$$

说　明

式(**3-6**)中的分子与分母推算过程如下：

$$\begin{aligned}\Delta E(x_{t+k}) &= (1-\theta)a_t \\ &= (1-\theta)(x_t - x_{t-1} + \theta a_{t-1}) \\ &= (1-\theta)\Delta x_t + (1-\theta)\theta a_{t-1} \\ &= (1-\theta)\Delta X_t + (1-\theta)\theta a_{t-1} - (1-\theta)\Delta\varepsilon_t \\ E(x_{t+k}) &= x_{t-1} - \theta a_{t-1} \\ &= X_{t-1} - \theta a_{t-1} - \varepsilon_{t-1}\end{aligned}$$

式(3-6)中的 a_{t-1},ε_{t-1} 与 $\Delta\varepsilon_t$ 如果逼近于0，则可以得到：

$$\frac{\Delta P_t}{P_{t-1}} = \frac{\Delta E(x_{t+k})}{E(x_{t+k})} \approx (1-\theta)\frac{\Delta X_t}{X_{t-1}} \tag{3-7}$$

式(3-7)右边是指盈余的变动比率，左边为股价的变动率(报酬)。BLM对选样公司(1958—1976年)进行横截面回归；若以每家公司的 $\Delta P_t/P_{t-1}$ 为因变量，$\Delta X_t/X_{t-1}$ 为自变量，每年分别进行一次回归(19年共有19条回归)，则回归的平均系数(盈余反应系数)为0.12。但是，由式(3-6)可以了解，公司的 $\Delta X_t/X_{t-1}$ 并不等于 $\frac{\Delta E(x_{t+k})}{E(x_{t+k})}$，中间是有衡量误差的，因此，以 $\Delta X_t/X_{t-1}$ 当自变量会造成盈余反应系数的低估。为解决这一问题，可以根据BCW的类似做法，按照因变量(报酬)来分组，取各组 $\Delta P_t/P_{t-1}$ 及 $\Delta X_t/X_{t-1}$ 的中位数，如此可以使得 a_{t-1},ε_{t-1} 与 $\Delta\varepsilon_t$ 逼近于0。

BLM根据报酬 $\Delta P_t/P_{t-1}$ 的大小，每一年都将样本分组进行回归(分别分

为110组、50组、25组与5组)；当分成25组且分年度进行一条回归时，19条回归式的平均$(1-\theta)$等于1.8(也就是盈余反应系数为1.8)。然而，组别越少时，回归系数越大，而当组别为5时，$(1-\theta)$等于2.05，也就是说$\theta=-1.05$。这是一个很重要的结论，因为$\theta=-1$，表示股价已充分反映了当期事件(如资本支出)的所有影响(在效率市场下)，但会计上当期仅确认一半的盈余，另一半却于次期才确认，这就是文献中著名的**"价格领先盈余"**(Price Leads Earnings)的概念。BLM提出两个原因来解释为何会产生价格领先盈余：第一，年度盈余是由季盈余加总而来的，因此有关年度盈余的信息大部分早已由季盈余走漏出去且反映在股价上。第二，公司一些重要事件(如资本支出)的影响会立即反映在当期股价上，但会计上基于应计基础或收益实现等原则的限制，仅能于当期确认一部分(本例约为50%)的盈余，另一部分则延迟到下一期才确认。

价格领先盈余

对会计人员而言，"价格领先盈余"的概念其实是一个很自然的结果。然而在学术上，却较少将其正式地拿来做研究。在此概念下，我们可以使用前期股价的变动（当作x）来解释当期盈余的变动(y)。例如，去年股价增加1美元，则我们预期今年盈余将增加0.5美元。同理，我们也可以利用本期股价来预测未来盈余。例如，今年股价增加1美元，则我们预期未来一年盈余将增加0.5美元。在后面介绍Collins and Kothari（1989）的文章时，作者就将此观点引入，我们将在习题第5题做较正式的说明。

BLM论文的主要贡献，就是深入探讨盈余反应系数，首先提出"价格领先盈余"的概念，对于盈余与股价关联性的研究具有贡献。如前一节所述，为了克服$\frac{\Delta E(x_{t+k})}{E(x_{t+k})}$的衡量误差，BLM (1980)使用类似BCW的方式将样本分组进行回归，如此可以避免衡量误差的问题；其次，使用$(1-\theta)\frac{\Delta X_t}{X_{t-1}}$来代替$\frac{\Delta E(x_{t+k})}{E(x_{t+k})}$。这种分组方法的缺点是会使观测值数目大量减少，使得估计效率较低。为避免样本过少所引起的估计无效率，另一个克服预期盈余变动出现衡量误差的方法，就是使用反回归，也就是原来的自变量(盈余)与因变量(股价)对调。Beaver, Lambert, and Ryan(1987)即以此反回归克服该问题。详言之,使用反回归时,以 $\Delta X_t/X_{t-1}$ 代替 $\frac{\Delta E(x_{t+k})}{E(x_{t+k})}$ 作为因变量,以 $\Delta P_t/P_{t-1}$ 作为自变量。此时将 $\Delta X_t/X_{t-1}$ 作为因变量虽会产生衡量误差,但该误差将被残差吸收,如此就不会造成盈余反应系数的低估。

反回归

BLM 使用下式检验盈余反应系数:

$$\frac{\Delta P_t}{P_{t-1}} = \beta_0 + \beta_1 \frac{\Delta X_t}{X_{t-1}} + \varepsilon_t \tag{3-8}$$

β_1 就是盈余反应系数,19 年的平均系数为 2.05,因此 θ =−1.05。而 Beaver, Lambert, and Ryan(1987)使用下面的反回归:

$$\frac{\Delta X_t}{X_{t-1}} = b_0 + b_1 \frac{\Delta P_t}{P_{t-1}} + v_t \tag{3-9}$$

此时将 $\Delta X_t/X_{t-1}$ 当成因变量时,即便是存在衡量误差,该误差也将由 v_t 吸收,就不会造成 b 被低估。β 与 b 之间的关系为:$b = 1/\beta = 1/(1-\theta)$。Beaver, Lambert, and Ryan(1987) 使用此方法克服衡量误差,实证结果显示,估计出来的 19 年平均 b 值大约为 0.5,因此 $b = 0.5 = 1/\beta = 1/(1-\theta)$,也就是表示 θ=−1,此结果与 BLM 的结论相当类似。

3.3.4 盈余反应系数的决定因素

此文章介绍盈余反应系数的决定因素,同时也介绍一些市场研究的基本而重要的观念。

不论是短窗口期还是长窗口期的研究,都发现盈余反应系数是正的。然而这些研究的共同点,是假设所有的公司在不同期间盈余反应系数都是相同的,也就是公司之间的属性是相同的。但是,事实上,不同公司公告的盈余与股价之间的关系可能不同,也就是不同公司之间的 ERC 是不同的。然而,即使是同一公司,不同期间的盈余反应系数也可能不同。例如,一家财务报表质量较好公司的盈余反应系数是否会比另一家财务报表质量较差的公司来得大呢?或者同一公司处在不同**生命周期**阶段时,盈余反应系数是否也会不同呢?

在方程式(3-5)中,BLM假设 ρ 是一个常数,但是 ρ 可能包含了公司之间的不同属性,而这些属性会对股价有不同程度的影响。例如,ρ 常包括利率、系统风险、公司会计政策、股利支付率以及盈余成长等因素。因此,根据此简化的假设,BLM所得出的结论是每一家公司的ERC是相同的,也就是式(3-7)中的(1-θ)。

如果放宽此假设,即各公司之间或是同一公司不同期间的盈余反应系数是不同的,则接下来要问的问题是:哪些因素会造成这种差异性的盈余反应系数呢? 这是一个有趣的问题,因为从公司角度而言,如果公司想要盈余信息更透明的话,或者要让所披露的信息质量更好的话,会计人员可以从这些因素去改进;对投资者来说,可以更精确地评价公司的股价;对监管机构来说,可以制定更佳的准则,以反映出更好的财务报表信息。Collins and Kothari(1989)遂放宽 ρ 是一个常数的假设,从而推导出盈余反应系数的一些决定因素。他们假设:

$$P_{it}=\sum_{k=1}^{\infty}E_t(D_{it+k})\prod_{\tau=1}^{k}\left\{1/[1+E_t(R_{it+\tau})]\right\} \tag{3-10}$$

上式中,$E_t(D_{it+k})$ 为 t 期时预期 $t+k$ 期将发放的股利;$E_t(R_{it+\tau})$ 为 t 期时预期 $t+\tau-1$ 期末至 $t+\tau$ 期末之间的报酬。为放宽 ρ 是一个常数的假设($P_t=\rho E(x_{t+k}|x_t,x_{t-1}\cdots)$),他们假设:

$$E_t(D_{it+k})=\lambda_{it+k}X_{it},\quad \lambda_{it+k}>0,\quad k=1,2,\cdots,\infty, \tag{3-11}$$

这一方程式表示 t 期时预期 $t+k$ 期将发放的股利,为当期盈余 X_t 乘上一个百分比 λ_{t+k}。异常报酬可以表示如下:

$$UR_{it}=R_{it}-E_{t-1}(R_{it})=[P_{it}-E_{t-1}(P_{it})+D_{it}-E_{t-1}(D_{it})]/P_{it-1} \tag{3-12}$$

将资本资产定价模型,即 $E(R_{it})=R_{ft}+[E(R_{mt})-R_{ft}]\beta_{it}$、式(3-10)与式(3-11)代入式(3-12),则可以得到:

$$\begin{aligned}UR_{it}&=\left[\lambda_{it}+\sum_{k=1}^{\infty}\lambda_{it+k}\prod_{\tau=1}^{k}\left\{1/[1+E_t(R_{it+\tau})]\right\}\right][X_{it}-E_{t-1}(X_{it})]/P_{it-1}\\&=\left[\lambda_{it}+\sum_{k=1}^{\infty}\lambda_{it+k}\prod_{\tau=1}^{k}\left\{1/[1+E_t(R_{it+\tau})]\right\}\right](UX_{it}/P_{it-1})\\&=(ERC)(UX_{it}/P_{it-1})\end{aligned} \tag{3-13}$$

式(3-13)中，(UX_{it}/P_{it-1}) 为未预期盈余，盈余反应系数(ERC)则为

$$\left[\lambda_{it}+\sum_{k=1}^{\infty}\lambda_{it+k}\prod_{\tau=1}^{k}\left\{1/\left[1+E_t(R_{it+\tau})\right]\right\}\right] \tag{3-14}$$

根据式(3-14)，Collins and Kothari推定了几个盈余反应系数的决定因素。我们于后文分别介绍。

无风险利率/系统风险与ERC呈负相关。

3.3.4.1 无风险利率与系统风险

在完美的市场下，公司价值是未来各期现金流量或是盈余的折现值。式(3-14)所用的折现率($E(R_{it})$)通常是使用资本资产定价模型(CAPM)计算而来的利率：

$$E(R_{it})=R_{ft}+[E(R_{mt})-R_{ft}]\beta_{it} \tag{3-15}$$

当未来各期的现金流量或是盈余固定时，折现率越大，则现值或公司价值越小。由式(3-15)可以了解到，资本资产定价模型中，公司的系统风险β_{it}越大，则公司所适用的要求报酬率或是折现用的利率也就越大，因而公司价值就越小。换言之，对于风险厌恶者而言，风险系数越大，则其所评价的公司价值越低。如果市场上所有的投资者都是类似的风险厌恶者，则整个市场对于同一家公司的评价将是相同的，也就是风险越大时，同一笔未预期盈余的金额经由较大的折现率加以折现时，公司的盈余反应系数将越小。另外，由式(3-15)可以看出，无风险利率R_{ft}越大时，所要求的报酬率或是折现率也越大，根据相同的逻辑，公司的盈余反应系数也将越小。详言之，由于公司间的系统风险β_{it}并不相同，或是同一公司由于系统风险β_{it}发生变化，导致不同公司或同一公司在不同期间的盈余反应系数不同。同时，无风险利率与ERC也呈负相关。

盈余持续性与ERC呈正相关。

3.3.4.2 盈余持续性

现有的损益表要求营业损益、非营业损益，以及其他非经常项目分开列示于表中，其目的是这些项目有一些是偶发性的（如其他非经常项目），有一些（如营业损益）是会持续再发生的，如果能分开列示，可以让投资者更精确评定公司价值。换言之，这三项盈余在未来持续发生的可能性不大相同。一般而言，营业损益较大，非营业损益次之，而其他非经常项目最小。

例如，由于某公司今年成功地推出某种新产品，并广受欢迎，这种盈余预期未来期间将会持续再发生，也就是其**持续度**（Persistence）较高。相对的，如果公司处置土地，虽然所产生的处置利得也同样会使盈余增加，但这类处置频率并不高，因而其持续度较低，甚至以后再出现同样处置利得的机会不会再发生。

在理论上，公司盈余中的每一块钱，其持续性都未必相同，而 Ramakrishnan and Thomas）（1991）将其简化成三类：（1）**永久性盈余**（Permanent Earnings），是指盈余中会无穷期持续发生的部分；（2）**无持续性盈余**，亦即仅在当期发生，因而完全没有任何持续性可言；（3）**暂时性盈余**（Transitory Earnings），是指持续性介于上述二者之间。就永久性盈余而言，如果当期的未预期盈余属于此类，则因为未来会无穷期发生，因而在折现率为 r 时，其对股价的影响，也就是盈余反应系数将为 $1+(1/r)$。

说　明

如果公司适用的折现率为10%时，在永久性盈余的情况下，这1元钱的未预期盈余的盈余反应系数将为11。如果当期的未预期盈余是属于第二类，也就是仅在当期发生，而在未来不会再出现，则其对股价的影响，也就是盈余反应系数将为1。最后，如果当期的未预期盈余属于暂时性盈余，且将持续两期，则盈余反应系数将为 $1+1/1.1+1/1.1^2$。

然而在实务中，未预期盈余可能同时包括这三类盈余组成分子，如假设当期未预期盈余为3美元，三类盈余组分子各为1美元，且暂时性盈余的持续度为两期，折现率为10%，则盈余反应系数为下列三者的合计数14.735美元：

（1）永久性盈余：$1+(1/0.1)=11$(美元)

（2）无持续性盈余：1美元

（3）暂时性盈余：$1+(1/1.1)+(1/1.1^2)=2.735$(美元)

由上面这一个例子可以了解到，同样是1单位的未预期盈余，却因持续度不同而对股价产生截然不同的影响，也就是会有不同的盈余反应系数。因此，这一不同持续度对盈余反应系数的影响可以间接地反映在式（3-14）

中的 λ_{t+k}。换言之，持续度越大，通常 λ_{t+k} 也会越大。

问 题

持续度在实证上如何衡量?Collins and Kothari (1989)使用时间序列为每一家公司估计一个持续度的数字。他们假设盈余呈现ARIMA(0,1,1)走势，也就是 $x_t = x_{t-1} - \theta a_{t-1} + a_t$，其中 $a_t = x_t - E_{t-1}(x_t)$。在此情况下，盈余持续度为 $(1-\theta)$。当 $\theta=0$ 时，表示盈余完全为永久性盈余，则盈余反应系数为 $1+(1/r)$。当 $\theta=1$，表示盈余完全没有持续性，因此对股价的影响为1。另外，假设 $\theta=0.4$，则表示当期每1美元的盈余中，有0.6美元为永久性盈余，另外0.4美元为完全没有持续性。在此情况下，每1美元未预期盈余对于股价的影响为 $1+(0.6/r)$。

目前在学术性的研究中，大多没有按照持续度将盈余分解，因而估计时会产生估计的误差。例如，为说明起见，假设某公司当年未预期盈余(UE_C)仅包括持续度大(UE_P)与持续度小(UE_T)这两部分(也就是 $UE_C=UE_P+UE_T$)，则正确的检验方法为：

$$R=a+b_P\times UE_P+b_T\times UE_T+\varepsilon \tag{3-16}$$

在理论上，持续度大的未预期盈余(UE_P)的反应系数(b_P)应该大于持续度小的未预期盈余(UE_T)的反应系数(b_T)。然而一般使用下列回归式检验：

$$R=a+b_C UE_C+\varepsilon \tag{3-17}$$

产生的盈余反应系数 b_C 是存在偏误的，因为(金成隆与郑丁旺，1999)：

$$b_C=\lambda b_P+(1-\lambda)b_T \tag{3-18}$$

也就是一般所计算的盈余反应系数 b_C 固然是正的，但却是持续度大与小两者之盈余反应系数的加权平均数。这就是为何要将损益表中的盈余划分为几个单位分别加以表达的原因。

成长机会与ERC呈正相关。

3.3.4.3 成长机会

许多评价模型认为公司的价值是由两部分构成的：(1)现有投资计划所产生的现金流量的折现值；(2)存在未来投资机会所产生的成长性。前者通常是产生与该现有投资计划配合的正常报酬，而后者通常会产生比正常报酬还要高的报酬。具有这些成长机会的公司，其未来所产生的盈余与现金流量通常会比没有这些成长机会的公司还要高。因此，如果所披露的盈余会传递公司成长机会的话，则其盈余反应系数应该会比较大。

然而，目前历史成本会计下的盈余数字是否可以传递公司的成长机会呢？古典的评价理论模型（Miller and Modigliani，1961）通常假设目前的盈余无法反映出公司的未来成长机会。然而，就实务而言，其实目前的盈余常常是具有成长性的投资以及不具有成长性的投资所共同产生的。因此，当期盈余应该会反映公司的成长机会。而当当期盈余高于正常盈余时，正足以彰显公司具有较佳的能力以挖掘成长机会进而吸引更多资金与人才，从而形成良性循环。此外，以往研究也发现，如果控制住盈余金额，成长机会越高的公司，股利会发放的越少，以便拿来作为进一步的投资（Easton，1985），因此，同时使用股利金额，可以对公司成长机会做更清楚的判断。

基于上述说明，Collins and Kothari 认为，成长机会越高的公司，盈余反应系数也将越大。例如，在前面示例中，假设该公司为一家成长性公司，每年的成长率为8%，且当期未预期盈余属于永久性盈余，折现率为10%。在此情况下，未预期盈余1美元对股价的影响为51美元（1+1/（10%−8%））。相对没有成长机会的公司而言，未预期盈余1美元对于股价的影响为11美元。因此，成长机会对盈余反应系数的影响，也可以间接地反映在式（3−14）中的 λ_{t+k}。换言之，成长性越高，通常 λ_{t+k} 也会越大。

为检验此假说，可以用下列回归式：

$$R=a+b\,UE+c\,MB\times UE+\varepsilon \qquad (3-19)$$

为衡量公司的成长机会，Collins and Kothari（1989）使用公司权益市价除以账面价值（*MB*）作为成长机会的替代变量。如前所述，公司权益市价包括账面价值与成长机会，因此该比率越高，表示成长机会越大。为符合预期，系数c应该为正。Collins and Kothari 的实证结果支持该推论。

应计盈余质量与ERC呈正相关。

3.3.4.4 应计盈余质量（Dechow and Dichev，2002）

在应计会计基础下，盈余由经营活动现金流量与应计盈余构成。使用应计盈余的目的，诚如美国财务会计准则委员会于 1978 年所发布的《财务会计概念公告第1号》(第44段)所言,是希望能够更加精确地衡量公司的绩效。例如,在应计基础下,赊销于重要的经济事项(出售行为)发生时立即入账,因而可以提供有用的信息,告诉投资者公司未来将有现金流入的事实。然而,应计基础常常涉及主观的判断与估计,因而影响应计盈余的质量,进而影响整个盈余的质量。例如,如果当期赊销100美元,而于次年实际仅能收现70美元,其余30美元为坏账费用。如果公司于销货当年年底前预估到此坏账费用,则销货当年应计项目增加70美元(包括应收账款100美元以及备抵坏账30美元),此时,当年报表内的应计盈余与盈余数字就是一个质量完美的信息。

应计盈余质量范例

如果公司仅估计到10美元的坏账,则此时因为产生了20美元的估计误差,故盈余信息的质量就明显降低了。第一期赊销时:[1]

应收账款	90	
销货收入		90

第二期实际收账时:

现金	70	
坏账费用	20	
应收账款		90

此时,第二期现金增加70美元,但是第一期应收账款净额增加了90美元,因而有20美元的估计误差。这种误差越大,则应计盈余或是盈余数字的质量将越差,而使得应计基础的功能也将越低。此处估计误差,可能来自于管理当局的蓄意估计,也可能因为公司特性较不容易精确估计。无论是哪一种原因所引起的估计误差,都将使得应计盈余的质量降低。

另外,我们也可以举售后服务的例子加以说明。假设销货当期预估的售后服务为:

售后服务费用	100	
售后服务负债		100

① 为简化说明,销货收入直接以应收账款之净变现值入账,不另设备抵坏账。然而,事实上,正确的做法是将坏账费用另作一个分录:借记坏账费用10美元,贷记备抵坏账10美元。

如果下期实际的售后服务费用也是100美元，则公司就没有估计误差：

售后服务负债	100	
现金		100

反之，如果下期实际的售后服务费用为150美元，则公司就产生了50美元的估计误差：

售后服务负债	100	
售后服务费用	50	
现金		150

此时，第一期的负债增加100美元，但是第二期现金流量付出150美元，二者不等。此类估计误差将使应计盈余质量降低。

为了检验每家公司的应计盈余或是盈余的质量，Dechow and Dichev (2002)使用前述范例的概念设计出了下列模型：

$$\Delta WC_t = b_0 + b_1 CFO_{t-1} + b_2 CFO_t + b_3 CFO_{t+1} + \varepsilon_t \tag{3-20}$$

在式(3-20)中，ΔWC_t 为**营运资金**(Working Capital Accrual)的变动数。详言之，$\Delta WC_t = \Delta AR + \Delta INV - \Delta AP - \Delta TP + \Delta$ 其他资产净额。其中，AR 为应收账款，INV 为存货，AP 为应付账款，TP 为应付所得税，CFO_t 为 t 期经营活动现金流量，Δ 表示变动数。

问　题

我们在学习编制现金流量表时，所采用间接法的基本概念是：

盈余+(-)营业有关的营运资金(Accrual)=经营活动现金流量

此处的 ΔWC 与上式中的Accrual极为类似，CFO 与上式中的经营活动现金流量极为类似。有关进一步的细节，我们将在第9章深入说明。

如前所述，当期赊销越多，则下期 CFO(CFO_{t+1})也越多，因此 b_3 预期为正。此外，在前面赊销的例子中，如果公司可以完全精确预期30美元坏账而使当期 ΔWC_t 与下期 CFO_{t+1} 为一对一的关系，则 ε_t 为0；反之，如果仅预期到10美元坏账，则 ε_t 为20美元。换言之，ε_t 越大表示应计盈余（在本例中为赊销）的质量越差。同时，会计原则有延迟确认的特性（如预收收益），即上期收到的一些 CFO_{t-1} 于当期才确认收入，因此当期 ΔWC_t 会增加（例如上期收现时以预收账款入账，本期实现时预收账款减少，因而当期 ΔWC_t 会增加）。基于此，作者推测出 b_1 也是正的。最后，在给定当期销售收入的条件下，现销越多，则赊销越少，进而 ΔWC_t 也将越小；反之亦然。因此，Dechow and Dichev 预期 b_2 是负的。总而言之，在式（3-20）中，ε_t 越大，则表示这家公司的应计盈余质量越低，进而整个盈余质量也越低；或者是 ε_t 的标准差越大，则盈余质量也越低。

Francis et al.（2004）实证研究发现，使用本节的方法衡量应计**盈余质量**时，质量越高，则市场的反应也越佳，因而支持该推论：盈余质量越佳时，反应系数也越大。

问　题

其实衡量盈余质量的方法有很多，除了本节的应计盈余概念之外，持续度也是另一种衡量盈余质量的方法。除此之外，还有许多其他衡量方法，我们将在第9章深入介绍。

此处提供一些应用的想法，读者可以自行演练研究设计。

3.3.4.5　其他因素

影响盈余反应的因素还有很多，在此不一一说明，但是读者是否可以想一想下面的议题：

问题1

（1）**四大会计师事务所**审计的客户的盈余反应系数是否比非四大高？

（2）GAAP变动是否影响ERC？为什么？哪些准则会增加ERC？哪些准则会减少ERC？

（3）海外经营损益与国内盈余损益的ERC是否不同？

（4）实施IFRS前后的ERC是否不同？

（5）**董事结构与所有权结构**是否影响ERC？

（6）审计委员会成员素质的好坏（独立性、能力与背景）是否影响ERC？

(7)**内部控制**有缺失或是**财务报表重述**的公司,ERC是否比较小?

(8)**资本结构**是否会影响ERC?

问题2

目前介绍的内容，重点放在盈余信息对股价的影响方面。然而，近来却有研究发现，汇总所有公司所公告的盈余信息（经审计的盈余数字）可以预测一个国家的总体指标——GDP（Konchitchki and Patatoukas，2014）。也就是说，在预测未来GDP的时候，盈余是具有信息内涵的。然而，很可惜，目前大家似乎都忽略了这项公开的信息。这对于读者有无其他启发呢?

3.3.5 Beaver，McAnally，and Stinson（1997）的研究

由式(3-8)与式(3-9)可以了解,盈余会影响股价,同时,股价也会影响盈余。因此,盈余与股价是互相影响的。在此情况下,盈余与股价同时是内生变量,也就是它们应该是同时决定的。然而,目前的盈余/股价关联性的研究,都是使用单一方程式估计,这会使得估计出来的系数产生偏误。为解答该问题,Beaver et al.(1997)遂使用联立模型同时估计下列两个方程式:

$$\frac{\Delta P_t}{P_{t-1}} = a_0 + a_1\frac{\Delta X_t}{X_{t-1}} + a_2 BETA + \varepsilon_t \tag{3-21}$$

$$\frac{\Delta X_t}{X_{t-1}} = b_0 + b_1\frac{\Delta P_t}{P_{t-1}} + b_2\frac{\Delta P_{t-1}}{P_{t-2}} + v_t \tag{3-22}$$

*BETA*表示公司的系统风险,放入该变量的目的,是因为风险会影响股价。[①] 方程式(3-22)就是Beaver,Lambert,and Ryan (1987)的反回归。如前所述,盈余会反映当期事件的一半信息内涵,而另一半于下一期实现,因此,如果换一个方式解释,我们可以使用当期以及前一期的股价解释当期盈余的变动。

实证结果发现,使用前述联立方程式所估计出来的系数,比单独估计任一个方程式的系数要大,也就是相对而言不会出现低估的现象。

① 另一个原因是符合联立模型的计量要求，没有兴趣的读者可以忽略。

Ball and Brown (1968) 的文章发表40年之后，Ball再度针对同一个问题发表了新的看法。

3.3.6 Ball and Shivakumar（2008）的研究

以上的研究探讨盈余与股价之间的关系，但尚未有研究深入探讨股价变动的幅度中有多少是由盈余信息引起的，也就是盈余所提供的信息占整个股价变动的总信息的多大百分比。为回答该问题，Ball and Shivakumar在2008年发表的文章中，提出下列模型：

$$R_i(\text{annual})=a_0+a_1R_{1i}(\text{window1})+a_2R_{2i}(\text{window2})+a_3R_{3i}(\text{window3})+a_4R_{4i}(\text{window4})+e_i \quad (3-23)$$

式(3-23)中，$R_i(\text{annual})$为年报酬率，也就是累积整年度的日报酬率所算出来的年报酬率。$R_{1i}(\text{window1})$为第一季季报公告时，公告日及其前后各一天共三天的累积报酬率。同理，$R_{2i}(\text{window2})$为第二季季报公告时，公告日及其前后各一天共三天的累积报酬率。其余类推。每一季的窗期为三天，由于有四季，因此共12天的报酬率。可以解释年度报酬率的比重越高，则表示四季季报盈余对于报酬率的解释力越高。换言之，方程式(3-23)的R^2越高，表明季报盈余对股价的解释力越强。然而，由于年报酬率是由全年每一天所有的信息（盈余与其他信息）所引起的，因此Ball and Shivakumar认为由这四个季度盈余变量所产生的解释能力，再扣除这12天内其他信息的解释能力，如此才是盈余所引起的解释能力。基于此，Ball and Shivakumar创造了一个名词：异常R^2（Abnormal R^2），用以衡量盈余的信息量。异常R^2定义为：

R^2-12/当年交易日

在大部分情况下，美国一年的交易日为252天，因此12/252为4.8%。换言之，如果一年的交易日为252天，则季盈余的解释能力或是所含的信息量为$R^2-4.8\%$。Ball and Shivakumar的实证结果发现，盈余的解释力($R^2-4.8\%$)仅有1%~2%，因此盈余的解释力并不高。

此模型的优点是，并不需要计算未预期盈余，因此也不需要计算预期的盈余数字，唯一需要的信息就是盈余公告日。另一方面，此模型可以检验市场是否有效率，如果回归系数a_i(i=1,2,3或4)为1，则表示宣告盈余这一事件在窗口期内得以完全反映，因此市场是有效率的；如果系数大于1，则表示市场对于盈余的**反应是不足的**（**Underreaction**）。例如，第一季盈余公告时，由于盈余公告后的漂移(Post-earnings-announcement Drift),报酬R_{1i}(window1)仅为0.5,另外的0.5则在窗口期之后才反应完成,但是整个报酬1会反映在R_i(annual)上,因此R_{1i}(window1)的系数a_1为2,大于1。同理,如果系数小于1,则表示市场对于盈余的反应是过度的(Overreaction)。

然而,此模型也有缺点,就是窗口期内的信息除了盈余之外,尚包括其他信息,目前的做法却将所得到的解释力都归为盈余,因此有高估盈余解释力的偏误。

以时间序列为基础的预期盈余会有一些缺陷,学者试图解决这方面的问题。

3.4 预期盈余的确定

3.4.1 时间序列

进行盈余与股价关联性的研究时,未预期盈余的计算是相当重要的第一步,但问题是:预期盈余要如何计算呢?到目前为止,主要都是以时间序列的方式计算。例如BCW采用盈余成长模型;BLM采用ARIMA(0,1,1),也就是$x_t = x_{t-1} - \theta a_{t-1} + a_t$的模型。Collins and Kothari(1989)假设盈余是呈现随机游走的走势,也就是下期盈余的预测值就是当期的盈余。然而,在很多情况下,学者常使用最简单的随机游走模型,因为此模型的结果不会比其他时间序列模型差(Collins and Kothari,1989)。

但是使用随机游走模型会有衡量误差,甚至出现省略变量的问题。传统的未预期盈余与异常报酬之间的模型为[①]:

$$AR_t = a + bUE_t + \varepsilon_t \tag{3-24}$$

如果盈余x呈现ARIMA(0,1,1)走势,也就是:

$$x_t = x_{t-1} - \theta(UE_{t-1}) + UE_t \tag{3-25}$$

式(3-25)可以通过反复运算得到:

$$UE_t = x_t - (1-\theta)x_{t-1} - \theta(1-\theta)x_{t-2} - \cdots \tag{3-26}$$

如前所述,$\theta = 0$表示所有的未预期盈余都是持续性的,也就是盈余为随机游走走势,因此未预期盈余UE_t等于$\Delta x_t = x_t - x_{t-1}$。如果$\theta = 1$,表示未预期

① 此处的UE_t就是a_t。

盈余 UE_t 等于盈余水平 x_t。如果将式(3-26)滞后两期以上者剔除,则式(3-26)可以表示为:

$$UE_t = (1-\theta)(x_t - x_{t-1}) + \theta x_t \tag{3-27}$$

式(3-27)表示,未预期盈余 UE_t 是由盈余变动 Δx_t 与盈余水平 x_t 所构成,且其权重分别为 $(1-\theta)$ 与 θ。换言之,盈余持续度 $(1-\theta)$ 越高,盈余变动 Δx_t 越重要;相对的,盈余持续度 $(1-\theta)$ 越低,盈余水平 x_t 越重要。因此,传统以盈余变动 Δx_t 取代未预期盈余 UE_t 是有误差的。因此,式(3-24)应该改为:

$$AR_t = a + b\Delta x_t + cx_t + \varepsilon_t \tag{3-28}$$

Easton and Harris(1991)的实证结果发现,盈余变动 Δx_t 与盈余水平 x_t 对于报酬都是有显著解释力的,支持式(3-28)的说法。Ali and Zarowin(1992)进一步指出,将盈余水平 x_t 放入式(3-28)后,盈余对报酬解释力的提升程度以及 $ERC(b+c)$ 的增加幅度,依赖前期盈余的持续度而定,前期盈余的持续度越小,且盈余水平 x_t 越大,对提升报酬的解释能力以及 ERC 的幅度也越大。

3.4.2 分析师预期

除了使用时间序列模型之外,另外一种方式是使用分析师的预测。分析师预测的数字比时间序列的更精准,且该数据库目前已相当普遍,因此,近来的研究大多以分析师预测为主。主要原因是:分析师预测通常会反映各种财务与非财务信息,且反应的时间会比时间序列快。当一家公司有许多分析师预测时,该如何处理?一般的做法是使用盈余公告前一段时间,所有预测分析师的预测盈余的中位数,也就是**一致性预测(Consensus Forecasts)**当做预期的盈余。然而,虽然分析师的预测比较精准,但是分析师常常也会存在策略性的预测行为,从而使预测数字失真。此观点见第10章的专章说明。

如果使用分析师的预测作为预期盈余,检验盈余的信息量(盈余反应系数的大小)时,仍有一个问题会出现:当实际盈余公告时,不仅会产生当期的未预期盈余,同时也会让分析师修正未来各期的盈余,这些未来各期盈余的修正数字,也会反映在当期的股价中,因此,回归式右边仅放入当期未预期盈余将会严重低估盈余的解释能力(R^2)。

Collins and Kothari(1989)虽然提到盈余持续性的概念,但并未直接检验该问题,而是用间接的方式说明。此外,当未预期盈余采用随机游走模型计算时,盈余持续性却又以ARIMA(0,1,1)中的$(1-\theta)$来估计。此观点我们在盈余质量这一章中详细说明。

基于配比原则与收益实现原则的会计盈余,具有延迟确认未实现利得的情况,导致账面价值低于市值。

3.5 历史成本会计的特性:延迟确认

信息观下的决策有用观,主要建立在历史成本的框架下。本节进一步探讨历史成本会计的主要特性:延迟确认。目前的公认会计原则基于历史成本的概念,因此,许多资产(负债)的账面价值与经济价值相去甚远,也因而使得公司的股东权益的账面价值与公司普通股市价并不相同。换言之,股价会更实时反映公司的经济实质,但是相对的,会计上却是比较慢地反映或是确认。这就是为什么BLM会提出"价格领先盈余"。

就固定资产而言,每一期固定资产的经济价值就是剩余年限内未来各期现金流量的折现值,而其市价大致会反映该经济的趋势与变化。相对的,固定资产的账面价值却是在既定的折旧方法下,原始的取得成本减去累计折旧后的净额。因此,账面价值会与市价不同,而不同的部分,就是所谓的未实现利得或损失。

虽然在历史成本下,并未一次立即确认未实现利得或是损失,但却是通过折旧的方式,分期逐渐确认此未实现利得或是损失。因此,延期确认的期数就是资产的折旧年限。

假设有一项资产,购买价格为1 000美元,折旧年限为5年,无残值,采用直线法提折旧。由于每年的折旧金额为200美元,因此第1年底的账面价值为800美元。假设经济价值每年预期将减少200美元,但届时如果有新事件发生,会使经济价值发生波动。第1年底时,假设因市场供需而使资产经济价值变为960美元,则未实现利得为160美元。第2~5年间,每年折旧仍为200美元。如果第1年底确认了这未实现利得160美元,则未来4年每一年应确认240美元的折旧,换言之,4年共多确认160美元的折旧,此金额刚好等于未实现利得160美元。假设未来4年并无任何经济事件发生,因而市价并未再引起波动,则未来4年账面价值 (BV) 与市价 (MV) 的关系可以表达如下:

年度 $MV = BV$ +未摊销比率*×未实现利得

第1年底:960=800+(4/4)×160

第2年底:720=600+(3/4)×160

第3年底:480=400+(2/4)×160

第4年底:240=200+(1/4)×160

* 剩余年限/利得发生当年底至折旧年限终止之间的年数

然而,上面的示例假设仅在第1年底经济价值发生波动,其他4年则没有。事实上,资产的经济价值可能随时因为新的事件而产生变化,因此,未来4年的经济价值都可能变化而产生新的未实现利得或是损失。为说明起见,假设第2至第4年都有新事件发生而使当年增加的经济价值分别为90美元、40美元与10美元,因此,相关资料如下所示:

	第1年	第2年	第3年	第4年	第5年
MV_o(当年底如无新事件时应有的市价)(a)	800	720[a]	540[b]	290[c]	0
当年新事件产生的未实现损益(b)	160	90	40	10	0
MV_n(实际的新市价)$(a)+(b)$	960	810	580	300	0
账面价值 (BV)	800	600	400	200	0
未实现损益总额	160	210	180	100	0

a:720=600+(3/4)×160

b:540=400+(2/4)×160+(2/3)×90

c:290=200+(1/4)×160+(1/3)×90+(1/2)×40

同理,各年底的账面价值与市价之间的关系可以表达如下:

年度 $MV = BV$ +各年之未摊销比率*×各年之未实现利得

第1年底:960=800+(4/4)×160

第2年底:810=600+(3/4)×160+(3/3)×90

第3年底:580=400+(2/4)×160+(2/3)×90+(2/2)×40

第4年底:300=200+(1/4)×160+(1/3)×90+(1/2)×40+(1/1)×10

*剩余年限/利得发生当年底至折旧年限终止之间的年数

上述各等式将市价与账面价值对调,并将左右两边各除以市价之后,可以得到下列等式：

800/960=1−(4/4)×(160/960)

600/810=1−(3/4)×(160/810)−(3/3)×(90/810)

400/580=1−(2/4)×(160/580)−(2/3)×(90/580)−(2/2)×(40/580)

200/300=1−(1/4)(160/300)−(1/3)(90/300)−(1/2)(40/300)−(1/1)(10/300)

上述方程式将其一般化之后，可以归纳如下：

$$MV_t = BV_t + \sum\nolimits_{j=0}^{J} \beta_j URIN_{t-j} \tag{3-29}$$

$$\frac{BV_t}{MV_t} = 1 - \sum\nolimits_{j=0}^{J} \beta_j \frac{URIN_{t-j}}{MV_t} \tag{3-30}$$

式(3−29)、式(3−30)中，MV_t 为 t 年底资产的市价；BV_t 为 t 年底资产的账面价值；β_j 为 j 年前所产生的未实现利得或损失，在 t 年底尚未实现的比率；$URIN_{t-j}$ 为 j 年前所产生的新的未实现损益；J 为可折旧资产的经济折旧年限。在本例中，各年的未实现利得 (*URIN*)，事实上就是各期当时的市价的变动。此公式的意义为，历史成本与市价的差异，为过去各期未实现损益尚未实现的部分。

由于一家公司是由许多资产组成的，当营运成熟时，每一期都会有新购入资产，以及新报废资产，因此在任一时点，公司资产是由一组不同剩余折旧年限的资产组成的。此时，公司的账面价值趋于稳定。由于公司价值等于账面价值与未实现利得之和，且账面价值各期差不多，因此，当以公司为单位时，一家公司的 *URIN* 很接近于公司市价的变动数 (ΔMV)。换言之，上述公式可以转为如下方程式（Beaver and Ryan，2000）：

$$MV_t = BV_t + \sum\nolimits_{j=0}^{J} \beta_j \Delta MV_{t-1} \tag{3-31}$$

$$\frac{BV_t}{MV_t} = \alpha - \sum\nolimits_{j=0}^{J} \beta_j \frac{\Delta MV_{t-1}}{MV_t} \tag{3-32}$$

MV_t 为 t 年底普通股股东权益的市价；BV_t 为 t 年底普通股股东权益的账面价值；β_j 为 j 年前所产生的未实现利得或损失，在 t 年底尚未实现的比率；J 为可折旧资产的经济折旧年限。式(3−31)与式(3−32)的直接意义很接近于式(3−29)与式(3−30)，也就是说普通股股东权益的账面价值与普通股市价的差异，为各期普通股市价变动数（也就是未实现损益）尚未在会计报告中实现的部分。式(3-32)中的 α 在理论上应该等于1，然而在使用实际资料跑回归时，此数字成为截距项，可能受到其他因素影响而使此数字具有其他的特性，因而未必等于1（第9章9.3.5.5节将提到这些因素，包括稳健会计策略或时间因素会影响到此数字的大小）。

式(3-31)与式(3-32)具有下列几个特性：第一，β_j 为 j 年前所产生的未实现利得或损失，而在 t 年年底尚未实现的比率，因此该比率介于0与1之间。第二，由于未实现损益会逐期通过会计折旧的提取而实现，因此产生未实现损益的年度越久远，则未实现损益的系数越小，也就是 j 越大则 β_j 越小。例如在上例中，第1年未实现损益的比例为4/4，第2年为3/4，其余类推。第三，经济年限 J 越长时，未实现损益摊销的期数越多，故各期摊销的速度越慢。β_j 递减的速度越慢，系数通常越大。在实证分析中，由于每一家公司拥有很多的可折旧资产，因此研究设计上的做法是，计算每一家公司可折旧资产的平均折旧年限，取代单一的折旧年限。至于平均折旧年限的计算方法主要有两种：第一，就是可折旧资产（固定资产扣除土地）毛额除以折旧费用；第二，就是固定资产净额占总资产的百分比。这两个数值越大，表示该公司固定资产的平均折旧年限越长。

Beaver and Ryan(2000) 将样本公司划分为平均折旧年限较长与较短的组别，分别使用上式进行回归，实证结果支持上面的推论。也就是，β_j 大多显著为正，介于0与1之间，随着时间推移而越来越小；比较 β_j，平均折旧年限较长的组别，大于平均折旧年限较短的组别。例如，Beaver and Ryan 实证研究发现，对于平均折旧年限较长的组别，当年度发生的未实现损益约有58%未入账，而平均折旧年限较短的组别，则约有32%未入账。其次，就前一年度发生的未实现损益而言，平均折旧年限较长与较短的组别，分别约有45%与24%未入账。至于6年前发生的未实现损益，平均折旧年限较长与较短的组别，则分别约仅有14%与6%未入账。

Beaver and Ryan 得出的这些结论，对于稳健会计的研究具有相当的贡献。因为如果式(3-32)左边的 BV/MV 小于1时，表示除延迟确认之外，也有可能是公司稳健会计的关系，越稳健则此数值越小；而右边可以视为影响稳健程度的因素。有关稳健会计的说明与相关研究议题，参见

第9章9.3.3.5节。

3.6 文章导读——Collins and Kothari（1989）

问　题

Collins and Kothari(1989)主要说明为何以往盈余信息的解释力并不高,其次是检验下列四个假说[①]：

（1）H1：系统风险越高，*ERC*越小。

（2）H2：无风险利率越高，*ERC*越小。

（3）H3：盈余持续性越高，*ERC*越大。

（4）H4：成长机会越高，*ERC*越大。

本篇文章我们在前面陆续介绍过相关变量与推理过程,此处将介绍实证过程。Collins and Kothari使用下式检验他们的四大假说：

$$CAR = a_0 + \underset{(+)}{a_1 UE} + \underset{(-)}{a_2 UE \times R\_Free} + \underset{(-)}{a_3 UE \times Beta} + \underset{(+)}{a_4 UE \times Persistence} + \underset{(+)}{a_5 UE \times MB} + e \tag{3-33}$$

*R_Free*为无风险利率。*Beta*表示系统风险,计算方法就是使用前一章的市场模型估计出每一家公司系统风险(β)。*Persistence*为盈余持续度,也就是前面的($1-\theta$);Collins and Kothari原来使用时间序列ARIMA(0,1,1)模型,即 $x_t = x_{t-1} - \theta a_{t-1} + a_t$,先估计出θ,再计算出($1-\theta$)。然而,读者可以用另一个比较简单的方法来估计(本书第9章将会介绍)：

$$x_{t+1}=a+bx_t+e_t \tag{3-34}$$

*b*为盈余持续度的指标,越大表示盈余持续度越高。在式(3-33)中,通常是以总资产平减盈余。*MB*为成长机会,其为当期期末股东权益的市价除以账面价值。实证结果显示,所有系数的符号都与预期相符,即 $a_2 < 0$, $a_3 < 0$, $a_4 > 0$,且 $a_5 > 0$ 。

① 在原文中，作者使用较为复杂的实证方法，此处我们已经将其简化。

附录 SAS/STATA 实例

实例演练1：事件研究法——市场模型（Market Model：CAPM）

本例欲探讨盈余与股价间之关联性，采用短窗口期事件研究法，以2001—2010年期间的美国 S&P 500 成分股为研究对象，以月报酬率的CAPM模型估计每一家公司的β值，再求各公司于盈余公告前后3日的累积异常报酬（已实现报酬减去预期报酬），并同时求出其相对应的同一年的未预期盈余（实际盈余减去分析师预测盈余）。相关程序语法与输出摘要，请登录本书网站www.dufep.cn下载所附实例演练程序示范。

实例演练2：盈余与股价间的关联性

承上例，我们可以进一步检视盈余反应系数（ERC），以了解盈余与股价间的关联性。本例的研究期间与样本同上例，与前例不同之处有：(1)预期报酬的算法，本例拟采用平均调整模型与市场指数调整模型（Market Adjusted Returns Model），而市场报酬率用市价加权指数（Value Weighted Index）度量。(2)本例将估计期设为盈余公告日前的第一个月至第24个月。(3) 未预期盈余以盈余公告日前一年年底的股价为平减因子。相关程序语法与输出摘要，请登录本书网站www.dufep.cn下载所附实例演练程序示范。

习题

1. 在编制财务报告时，信息观的决策有用观，是否以历史成本为基础？
2. 在计算未预期盈余时，须先估计预期盈余。请问预期盈余的计算方法较常见的有哪些？如果是季度盈余的话，由于盈余具有季节波动性，是否有一些不同的做法或是计算方法？
3. 何谓“价格领先盈余”？这对会计研究有何意义？
4. 在Ball and Brown (1968)的文章中，有几点需进一步厘清：

(1)为什么股价在一年前就已经开始有反应了?

(2)为何盈余公告之后,股价仍然涨者恒涨,跌者恒跌?这不是违反有效市场的假设吗?

5.Collins and Kothari (1987)的文章中有几点需进一步讨论:

(1)第3.6节的文章导读中,在作者原来文章的控制变量中,另外放入前一期的未预期盈余(UE_{t-1}):

$$R_t = a_0 + a_1 UE_t + a_2 UE_{t-1} + Other\ Control_t + e_t$$

你觉得为何要放入 UE_{t-1} ?其目的是什么?

(2)作者使用原始报酬(Raw Return)(R_t)来取代一般常用的累积异常报酬(CAR),你觉得合理吗?

(3)作者在计算 UE_t 时,是以期初股价平减,但是BCW却是以上期盈余平减,为何会出现这种差异 ?你觉得哪一种做法才是对的?

(4)大公司通常容易引起关注,因而信息走漏得比较早(如同 Ball and Brown(1968)的研究,信息会提早走漏)。此时在计算 *CAR* 或是原始报酬 *R* 时,大小公司所使用的衡量窗口期如果是一样的,你觉得合理吗?

(5)作者使用随机游走模型来计算未预期盈余(*UE*),你觉得合理吗?作者在估计盈余持续性时,却采用ARIMI(0,1,0),这是否前后不一致?

6.四大会计师事务所审计的客户的盈余反应系数比非四大高,你将如何检验此问题?请拟一份研究计划。

7.Beaver (1968)以1961—1965年间的506个盈余公告为样本,检验盈余公告时股票交易量是否有显著的变化,结果如图3-3所示。作者计算每一周的平均交易量,并列出宣告前八周至宣告后八周共17周的平均交易量。结果发现宣告当周(0)的交易量远大于其他未宣告周的交易量。

请问:

(1)为何盈余公告当时的异常交易量会比较大?这是否证实盈余信息具有决策有用观的特性?

(2)引起股价反应必然也会引起交易量增加吗?或者交易量增加必然也会引起股价反应吗?

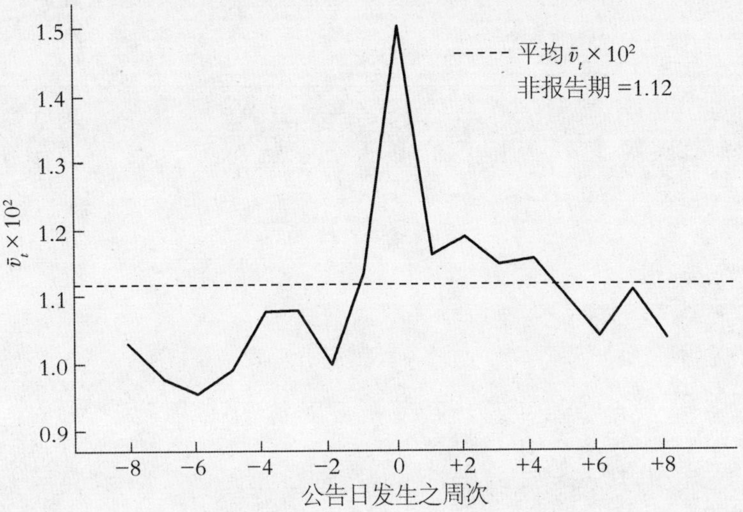

资料来源:W. H. Beaver 1968, The information content of annual earnings announcements, *Journal of Accounting Research*,6,67−92.

图 3−3　与年度盈余公告有关的股票交易量

(3)在什么情况下,同样的盈余公告会有最大的交易量?例如,全为散户持有公司股票时?或是全为机构投资者持有公司股票时?或是散户与机构投资者各持有公司一半股票时?

8.Ball and Shivakumar (2008)的实证结果发现,盈余的解释力仅有1%~2%,因此盈余的解释力并不高。对此结果,你有何看法?

第4章

计量观

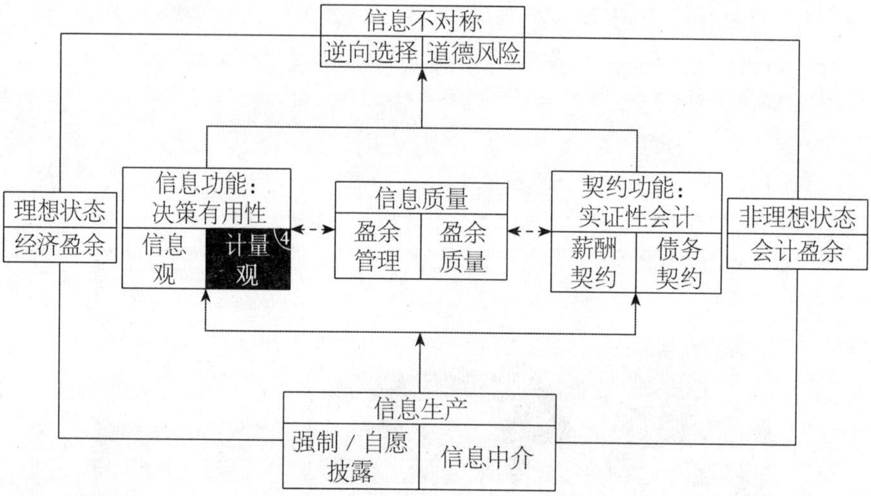

图 4-1　第 4 章架构

前一章曾提及，会计信息的主要质量特征是决策有用性，也就是指对于理性投资者而言，会计信息有助于他们的决策。而有关决策有用性的观点，则有信息观与计量观。前一章探讨信息观的决策有用性，本章则进一步探讨计量观的决策有用性。

近年来，财务会计使用公允价值的权重似乎有越来越明显的趋势，也就是财务报告的内容中，计量观有用性的观点有逐渐增加的趋势。当准则制定者越来越倚重公允价值时，固然会增加会计信息的相关性，然而却也降低了会计信息的可靠性，因此，准则制定者面临的问题就是：所增加的相关性是否足以弥补因而所减少的可靠性？此外，是什么原因促使准则制定者改变原来的想法呢？本章就这一问题加以讨论。

如前所述，在有效市场的假设下，理性投资者会根据贝叶斯定理的决策模型，使用所有公开的信息，修正他们个人对于公司未来现金流量的金额、风险以及时间观念（Belief），进而决定是否要买或是卖这家公司的股票，或是决定是否贷款给债务人。因此，在历史成本基础下的会计，不论会计信息如何表达（如报表正文或是附注说明），会计原则如何选择与改变，都是可以接受的，而不会引起不同的解读。然而，许多实证研究却发现，首先，市场未必是如此有效率的，因此会计信息未必能被充分解读。其次，投资者也未必是完全理性的，因而未必根据贝叶斯定理的决策模型使用所有公开的信息。因此，现有文献发现，会计信息出现了一些违反市场效率的异常现象。

另外，研究发现，目前信息观下的历史成本信息，对于股价的解释能力似乎偏低,因此现有信息观的决策有用性受到一些质疑。最后,近来 Ohlson的会计评价模型的出现也助长了计量观的思潮。因为在此评价模型下,公司市价可以由资产负债表与损益表中的数字来决定,因而估计市价有困难的疑虑可以消除一些。基于以上三个原因,目前会计的思潮遂逐渐向计量观的决策有用性靠近。也就是说,虽然现实的市场是不完整的、不完美的,因而无法完全做到计量观下的特性,也不可能完全取代信息观的决策有用性,但是,在财务报告的内容中,增加公允价值的信息,仍然可以增强信息的相关性。换言之,经由计量观的报告的增加,会计人员可以主动提供更多有用的市价信息给投资人。图4-1为本章在整体架构图中的定位。

监管机构委员的背景

监管机构(如FASB与SEC)委员的背景,对于采用公允价值的趋势也有一定程度的影响。如果FASB与SEC的委员当中,财务背景的委员多,则偏好采用公允价值的观点,因而在他们手上通过的SFAS公报,相关性越高,可靠性就越低。近年来由于具有财务背景的FASB与SEC的委员逐年增加,因此,这也是以公允价值为基础的会计准则越来越多的原因之一(Allen and Ramanna,2013)。

4.1 采用计量观的原因

> 计量观的重要性越来越受到重视,原因是市场无效率、财报价值相关性降低以及奥尔森会计评价模型的便利性。

4.1.1 市场无效率

以往的资本市场研究都是基于有效市场的假设。20世纪70年代,会计与财务学界对于有效市场假说的信赖可以说是到了极致,许多理论与实证的支持,使得有效市场的假设成为一项不可推翻的既有假说。然而,到了20世纪80年代,许多研究发现了违反有效市场与传统资本资产定价理论的结果。因此,近来有关市场是有效率的观点,已引起许多人的质疑。市场是否是有效率的,对于会计学者尤其重要。例如,假如市场不是有效率的,则目前有些放在附注说明或者是补充说明的信息,可能无法像放在正表中的信息一样,引起投资者注意。此时,应如何提供信息,以供非有效市场下的投资者使用,成为会计学者的重要课题。同时,对于学术界而言,以往的事件研究或是以市场为基础的相关研究,结论可能也会引起质疑。

这种违反有效市场假说的文献,主要是以心理学为基础,探讨投资者决策行为以及整体市场价格的行为,文献上泛称为**行为财务学**。有效市场假说的基本前提之一,就是如同第2章所言,市场投资者是理性的,他们是依据贝叶斯定理修正决策的。然而,Shleifer(2000)对此提出质疑。例如,市场投资者在作决策时,未必持有效市场的看法,他们可能没有时间或是能力,消化所有可以得到的信息。在会计上最常见的例子,就是**功能锁定(Functional Fixation)**,投资者仅看最终的盈余,不管盈余的内涵是什么。

传统的财务理论认为,投资者都是理性的决策者,目的是追求效用的最大化。此外,在市场效率假说下,股价会充分反映已公开的所有信息,即使短暂偏离了该有的价位,也会随着时间或是学习效果而逐渐解读,因而终将回归到该有的价位。这一观点对会计研究者而言,意义是相当深远的。首先,在这个投资者决策理论与有效市场的前提下,会计披露的方式(如在财务报表表内确认或是表外附注披露)是无关紧要的,因为市场会充分解读任何一种方式所传递的信息。其次,会计方法的选择也是无关紧要的(如果没有影响到现金流量),因为理性投资者会充分解读各方法之间的差异,进而自己进行差异的调整。

然而近来的研究逐渐发现,投资者未必是如此的理性,且研究也陆续发现一些违反传统资本资产定价理论(CAPM)与市场效率假说的现象。果真如此,对于会计的角色将有重大的影响,因为现阶段的财务报告如果无法有效地被市场反映出来,则财务报告编制者应该考虑改为采用更积极的编制方式,以纠正市场价格错误的现象。例如,从强调历史成本为基础的信息观,改为以强调现时价值(Current Value)为基础的计量观。

行为财务文献发现,投资者未必是理性的,且市场未必是有效率的。

4.1.1.1 行为财务的文献

前景理论(Prospect Theory[①])

传统的不确定决策理论,是基于贝叶斯定理的期望效用理论。然而实证研究却发现,许多投资者的行为模式与理性决策的贝叶斯理论是背道而

① 行为财务文献中,前景理论是最受关注的议题之一。

驰的。因此,Kahneman and Tversky(1979,简称KT)遂发展出行为基础的决策理论——前景理论,来解释现实社会下面临不确定情况时会如何做出决策。

说　明

在下列两个情境下,你将如何选择?为什么?在贝叶斯定理下,又应该如何选择?

情况1:(a)100%赢得100;(b)50%赢得200,50%赢得0。

情况2:(a)100%损失100;(b)50%损失200,50%损失0。

KT发现在情况1下,大部分人选择(a),而在情况2下,大部分人却选择(b)。

前景理论的基本精神,可以使用图4-2加以说明。当个人处于利得的情况下时,效用函数呈现**凹状**(Concave Function),也就是效用虽然是随着所得而增加,但所增加的边际效用却是递减的。当处于亏损的情况下时,效用函数呈现**凸状**(Convex Function),也就是效用不仅随着所得的增加而增加,且边际效用是呈现递增的。此外,当所得由参考点(原点)变化时,边际效用的变化是最大的。也就是说,在损失的情况下是风险偏好者,而在利得的情况下则是风险厌恶者。因此,个人注重的是财富相对于某个**参考点**(Reference Point)的相对变化,而非最终的财富水平。也就是说,损失与利得并不是绝对的,而是相对于参考点的。至于所谓的参考点,一般是指个人对某事物的期望价值,而这一期望价值随情况而定。

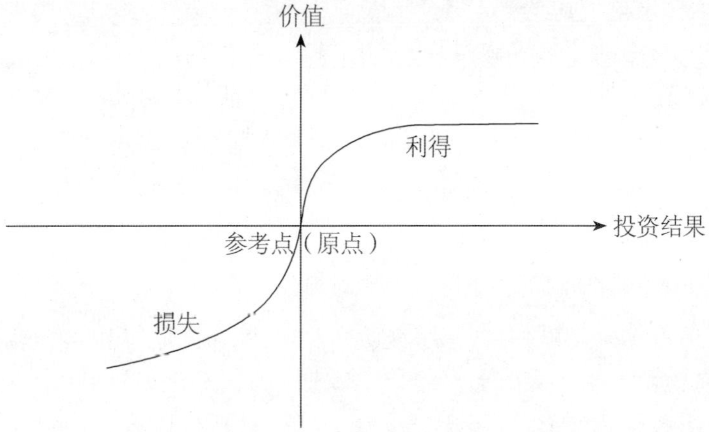

图4-2　前景理论的效用函数

参考点

今年你的盈余为5 000美元，这对你而言究竟是利得还是损失呢？这要视你的预期值而定。例如，如果你预期获利4 500美元，则相对于4 500美元而言，5 000美元是一种利得；相对的，如果你预期获利5 500美元，则相对于5 500美元而言，5 000美元是一种损失。

当所得由亏转盈这一刻，边际效用增加的幅度是最大的。也就是说，在前景理论下，个人是**损失厌恶的**(Loss Aversion)，即使是相当小的损失。换言之，投资者的决策行为常常是依赖所面临的参考点，而非绝对的财富所得。在损失厌恶的情况下，常常又会导致**处置效果**(Disposition Effect)。也就是说，一方面，由于厌恶损失，因此投资者会继续持有已出现亏损的股票(相对于买入价格而言)，以规避损失，甚至希望未来有翻盘的机会；另一方面，则出售已获利的股票。然而，这些已产生亏损的股票在未来一年期间的报酬仅有5%，而所出售的获利股票，未来一年间的报酬却高达11.6%。

其实，在前景理论下，决策问题可以分为两个阶段：第一阶段个人先决定适当的参考点，如果决策结果高于参考点则为具有盈余，否则视为发生亏损；第二阶段则是根据图4-2评估该如何采行决策。另外，由前述前景理论可以延伸出两个有趣的推论。第一，改变评价事物时所用的参考点，就可以改变决策者的风险偏好，进而改变其行为。例如，公司面临两个投资方案：

(1)A方案：100%获利100美元。

(2)B方案：50%机会获利150美元，50%机会获利50美元。

根据前景理论，如果将公司获利目标定为50美元，则员工会选择A方案，而如果将公司获利目标定为150美元，则员工会选择B方案。(为什么？)因此，公司如果要影响员工的风险偏好，是可以通过改变员工的预期绩效水平来达到目的。第二，决策者对损失与利得的敏感性是不同的。例如，假设85度C在出售咖啡的营销策略上有两种方式：

(1)A方案：将咖啡标价为一杯100美元，付现价格为100美元，但刷卡则为105美元。

(2)B方案：将咖啡标价为一杯105美元，付现价格为100美元，但刷卡则为105美元。

在A方案下，通常客户愿意付现100美元，而不愿承担5美元损失。相对的，在B方案下，如客户付现，可以享受5美元的优惠，而当使用信用卡时，则相对而言不会有损失的感受。在学术研究中，有一些学者测试前景理论在会计中是否也存在这种现象。最著名的就是Burgstahler and Dichev (1997)的盈余门槛的研究。在本篇文章中，作者使用了两个参考点：

(1)是否会出现损失或是利得的0美元盈余这一参考点，以及

(2)去年盈余这一参考点。

作者以1976—1994年的所有上市公司(金融机构及受管制的公司除外)为样本，检验年度盈余的分配在参考点这一点时是否呈现不连续的现象。也就是说，公司管理当局是否刻意通过盈余管理，规避盈余出现亏损的现象，或是规避当年盈余比前一年减少的情况。如果真有此情况，则在盈余数字所形成的次数分配图形中，略为亏损的样本次数显著少于原来该有的次数，而小额正盈余的样本次数却是显著比原来该有的次数多；或是盈余变动数小额降低的次数分配显著比原来该有的(未操控前)少，而盈余变动数小额增加的次数分配显著比原该有的次数多。而不论是在哪一个参考点的情况，统计分配图形将在此参考点呈现不连续的现象。进一步检验发现，公司普遍使用应计盈余与现金流量来进行规避门槛的盈余管理行为。例如，研究发现有30%~44%的小额盈余亏损的公司通过盈余管理来创造出正的盈余，而规避了损失的参考点；同时，也有8%~12%的盈余变动数小额降低的公司，操控盈余来达到盈余上升的目的。

作者使用前景理论来解释这一现象，认为公司会以相对于参考点之获利与损失，而不是以绝对的财富水平多少，来衡量产生的效用，实证资料也支持他们的预期。

4.1.1.2 其他的行为财务理论

除了前景理论之外，还有一些行为财务理论对会计学者及其研究有相当的影响。

投资者在做决策时，常常会出现**过度自信(Overconfidence)**的情况，也就是高估自己所拥有知识的精确性而低估外在信息的精确性、低估相关的风险、高估自己掌控情况的能力。因此，投资者常常对于其他非自己收集的信息有反应不足的情况。例如，投资者会过度进行股票的买卖，致使周转率上升。另外，这些被卖掉的股票报酬率比买入的报酬率高出3.4%。总而言之，这些都是因为投资者过度自信而产生的结果。

过度自信——会计上的文献

Hilary and Hsu(2012)观察管理当局在发布盈余预测时，会有过度自信的现象。作者预期，管理当局对于过去盈余预测的成功(比较准确)，会归因于自己的能力，因此会忽略公开信息，此时，就会产生过度自信的现象。为验证这一预期，作者以1994—2007年为研究期间，发现以往盈余预测比较准确的管理当局，确实会比较有过度自信的现象，因而在未来再作预测时会变得比较不准。同时作者也发现，分析师与市场投资者会了解管理当局过度自信的特性，因此对于此类过度自信的管理当局的预测，反应会比较弱一些。

Hilary and Menzly(2006)也发现，以往四个季度盈余预测越是精确的分析师，也会由于过度自信，而在未来预测时比较敢偏离一致性的分析师预测，且预测变得比较不准确。

Ahmed and Duellman(2013)发现，管理当局过度自信时，不会采取稳健会计。然而，这种现象在外部监督机制增强时，会变得相对不严重。

投资者也常常出现过于**稳健**(Conservative)的情况，也就是投资者对于现有的观点通常是比较坚持的，因此对新的外来信息反应较为不足或是反应较慢。换言之，当新的信息出现时，相对于传统的贝叶斯决策理论而言，投资者常常是反应较小的。这也是文献上出现反应不足的可能原因之一。另外一个有趣的个人决策的特征，是**代表性偏误**(Representativeness Heuristic)。所谓代表性偏误，是指个人在做决策时，常常以原有的刻板印象作为判断与决策的基础，也就是说，当新的证据显示与自己原来的刻板印象一致时，个人会给予高度的权重而反应过度。例如，基于近来对赢家公司的刻板印象，投资者会对过去股市的赢家反应过度而呈现过度乐观的情况，同理，会对过去股市的输家过度悲观。如果市场上有相当比例的此类投资者，则此举会造成股价与公司真实价值相差越来越远。或者是，对过去呈现成长的公司，认为会继续成长；而对过去衰退的公司，会归类为继续衰退的公司。

另外一类常见的个人行为特质，为**框架相依**(Framing Dependence)。所谓框架相依，就是对问题或是情境的描述或是表达方式的不同，会让投资者做出不同的决策。前景理论提到个人根据自身参考点来做决策，即是框架相依的一种现象。此外,前面提到的规避损失与规避衰退的情况,也是框架相依的一种现象。除此之外,文献中尚有一种**心理账户**(Mental Account)的现象,意思是说,个人在做决策时,不会同时考量到所有的可能结果,而是将决策划分为几个小决策分别进行。也就是说,将决策分为几个心理账户,而对不同的心理账户采取不同的解决方法。例如,个人会将自己的所得划分为薪资所得、资本利得以及未来所得等三部分,而对此三部分要如何运用,是有所不同的。例如,投资者通常不太会随意动用未来所得(Shefrin and Thaler, 1988)。另外,散户投资者常将投资组合分成两部分:风险较低的安全性投资,以及期望获利的高风险投资。

另外,**归因理论**(Attribution Theory)也是框架相依的一种现象。个人常常会将成功的结果归因于自己的能力,而将失败的结果归因于外在的因素。例如,Daniel, Hirshleifer and Subrahmanyam(1988)研究指出,当投资者以公开与私有信息做投资决策时,如果公开信息与自己的私有信息相符合时,会觉得自己是有能力的,因而更加过度自信,进而使得股价朝原预期的方向变动;相对的,如果公告的信息与私有信息相矛盾,则会将原因归诸其他因素,而非自己能力不行。如此,将不会调整股价,反而有可能让股票价值持续朝原来的方向变化,形成股价的**持续动能**(Momentum)。作者也发现,这些具有持续动能的股票所形成的投资组合,风险小于市场投资组合的风险。

以上所述的这些个人行为的特性,会导致各种股价趋势,而不论是哪一种股价趋势,常常会不同于有效市场下的随机游走趋势。

问 题

投资者情绪(Bergman and Roychowdhury, 2008)

作者认为公司会使用披露政策来应对或影响市场上投资者的情绪。作者提出下列假设:

H1:投资者情绪越低落,公司越会增加盈余预测以更正悲观的未来预期。

(a)H1a:投资者情绪越低落,公司越会增加向上修正的盈余预测次数。

(b)H1b:投资者情绪低落与否,与公司向下修正盈余预测的次数是无关的。

研究设计

作者使用下式检验假设：

$$FREQ_{it} = a + b\,SENT_{it-1} + CONTROL_{it} + e_{it}$$

$FREQ_{it}$ 有三种定义：(1) $FREQ\_N_{it}$：t 期 i 公司管理当局长期盈余的预测次数；所谓长期盈余预测，是指预测日至被预测期间结束日之长度，超过90天者。(2) $FREQ\_WU_{it}$：t 期 i 公司管理当局长期盈余的预测中，向上修正的次数。(3) $FREQ\_WD_{it}$：t 期 i 公司管理当局长期盈余的预测中，向下修正的次数。$SENT$：作者使用密歇根大学每月公布的消费者信心指数。

实证结果

(1) $FREQ\_N$：$b<0$，与H1相符合；

(2) $FREQ\_WU$：$b<0$，与H1a相符合；

(3) $FREQ\_WD$：b 不显著，与H1b相符合。

总而言之，公司会策略性使用披露政策来应对甚至影响投资者情绪，情绪低落时，会增加发布预测以更正悲观情绪；而情绪高涨时，则会减少发布预测，以维持高涨情绪(H1)。此外，这一负相关主要来自向上修正的盈余预测(H1a)，而非向下修正的盈余预测(H1b)。

4.1.1.3 资本资产定价模型

除了系统风险之外，另有其他因素也可以解释投资报酬，因而CAPM的有效性受到质疑。

根据资本资产定价模型(CAPM)，系统风险 β 是解释公司预期报酬的唯一因素，也就是说，在有效市场假设与投资者理性假设的观点下，系统风险 β 越大，则公司的预期报酬就越高。然而，财务文献中有越来越多的研究发现，CAPM无法解释股市中的异常现象。例如，Fama and French(1992)以美国1963—1994年的上市公司为样本，发现系统风险 β 与股票报酬之间并没有相关性，相对的，他们却发现股东权益的账面价值与市价比(Ratio of Book to Market，BM)与报酬为显著正相关，但公司规模(*Size*)却与报酬为显著负相关。这一分析结果，对长期以来被认为神圣不可侵犯的资本资产定价模型，起了很大的怀疑。因而认为传统的资本资产定价模型已无可救药，且系统风险 β 已死。

然而,三因子定价模型的出现(β, *BM* 与 *Size*)可以归因于下列任何一项:(1)风险因子;(2)投资人的**认知偏误**(市场无效率);或是(3)出自数据处理。也就是说,*BM* 与 *Size* 对于股价的解释力,可能真的是起因于 β 以外的其他风险因子,因为 β 本身无法完全捕捉到;也可能是市场投资人本身的认知偏误(如前面所提到的投资者特性)所引起的市场无效率;最后,也可能是因为实证过程中所产生的资料配适的问题。然而,真实的确切答案是无法厘清的。

有一些学者认为,或许CAPM以及系统风险 β 还是有效的,因为系统风险 β 本身受到诸如利率、资本结构、风险管理的能力以及总体经济的影响,所以呈现出逐年变化的不稳定(Non-stationary)的现象。也就是说,由于这些外在因素使得公司的报酬与市场报酬之间的关联性,产生各期不一致的现象,因而系统风险 β 并非以往认为的那样是稳定的。

综上所述,CAPM模型是否确实无效,且系统风险 β 是否确实已死,目前尚无确切答案。然而,就会计学界而言,一方面,如果存在其他的风险因子,则会计报表应该提供可以估计这些额外因子的信息,以帮助投资者作为估计风险之用;或者,强化计量观的决策有用性,也就是在财务报表的正表中提供公允价值的会计信息,将对投资者更有帮助。另一方面,如果CAPM模型的无效是起因于市场无效率以及投资者的不理性,则计量观的决策有用性,也可以缓和这一无效率或是不理性行为的影响。

4.1.1.4 会计上的异常现象

> 除了财务文献之外,会计上也发现了违反有效市场的异常现象,包括PEAD、应计盈余,甚至基本分析。

盈余宣告后的漂移(Post-Earnings-Announcement Drift,PEAD)

在有效市场下,盈余宣告后股价会立即反映相关的所有信息,然而,却有一些研究发现,盈余宣告后股价有朝着原趋势持续涨跌的现象,也就是说好消息宣告后,股价有持续上涨的趋势;而在宣告坏消息的情况下,股价有持续下跌的趋势。该现象最早见于 Ball and Brown(1968)的文章,然而作者却没有探讨可能的原因。

Foster, Ohlson, and Shevlin(1984)以季盈余为研究对象,他们按照未预期盈余将样本划分为10组,买入未预期盈余最高的一组,且卖出未预期盈余最低的一组,形成买空卖空的投资策略,持有60天之后,发现可以赚到

25%的异常报酬率（尚未扣除交易成本）。Bernard and Thomas（1989）进一步检验这一问题，结果也发现持有60天的买空卖空投资策略，可以赚到18%的异常报酬率。这一结果似乎显示，市场投资者低估了当期盈余对于未来盈余的预测能力。Bartov, Radhakrishnan, and Krinsky（2000）与Chordia and Shivakumar（2005）的研究也发现类似现象。然而前者另外发现，当机构投资者持股越多时，这种PEAD的现象越缓和，原因可能是机构投资者解读能力较强，通过套利减缓了这种异常现象。

PEAD的可能原因众说纷纭，常见者包括：（1）此类股价延迟反映的原因，可能是投资者需要一些时间解读并消化信息。如果是属于此类原因，就很接近所谓的市场不是如此的有效率，因而出现异常的现象。（2）存在一些交易成本，这些成本可能超过使用这些信息所产生的效益。（3）以**风险溢价**的原因来解释PEAD：CAPM模型在制定上可能不够完善，因此此类宣告后的异常报酬来自计量上的误差，也就是说，异常报酬率仅是反映出CAPM模型有误而使估计出来的报酬偏离实际报酬的程度。

应计盈余

Sloan（1996）曾经将盈余分解为现金流量与应计盈余两部分：

$$\begin{aligned}\text{盈余} &= \text{现金流量}(CFO) + \text{应计盈余}(Accrual)\\ &= CFO + Accrual\\ &= CFO + [(\Delta CA - \Delta Cash) - (\Delta CL - \Delta STD - \Delta TP) - Dep]\end{aligned} \tag{4-1}$$

式（4-1）中，ΔCA 为流动资产的变动数，$\Delta Cash$ 为现金的变动数，ΔCL 为流动负债的变动数，ΔSTD 为流动负债中因为融资活动所产生的债务的变动数（此类债务是融资活动，因而将其删除），ΔTP 为应付所得税的变动数，Dep 为折旧费用。

一般而言，由于应计基础所产生的数字牵涉较多的应计、递延、分摊与评价，因此计量误差会比较高，且又较容易被人为操控，因此，相对于现金流量而言，应计盈余的持续度比较低，也就是说，本期与下一期应计盈余的关联性较小。基于这个原因，分析师认为如果盈余中主要的比重是来自于现金流量，盈余的质量就会比较好。进一步说，如果能够区分出盈余中的应计与现金流量这两部分，并加以分析，就可以找出评价失真的股票。

Sloan（1996）以1961—1991年的公司为样本，发现应计盈余的盈余持续度确实比现金流量项目的低。然而,市场投资者却仅关注盈余的绝对数字大小,因而无法区分出应计与现金流量项目具有不同盈余持续度的特性。有鉴于此,作者将样本按照应计盈余的大小分为10组,买入应计盈余最低的那一组公司股票,并卖出应计盈余最高的那一组公司股票,形成所谓投资组合,结果发现持有一年后可以赚到显著的异常报酬。该结果违反有效市场假说,因为投资者可以根据已经公开的财务报表资料赚取超常的报酬。

PEAD是一种投资者对盈余反应不足的异常现象,而Sloan探讨的应计盈余却是投资者对于应计盈余反应过度的现象。然而不管是哪一种现象,都是违反有效市场假说的异常现象。Collins and Hribar(2000)于是合并此两种异常现象,形成投资组合,结果可以赚到更高的超常报酬。具体而言,作者买空应计盈余最低且未预期盈余最高那一组公司的股票,卖空应计盈余最高且未预期盈余最低那一组公司的股票,结果可以获得更高的异常报酬。

应计盈余

一般而言,应计盈余弹性较大的国家(如美国、英国、加拿大和澳大利亚),此类异常现象比较严重;然而,避险基金投资者近来采用会计的这项发现,积极买卖极端应计盈余的公司,因此这一异常现象在2011年之后就已经减缓,甚至并不存在了(Green et al., 2011)。

基本分析

如前所述,在半强式有效市场的假说下,盈余宣告后股价会立即反映所有公开的相关信息,因此,市场投资者无法使用基本分析来击败市场,获取超额报酬。然而,Ou and Penman(1989)的实证结果似乎推翻了这一说法。作者以1965—1977年为研究期间,从公开的财务报表中选用了约20项的财务比率来预测下一期盈余的增加或是减少,结果发现预测准确度高达约80%。作者根据预测的结果,形成投资策略(买入预期盈余增加,卖出预期盈余减少的股票),结果可以赚到显著的异常报酬。因此,作者认为使用基本分析可以击败市场。然而,Greig(1992)认为作者未控制好系统风险与公司规模,当控制住这些因素后,投资策略所赚到的异常报酬就不见了。

4.1.1.5 总评

有效市场假说认为投资者是理性的，因此能理性地评估证券的价格；即使市场存在不理性的投资者，但由于他们的行为是投机的，因此会彼此抵消掉不理性行为对于价格的影响；最后，即使市场存在不理性行为的投资者，但通过套利的方式，仍可以使价格回归到该有的合理价位。然而现有的研究对这些说法都提出了相当程度的疑问，以致有效市场假说受到相当程度的挑战。

首先，如前所述，有关投资者是理性的假设受到相当程度的挑战。其次，如KT所言，非理性投资者的决策并非都是随机的，常常会朝着既定的方向持续发生，因此，不会彼此抵消掉。此外，在有效市场的假说下，认为通过学习可以从过去错误的经验中学习到正确的评价，因此股价终归会回到合理价位。然而，行为财务学者却认为，学习的成本可能相当高，常高过投资者能负担的代价，且学习的时间可能相当长，最后，学习的机会也未必如此多，因此，有效市场的**学习观点**未必是存在的（Mullainathan and Thaler，2000）。

此外，有关套利终将使市场价格回归到合理价位的说法也受到质疑。行为财务学者认为，套利的使用常常会受到一些限制，也就是存在**套利限制**（Limits of Arbitrage），以致市场无法消除这种评价失真的现象。第一，套利的交易成本或是信息成本都是相当可观的，这一限制使原来可能想套利的人打退堂鼓。第二，套利本身也是存在风险的，而风险的来源之一就是找不到完美的替代品；很多股票其实仅存在“近似”的替代品，因而这将增加套利的风险。例如，Mashruwala，Rajgopa，and Shevlin（2006）发现，市场存在应计的异常现象，然而，这一现象为何持续而无法消失呢？作者发现，是因为交易成本很高，而且很多股票找不到完美的替代品，因而存在着套利风险。同时，套利的期限也会影响到套利是否成功。例如，在股价回复到理论价格之前，因为其他外力而使价格又更偏离理论价格，或是投资者面临变现的压力，这些都将使得套利是无法成功的。另外，更重要的是，非理性的投资人不能太多，因为太多将支配整个股票市场，以致理性投资者即使想发挥套利的力量使股价回归基本面，也是白忙一场。基于以上的原因，市场是否有效率是存疑的。

市场如果没有效率的话，这对财务报告究竟是一项有利的消息还是一项负面的消息呢？基本上来说，如果会计人员可以提高财务报告的相关性，却又不失财务报告的可靠性，市场无效率对财务报告而言是一个转机，也就是一项利好的消息。目前会计界正从传统的信息观改为计量观,就是应对这一潮流。

盈余对股价仅有约 2%~5% 的解释力,因此信息观的决策有用性受到质疑,也才会出现重视计量观的现象。

4.1.2 财务报表的价值相关性降低

虽然盈余对于股价的影响,如第3章所述已被学术界证实,然而,Lev(1989)也同时指出,在短窗口期的情况下,盈余仅能解释异常报酬的2%~5%的部分。这一比例是相当低的。也就是说,每一元钱的股价变动中,仅约2~5分的部分是盈余所引起的。他指出,虽然在统计上盈余是会显著影响报酬,但是在经济意义上,却是相当小的。而即使将窗期放宽,解释能力也没有增加多少。

由于解释力的降低,有一些研究使用价值相关性的方法,探讨盈余与股价的关联性。Brown, Lo, and Lys(1999)以1958—1996年为研究区间,发现盈余与股价的关联性,也就是 R^2 逐年呈现降低的现象。Lev and Zarowin(1999)以1978—1996年为研究期间,探讨长窗口期(年度)报酬与盈余变动之间的关联性,结果发现 R^2 与 ERC 都处于逐年降低的情况下。这些研究都发现盈余价值相关性是处于逐年降低之中。由于信息观下的盈余信息在解释股价上是不足的,因此,改用计量观的方法,将资产负债表与损益表中的数字尽量以市价编制,此举将提供更直接且有用的相关资料,或许这是解决这一困境的改良方法。

释　例

Lev and Zarowin(1999)使用下式计算各年的 R^2 与 ERC:

$$R_{it} = a_0 + a_1 X_{it} + a_2 \Delta X_{it} + e_{it} \quad t = 1977\text{—}1996\text{年}$$

X 为盈余;$ERC = a_1 + a_2$;作者使用下式检验价值相关性的趋势:

$$R_t^2 = a + b(Time_t) + c_t \qquad t = 1978\text{—}1996\text{年}$$

$$ERC_t = a + b(Time_t) + c_t \quad t = 1978\text{—}1996\text{年}$$

$Time$ 即是年度变量,数字从1978—1996年。实证结果显示,两条回归的 b 都显著小于0,因此作者认为盈余的价值相关性在逐年降低当中。

Ohlson模型可以用来估计公司的真实价值，有助于计量观的使用。

4.1.3 其他因素

目前会计的思潮正由信息观转移到计量观，原因除了市场无效率以及历史成本信息的解释能力太低之外，另一个主要原因是**会计基础的评价模型**（Accounting-based Valuation Model）的出现。该模型的基本精神，是指可以使用资产负债表以及损益表内的资料，估计出公司的真实价值来。不论在实务界还是学术界，这一模型的应用是相当广泛的，因此，**美国会计学会**（American Accounting Association，AAA）前任主席Victor Bernard 预言：该模型对于未来会计研究将有重大影响。AAA为表彰提出这一模型的贡献，于1995年给发展出这一模型的哥伦比亚大学教授James Ohlson颁发了杰出贡献奖。有关这一模型的内容与应用，留待下一节详加说明。

由于奥尔森模型的有用性，本节介绍其意义、用途以及实务与学术上的含义。

4.2 会计评价模型

4.2.1 前言[①]

学术上常以股利折现模型作为评估公司价值的基础。然而在实务中有许多公司并没有经常发放股利[②]，因此无法使用股利折现模型。有鉴于此，如何根据公司已公开的财务报告的信息评估公司的真实价值，一直是一个重要但尚未获得解决的问题。在此背景下，Ohlson发展出著名的会计基础评价模型。

根据股利折现模型，公司的价值可以表示如下：

$$V_t = \sum_{i=1}^{\infty} \frac{D_{t+i}}{(1+r)^i} \tag{4-2}$$

式(4-2)中，V_t为公司t期的价值，D_t为t期的股利，r为公司的折现率。根据**干净盈余关系**[③]（Clean Surplus Relation，简称CSR）：

$$BV_t = BV_{t-1} + NI_t - D_t \tag{4-3}$$

式(4-3)中，BV_t为t期股东权益账面价值，NI_t为t期盈余。CSR是指期末股

① 本节内容很多是参考：Lee(1996)，*Measure Wealth*，C.A.Magazine。
② 例如，在美国上市的公司中有约25%的公司并未发放股利。
③ 1995年，Felthan and Ohlson提出了干净盈余理论，为根据资产负债表和收益表数据来评价一个企业的市场价值提供了数学模型。

东权益的账面价值等于期初股东权益的账面价值加上盈余，再减去现金股利后的净额。另外，定义第 t 期**异常盈余**（Abnormal Earnings）x_t^a 为：

$$x_t^a = NI_t - r \times BV_{t-1} = (ROE_t - r)BV_{t-1} \tag{4-4}$$

将（4-3）式与（4-4）式代入（4-2）式，即可得到会计基础评价模型：

$$V_t = BV_t + \sum_{i=1}^{\infty} \frac{x_{t+i}^a}{(1+r)^i} = BV_t + \sum_{i=1}^{\infty} \frac{(ROE_{t+i} - r)BV_{t+i-1}}{(1+r)^i} \tag{4-5}$$

式（4-5）是说公司的真实价值等于股东账面价值，加上异常盈余的折现值。相对于股利折现模型而言，会计基础评价模型在实用性上具有几个优点。第一，会计评价模型仅需使用资产负债表与损益表中的数字，就可估计出公司的**真实价值**（Intrinsic Value）。第二，当上市公司并未发放股利时，将无法使用股利折现模型，但仍可使用会计评价模型。真实价值并不等于股价（Lee，Myers and Swaminathan，1999），如果直接以股价资料选股，常常会有偏差。因此如何衡量公司的真实价值长久以来一直为投资者所关注。事实上，真实价值等于股价的说法，是在理想的市场中才成立的。但在现实社会中，这一假设并不存在，以致经济体系中存有**噪声交易者**（Noise Trader），或者不知情的投资者，而导致股价出现系统性的估计错误。

既然股价并不等于真实价值，因此如何估计真实价值便显得异常重要。对于投资者而言，如果能够判断股票的真实价值，就可以找出哪些股票是被高（低）估，进而有助于选股；就公司管理当局而言，如果能知道真实价值，就能做出子公司是否应当继续经营（或停业出售）的经济决策；就工会而言，可以与公司讨论合理的薪资；就并购者（或被并购者）而言，可以更合理的价位取得（出售）被并购的公司；就债权人而言，能更精确监督公司的还债能力。就短期而言，真实价值与股价是无法立即收敛的；但就长期而言，股价终将调向真实价值，因此在长期之下，二者存在长期而稳定的均衡，也就是存在**协整**（Cointegration）[①]的现象。

实务中应用式（4-5）的一个困难，是该式为一个无限期模型。如要使用，须想办法将其转换为有限期。就长期而言，公司未来的报酬应该会逐渐逼近资金成本，因为这个比较简单的方法是假设公司未来盈余在

---

① 协整是计量经济学上的名词，其直觉我们可以用一个比方说明：一个醉汉牵着一条狗在路上走，虽然在短期二者的方向未必一致，且也很难找出下一步二者将往哪里走的轨迹，但就长期看，醉汉与狗却都保持着形影不离、稳定而密切的方向，一起踏上未知的归途。

T 期后，呈现年金收敛的现象（也就是 T 期后每年赚到固定的报酬）。换言之，在 $T+1$ 期之后，公司仅能赚到资金成本。因此，式（4-5）可以改为①：

$$V_t^* = BV_t + \sum_{i=1}^{T} \frac{(ROE_{t+i} - r)}{(1+r)^i} \times BV_{t+i-1} + \frac{(ROE_{t+T+1} - r)}{r(1+r)^T} \times BV_{t+T} \tag{4-6}$$

式（4-6）显示，如果我们有办法估计出未来的 ROE，就可以估计出公司的真实价值 V。因为此时在模型（4-6）中，除真实价值 V 之外，所使用到的四项资料，即资金成本 (r)、账面价值 (BV)、股利支付率 (k)（计算未来 BV 会用到，后面会说明）与未来的 ROE，都可以找到替代的衡量方法。例如，账面价值可以由资产负债表中直接取得；资金成本可以使用CAPM求出；股利支付率是指当期股利占盈余的百分比，如果将 k 代入全含盈余模型，就可推算未来的账面价值：

$$\begin{aligned} BV_{t+1} &= BV_t + NI_{t+1} - D_{t+1} \\ &= BV_t + (1-k) \times NI_{t+1} \\ &= BV_t \times [1 + (1-k) \times ROE_{t+1}] \end{aligned} \tag{4-7}$$

式（4-7）两边都除以 BV_t，则可得到下式：

$$BV_{t+1} / BV_t = 1 + (1-k) \times ROE_{t+1} \tag{4-8}$$

同样的道理，未来其他各期的账面价值也可以由资金成本、股利支付率与未来 ROE 求出：

$$\begin{aligned} BV_{t+2} / BV_t &= (BV_{t+2} / BV_{t+1}) \times (BV_{t+1} / BV_t) \\ &= [1 + (1-k) \times ROE_{t+2}] \times [1 + (1-k) \times ROE_{t+1}] \end{aligned} \tag{4-9}$$

接下来，则是如何找出实务中可行的股利支付率？一般而言，当期的股利支付率是一个可以考虑的对象。此外，我们也可以考虑使用过去平均的股利支付率②，而这些数字都可以利用财务报表求出。至于未来的 ROE 如何估计呢？以往研究显示，当期 ROE 与下期 ROE 的相关系数为0.6③，因此以当期 ROE，作为预期未来的 ROE，将是一个可行的方法。第二个方法，是以同行业其他类似公司的 ROE 作为基准点。第三

① 无穷等比数列1，r^1，r^2，r^3，…之和为1/（1-r）。
② 例如Kasznik and McNichols（2002）。
③ 参阅Lee（1996）。

个方法，是使用 *I/B/E/S* 数据库中的分析师预测的 *EPS*[①]，计算未来的 *ROE*[②]。一般而言，美国分析师通常会预测未来2年的 *EPS*，以及接下来5年盈余的成长率。根据这些资料，再加上 *CSR*，我们可以根据未来数年（例如5年）预期的资料，估计出会计评价模型下的公司价值。例如，在计算下期 *ROE* 时，以下期分析师预测盈余除以当期账面价值。

根据这四项资料，就可以从（4-6）式估计公司的真实价值。假设和平公司的资料如下：（1）2015年期初每股账面值为10美元。（2）资金成本 (r)：和平公司的系统性风险 (β) 值为1.2，无风险利率 (r_f) 为5%，$E(R_m)$ 为13%。根据上述资料，由CAPM可以求出：$r=0.05+1.2\times(0.13-0.05)=0.146$。（3）股利支付率 (k)：和平公司一向不支付股利，所以假设 $k=0$。（4）分析师预测盈余 $(FEPS)$：分析师预测和平公司2015年与2016年的 *EPS*，平均数分别为2.5美元与4美元，预期未来5年 *EPS* 的成长率皆为15%。（5）$T=5$。

如果你是和平公司的投资者，当天（2015/1/1）股价为20美元，请问你应该买还是卖这家公司的股票？首先，应该先算出和平公司的真实价值。为计算真实价值，我们需计算出表4-1所列的相关数字。

表4-1　　和平公司2014—2020年相关资料

日期	2014/12/31	2015/12/31	2016/12/31	2017/12/31	2018/12/31	2019/12/31	2020/12/31
FEPS		2.5	4	4.6	5.29	6.084	6.996
BV	10	12.5	16.5	21.1	26.39	32.47	39.47
FROE		0.25	0.32	0.28	0.25	0.23	0.22
r	0.146	0.146	0.146	0.146	0.146	0.146	0.146
T		1	2	3	4	5	6

注：（1）*FEPS*：4.6=4×（1+15%）；5.29=4.6×（1+15%）；其余类推。

（2）*BV*：12.5=10+2.5；16.5=12.5+4；其余类推。

（3）*FROE*：预期未来的 *ROE*；0.25=2.5/10；0.32=4/12.5；0.28=4.6/16.5；其余类推。

根据上面所算的数字，我们可以计算2015年初（2015/1/1）和平公司的真实价值为：

① 台湾地区虽然《财讯》、《四季报》等刊物定期有分析师作财务预测，但由于非全面性，且预测期间并不很长（美国有很多预测期间为2年，且对未来5年盈余的成长率都有预测），因此用途上比较有限。

② 美国分析师的预测比中国成熟许多，但实证分析显示，分析师也未能充分使用已公开的财务信息（Abarbanell，1991；Abarbanell and Bernard，1992；Kasznik and McNichols，2002）。

$$V_{2015}=10+\frac{(0.25-0.146)}{(1+0.146)}\times 10+\frac{(0.32-0.146)}{(1+0.146)^2}\times 12.5+\frac{(0.28-0.146)}{(1+0.146)^3}\times 16.5+\frac{(0.25-0.146)}{(1+0.146)^4}\times 21.1+\frac{(0.23-0.146)}{(1+0.146)^5}\times 26.39+\frac{(0.22-0.146)}{0.146\times(1+0.146)^5}\times 32.47 = 24.24(美元)$$

公司为何会有异常盈余出现呢?本节列举几点原因。

由于真实价值24.24美元大于当天(2015/1/1)股价20美元,因此应该买入。

4.2.2 异常盈余的原因

式(4-6)表示公司真实价值等于股东权益账面价值,加上异常盈余的折现值。然而,为何会产生异常盈余呢?本节就此问题加以说明。首先,股东的主要目的是投入资金,并选取净现值为正的计划,然而,会计上并未立即将此净现值为正的计划的价值入账,而是通过干净盈余关系式,逐期通过异常盈余来确认,因此,公司的公允价值就会比账面价值大。

另外,即使是没有净现值为正的计划存在,也可能会出现异常盈余这一项,原因是记录会计交易的原则与方法使然。例如,前面提到的延迟确认,让许多未实现的损益并未立即入账,而是经由干净盈余关系式,逐期通过异常盈余来确认。其次,在会计上有各种的会计原则与方法可供选择,以致账面的价值与公允价值不同。例如,会计上有各种折旧方法,如果采用之后所计提的会计折旧与经济折旧不同,就会产生异常盈余;或者是其他会计科目的相关会计处理方法,例如坏账的计提、存货的计价方法或是流程等。最后,之前所提及的稳健会计,也是使公允价值与账面价值产生差异的原因。特别是如前所述,会计上充满了稳健原则的会计处理,例如存货的成本市价孰低法、后进先出法、固定资产的减值准备的计提、无形资产尽量于发生时确认为费用等。

Ohlson模型有一个特性:不论是否发放股利,或者选择哪一种会计方法,算出来的公司价值都是一样的。

4.2.3 股利/会计方法无关论

4.2.3.1 股利无关论

截至目前,我们使用了股利折现模型以及干净盈余观念,得出会计评价模型。这一模型具有几个特性,第一,为股利无关论,也就是是否发放股利,并不影响公司价值的评价。第二,无论使用何种会计政策或是方法,评价出来的价值都是一样的。

现在我们继续使用第1章爱海公司的例子加以说明。假设爱海公司在第一年底时出现坏消息的状况,则未来现金流量的折现值为225.45美元:

$$80+(140/1.10)\times0.5+(180/1.1)\times0.5=225.45\text{(美元)}$$

或者假设并未发放股利而进一步做投资,则公司价值仍为225.45美元:

$$[(80\times110\%+140)/1.10]\times0.5+[(80\times110\%+180)/1.1]\times0.5=225.45\text{(美元)}$$

由于发不发放股利,价值都是一样的,因此股利是无关的。

4.2.3.2 会计方法无关论

为说明会计方法的选择并未影响最后的评价结果,我们假设爱海公司采用两个方法计提折旧,一个是理想状态下的经济折旧法,另一个是会计上的直线折旧法。

经济折旧法

在第一年底计算公司价值时,应先估计各状况下的现金流量的现值。假设第一年底实际状况为B(收到80美元),而未来第二期在好的状况下,现金流量为:$80\times10\%+180-145.45=42.55$(美元)。其中,145.45美元为第一年底现金流量的折现值:$(140/1.1)\times0.5+(180/1.1)\times0.5$。在坏状况下,现金流量为:$80\times10\%+140-145.45=2.55$(美元)。因此,第二年的期望盈余为:$0.5\times42.55+0.5\times2.55=22.55$(美元)。

第二年的预期异常盈余为期初盈余22.55美元,减去期初账面价值225.45美元乘上资金成本10%,因此其值为0。由于公司价值等于账面价值加上异常盈余的现值,因此公司价值为:$225.45+0=225.45$(美元)。在此例子中,异常盈余为0美元,表示账面价值等于公允价值,因而是一种**不偏会计**(Unbiased Accounting)。原因是本例是在市场为理想状态下的会计。

直线折旧法

使用经济折旧法所计算的公司价值,刚好就是入账的账面价值,因此与计量观下的资产评价相同。然而，在现实状况下，由于采用历史成本的架构，同时资产价值并不随着经济价值的变动而变动，也就是未实现的利得并不入账，而是随着计提会计折旧而逐期才确认。因此，账面价值与公司价值不等，为一种**偏误的会计**(Biased Accounting)。换言之，偏误的部分，就是未实现的未来各期的异常盈余的折现值，也就是所谓的商誉。

现在假设公司是使用直线法计提折旧，因此每年折旧金额为128.1美元(256.2/2)。如前所述，公司第一年底是处在坏消息的状况下，则在第一年底评价公司价值时，应先估计未来各种状况下的现金流量。在良好的状况下，现金流量为51.9美元(180−128.1)，而在坏的状况下，现金流量(盈余)的现值为11.9美元(140−128.1)，因此预期第二年的盈余为：

$$80\times10\%+51.9\times0.5+11.9\times0.5=39.9(\text{美元})$$

同理，预期第二年的异常盈余为：39.9−208.1×10%=19.09(美元)。其中，208.1美元为第一期期末的账面价值，其为当时的现金80美元加上该资产在第一年底的账面价值128.1美元。因此，公司的价值为账面价值208.1美元加上19.09美元除以1.1，也就是225.45美元。这一数字与前面使用经济折旧法相同。

在两个方法下，虽然评价的公司价值都是225.45美元，但是历史成本法之下的账面价值仅有208.1美元，而出现了未入账的商誉17.35美元，这一部分是因为会计的延迟入账所产生的未实现利得。这17.35美元刚好就是第一年经济折旧法下的盈余−30.75美元(80−110.75)与直线折旧法下的盈余−48.10美元(80−128.1)的差额。

上面这个例子，说明在会计评价模型中，不论是采用什么会计方法计提折旧，都不影响估计的市场价值。在经济折旧法之下，本例的账面价值较高，而无未入账的商誉；相对的，在会计折旧法之下，较低的账面价值，会由未入账的商誉来补足。因此，管理当局无法通过盈余管理来操控盈余或者公司的经营绩效，公司的价值都是相同的。然而，这一结果的另一层含义，却是会计评价模型并未对监管者建议应该采用的会计政策的特性。

然而，会计评价模型主要是在计算资产的公允价值，因此与计量观下的会计观念较为契合。由于大部分的信息主要反映在资产负债表上，因此不偏会计的情况相对不严重。由于不论采取什么会计方法，计算出来的公司价值都是一样的，再加上公司通常对于账面价值与未实现的超常报酬(商誉),是比较有能力估算并拥有此方面的完整信息,因此如果可以由公司提供公允价值的信息,则可以让投资者取得更多有用的信息,特别是目前在信息观下盈余信息的解释力并不高时。当然公司估算信息,必须有一定的精确性才行。

本节内容较为艰深,读者如果将其忽略,并不影响本章的完整性。

4.3 异常盈余的动态性

作者加入一个异常盈余的时间序列特性之后,可以让会计评价模型更为简化。

4.3.1 异常盈余的时间序列趋势

截至目前,会计评价模型使用了两个假设,分别是股利折现模型以及干净盈余观念。在会计评价模型下,很自然会想要进一步了解 x_t^a 的时间序列的趋势。假设异常盈余符合下列时间序列随机特性:

$$x_{t+1}^a = \omega x_t^a + \nu_t + \varepsilon_{1t+1} \quad (4-10)$$

作者进一步假设 $0 \leqslant \omega < 1$ 。 $\omega = 0$,表示 x_t^a 并不具有持续性,是一个暂时性的项目,仅于当期昙花一现; $\omega > 0$,表示当期异常盈余中,有 ω 的百分比会持续到下一期; $\omega > 0$ 是一种符合现实的假设,因为当期的异常盈余可能是起因于某一经济或是其他未预期的事件,而这一事件的影响可能会超过当期;再如,政府的总体经济政策与GAAP的修订等,具体实例包括政府对于建筑业的贷款利率的限制、金融业对于存放款利率的修正等。至于 $\omega < 1$,也是一个符合实际状况的假设,因为市场竞争会让这一异常盈余越来越小,因此公司不可能会赚取越来越大的异常盈余,而是这一异常盈余会随着时间而越来越小,以致最后会消失。 ω 越大,表示持续性也越高,这与 *ERC* 的研究是相通的。因此, ω 越大,损益表对公司价值的影响也越大。 ν_t 为在 t 年度除 x_t^a 以外会影响到 x_{t+1}^a 的其他因素。例如,公司新签的某种合约。至于 ε_{1t+1} ,则仅是一项随机误差项目。

从式(4-5)再加上模型(4-10)的动态时间序列的假设,可以得到:

$$P_t = BV_t + \alpha_1 x_t^a \quad (4-11)$$

式(4-11)中 $\alpha_1 = \omega / (1+r)$;(4-11)式意指市价等于账面价值再加上下列调整项:使用异常盈余所衡量的获利能力。未来各期异常盈余的现值,可以简化为 $\alpha_1 x_t^a$,也就是未来 $x_{t+\tau}^a$ 可由当期 x_t^a 确定,因此商誉将由 x_t^a 构成。 ω

越大，则 α_1 越大，因而公司公允价值也越大。

现在仍然以之前释例说明。如前所述，在第一年底实际情况为坏消息时，根据Ohlson模型，公司总资产225.45美元包括两项：(1)当期收到的现金80美元；(2)该固定资产的价值145.45美元((140×0.5+180×0.5)/1.1)，因此公司的公允价值与入账的账面价值都为225.45美元。现在因为当期异常盈余为-56.37美元，另外假设下期持续比率 ω 为0.3，因此第一年底时的公司价值 P_1 改为：

$$P_1 = BV_t + \alpha_1 x_t^a = 225.45 + (0.3/1.1) \times (-56.37)$$
$$= 225.45 - 15.37$$
$$= 210.08(\text{美元})$$

之前未考虑异常盈余会持续在未来发生时的公允价值225.45美元，与目前的公允价值210.08美元之间的差距，就是未来异常盈余的现值15.37美元。

同理，我们也可以从股利折现模型来看：

$$[(80 \times 110\% + 140 - 0.3 \times 56.37)/1.10] \times 0.5 + [(80 \times 110\% + 180 - 0.3 \times 56.37)/1.1] \times 0.5$$
$$= 210.08(\text{美元})$$

也是可以得到相同的结果。由这些释例可以了解，ω 越大，则因为持续度越大，而使得公司的公允价值也越大，这一结论与Collins and Kothari(1989)的结论相同，也就是盈余的持续度越大，则公司价值越高或是股票的报酬越大。

4.3.2 异常盈余的动态性

作者加入一个异常盈余的时间序列特性之后，可以让会计评价模型简化为账面价值、异常盈余以及其他信息三项因素的加总。

Ohlson一文的第三个假设，就是有关异常盈余的时间序列特性。他将模型(4-10)假设放宽，也就是假设异常盈余为 x_t^a，其他信息为 ν_t，则我们假设异常盈余符合下列的时间序列随机特性：(A3)

$$x_{t+1}^a = \omega x_t^a + \nu_t + \varepsilon_{1t+1} \tag{4-12a}$$

$$\nu_{t+1} = \gamma \nu_t + \varepsilon_{2t+1} \tag{4-12b}$$

假设 $0 \leqslant \gamma < 1$。在(4-10)式中，假设(4-12a)式中 $\nu_0 = \varepsilon_{2\tau} = 0(\tau \geqslant 1)$，则其

他信息 ν_t 就与(A3)的设定无关,也就是 $\nu_0=\nu_1=\nu_2=\nu_3=\cdots=\nu_t=0$,而 x_t^a 形成一阶自我相关的时间序列特性。(4-12b)式显示,ν_{t+1} 的未来期望值主要取决于当期 ν_t ,而非 x_t^a ,之所以如此假设,是因为 ν_t 旨在捕捉其他对财务报表有影响且与价值相关的事件。这些信息与未来(异常)盈余是息息相关的,但却与当期或过去各期盈余无关。由式(4-12a)可以了解,假设 x_{t+1}^a 是受到上一期的 x_t^a 与 v_t 的影响;在式(4-10)下,亦假设下期异常盈余预期值可以由本期异常盈余与其他信息来预测。然而,事实上,下一期的其他信息也可能受到本期其他信息的影响,因此式(4-12a)与式(4-12b)比式(4-10)更为符合实际情况。

式(4-5)再加上(A3)的动态时间序列的假说,可以得到:

$$P_t=BV_t+\alpha_1x_t^a+\alpha_2\nu_t \tag{4-13}$$

式(4-13)中 $\alpha_1=\omega/(R_f-\omega)$; $\alpha_2=R_f/[(R_f-\omega)(R_f-\gamma)]$,其中 R_f 为1加上无风险利率。式(4-13)意指市价等于账面价值调整下列两项:(1)使用异常盈余所衡量的获利能力;(2)其他信息。如果限制 $\nu_t=0$,则 x_t^a 呈现AR(1),以致未来 $x_{t+\tau}^a(\tau\geqslant 1)$ 完全可由当期 x_t^a 信息决定,因此商誉将由 x_t^a 构成。

观察式(4-13)中的系数 α_1 与 α_2 ,可以获得更多经济意义。如果 $\omega>0$,则 $\alpha_1>0$, $\alpha_2>0$,且 $\omega\uparrow$,则 $\alpha_1(\omega),\alpha_2(\omega,\ \gamma)\uparrow$。这一特性表示 ω, γ 为衡量 $(x_t^a,\ \nu_t)$ 的持续性大小的参数,也就是说该数越大,则 $(x_t^a,\ \nu_t)$ 下期会持续性发生的比率也越大,从而公司价值越大,因而表示 $(x_t^a,\ \nu_t)$ 更加重要。

4.3.3 股价模型的特例

(4-5)式加上异常盈余的定义以及 CSR ,我们可以将(4-13)式以盈余的方式表达,而非以异常盈余的方式表达:

$$P_t=k(\phi x_t-d_t)+(1-k)BV_t+\alpha_2\nu_t \tag{4-14}$$

式(4-14)中的 $k=(R_f-1)\alpha_1=(R_f-1)\omega/(R_f-\omega)$[①]; $\phi=R_f/(R_f-1)$ 。式(4-14)是由盈余评价模型(调整股利之后)与账面价值评价模型的加

① k 与 ω(或 α_1)之间具有一对一的对应关系。因为 $0\leqslant\omega\leqslant1$,因此,$0\leqslant k\leqslant1$。

权所组成的。为简化分析，先将其他信息 ν_t 忽略。兹讨论两种特例：

（a）$\omega = k = 1$

如果 $\omega = k = 1$，则（4-14）式简化成下面（4-15）式（盈余评价模型）：

$$P_t = \phi x_t - d_t \quad (4\text{-}15)$$

此式的含义是，市场价值由盈余与股利所构成。如再引入（A3），则可得到：

$$x_{t+1} = R_f x_1 - (R_f - 1)d_t + \varepsilon_{1t+1} \quad (4\text{-}16)$$

此式的含义是，使用当期的盈余与股利可以预测下期的盈余。

（b）$\omega = k = 0$

如果 $\omega = k = 0$，则（4-14）式简化成下面的（4-17）式（账面价值评价模型）：

$$P_t = BV_t \quad (4\text{-}17)$$

此式的含义是，公司价值可以完全由账面价值来决定。如再引入（A3），则可得到：

$$x_{t+1} = (R_f - 1)BV_t + \varepsilon_{1t+1} \quad (4\text{-}18)$$

此式的含义是，使用当期账面价值就可以预测下期盈余。

在（a）种情况下，盈余与股利就可决定市价，而在（b）种情况下，账面价值单独就可决定市价。因此，式（4-14）由式（4-15）与式（4-17）的加权平均构成，且其权数分别为 k 与 $1-k$。

Ohlson 的会计评价模型具有两个功能：估计真实价值与估计资金成本。这对学术与实务都具有相当贡献。

4.4 Ohlson模型在学术上的运用

4.4.1 真实价值

会计评价模型在会计上应用相当多。首先，如前所述，学者可据以估计公司的真实价值。例如 Frankel and Lee（1998）使用前述介绍的方法，估计公司的真实价值 (V)。作者发现，真实价值与实际股价 (P) 的相关系数高达70%~80%,高于账面价值与实际股价的相关系数。作者进一步使用真实价值与实际股价的比率 *V/P* ,作为选股的基础, *V/P* 越大,表示股价偏低的情况越严重。作者按 *V/P* 的大小,将样本划分为五个分位,结果发现,持有第一分位Q1(*V/P* 最低)的股票,一年期的报酬为0.138,而持有第五分位Q5(*V/P* 最高)的股票,一年期的报酬为0.169。当持有两年时,Q1与Q5两组的报酬分别为0.217与0.369;而当持有三年时,Q1与Q5两组的报酬分别为0.331与0.637。因此,可以使用 *V/P* 作为选股的基准。作者也发现,就持有一年期而言, *V/P* 与 *P/BV* 对报酬的解释力差不多,但持有24个月与36个月时, *V/P* 对报酬的解释力优于 *P/BV* ,为 *P/BV* 的两倍多。具体而言, *V/P* 越大的股票,其长期报酬的表现越好。

作者为了解这一高额报酬是否是由以往财务领域的学者所常提到的市场报酬、公司规模与 *BV/P* 等常见到的因素所引起,而非本文所提的 *V/P* ,故进一步控制这些因素,结果发现确实是因为使用 *V/P* 这一指标才会赚得如此多的报酬。另外,作者也发现,分析师预测偏误具有乐观预期的规律性,因此如果再运用此项规律进行 *V/P* 选股时,报酬竟可高达45%。此篇研究虽为学术性研究,但也证实了使用会计评价模型可以赚到高额报酬的现象。

除了Frankel and Lee(1998)之外,Kasznik and McNichols(2002)也使用类似的方法估计出公司的真实价值。作者主要目的是使用下列模型,检验公司迎合分析师预期时,市场是否给予额外的补贴:

$$Price = a + a_1 BV + a_2 V + a_3 MEET + \varepsilon \tag{4-19}$$

式(4-19)中, *Price* 为每股股价, *BV* 为每股账面价值, *V* 为每股真实价值,使用类似Frankel and Lee(1998)的方法估计而得, *MEET* 为虚拟变量,如果实际盈余大于或是等于分析师预测数字,也就是击败或是迎合预期数字,则 $MEET = 1$,否则为0。由于Frankel and Lee(1998)发现, *BV*, *V* 与 *Price* 有关,因此作为控制变量;作者发现,当控制 *BV* 与 *V* 之后, *MEET* 的系数 a_3 显著为正数,表示迎合或是击败分析师预期这个动作本身,市场确实会给予额外补贴。有关迎合预期的内容,详见第8章,我们将进一步说明。

问 题

由以上分析可以了解，会计评价模型可以用来估计公司价值以及资金成本（见下一节）。然而，估计时是否会产生误差，则有赖于分析师盈余预测是否精准。因此，会计评价模型的出现，也让学界更重视分析师盈余预测的质量。有关这一问题，本书第10章10.3节在介绍分析师是否有效使用公司财务报表资料时，会加以介绍。

此处我们的问题是：虽然 V/P 是一个不错的选股指标，但是如果分析师确实会产生系统的预测误差，则读者是否可以利用这一系统的偏误信息，来改善 V/P 的选股能力呢？

学术上有几个估计资金成本的方法，基本上都是使用Ohlson会计评价模型估计出来的。有些仅是将原估计出的模型再加以简化。

4.4.2 资金成本

4.2.1节中的模型(4-5)也可以用来估计资金成本(r)。在该模型中，共有账面价值(BV)、资金成本(r)、预期的未来股东权益报酬率(ROE 、在计算 ROE 时必须知道股利支付率(k)以及公司价值(V)等5个变量。因此，如果想要估计资金成本时，必须其他四个变量的值是已知的。前面4.2.1节在估计公司价值 V 时，曾使用各种方法取得账面价值 BV 、股利支付率 k 以及预期的未来股东权益报酬率 ROE 的资料，因此，如果可以再取得公司价值 V 的替代资料，则将可以估计资金成本 r 。事实上，这一问题并不难克服，因为有些学者直接使用实际的股价代替真实价值(V)。

根据前一段的说明，我们可以估计出资金成本，进而解决以往在研究有关资金成本的相关议题时，无法取得这一变量的困扰。在学术研究上，常使用Ohlson评价模型估计权益资金成本，因此本节介绍四篇最常见的文献，包括：Gebhardt, Lee, and Swaminathan (2001), Claus and Thomas (2001), Easton(2004)，以及Ohlson and Juettner-Nauroth(2005)及其简化模型。

4.4.2.1 Gebhardt, Lee, and Swaminathan(2001)

Gebhardt et al.(2001)根据会计评价模型来估计权益资金成本，他们认为企业的资金成本，是指会让企业现金流量净现值等于股价时的隐含报酬率。在该模型下，t 期股价 (P_t)、t 期账面价值 (BV_t)、未来股东权益报酬率 (ROE_{t+i}) 及未来账面价值 (BV_{t+i}) 之间的关系为：

$$P_t = BV_t + \sum_{i=1}^{\infty} \frac{E_t(ROE_{t+i} - r)BV_{t+i-1}}{(1+r)^i} \tag{4-20}$$

如前所述，为便利使用式(4-20)估计权益资金成本，作者将无穷期转化为有限期 (T)，至于 T 期之后的异常盈余现值，则以一个终值(Terminal value, TV)表示。也就是说，将4.2.1节中的式(4-6)改为式(4-21)及式(4-22)。根据 Gebhardt et al.(2001)的研究，在已知 t 期股价与有限期数后，就可以通过该式来反推权益资金成本。

$$P_t = BV_t + \frac{FROE_{t+1} - r}{(1+r)} BV_t + \frac{FROE_{t+2} - r}{(1+r)^2} BV_{t+1} + TV \tag{4-21}$$

$$TV = \sum_{i=3}^{T-1} \frac{FROE_{t+i} - r}{(1+r)^i} BV_{t+i-1} + \frac{FROE_{t+T} - r}{r(1+r)^{T-1}} BV_{t+T-1} \tag{4-22}$$

式(4-21)和式(4-22)中，BV_t 为 t 期每股账面价值；r 为权益资金成本。$FROE_{t+i}$ 为 $t+i$ 期 ROE 的预测值，它的计算过程可以分成两部分：

(1)前三期的预测值：根据4.2.1节和平公司的范例，估算出前三期的 $FEPS_{t+i}/BV_{t+i-1}$，其中 $FEPS_{t+i}$ 为 $t+i$ 期每股盈余(EPS)的预测值；

(2)第四期之后(含)的预测值：$FROE$ 是通过线性内插法(Linear Interpretation)[①]来求出，在下面将会举例说明。接下来我们可以根据式(4-7)估计出未来各期的 BV：$BV_{t+i} = BV_{t+i-1} + (1-k) \times FEPS_{t+i}$。其中，$FEPS_{t+1}$ 及 $FEPS_{t+2}$ 为分析师对公司未来一年及两年 EPS 所作的预测值，自 $t+3$ 年开始，$FEPS_{t+i} = FEPS_{t+i-1} \times (1+LTG)$，$LTG$ 为分析师做的盈余长期成长率预测值的平均数。

作者以美国通用汽车(General Mortors, GM)公司为例，说明如何估计GM于1995年11月30日的权益资金成本。[②]若已知该月期初账面价值 $BV_{1995/10/31}$ 为17.01美元，$P_{1995/10/31}$ 为48.5美元。分析师对GM公司所作的未来一年及两年 EPS 预测值分别为6.75美元和7.73美元，分析师做的盈余长期成长率预测平均值为7.3%。另外，作者取 $T=12$（在本例中即为2006年），股利支付率 $k=19.6\%$。根据以上资料，我们可以计算出下列计算权益资金成本所需要的相关数据(见表4-2)。

① 所谓线性内插法，是指以某一遗漏值的前后两个观测值的中间值，来取代该遗漏值的方法。

② 美国很多公司的会计年度并非采历年制，再加上公司在年度当中任何时刻都可能会想估计资金成本，因此我们所举的例子，就以GM公司1995年11月30日为对象。

表 4-2　　GM公司1995—2006年权益资金成本相关数据

年(t)	1995	1996	1997	1998	1999	…	2003	2004	2005	2006
$FEPS_{t+i}$	6.75	7.73	8.29	8.90	9.55	…	12.66	13.58	14.57	15.64
BV_{t+i}	22.437	28.652	35.317	42.473	50.151	…	86.894	97.812	109.53	122.10
$FROE_{t+i}$	0.397	0.345	0.289	0.275	0.260	…	0.203	0.189	0.174	0.160

在本例中，期初定义是1995年的10月31日，所以公式中 $t+1$ 年的定义仍为1995年，这是因为I/B/E/S分析师预测数据库中，在盈余公告日前的分析师所提供的盈余预测，是预测当年度尚未公告的盈余。由于股利支付率(k)为19.6%，因此可以通过下列方式计算出 BV_{1995}，$FROE_{1995}$，BV_{1996}，$FROE_{1996}$：[①]

$$BV_{1995} = BV_{1995/10/31} + FEPS_{1995} \times (1-k)$$
$$= 17.01 + 6.75 \times (1-0.196)$$
$$= 22.437(\text{美元})$$
$$FROE_{1995} = FEPS_{1995}/BV_{1995/10/31} = 6.75/17.01 = 0.397$$
$$BV_{1996} = BV_{1995} + FEPS_{1996} \times (1-k)$$
$$= 22.437 + 7.73 \times (1-0.196)$$
$$= 28.652(\text{美元})$$
$$FROE_{1996} = FEPS_{1996}/BV_{1995} = 7.73/22.437 = 0.345$$

其余各年类推。至于自第4年(1998)起至第12年(2006)止，中间各年需使用线性内插法计算出各年的 $FROE$ 与 BV 。假设GM所属产业2006年 ROE 的中位数为16%。[②]这时候以1997年为线性内插的起始点(已知 $FROE_{1997}=0.289$)，以2006年为结束点(已知 $FROE_{2006}=0.16$)，则在这段期间内各年 $FROE$ 的估计值为：

$$FROE_{1998} = (0.16-0.289)/9 \times (1998-1997) + 0.289 = 0.275$$
$$FROE_{1999} = (0.16-0.289)/9 \times (1999-1997) + 0.289 = 0.260$$
$$\vdots$$
$$FROE_{2005} = (0.16-0.289)/9 \times (2005-1997) + 0.289 = 0.174$$

一旦1998年至2005年的 $FROE$ 值计算出来，将表中数据代入(4-21)及(4-22)两

① BV_{1995} 是指1995年底的 BV ；$FROE_{1995}$ 是指1995年度的预测盈余。

② 2006年的产业 ROE 中位数是一个估计值，采用 ROE 历史资料的移动中位数(Moving Median)。例如，在本例中，以1994年为计算产业 ROE 中位数的起始年，分别先求出1990—1994年间各年同产业中所有公司的 ROE 中位数，再取这5个年 ROE 中位数的中位数值，即称为5年移动中位数。Gebhardt等作者建议，要求出移动中位数时，至少需要有5年的 ROE 产业中位数，最多需要有10年的 ROE 产业中位数。在本例中，作者计算出来的数值即0.16。

式中,可以得到下面的非线性模型,并且可以解出权益资金成本(r)为13.63%。

$$48.5 = 17.01 + \frac{(0.397 - r)}{(1+r)} \times 17.01 + \frac{(0.345 - r)}{(1+r)^2} \times 22.437 + \cdots + \frac{(0.174 - r)}{(1+r)^{11}} \times 97.812 + \frac{(0.16 - r)}{r(1+r)^{11}} \times 109.53$$

4.4.2.2 Claus and Thomas(2001)

Claus and Thomas(2001)也是使用类似的观念来估计资金成本,他们假设有限期数(T)为5年,并同样以一个终值(TV)来捕捉5年后的异常盈余现值。然而作者却假设5年之后的异常盈余是以一个固定比率 g_{ae} 呈现稳定的成长。因此,Claus and Thomas(2001)使用下列模型来估计权益资金成本(r):

$$P_t = BV_t + \frac{x_{t+1}^a}{(1+r)} + \frac{x_{t+2}^a}{(1+r)^2} + \frac{x_{t+3}^a}{(1+r)^3} + \frac{x_{t+4}^a}{(1+r)^4} + \frac{x_{t+5}^a}{(1+r)^5} + \frac{x_{t+5}^a(1+g_{ae})}{(r-g_{ae})(1+r)^5} \tag{4-23}$$

式(4-23)中 x_{t+i}^a 表示第 $t+i$ 期的异常盈余的预测值,也就是等于:$FEPS_{t+i} - r \times BV_{t+i-1}$。若无分析师预测资料时,$FEPS_{t+i}$ 之值的计算方法为:$FEPS_{t+i-1} \times (1 + LTG)$,其中 LTG 为分析师预测的盈余长期成长率。[①]另外,$BV_{t+i} = BV_{t+i-1} + (1-k) \times FEPS_{t+i}$。至于 g_{ae},作者令其为名义无风险利率减去3%[②]。

现在同样以GM公司为例,我们取1995年11月美国10年期政府公债利率5.93%为名目无风险利率的估计值,并用下式估计权益资金成本 r:

$$48.5 = 17.01 + \frac{(6.75 - r \times 17.01)}{(1+r)} + \frac{(7.73 - r \times 22.437)}{(1+r)^2} + \frac{(8.29 - r \times 28.652)}{(1+r)^3} + \frac{(8.90 - r \times 35.317)}{(1+r)^4} + \frac{(9.55 - r \times 35.317)}{(1+r)^5} + \frac{(9.55 - r \times 35.317)(1+0.0293)}{(r-0.0293)(1+r)^5}$$

经计算估计而得的 $r = 11.7\%$。

---

① 分析师除预测年度盈余之外,也会发布盈余长期成长率的预测数字。有关分析师的内容,我们留到第10章作详细的介绍。

② Zhang(2000)强调,长期投资的成长与会计保守是决定异常盈余成长的两个关键性要素。所以,Claus and Thomas(2001)认为,用来估计权益资金成本时所考虑的异常盈余成长,应该将源自于会计保守部分的成长扣除,于是以通货膨胀率来估计源自于长期投资的盈余成长率,而通货膨胀率又等于名义通货膨胀率减去实际无风险利率(Real Risk Free Rate)。其中,作者令实际无风险利率的估计值为3%。

4.4.2.3 其他[①]

上述两种估计权益资金成本的方法，都使用一个终值数字来捕捉 T 期后异常盈余的现值，然而，二者对于异常盈余未来的成长趋势则做出不同的假设。Gebhardt et al.(2001)假设成长趋势为 0，而 Claus and Thomas(2001)则假设其为一个固定比率 g_{ae}。

Easton(2004)

Easton(2004)提出两期模型，称为**异常盈余成长评价模型**(Abnormal Earnings Growth Model)，它是使用未来两年的盈余预测来同时估计权益资金成本及异常盈余的成长率。作者提出如下两期模型：

$$P_0=\frac{FEPS_1}{r}+\frac{AE_2}{(r-g_{ae})\times r} \tag{4-24}$$

式(4-24)中，作者定义 $AE_2=FEPS_2+r\times FDPS_1-(1+r)\times FEPS_1$，而 $FDPS_1$ 表示未来一年发放的股利[②]，将这个等式代入式(4-24)后，经过重新整理后可以得到下式：

$$\frac{CFEPS_2}{P_0}=\gamma_0+\gamma_1\times\frac{FEPS_1}{P_0} \tag{4-25}$$

式(4-25)中，$CFEPS_2=FEPS_2+r\times FDPS_1$；而 $\gamma_0=\gamma\times(\gamma-g_{ae}),\gamma_1=(1+g_{ae})$。所以，通过 $CFEPS_2/P_0$ 对 $FEPS_1/P_0$ 进行回归模型估计，可以得到 γ_0 及 γ_1 的估计值，接着就可以进一步解出 γ 及 g_{ae}。Easton and Sommers(2007)以 2004 年 12 月 31 日的道琼斯工业指数(DJIA)成分股为样本，经估计式(4-25)后得到 γ_0 及 γ_1 的估计值(t-值)分别为 0.0008(0.32)及 1.0905(28.02)，最后估计出 γ=9.86%及 g_{ae}=9.05%。

Ohlson and Juettner-Nauroth(2005)

文献中另一个常见的方法为 Ohlson and Juettner-Nauroth(2005，简称

---

① 这一部分的推导过程较复杂，此处仅列出主要的结论。读者可以省略本节，而不会影响本章学习的完整性。有兴趣的读者可以参考本书所附网络版的详尽内容。

② 异常盈余的变动常被称为异常盈余成长(Abnormal Earnings Growth)；异常盈余成长 $_{t+1}$=异常盈余 $_{t+1}$-异常盈余 $_t$=[盈余 $_{t+1}$-折现率×权益账面价值 $_t$]-[盈余 $_t$-折现率×权益账面价值 $_{t-1}$]=[盈余 $_{t+1}$-折现率×(盈余 $_t$+权益账面价值 $_{t-1}$-股利 $_t$)]-[盈余 $_t$-折现率×权益账面价值 $_{t-1}$]=[盈余 $_{t+1}$-折现率×股利 $_t$-(1+折现率)×盈余 $_t$]=[盈余变动数 $_{t+1}$-折现率×(盈余 $_t$-股利 $_t$)]

OJ)所发展的OJ模型。OJ修正了Gebhardt et al.(2001)模型中的一些问题(如Dirty Surplus Relation),而发展出OJ评价模型。对两期的OJ模型整理过后得到下式:

$$\gamma = A + \sqrt{A^2 + \frac{FEPS_1}{P_0}[\Delta FEPS_2 - (\gamma_f - 1)]} \qquad (4-26)$$

式(4-26)中, $A = \frac{1}{2}\left((\gamma_f - 1) + \frac{FEPS_1}{P_0}\right)$, $\Delta FEPS_2 = (FEPS_2 - FEPS_1)/FEPS_1$,且 $1 \leqslant \gamma_f \leqslant (1+r)$, γ_f 为无风险利率。今若式(4-26)中的 γ_f 以1代入,则可简化成为所谓的*MPEG*模型:

$$\gamma = \sqrt{\frac{FEPS_2 + r \times FDPS_1 - FEPS_1}{P_0}} \qquad (4-27)$$

若再假设未发放股利,则式(4-27)将可以再简化为所谓的*PEG*模型:

$$\gamma = \sqrt{\frac{FEPS_2 - FEPS_1}{P_0}} \qquad (4-28)$$

由于*MPEG*及*PEG*模型计算相对简单,因此常被拿来与其他估计权益资金成本的方法做比较。然而,这两个模型对股利及无风险利率的假设,常常与实际存在一定程度的落差,因而在应用上或许受到某种程度上的限制。

现仍以GM公司为例,并假设1995年计划发放的股利为0.193美元。由式(4-27) *MPEG*模型可以估计出 γ 等于14.42%①,而由式(4-28) *PEG*模型可以估计出γ等于14.21%($[(7.73-6.75)/48.5]^{1/2}$)。

问 题

在学术领域中,使用模型(4-6)估计资金成本时,系假设股价就是真实价值,否则两个变量是无法从一个模型得到解答的。然而,如前所述,股价与真实价值之间虽然呈现协整的现象,但毕竟是有差距的,因此,以股价代替真实价值估计资金成本时,是会有计量误差的。请问,在实证研究时,该如何克服或是减少这种计量上的误差呢?

---

① 因为 $FEPS_2 = 7.73$, $FEPS_1 = 6.75$, $FDPS_1 = 0.193$,且 $P_0 = 48.5$,将这些数字代入(4-27)式中得到 $r = [(7.73 + 0.196 \times r - 6.75)/48.5]^{1/2}$;两边平方及整理后可解出 $r = 0.1442$ 。

以往市场研究使用CAR或是Return的报酬模型作研究，本节则介绍价格模型或是水平分析模型。

4.4.3 计量方法下的水平分析

在第3章介绍信息观下的盈余/股价关系时，曾介绍了所使用的方法为短窗口期的事件研究法，以及短/长窗口期的盈余反应系数。事件研究法是在检验某一事件在短窗口期下因某事件是否会引起异常报酬。而要研究某一事件在短窗口期下因某事件是否会引起异常报酬，除了事件研究法之外，盈余反应系数的研究也可以是短窗口期的，因为仅需将异常报酬的计算区间缩短即可。如果是长窗口期的盈余反应系数法，则第3章的Collins and Kothari(1989)就属于关联研究法。

相对的，在计量观下，所使用的研究方法为水平分析(Level Analysis)法，这一方法基本上是建立在Ohlson的会计评价模型之上。本节举了两篇文章介绍水平分析的内容。

4.4.3.1 Barth, Clemet, Foster, and Kasznik(1998)

无形资产是影响公司价值的重要因素，例如品牌、科技、顾客忠诚度及人力资源等。然而，鉴于无形资产的未来经济效益充满不确定性，因此，会计上通常并未在财务报表中确认为会计资产。这篇文章的主要目的，是测试由**《财务世界》**(**Financial World**)刊物所估计的**品牌价值**(**Brand Value**)是否具有相关信息，也就是对股价是否具有价值相关性。

《财务世界》在1992—1997年的调查中，公布了1991—1996年间的183家公司的1 204个品牌的估计价值，品牌价值占公司价值的40%左右。首先，作者测试品牌价值与公司股价之间的关联性，以测试品牌价值估计的相关性。其次，再探讨品牌价值的变动程度与公司股价的变动程度(报酬)的相关性，以测试品牌价值的时效性(如果二者呈正相关，则表示品牌价值变动确实会立即引起股价变动)。作者首先使用下列**价格模型**(**Price Model**)，也就是**水平研究**(**Level Study**)，检验品牌价值与股价的关联性：

$$MV_{it} = \sum_{Y=91}^{96} \alpha_{0Y} YR_{it} + \alpha_1 BV_{it} + \alpha_2 NI_{it} + \alpha_3 BRANDS_{it} + \varepsilon_{it} \qquad (4-29)$$

式(4-29)中，MV, BV, NI 与 $BRANDS$，分别代表股价、账面价值、盈余以及品牌价值。这个模型基本上就是利用前面介绍的模型(4-14)，只是将品牌价值当作未入账的其他信息(ν)。如果 $\alpha_3 > 0$，则表示品牌价值具有评价的价值相关性。作者另外使用**报酬模型**或**变动模型**（Returns Model, Change Study）检验品牌价值与报酬之间的关联性：

$$RET_{it}=\sum\beta_{0Y}YR_{it}+\beta_1\Delta BV_{it}+\beta_2\Delta NI_{it}+\beta_3\Delta BRANDS_{it}+\varepsilon_{it} \tag{4-30}$$

式(4-30)中，ΔBV，ΔNI与$\Delta BRANDS$，分别代表账面价值、盈余以及品牌价值的变动数，而 RET 为股票的报酬率。利用这一模型除了可以了解品牌价值变动与同期间股价报酬的相关性之外，也可以检验品牌价值的变动是否具有时效性。如果 α_3 显著为正，而 β_3 却并不显著，则表示品牌价值虽具有评价的相关信息，但却不具有时效性。相对的，如果 β_3 也显著为正，则表示品牌价值同时具有相关性与时效性。

实证结果显示，$\alpha_3>0$，且是显著的，表示品牌价值具有评价的相关信息，且被反映在股价之中。另外，BV及NI 也都呈显著的结果。同时也发现，β_3 显著为正，表示品牌价值的变动与同期的股价报酬具有正向的关联性。因此，研究结果显示，品牌价值这项无形资产，虽未入账，确实同时具有价值相关性与时效性。

问　题

在学术领域中，常常出现上述价格模型与报酬模型。你觉得这两个模型各有什么优缺点呢？两者有何不同呢？

4.4.3.2　Aboody and Lev（1998）

美国SFAS86规定，当达到技术可行性时，必须将计算机软件开发成本资本化。当此准则施行数年之后，1996年3月美国计算机软件出版工会（Software Publishers Association，SPA）却向FASB申诉请求废止SFAS86。SPA主张：计算机软件业面临科技及竞争急速改变的环境，依照SFAS86将计算机软件开发成本资本化，则此信息对投资者是没有参考价值的。SPA另外也指出，投资者、经纪商与分析师都认为若将计算机软件开发成本费用化，则软件公司的财报质量将会改善。由于这些财报使用者并不相信软件资产具有相关性，因此，SPA建议将计算机软件开发成本费用化，此举将使财报更具可靠性及一致性。

为了验证这一说法是否正确，首先，作者检验计算机软件开发成本资本化

是否具有价值相关性。作者使用下式进行检验(研究期间为1987—1995年):

$$P_{it} = \sum_{Y=87}^{95} \beta_{0Y} YR_{it} + \beta_1 EPS_{it} + \beta_2 BVPS_{it} + \beta_3 CAPSOFT_{it} + \varepsilon_{it} \qquad (4\text{-}31)$$

式(4-31)中,P_{it} 为第 i 家公司在会计年度 t 终了三个月后的股价,YR_{it} 为年度虚拟变量,1为第 Y 年,0为其他年度。EPS_{it} 为每股盈余。$BVPS_{it}$ 为权益账面价值减去软件资产资本化金额,再以股数平减。$CAPSOFT_{it}$ 为净软件资产金额,再以股数平减。上述 *BVPS* 加上 *CAPSOFT* 即为股东权益账面值(*BV*)。如果入账的无形资产(计算机软件开发成本)具有价值相关性,则 $\beta_3 > 0$ 。

实证结果显示,*CAPSOFT* 与股价的相关性达到显著水平,且为正的。然而,其系数 β_3 小于 *BVPS* 的系数,显示市场对已入账的计算机软件开发成本,会给予一些小折扣,因而系数会小一些。此结果表示投资者平均而言,会对软件资产成本不太放心,因其为无形资产的一种。

其次,作者使用报酬模型检验软件成本资本化金额的变动数与报酬之间的相关性:

$$\begin{aligned} RET_{it} = & \sum_{Y=87}^{95} \beta_{0Y} YR_{it} + \beta_1 \Delta CAP_{it} + \beta_2 \Delta EXP_{it} + \beta_3 \Delta EXPCAP_{it} + \\ & \beta_4 \Delta AMRT_{it} + \beta_5 X_{it}^{a} + \beta_6 \Delta X_{it}^{a} + \beta_7 OTHER_{it} + \varepsilon_{it} \end{aligned} \qquad (4\text{-}32)$$

同理,Δ 为变动数之意。*RET* 为公司每年股票报酬,窗口期为从会计年度 t 年度终了前9个月到终了后3个月。ΔCAP 为软件成本资本化金额的变动数。ΔEXP 为费用化者每年软件成本费用化金额的变动数。$\Delta EXPCAP$ 为资本化者每年软件成本资本化金额的变动数。$\Delta AMRT$ 为资本化者每年软件成本摊销金额的变动数。X_{it}^{q} 为扣除 i 公司第 t 年软件开发费用项目前的净利。这一模型,除了可以了解软件资本化金额变动数与同期股价报酬的相关性之外,也可以检验软件资本化金额的变动是否具有时效性。

此号准则赋予公司相当的弹性,因此公司可以完全采用费用化,也可以将达到技术可行性以后的支出资本化,其他则费用化。就采取资本化的公司而言,资本化的金额列入 *CAP* ,表示已达到技术可行性的计划的金额,至于失败或是尚未达到技术可行性者,则列入 *EXPCAP* ,而对于资本化的金额列入 *CAP* 所计提的年度摊销费用,则列入 $\Delta AMRT$ 。至于会计政策一律采用费用化的公司,不论计划成功与否,其成本都列入 *EXP* 。因此,作者预期 β_1 为正值。由于 *EXP* 与 *EXPCAP* 可能包括技术可行性以前所发生的支出,因此预期 β_2 与 β_3 虽为正值,但却会小于 β_1 ;摊销费用会使盈余减少,因此预期 β_4 为负值,而 β_5 与 β_6 则预期为正值。

实证结果显示, ΔCAP,$\Delta AMRT$ 与预期相同,分别为正值与负值。ΔCAP 系数为正,表示资本化金额变量与股价变动有关,因而资本化计算机软件开发成本是有价值相关性的。当作者将模型左边改为 RET_{it+1} 时,也就是下一期报酬,结果发现, *EXP* 却与未来报酬间有显著的正向关系,表示随着产品发展的信息披露至市场而为投资者所逐渐了解,因而会增加报酬。总而言之,软件资本化后的资产和股价之间呈正相关,因而SPA拟废除SFAS86的论述是不成立的。

问　题

账面价值、盈余组成因素与股价关系

部分研究进一步探讨账面价值与盈余组成因素等多项基本分析的资料与未来盈余（或分析师的预测以及报酬）之间是否具有关联性，包括应收账款、存货、销货、销货毛利、税率以及资本支出等各项信息的变动（Abarbanell and Bushee，1997）。首先，作者发现，这些基本分析的资料有一些与未来盈余有关系，因此可以预测未来的盈余；其次，作者发现，这些资料与分析师的盈余预测或者修正有关，显示这些资料所包含的未来盈余信息确实为分析师所用，但是也发现，分析师并未将这些信息全部用到，因此分析师似乎对于基本资料有一些反应不足，未全然消化。最后，作者发现，这些信息中有一部分与报酬有关，因此具有信息内涵。此篇文章可以看成是上面两篇文章的延伸，因为它们将账面信息做进一步的分解。

4.5 现值会计

4.5.1 现值计量基础

如前所述,在理想的经济状况下,资产的经济价值是存在的。计量的会计观点，就是建立在现值的基础上。然而，由于现实社会并不是完美或是完整的，因此，目前存在着各种不同的现值计量基础，包括使用价值、出售价值以及投入价值等观念。使用价值又称为折现值，是指公司继续使用该资产所能产生的未来现金流量的折现值。出售价值又称机会成本或是公允价值(Fair Value)，是指在计量日当天正常情况下的出售价值。至于投入价值，又称重置成本，是指在计量日购入的成本。由于企业使用资产的方式为供营业使用或是将其出售，因此资产的可回收价值就是指使用价值与出售的公允价值中的较高者。

早期的财务会计准则委员会在《财务会计准则第33号》中，认为一项资产**对于企业的价值**(Value to Business)，是指当该项资产被剥夺时，企业所蒙受的最大损失的金额，也就是可回收金额与重置成本金额中的较低者。当可回收金额大于重置成本时，如果该资产被外力剥夺，企业遭受的损失是重置成本，因为企业仅需花上相当重置成本的金额就又可以收回损失的价值，继续营业。相对的，当重置成本大于可回收金额时，如果该资产被外力剥夺，企业遭受的损失是可回收金额，此时企业不会去买入价值(可回收金额)不高的资产，因为不论是继续使用或是将其出售都划不来。换言之，财务会计准则委员会在介绍现值的计量基础时，同时考虑到这三种现值的计量基础。

然而，目前国际会计准则理事会所采取的现值计量基础，主要是指使用价值与出售价值，较少使用投入价值的观念。例如，国际会计准则理事会与美国财务会计准则委员会对于存货采用成本与市价孰低法时，具有不同的做法。根据美国的规定，市价是指重置成本，但是具有上下限的规定，上限是指净变现价值(类似出售价值的概念)，下限是指净变现价值减正常利润。至于国际会计准则理事会所指的市价，单指净变现价值。

由于现实的市场是不完整的，因此现值基础计量将较为主观，有鉴于此，目前国际会计准则理事会或是美国财务会计准则委员会针对现值的观念，制定了一些基本的指引规范。例如，在决定是否采用使用价值时，国际会计准则理事会规定需要参考企业的**经营模型**(Business Model)，而不得随意变更或采用。

诚如第2章提到，目前财务报表是信息观与计量观并用的产物，而随着近来国际会计准则理事会的思潮是转向采用公允价值来发布准则，因此公允价值会计使用的比重逐渐提高。然而，由于市场是不完整的，因而实务中对于如何计量公司价值,可以说是莫衷一是。有鉴于此,国际会计准则理事会(IFR 13)针对公允价值的估计采用美国财务会计委员会(FAS 157)[①]的做法,建立了所谓的**公允价值层级**(Fair Value Hierarchy),也就是说在估计公允价值时,可以依序分为三个步骤:层级一:如果资产或是负债存在合理的市场价格时,可采用该价格。层级二:如果资产或是负债并不存在合理的市场价格时,可以从类似项目的市场价格来推估。层级三:如果无法由层级二获得市价时,公司应该从市场参与者的角度,估计出售的价格;也就是说,公司此时应该估计市场买方愿意出多少钱。有关层级三公允价值的估计,是站在市场参与者的角度,看看该资产(或负债)对买方的价值是多少,这点与《财务会计准则第33号》探讨该资产(或负债)对企业的价值是多少时所采取的角度并不相同。目前赞成现值会计的人认为,虽然依据现值编制的财务报表降低了可靠性,但却可以提高相关性,以上的叙述大致支持这种论点。在下一节,我们将介绍目前学术界的研究结果,以了解这一论述在实务上的正确性。

4.5.2 现值的实证研究

早期有关公允价值的研究,主要焦点是放在金融机构或是金融资产上。例如,美国银行业所投资的证券占总资产相当大的比重,因而证券投资的公允价值是否具有相关性,是一个重要议题。Barth(1994)发现,当按照GAAP的成本方式评价证券投资之后,如果再提供证券投资的公允价值时,后者具有增额的价值相关性;反之,历史成本的信息则不具有增额的价值相关性。资产重估价则是另一个有关公允价值的研究议题。Easton(1993)发现,资产重估增值准备与报酬呈正相关,表示固定资产的市价信息有助于股价的评估。

最近,有关公允价值的研究,则在探讨公允价值层级中由各层级估计出来的公允价值,价值相关性是否会不相同。例如,Song et al.(2010)以《美国财务会计准则第157号》(SFAS No.157,公允价值的计量)为对象,检验各层级公允价值的价值相关性。结果发现,层级一与层级二的公允价值的价值相关性较高,而层级三的价值相关性较低。此外,作者也发现,公司治理机制越健全,各层级的价值相关性也越高,而此现象在层级三尤其明显。整体而言,SFAS No.157要求提供有用的信息给投资者。另外,Riedl and Serafeim(2011)也发现,相对于层级一与层级二的公允价值而言,层级三的

① 国际会计准则理事会正在草拟有关公允价值的准则,做法类似美国财务会计准则委员会的做法。

公允价值会导致较高的权益贝塔(Equity Beta)[①]。换句话说,会导致较高的权益资金成本。但是如果信息环境好,则这一特性就不会明显。

有关投资性不动产的会计处理,IFRS与美国GAAP的规定并不相同:IFRS允许公司采用公允价值模型或是成本模型,但是美国GAAP规定仅可采用成本模型。虽然IFRS允许两种方法,但是英国大多数公司(特别是不动产公司)都是采用公允价值模型。有鉴于此,Liang and Riedl(2014)遂以英美两国不动产公司为样本,探讨公允价值与历史成本两种报表对于分析师预测误差是否有不同程度的影响。研究结果发现,一方面,当预测资产负债表的金额(也就是净资产的价值)时,英国分析师预测的比较准。原因是英国公司资产负债表的不动产(占净资产的大部分),是以公允价值表达;分析师将这些公司主要资产的公允价值扣除负债之后,即可很快估计出该公司的**目标价格**(Target Price)。相对的,美国是以历史成本表达,因此在估计目标价格时,可用的信息就比较少,预测的数字就不太准确。然而,在公允价值与历史成本差异不是很大的情况下,两国分析师的预测差异就会逐渐接近了。由此可知,公允价值提供了比较相关的信息。

另一方面,当预测损益表中的每股盈余时,就产生了相反的结果。也就是说,美国分析师在预测每股盈余时,比英国分析师准确。原因是不动产公允价值的波动金额,也就是未实现的公允价值损益,要列入损益表,而此项损益数字并不具有可预测性,因而让英国分析师在预测盈余时产生较大的困难。

问 题

Liang and Riedl(2014)

作者检验采用公允价值与历史成本两种方法编制的报表对于分析师预测误差的影响(以银行业为样本)。

H1:分析师在预测公司净资产时,对于采用公允价值的(英国)公司,会比采用历史成本的(美国)公司准确。

H2:H1中的净资产的相对准确情况,随着公允价值与历史成本的接近而降低。

H3:分析师在预测每股盈余时,对于采用历史成本的(美国)公司,会比采用公允价值的(英国)公司准确。

---

① 所谓权益贝塔,就是以公司普通股股票报酬对股票市场报酬进行回归,所得出的回归系数。

研究设计

为检验H1与H2,作者使用下列回归式:

$$NAV\_FE_{jt}=\beta_0+\beta_1 US_{jt}+\beta_2 CRISIS_{jt}+\beta_3 US_{jt}\times CRISIS_{jt}+\beta_4 HORIZON_{jt}+\beta_5 SIZE_{jt}+Other\ Control+\varepsilon_{jt}$$

因变量 NAV_FE :净资产(*NAV*)的预测误差,也就是| *NAV* 平均预测值-净资产市值|/ *NAV* 平均预测值。*US* :美国(英国)公司为1(0)。*CRISIS* :金融危机期间(2007—2008)为1,否则为0;在财务危机期间,公允价值下跌,比较接近历史成本。*HORIZON*: *ln*(1+预测日至盈余宣告日之间的天数)。*SIZE* :公司规模。

实证结果

$\beta_1>0$,支持H1。$\beta_3<0$,支持H2。

为检验H3,作者使用下列回归式:

$$EPS\_FE_{jt}=\beta_0+\beta_1 UK_{jt}+\beta_2 POST_{jt}+\beta_3 UK_{jt}\times POST_{jt}+\beta_4 HORIZON_{jt}+\beta_5 SIZE_{jt}+Other\ Control+\varepsilon_{jt} \tag{4-33}$$

EPS_FE_{jt} :每股盈余预测误差,也就是| *EPS* 平均预测值-实际 *EPS* |/ *EPS* 平均预测值。*UK* :英国(美国)公司为1(0)。*POST* :实施 *IFRS* 之后(2005)为1。

实证结果

$\beta_3>0$,支持H3,表示在实施 *IFRS* 之后,英国公司的预测误差比美国公司大。

4.6 文章导读

4.6.1 Song et al.(2010)

问　题

作者检验FAS No.157有关公允价值层级的价值相关性的差异(以银行业为样本)。

H1:层级一与层级二的公允价值的相关性,高于层级三的公允价值。

研究设计

为检验H1,作者使用下列模型:

$$PRC_{it}=\alpha_0+\alpha_1 NFVA_{it}+\alpha_2 FVA1_{it}+\alpha_3 FVA2_{it}+\alpha_4 FVA3_{it}+\alpha_5 NFVL_{it}+\alpha_6 FVL1_{it}+\alpha_7 FVL2_{it}+\alpha_8 FVL3_{it}+\alpha_9 NI_{it}+\varepsilon_{it} \tag{4-34}$$

式(4-34)中,*PRC* 为每股股价;*FVA*1,*FVA*2与*FVA*3分别为层级一至层级三所计算的公司资产的价值(每股);*FVL*1,*FVL*2与*FVL*3分别为层级一至层级三所计算的公司负债的价值(每股);*NFVA* 为非公允价值的资产(每股);*NFVL* 为非公允价值的负债(每股)。

实证结果

α_2,α_3与α_4都显著为正(0.968,0.972,0.683),但是α_2与α_3系数都显著接近1,然而,α_4系数显著小于1(0.683)。这一结果表示,层级一与层级二的公允价值的市场相关性比较高,每增加1美元的公允价值,股价就增加近1美元;相对的,层级三的公允价值的市场相关性比较低,每增加1美元的公允价值,股价仅增加0.683美元。由于 *FVL*1 与 *FVL*2 的样本数较少,因此实证时合并称为 *FVL*12 。结果发现,*FVL*12 与 *FVL*3 的系数分别显著为负(-1.006与-2.815),前者显著接近1,后者显著小于1,表示市场投资者对于层级三的公允价值,不太相信,因此折减其价值(即负值越大)。

问 题

作者进一步问下列问题

H2:公司治理国家对于层级三公允价值的相关性的影响,大于层级一与层级二。

研究设计

为检验H2,作者使用下列模型:

$$PRC_{it}=\alpha_0+\alpha_1 NFVA_{it}+\alpha_2 FVA1_{it}+\alpha_3 FVA2_{it}+\alpha_4 FVA3_{it}+\alpha_5 FVA1_{it}\times GOVR+\alpha_6 FVA2_{it}\times GOVR+\alpha_7 FVA3_{it}\times GOVR+\alpha_8 NFVL_{it}+\alpha_9 FVL12_{it}+\alpha_{10} FVL3_{it}+\alpha_{11} NI_{it}+\alpha_{12} FVL3_{it}\times GOVR+\varepsilon_{it} \tag{4-35}$$

式(4-35)中,*GOVR* 为公司治理变量,作者将文献中常用的6个公司治理变量,通过主成分分析浓缩为一个整合变量,并将其标准化(介于0~1),接着再使用十分位转换为0~9的数值。

实证结果

$FVA3_{it} \times GOVR$ 的系数 α_7 显著为正，但是 $FVA1_{it} \times GOVR$ 与 $FVA2_{it} \times GOVR$ 的系数（α_5与α_6）并不显著，表示公司治理越好，层级三公允价值的相关性越高，但是对于层级一与层级二公允价值的相关性就没有帮助（因为层级一与层级二公允价值质量较好，因而就相对没有可以改善的空间了；而层级三公允价值质量较差，则有改善的空间）。因此，支持H2。

4.6.2 Hilary and Hsu（2012）

问 题

作者检验管理当局盈余预测是否有过度自信的现象，因此提出了两个相关问题。

假设：第一个假设是有关管理当局过度自信的问题，第二个假设是有关管理当局盈余预测该信息使用者的反应。

H1：过去盈余预测较准确的经理人员，未来的预测会变得不太准。

H2a：市场投资者对于过去盈余预测较准确的经理人员所发布的预测，反应较差（也就是市场股价的反应较小）。

H2b：分析师对于过去盈余预测较准确的经理人员所发布的预测，反应较差（也就是分析师预测的修正幅度较小）。

为检验H1，作者使用下列回归式检验：

$$ERR_{i,t} = \alpha_i + \beta\, STREAK_{i,t} + \gamma^k C^k_{i,t} + \varepsilon_{i,t} \tag{4-36}$$

式（4-36）中，ERR：管理当局盈余预测的误差，等于｜管理当局盈余预测-公告盈余｜÷预测前两天的股价，越大表示预测误差越大。$STREAK$：衡量管理当局过去盈余预测精确性的程度，作者使用两个步骤：(1)管理当局预测准确性 $ACCRU$：如果管理当局盈余预测误差小于分析师预测误差，则表示管理当局预测是准确的，因此令 $ACCRU=1$，否则为0。管理当局盈余预测误差=｜管理当局盈余预测-公告盈余｜÷季初的股价（或预测前两天的股价）；分析师预测误差=｜分析师一致性盈余预测-公告盈余｜÷季初的股价。(2)过去预测

准确程度 $STREAK$：管理当局过去四季盈余预测的准确度的数量，也就是过去四季中，$ACCRU=1$ 的数量。例如，如果过去四季的 $ACCRU$ 分别等于1,0,0,1，则 $STREAK=2$，如果过去四季的 $ACCRU$ 分别等于1,0,1,1，则 $STREAK=3$；$STREAK$ 越大，表示管理当局过去预测精确度的记录越好。C 为控制变量。如果H1是正确的，则 $\beta>0$。实证结果支持这一假设。

为检验H2a，作者使用下列回归式检验：

$$RET_{i,t}=\alpha_i+\beta\,STREAK_{i,t}+\gamma^k C_{i,t}^k+\varepsilon_{i,t} \tag{4-37}$$

式(4-37)中，RET =管理当局预测公告时的异常报酬(CAR)÷投资者盈余预期的变动(ΔEPS)。其中，管理当局预测公告时的异常报酬(CAR)所使用的窗口期为(-1,1)。投资者盈余预期的变动 ΔEPS 是指：|管理当局盈余预测-分析师一致性盈余预测|÷季初的股价(或预测前两天的股价)。因此，RET 越大，表示市场投资者对于管理当局当期盈余的预测的反应越大。如果H2a是正确的，则 $\beta<0$。实证结果支持这一假设。

为检验H2b，作者使用下列回归式检验：

$$REV_{i,t}=\alpha_i+\beta\,STREAK_{i,t}+\gamma^k C_{i,t}^k+\varepsilon_{i,t} \tag{4-38}$$

式(4-38)中，REV =|分析师预测修正数revision_ind÷投资者盈余预期的变动 ΔEPS |，其中，分析师预测修正数revision_ind为管理当局预测公告30天内的分析师预测，减掉管理当局预测公告前90天内同一分析师的预测。至于投资者盈余预期的变动 ΔEPS，则与前面的定义是相同的。因此，REV 越大，表示分析师对管理当局当期盈余的预测的反应越大。如果H2b是正确的，则 $\beta<0$。实证结果支持这一假设。

附录　SAS/STATA实例

实例演练1:权益资金成本

公司价值的计量与权益资金成本的估计为本章重点，本例将介绍如何撰写估计权益资金成本的SAS及STATA程序。本例从2012年7月2日所公告的S&P 500成分股中随机挑选出20家公司作为研究对象，以1996—

2005年为研究样本期间，有限期数取 $T=6$ 。相关程序语法与输出摘要，请登录本书网站www.dufep.cn下载所附实例演练程序示范。

实例演练2：文献导读Hilary and Hsu(2012)

作者检验管理当局盈余预测是否有过度自信的现象，以及市场投资人对管理当局盈余预测过度自信问题的反应。根据该研究对变量所作的定义，本例将*error_mgt*定义为管理当局盈余预测的误差，其值等于取绝对值的管理当局盈余预测减去公告盈余，再用期初股价或是预测前两天的股价加以平减；而分析师预测误差*error_analys*等于取绝对值的分析盈余预测减去报告盈余，再用期初股价或是预测前两天的股价加以平减，故这两个值越大，表示预测越不准确。其次，*accru*=1，若管理当局盈余预测误差小于分析师盈余预测误差，管理当局过去预测精确程度*streak*等于过去四季中管理当局预测较分析师预测准确的次数。

本例的样本选取过程为：(1)无股票分割；(2)币值为美元；(3)管理当局盈余预测日在其财务季结束日之前；(4)分析师预测最后修正日在管理当局预测日60天以前，且每家公司至少要有2笔以上不同分析师预测数字；(5)每家公司管理当局必须至少要有4笔以上的预测数字。相关程序语法与输出摘要，请登录本书网站www.dufep.cn下载所附实例演练程序示范。

习题

1. 如果市场是没有效率的，或者投资者的决策未必符合决策理论时，这对会计人员而言有什么影响？
2. 在正文中，我们曾提出了一个问题：在下列两个情境下，你将如何选择？为什么？在贝叶斯定理下，又应该如何选择？
   情况1：(a)100%赢得100；(b)50%赢得200，50%赢得0。
   情况2：(a)100%损失100；(b)50%损失200，50%损失0。
   KT发现在情况1下，大部分人选择(a)，而在情况2下，大部分人却选择(b)。你能解释这是什么原因所引起的差异吗？
3. 在行为财务学中，常常出现过度自信、过于保守、代表性偏误、框架相依、心理账户、归因理论及持续动能现象，你能否举出会计上也有类似的情况呢？

4. 假设和平公司的资料如下：

(1)2015年期初每股账面值为12美元。

(2)和平公司的系统性风险为1.4,无风险利率（r）为6%, E（R_m）为13%。

(3)和平公司过去平均股利支付率 k =10%,假设这一情况会持续下去。

(4)分析师对于和平公司2015年与2016年的一致性EPS预测数分别为2.3美元与3.9美元。

预期未来5年EPS的成长率皆为15%。

请问：当天(2015/1/1)股价为30美元，请问你应该买还是卖这家公司的股票？假设：(a) $T=5$，(b) $T=3$。

5. 目前财务报告为信息观与计量观并用的情况。你能否列出在现有资产负债表中哪些是属于计量观的财务报告？

6. 在市场基础的会计研究中，有所谓的报酬模型(Return Model)与价格模型(Price Model)。试问：

(1)其各有何意义？

(2)其各自的适用时机是什么？各有何优缺点？

(3)有人说信息观的市场研究适用报酬模型，而计量观的市场研究适用价格模型，这一说法是否正确？

7. 下表为K&G公司的分析师盈余预测、每股股利及2015年的期初(2014年底)每股账面价值(假设盈余长期成长率预测为8%)：

	年份		
	2014	2015	2016
每股盈余		3.05	3.40
每股股利		1.50	1.65
账面价值	19.15	20.70	22.45
股东权益报酬率		0.159	0.164

(1)取 $T=10$，请估计2017年至2024年的 ROE（假设从2009年开始，因为全球金融海啸，故公司决定暂不再发放股利)。

(2)试采用Gebhardt, Lee, and Swaminathan(2001)的方法估计K&G公司2015年初的权益资金成本。

(3)现假设我们以10年期政府公债利率6%作为无风险利率，试采用Claus and Thomas (2001)的方法估计K&G公司2015年初的权益资金成本。

(4)试分别通过MPEG及PEG模型估计K&G公司2015年初的权益资金成本。

第 5 章

实证性会计理论

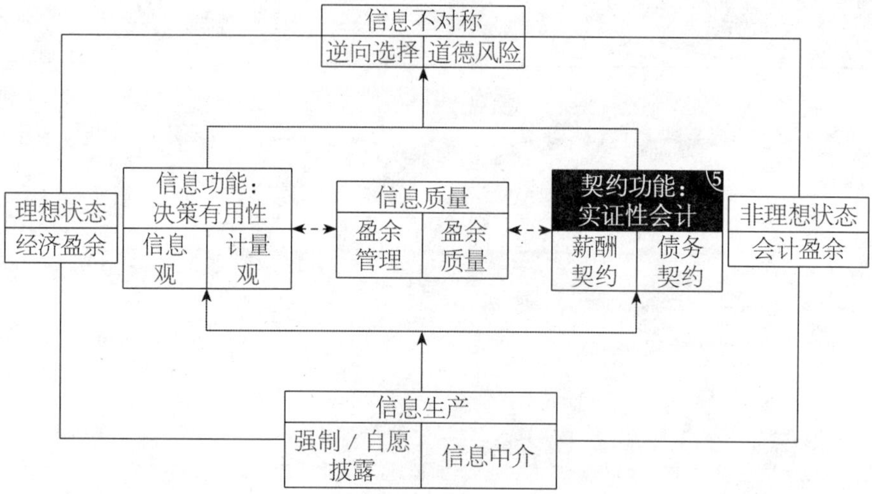

图5-1　第5章架构

2~4章介绍会计的事前评价的信息角色，本章开始介绍契约的监管角色。

截至目前，本书介绍了信息观的会计角色，也就是财务报告可以为投资者的投资决策提供信息。除此之外，财务报告另外扮演了契约角色。也就是说，提供管理当局履行保管外部资金绩效的相关信息。由于这一角色，从而引发了会计文献上的实证会计理论的发展，本章就此加以介绍。图5-1为本章在整体框架图中的定位。

奖酬契约与债务契约等常以会计数字作为订约基础，以监督代理人是否善尽职责。

5.1 契约观点的角色

财务报告扮演了两个重要的会计角色，第一个就是第2~4章所强调的信息评价的角色。在此观点下，财务报告主要是提供有用的信息使投资者做出有用的决策(例如IASB 2001)。在此决策有用的信息评价功能下，财务报告可以降低知情与非知情投资者之间的信息不对称，以及管理当局与投资者之间的信息不对称，因此，投资者可以较为公正地估计公司未来现金流量的金额、时间以及不确定性，进而估计出公司的价值。因此，会计信息的这一角色主要是帮助投资者评估股票价值或者是否贷款，本书第2~4章即介绍这一会计信息的角色。

同时，资金提供者(股东与债权人)将社会有限的资源提供给公司使用，因此这些资金提供者想了解管理当局保管及使用这些资源的绩效，特别是在这类资金借贷之后，常会有严重的代理问题出现的时候。为了降低代理成本，这些利害关系人就有动机签订合约，以监督公司(管理当局)是否有履行保管以及高效使用资金的职责。而在签订契约的过程中，常常是以会计数字作为基础。例如，就贷款契约而言，债权人在契约中常会要求约定利息保障倍数的下限，以保障债权人的利益，同时也可以根据这些债务条款，监督管理当局是否按照约定的内容执行契约。其他如薪酬契约，在该契约下，股东可以根据盈余或成本的多寡，了解**利润中心**或**成本中心**使用资源的绩效，进而给予适度的薪酬。

在签订契约时，缔约双方可能使用经过注册会计师鉴证的数字，作为监督公司的基础，因此审计也扮演一个相当重要的角色。由于会计信息在契约过程中扮演了一个很重要的角色，因此新的会计准则或会计准则的变动对于公司价值或管理当局的薪酬就有一定程度的影响。其实会计所扮演的契约角色在文献中很早就出现过。例如，早期强调管理当局保管股东资源的责任就是一个例子，当时将会计的角色称为**监管的角色**（Stewardship Role）。

会计信息的这两个角色可能是相辅相成的，也可能是冲突的（Gjesdal，1981；Christensen et al.，2007）。就前面这种情况而言，监督公司是否有效执行契约的会计信息，例如在计算利息保障倍数所使用的盈余信息时，也有助于评定股票的价值，因此盈余信息同时扮演了评价与契约的双重角色。然而，这两个角色有时也可能是冲突的。例如，Gassen（2008）指出，在有些情况下，这两个信息其实是负向关系，也就是说有助于契约角色的会计信息，却不利于评价角色。Li（2010）也指出，很多债务契约中的盈余是经过调整的，也就是说常常将公告的盈余剔除掉一些项目以后才作为签约的基础。如果说GAAP所编制的盈余是有效的，就不应该出现调整GAAP的现象。

就学术角度而言，信息评价角色是建立在有效市场的假设上，认为公司采用哪一种会计政策都不会影响股价（除非影响到现金流量）。这一信息观点下的看法，与契约观点下的看法不一致。因为后者考虑到现实社会中的契约成本，而前者却假设契约成本不存在。

FASB在SFAC 1中提到，财务会计的整体目的是：提供有用的信息给现有或潜在投资者、债权人及其他使用者，订定理性投资、授信与类似决策之用（SFAC 1，34）。FASB进一步又指出，会计的目的具有信息与契约两个角色。例如，文件中提到：

> "提供信息……给使用者评估未来现金收入的金额、时间与不确定性。"（SFAC 1，37）

同时，也提到契约角色：

"管理当局向股东卸下受托使用企业资源的责任。"(SFAC 1,50)

然而，在目前IASB与FASB联合发展的财务报告概念框架中，提到财务报告仅有一个目的：决策有用性。文件中提到：

"帮助现有或潜在投资者、债权人以及其他使用者评估个体未来现金流入与流出的金额、时间及不确定性(个体未来的现金流量)。"(DP IASB/FASB，OB3)

这些文件似乎较强调信息评价的会计角色，将契约观点并入到信息评价观点中，并且以"决策有用性"来说明整个会计的这个单一目的。[①]虽然如此，这并不表示在实务或是学术研究中，会计就不具有契约的角色。事实上，Ball and Shivakumar(2008)研究指出，年报资料仅解释约1%~2%的股价变化，因此财务报告的主要功能并非给资本市场提供实时性的会计信息；相反，财务报告主要用途在其他方面，如债务契约与薪酬契约等用途。

实证性会计理论可以解释为何管理当局会重视会计方法的选择，也可以预测会计方法的选择。

5.2 实证性会计理论

5.2.1 基本观念

公司可以说是一系列**契约的组合(Nexus of Contracts)**(Cyert and March，1963)，如与员工或者管理当局的契约、与供应商的契约、与客户的契约、与政府的契约(如缴税与使用公共财产)、与股东或者债权人之间的契约。为了签订、执行并监督契约，公司会发生相当多的成本，这些成本称为**契约成本(Contract Cost)**。例如，签约前的信息收集成本、签约各方的协议成本、监督契约的执行成本、在契约执行过程中所发生的道德风险的代价、重新签订契约内容的成本、违约成本以及破产的成本，甚至还有公司的权益资金或债务资金的成本等。一个**有效率的契约(Efficient Contract)**是指会使这些契约成本的总和最小的契约。

为了使契约能够顺利运作，契约中的条款常常以会计数字作为基础，如员工的薪酬或者红利契约，常以盈余等会计绩效为基础；债务契约中常常以

① 事实上，有86%的问卷调查的回复者反对将监管角色删掉。

利息保障倍数或是负债比率作为合约的基础。然而，在订立契约时，规定一套最佳的会计政策而不准许管理当局有选择的空间，这一做法可能反而会引起更高的契约成本，因为一旦契约签订之后，未来的外在环境可能会改变，因此，给予一定的弹性反而有助于应对未来变化的环境。否则，如果管制者通过新的会计准则或是修正旧的会计准则，很可能使公司违反债务相关条款，甚至重新签订原有的债务契约，这些成本可能都是相当高的。因此，允许管理当局使用一系列可行的会计政策，使其能应对环境变化可能是一个比较有效率的方法。

然而，允许管理当局采用一系列可行的会计政策之后，可能会留给管理当局许多裁决性的空间，而出现自利的操控行为。在管理当局是理性的情况下，也就是追求个人效用最大化的情况下，他们可能会通过会计政策的选择而进行投机性的行为。例如，石油公司的勘探成本可以采用全部成本法或者勘探成本法。一方面，为了提高盈余以增加年终薪酬或是红利，管理当局可能采用全部成本法。因为在全部成本法之下，会有较高的盈余、较低的盈余波动、较高的资产以及较高的股东权益(Sunder, 1976)。另一方面，如果公司的债务契约是以利息保障倍数或是负债比率为基础，公司也会采用盈余较高的全部成本法。其他诸如采用先进先出法而非后进先出法[①]的存货政策，或是采用直线法折旧而不采用加速折旧法等，这些都可以增加当期的盈余。最后，如果石油公司被认为赚取超额利润而引起社会大众的反感，甚至引起社会想通过法律程序来要求公司降价，公司可能会采取降低盈余的方法，也就是采用勘探成本法、后进先出法或者加速折旧法等减少盈余的方法。因此，会计政策的选择会引起所谓的经济后果。

基于以上的说明，我们可以根据公司所订的契约内容，预测管理当局“将”采用的会计政策，甚至预测管理当局对新会计政策的应变措施，这就是Watts and Zimmerman(1981)所提出的**实证性会计理论(Positive Accounting Theory, PAT)**。例如，当经理的红利要视盈余情况而定时，实证性会计理论预期公司经理会选择盈余较高的会计方法，如全部成本法。另外，当公司签订债务条款时，实证性会计理论预期公司会选择增加盈余的会计方法。

与此相反，**规范性会计理论(Normative Accounting Theory)**，旨在探讨公司“应该”采取何种会计政策以追求社会福利的最大化。会计政策的选

① 国际会计准则理事会虽然已经禁止采用后进先出法，但是目前有关存货会计政策的文献中，有相当多研究涉及后进先出法，因此此处仍然会提到此方法。

择,犹如经济政策或是财政政策的选择,会影响到个人之间的财富重分配,甚至公司之间的资源重分配,因此,如何选择最佳的会计政策,涉及个人或是各利益团体之间的取舍。我们留待第11章再介绍。

5.2.2 三大假说

实证性会计理论有三大假说:红利假说、债务假说及政治成本假说,本节将逐一介绍。

实证性会计理论的主要内容可以用大家常听到三个假说来说明:红利假说、债务假说与政治成本假说。

5.2.2.1 红利假说(Bonus Hypothesis)

管理当局的红利,如果是依赖公司的盈余而定,那么,自利的管理当局为了追求自己效用的最大化,会使盈余变高,方法之一就是选择会提高盈余的会计政策。因此,这就引发了文献上常看到的"红利假说":

> "所谓红利假说是指在其他条件不变的情况下,实施红利计划的公司管理当局通常会选择会计方法,以便将未来的盈余转移至本期。"

公司各期盈余的加总是固定的,因此管理当局提高当期的盈余(例如应计盈余),则会降低未来的盈余;此举会增加当期红利,却可能减少未来的红利。然而,就多期的角度而言,在红利假说下,此举所产生的红利现值是比较大的。另外一个多期的概念,是盈余平稳化。在其他条件不变的情况下,盈余平稳化可以降低投资者感受到的风险,因而可以降低公司的资金成本,或者有利于管理当局维持其职位,因此,管理当局就有操控盈余以达到平稳化的动机。

一个有效率的薪酬契约,应该将管理当局的薪酬与公司价值相联系,以便使管理当局做出公司价值最大化的决策。然而,在实务中,却为何仍存在如此普遍的以会计盈余而非股价为基础的薪酬契约呢?例如,Healy(1985)发现,实务中约有1/3的公司使用加回利息的盈余作为发放红利的基础。这有几个原因:第一,整个公司的价值应该由总裁来负责,至于部门主管通常仅能够影响到部门的获利情况,而无法影响整个公司的价值,因此,如果使用公司价值来衡量部门主管的绩效,并不是很公平;至于使用盈余就没有这方面的问题,因为公司可以针对各部门计算相对应的盈余。另一个可能的原因是公司常常会举债,而这一债务并没有次级市场可以交易,有时即便有次级市场也未必会去交易,因此公司的总价值(股票与债务的合计数)就无从计算。使用加回利息的盈余，通常与公司价值是呈正相关的，因此使用起来也是可以达到类似股价的效果。

5.2.2.2 债务假说

不论是公债（如上市公司所发行的公司债）或是私债（如向银行借款），在借款时所签订的债务契约中，常常会有以会计数字为基础的债务条款。一旦违反这些条款，债权人就可以采取维护自己权益的行动，如介入借款公司的经营、限制借款公司的投资或者扣押担保品。例如，Chava and Roberts (2008)研究指出，公司违反债务条款之后，其投资显著减少，这些债务条款主要是限制采取降低公司价值的投资与理财决策。

由于GAAP给予管理当局许多弹性，因此为了降低违反债务条款的风险，管理当局就有动机操控盈余。一般常用的方法就是高估盈余与收入、低估负债与费用，以远离债务条款的门槛。因此，我们可以建立下列"**债务条款假说**"：

> "所谓债务条款假说，是指在其他条件不变的情况下，当公司越接近违反会计基础的债务条款时，公司越会偏向于选择一些会计方法，以便将未来的盈余转移至本期；换言之，也就是采用使当期盈余增加的会计方法。"

然而，在实务中，这一假说并不容易检验，因为每一个债务契约所使用的会计数字的定义并不相同，因而实际的会计数字究竟有多靠近契约规定的门槛，无法得知。因而在实际检验时，一般使用简单的负债/权益假说加以测试：

> "所谓**负债/权益假说**是指在其他条件不变的情况下，公司负债/权益比率越大，公司越会偏向于选择一些会计方法，以便将未来的盈余转移至本期。"

为了避免违反债务条款，公司有动机向上操控盈余或是其他相关会计数字，以符合最低的基本限制的要求。例如，采用FIFO而非LIFO，采用直线法而非加速折旧法提列折旧，或是通过提高应计盈余以增加净利等。另外，为避免违反债务条款，公司通常会避免使用引起盈余产生过大波动的会计方法，否则很容易增加违约的几率。

5.2.2.3 政治成本假说

在政治竞争的过程中,政治人物常常会使用到会计数字。当某公司被媒体或社会大众质疑获取了超额报酬时,政治人物可能会使用这些受关注公司的高盈余作为炒作新闻的工具。例如,他们可能说这是公司垄断的证明,这种炒作可以让自己在媒体曝光,表示自己正在帮选民处理重要事件,而这有助于未来的选举。事实上,这一高利润可能是由其他因素造成的。此时,他们可能提出各种法案(如加税)来处理这些事件。基于以上的说明,由于政治人物常常会以公司的盈余作为从事政治活动的工具,因此,公司管理当局就有动机采用减少盈余的会计方法,以避免引起政治人物的关注,甚至可以获得政府的补贴。

政治过程的特性

政治过程的特性之一，是政治人物常追求自己效用的最大化，也就是都采取自利的观点。因此，政治的过程本身就是财富移转的角逐及竞争过程。政治人物可以通过政府的各项管制措施或是租税的征收来影响个人之间的财富移转，包括政府的各种建设方案或者教育政策，关税保护政策，给予各种津贴，或者烟酒垄断等措施。所有参与这一政治角逐与竞争的人，通常会结盟为各种投票或是游说团体，而这些结盟需要付出成本或者代价。这些成本或者代价的大小常常会决定政治过程的最后结果。例如，工会团体会形成游说团体，向政府或是公司施压，希望能够提高公司最低薪资水平，这些要求会增加工会成员的利益，却可能会牺牲消费者权益。农民团体可能会向政府施压，以减少某些产品的进口，此举虽然会减少农民的竞争，但却也牺牲消费者的权益。

个人的能力通常是有限的，且对于相关政府法案并不是很了解，如要单打独斗，个人收集信息的成本常常是相当大的。因此，如能通过结盟的方式组成特定群体，将可因规模经济而降低收集相关的信息成本。由于通过团体收集信息具有规模效应，因此在政治过程中才会存在各种利益团体。例如，中国消费者协会旨在收集产品价格与质量的相关信息。

虽然结盟形成利益团体可以因为规模经济而降低收集信息的成本，但是，至少有两个因素会限制利益团体的规模。第一，利益团体中各次级团体的利益如果不一致，则会抵消整个利益团体的利益。例如，如果工会会员主要的目的是在提高会员的薪资或是福利，则此时利益是比较一致；相对的，如果是中国会计学会，则因为会员包括实务界、学术界和政府部门等代表，每一个会员可以得到的利益较小，因而他们不会像工会一样，具有较强的向心力与政治动员力。第二，结盟、投票等游说行动需要投入大量的资源或者动员的成本，这一成本越高，则形成大规模游说团体的可能性将越小。

政治过程的特性之二，是政治人物或是官僚系统内的人本身也是自利的，他们不仅是各利益团体之间的协商或调节者，同时也希望在政治的过程中，将财富移转至自己手中而使自己利益最大化。由于在政治过程中的信息成本过高，因此个人常将资源或权力委托给政治人物或是官僚人物，此举将使得政治人物通过立法将资源集中至政府，进而将财富移转至自己的手中。

鉴于此，我们可以建立下列**“政治成本假说”**(Political Cost Hypothesis)：

“所谓**政治成本假说**，是指在其他条件不变的情况下，公司面临越大的政治成本，公司越会偏向于选择一些会计方法，以便将当期的盈余转移至未来；换言之，也就是使用使当期盈余减少的会计方法。”

当公司具有高额的利润时，可能会引起消费者或是媒体的注意，进而要求课征新的税目或者制定新的限制法规。例如，在20世纪70年代，由于石油危机导致油价高涨，以及石油公司利润增加，引起社会大众与政治人物的不满，因而政府课征额外的税目①。就石油公司的立场而言，为避免引起社会大众的注意，会有动机降低盈余，例如，使用后进先出法而非先进先出法，或者是使用探勘成本法而非全部成本法。

① 这一税目称为“意外利润税”(Windfall Profit Tax)，也就是认为石油公司发了一笔意外之财，因而要课税。例如，1974年与1979年，这两次石油危机使得石油价格上涨而导致石油公司盈余增加，社会大众反应强烈，认为这是发一笔意外之财，因而国会通过立法课征额外的税目。

油电费率

许多受管制的企业即是最明显的例子。例如,水电公司、金融保险业等,费率的设定通常是由政府根据某一公式决定的:价格=当期费用(如营业费用、折旧费用、所得税等)+投资报酬率×总资产。在此公式中,大部分的数字都是会计数字,因而费率委员会在确定这些项目的金额时,通常会参考GAAP的会计程序下的会计数字。因此,这一公式就让管理当局有动机去进行盈余管理并游说主管机关或是准则制定者,以制定最有利的会计方法。

会计学者在鉴定这一假说时,首先必须找出一个适当的"政治成本"的替代变量,然而要找一个相当精准的替代变量并不容易。会计学者遂援引经济理论,假设规模大的公司比较容易受到政治的影响,因而会有比较强的动机选择降低盈余的会计方法(Gagnon, 1967; Watts and Zimmerman, 1978)。基于这一假设,遂发展出另一个假说:

"所谓**规模假说**,是指在其他条件不变的情况下,规模越大的公司越会偏向于选择一些会计方法,以便将当期的盈余转移至未来。"

政治对GAAP的影响

20世纪70年代,石油危机(1971年、1974年以及1979年)引起政治人物的关注,而采取政治措施制裁这些石油公司。例如,美国国会在1979年年报公告前一周,开放石油的价格管制,但是由于石油公司的高利润,再加上政治人物的炒作与游说,国会遂在年报公告之后的一周,立即又宣告油价的管制。美国钢铁业也曾有类似的情形,受到国会的管制。因此,公司盈余常常被政治人物拿来炒作新闻,进而影响国会的管制行为。

同时,公司常为了自己的利益而成立利益团体,游说主管机关或是准则制定机关,这一情况在会计界也有不少案例。最为大家所熟悉的,就是有关石油业的会计处理方法。在早期的石油危机之前,勘探石油的会计处理在实务中有相当大的分歧,大致可以以勘探成本法与全部成本法为代表。1974年的能源危机引发了大众对于石油业获利情况的关注，因此美国国会要求SEC研究发布一致性的则以提高可比性;SEC进而要求FASB编制这个问题的公报。FASB于是在1977年发布了第9号会计准则,要求企业一律采用勘探成本法。

然而此举却引起许多小石油公司的反对，于是向政府游说与施压，主要原因之一，是在勘探成本法之下小公司的获利指标会降低很多。SEC遂于1978年发布《会计系列公告（Accounting Series Release，ASR）第253号》，向政治压力低头，规定两种方法都可以采用。此举凸显政治过程对于制定准则的影响。另一个例子即是投资扣抵的规范。

其他契约

由于公司可以视为一系列契约的组合体,因此除了上述所介绍的**显性契约**(Explicit Contracts)之外,也包括其他的**隐性契约**(Implicit Contracts)。虽然Watts and Zimmerman(1981)将焦点放在前述的三大契约上,但是,其他的契约(包括隐性契约)也可能受到会计数字的影响,从而改变经理人员对会计方法的选择。例如,公司与供应商之间会有一个隐性契约,当公司盈余越多时,特别是比去年盈余多时,或是盈余为正而非亏损时,供应商会给予较好的信用条件。再者,公司与客户之间也存在这种关系。例如,当公司表现较好时,客户比较相信公司的售后服务的保证政策,因而会比较愿意维持产品的忠诚度。另外,如果公司的绩效比较好,则员工也会比较愿意留在公司服务,忠诚度也比较高。

文献发现,公司有动机进行盈余管理,以降低为了维持这类隐性契约的顺畅运作的**交易成本**(Burgstahler and Dichev, 1997; Bowen, Ducarme, and Shores,1995)。有关这方面文献,本书留待第8章再加以说明。

5.3 经济后果

会计方法的选择，会产生不同的影响，称为经济后果。

如前所述,会计信息扮演两个角色,因此,财务报告会通过它所扮演的这两个会计角色引发**经济后果**(Economic Consequence)。本节主要探讨因为契约角色所引发的几个显著的经济后果。

所谓会计政策的经济后果(Zeff, 1978; Holthausen and Lefwith,

1983),是指在该会计政策下的财务报告对企业、政府或是债权人决策所产生的影响。

根据前面提到的会计的契约角色,管理当局会很在乎会计方法的选择,因为不同的会计方法对于公司契约的执行结果会产生不同的影响,甚至会实质性地影响公司的经营或投资决策。例如,删减研发支出等。因此,公司可能会游说立法委员让某些会计原则通过或者不通过。而管制者在发布会计方法之前,通常也会举行座谈会,这一目的就在于纳入各方的意见,毕竟会计本身是由产、官、学与政等各界协商的一种政治过程与结果。

管制的经济后果,可以分为预期的(Intended)与非预期的(Unintended)。例如,IASB在发布IFRS时,其主要目的是希望提高会计信息的透明度,增加公司之间的可比性,进而有助于投资决策,因而在资本市场的评价决策上,产生了预期的经济后果。然而却也发生了一些原先未预期到的经济后果,这些未预期到的经济后果主要集中在IFRS所忽略的契约角色上。例如,Christensen et al.(2009)发现,IFRS实施后,会导致债权人与股东之间的财富重分配。

Beaver (1998)

Beaver于1998年列举了下列几项常见的经济后果:(1)财务信息会影响投资者之间的财富重分配。此一结果引发了公平(Equity or Fairness)的问题。由于信息不对称,使得知情方牺牲不知情方的利益,以增加自己的财富。美国国会与SEC认识到此种信息不对称所引发的不公平现象,遂规范公司披露财务信息时要公开,而不能选择性地对特定人公开。(2)财务信息可能会影响整体的风险,以及各单位之间风险的分摊。例如,因管理当局与投资者之间存在的道德风险而设计的薪酬契约,会改变二者之间风险的分摊情况。另外,管理当局未履行职责致使公司受损要负法律责任时,将使管理当局在选择投资项目时,会认真斟酌风险-报酬的取舍,此举也将影响整体经济体系的风险。(3)财务信息会影响到投资者的消费与投资形态,进而影响到经济体系中资本形成的速度。例如,IFRS的实施会增加信息透明度与可比较性，因而有助于增加海外到中国的直接投资，这将有助于中国资本的形成。(4)财务信息也会影响投资资金将如何在各经济单位之间的分配，因为信息会改变投资者对每个公司风险、报酬的信念。例如，受通货膨胀影响比较高的产业，如果未加以报道，则会将许多虚假的盈余误以为真，而将社会资金错误投资于此。(5)财务信息的产生、鉴证、传递、处理、分析与解释，都会耗用社会的资源。(6)除了披露信息的直接成本外，GAAP的研究、编撰、执行与违反的惩处等，都会耗用社会的资源。(7)财务信息的多寡会影响到私人搜寻私有信息所投入的时间与精力。例如，公司有动机提供额外信息，分析师也有动机搜寻私有信息，这些投资活动会影响有关公司的信息量(这一信息量远多于强制要求下公司应披露的信息)，从而影响投资者搜集信息的诱因与行为。(8)信息可能是影响公司管理当局从事某些计划的动机。例如，公司研发的披露，会使获利优势降低，这就称为竞争优势。同样，披露财务信息会改变管理当局对风险-报酬的取舍。如果管理当局财务预测误差过大要负法律责任，会使管理当局选择盈余较为平稳的计划，以减轻法律责任。另一方面，也会使其在估计盈余时较为保守，以降低诉讼成本。

5.3.1 员工认股期权

员工认股期权是许多国家采用的激励制度，该措施的采用引起了许多事前未必想到的有趣影响。

所有权与经营权分离之后，会产生所有者与经营者之间的代理问题。为降低代理成本，除了通过董事会、注册会计师及其他公司治理的方式进行监督之外，另一方法就是为高级经理提供激励性的薪酬计划，也就是将股东与高级经理的报酬进行关联的激励措施。其中，尤其是给予股票期权是企业最经常使用的。[①]

高级经理的报酬通常包括底薪、红利、股票期权与股票等，其中有关具有激励性质的股票期权的会计处理比较具有争议。股票期权是给予高级经理在特定期间按照特定价格(履约价格)买入特定数量股票的一种权利。早期有关**员工认股期权**(Employee Stock Options)的会计处理，是根据1972年

① 股票认股权在1980年之前并不常见，但是到2004年时，美国大型公司首席执行官经由选择权而实现的利益约为270万美元。

所实施的《会计原则委员会(Accounting Principle Opinions)第25号意见书》(APB 25:关于发给员工股票的会计处理),也就是当给予日的市价大于履约价格时,差额(称为**真实价格**(Intrisic Value))在高级经理的履约期间内分摊为费用。然而,在许多情况下,首先,履约价格往往就是给予日当时的市价,此时的分摊成本就是零,因而账上并未确认给予认股权的任何相关费用。其次,高级主管自己可以选择执行与出售的时间。换言之,他们可以自行决定缴税的时间。最后,高级主管缴纳的是税率较低的资本利得税,而非一般的个人所得税。基于这几点原因,期权在20世纪80年代时是相当盛行的。

APB 25未能充分将给予高级主管的期权确认在损益表中的做法大大低估了给予主管的薪酬金额,而且也高估了公司的盈余数字,因为:第一,即便是平价或是价外的期权,公司实质上仍是有牺牲的,因为未来股价上升时高级主管仍能通过认购并出售而获利,且公司每股盈余也将因此而稀释。因此,APB 25的做法将无法让投资者了解公司实际给予的期权价值;至于是否给予过高的期权价值,也无法从财务报表中加以判断,因而降低了信息透明度。第二,20世纪90年代末媒体高度关注高级主管是否拿了过高的薪酬时,APB 25的做法刚好成为高级主管隐藏薪酬信息的避风港。第三,由于盈余与股价是正向关系,因而期权增加了高级主管操控盈余的动机,因为盈余会影响股价,进而影响执行期权所获得的利益。

操控盈余

研究发现(Bartov and Mohanram,2004),高级主管在执行期权的前两年,公司应计盈余显著增加,而在执行并出售之后,应计盈余却显著减少。

鉴于此,美国FASB于1993年发布了一项草案,拟按照公允价值确认员工期权的价值,而公允价值的计算方法可以采用Black-Scholes或者其他的评价模型。然而,此举却引起企业及大股东的反对,原因是此举将会大幅降低盈余、增加资金成本以及留不住人才等,这一现象在新创设的高科技公司尤其明显,此举甚至冲击到美国整体的企业竞争力。

相关性与透明度

高级主管执行期权通常是在价内的时候，此举对于公司以及现有股东而言是不公平的。因为如果不发放期权给高级主管的话，公司可以自行用高于期权的价格发行获利，而由现有全体股东来分享。

如果采用公允价值入账，可以让投资者知道他们未来可以得到的股利并没有想象的那么多，因而有助于投资者预期未来的现金流量。就这一点而言，采用公允价值处理期权，可以提高信息的相关性。

基于以上利弊得失，FASB于2005年通过执行SFAS修正后第123号财务会计准则，要求按照公允价值法处理期权的价值。可以预期的是，这些规定势必引起较大的经济后果。相关细节，我们留待第6章再加以说明。

权益理论（EquityTheory）

规范性理论常探讨公司与所有者之间的关系，因而提出几个常见的**权益理论(Equity Theory)**，其中最常提到的是：(1)企业个体理论（Entity Theory）；(2)业主理论（Proprietary Theory）。前者认为企业本身是一个独立个体，也就是企业个体与股东是分开的两个单位。因此，资产为企业个体所拥有，而股东与债权人仅是提供这些资产的人，而这两类人的权利义务并不相同。换言之，股利与利息都是盈余的分配，而不应列入损益表。后者则认为，公司是业主所拥有的，资产与负债都属于业主，权益也是属于业主的。因此，股利是盈余的分配，而利息是费用项目。

请问在这两种理论下，员工认股期权分别该如何处理？应该当作盈余的分配还是费用？而目前的会计准则应采用哪个理论？

5.3.2 债务条款违约的影响

介绍债务契约使用会计数字的情形，以及后续的经济后果。

公司举债时，常常会签订债务契约，内含各种限制条款，包括积极条款、消极条款以及财务条款。积极条款要求公司主动采取一些行动，如遵守GAAP与相关法规，及时呈送财务报表给贷款人，购买保险与维持生产能量等。消极条款则要求公司不得采取某些特定的行为，如不得采取下列行为：处分资产、超额资本支出、改变公司营业的基本特性、变更所有权（例如购并），或是支付超额股利等。财务条款则是以会计数字为基础，以规范借款公司的风险与绩效。其常常是包括下列会计数字：负债、利息保障倍数、总固定支出（如利息、租金、资本支出等）以及**净值**（Net Worth）等。

虽然不论是公司债或是私债，这些条款都是相当普遍的，但是，此现象在私债尤其严重，且私债通常规定得更严格与详细（Gilson and Warner，1998）。例如，有96%的私债至少包括一个以上的财务条款（最常见者为负债现金比以及利息保障倍数）（Roberts and Sufi，2009）。违反债务条款是一项重大的违约事件，此时赋予债权人要求立即或是加速清偿余款的权利。实务中，债权人甚少如此做，而是进行重新协议，包括变更公司原来的各项债务条款，以及增加债权人涉入公司的监督行为与权利。有关债务契约的相关问题，将留待第7章专门加以说明。

介绍有关实证会计的学术性文章的研究结果。

5.4 实证性会计之实证研究

5.4.1 红利假说

根据实证性会计理论，为获取较高的薪酬或者红利，管理当局会采用增加盈余的操控方式来操控盈余。一般而言，给予管理当局的薪酬计划内容，除包括固定薪资之外，也常包括股价基础的薪酬或是盈余基础的薪酬计划；前者包括给予管理当局股票（没有限制买卖的股票，或是限制条款的股票）、期权证等的薪酬计划，后者包括红利计划（视当期盈余而给予红利）与绩效计划（视长期性的盈余目标而定，如3~5年的盈余情况）等。以往的研究大致支持这一假说。[①]

然而，Healy（1985）的红利假说更为有趣与丰富，因此本节以Healy的研究作为主要探讨的内容。他的文章的主要特性是：第一，在他的研究框架中，管理当局的操控策略，可能是增加盈余（Income-increasing）也可能是减少盈余（Income-decreasing），然而以往的相关研究，大多是探讨增

① 这些研究包括Watts and Zimmerman（1978），Hagerman and Zmijewski（1979），Holthausen（1981），Zmijewski and Hagerman（1981），Collins，Rozeff and Dhaliwal（1981），以及Bowen，Noreen and Lacey（1981）。

加盈余的情境，因而内容相当丰富与有趣。第二，Healy的研究主要是探讨短期盈余的红利契约，[①]他对于操控前盈余的定义较为明确，也就是将盈余定义为操控性盈余前的净利，这一数字会受到操纵工具（这里为应计盈余）的影响；相对的，以往研究对于操控前的盈余定义不清，以致有些研究发现所探讨的会计决策的选择并不影响样本公司的盈余，甚至使研究结果无法支持红利假说。

在Healy的研究样本中，公司在给予薪酬时，虽是按照盈余的情况而定，但所给的薪酬或是红利仍是有上限的，同样，当盈余未达某一盈余下限绩效指标时，并不给予红利。假设红利契约规定，报道盈余（E）超过盈余绩效下限（L）时，则给予管理当局的红利（B），为报道盈余的某一百分比（p）；但未超过此一下限时，则不给予红利。此种红利计划可以下式表示：

$$B_t = p_t\{\max[E_t - L_t],\ 0\} \tag{5-1}$$

如果红利契约另外规定，当报道盈余超过盈余绩效上限（U'）时，就不再多给红利，则此种红利计划可以下式表示：

$$B_t = p_t(\min\{U', \max\{[E_t - L_t],\ 0\}\}) \tag{5-2}$$

这里假设公司的红利契约为（5-2）式。公司盈余 E_t 可以划分为经营活动现金流量 (CFO_t) 与应计盈余 (ACC_t)，而应计盈余可以再细分为操控性 (DA_t) 与非操控性 (NA_t) 应计盈余。由于操控性 (DA_t) 与非操控性 (NA_t) 应计盈余的细分有执行上的困难，因而Healy假设所有的应计盈余 ACC_t 都是操控性应计盈余。假设仅有两期，当期可操控的最大与最小的应计盈余幅度分别为 K 与 $-K$。由于应计盈余是调整现金流量成为报道的盈余，因此，当本期操控某一幅度的 DA_1 时，下一期的盈余会回转同一额度的盈余。换言之，两期的操控性应计盈余的总和为零 $(DA_1 + DA_2 = 0)$。例如，当期 $DA_1 = K$，则下一期 $DA_2 = -K$；反之，当期 $DA_1 = -K$，则下一期 $DA_2 = K$。

这里根据公司（5-2）式的红利契约绘制成图5-2。

① 专注于红利契约而未探讨绩效契约，目的有二：第一，让问题简化；第二，美国1 000家大公司中，有90%的公司使用红利契约，而仅有25%的公司使用绩效契约。

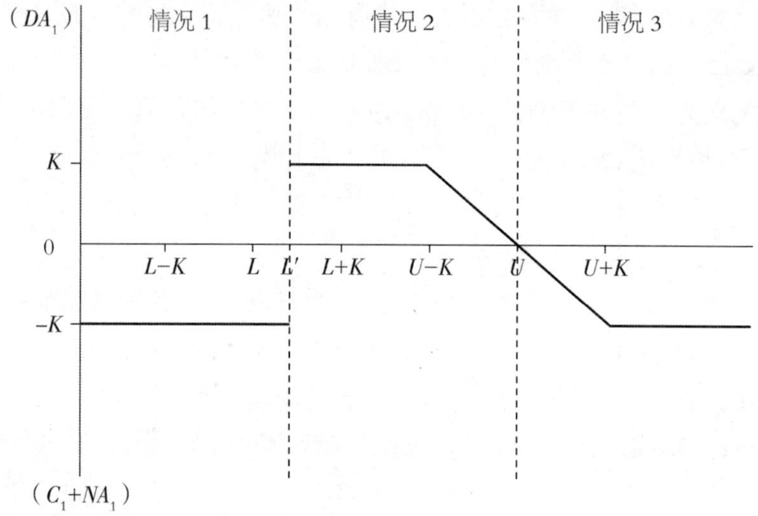

资料来源：Healy,P.M.1985.The effect of bonus schemes on accounting decisions.*Journal of Accounting and Economics* 7：85-107.

图 5-2 Healy红利架构图

在情况一中，我们可以再划分为两个区间，首先看操纵前盈余 ($C_1 + NA_1$) 小于 $L-K$ 的区间，也就是操控前的盈余，小于下限扣除可操控 DA 的数额。在此情况下，即使操控足额的盈余 ($DA_1 = K$)，公司报道的盈余仍然小于下限 L，此时不仅当期拿不到任何红利，而且将 DA 用尽而使下期无法再使用任何 DA 所带来的好处。因此，在此区间，经理人员会使用减少盈余的方式，也就是洗大澡（Take a Bath）的方式，而让下一期有最高的操控空间可以用 ($DA_2 = K$)。另一方面，当操控前盈余介于下限加减 K 的区间内时，也就是介于 $[L-K, L+K]$ 区间时，管理当局可以采用 $DA_1 = -K$ 或是 $DA_1 = K$ 的策略。如果采用 $DA_1 = K$ 的策略，虽然可以使第一期取得红利，但因为第二期已经没有操控的空间，因而有可能发生第二期红利减少的机会成本。在兼顾第一期与第二期的成本效益考量下，[①] 假设 L' 点是使 $DA_1 = -K$ 与 $DA_1 = K$ 这两个策略所产生的效用相等的盈余。当操纵前盈余小于 L' 时，管理当局将采用盈余减少的洗大澡策略 ($DA_1 = -K$)。

在情况二中，操纵前盈余介于 $[L', U-K]$ 的区间，管理当局会使用盈余增加的策略 ($DA_1 = K$)，因为此时操控得越多，可以收到的红利也越多。但是当操纵前盈余介于 $[U-K, U]$ 时，管理当局仅会使操控后的报道

① 第二期的期望红利所带来的效益，涉及预期的操控前盈余、风险态度、折现率以及红利计划的相关变量（如本例的 P 值）。

盈余达到 U ,因为此时如果操控过多(如 $DA_1=K$),则由于红利有上限的限制,因而过多的报道盈余是不能增加红利的。换言之,操纵前盈余在此区间内时,管理当局的策略是 $DA_1=U-C_1-NA_1$(此时的报道盈余为 U)。

在情况三中,如果操纵前盈余小于 $U+K$,则会采取 $DA_1=C_1+NA_1-U$ 的策略,相对的,如果操纵前盈余大于 $U+K$,则会采取 $DA_1=-K$ 的策略。

Healy以美国94家仅有红利契约而没有绩效契约的公司为样本,在1930—1980年研究期间,共有1 527个样本具有下限的规定,其中有447个样本同时有上限的规定。作者将样本划分为三群:(1)UPP组:盈余超过上限的样本;(2)MID组:盈余介于上下限之间的样本;(3)LOW组:盈余小于下限的样本。作者首先将焦点放在447个同时具有上下限的样本,结果发现UPP,MID与LOW三组样本的 DA_1 是负的比率,分别是91% ,54%与90% ,且三组 DA_1 的平均数分别为−0.0671 ,0.0021与−0.0536。这些结果与作者的推论是一致的,也就是盈余小于下限的样本(LOW组)以及盈余大于上限的样本(UPP组)会采取减少盈余的操控策略,而仅有盈余介于上下限之间的样本(MID组)才会采取盈余增加的操控策略。

针对仅有下限的样本而言(1 080个),由于没有UPP组,因而仅有MID与LOW两组样本。研究结果显示,两组负的应计盈余 DA 的比率分别为62%与64%,相当接近,但是LOW组的平均 DA_1 为−0.0367,相对的,MID组的平均 DA_1 很接近于零,仅有−0.0155。虽然MID组的样本采用调高盈余的策略的比率没有比LOW组的样本高很多,但是所采取的操控性应计盈余比LOW组大很多。因此,整体而言,这一结果仍然支持Healy的推论。

批评Healy研究的主要论点是,Healy将所有的应计盈余ACC都视为操控性应计盈余。事实上,非操控性应计盈余是指在正常情况下,即便管理当局未操控盈余也会发生的正常应计数字,因此Healy的结论有可能是因为这一衡量误差引起的偏差。例如,在MID组采取增加盈余的操控策略的结论,可能是当期总体因素而使非操控应计盈余增加的结果,相对的,另两组采取减少盈余的操控策略的结论,可能是当期总体因素而使非操控应计盈余减少的结果。为解决此问题,McNichols and Wilson(1988)以坏账准备单一会计科目为对象,将这一科目划分为操控与非操控应计两部分。作者以1969—1985年为研究期间,结果发现,获利情况相当好与获利情况相当差的样本会显著采取降低盈余的策略(也就是提取比较多的坏账费用),这一现象相当于Healy研究中,盈余小于下限的样本(LOW组)以及盈余大于上限的样本(UPP组)会采取减少盈余的操控策略。作者也发现,获利情况介于上述两种极端现象之间的样本则会采取增加盈余的策略(也就是提取比较少的坏账费用),这一现象相当于 Healy研究中,盈余介于上下限之间的样本(MID 组)会采取盈余增加的操控策略。因此,McNichols and Wilson的结果支持Healy的结论。

虽然McNichols and Wilson的结果支持Healy的结论,但是作者仅以坏账费用作为盈余管理的替代变量,而非整体的应计盈余。自从琼斯模型(Jones Model)于1991年发表之后,该模型提供了划分操控与非操控应计盈余的方法。Holthausen, Larcker and Sloan(1995, HLS)使用此方法重新检验Healy的命题。HLS的该研究具有两个特性:第一,作者可以拿到高级主管的实际红利,因而不需要像Healy一样,使用公式(5-2)来间接地检验红利假说。因为作者的红利资料,可以显示出管理当局的红利是否为零(也就是没有分到红利)、是否已达红利上限,或是介于上下限之间。第二,20世纪80—90年代红利契约的形态或许已经改变,因而使用比较新的资料可以更好地了解较近期的情况。

作者以1982—1990年间的443个样本进行检验。结果发现,管理当局红利达到上限的公司,会采用降低盈余的操控策略(操控应计盈余是负的),此点与Healy的研究结论一致。然而,对于红利为零的管理当局,其公司并未使用减少应计盈余的操控方法以降低盈余,此点与Healy的结论并不一致。作者认为可能是Healy使用所有应计盈余作为操控性应计盈余,具有衡量误差的关系。

出现这种不一致现象的原因,可能是由于其他因素所产生的影响。第一,红利为零的样本公司并未出现调低盈余的现象,可能是因为这些公司通常是业绩比较差的公司,如果再将盈余调低,很可能会让这些公司的管理当局的工作不保,因此,为了保住工作,这些管理当局可能并未如预期一样将盈余调低。另外,这些业绩较差的公司,如果再调低盈余有可能会违反债务条款,为避免这一可能性,这些公司的管理当局可能就没有降低盈余的动机。第二,对于收到上限红利的管理当局,调低盈余时,这些负向的压力与顾虑就比较轻微,因而就有较强的动机调低盈余。

然而,就整体而言,这方面的研究是支持红利假说的,特别是当盈余尚未达到红利上限时。一般而言，管理当局会使用各种方法来调整或是操控盈余，但是直接使用会计方法的变更（如采用直线法而非加速折旧法）似乎过于醒目，因此更可能使用调节应计盈余等其他的方法。

5.4.2 债务条款假说

Dichev and Skinner（2002）使用私有债务契约的债务条款作为研究对象。作者以1989—1999年为研究期间。根据债务条款的假说，公司会使用增加盈余的方法，以避免违反条款的规定。作者选择债务契约中较常见的条款作为研究对象：流动比率。根据Burgstahler and Dichev（1997）的研究方法，作者预期略违反条款门槛的样本数会比预期的少，而刚好等于或是略大于条款门槛规定的样本会比预期的多。作者将样本分配绘成图5-3。

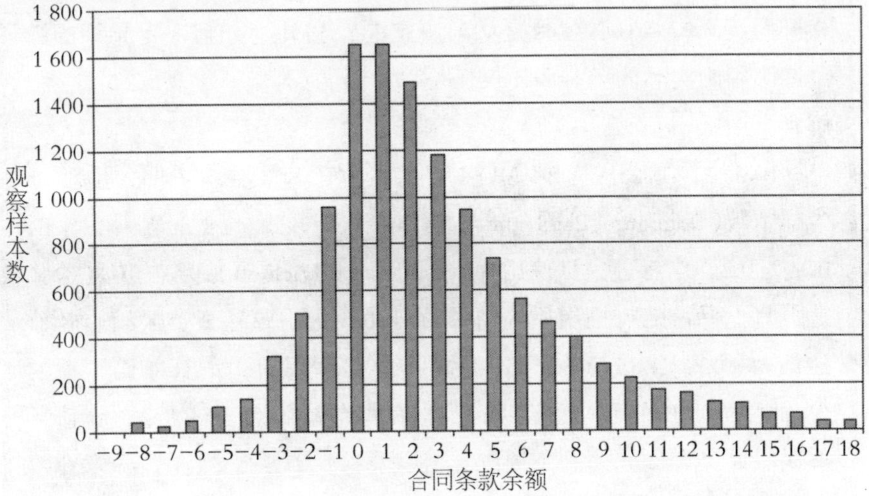

资料来源：Dichev, I.D., and D.J.Skinner.2002.Large sample on the debt covenant hypothesis. *Journal of Accounting Research*（Sep.），1091-1123.

图5-3 样本公司流动比率余额分配图

横轴代表样本公司当期实际的流动比率减去贷款约定的目标流动比率（也就是公司不得低于此的比率），作者将这一数字称为**流动比率余额（Current Ratio Slack）**，这一差额越大，表示越不会违反流动比率的债务条款。直方图第0个区间表示流动比率余额介于[0，0.2）之间，落入这一区间的样本，表示刚好迎合或是刚好比目标流动比率大一点点。直方图第1个区间，表示流动比率余额介于[0.2，0.4）之间，其余以此类推。直方图第-1个区间，表示流动比率余额介于[-0.2,0)之间,其余以此类推。样本落在越右方的区间,表示越不会违反债务条款;相对的,样本落在越左方的区间,表示违反债务条款的情况越严重。

纵轴则表示样本的数量。每一个直方格的宽度BW为0.2。作者进一步发现,-1与-2这两个区间的样本数远比预期的少。此结果显示,略小于0的样本比预期的少,而略大于0的样本比预期的多。也就是说,如果没有刻意做一些规避的动作,应该不至于出现实际样本数比操控前的样本数多或是少的现象。换言之,公司成功地将略小于0的流动比率余额(也就是已经违反流动比率目标的样本)操控至略大于0的区间。这一结果符合债务条款假说。

问 题

每一个直方格的宽度假设为BW，在本例为0.2，因此每一直方格间距为0.2。请问这0.2是如何决定的？另外，如何决定预期的数量或比率比实际的多？而非仅仅是目测而已！

解答

BW的计算公式为2(IQR)× $n^{-1/3}$,其中IQR为样本内四分位距,n为样本数(Degeorge,Patel,and Zeckhauser,1999)。经此方法算出来的BW为0.2。作者进一步使用Burgstahler and Dichev(1997)的方法检验是否有不寻常的操控现象。结果发现,0,-1与-2这三个区间的Z值分别为8.03,-4.85与-3.50。此结果显示,略小于0的样本比预期的少,而略大于0的样本比预期的多。因此作者推论这一结果符合债务条款假说。有关此处的各项统计值以及检定方法,我们在第8章介绍盈余管理时再详细说明。

作者进一步发现,当某季发生违约时,由于后续继续违约的机会增加,因此贷款者(如银行)在第一次违约出现时,紧缩银根或是采取保全措施的动作最大,因而此时公司与银行遭受的违约成本也最大。因此,公司规避此类违约的动机也最强,也就是略小于0的样本比预期的少,而略大于0的样本比预期的多。

另外,公司采取的盈余策略,可以是稳健的策略,也可以是较为积极的策略。**稳健会计**(Conservative Accounting)在某种程度上可以视为衡量盈余管理的程度,因为根据稳健原则,损失要提前确认,当公司不稳健时,就如同采取调高盈余的会计方法,而这一激进的做法对于盈余的影响,在未来将会回转。Zhang(2008)使用Basu(1997)的方法定义稳健的程度,也就是提前确认可能损失的时间,如果越早则表示越稳健。作者研究结果显示,较稳健的公司,在事前签订债务合约时,受到的债务条款的限制比较少,但是,在事后发生违约的机会却比较高。这一结果也符合本节的债务条款假说。

综上所述,不论是公开举债或是私募债务,实证研究大致都发现,公司会进行盈余管理以规避违反债务条款。然而,这里所列举的私募债务的研究,无法排除使用盈余管理之外的方法来规避违反条款。

5.4.3 政治成本假说

早期最著名的文章就是Jones(1991)探讨外国商品的进口调查案。作者检验:外国公司商品出口至美国时,是否有倾销的现象,或者是国外政府对这些公司有补贴,以至于美国国内产业受到严重的伤害。另外,根据XIX of GATT所制定的贸易法第201节,当中有一项“一般性规避条款”(General Escape Clause)的规定,认为进口导致本国相关产业受害时,进口国家(此处为美国)可暂时采取必要措施以规避GATT开放贸易的要求。调查的权力单位为美国国际贸易委员会(ITC),如果属实,则美国可以采取提高关税或是减少进口配额等措施,以暂时保护国内产业。此举涉及政治层面,因为如果真的判决国外厂商败诉,则进口商是最后获利者,而国内消费者也因而受害(要用较高价格购买国内厂商的产品),也就是将消费者财富移转至国内厂商。

由于美国国内的厂商都希望负责调查的美国国际贸易委员会能够判决国外厂商败诉,因此,作者检验美国国内厂商在调查期间是否刻意摆出哀兵姿态:刻意将盈余压低,以造成公司受害的印象。当然,其实消费者、美国国际贸易委员会及政治人物都知道厂商这些刻意压低盈余的行为,但是这些当事人都刻意忽略这一现象。原因是没有任何人有动机或能力将盈余调整至操控前的数字。例如,国内厂商因为胜诉而调高产品价格时,虽会让消费者感到一丝丝不悦,但还没有不悦到要通过游说来抵制(因为游说成本相对比较高)。至于美国国际贸易委员会,由于比较同情国内厂商,因而也没有动机去主动调整盈余,更何况要调整也可能有实际上的困难。

国内厂商想要调低报道盈余时，一个可行的方法是降低应计盈余，如高估负债（如售后服务保证负债）、低估应收款项（如高估坏账）以及提高折旧或者摊销费用等。作者以5个产业，6个案例（23个被调查公司）为样本，发现调查期间总应计盈余显著小于0，与预期相符。然而，总应计盈余中包括了与操控无关的正常应计（称为非操控性应计）以及操控的操控性应计两部分，而前者通常与公司营业模式或营业状况有关。因此作者建立了所谓的琼斯模型（Jones Model），将总应计分为这两部分，结果发现美国国际贸易委员会调查当年的操控性应计盈余显著为负，因此支持作者的推论。这篇文章的主要贡献之一就是首次创立了目前常被用到的琼斯模型。我们将在第8章说明琼斯模型的详细内容。

另外一个例子是选举对公司盈余管理的影响。2004年为美国总统与国会议员的大选年，当时由于经济不景气以及失业率攀升，因此公司产品是否应该委外到薪资较低的地区（如中国、印度或是墨西哥等）生产，成为当年选举中一个非常热门的议题。例如，有许多美国高科技公司（如IBM、微软与Intel等），将部分软件技术的研发工作委外到工资较低国家，导致美国很多工程师失业。由于媒体常常以负面观点竞相报道，因此“委外”在当时成为一个负面的字眼；此举也让选民对于委外的公司具有负面的印象，甚至出现抵制这些企业所生产的产品的现象（这些负面影响就是所谓的政治成本）。另外，为了建立良好的政商关系，企业常常通过各种渠道对政治人物提供政治献金。然而，就在当年的选举气氛下，候选人彼此指控对方的政治献金是来自于委外经营公司所赚的钱，而彼此也极力摆脱这种指控。为了避免成为媒体的焦点，成为过街老鼠，同时也帮自己支持的候选人解套，这些委外经营的公司在当年遂进行了压低盈余的操控行为。具体而言，由于大选是在11月举行，因此作者检验第二季度与第三季度盈余是否有刻意压低的现象，实证结果确实与作者预期相符合（Ramanna and Roychowdhury，2010）。

问 题

（Ramanna and Roychowdhury，2010）：2004年美国大选年，委外经营的公司会进行降低盈余的管理行为。

研究设计

$$DA = a_0 + a_1 CTWGIVER + a_2 OUTSOURC + a_3 OUTSOURC \times CTWGIVER + CONTROL + e$$

DA 是指 Kothari et al.（2005）使用的绩效配对法所计算的操控性应计盈余（详见第8章介绍）。由于大选是在11月举行，因此作者检验2004年第二季度与第三季度盈余是否有刻意压低的现象。

为了衡量委外的程度，作者使用两个替代变量 (*OUTSOURC* 与 *WFRED*) 。*OUTSOURC* ：是指每年度媒体报道该公司委外的次数的变动数。例如，如果以结束日为2004/3/31的会计年度为例，媒体报道该公司委外的次数的变动数为：

$$OUTSOURC = \frac{媒体报道次数_{结束日2004/3/31} - 媒体报道次数_{结束日2003/3/31}}{媒体报道次数_{结束日2003/3/31}}$$

$媒体报道次数_{结束日2004/3/31}$ 是指在结束日为2004/3/31的会计年度期间，媒体报道该公司文章中有提到委外 (*OUTSOURC*) 这一个字根的次数（含有 *OUTSOURC* 字根的英文字，包括：“outsource”，“outsourcer”，“outsources”，“outsourcing”等）。*WFRED* ：代表因为委外而使公司从业员工减少的幅度；作者先以每一个产业为样本，使用下式算出回归系数，然后估得每个样本的残差 δ_{it} ：

$$\Delta Employees_{it} = \eta + \gamma_0 \times (1/Assets_{it}) + \gamma_1 \times \Delta Sales_{it} + \delta_{it}$$

$\Delta Employees_{it}$ 为员工人数变动数除以期初总资产；$\Delta Sales_{it}$ 为销售收入变动数除以期初总资产。最后，将 *WFRED* 定义如下：

$$WFRED_{it} = -100 \times (\delta_{it-1} + \delta_{it-2})/2$$

WFRED 越大表示委外幅度越大。*CTWGIVER* ：在大选前四年中，收到公司政治献金的政治人物当年有参选者为1，否则为0。

实证结果

（1）以 *OUTSOURC* 为委外替代变量时，结果发现 $a_1 < 0$，$a_2 < 0$，但是 a_3 并未显著异于0。这表示有委外的公司盈余确实比较小，然而这一结果不会因为候选人当中是否有收到公司政治献金而有差异。（2）以

> *WFRED* 为委外替代变量时，结果发现 $a_1<0$，$a_3<0$，但是 a_2 并未显著异于0。这表示委外仅在拿到该公司政治献金的候选人有参选时，才会刻意压低盈余。一般而言，这些结果是支持研究假说的，然而媒体报道的负面影响，似乎比公司实际减少从业人员时来得强。

政治关联公司可能给公司带来利益，但也可能带来负面的成本。

5.5 政治关联性研究

5.5.1 正反面效果

有些公司的主管、大股东或是董事，本身就是国会议员或是政府官员，或者是与政党政治人物之间具有良好的关系。这些公司就是俗称的**具有政治关联的公司**(Politically Connected Firms)。这种现象不论是在发展中国家还是发达国家，都是相当普遍的。然而政治关联性对于企业的影响究竟是正面的还是负面的，在学术研究上是没有定论的。

首先说明正面的效果。正面的效果主是来自于政府的各项优惠，这些优惠可以提高公司的相对获利能力或是降低所面临的风险。例如，政府刻意提高这些公司的竞争者的关税，降低法规对于公司的束缚，或比较容易从政府取得贷款(Faccio et al.,2006)，在经济不景气或是公司财务困顿期间缴纳较低的税赋(Faccio,2010)，或是比较容易获得政府补助，取得较低的资金成本(Boubakri et al.,2012;Houston, Liang, Lin, and Ma,2014)，因而公司价值会比较高(Houston et al.,2014)。例如，印度尼西亚在苏哈托(Suharto)执政期间，与政府关系好的公司比较容易取得进口的许可(Mobarak and Purbasari,2006)。

> **政治关联的优惠来源**
>
> Houston et al.（2014）提了一个有趣的问题：政治关联公司的银行贷款比较低。原因可能有两个：（1）借款人渠道（Borrower Channel）：借款人得到实质好处，因而业绩变好且风险降低。这一点就是我们目前提到的。(2)银行渠道(Bank Channel)：通过借款人，银行也想要建立政治关系。作者想区别结论究竟是来自哪一个原因，结果发现是第一个原因。如果是你，你要如何检验是哪一个原因？

就负面效果而言，政治关联性的公司其实也是要付出代价的。为了建立良好的政治关系，公司内部人需要发生一些成本，当公司建立关系并获取利益时(如银行贷款)，自然需要回收这些成本。因此，控制股东自利的剥削行为在政治关联性的公司中是比较严峻的问题(Qjan et al.，2011)。此外，政治关联性的公司业绩通常会比其他公司差。

政治关联会影响会计师的选择，也会影响盈余质量。

5.5.2 会计上的影响

政治关联性的影响，近来也引起会计学者的关注。Chaney等人(2011)研究发现，政治关联性公司的盈余质量是比较低的，主要原因是这些公司内部人为了掩饰通过关系所获取的好处(常常因此而剥削到其他小股东)，会降低报表质量来掩饰剥削的现象。另外一个原因，是这些公司鉴于有良好的政治关系，因而不在乎盈余质量的好坏。Houston et al.(2014)也发现类似的结果。其次，Guedhami et al.(2014)进一步探讨政治关联性对注册会计师选择与盈余质量的影响。作者首先探讨具有政治关联性的公司会倾向于选择“四大”还是“非四大”会计师事务所。这有两派说法：第一，为了传递公司不会因为有好的关系而剥削外部股东，公司内部人会选择“四大”来自我约束，并向外传递信息；另一相反的看法与Chaney等人(2011)相同，认为政治关联性公司为了掩饰通过关系所获取的好处，会故意聘用“非四大”来减少对自己的监督。作者以包括台湾在内的28个国家或地区为样本，发现政治关联性越好的公司越会倾向于选择“四大”。作者进一步发现，会导致严重代理问题的所有权结构的国家或者治理机制背景越不成熟的国家，政治关联性公司越会通过选择“四大”会计师事务所来传递公司自律的动机。最后，就政治关联性的公司而言，聘任“四大”的公司，其盈余管理情况相对不严重、信息较透明、市场评价较高且权益资金成本较低，这些经济后果正足以证明政治关联性公司选用“四大”的背后原因。

问题1

政治关联性（Chaney et al.，2011)：政治关联性公司的盈余质量比较低。

研究设计

作者使用下式检验假说：

$$DA\_sd = a + b\ CONNECTED + CONTROL + e$$

DA_sd 是指前5年应计盈余的标准差(作者分别以前5年与前10年 DA 计算标准差，结论差不多，因此此处统一以 DA_sd 表示)。$CONNECTED$：指有政治关联性，则等于1，否则为0；至于政治关联性是指大股东(控制权大于10%以上)还是高级主管在研究期间为国会议员、国务大臣、国家元首或与政党(政治人物)具有紧密关系者。

实证结果

$b>0$，与预期相符合，也就是政治关联性公司的盈余质量比较低。

问题2

政治关联性公司的盈余质量比较低，有三种可能原因：(1)为掩饰通过关系所获取的利益，公司内部人刻意降低报表质量来掩饰这些不当利得；(2)由于政治人物会帮忙，因此这些公司不在意盈余质量；(3)盈余质量较差的公司想要与政治人物建立关系。作者进一步问：哪一个是真正背后的原因呢？为检验第三个可能性，作者使用Probit回归：

$$P(CONNECTED_t = 1) = F(a + b\ DA\_sd + CONTROL_t)$$

$CONNECTED_t$：如果 t 年新建立政治关系者，等于1，否则为0。DA_sd：$(t-1, t-5)$年之间的 DA 的标准差。实证结果发现，b 并不显著，因此作者剔除第三种的可能解释(盈余质量较差的公司想要与政治人物建立关系)。为检验是否来自于第二种原因，作者使用下列回归式：

$$COD = a_0 + a_1 DA\_sd + a_2 CONNECTED \times DA\_sd + a_3 CONNECTED + CONTROL + e$$

COD：债务成本，有两种定义方式：(1) COD_I：利息/附息债务；(2) COD_B：公司债收益率(yield)减去国库券公司债的收益率。当以 COD_I 为因变量时，$a_1>0$，$a_2<0$，但是 a_1+a_2 并不显著异于0，这些实

证结果表示,没有政治关联性的公司,盈余质量越差(a_1 越大),债务成本越高;但是对于具有关联性的公司而言,盈余质量不会影响到债务成本(因为 a_1+a_2 并不显著异于0)。当以 COD_{-B} 为因变量时, a_1 并不显著异于0, $a_2<0$,这一结果表示,政治关联性的公司即使盈余质量比较差,也不会受到处分。

前面说明政治关联对企业的影响,此处我们进一步介绍企业如何影响监管机构(如SEC或FASB)的决策。特定的利益团体常常会通过政治献金或者选票与政治人物建立互惠关系;而政治人物(如国会议员)则通过立法、质询与预算监督等职权来影响行政单位。因此,利益团体就可以通过政治献金与选票影响监管者的决策,进而达到利润转移的目的(Stigler,1971;Pelzman,1976)。此外,公司也可以委托游说公司进行游说。科雷亚(Correia,2014)发现,政治献金越多的公司,或者花在游说上面的金额越大时,被SEC判决行政处分的机会越小。此外,即使是被判决了,所受到的处分也会比较小。

以往企业合并可以采用权益结合法与购买法,然而许多企业在使用权益结合法时过于泛滥,因此FASB拟废除权益结合法,而仅能采用购买法,且因此所取得的商誉须按年分摊。然而由于反对者的施压,因此退而求其次,FASB虽仍坚持仅能采用购买法,但商誉无须再摊销,仅需每年判定是否有减值准备的必要,此举保留了盈余操控的空间,而这正是原来希望继续采用权益结合法的原因。拉曼纳(Ramanna,2008)发现,反对FASB原草案的政治人物会从这些反对废除权益结合法的公司中收到比较多的政治献金,这一点似乎隐含着反对公司通过政治献金来达到对FASB施压的目的。

5.6 投机或是效率契约

> 在契约条款下,会计方法的选择都是从自利的角度出发吗?有没有从公司或者委托人的角度出发呢?

5.6.1 效率契约的存在

在财务报告的契约角色下,会计方法的选择很可能是基于投机的自利动机。例如,以上所介绍的三个假说,到目前为止都是从此自利动机上去介绍的。就前面提到的薪酬契约(Healy,1985)而言,管理当局为了提高自己的薪酬使用会计方法来操纵盈余,此举对公司可能是不利的,因此是一种投机性的行为,而非效率性的契约行为。然而,有时候管理当局也可能是出自效率契约的观点而进行操控盈余管理的行为。例如,如果管理当局采用直线法计提折旧而非采用加速折旧法,其原因是该类机器消耗形态确实是每年提供相同的服务潜能,而不是前几年服务潜能较多而后几年较少。在这种情况下,不仅自己的薪酬较高,且也不会违反债务条款,然而此举却是从效率契约行为衍生而来的。

Armstrong,Jagolinzer,and Larcker(2010)以2001—2005年为研究期间,探讨"权益组合弹性系数"对非法违约(如财务报表重述)的影响。所谓"权益组合弹性系数",是指公司股价每变动一单位,则管理当局握有的权益组合(如期权、受限制的股票等)价值的变动幅度,这一弹性越高,则管理当局操控盈余以影响股价的利益越大。因此,作者检验**权益组合弹性系数**越大的公司是否因为要操控盈余,而越容易出现会计上违规(如财务报表重述)的现象。作者使用较精确的配对方法之后,发现权益组合弹性系数与非法违约之间并没有显著关系,因此作者认为此类薪酬契约的设计,是符合效率契约观点的。换言之,在实证性会计理论观点之下,红利假说仍是可能存在效率契约的假设。

其次,就债务契约而言,在前面提到的Dichev and Skinner(2002)的例子中,我们也是从投机行为去解释的。然而,在他们的样本中,如果债务条款约定的比率(例如流动比率与净值比率)的波动性越大,则越容易违约。作者因此发现一个有趣的现象,就是这些比率波动性较大的公司,它们的债务条款所规定的比率的条件不会定得比较严格,以避免债务人违约。因为如果债务人违约的话,其实对缔约双方都是不利的。其实这种契约就是从效率观点订立的,以避免引起这种对双方不利的违约成本而放松条件。

稳健会计会提高契约的效率性,降低自利动机的可能性。

5.6.2 稳健会计与效率契约

Watts(2003)指出,稳健会计可以增强契约的有效性。例如,就债务契约而言,债权人比较关心的是公司的下方风险(Downside Risk)[①]而非上方

① 下方风险即实现的收益率低于期望收益率的风险。股价的下方风险是指未来股价走势可能低于分析师或投资者预期的目标价位的风险。

风险(Upside Risk)[①]。也就是说,如果公司盈余增加或者股价上涨,对债权人的影响不大,因为他们每期都收取固定的利息,然而当盈余减少或是股价下跌时,则很可能会无法收回本金或者利息。在稳健会计下,要提早确认损失并延缓确认利得,这一做法恰好可以保障债权人的权益。例如,如果债务契约约定净值不能低于某一数字,则稳健会计可以避免降低保留盈余,也可以避免支付过多的股利,并降低债务人违约的风险,因而可以保障债权人的利益。此外,如果公司真的有财务危机,也可以提早知道而采取保护对策。

这里举例说明。债权人与股东之间的一项代理冲突,就是股东希望多发放股利,但债权人却希望少发股利;Ahmed et al.(2002)认为稳健会计的采用,刚好是一项缓和这类股利政策冲突的有效机制。因此,公司可以通过稳健会计来解决股东与债权人之间的这一代理问题。他们研究发现,债权人与股东之间的股利政策冲突越大,则公司越会采取稳健的会计政策。也由于公司采取稳健的会计政策,因而标准普尔公司的债券信用评级将因此而提高。Zhang(2008)进一步发现,借款公司的会计政策越稳健,对于贷款者越是有保障,因此贷款人会通过降低事前举债的资金成本,来与借款公司共享这一利益;但是在签约后,借款公司违约的机会相对也会比较大。同样的,稳健会计也应该会降低权益的资金成本。有关这方面的议题,我们留待第9章再详加说明。

5.7 文章导读

5.7.1 Zhang(2008)

问 题

Zhang(2008):作者主要在检验下列假说:

(1)H1a:借款公司会计越稳健,则事后越容易违约;

(2)H1b:借款公司会计越稳健,则事后越容易快速违约;

(3)H2:借款公司会计越稳健,则借款利率越低。

① 上方风险即实现的收益率高于期望收益率的可能性。

研究设计

作者使用下列回归式检验H1a：

$$Violate = a_0 + a_1 Conver + control + e \quad (5-3)$$

$Violate = 1$，表示公司发生债务违约，否则为0；$Conver$：为稳健会计的衡量方法，越大越稳健（有关这一点，第9章将会有详细的说明）。实证结果发现，$a_1 > 0$，支持H1a。为检验H1b，作者使用风险模型（Hazard Model）：

$$\ln h_i(t) = a(t) + a_1 Conver + control + e \quad (5-4)$$

$\ln h_i(t)$代表i公司在t仍未违约之前提下，在t这一时点会瞬间违约的风险；$a(t)$为基线风险（Baseline Hazard）。[①]实证结果发现$a_1 > 0$，支持H1b。作者使用下列回归式检验H2：

$$Spread = a_0 + a_1 Conver + Control + e \quad (5-5)$$

$Spread$代表利率，为LIBOR的加码点数，加码越多表示利率越高。实证结果发现，$a_1 > 0$，支持H2。

5.7.2 Guedhami, Pitman, and Staffar(2014)

问　题

作者主要在检验下列假设：

H1：具有政治关联性的公司会倾向于选择“四大”；

H2：具有政治关联性的公司会倾向于选择“四大”的情况，在会导致严重代理问题的所有权结构的国家，愈发明显；

H3：具有政治关联性的公司会倾向于选择“四大”的情况，在治理机制背景不成熟的国家，愈发明显；

H4：政治关联性公司的盈余质量，在聘任“四大”之后会比没有聘任“四大”者改善。

---

① Cox比例风险模型（Proportional Hazard Model）常在会计学术研究中被采用，基本上该模型想表达的是，在研究学者有兴趣的事件于时间点t会发生的风险比。因此，现在从引用Zhang（2008）的模型来看，可知原先存在一个违约风险比$\ln HR(x_1, x_2, \ldots, x_k) = \ln(h_i(t|x_1, \ldots, x_k)/a(t)) = \alpha_1 x_1 + \alpha_2 x_2 + \cdots + \alpha_k x_k$，此关系式中的$a(t)$表示当所有自变数都为0时的基线风险，而$h_i(t|x_1, \ldots, x_k)$则表示于时间点$t$下给定$(x_1, x_2, \cdots, x_n)$下$i$公司发生违约事件的风险几率；将这个关系式进一步转换成下面关系式：

$h_i(t|x_1, \ldots, x_k) = a(t) \times \exp(\alpha_1 x_1 + \alpha_2 x_2 + \cdots + \alpha_k x_k)$

将上式两边同时取自然对数后得到下式：

$\ln h_i(t|x_1, \cdots, x_k) = \ln a(t) + \alpha_1 x_1 + \alpha_2 x_2 + \cdots + \alpha_k x_k$

故模型中$\exp(\alpha_j)$指当x_j每增加一单位时的风险比为原来的$\exp(\alpha_j)$倍。例如，若x_j表示会计稳健度，现估计出该系数估计值α_j为0.002，即表示当j公司的会计稳健度每增加一单位时，则公司事后发生违约风险比为原来的exp（0.002）=1.002（倍），也就是风险增加了0.2%（exp（0.002）-1=0.002）。

研究设计

为检验H1,作者使用下列Logistic回归式:

$$BIG4 = a_0 + a_1 CONNECTED + a_2 CONTROL + e \tag{5-6}$$

BIG4:聘任"四大"会计师事务所时为1。*CONNECTED*:有政治关联性的公司等于1,否则为0。至于政治关联性是指大股东(控制权大于10%以上)或是高级主管在研究期间为国会议员、国务大臣、国家元首(总统、国王与首相),或与政党(政治人物)具有紧密关系的人。为检验这一假设,作者使用三种样本:(1)所有公司(有/无政治关联的公司)。(2)对于每一个有政治关联的公司,使用配对法找出配对公司(配对指标是:国家、产业、年度与资产)。(3)根据各种可观察到的公司特性,使用倾向评分方法(Propensity Score Method)配对;换言之,在同一国家、同一产业、同一年度下,使用下列Probit回归式估计所有样本建立政治关联性的几率:

$$P(CONNECTED = 1) = F(b_0 + b_1 SIZE + b_2 Leverage + b_3 Stake\_largeholder + b_4 Owner\_state + b_5 Crosslisting) \tag{5-7}$$

SIZE:公司规模;*Leverage*:公司债务比率;*Stake_largeholder*:最大股东持股比率;*Owner_state*:国有股比率;*Crosslisting*:是否跨国上市。然后,为每个关联性公司找出概率值最接近的非政治关联性公司作为配对。实证结果发现,在三组样本下,(5-6)式的 $a_1 > 0$,支持H1。

为验证H2,作者使用下式检验:

$$BIG4 = a_0 + a_1 CONNECTED + a_2 Ownersturcture + a_3 CONNECTED \times Ownersturcture + a_4 CONTROL + e \tag{5-8}$$

Ownersturcture:代表所有权结构。作者使用五个替代变量;(1)*DIVERGE*:控制股东的控制权与所有权分离情况,越大表示代理问题越严重。(2)*CONTROLRIGHT*:控制股东的控制权是否大于50%;如果是的话,代理问题越严重。(3)*SINGLEARGEOWN*:控制权大于10%的股东仅有一位时,等于1,否则为0;由于多位大股东可以互相监督,因此仅有一位大股东时,代理问题较严重。(4)*NUMBER OF LARGE OWNERS*:控制权大于10%的大股东的数目;越多表示代理问题越小。(5)*BUSINESSGROUP*:如果公司属于集团

企业的一员，则为1，否则为0；属于集团企业时，代理问题较严重。实证结果与预期相同，也就是以 *NUMBER OF LARGE OWNERS* 为替代变量时，a_3 为正，而以其他四个变量为替代变量时，a_3 为负。支持H2。

为验证H3，作者将样本划分为国家层级的治理机制高低两组[①]，并分别检验方程式(5-6)。作者使用四种方法作为治理机制高低的替代变量：(1) *RESTRICTIONS*：法律限制政府官员从事商业活动的六项问题（如限制国会议员持有公司股票或成为董事等），总分数介于0~6之间，越大表示管制机制越佳；(2) *EXPROPROATION*：国家整体的剥削风险，总分数介于0~6之间，越大表示治理机制越差，风险越高；(3) *ANTSELF*：反内部人自利的指数，旨在衡量国家法律在保护少数股东的程度，越大表示治理机制越佳；(4) *PROPECTION*：衡量国家法律保护投资人的程度，越大表示治理机制越好。实证结果与预期相同，也就是治理机制较差时（*RESTRICTIONS* 较低、*EXPROPROATION* 较高、*ANTSELF* 较低、*PROPECTION* 较低），a_1 显著为正数，而治理机制较好的这组，a_1 并不显著。因此，支持H3。

为验证H4，作者使用下式检验：

$$INF\_QUALITY = a_0 + a_1 CONNECTED + a_2 BIG4 + a_3 CONNECTED \times BIG4 + CONTROL + e \tag{5-9}$$

INF_QUALITY 代表信息质量，作者使用下列六种替代变量：(1) *EM*（盈余管理）：操控性应计盈余的绝对值；(2) *ANALYST*（分析师报道人数）；(3) *ACCURACY*（分析师预测的精确性）；(4) *IFRS*：是否采用 *IFRS*；(5) *MV/BV*（市值/账面值）；(6) *COC*（权益资金成本）：四种权益资金成本的平均数（详见第4章的说明）。

这四种常见的资金成本模式分别为：(1)Gebhardt et al.(2001)；(2)Claus and Thomas(2001)；(3)Ohlson and Juttner-Na-roth (2005)；(4) Easton (2004)。使用平均数的原因，是每一个方法都会产生衡量上的误差，因此平均之后就可以降低此疑虑。

实证结果与预期相同，也就是说，以 *EM* 与 *COC* 为替代变量时，a_3 为负（表示聘任“四大”时，盈余管理与资金成本都降低），而以其他四个变量为替代变量时，a_3 为正（表示聘任“四大”时，分析师报导人数变多、分析师预测的精确性提高、使用IFRS、市值/账面值较大）。支持H4。

① 这四个替代变量的衡量，作者是援引几篇文章的结果，由于原来被援引文章的内容较复杂，因此此处不打算详细说明；有兴趣读者请参阅原文或本书第4章的介绍。

附录 SAS/STATA 实例

实例演练：会计稳健与债务条款违约间的关联性

本例欲检验 Zhang(2008)的三个研究假设(见 5.7.1 节问题描述)，以1984—2003 年间的 20 家上市公司所发行的 252 个贷款融通(Facility)为研究对象。检验此三个假设所需变量有：*Facilityid*, *Violate*（其值为 1 表示公司发生债务违约,反之为 0)，*t*（表示公司自其股价具有负向冲击起至发生债务违约间的季数)，*Conserv*（会计稳健度)，*Spread*（贷款利率，以伦敦银行间拆借利率指标为基础的放款利差）及 *Size*（公司资产总额 *AT* 取自然对数，为控制变量)。相关程序语法与输出摘要，请登录本书网站 www.dufep.cn下载所附实例演练程序示范。

习题

1. 财务报告扮演了哪两个重要的会计角色？会计信息的这两个角色未必是互斥的，但也未必是一致的？除课本释例之外，请另举一例说明。
2. 在目前 IASB 与 FASB 联合发展的财务报告概念框架下，提到财务报告仅有一个目的：决策有用性。事实上，Ball and Shivakumar(2008)研究指出，年报资料仅解释约 1%~2%的股价变化，因此财务报告的主要功能并非是向资本市场提供会计信息，相对的，财务报告主要用途是在其他方面，如债务契约与薪酬契约等的用途上。你是否同意 IASB 与 FASB 联合发展的财务报告概念框架的做法？为什么？
3. 何谓实证性会计理论？主要包括哪三大假说？除此三大假说之外，可否再列举一个其他类型契约的有关假说？(正式/非正式契约、显性/隐性契约皆可)
4. 美国 SFAS 19 规定，自 1977 年 12 月 31 日起，石油公司一律要采用勘探成本法。凡是原来采用全部成本法的公司，应改为勘探成本法。Lev(1979)发现，在该草案公告日(1977 年 7 月 18 日)前后三天的累积异常报酬显著为负。试问：

(1)大或小石油公司中,哪一种公司会比较反对?

(2)这个公报并未直接影响现金流量,为何石油公司会反对?特别是(1)中所提到的公司?

(3)你觉得这符合有效市场假说,还是实证性会计的预期?如果是后者,又符合哪一个假说呢?

5.美国FASB于2005年通过执行SFAS修订后的第123号财务会计准则,要求按照公允价值法处理期权的价值,至于公允价值的计算方法可以采用Black-Scholes或者其他的评价模型。试问:

(1)采用Black-Scholes或者其他的评价模型,会有什么后遗症?其算出的公允价值的相关性与可靠性如何?试评述之。

(2)这一规定是否会让公司产生新的盈余管理的对策或方法?试评述之。

第 6 章

薪酬契约

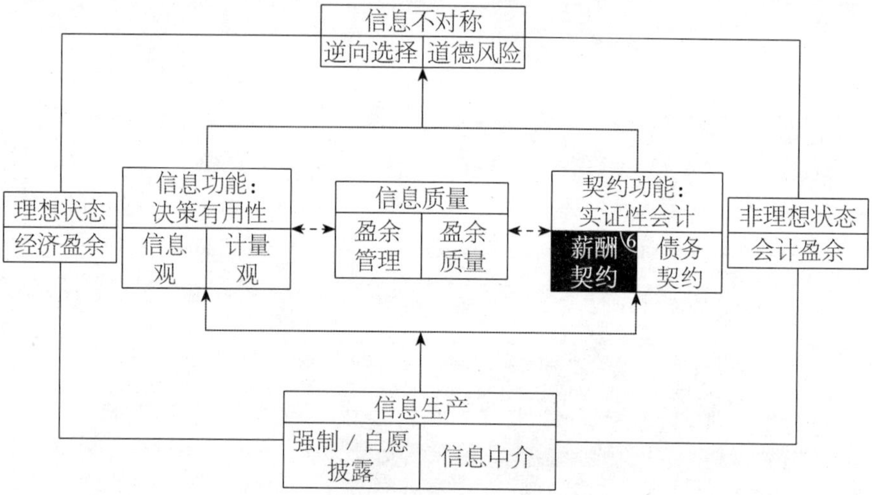

图 6-1　第 6 章架构

介绍代理理论与薪酬契约的内容。

本章先介绍了代理理论及其含义；接着根据代理理论的经济理论，介绍如何设计一个有效的薪酬契约，以解决股东与管理当局之间的道德风险。最后介绍高管薪酬的实证研究。图 6-1 为本章在整体架构图中的定位。

以浅显的范例介绍代理理论的内容，作为薪酬契约的基础。

6.1 理论模型

在现实社会中，代理问题层出不穷，每当一个人将决策权或工作授予另一个人时，就会出现所谓的代理关系，前者称为**委托人**（Principal），后者称为**代理人**（Agent）。随着公司规模的扩大，公司的所有权与经营权分离，股东为公司的所有者，而（高级）经理为公司的经营者，股东为委托人，经理为代理人，因而形成了所有人与经理之间的代理问题。[①]代理关系中的委托人与代理人如何区分，依所涉及的道德风险而定。一般说来，代理人的行为或努力程度，会影响委托人的产出概率分布，而该行动或努力程度却是委托人无法观察到的，委托人仅能观察到最后的产出或成果。因此，委托人的主要问题就是要设计一个契约，诱使代理人采取对委托人最有利的努力程度或是行动。[②]

然而，如果仅是代理人采取的行动会影响委托人的产出，而委托人又无法观察到代理人的行为，这一事实并不足以产生代理问题。因为如果代理

① 例如经理会在上班时偷懒、使用公款过度消费、雇用亲友、建立个人王国、采取较保守的投资方案或采取短期而非长期的最佳方案（这一情况在接近退休时尤其明显）等。

② 常见的关系如股东与经理、雇主与员工、上司与下属。然而，代理问题并非仅出现在这种具有上下级的关系中，例如贷款人与借款人、客户与律师、保险公司与投保人等，这三个例子中的贷款人、客户与保险公司为委托人，而借款人、律师与投保人则为代理人。

人与委托人二者的目标与偏好相同,代理人自利的努力程度将同时会使委托人的效用最大化。然而,这种情况并不多见。一般而言,代理人追求自利的过程中,往往与委托人利益最大化的行为相悖离。特别是,在代理理论的论述中,代理人的努力会带给代理人**负面的效用**(Disutility),越是努力,代理人效用降低越多,而委托人的效用反而增加越多。如果代理人并不会厌恶努力,也就没有代理问题。同样的,即便代理人讨厌努力,但是委托人可以直接观察到代理人所有的行为,委托人仍然可以通过契约的设计,激励代理人采取对委托人最佳的努力水平。综上所述,代理问题出现的基本原因是:委托人无法观察到代理人的努力或行动,代理人厌恶努力或行动,而这一努力或行动最后却会影响委托人的产出。

6.1.1 完全信息下的代理问题

本节说明在委托人与代理人具有相同信息的情况下,如何订立薪酬契约。

本节先从**完全信息**(Full Information)开始说明。所谓完全信息,就是指委托人可以完全观察到代理人的行动,而无须花费任何成本。为使读者容易了解,此处尽量以简易方式刻画代理问题。假设有一家公司,股东(委托人)想聘请一位经理(代理人),委托其经营,而经营期间仅有一期。公司的产出 x ,通常受到代理人的努力 (a) 、公司外在的不可控因素 (θ ,如天气、景气)所影响,因此可以表示为: $x=x(a,\ \theta)$ 。假设代理人可以采用的努力集合 A 中,包括 a与b ,其中 b 为委托人希望代理人采取的最佳行动,而 a 为所有其他的可行努力。假设未来的状态有 n 种,因此经排序后的产出也有 n 种: $(x_1,\ \cdots,\ x_n), x_i<x_{i+1}$ 。此处的 x 可以被委托人与代理人共同观察到,且由二人根据契约来共享成果;这一成果 x 通常可以公司这一年的现金流量或净利润代表。代理人越努力,则产出越多。在给定某行动或努力 a 之后,产出为 x_i 的概率为 P_{ia} 。委托人的主要问题就是设计一个使代理人追求委托人效用最大化的薪酬契约 $s(x)$ 。为便于表达,在该薪酬契约下,假设公司产出为 x_i 时代理人所能得到的报酬为 $s(x_i)$ 。

委托人在给予代理人薪酬时,必须符合最低的工资要求,此处最低的工资要求是指如果代理人离开本公司而在劳动力市场取得其他工作时,他可以得到的效用,该效用称为**保留效用**(Reservation Utility)。如果不满足这一要求,代理人将不会留在该公司继续服务。另外,由于努力会增加代理人的负面效用,因此假设代理人努力所引起的负效用 $(c(a))$,会随着努力 (a) 而增加。假设委托人可以观察到代理人的行为。由于 b 是让委托人期望效用最大的行动，则委托人此时的问题可以表示如下：

$$\max_{s}\sum_{i=1}^{n}(x_i-s)p_{ib} \tag{6-1}$$

约束条件为：

$$\sum_{i=1}^{n}U(s)p_{ib}-c(b)\geqslant k \tag{6-2}$$

(6-1)式是指委托人选择使自己期望效用最大化的薪酬契约 $s(x_i)$ 或 s；(6-2)式则是指所提供的保留效用足以让代理人愿意留在公司的约束条件，也就是说，如果要代理人留在公司的话，至少要让代理人得到 k 的效用，否则代理人在其他公司也至少可以得到 k 的效用。换言之，在(6-2)式的约束下，委托人希望找出一个契约 $s(x_i)$ 或 s 使自己期望效用最大化。

兹举一简例说明，相关资料如表6-1所示。

表6-1　**代理问题的释例：固定结果(Fixed Support)**

$x(a,\theta)$ 状况	代理人(经理)的努力程度			
	a_H(努力)		a_L(偷懒)	
	报酬(美元)	概率	报酬(美元)	概率
θ_S	100	0.6	100	0.3
θ_F	50	0.4	50	0.7
负效用：$c(a_i)$	2		1.5	
保留效用	4		4	

(1)假设经理(代理人)的努力仅有高努力 (a_H) 与低努力 (a_L)，也就是代理人的行动集合 $A=\{a_H,a_L\}$。

(2)假设仅有两种状况 $\theta=(\theta_S,\theta_F)$，分别代表成功与失败。同时，另外假设仅有两种报酬(以美元为单位)：

$x=\{x_H,\ x_L\}=\{100,\ 50\}$

(3)假设当代理人采取高努力 a_H 时，产出 x_H 与 x_L 的概率分别为：

$p(x_H/a_H)=0.6$；$p(x_L/a_H)=0.4$

而当代理人采取低努力 a_L 时，产出 x_H 与 x_L 的概率分别为：

$$p(x_H/a_L)=0.3;\quad p(x_L/a_L)=0.7$$

也就是说，代理人的努力会影响到产出 x 的概率分布，越努力则成功 θ_S 的机会越大，且获得高报酬 x_H 的机会也越多。

（4）假设代理人努力所引起的负效用为：

$$c(a_H)=2;\quad c(a_L)=1.5$$

也就是说，越努力所引起的负效用越大。

（5）假设股东（委托人）是风险中立的，而经理（代理人）是风险厌恶的。代理人与委托人的效用函数分别为：

$$U_A=[s(x)]^{1/2}-c(a)$$
$$U_P=x-s(x)$$

由上可知，代理人效用 U_A 由两部分构成，分别为薪酬与努力所产生的正效用与负效用。本例假设代理人薪酬与努力的正、负效用可以分离，因此分别表示为 $[s(x)]^{1/2}$ 与 $c(a)$ 。其中，$s(x)$ 为委托人设定的薪酬契约。根据以上的这些资料，委托人打算选一个最优的 $s(x)$ 以使自己的效用最大化。

委托人认为代理人采取 a_H 时，会让自己有较高的效用。此时，必须先满足代理人采取 a_H 的保留效用的要求；也就是说，如果要将代理人留在公司的话，所设计的薪酬契约至少可以让代理人拿到最低薪资的要求。换言之，委托人所设定的薪资 $s(x)$ 必须使代理人在采取 a_H 时，至少可以拿到保留效用的基本要求4：

$$U_A=[s(x)]^{1/2}-c(a_H)=4$$
$$\Rightarrow [s(x)]^{1/2}-2=4$$

因此，委托人分配给代理人的薪资 $s(x)$ 为36美元时，可以刚好满足其保留效用。此时委托人在代理人采取 a_H 与 a_L 下的期望效用分别为：

$$E(U_P(a_H))=0.6(100-36)+0.4(50-36)=44$$
$$E(U_P(a_L))=0.3(100-36)+0.7(50-36)=29$$

因此，会使代理人期望效用达到最大化的行动应该是 a_H 。然而，如果放任代理人采取行动，则代理人在采取 a_H 与 a_L 下的期望效用分别为：

$$E(U_A(a_H))=[36]^{1/2}-2=4$$
$$E(U_A(a_L))=[36]^{1/2}-1.5=4.5$$

因此，代理人将采取效用较高的 a_L，此点与委托人的观点不同。为使代理人能采取 a_H，委托人应采取下列薪资契约 $s(x)$：

$s(x)=36$美元，如果代理人采取a_H

$s(x)=-\infty$，如果代理人采取a_L

事实上，当代理人采取 a_L 时，仅需要给予小于 30.25 美元的薪酬即可，而未必要 $-\infty$。此处的结果事实上是风险共享（Risk Sharing）的一个特例，因为在本例中，委托人承担所有的风险，代理人收到固定薪资而未承担任何风险。如前所述，我们假设委托人是风险中立的，而代理人是风险厌恶的，因此，所有风险都由委托人承担，将是最有效率的。

如果没有外在不可控的因素 θ，或委托人可以观察到实际发生的状态 θ，且由产出 x 可以反推出代理人的努力程度 a 时，委托人也就不需要设定复杂的激励计划（下一节介绍），而是如本节所述：如果代理人并未选择对委托人最有利的努力程度 b，委托人将给予代理人极大的处分，如此代理人将不会不采取努力 b。相对的，当代理人采取努力 b 时，最优产出将由两人共享。在这种情况下，由于委托人拥有完全的信息，因此所得的解称为**最优解**（First-best Solution）。

另一方面，如果代理人采取 a_H 所能得到的报酬分别为 100 美元与 45 美元，而采取 a_L 所能得到的报酬分别为 95 美元与 40 美元。此时，虽然委托人无法观察到代理人的努力程度，但是当观察到产出为 100 美元与 45 美元时，就可以反推出代理人采取 a_H；相对的，当观察到产出为 95 美元与 40 美元时，就可以反推出代理人是采取 a_L。此时，委托人应采取下列薪资 $s(x)$：

$s(x)=36$ 美元，如果产出为 100 美元或 45 美元

$s(x)=-\infty$，如果产出为 95 美元或 40 美元

然而，实际上，并非每一个产出都可以反推出代理人的努力程度，在此情况下则无法如同本节采用最优解。例如，如果代理人在采取 a_H 所能得到的报

酬分别为100美元与50美元，而采取 a_L 所能得到的报酬分别为100美元与40美元，此时如果观察到的产出为100美元，就无法反推出究竟是采取 a_H 或是采取 a_L。在此情况下，就要使用下一节的方法，加入激励条件，使代理人与委托人的利益一致，以激励代理人采取对委托人最有利的努力程度。

6.1.2 不完全信息下的代理问题

本节说明在委托人比代理人具有较少信息的情况下，如何订定薪酬契约。

6.1.2.1 次优契约

在现实社会中，委托人无法随时观察到代理人的所有努力或行动，因此前一节所谓的最优解，将无法使用。在前一节代理人领取固定薪资的情形中，由于不管努力程度如何，代理人都收到保留效用，因此，当委托人无法观察到代理人的努力程度时，代理人就不会采取对委托人最有利的行动，反而会出现偷懒的情况。此时，委托人必须采取具有激励效果的薪酬契约，以便激励代理人采取较优的努力程度。

首先，委托人先决定可以激励每一个行动的薪酬契约。其次，再从这些契约中选出效用最大的薪酬契约。例如，在本例中，首先，要想出可以激励代理人采取 a 与 b 的薪酬契约；其次，再从可行的薪酬契约中选出效用最大者。

$$V(b)=\max_{s}\sum_{i=1}^{n}(x_i-s)p_{ib} \qquad (6-3)$$

$$s.t.\ \sum_{i=1}^{n}u(s)p_{ib}-c(b)\geqslant k \qquad (6-4)$$

$$\sum_{i=1}^{n}u(s)p_{ib}-c(b)\geqslant \sum_{i=1}^{n}u(s)p_{ia}-c(a) \qquad (6-5)$$

上面的(6-3)式为委托人要求自己的效用最大化；(6-4)式为代理人愿意留在公司工作的保留效用约束，又称为**参与约束**(Participation Constraint)；(6-5)式为**激励兼容约束**(Incentive Compatibility Constraint)，也就是说，让代理人选择最佳努力 b 的约束条件。

要如何解决这时候的代理问题呢？如前一节所说，如果仅是给予代理人固定薪资36美元，则委托人在代理人采取 a_H 与 a_L 时的期望报酬分别为：$E(U_P(a_H))=44, E(U_P(a_L))=29$；因此，委托人希望采用 a_H。相对的，代理人的期望效用分别为：$E(U_A(a_H))=4, E(U_A(a_L))=4.5$，因此，代理人希望采用 a_L。

如此就产生了利益冲突。换言之,支付固定薪资并不能解决这一道德风险。

此时,委托人有几种方案可以选择。第一种方案,当存在此利益冲突时,委托人如果采取直接监督(Direct Monitoring,例如装设监视器24小时监控),则代理人的薪酬 $s(x)$ 为:

$s(x)=36$ 美元,如果努力水平为 a_H

$s(x)=12$ 美元,如果努力水平为 a_L

此时,此类契约就是前面提到的**最优解**的契约,因为此时的代理人完全无须承受任何风险。但问题是,股东有时间随时24小时直接监控代理人吗?这是不可能的!

第二种方案,就是采取**间接监督**(Indirect Monitoring)的方法。我们将前述的释例略加修正如下(见表6-2):

表6-2 **代理问题的释例:变化结果(Moving Support)**

$x(a,\theta)$ 状况	代理人(经理)的努力程度			
	a_H(努力)		a_L(偷懒)	
	报酬(美元)	概率	报酬(美元)	概率
θ_S	100	0.6	100	0.3
θ_F	50	0.4	40	0.7
负效用:$c(a_i)$	2		1.5	
保留效用	4		4	

在新的情况下,看到产出是40美元(50美元)时,就知道经理一定是采取 $a_L(a_H)$,至于看到100美元时,则无法判定努力程度,因此,此时的契约可以设计为:

$s(x)=12$ 美元,如果报酬为40美元

$s(x)=36$ 美元,其他

此时代理人的期望效用分别为:$E(U_A(a_H))=4$, $E(U_A(a_L))=2.72$ 。因此委托人与代理人之间的冲突就可以解决了。

然而,此种间接监督也可能难以实施。一个无法执行的原因是,此处的结论或契约的设计,是建立在表6-2变化结果的情况下,而非表6-1固定结果的情况下。然而,实务中很多契约处在表6-1固定结果的情况下,而非表

6-2的变化结果的情况下。表6-1的固定结果是指,不管努力的程度如何,报酬的集合是固定的:{100美元,50美元}(见表6-1);而变化结果则是说,随着努力程度的不同,所出现的报酬集合也会发生变化,如表6-2所示:在a_H下,报酬集合为{100美元,50美元},而在a_L下,报酬集合为{100美元,40美元}。因此,在变化结果的情况下,可以由产出来反推努力的程度,因此间接监督的薪酬契约是可以做到的;但是在固定结果的情况下,由于无法从结果反推出努力程度,因而间接监督的薪酬契约设计是不可行的。

另一个无法执行的原因是,很多国家定有最低基本工资,因而此处介绍的契约也无法执行。例如,人社部定期修正最低基本工资额,规定每月最低工资标准。

第三种方案,是给予股东固定的薪资,也就是由代理人承担所有的风险,这就好比将公司出租给经理人员。在本例中,假设将店面整个交给代理人经营,而委托人收取固定租金39.1美元。对经理人员(代理人)来讲,各方案的期望效用为:

$$E(U_A(a_H))=4,\quad E(U_A(a_L))=3.152$$

由于代理人的保留效用为4美元,因此他将同意此契约!由于委托人仅收到39.1美元,因此小于最优解契约下的44美元。原因是委托人是风险中立者,其对于是否承担风险是没有差异的,相对的,代理人是风险厌恶者,风险对他而言会降低效用;如今委托人收取固定薪资无须承担风险,却将所有的风险由代理人承担,此时必须将委托人原来的薪资中的4.9美元(44-39.1),移转给代理人,如此后者才能维持原来的保留效用4。因此,此种由委托人收取一定薪资的契约,比原来最优契约更没有效率,损失的4.9美元即为前一章所提到的代理成本。

问　题

聪明的读者,你知道此处委托人收取的固定租金39.1美元是如何计算出来的吗?

以上所提到的方法,不论是完全由委托人承担所有风险,或是由代理人承担所有风险,其实都是比较极端的做法。在理论上,比较好的薪酬契约的设计方法,是双方都承担一些风险。为简化起见,假设薪酬契约是产出的线性函数，此时该如何设计薪酬契约呢？最优薪酬契约可以设定如下：$s(x)=0.462\times x$。在此契约下，代理人的期望效用为：

$$E(U_A(a_H))=4$$
$$E(U_A(a_L))=3.9$$

$E(U_A(a_H))>E(U_A(a_L))$，因此代理人也会选择 a_H。式 $E(U_A(a_H))>E(U_A(a_L))$ 称为**激励兼容**(Incentive-compatibility)约束。代理人采取 a_H 时，委托人的期望效用为：

$$E(U_P(a_H))=43.04$$

数字43.04为**次优契约**(Second-best Contract)下的期望效用，小于最优契约时的44。差额0.96为代理成本，小于将公司完全租赁给经理时的代理成本4.9(44−39.1)。也就是说，在完全租给经理人员时，由代理人一人承担所有的风险，而代理人又是风险厌恶者，因此如果要求经理人员能维持4的保留效用，必须给予更多的风险补偿4.9。相对的，在次优契约时，由于由两个人一起承担风险，因此仅需要0.96的补偿就可以让代理人维持4的保留效用。基于以上说明，委托人(股东)在次优契约的效用43.04，将大于完全租给经理人员(代理人)时的39.1。

问　题

最优薪酬契约 $s(x)=0.462x$ 是如何得到的？

解答

$$0.6[100x]^{1/2}+0.4[50x]^{1/2}-2=4 \Rightarrow x=0.462$$

6.1.2.2　盈余管理

由前一节可以了解，在不完全信息下，可以设计出次优的薪酬契约。由于盈余包含了经理人员努力的信息，因此在现实社会中，公司常常以盈余衡量经理的绩效，也就是以盈余衡量公司的产出或报酬。然而，盈余本身是具有噪声的，因此报告的盈余未必能真实地完全反映公司的实际产出或报酬。此外，由于公司由经理人员经营，而公司会计与财务报告制度的建立与运作，通常也是由经理人员负责，此时，经理人员就有盈余管理的动机，这是第5章实证性会计理论的内容。在学术文献方面，也有很多研究支持这一论点(如 Armstrong et al.，2010)。鉴于此，在本节中，我们将针对经理人员如何通过盈余操控提高期望效用的情况加以介绍。

相对于股东而言，专业的经理人员通常具有较多的信息优势。他们会通过这项优势，诱使股东（委托人）制定出对经理自己较为有利的薪酬契约。一般而言，经理人员的信息优势来自于以下三种情况：第一，签约之前，他就掌握了有关公司的报酬状况（此信息称为缔约前信息，Pre-contract Information）。假如公司未来报酬很好，经理就会想办法在签约时将此信息纳入，因而有可能使其在偷懒的情况下，仍可获得相对丰厚的报酬。第二，经理在签约之后采取行动之前，获得有关该公司的报酬信息（此信息称为决策前信息，Pre-decision Information）。如果未来报酬出奇好，则经理偷懒的机会也就大增；相对的，如果未来报酬出奇差，在缔约时并未考虑到，此时经理可能因为无法达到目标而辞职。第三，在采取行动之后，经理获得公司盈余的信息（此信息称为决策后信息，Post-decision Information）。然而，由于股东无法观察到该盈余信息，因此经理就有动机操控盈余，以增加自己的报酬。第三种信息优势与会计有比较直接的关系，因此我们将焦点放在这种情况，并举下例说明。

延续前面表6-1的释例，另外假设：

（1）由于会计原则与计量的特性，编制出来的盈余数字会出现噪声。在表6-1中的报酬100美元，如果以盈余来衡量，可能会产生两种情形：80%（20%）的概率出现盈余115美元（40美元）（假设盈余是不偏的，因此期望值仍为100美元，即115×80%+40×20%=100）。同样的，在表6-1中的报酬为50美元，则可能产生两种情形：20%（80%）的概率出现盈余115美元（40美元）。

（2）股东无法看到操控前的盈余，仅能授权经理编制并报告公司的盈余数字。

（3）最优薪酬契约设定为 $s(x)=kx$ ，x 为公司的盈余，k 为经理人可以获得的比例。

（4）经理人员操控盈余时不需要支付任何成本，且委托人会遵守契约内容，依照公司的获利情况提供 k 比例的报酬作为薪酬。

在此契约下，不论真实的盈余是多少，经理人员都会操控盈余至较高的115美元，且采取偷懒的 a_l 行动。具体而言，经理人员采取两项行动的期望效用分别为：

$$E(U_A(a_H))=\sqrt{115k}-2$$

$$E(U_A(a_L))=\sqrt{115k}-1.5$$

不论 k 为多少，由于 $E(U_A(a_H))<E(U_A(a_L))$，因此经理人员都会选择 a_L。另一方面，为了能留住经理人员，委托人必须确保经理人员可以获得保留效用4，在此前提下，我们可以算出经理人员可以获得的报酬比例 k 为0.263；此时，股东在经理人员选择 a_L 下的期望效用为：

$$E(U_P(a_L))=34.76$$

这个数字小于最优契约时的44；效用之所以会减少，是经理人员操控盈余所致，而较高的盈余数字，又诱使经理人员采取偷懒的行为。这些行为所产生的不利后果，都由股东来承担。

由于所有权与经营权分离的结果，股东无法观察到经营细节以及财务报告的编制过程。那么，股东有没有办法激励经理人自发性地诚实报告公司财务信息呢？根据披露原则（Revelation Principle）（Myerson，1979），答案是肯定的。因为至少在不考虑经理人员努力程度如何的情况下，可以设计出经理人员诚实报告盈余的薪酬契约。为便于说明，我们须修改之前的情境（经理人员不论是努力或偷懒，他们都可以得到公司报告盈余的26.3%），也就是将给予经理人员的薪酬契约修改为：

（1）若报告盈余为115美元，经理人员的薪酬契约设定为 $s(x)=0.263x$；

（2）若报告盈余为40美元，经理人员的薪酬契约设定为 $s(x)=0.756x$。

在此新的契约下，不论报告的盈余为115美元或是40美元，经理人员都可以得到薪酬30.24美元（报告盈余为115美元时，经理人员的薪酬为：115×0.263=30.24（美元）；报告盈余为40美元时，经理人员的薪酬为：40×0.756=30.24（美元））。在此情况下，由于经理人员没有承担风险，因此他们仍将会选择可以保有保留效用4的偷懒行动 a_L；而股东在经理人选择 a_L 下的期望效用仍为前例中的34.76。综上所述，由于报告盈余并不影响经理人员与股东的期望效用，因此经理人员就没有盈余管理的动机，也就是会诚实地报告盈余。

由以上释例可以了解，对于任何一个经理人员想要操控盈余的薪酬契约，我们都可以设计出另一个激励其说实话的相对应的薪酬契约（Myerson，1979）。此种披露原则的设计机制，可以促使经济个体诚实地披露其私人信息，而且这种披露行为并不会和自身利益发生冲突。

虽然根据披露原则可以让经理说实话，但在应用中仍有一些限制。[1]如前所述，在现实社会中，由于所有权与经营权分离，股东无法完全观察到公司的经营细节以及财务报告的编制过程，因此，为减少经理人员通过盈余管理来影响薪酬契约的动机，公司可以加强治理机制，包括加强董事会下的薪酬委员会的效率与效能；提高董事会下的审计委员会的专业功能；或者是强化聘任专业的注册会计师的鉴证功能。

在使用会计数字作为契约基础时，应使用历史成本还是公允价值的数字呢？这是一个见仁见智的问题。首先，公允价值的主要缺点是其价值随时波动，因而可能无法反映出经理人员的努力程度；其次，如果公允价值的市场并不发达或完善，将使经理易于操控，这也是使用时必须考虑的问题；最后，次优解的契约在效率上低于最优解的契约，前者之所以会出现此种效率损失，是因为在该契约下，要求厌恶风险的经理人员承担风险时必须付出额外的代价；当采用公允价值时，由于波动增加，因此必须给予额外的代价以弥补经理人员所承担的更多风险的损失。

6.1.3 信息量原则

薪酬契约同时看盈余与股价两个指标时，比只看盈余或是股价单一指标时，委托人所能得到的效用会比较高。

6.1.3.1 信息量原则的意义

在前述说明中，我们主要假设仅以一种衡量绩效的指标（如盈余）作为薪酬契约的基础。然而，Holmstrom（1979）的理论研究提出了**信息量原则（Informativeness Principle）**，也就是说，如果我们在原来衡量绩效（可以为复数）之外，再加上另一个衡量绩效的指标，且该指标能够提供一些有关经理人员努力程度的额外信息（即便是仅有一点点），则可以改进次优解契约的效率性，也就是为委托人提供更佳的福利。例如，除了盈余之外，股价可能也可以提供额外的信息。在此情况下，公司可以在薪酬契约的设计中同时使用两个指标，以提高契约的效率性。

在此情况下，衍生出另一个有趣的问题：盈余与股价二者在同一薪酬契约中，相对重要性如何呢？这要依赖两个指标而定：**敏感性（Sensitivity）**与**精确性（Precision）**（Banker and Datar，1989）。所谓敏感性，是指所用的衡量指标，其值的大小将随着代理人的努力而增减的程度，越大则越敏

① 在实务中，应用披露原则仍受到一定程度的限制，因此必须有其他的务实的方法，以降低盈余管理的动机。有兴趣的读者可以参阅 Myerson(1979)。

感。至于精确性，则是指所使用的绩效衡量指标所含的噪声程度，所含的噪声越小，则表示越精确。一般在计算精确性时，是以该绩效所含噪声的标准差的倒数来衡量，所含噪声的标准差的倒数越大，精确性将越高。一般而言，如果盈余数字的敏感性越高且精确性越大，则在薪酬契约中，盈余绩效衡量指标相对于股价所占的权重将越大。

会计人员比较关注的指标是盈余，因此，怎样的盈余特性会有比较高的敏感性？一般而言，公允价值会计通常比历史成本会计具有较高的敏感性，因为后者在收入实现原则与稳健原则之下，会使盈余无法随着管理当局的努力而变化。然而，公允价值会计下的盈余数字通常无法精确地衡量，因而精确性较低。由此可知，敏感性与精确性之间常常出现取舍的问题。

就股价作为衡量指标而言，其是否符合敏感性与精确性的要件呢？就敏感性而言，由于股价通常会提供管理当局努力的增额信息（相对于盈余而言），因此根据 Holmstrom（1979）的说法，股价具有一定程度的敏感性。另外，股价受到许多非管理当局所能控制的因素的影响（如政治或其他大盘因素），因而波动性较大，也就是精确性可能较低。然而由于股价通常会提供管理当局努力的增额信息（相对盈余而言），因此，在设计薪酬契约时，同时使用盈余与股价衡量绩效，是实务中常见的一种现象。

但是，此时又引发另一个问题：由于盈余数字通常与短期决策有关，而股价则会反映长期观点的绩效，因此，如果将盈余与股价同时包括在薪酬契约中，将会如何影响管理当局的决策观点呢？也就是说，当将盈余与股价同时包括在薪酬契约中时，会如何影响管理当局采取长期或短期决策的观点呢？一般而言，如果要管理当局采取长期的努力决策观点，则可以将股价的权重加重；相对的，如果希望管理当局着重短期决策，则可以将盈余的权重加重。例如，管理当局在决定是否应投入研发支出时，就会受到这一相对权重的影响；当公司希望增加研发支出以增加长期绩效时，则股价权重应该多一点；相对的，如果重视的是短期决策观点，则盈余权重应该多一点。

6.1.3.2 信息量原则的释例

为解释信息量原则的意义，本节举一个实例加以说明。除延续表 6-1 与前一节盈余管理的释例的资料之外，我们另外加入股价作为第二个绩效衡量的指标。表 6-1 显示，经理人员采取高努力 a_H 时，报酬的集合为{100,

50}，而公司得到成功(失败)的概率为0.6(0.4)；而在 a_L 下，报酬集合亦为{100，50}，而公司得到成功(失败)的概率为0.3(0.7)。其他相关资料如表6-3所示：

表6-3　**盈余与股价的联合分配**

概率		高报酬100美元		低报酬50美元	
		高盈余（115美元）	低盈余（40美元）	高盈余（115美元）	低盈余（40美元）
股价	高(70美元)	0.65	0.10	0.10	0.15
	低(50美元)	0.15	0.10	0.10	0.65

观察表6-3可知，在高报酬100美元的情况下，出现高股价的概率(0.65+0.10=0.75)高于出现低股价的概率(0.25)；同样的，在低报酬50美元的情况下，出现低股价的概率(0.10+0.65=0.75)高于出现高股价的概率(0.25)。今若设定最优薪酬契约为 $s(x_1,x_2)=0.055\times x_1+0.421\times x_2$，其中 x_1 为股价，x_2 为报告盈余。在此契约下，经理人员在 a_H 下的期望效用为：

$$\begin{aligned}E(U_A(a_H))=&0.6\times[0.65\times\sqrt{115\times0.421+70\times0.055}+0.10\times\sqrt{40\times0.421+70\times0.055}+\\&0.15\times\sqrt{115\times0.421+50\times0.055}+0.10\times\sqrt{40\times0.421+50\times0.055}]+\\&0.4\times[0.10\times\sqrt{115\times0.421+70\times0.055}+0.15\times\sqrt{40\times0.421+70\times0.055}+\\&0.10\times\sqrt{115\times0.421+50\times0.055}+0.65\times\sqrt{40\times0.421+50\times0.055}]\\=&4.001\approx4\end{aligned}$$

同理，我们可以得出经理人员在 a_L 下的期望效用为 $E(U_A(a_L))=3.999\approx4.00$，虽然在此方案下，不论经理人员选择 a_H 或是 a_L，都可获得保留期望效用4，但是，因为 $E(U_A(a_L))<E(U_A(a_H))$，所以经理人最终会选择 a_H，而股东在经理人选择 a_H 下的期望效用为：

$$\begin{aligned}E(U_Pa_H)=&0.6\times[0.65\times(100-52.265)+0.10\times(100-20.69)+0.15\times(100-51.165)+\\&0.10\times(100-19.59)]+0.4\times[0.10\times(50-52.265)+0.15\times(50-20.69)+\\&0.10\times(50-51.165)+0.65\times(50-19.59)]\\=&42.123\end{aligned}$$

如果公司仅使用盈余来签订薪酬契约，也就是将最优薪酬契约订为 $s(x_2)=0.462\times x_2$，在此契约下，经理人员在 a_H 下的期望效用为 $E(U_A(a_H))=4$，在 a_L 下的期望效用为 $E(U_A(a_L))=3.9$，因此，经理人会选择 a_H，而股东在经理人选择 a_H 下的期望效用为 $E(U_P(a_H))=42.116$。比较

$s(x_1,x_2)=0.055\times x_1+0.421\times x_2$ 与 $s(x_2)=0.462\times x_2$ 这两个契约，我们可以发现：两种契约下的经理人员都会选择 a_H，然而在前一契约下，经理人员与股东的期望效用都会大于后者，这表示我们在原来的会计盈余绩效之外，再多加入股价这个衡量绩效的指标后，由于股价这个指标能够提供一些有关经理人员努力程度的额外信息，因而改进了次优解契约的效率性。这样的结果支持了 Holmstrom（1979）的说法。

实务中有各类薪酬激励措施，本节将逐一介绍。

6.2 实务中的薪酬契约

由于信息不对称的关系，股东与经理之间会有道德风险的代理问题出现。实务中在设计给予高级经理的薪酬契约时，为兼顾激励效果，常常会包括下列几项：（1）**固定的底薪**（Base Salary），以及年终按当期绩效给予的**红利**（Bonus）；（2）给予**股票期权**（Stock Options）；（3）给予**受限制的股票**（Restricted Stock）；以及（4）实施**长期绩效计划**（Performance Plans）。

6.2.1 短期绩效：底薪与红利

如前所述，虽然固定的底薪是最基本的薪酬之一，但根据实务调查发现，美国企业的底薪有逐年增加的趋势，原因在于经理一直有争取加薪的倾向。除了底薪之外，最常见的就是以诸如EPS、息税前利润EBIT或EVA等当期会计数字为基础所计算的红利。例如，Healy（1985）研究发现，当公司盈余达到某个下限以上时，会按某一比率给予红利，然而，在红利达到某一上限时，则不再给予红利。[①]

6.2.2 长期激励

6.2.2.1 股票期权

为了达到长期性的激励效果，最常见的薪酬契约就是给予经理该公司的股票期权。所谓股票期权，就是在一段期间内，给予经理以固定的履约价格购买一定数量的股票的一种权利。当未来股价高于履约价格时（称为价

① 《华尔街日报》（*The Wall Street Journal*）/美世人力资源管理咨询公司（Mercer Human Resource Consulting）（简称 WSJ/MHRC）指出，2004 年美国大型企业 CEO 的平均底薪约为 975 000美元，而红利约为 1 500 000美元。然而有趣的是，苹果公司的前任CEO的底薪仅有象征性的1美元。

内)，经理可以履约并将其出售，以赚取价差。一般说来，股票期权在价内而未履约的情况是很少见的。相对的，如果未来股价低于履约价格(称为价外)，则期权不具有任何价值，此时经理将不会履约。因此，股票期权可以激励经理提升公司的股价，而这一目标将与股东财富最大化的方向一致。也就是说，股票期权这种机制可以解决所有权与经营权分离所引起的道德风险的问题。[①]

发放期权对公司与经理都有好处，就公司而言，会计上仅需将发行当时的股价大于履约成本的部分，在期权有效期间内摊销为费用，因而对于发行当年的盈余冲击并不大；特别是大多公司常将履约价格设定为当期市价，因而并没有费用发生。就经理而言，经理可以选择履约时点，以达到规划个人所得税的目的。更重要的是，因期权而产生的获利，在报税时是当作资本利得而非一般所得来课税(前者利率通常低于个人所得税税率)。

然而，美国财务会计准则委员会(FASB)修订了第125号财务会计准则，自2005年起，发放股票期权时，不论为价内或是价外，均应使用Black-Scholes或其他定价模型计算发行当时的股票期权市价，并于当期全额确认为费用，此举将使发行当期的费用剧增，因而将减少公司发放股票期权的动机。根据调查，2004年美国酬劳(含底薪、红利以及股票期权)最高的两位CEO为雅虎以及苹果公司的首席执行官。[②]

6.2.2.2 受限制股票与绩效计划

股票期权的一个限制是，当其为价外时，也就是股价低于履约价格时，股票期权就不具有价值，此时就不具有激励经理的效果。为避免此种不对称的激励效果的缺陷，方法之一就是直接发放股票给经理当作薪酬；因为，不论股价高低，都对经理具有激励的效果。所谓受限制股票，就是指经理在拿到股票后，须持有一定期间(如10年)且达到特定目标(如平均EPS须达到一定数字以上)后才可以将股票出售或转让。因此，在该特定期间内，经理就有动机要达到公司的要求[③]。

---

① WSJ/MHRC另外也指出，2004年美国大型企业CEO从股票选择权获利的金额平均是2 700 000美元。

② 雅虎首席执行官T.S.Semel的酬劳约为109 301 385美元，而Apple首席执行官Steven Jobs的酬劳约为86 315 789美元(详见www.aflcio.org/corporatewatch/或是Kim and Nofsinger，2007)。

③ WSJ/MHRC指出，2004年美国大型企业CEO执行受限制的股票的价值平均是1 000 000美元。

至于绩效计划，则是指以未来长期性的绩效指标（如EPS、ROA或ROE）作为发放酬劳的基准，且绩效薪酬通常会递延数期之后才发放。此种薪酬机制会让经理专注于长期性的目标，而非短期性的目标。所发放的薪酬可能是现金，也可能是股票，如果是股票，常被称为**绩效股**（Performance Share）[①,②]。

介绍几篇重要的学术文章。

6.3 实证研究

盈余与股价是薪酬契约中较常见的绩效衡量指标。

6.3.1 盈余与股价对薪酬的影响

本节将介绍两篇经典的实证研究论文。早期较著名的实证研究论文是Lambert and Larcker（1987）的文章，他们主要探讨股价与盈余这两个指标对现金薪酬（包括底薪与红利）[③]的相对解释能力。作者使用股票报酬（RET）与股东权益报酬率（ROE）变动数作为解释变量，以现金薪酬变动数作为因变量。使用美国1970—1984年的资料，发现了几项有趣的结果。

第一，股东权益报酬率对现金薪酬变动数具有较强的解释能力，然而股票报酬仅有相对弱的解释能力。这是很合理的，盈余是短期的动机观点，因而与现金薪酬的关系较强；相对的，股票或期权是长期观点，因而与长期动机观点较契合。

第二，股票报酬与股东权益报酬率的解释能力会受到精确性的影响，也就是说当精确性较高时，该绩效指标的相对权重就会增加。例如，如果股东权益报酬率所含的噪声，相对于市场报酬率较高时，则股东权益报酬率在薪酬契约中的权重会相对减少。作者分别以研究期间的市场报酬率与股东权益报酬率的方差来衡量二者的噪声程度。

第三，作者也发现，对于成长公司而言，会计指标对于努力的敏感性相对较低（例如目前的投资由于延迟确认等因素而于未来才能实现），因而其重要性也随之降低；相对的，股价则会立即反映未来绩效，因而市场报酬对于解释现金报酬的重要性也随之增强。

第四，股价报酬对现金薪酬的相对重要性也会受到管理当局其他财富

---

① WSJ/MHRC指出，2004年美国大型企业CEO执行受长期绩效影响的平均股价亦约为1 000 000美元。

② 韬睿（Tower Perrin）咨询公司调查指出，2003年美国CEO总收入中有63%由诸如股票期权等变动收入所构成，而台湾地区仅约40%为变动收入。

③ 作者认为，现金报酬约占当时总报酬的80%~90%（Benston，1985）。

结构的影响。作者发现,当管理当局现有财富中与股价相关的部分(如握有股票或期权已经很多)比重高时,如果再使用股价报酬衡量管理当局的努力程度,将会在股价上暴露过多的风险,因而股价所能产生的激励效果将相对减弱。换言之,管理当局其他与股价有关的财富越多时,薪酬契约将使用越多的其他绩效衡量指标(如盈余)。

第五,作者发现,当ROE与RET的相关系数较小时,表示盈余的数字对投资者所能提供的信息量较少时,在薪酬契约中所能提供有关管理当局努力程度的相关信息量会增大,因而此时盈余在薪酬契约中所扮演的相对权重也增大;相反,如果ROE与RET的相关系数增大时,盈余在薪酬契约中所占的权重将减小。此一结果与耶斯达尔(Gjesdal,1981)的观点一致:财务会计信息具有信息评价(决策前)与绩效评估功能,而这两大功能未必能同时兼顾。

Indjejikian and Nanda(2002)探讨了当年的红利与绩效的关系。如前所述,衡量绩效方法产生较大的测量误差(Measurement Error)时,公司不太会将此方法用于薪酬契约中(Holmstrom,1979;Lambert and Larcker,1987)。由于年度红利计划通常重度依赖会计绩效指标,因此作者首先预期,会计绩效测量误差越大,则给予主管的目标红利将设得越低。所谓目标红利,是指当达到某一事前约定的绩效指标时,所给予的红利。其次,处在成长阶段的公司,通常会有较高的激励薪酬,以激励主管提高生产力,因此此时的目标红利也将设得较高。最后,作者预期具有重大决策裁决权的主管,公司会提高目标红利以激励其做出有利于股东的一致性决策。作者使用下式检验:

$$T = a_0 + a_1 Var\,ROE + a_2 MB + a_3 LnSales + a_4 VarRET + e \qquad (6-6)$$

式(6-6)中,T 为目标红利除以基本薪资;$Var\,ROE$ 为以往一段期间股东权益报酬率的方差;MB 为股东权益的市价除以股东权益的账面价值,为公司成长的替代变量;$Ln\,Sales$ 为营业收入的对数,作为主管决策裁量权大小的替代变量;Var RET 为以往一段期间股价报酬率的方差。实证结果都与预期相同:$a_1 < 0$,$a_2 > 0$,$a_3 > 0$。这一结论与前面理论的预期也都是一致的。作者也发现 $a_4 > 0$,表示股票的报酬率的波动越大,目标红利也将设得越高。主要原因是当股票报酬率的波动越大时,公司越依赖会计 ROE,因而目标红利设得越高。

薪酬委员会以盈余为基础设定薪酬契约时，会不会重视盈余究竟是持续性的还是暂时性的盈余呢？

6.3.2 盈余指标的特性

第3章曾经提到，公司盈余是由持续性盈余与暂时性盈余构成，前者对于公司评价的重要性高于后者。假设盈余呈现 $ARIMA$（0，1，1），则 $x_t = x_{t-1} - \theta a_{t-1} + a_t$，其中 $(1-\theta)$ 为盈余的持续性。因此，如果当年产生异常报酬 a_t，则对股价的影响是 $[1+(1-\theta)/r]\,a_t$。

同理，Baber et al.(1998) 与 Baber et al.(1999) 发现，盈余持续性越高时，盈余对管理当局努力的敏感度也越高，因此公司的薪酬委员会在使用盈余设定现金薪酬（底薪与红利）时，越会重视盈余的持续性。也就是说，当盈余的持续性越高时，会计盈余对于薪酬的影响力会越大。

以往研究盈余与股价对薪酬的影响通常使用下列回归模型：

$$\Delta COMP = b_0 + b_1 RET + b_2 UE + e \tag{6-7}$$

式(6-7)中，$\Delta COMP$ 为现金薪酬的变动率，RET 为股票报酬，UE 为未预期盈余。因此，b_2 的系数应该是 $[1+(1-\theta)/r]$ 的一个比率 δ，其中 $\delta > 0$，因此 $b_2 = [1+(1-\theta)/r]\delta$。然而，这一严谨的等式未必全然符合实际情况，因此作者将其放宽为：$b_2 = A + B(1-\theta)$，将此式带入(6-7)式，则可以得到：

$$\Delta COMP = b_0 + b_1 RET + [A + B(1-\theta)]UE + e \tag{6-8}$$

因此，Baber et al.（1998）使用下列模型检验：

$$\begin{aligned}\Delta COMP = {} & a_0 + a_1 RET + a_2 RET \times PERSIST + a_3 UE + a_4 UE \times PERSIST + \\ & a_5 PERSIST + e\end{aligned} \tag{6-9}$$

式(6-9)中，$\Delta COMP$ 为现金薪酬的变动率；RET 为股票报酬；$PERSIST$ 为盈余持续性，衡量方法类似第3章的 $(1-\theta)$；UE 为未预期盈余。实证结果发现 $a_4 > 0$，与预期相同。另一个有趣的发现是，CEO越接近离退休年龄，薪酬委员会越重视盈余的持续性，以避免即将临近退休的CEO着重操控短期盈余的短视决策心态。

就此研究结果而言，将盈余划分为持续性与暂时性，不仅可以提高会计的信息评价功能，同时也可以提高会计的薪酬契约功能。

问 题

假设0期对第1期盈余的预测值 $E_0(x_1)$ 为70美元，然而实际 x_1 为100美元，因此未预期盈余 UE_1 或 a_1 为30美元。资金成本 $r=10\%$，且持续性 $1-\theta=0.8$，则未来各期预期有24美元会持续，这对于股价的影响将是 $[1+(1-\theta)/r]\,a_1=[1+(0.8/10\%)]\times24=216$（美元）。持续性 $1-\theta$ 越高，越接近核心盈余的概念，越低就越接近非例行性盈余的概念；持续性越高就隐含着管理当局的努力是比较高的，因此持续性盈余较能反映管理当局的努力。换言之，此时的盈余越是具有精确性，在红利契约中越有用。

除了盈余与股价之外，薪酬契约还会以哪些指标作为发放薪酬的基准呢？

6.3.3 其他绩效指标对薪酬的影响

就公开发行的公司而言，除了公开的公司盈余与股价绩效指标外，尚有其他**个别绩效指标**（Individual Performance Evaluation，IPE）（部门、工作层级的绩效，或个人特有的个别绩效等），也可以提供管理当局努力的额外信息。因此，根据Holmstrom（1979）的信息量原则，这些个别的绩效指标从契约角度而言，也应具有增额价值。此外，根据Banker and Data（1987）与Bushman and Indjejikian（1993）的推理，其增额价值随着该个别指标所具有的敏感性与精确性的程度而变化。也就是说，它们能提供有关管理当局努力的相对程度越大，或是它们所含的噪声程度越小，则该个别绩效指标能额外增加契约效率性的程度也越高。

当我们说股价会提供盈余之外的增额信息时，这一说法比较容易被接受。但是，个别的绩效指标IPE是否也能够提供股价之外的增额信息呢？这一说法就不这么直接了。事实上，股价也未必能充分反映管理当局的努力。例如，管理当局所进行的许多活动，长期而言对公司是有利的，但是投资者未必知道。例如公司的创新活动就长期而言对公司是有利的，但未必能对外宣布。因此，当IPE对管理当局的努力能提供增额信息时（相对于盈余与股价），则可能被用来作为额外的绩效衡量指标。

Bushman et al.（1996）预期：公司成长性越高，由于盈余与股价在敏感性与精确性的要件上越难符合，因而当期红利受到其他个别绩效指标影响的权重愈大。其次，作者也认为，产品开发需要的时间越长时，或是产品生命周期越长时，由于信息不对称越大，因而传统财务绩效(盈余与股价)的信息相对较小，从而当期红利受到个别绩效指标IPE影响的权重也将越大。最后，传统财务绩效(盈余与股价)的噪声越大，则当期红利受到个别绩效指标影响的权重越大。作者使用下式检验这些预期：

$$IP/Bonus = a_0 + a_1 MB + a_2 Corr + a_3 Variance + a_4 Devcycle + a_5 Lifecycle + a_6 Ceoten + Other + e \tag{6-10}$$

式(6-10)中，$IP/Bonus$：当期红利受个别绩效影响的金额除以当期总红利；MB：权益市价与账面值之比；$Corr$：会计报酬与股票报酬的相关性；$Variance$：月股票报酬方差的自然对数；$Devcycle$：如果公司产品开发周期较长，其值设为1；$Lifecycle$：如果公司有较长的产品生命周期，其值设为1；$Ceoten$：CEO在此职位的年数。实证结果与预期相同，也就是说除 $a_2<0$ 之外，其他系数都为正。

绩效的好坏除了要看绝对指标之外，也要看相对指标。

6.3.4 相对绩效指标

6.3.4.1 意义

前面提到，公司的产出 $x = x(a,\theta)$，通常受到代理人的努力 (a) 以及公司外在的不可控因素 (θ，如天气、景气)的影响。因此，高(低)的绩效或产出，并不必然就表示管理当局有高(低)的努力。Holmstrom(1982)在其理论文章中进一步指出，当管理当局的努力无法单单由某绩效指标绝对数字推出时，使用**相对绩效评估(Relative Performance Evaluation，RPE)**将能进一步提供有关管理当局努力的信息。例如，所有的管理者面对相同的不可控制外在因素 θ 时，RPE可以剔除掉这些共同不可控制的因素，而获取各管理当局个别的努力程度 (a)。因此，RPE可以比较精确地衡量个别经理人员的努力，进而提供更有效率的契约。此种RPE的效果，在同行业的人数或是公司越多时越是明显。

在RPE之下，绩效的衡量方法，是将绩效(如盈余或报酬)减去同行业的平均绩效，以此净额作为绩效的基础。因此，同行业平均绩效越高时，则管理当局在同一个绩效水平下所能得到的薪酬将随之变低；反之，同行业平均绩效越低时，则管理当局同一个绩效水平所能得到的薪酬将越高。

6.3.4.2 实证结果

虽然RPE在理论上获得相当的分析性研究支持,但实证研究却是相当有分歧的。Antle and Smith(1986)以39家公司为样本,仅发现薪酬与RPE之间具有弱相关性;Gibbon and Murphy(1990)发现竞争者的绩效表现得较好时,主管会受到处分。然而,Janakiraman et al.(1992)却无法得到类似的结果。Sloan(1993)认为,此种莫衷一是的结论,可能是因为股价是一个易受外在不可控制因素影响的指标,相对的盈余比较不易受到外在经济情况的影响,也就是说盈余能过滤掉这些噪声。因此,除了股价之外,如再将盈余纳入绩效衡量的指标,则可以降低这些外在经济因素的影响。由于盈余可以在某种程度上取代RPE,因此当盈余与股价同时列入绩效指标时,就不需要RPE了。

然而,Matsumura and Shin(2006)以1997—1999年韩国邮政单位为研究对象。该邮政单位自1998年改采RPE评估员工绩效,因此作者做了几项预期,且实证结果也获得支持。第一,根据Holmstrom(1982)的理论,改采RPE之后,公司的财务绩效应该会显著增加。第二,同理,如果各代理人之间产出的绩效衡量指标的相关性越小(所面临的共同的不确定性越小),则委托人无法从比较中获得信息,因而采用RPE的利益较低。另一方面,Mookherjee(1984)在两位代理人的代理模型中,推论出如果两位代理人产出的绩效衡量指标之间的相关性越大,则委托人的期望效用越高;如果相关系数等于1,则几乎可以达到最优福利(First Best Welfare)。因此作者预期并发现:代理人所面临的共同不确定性越大时,由于RPE效果越佳,因而代理人会越努力且公司财务绩效越佳。第三,如果代理人感觉到所制定的相对绩效目标是不公平的,则新制RPE对财务绩效的正面影响,将会打折扣,且不公平感越大时,折扣越大。

Albuquerque(2009)认为以往RPE文献产生不一致的主要原因,是因为在找同行业时,选的并不是很适合。以往为了控制整体经济因素,常使用标准普尔500指数或其他指数的所有其他公司作为比较对手,或是用同产业其他公司作为对手。然而,即便同产业内各公司受到产业因素的影响也可能不同:有些影响是正面的,有些公司则受到负面影响,因而产业平均影响可能会被平均掉。作者认为,公司规模则是一个可以捕捉到产业内各公司受到不同程度影响的重要变量。例如,当市场对某产品的需求降低时,小公司受到的冲击会比较大，因为规模较小以致固定成本较大，此时也会使融资变得相当困难；相对的，大公司具有规模经济效益，且融资管道比较畅通，因此受影响比较小。鉴于此，在选取竞争对手时，作者建议以"产业-规模"取代传统的产业分类方法。具体而言，将同一产业内的公司按照规模划分为5组，则该产业第一组内的公司，其竞争对手即该组内的其他公司，而非整个产业内的其他公司；其他各组类推。

作者使用下列方法重新检验RPE的效果：

$$CEOPay = a_0 + a_1 FirmPer + a_2 PeerPerf + a_3 Control + e \tag{6-11}$$

CEOPay 为薪酬金额的对数（或变动数）；*FirmPer* 为股票报酬，代表公司绩效；*PeerPerf* 为同业绩效；作者使用三个替代变量：(1) *S&P 500 index*：S&P 500公司的平均股价报酬，(2) *Peer Return* (*industry*)：同产业其他公司股价平均报酬，(3) *Peer Return*(*industry-size*)：同产业、同一分位中的所有其他公司的股票报酬（将同一产业按照规模划分为五大分位）。实证结果如表6-4所示。

表6-4 **公司股价与薪酬实证结果**

CEOPay	截距	*FirmPer*	*S&P 500 index*	*Peer Return (industry)*	*Peer Return (industry-size)*
预期符号		+	–	–	–
(1)	$+^{***}$	$+^{***}$	$-^{*}$		
(2)	$+^{***}$	$+^{***}$		$-^{*}$	
(3)	$+^{***}$	$+^{***}$			$+^{***}$
(4)	$+^{***}$	$+^{***}$	–	$+^{***}$	$+^{***}$

表6-4显示，公司股价绩效与薪酬呈现正相关，与预期相同。同样的，在第(1)至第(3)行中，三个同业绩效与薪酬呈现负相关，也与预期相同。然而，当第(4)行将三个同业绩效放在一起时，仅有 *Peer Return*(*Industry-size*)与

薪酬呈现预期的负向关系。***S&P 500 index*** 变成不显著，而 *Peer Return* (*Industry*) 变成与预期相反的正向关系。因此作者认为，仅有 ***Peer Return*** (***Industry-size***) 才能过滤出同业的共同不可控制的因素。由此证明，以“产业–规模”取代以往“产业”的做法才是有效过滤出共同不可控制因素的方法。

作者进一步将会计盈余绩效放入分析，结果并没有受到影响，因此Sloan所提到的说法(会计盈余可以取代RPE)，是不存在的。综上所述，Albuquerque认为以“产业–规模”作为选取同业对手的方法，是一个比较精准的选择。

然而，Albuquerque(2014)进一步想了解：虽然使用同行业绩效可以剔除掉不可控制的共同因素，但是如果公司是一个高成长的公司，则要找到适当的同行(具有共同的风险)并不是一件容易的事，在此情况下，使用*RPE*的成本效益将会变小，因此作者大胆假设：成长机会越大的公司，越少使用RPE，实证结果支持他的论点。

问　题

Albuquerque(2014)：成长机会越大的公司，越少使用*RPE*。

研究设计

为检验本研究的问题，作者使用下式：

$$Wage_{it}=a_0+a_1Ret_{it}+a_2Ret_{it}\times GO_{it}+a_3Ret_{Pt}+a_4Ret_{Pt}\times GO_{it}+Control+e \quad (6\text{-}12)$$

$Wage_{it}$ 为 i 公司CEO薪酬；Ret_{it} 为 i 公司股票报酬；Ret_{Pt} 为同行业股票平均报酬；GO_{it} 为 i 公司的成长机会，作者使用三种方法衡量：(1) *MV/BV*；(2) *RD/*总资产；(3)将 *MV/BV*、*RD/*总资产、*AD/*总资产三者通过因素分析而萃取出一个综合指标。习惯上，a_1 称为绩效付酬敏感度(Pay-for-performance Sensitivity)，预期：$a_1>0$。成长公司会使用更多权益基础的薪酬，以降低股东与经理之间有关经理努力的信息不对称，因此预期：$a_2>0$。在 *RPE* 之下，预期 $a_3<0$。另外，成长机会越大时，公司越不会使用 *RPE*，因此预期：$a_4>0$。

实证结果

与预期相同。

在设定薪酬契约时，是站在图利的管理当局的立场，还是追求公司价值极大化的立场？

6.4 薪酬契约的效率性

6.4.1 薪酬契约的效率性

截至目前，我们都是从代理理论的效率契约观点出发，探讨薪酬契约的设计与执行的情况。也就是说，在效率契约理论的观点下，董事会以及薪酬委员会会站在股东的立场，设计一个有效的薪酬契约，以降低股东与经理之间的代理问题，并提高股东的权益。例如，Core and Guay(1999)就是典型的效率契约的拥护者。他们认为，公司在给予**权益性质的薪酬(Equity Grant)**时，即是以此契约理论所述的方式设定最佳或最有效率的薪酬激励契约。随着时间的推移，原来最优契约可能会改变，因而会出现原薪酬契约已偏离最优契约的现象，此时，公司在下一年度会立即加以调整以符合最优的薪酬契约的结构。Hanlon et al.(2003)研究发现，给予CEO的股票期权越多，则公司未来的绩效越好，这表示给予CEO股票期权时是根据与股东利益相一致的经济因素为考量，而非其他投机因素。

然而，近来CEO收取过多薪酬的新闻时有所闻，且会计丑闻时常发生，因此公司治理与薪酬实务常常为人所质疑。换言之，在实务运作中，常会出现无效率的薪酬计划。Bebchuk and Fried(2004)遂提出了**管理权力说(Managerial Power)**，以取代前述的效率契约说的观点。[①]他们认为，CEO会通过他们的影响力，设计出利己的投机性薪酬契约，而剥削了股东的财富。CEO影响董事会的方式包括：(1)介入董事的选举过程；(2)CEO使用公司或自己的资源贿赂董事会成员；(3)薪酬委员会在制定薪酬时，常常会咨询薪酬顾问，而该薪酬顾问常常由CEO聘任；(4)CEO或高级经理本身即是薪酬委员会的成员等。因此，Bebchuk and Fried(2004)认为薪酬委员会在制定薪酬时往往无法独立于CEO，也就是说CEO会运用其影响力，使自己的薪酬与一般情况相比要高，或所给的薪酬无法产生提高股东财富的激励。

例如，Core et al.(1999)发现，除了正常的经济因素会影响权益薪酬的发放额度外，公司治理的好坏也会影响权益薪酬；也就是说，控制了影响薪

① Hanlon et al.(2003)将效率契约说称为利益一致说(Incentive Alignment)，而将管理权力说称为准租抽取说(Rent Extraction)。

酬的正常经济因素之后，公司治理较弱的CEO会收到较多超额的薪酬；此外，此项超额的薪酬却会为公司带来负向的未来绩效。因此，这一结果符合Bebchuk and Fried(2004)的管理权力说的观点，而非效率契约说的观点。

最近实证研究发现，员工股票期权(ESO)会引起主管采取盈余管理或其他投机行为(如操控披露政策)以提高ESO的价值。例如，在发放员工股票期权前后，CEO会用各种动作来操控股价，以使自己在取得认股权以及事后行使认股权时可以获利。公司给予的认股权执行价格通常就是给予日的股价，因此如果想办法刻意压低给予日当时的股价，则可以降低CEO的执行价格。例如，Aboody and Kasznik(2000)以一些在每年固定时间发放认股权的公司为样本，[①]发现CEO在公司将发放认股权之前一段时间，会刻意发布坏消息以使得给予前一刻的股价偏低，如此公司按给予日当天股价为认股权的执行价格时，CEO即可获利；相对的，在给予日之后再发放好消息，则因股价上涨，此时再去执行认股权并出售所获得的股票时，立即可以赚到差价。除了使用发布好坏消息的策略外，CEO也可以类似策略影响分析师的预期，或是公司自行发布管理当局的预测，这些都可以达到类似的效果。[②]

最后，CEO可以使用**回溯给予日(Backdating)**的策略为自己谋利。所谓回溯给予日，是指公司在给予认股权时，事后追溯看之前哪一天的股价较低，就以那天的收盘价作为执行价格。经过如此一道简单的追认给予日程序，CEO立即可以赚到潜在的差价。由于回溯给予日会使得期权出现**价内(In the Money)**，因而必须重述财务报表，以将认股权价值重新分摊至执行期间，作为费用。此种事后追认的现象，在公司治理较弱的公司尤其明显(Collins et al., 2011)。然而，实证发现，操作回溯给予日的CEO或CFO，比较容易被公司解聘，且这些主管事后不太容易再找到同等职位的工作，显示人力资源市场对于这些行为是会给予处分的。此外，这些公司未来也会减少使用股票期权作为薪酬的工具(Efendi, Files, Ouyang, and Swanson, 2013)。

综上所述，目前的研究发现，最优契约假说与管理权力假说，都可以解释实际现象，因此有关此方面的议题仍有待未来的进一步

---

① Aboody and Kasznik (2000)所指的固定薪酬契约给予日的样本，是指当年给予日与前一年度的给予日相差在一个星期之内的样本。

② 有关权益基础的奖酬契约，是否会引起会计不法行为的文献，可参考Armstrong et al. (2010)。

研究。

回溯交易（回溯给予日与执行日）

除了追溯给予日之外，实务中也有许多追溯执行日的情况。也就是事后追溯一个执行日，使该执行当日的收盘价与执行价格之间的差距最小，以降低经理的税收负担（Wu，Fung，and Huang，2012）。

研究设计

作者以台湾地区公司为样本，使用下列logit回归模型检验追溯执行日的现象：

$$Backdating = a_0 + a_1 Tax\_Saving + a_2 Value + a_3 Momentum + Control + e \quad (6-13)$$

$$\qquad\qquad (+) \qquad\qquad\qquad (+) \qquad\quad (+)$$

Backdating：管理当局在执行所属月份中，最低价三天中的任何一天执行认股权时，令其为1，否则为0。$Tax\_Saving = N \times tax \times (P^* - P_{exercise})$，$N$为认股权执行的股数，$tax$为个人税率。$P^*$为执行当月平均股价，用以代表如果没有刻意选择的话，可能会发生的随机执行日的价格；$P_{exercise}$为执行价；Tax_Saving越大，可以省越多的税，因而越有追溯执行日的动机。*Value*：可执行认股权数量，乘上认股权的价值；此数额越大，越有追溯执行日的动机。*Momentum*：执行日至之后30日的股票报酬率；如果刻意追溯执行日，则这段期间的报酬应该更高。

实证结果

a_1，a_2与a_3都大于0，与预期相符合。

6.4.2 其他问题

6.4.2.1 以盈余作为薪酬契约基础的相关问题

如果公司以盈余作为薪酬分配的基础，如红利，则公司经理人员会有操控盈余的动机，甚至仅专注于短期的盈余而牺牲长期策略性的目标，此举将使公司长期利益以及股东财富受到损害。这一观点将在第8章详细说明。

6.4.2.2 以股价作为薪酬契约基础的相关问题

至于以股价为基础的薪酬契约,也会有一些衍生问题。首先,股东投资的主要获利来源包括股利收入与出售股票的差价。然而,就持有期权的经理而言,为了维持高股价以使其后续履约时能够因高股价而受益,这些高级经理会通过他们对股利政策的影响力而选择不发放股利,这种行为对其自己有利,但却牺牲了现有股东的利益。其次,执行风险越高的计划,股价将有机会上涨,因此,当公司以期权作为薪酬契约的主要内容时,将诱使经理专挑选高风险的计划来执行。再次,以股价为基础的期权,在股价为价外时,并不具有激励经理的效果。最后,为了让履约时能够获得较高的价差,经理会有动机使用各种方法将履约年度的绩效调高(如使当年度盈余拉高),这种行为虽有利于履约当年股价的上升,然而却可能使以后年度的股价或盈余降低。

文献综述

权益基础的薪酬契约,常常会诱使CEO做出损害财务报表质量的行为。例如,有一些研究发现,当薪酬契约以股票或期权为基础时,常会导致财务报表重述(Harris and Bromiley, 2007; Larket et al., 2007; Efendi et al., 2007; Burns and Kedia, 2006),操控应计盈余(Larker et al., 2007),击败盈余门槛(Cheng and Warfield, 2005),以及发生AAERs(Johnson et al., 2009)。这些发现,似乎让人觉得以权益为基础的薪酬契约,大多缺乏激励机制。然而,近来研究却显示,其实这些文章有几个缺点:第一,样本通常都不多。第二,使用的配对方法是有问题的。因此,作者Armstrong et al.(2010)使用大样本,同时克服配对问题,结果发现,其实权益基础的薪酬契约会降低财报重述、不太会出现AAERs,且应计盈余也会比较低。根据此篇文章的结论,权益基础的薪酬契约是具有效率性的。

6.5 文章导读

6.5.1 Core and Guay(1999)

问 题

如前所述，Core and Guay（1999）是典型的效率契约的拥护者。他们认为，公司在给予权益性质的薪酬时，即是以此契约理论所述的方式设定最佳或最有效率的薪酬激励契约，随着时间的流逝，原来最优契约可能会改变因而产生偏离时，公司在下一年度会立即加以调整。

首先，作者根据经济理论找出决定最优权益激励的经济因素，以决定各公司的最优薪酬水平。下列模型右边即是经济因素：

$$\ln GRANT_{t-1} = a_0 + a_1 MV_{t-1} + a_2 RISK_{t-1} + a_3 B/M_{t-1} + a_4\ TENURE_{t-1} + a_5 FREE\_CASH_{t-1} + a_6 Industry_{t-1} + e_{t-1} \quad (6-14)$$

GRANT 为股价变动1%时对CEO所持有股票与期权二者总价值的影响；*MV* 为公司权益市价的对数，公司规模越大时越需要给CEO动机（预期 $a_1>0$）；*RISK* 为过去3年异常报酬的标准差（使用市场模型估计），越大表示经营环境越不确定，因而监督成本较大（预期 $a_2>0$）；*B/M* 为总资产账面值除以负债账面值加上权益市价，衡量公司的成长机会，*B/M* 越小成长机会越大，因而需要较大的动机激励（预期 $a_3<0$）；*TENURE* 为CEO服务年资的对数值，临近退休者会有短视的决策心态，因而需要较多动机来激励（预期 $a_4>0$）；*FREE_CASH* 为公司自由现金流量，更多的激励将导致公司的自由现金流量得以更有效地使用（预期 $a_5>0$）。[①]实证结果发现，符号都与预期相同。

根据上式，可以估计出每个样本的残差（Residual）。估计的步骤为：

（1）估计出下式，以估计出根据经济因素所计算出的最优薪酬水平：

$$\hat{a}_0 + \hat{a}_1 MV + \hat{a}_2 RISK + \hat{a}_3 B/M + \hat{a}_4 TENURE + \hat{a}_5 FREE\_CASH + \hat{a}_6 Industry \quad (6-15)$$

---

① 定义为：如果 $B/M<1$，则 $FREE\_CASH=0$；如果 $B/M>1$，则 $FREE\_CASH=$ 过去3年经营现金流量减去普通股与优先股股利（以总资产平减）的平均数。

(2)将实际的薪酬金额 $ln\ GRANT$ 扣除上述的最优薪酬水平,即可求出残差数(Residual),也就是偏离最优水平的薪酬金额。

如果给予的薪酬是最优的,则残差为0;然而随着经济环境变迁,[①]有可能原来给予的薪酬会变得太多或太少。如果残差为正,表示给的薪酬过多;残差为负,表示给的薪酬过少。换言之,残差代表偏离最优薪酬的幅度。根据效率契约说,公司在下一期应该会调整这一偏离,以达最优薪酬,因此,本期残差为正,下期会给少一点;本期残差为负,下期会给多一点。为检验这一说法,作者使用下列模型:

$$ln(New\_GRANT_t) = a_0 + a_1 Residual_{t-1} + a_2 Sale_{t-1} + a_3 B/M_{t-1} + a_4 LOSS_{t-1} + a_5 FREE\_CASH\_shortALL_{t-1} + a_6 Dividend\ Constraint_{t-1} + a_7 Other_{t-1} + e_t \quad (6-16)$$

New_GRANT:当期新给予的薪酬;$Residual$:式(6-15)算出来的残差(预期 $a_1<0$);$Sale$:销售收入的对数值,表示公司规模(预期 $a_1>0$);B/M:总资产账面值除以负债账面值加上权益市价,主要是衡量公司成长机会(预期 $a_3<0$);$FREE\_CASH\_shortALL$:主要捕捉公司现金的缺口[②],缺口越大的公司越不会发放现金薪酬,而是改发权益薪酬(预期 $a_5>0$)。$Dividend\ Constraint$:现金薪酬会计上是作为当期费用,权益薪酬仅须附注说明即可,因此盈余被限制拿去发放股利的公司,偏好采用权益薪酬(预期 $a_6>0$);其操作定义为 $Dividend\ Constraint=1$,如果前三年中任一年的[(留存收益+现金股利+股票回购)/(现金股利+股票回购)]<2(表示留存收益不太能拿来发放股利或回购库存股),否则为0。

使用OLS检验模型(6-16),实证结果确实发现 $Residual$ 的系数 $a_1<0$,因此符合最优效率契约的说法。然而作者也指出,使用OLS检验模型(6-16)在计量上是有问题的。首先,公司面临两个决策:(1)是否发放权益薪酬?(2)如果发放,应该发放多少?这两个问题可以使用Heckman(1979)模型来呈现并解决:

$$ESO^* = x_1\beta_1 + \varepsilon_1 \quad (6-17)$$

$$ln(NEW\_GRNAT) = x_2\beta_2 + \varepsilon_2 \quad \text{如果发放权益薪酬} \quad (6-18)$$

① 例如:CEO所拥有的薪酬结构(如股票或期权的比重)产生变化,或是随着时间的流逝,期权的价值已经改变等。

② $FREE\_CASH\_ShortALL$ 衡量方式为:先计算前三年各年现金缺口,[(普通与优先股股利+投资活动现金流量-经营活动现金流量)/总资产],再计算这三年缺口的平均数,越大表示缺口越大。

模型(6-17)中的 ESO^* 是一个看不到的变量,用来衡量发放权益薪酬的净利益,如果 $ESO^*>0$,则公司会发放权益薪酬。模型(6-18)是指当公司决定发放权益薪酬时,公司根据 x_2 决定发放权益薪酬的大小; x_2 是可以观察到的变量,但是 *New_GRANT* 的相关资料仅在公司决定发放权益薪酬时才收集得到。

当 $x_1=x_2$,且 $\beta_1=\beta_2$ 时,上述Heckman(1979)模型的解就退化成一般的Tobit模型。作者发现,不论是使用Tobit模型,或是使用Heckman(1979)模型,实证结果确实发现, *Residual* 的系数 $a_1<0$,也就是仍与OLS的结果相同,因此符合最优效率契约说法。

6.5.2 Ozkan, Singer, and You(2012)

问 题

作者检验IFRS实施之后,盈余质量是否变得比较好——敏感性与精确性;也就是是否盈余更能显示管理当局的努力程度。作者问了六个问题:

(1) Q1:薪酬对会计绩效的敏感性(PPS),在实施IFRS之后增加了;

(2) Q2:这一效果在本国准则与IFRS之间的差距越大时,越是明显;

(3) Q3:以同业的会计绩效作为相对绩效的现象(也就是相对绩效指标使会计信息的权重增加的现象),在实施IFRS之后增加了;

(4) Q4:以国外同业的会计绩效作为相对绩效的现象,在实施IFRS之后增加了(与Q2同,只是以国外同业作为比较指标的情况增加了);

(5) Q5:Q4的现象,在对外贸易越多的国家越明显;

(6) Q6:Q4的现象,在本国缺乏适当的同业比较基准时,则更加明显。

为检验Q1,作者使用下式:

$$\begin{aligned}\Delta COMP_{i,j,t} = {} & a_0 + a_1\Delta PROA_{j,t} + a_2 POST + a_3 POST\times\Delta PROA_{j,t} + \\ & a_4 RET_{j,t} + a_5 POST\times RET_{j,t} + CONTROL + \varepsilon_{i,j,t}\end{aligned} \tag{6-19}$$

$\Delta COMP_{i,j,t}$ ：$t-1$ 年至 t 年取自然对数的薪酬变化数（i 主管 j 公司）；$\Delta PROA$ ：投资报酬率的变动；RET ：股票报酬；$POST$ ：等于1，如果是在实施IFRS之后。$a_1>0$ 表示有使用盈余作为薪酬基础；如果 $a_3>0$ ，则表示在实施IFRS之后，薪酬契约中的盈余权重增加了。实证结果是，a_1 与 a_3 都显著>0，支持第一个预期。

为检验Q2，作者按照本国准则与IFRS之间的差距的大小，划分为两组，分别对模型（6-19）进行回归，结果发现差距大的这一组，a_3 显著大于0，但差距小的这一组 a_3 不显著，支持第二个预期。

为检验Q3，作者使用下式：

$$\begin{aligned}\Delta COMP_{i,j,t}=&a_0+a_1\Delta PROA_{j,t}+a_2\Delta APEER\_PROA_{j,t}+a_3POST+\\&a_4POST\times\Delta PROA_{j,t}+a_5POST\times\Delta APEER\_PROA_{j,t}+\\&a_6RET_{j,t}+a_7POST\times RET_{j,t}+a_8APEER\_RET_{j,t}+a_9POST\times\\&APEER\_RET_{j,t}+CONTROL+\varepsilon_{i,j,t}\end{aligned}\tag{6-20}$$

$\Delta APEER\_PROA_{j,t}$ ：$t-1$ 年至 t 年 j 公司同业投资报酬率变化数的中位数的自然对数；$APEER\_RET_{j,t}$ ：j 公司同业股票报酬的中位数。如果 $a_2<0$ ，表示相对绩效的薪酬契约有使用盈余作为薪酬基础；如果 $a_5<0$ ，则表示在实施IFRS之后，相对绩效的薪酬契约中的盈余权重增加了。实证结果，a_2 与 a_5 都显著<0，支持第三个预期。

为检验Q4，作者使用下式：

$$\begin{aligned}\Delta COMP_{i,j,t}=&a_0+a_1\Delta PROA_{j,t}+a_2\Delta DPEER\_PROA_{j,t}+a_3\Delta FPEER\_PROA_{j,t}+\\&a_4POST+a_5POST\times\Delta PROA_{j,t}+a_6POST\times\Delta DPEER\_PROA_{j,t}+\\&a_7POST\times\Delta FPEER\_PROA_{j,t}+a_8RET_{j,t}+a_9POST\times RET_{j,t}+\\&a_{10}DPEER\_RET_{j,t}+a_{11}FPEER\_RET_{j,t}+a_{12}POST\times DPEER\_RET_{j,t}+\\&a_{13}POST\times FPEER\_RET_{j,t}+CONTROL+\varepsilon_{i,j,t}\end{aligned}\tag{6-21}$$

$\Delta DPEER\_PROA_{j,t}$（$\Delta FPEER\_PROA_{j,t}$）：国内（国外）同业投资报酬率变化数的中位数的自然对数；$DPEER\_RET_{j,t}$（$FPEER\_RET_{j,t}$）：国内（国外）同业股票报酬的中位数。如果 $a_3<0$ ，表示相对绩效的薪酬契约使用国外同业盈余作为薪酬基础；如果 $a_7<0$ ，则表示在实施IFRS之后，使用会计基础的相对绩效，将会加入更多的国外同业作为比较基础。实证结果支持第四个预期。

为检验Q5，作者按照样本公司外销比重的大小，划分为两组，分别对模型(6-21)进行回归，结果发现外销比重大(小)的这一组，*POST*×Δ*FPEER_PROA* 的系数为-2.175(-0.645)，且两组差异达到显著水平，因此支持第五个预期。为检验 Q_6，作者以样本公司与国内同业规模(总资产)的差距(再以该样本公司总资产平减)，作为是否有适当的国内同业存在，差距越大就表示越不容易找到国内同业作为比较基准。作者按照规模差距的大小，划分为两组，分别对模型(6-21)进行回归，结果发现差距大的这一组(国内同行业较缺的这一组)，*POST*×Δ*FPEER_PROA* 的系数显著为负，但是差距小的这一组则不显著，因此支持第六个预期。

作者另外做了两个检验：(1)在研究期间，欧盟也做了其他区域整合的措施，为了解结果是否是由这些其他措施引起的，作者在模型(6-21)中控制了区域整合变量(*INTEG*，也就是样本国家与国外贸易额的大小)与 Δ*FPEER_PROA* 的交乘项，结果发现 *POST*×Δ*FPEER_PROA* 的系数仍然显著为负数，因此结论并非欧盟其他区域整合措施所引起。(2)以美国为样本，看看2005年前后，PPS与相对绩效中，会计信息的权重是否有改变，结果并没有发现，这表示这一论文的结论并非世界经济趋势所导致。

6.5.3 Dikolli et al.(2009)

问　题

机构投资人至少可以分为两种：长期决策观点与短期决策观点的机构投资人，前者会监督公司做长期性的决策（如投入研发），后者则会诱使公司采取短期盈余最大化的短期决策（如删减研发以操控盈余）（Bushee，1998）。Dikolli et al.（2009）分别将其称为Long-term机构投资人与Transient机构投资人。因此，作者想了解：

（1）当Transient机构投资人持股增多时，由于其会诱使CEO增加短期盈余，此时董事会是否会事先考虑到这一关系，而在设计薪酬（现金红利）契约时，较少（多）依赖盈余（股价）？

（2）Transient机构投资人持股越多，董事会越会使用权益薪酬，且给予的薪酬金额越高？

作者使用1992—2006年资料，薪酬资料来自ExecuComp数据库。有关

Long-term 机构投资人与 Transient 机构投资人的划分方法，详见 Bushee（1998）。作者使用下式检验第一个问题：

$$\Delta lnB = a_0 + a_1\Delta ROE + a_2 RET + a_3\%TRA + a_4\Delta ROE \times \%TRA + a_5\Delta RET \times \%TRA + a_6\%LT + a_7\Delta ROE \times \%LT + a_8\Delta RET \times \%LT + Control + e \quad (6-22)$$

$ln\,B$ 为现金薪酬的对数值；$\%TRA$ 与 $\%LT$ 分别为 Transient 机构投资人与 Long-term 机构投资人持有公司股份的百分比。ROE 为股东权益报酬率；RET 为年度股票报酬。[①]如果预期是正确的，则：$a_4<0$ 且 $a_5>0$ 。

在估计模型(6-22)时，计量上会有一个问题：$\%TRA$ 与 $\%LT$ 固然会影响到 $\Delta ln\,B$ ，反过来，$\Delta ln\,B$ 也会影响到 $\%TRA$ 与 $\%LT$ 。例如，研究发现，薪酬会吸引机构投资者去投资某些类型的公司，这时就产生 $\%TRA$ 与 $\%LT$ 这两个变量是内生变量的问题。因此，除 OLS 之外，作者另外使用两阶段最小平方法(2SLS)。

首先，作者使用 Hausman 法，检验是否真有内生问题，结果发现是有的。接下来就须找到工具变量(Instrument Variables)，与 $\%TRA$ 和 $\%LT$ 有关，但却与(6-22)式中的 e 无关。作者找出了影响 $\%TRA$ 与 $\%LT$ 的 10 个变量(用 $INSTRUMENT$ 代表)。因此第一阶段回归模型为：

$$\begin{aligned}\%TRA\text{或}\%LT &= \sum b_i INSTRUMENT + \langle \text{exogenous} \rangle \\ &= b_0 + b_1 RATE + b_2 TIME + b_3 SP500 + b_4 YIELD + b_5 BETA + \\ &\quad b_6 LEV + b_7 SGR + b_8 BVPS + b_9 REGULATION + b_{10} HITECH + \\ &\quad \langle \text{exogenous} \rangle + \varepsilon\end{aligned} \quad (6-23)$$

$RATE$ ：S&P 对普通股的评比(9=A+，…，0=未被评比)；$TIME$ ：上市至今之年度；$SP500$：当公司列名 S&P500 股票为 1，否则为 0；$YIELD$ ：普通股股利/股价；$BETA$ ：市场模型下的 beta；LEV ：负债比率；SGR ：销售收入增长率；$BVPS$ ：每股总资产的账面值再取对数；$REGULATION$ ：管制产业为 1，否则为 0；$HITECH$ ：高科技产业为 1，否则为 0；<exogenous>：模型(6-22)中的所有外生变量。[②]

第二阶段，则根据所估计出来的 $\%TRA$ 与 $\%LT$ 的估计值，取代(6-22)

① 其他控制变量(*Control*)包括：*B/M*(成长机会)、*TENURE*(CEO 服务年资)、*OWN*(CEO 持有权益市值占公司总权益市值的比重)、*LOSS*(营业净利润是否为负或正)、*NOISE*(盈余波动除以股价波动)以及 *RETIRE*(CEO 年龄大于 65 则为 1，否则为 0)等 6 项；同时也加入该 6 项与 *%TRA* 的交乘项以及该 6 项与 *%LT* 的交乘项等作为控制变量。

② 如何检验所使用的这 10 个工具变量是好的工具变量呢？请参阅 Wooldridge(2003)。

中实际的 $\%TRA$ 与 $\%LT$,进而使用OLS估计模型(6-22)。实证结果发现 $a_4<0$ 且 $a_5>0$,因此符合作者的第一个预期。

至于第二个问题(当Transient机构投资人持股越多时,董事会越会使用权益薪酬,且给予的薪酬金额越高?),这一问题其实就是式(6-17)与(6-18)的问题,仅是在这两个模型中加入与 $\%TRA$, $\%LT$ 有关的变量。作者使用下式检验:

$$\begin{aligned} Pr(CHOICE_t=1) = {} & a_0 + a_1\%TRA + a_2\%LT_t + a_3Residual_{t-1} + a_4Sale_{t-1} + \\ & a_5B/M_{t-1} + a_6LOSS_{t-1} + a_7\ CF\_SHORTFAL_{t-1} + \\ & a_8Dividend\ Constraint_{t-1} + a_9TRA\_RESIDUAL_{t-1} + \\ & a_{10}\ LT\_RESIDUAL_{t-1} + a_{11}\ Other_{t-1} + e_t \end{aligned} \tag{6-24}$$

$$\begin{aligned} ln(New\_GRANT_t) = {} & a_0 + a_1\%TRA + a_2\%LT_t + a_3Residual_{t-1} + a_4Sale_{t-1} + \\ & a_5B/M_{t-1} + a_6LOSS_{t-1} + a_7CF\_SHORTFAL_{t-1} + \\ & a_8Dividend\ Constraint_{t-1} + a_9\ TRA\_RESIDUAL_{t-1} + \\ & a_{10}LT\_RESIDUAL_{t-1} + a_{11}Other_{t-1} + e_t \end{aligned} \tag{6-25}$$

作者使用Tobit与Heckman方式估计,结果发现 $a_1>0$,与预期相符合。也就是 $\%TRA$ 越高,则给予的权益薪酬越大。除此之外,作者另外也分别估计这两个模型,式(6-24)为probit模型,检验是否要给予权益薪酬;式(6-25)为截断正态回归(Truncated Normal Regression)模型,估计给予多少的模型。结果发现,(6-24)式与(6-25)式的 a_1 都显著为正,与预期符合。表示 $\%TRA$ 越高,则不仅越可能会发放权益薪酬,且会发放得越多。

附录 SAS/STATA实例

实例演练:Core and Guay(1999)

此篇文献作者欲检验:公司最优契约发生改变因而偏离最优情况时,是否会在下一年度立即加以调整至这一最优点?本例针对1992—1997年间的134笔CEO年观测值进行实证演练。估计(6-14)式所需变量有:*Ln_GRANT*(股票期权及受限制的股票的奖励,将其值加1后再取自然对数),*mv*,*risk*(使用市场模型估计过去一年异常报酬的标准差的对数值),*bm*(成长机会),*free_cash*(若 $B/M<1$,则其值为0;若 $B/M>1$,则其值为过去三年经营活动现金流量减去普通股与优先股股利(以总资产平减)的平均数),*TENURE*(CEO服务年资的对数值)。

式(6-16)所需变量有:*New_GRANT*(当期新给予的薪酬),*Residual*(式(6-12)算出来的残差),Sale(销售收入的对数值,衡量公司规模),LOSS(营业净利润为负时的值为1,否则值为0),*FREE_CASH_ShortALL*(前三年各年现金缺口的平均数,现金缺口为(普通与优先股股利+投资活动现金流量-经营活动现金流量)/总资产;旨在衡量公司现金的缺口),*Dividend Constraint*(前三年任一年中的[(留存收益+现金股利+股票回购/(现金股利+股票回购)]<2时的值为1,否则为0),以及 *bm* 。[①]相关程序语法与输出摘要,请登录本书网站www.dufep.cn下载所附实例演练程序示范。

习题

1.Jensen and Meckling(1976)与Holmstrom(1979)都是探讨代理理论的代表学者。试问:

(1)你觉得他们研究的主要差异在哪里?

(2)应用上各有何优缺点?

(3)为何本章引用Holmstrom(1979)的观点作为理论基础,而下一章债务契约主要是引用Jensen and Meckling(1976)的观点作为理论基础?

2.何谓信息量原则(Informativeness Principle)?如何运用?

3.除了盈余与股价之外,尚有其他个别的绩效指标(部门、工作层级的绩效或个人特有的个别绩效等),也可以提供管理当局努力的额外信息。根据信息量原则,你是否能拟订一份研究计划,说明这些其他指标在薪酬契约中的增额效果?

4.中国目前有关薪酬委员会有何规定?你对目前的规定有何建议?

5.中国目前对于公司应该披露的薪酬有哪些规定?你是否有任何改进的建议?这些规定是否可以让你想出一份研究计划来呢?

6.中国员工分红制度的会计处理已有重大变革,其中最重要的就是应费用化,且按收盘价计算。反对者说这会影响到公司的权益资金成本与举债成本。你是否可以研拟一份研究计划,以检验这一反对意见的真实性与准确性?

7.假设圣爱公司正在招聘新的经理人员,公司相关资料如下:

① 为方便了解SAS之操作,文献中之其他控制变量不再纳入实例演练中,作者可自行斟酌。

$x(a,\theta)$ 状况	经理的努力程度			
	a_H（努力）		a_L（偷懒）	
	报酬(美元)	概率	报酬(美元)	概率
θ_S	1 000	0.7	1 000	0.2
θ_F	400	0.3	400	0.8
负效用：$c(a_i)$	4		0	

(1)假设仅有两种状况 $\theta=(\theta_S,\theta_F)$，分别代表成功与失败。

(2)假设委托人是风险中立的，而代理人是风险厌恶的，代理人与委托人的效用函数分别为：

$$U_A=[s(x)]^{1/2}-c(a)$$

$$U_P=x-s(x)$$

试问：

(1)如果薪酬契约为 $s(x)=\$82+0.2x$，则经理会采取 a_H 还是 a_L？此时委托人效用为何值？

(2)如果薪酬契约为 $s(x)=0.3x$，则经理会采取 a_H 还是 a_L？此时委托人的效用为何值？

(3)在本例中，如果薪酬契约中再加入股价，这对于委托人而言，效用会增加吗？为什么？

8.假设高贵公司正在招聘新的经理人员，公司相关资料如下：

$x(a,\theta)$ 状况	经理的努力程度			
	a_H（努力）		a_L（偷懒）	
	报酬(美元)	概率	报酬(美元)	概率
θ_S	2 900	0.75	2 900	0.2
θ_F	0	0.25	0	0.8
负效用：$c(a_i)$	8		4	
保留效用	24		25	

假设委托人是风险中立的，而代理人是风险厌恶的，代理人与委托人的效用函数分别为：

$$U_A=[s(x)]^{1/2}-c(a)$$

$U_P = x - s(x)$

试问：

(1)假设委托人可以完全观察代理人的行为，则委托人应该如何设计薪酬契约 $s(x)$？此时委托人的效用为何值？

(2)假设委托人无法观察代理人的行为，则委托人应该如何设计薪酬契约 $s(x)$？此时委托人的效用为何值？

(3)此例中，代理成本为何值？

(4)由于委托人无法观察代理人行为，而且盈余是可以操控的；同时，假设即便代理人偷懒时也可以将盈余管理到2 900美元。基于此，委托人该如何设计薪酬契约 $s(x)$，以便让代理人能够忠实披露而不操控盈余呢？

(5)假设新通过的会计准则压缩了代理人盈余管理的幅度，而且他会操控至最大的上限。再假设如果真实盈余为2 900美元时，代理人操控后的盈余区间为[2 800，3 136]；如果真实盈余为0时，代理人操控后的盈余区间为[0，36]。此时，委托人该如何设计薪酬契约 $s(x)$，以便让代理人能够努力工作呢？

第 7 章

债务契约

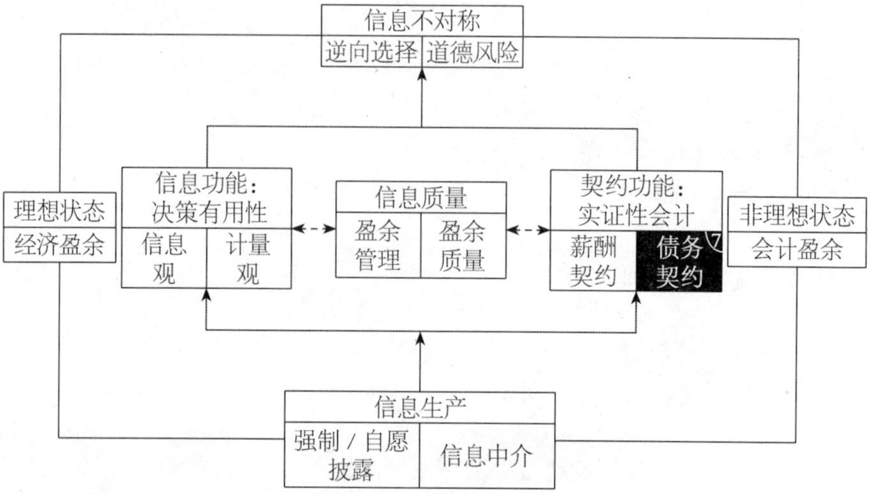

图 7-1　第 7 章架构

本章专门介绍债务市场与会计信息的关系。

除权益市场之外，举债已成为另一项重要的筹资渠道。当以往会计研究大多将焦点放在权益市场之际，近来却有越来越多的研究探讨会计信息与债务市场的关系。有鉴于此，本章将介绍会计信息对于债务市场的影响。第一节说明债务契约的基本观念，包括股东与债权人之间的基本代理问题，以及**债务契约**中常见的会计数字的特性，第二节介绍债券市场的种类，包括直接融资/间接融资（公有/私有债券市场）、银团贷款/一般债券市场、西方/东方债券市场（主要集中在中国国有市场的差异特性）。第三节说明会计数字对于债务契约条款的影响，主要包括价格条款与非价格条款。

7.1 债务契约的基本观念

股东与债权人之间的代理问题主要有四种。

7.1.1 股东与债权人之间的代理问题

在研究债务的议题时，主要的立论点是传统的代理理论（Jensen and Meckling，1976）。传统的代理理论的精髓，是认为当所有权与经营权分离之后，所有者/经营者会有自利的动机，因而牺牲外部资金提供者的利益。然而由于市场具有**理性预期**的特性，可以不偏地预期出所有者/经营者的自利行为，因此在订立价格时会将此偏离行为并入定价中。这些外部资金提供者，平均而言，会受到价格保护。在此情况下，所有者/经营者也会预期到这种价格保护的现象，因此在**事前**就会自愿进行**监督**或者**约束**（Bond）自己的成本(如聘任专业注册会计师),以限制自己的自利行为,如此反而对所有者/经营者较为有利。

存在于股东与债权人之间的主要代理问题,可以划分为四种(Smith and Warner, 1979)。第一为**股利支付**,当公司借入贷款后,将钱用来支付股利而非投资项目,这将使得公司未来无法支付贷款的本息。第二为**债权稀释**,就是指未经贷款人同意,自行又另外借入新贷款,如此将使旧债价值降低,因为一旦破产时旧债须与新债一同分配公司的剩余财产。第三为**资产替换**(Asset Substitution),是指将借来的钱投资在比原债权人预期要高的风险项目上,如此将使债权人财富被剥削。最后为**投资不足**(Under-Investment),是指公司濒临破产时,即使借来的钱是投资在净现值为正的计划上,但如果公司投资所赚的钱大多是要支付给债权人而非公司股东所有时,则管理当局仍会选择放弃此净现值为正的计划。

以会计数字为基础的债务契约,可以减少代理问题。

为减少股东与债权人之间的代理问题,借贷时常会在契约中加入各种限制条款,而这些条款常常以会计数字为订约的基础。因此,会计信息在契约订立过程中,常可以降低股东与债权人之间的代理成本(Watts and Zimmerman, 1978)。例如,在借贷契约中,可以规定在某些会计数字的情况下(例如可发放股利的最低盈余限制,以及可举新债的最高债务金额),应限制股利支付与发行新债的条款。此外,在债务条款中,可以要求公司提供担保、出售资产所得到的资金需先清偿债务,或对资本支出做出一定的限制等,以避免资产替换或是投资不足的情况。

债务契约常常以会计数字为基础,特别是私有债券。

7.1.2 会计数字与债务契约

公司举债时常会签订债务契约,而在契约中常纳入各种限制性的债务条款(Debt Covenants),包括**积极条款**(Affirmative Covenants)、**消极条款**(Negative Covenants),以及**财务条款**(Financial Covenants)。积极条款要求公司主动采取一些行动,例如遵守GAAP与相关法规、及时呈送财务报表给贷款人、购买保险与维持产能等。消极条款则要求公司不得采取某些特定的行为。例如,处分资产、超额资本支出、改变公司基本的营业特性、变更所有权(例如并购)或是超额股利等。

除上述积极条款与消极条款外,财务条款常使用会计数字来规范借款公司的风险与绩效,以避免借款公司采纳降低公司价值的融资或者投资决策;这些会计数字常包括负债比率、**利息保障倍数**、总固定支出(如利息、租金、资本支出等)以及**净值(Net Worth)**等。虽然不论是公司债或者私债,这些条款都是相当普遍的,但是,该现象在私债尤甚,且私债通常会规定得更严格、更详细(Gilson and Warner,1998)。例如,有96%的私债至少包括一个以上的财务条款(最常见的情况为负债现金比与利息保障倍数)(Roberts and Sufi,2009)。

债务契约

与会计数字有关的财务条款(Leftwich,1983;Smith and Warner,1979)通常包括下列几项:(1)限制股利或是股票的回购;(2)规定营运资金、利息保障倍数及股东权益的净值等的下限,或是负债比率的上限;(3)避免借款公司并购或投资高风险的公司;(4)禁止或是限制固定资产的处置,或是限制未来再发行比现有债务具有更佳优先权的债务等;(5)要求公司提供担保品或者质押品等。

第1章图1-2曾指出公司在举债融资时,可以是**直接融资**(如发行公司债)或是**间接融资**(如向银行或是储贷机构借钱)。一般而言,直接融资的债务契约所使用的会计数字,常以财务报表的会计数字为基础;相对的,间接融资的私有债务契约所使用的会计数字,则较常脱离GAAP下的会计数字。虽然如此,私债通常还是以GAAP下的会计数字为基础,再加以调整,而非重新计算一套全新的会计数字,因为仅仅为了某债务契约而编制一套全新的财务报表,将所费不赀。

私有债务契约中的财务条款,所使用的会计数字通常会脱离GAAP,此处介绍主要的原因。

私债契约所使用的会计数字容易脱离GAAP的主要原因,是私债涉及的债权人(如银行或是保险公司)较少,且债权人对公司比较了解,因此重新协议契约成本较低。例如,当债权人与违约公司协议修正契约与债务条款时,由于对公司较了解,如果发现这些违约公司的价值仍大于其所负担的债务时,进行重新协议还是较为划算的,因为此时要求公司立即偿还负债,可能会使公司陷入重大危机。事实上,公司有可能纯粹因为GAAP发生变动而导致技术性违反债务条款,该技术性的违约情形,对于私有债券的债权人而言,常常是预期中的,在此情况下,重签协议也是可以预期的。相对的,如果该违约发生在公有债券上,这时候想重签协议则难度较高,因为通常要经过2/3以上的债权人同意才能通过,但要达到此要求,实务中常常是难以实施的。此外，这些公有债券的债权人对于公司的了解也未必深入，因为他们拥有的信息通常不比私债债权人多，且分析能力可能也不像私债债权人那样专业。

债务契约中最常用的会计数字是盈余与净值。

债务契约调整盈余数字

债务契约在使用调整后的盈余时，通常采取稳健的调整原则，也就是低估盈余（如子公司盈余依GAAP应采用权益法，但合约规定采用成本法）与资产（如商誉不包括在合约资产内），高估负债（如租赁负债列入合约负债中）[①]等，以限制管理当局通过操控盈余来规避违反债务条款的可能。

由于盈余与净值是契约最常用的两个会计数字，因此Li（2010）以私债为样本，调查契约所定义的这两个数字是否与GAAP规定不同。作者发现下列几点有趣的现象：第一，并没有任何契约以综合损益作为契约的盈余定义：第二，在他的研究样本中，有38%的债务契约所使用的盈余定义与GAAP规：定不同，而其中约有51%的差异来自剔除暂时性盈余的契约盈余，如非常损益（22%）、资产处置损益（12%）、资产重估价（6.1%）、会计原则变动（3.7%）、停业部门损益（Profits from Discontinued Operations）（1.7%）等。相对的，由于这些暂时性盈余最终仍会列入净值，因而会成为永久性的净值项目。可见，契约定义的净值与GAAP下的净值，差异比例明显降低。例如，约仅有10.5%的样本是有差异的。换言之，契约所使用的盈余常常将这些暂时性项目剔除，但在定义净值时，却不要求将其删除。

自损益中剔除暂时性盈余通常基于两个理由，第一，这些项目在未来持续发生的机会并不高，因此不具有预测未来公司绩效的能力。第二，如此就可以避免管理当局使用这些易于操控的项目进行盈余管理（Leftwich，1983）。

债务契约所使用的盈余在何种情况下容易偏离GAAP的盈余？李（2010）实证结果发现，第一，当盈余在债务契约里面所扮演的角色越重要，也就是说债务契约内的条款或者限制要求，依赖盈余的频率越高时，偏

① 早期的租赁负债并不列入资产负债表内，但债务契约却要列入。当然，现在GAAP已规定要列入了。

离GAAP的好处可能越大，因而越可能偏离GAAP而使用另一套盈余数字。第二，当债务契约的期间越长时，暂时性的盈余越没有预测效果，也就是越缺乏可用的信息，因而剔除这些暂时性盈余的可能性就越高。换言之，契约到期日越长时，越可能偏离GAAP所使用的盈余数字。第三，当暂时性盈余在债务契约中的有用性越大时，债务契约所使用的盈余就越不会偏离GAAP的盈余。因为即便同样是属于所谓的暂时性盈余，其本身的持续性也未必相同，也就是产生该暂时性盈余背后的根本原因，以及发生的频率也未必相同。例如，固定资产的处置利得，有些公司较常出现，而其他公司可能难得出现；如果是常出现的公司，这些处置利得对于未来盈余的预测性较佳，故就没有必要将其剔除在契约之外。此外，这些背后的根本原因对企业正常的营业活动也可能有不同的影响。例如，如果公司的正常营业活动较易受到非常损失的影响，则非常损失将具有较高的持续性，因其具有预测价值，故被剔除在契约的盈余之外的可能性较低。

释　例

前面一段提及，Li（2010）发现影响契约盈余与GAAP盈余是否一致的原因，总共有三个。如果是你，你将如何检验？

假说：

（1）H1：盈余在契约中的角色越重要时，契约盈余越容易偏离GAAP；

（2）H2：债务契约的贷款期间越长时，契约盈余越容易偏离GAAP；

（3）H3：暂时性盈余的噪声越大时，契约盈余越容易偏离GAAP。

在这里，扼要介绍作者使用的检验方法。作者使用下列Probit回归式：

$$P(Diff=1)=f(a_0+a_1(Importance)+a_2(Maturity)+a_3(Persistent\_residual)+Control+e) \quad (7-1)$$

Diff 等于1，代表契约盈余与GAAP不一致。*Importance* 代表盈余在契约里面的重要性，衡量方法为契约中使用盈余的次数，减掉样本的

平均次数。*Maturity* 为契约的贷款期间。*Persistent_residual* 代表暂时性盈余所包括的噪声程度，噪声越大越没有用。衡量方法为：以盈余持续性为 y（下期盈余对本期盈余进行回归所得到的系数），营业净利持续性为 x（下期营业净利对本期营业净利进行回归所得到的系数），以回归之后计算的残差为替代变量，该残差表示盈余持续性中无法由营业净利持续性所解释之部分；也就是说，该数字越大代表暂时性盈余越有用，因此就没有偏离GAAP的必要了。

为了控制住测量误差，作者以四分位的数字来取代。

实证结果

$a_1>0$，$a_2>0$，$a_3<0$，因此支持假说。

违反债务条款是一项重大的违约事件，因此契约常会赋予债权人要求借款公司立即或是加速清偿剩余贷款的权利。实务中，债权人甚少如此做，而是选择重签协议；这些重签的协议常常会修订原来的各项债务条款，而修订后的条件常比原来的更为严格，且会赋予债权人更多的权利监督公司的经营。此外，当违反债务条款时，CEO更换的比率也显著增加（Nini et al., 2012）。因此，违反债务条款的成本仍然相当高。再如，Chava and Roberts（2008）研究发现，公司违反债务条款之后，它们的投资显著减少。因为修正后的债务条款常限制公司采取降低公司价值的投资与理财决策。

为了避免违反债务条款，公司有动机向上操控盈余或是其他相关会计数字（如负债比率），以迎合最低的基本限制要求。例如，采用FIFO而非LIFO，采用直线法而非加速折旧法提取折旧，或是通过提高应计盈余以增加净利等。另外，为避免违反债务条款，公司通常会避免采用引起盈余产生波动的会计方法，因为这样会增加违约的概率。

7.2 不同债券市场的特性

公有债券与私有债券本身特性不同，进而也影响到使用的财务条款的程度与方式。

首先，在向债券市场融资时，会面临债券市场本身也具有异质性的情况。例如，公有债券市场与私有债券市场的差异，一般贷款与银团贷款之间的差异，以及公有银行与私有银行之间的差异。这些债券市场的差异，会影响会计信息在债务契约中所扮演的角色。

债务市场的融资渠道有两个，包括直接融资（**公有债券**，如**公司债**）以及间接融资（**私有债券**，如向**银行贷款**），而由于这两个融资市场的制度背景不同，因此会对会计信息产生不同的需求。就私有债券而言，债权人通常可以从公司管理当局接触到公司的私有信息，且债权人通常更具有处理资料的能力，但是公有债券的持有人是相当分散的，通常无法像银行一样具有良好的分析与解读能力。虽然美国**《公允披露条例》**（Fair Disclosure Regulation）规定，公司如果要对外公开信息，不能选择性地针对特定人公开，但是此规定却不适用于债券市场。例如，在私债合约中，常规定要提供给债权人各种公开与私有信息。

此外，公有债券的持有人通常比较多，且如果要重新修订契约内容常需要2/3的多数表决权，因此公有债券的协议成本通常比私有债券高出很多。最后，公有债券通常是由承销商承销与发行，因此受到多项法规的约束与管制。相对的，私有债券则没有这方面的问题。这些制度背景的差异，可能会影响对会计信息的不同需求，从而也影响债务契约的内容。例如，因为协议成本比较高，因此公有债券的财务条款比较少见（Begley and Freedman，2004），而债务条款通常也比私有债券宽松一些（Smith and Warner，1979）。

其次，近来银团贷款融资的业务成长迅速，因此很多公司通过银团贷款方式进行融资。然而，**银团贷款融资**除涉及牵头行与借款公司的信息不对称（主要为逆向选择问题）之外，牵头行与协办银行之间也面临另外一种信息不对称（道德风险）。因此，银团贷款融资对会计信息的需求，与一般银行贷款是不一样的。

最后，中国与西方的债务市场迥异。中国银行可以分为国有银行与私有银行，借款人也分为国有企业与非国有企业。政府在整个债务市场的借贷双方之间都扮演了积极的角色，此特性对中国债务市场的运作产生了特有的融资现象。因此，探讨中国债券市场，近来也成为一个有趣的议题，特别是政府在债券市场中所扮演的角色，是否影响债务契约对于会计信息的需求。

日本银行

发展中国家的企业通常以向银行举债为主，因为它们不容易通过发行公开的债券而向投资大众募集资金。然而身为发达国家的日本，却是独树一帜。日本企业通常与一家银行维持长期的良好关系，而这些银行也常常持有企业的股份，且在企业中担任重要的职务。因此，银行在企业中扮演了相当重要的公司治理角色。由于银行身兼股东与债权人的双重身份，因此此类关系被认为可以缓和债权人、大股东与管理当局之间的代理问题。

由于企业举债相当容易，因此它们不需像美国企业一般，维持相当的资金流动性。此虽为优点，但此种关系也有缺点。例如，银行毕竟比较保守，当银行握有公司相当股份时，通常这些公司较不倾向投资风险较高的计划，而更偏好采取保守的计划。另外一个缺点是，当银行出现财务危机时，公司会受到连带影响，特别是在金融危机期间。

哪些特性的公司偏好通过私有债券而非公有债券借款？

7.2.1 公有/私有债券的选择

银行能够接触到公司私有信息，且具有较佳的信息处理能力，因此，不论公开财务信息的质量如何，它们都有其他的渠道或是信息来评估借款公司的绩效。由此可见，贷款银行所面临的逆向选择风险较小，这也是银行更愿意借钱给信息质量较低的公司的原因(Bharath，Sunder and Sunder，2008)。相对的，公有市场的投资者由于更缺乏从其他渠道获取举债公司的私有信息，因此公开信息对投资者而言相对更为重要。基于以上理由，Dhaliwal，Khurana，and Pereira(2010)发现，如果公开披露信息的成本很高，则公司会倾向于向银行融资，而非通过公开的债务市场。由于制度背景不同的债券市场对会计信息的需求内容与方式并不相同，因此也连带影响公司对融资渠道的选择(**公有债券**或**私有债券**的选择)。

然而，也有另一个说法，就是虽然会计信息质量较低时，向银行举债会有比较多的好处，但是银行也可能因为具有独占的私有信息及较佳的信息解读能力，从而剥削借款公司，此称为“抢劫(Hold-up)现象”。例如，会计信息较差的公司，如果它们的未来成长机会很好，则由于银行可以通过内部信说明银团贷款市场的特性，以及会计信息与银团贷款市场的关系。

在银团贷款市场中，牵头行与协办银行之间存在信息不对称的情况。会计信息可以减少该信息不对称的问题吗？

息获悉此情况，再加上信息不对称致使外部人无法了解真相，故银行将想方设法剥削借款公司。在此情况下，借款公司为避免被剥削，反而有可能向公开市场举债（发行公司债）(Bharath et al.,2008)。

7.2.2 银团贷款市场

7.2.2.1 牵头行的持股

在**银团贷款融资**的情况下，借款公司首先与**牵头行**签订融资合约，之后牵头行再找其他愿意参与的**协办银行**加入。因此，不仅借款公司与牵头行之间存在信息不对称，牵头行与协办银行之间也存在信息不对称。通常，牵头行与借款公司之间的关系比较密切，因而有机会接触到借款公司的许多信息，牵头行与协办银行之间的信息不对称，常比借款公司与牵头行之间的信息不对称程度更为严重。协办银行通常仅能接触到公开的借款公司的信息或是牵头行提供的信息，因此在评估借款公司的信用风险时，协办银行处于不利的一方。此外，当债务契约成立后，牵头行是否恪尽监督之责，也是协办银行无法观察到的，此情况加重了牵头行与协办银行之间的信息不对称程度。

牵头行与协办银行之间的信息不对称，会影响到牵头行的持股情况。一方面，牵头行会利用其信息优势的地位，剥削协办银行（道德风险的问题）；另一方面，协办银行对于借款公司的信用风险是有疑虑的，特别是它们处在信息劣势的一方（逆向选择的问题）。此时，解决此信息不对称的方法，就是牵头行持有较多的债权份额，以减少协办银行有关借款公司信用风险的疑虑(Sufi,2007)。

Ball et al.(2009)探讨会计信息在此信息不对称上是否可以扮演一个积极的角色。他们发现，如果会计信息可以提供较多有关借款公司的信用质量信息时，便可以降低牵头行的持有股份，从而改变银团贷款融资的集中情况。Kim et al.(2011)进一步指出，由于四大会计师事务所的审计质量较好，故委托人的会计质量较优，则牵头行的持股份额可能降低。Chin,Yao,and Liu(2014)进一步发现，具有行业专家特性的个人层级的注册会计师，不论事务所层级是否具有行业专家的特性，都会降低牵头行的持有份额；因此，会计信息在**银团贷款市场**中，可以改变银团贷款的股权结构。

在银团贷款市场中，存在一级市场与二级市场，前面介绍的是一级市场。同样，会计信息在二级市场中扮演什么角色呢？

7.2.2.2　二级市场的交易

银团贷款融资的市场包括**一级市场**与**二级市场**,前一段所提的就是一级市场。当银行在一级市场贷款给借款公司之后,银行持有的贷款契约,可以在二级市场出售,也可以不出售而持有至到期日。此时产生一个问题:在二级市场中,会计信息扮演什么角色?

就如同在权益市场一样,会计信息的质量优劣,也会影响二级债务契约的买卖价格。研究显示,借款公司的财务报告越是保守稳健,越可以降低债务契约买卖者之间的信息不对称(Wittenberg-Moerman,2008)。作者使用Basu(1997)的会计稳健定义作为会计信息质量的衡量方法,并以二级市场中的债务契约的买卖价差(Spread)作为二级市场信息不对称程度的衡量指标。研究结果显示,借款公司越是提早确认坏消息,也就是会计越稳健,债务契约的**买卖价差**越小(利率越小),从而可以减少信息不对称的问题。

首先,以往研究显示,盈余宣告会引起权益市场股价的反应,因此同一问题是否也会在债务市场中出现？也就是说,盈余宣告是否会引起二级市场中的债务契约市价的波动？其次,以往研究指出,获利公司的盈余宣告对股价的影响较大,因为获利的盈余持续性更高。然而,在债务市场,债权人更关心坏消息,因为这会危及公司还本付息的清偿能力;相对的,好消息的结果通常是公司股东受益。因此,在债务市场,盈余对债务契约市价的影响是否在坏消息时会更敏感？最后,由于银团贷款融资契约常要求借款公司按月呈送包括盈余在内的相关资料,因此,是否在银团贷款市场中,盈余对债务契约市价的影响,会早于对股价的影响？Allen et al.(2008)针对这些问题做了实证研究。

他们发现,在银团贷款二级市场中,由于盈余宣告前会定期提供与盈余有关的信息给债权人,因此盈余信息对债务契约市价(或是报酬率)的影响,在盈余宣告日前四至五周就会出现;相对的,在权益市场,股价则在更接近盈余宣告日时才有显著反应。此外,公司盈余如果呈现衰退趋势时(相对于前一年),未预期盈余与债务契约市价(报酬率)之间呈现显著的正向关系;但当盈余呈现成长趋势时,盈余对债务契约价格却没有显著影响。

问 题

作者(Allen et al.,2008)以盈余宣告日所属周别为事件周,在模型中加入五个虚拟变量,分别代表盈余宣告周之前的五周,如果提前呈现给债权人的信息提早反映在债券价格上,则这些虚拟变量应该会显著。

实证过程

作者以债务契约报酬率作为债务市场的价格反应,其衡量方法为:将宣告前后两周之债务契约价格取自然对数后相减,即$R_{it}=ln(P_{it}/P_{it-1})$,并使用式(7-2)检验:

$$R_{it}=\beta_0+\beta_1 ES_{it}+\beta_2 W1\times ES_{it}+\beta_2 W2\times ES_{it}+\beta_3 W3\times ES_{it}+\beta_4 W4\times ES_{it}+\beta_5 W5\times ES_{it}+Control\ Variables_{it}+\varepsilon_{it} \qquad (7-2)$$

Wj 为虚拟变量,代表盈余宣告前第 j 周,例如,$W5$ 代表盈余宣告前第5周,其余类推。ES 为未预期盈余。

实证结果

β_4 及 β_5 皆显著大于0,证实债务市场上的价格反应是源自公司提前呈送给银行的私有信息。然而,β_1 并不显著,显示信息在之前就已经提早反应了。

在银团贷款市场中,是否老客户借款比较优惠呢?

7.2.2.3 关系贷款

除了决定融资的来源之外,借款公司也面临着是否之后都向同一家银行借款的问题。公司如果持续向同一家银行借款(称为**关系贷款**,**Relationship Lending**),银行在未来继续提供贷款时,就可以省掉很多的监督成本。这些成本节省之后,银行可以与借款公司分享。例如,降低借款公司的利率,或是给予较为弹性的债务条款等。实证研究支持此看法。例如,Boot and Thakor(1994)指出,当借款公司与贷款者之间的关系变得比较熟悉时,利率将会降低。

Bharath et al.(2009)对此问题进行了实证分析。实证结果发现,与银行建立长期关系之后,继续贷款的利率显著较低。此外,借款公司的会计信息质量越差,经由该“关系贷款”所获得的好处(低利率)越多。

假设1

关系贷款的利率较低(Bharath et al.,2009)。

实证过程

作者使用下式检验:

$$Spread = \beta_0 + \beta_1 RELATION + \beta_2 Borrower\_feature + \beta_3 LOAN\_feature + Control + \varepsilon \quad (7-3)$$

Spread 作为价格条款的衡量变量,是指超过 *LIBOR* 的点数,越大表示利率越高。*RELATION* 是在衡量借款公司与银行之间是否在过去有关系存在。作者使用三种方法衡量:

(1)过去5年内,借款公司曾向同一银行借过款,则 $RELATION = 1$。

(2)过去5年内,借款公司对同一银行所借的金额/过去5年内借款公司的借款总金额。

(3)过去5年内,对同一银行借款次数/过去5年内借款总次数。

实证结果

$\beta_1 < 0$,与预期相符合。

计量问题

如果要做敏感性分析,你会如何做?特别是在计量方法上!

假设2

借款公司的会计信息不对称程度越大时,此类关系贷款会给予较低的利率?

实证过程

作者使用下式检验:

$$\begin{aligned} Spread = {} & \beta_0 + \beta_1 RELATION + +\beta_2 INFORMATIN\_QUALITY + \beta_3 RELATION \times \\ & INFORMATIN\_QUALITY + \beta_4 LOAN\_feature + \beta_5 Borrower\_feature + \\ & Control + \varepsilon \end{aligned} \quad (7-4)$$

INFORMATION_QUALITY 为借款公司的信息不对称程度,作者用下列几个指标:(1) *SIZE*:公司规模;(2) *NO_Rating*:1代表没有被S&P信用公司评级;(3) *S&P 500*:1代表列名S&P 500信用公司;(4) *FOLLOWING*:

分析师跟随的人数;(5) *DA*:应计盈余。

实证结果

(1) *SIZE*:$\beta_3>0$,表示规模越大,信息不对称越低,因此降低的利率较少,与预期相符合。

(2) *NO_Rating*:$\beta_3<0$,表示未被S&P信用公司评级者,信息不对称程度高,因此降低的利率较多,与预期相符合。

(3) *S&P* 500:$\beta_3>0$,表示列入者的信息不对称程度较低,因此降低的利率较少,与预期相符合。

(4) *FOLLOWING*:$\beta_3>0$,表示分析师跟随人数越多者,信息不对称程度越低,因此降低的利率较少,与预期相符合。

(5)应计盈余:$\beta_3>0$,表示由于应计盈余越高,信息不对称程度越高,因此降低的利率较多,与预期相符合。

综上所述,实证结果与预期相符合。

中国的银行有国有银行和非国有银行之分。借钱的公司有国有企业和非国有企业,这些特性对于举债条款是否会产生不同的影响呢?

7.2.3 国有/非国有银行的影响

目前的分析观点,都是站在西方债务市场的角度。然而,当中国经济崛起,其特有的债务市场的现象,就引起了学术界的关注。在中国的私债市场中,借款企业可以划分为**国有企业**与**非国有企业**,前者主要在执行政治与社会的目标,而后者则在追求私有利润的极大化,因此二者的目标并不相同。此外,前者在向银行融资时,由于政府在背后相挺,让贷款银行无需担忧国有企业的违约风险。更有甚者,中国政府承诺要将国有企业民营化,且选择的对象通常是经营状况较好的国有企业,这也降低了银行所担忧的违约风险。

至于中国的贷款银行,也可以划分为国有银行与非国有银行。国有银行又可以划分为**政策国有银行**(Policy State-owned Bank)及一般的**商业国有银行**(Commercial State-owned Bank),前者主要在执行国家政策性的放款,后者则没有政策放款的负担。因此,这些银行的目标、政府所有权的结构以及银行与公司之间的关系是迥然不同的。

基于以上的特性,相对于**非国有企业**而言,**国有企业**并不会太重视财务报表的质量,特别是财务报表的稳健性;因为如前所述,银行并不担心国有企业的违约风险。此外,由于国有银行对于企业是否有足够资产清偿负债的关切程度较低(相对于非国有银行),因此企业财务报表的稳健性与向国有银行举借的金额之间,呈负向的关系(Chen, Chen, Lobo and Wang, 2010)。

问　题

作者(Chen et al.,2010)检验两个假说:

(1)H1:相对于非国有企业而言,国有企业更不重视会计稳健性;

(2)H2:向国有银行借钱越多,越不稳健。

实证过程

作者使用Ball and Shivakumar(2005)所发展的应计/现金流量法,衡量稳健性(见第9章说明):

$$ACC_t = \beta_0 + \beta_1 DCFO_t + \beta_2 CFO_t + \beta_3 DCFO_t \times CFO_t + \varepsilon_t \tag{7-5}$$

ACC 为非常项目前之净利减去经营活动的现金流量,除以期初总资产。CFO 为经营活动的现金流量,除以期初总资产。$DCFO = 1$,当 $CFO < 0$。如果公司是采取稳健会计,则 $\beta_3 > 0$。为检验这两个假说,作者将上式改为下列方程式:

$$\begin{aligned} ACC_t = {} & \beta_0 + \beta_1 DCFO_t + \beta_2 CFO_t + \beta_3 DCFO_t \times CFO_t + \beta_4 SOE_t + \beta_5 SOE_t \times \\ & DCFO_t + \beta_6 SOE_t \times CFO_t + \beta_7 SOE_t \times DCFO_t \times CFO_t + \beta_8 LSB_t + \\ & \beta_9 LSB_t \times DCFO_t + \beta_{10} LSB_t \times CFO_t + \beta_{11} LSB_t \times DCFO_t \times CFO_t + \varepsilon_t \end{aligned} \tag{7-6}$$

SOE:当举债公司为国有企业时,$SOE = 1$;LSB:向国有银行贷款金额占总借款的百分比。如果第一个假说是对的,则 $\beta_7 < 0$;如果第二个假说是对的,则 $\beta_{11} < 0$。

实证结果

实证结果与预期相符合。

其他问题

延续前例。作者的结果,也可能是下列三个原因,而未必如H1所言:是因为国有企业并不会太重视会计稳健性。(有兴趣读者可参阅原文)

（1）起因于盈余是暂时性/永久性的差异：非国有企业所确认的实时损失，是一种暂时性的损失，而非持久性的。例如，非国有企业常常面临资金短缺而停止亏损的计划，因而出现突发损失；而国有企业并没有这方面的困扰，因为不论是否是获利的计划，都会继续执行。因而非国有企业会较常实时确认损失。

（2）起因于盈余管理动机的差异：国有企业的主管，他们的升迁或是奖酬与会计盈余无关，因而没有动机进行盈余管理，特别是"洗大澡"的行为，但是非国有企业则相反，有动机进行"洗大澡"。因此上面的分析结果，可能是两类企业对于"洗大澡"行为差异所引起。

（3）起因于缴纳所得税动机的差异：国有企业主管对于缴纳多少税并不关心，因为都是缴给自家人——政府；甚者，有时还因为缴的税多而给予主管奖励；相对的，非国有企业为省税而尽可能提早确认损失。

你将如何使用研究方法，排除这些其他的解释？

作者Chen et al.(2010)进一步检验发现，国有企业向银行借款时，出现违约而遭受到起诉的可能性比较低。另外，作者再将企业向国有银行的贷款，细分为向政策性国有银行与一般性商业国有银行贷款，结果也发现，向商业国有银行借款时所要求的会计稳健性，高于向政策性国有银行借款。此点也证实了政策性国有银行因为要执行政策贷款，因而较不重视举债公司的财务报表的质量——会计稳健性。

问 题

如果是你，你会如何检验此假说？

H3：政策性国有银行，比商业银行较不重视会计稳健性。

实证过程

上述方程式（7-6）中的 LSB 进一步划分为：（1）$LSB_{-POLICY}$：向政策性国有银行贷款金额占总借款的百分比；（2）$LSB_{-Commerical}$：向商业国有银行贷款金额占总借款的百分比。其次，再将（7-6）式改为：

$$ACC_t = \beta_0 + \beta_1 DCFO_t + \beta_2 CFO_t + \beta_3 DCFO_t \times CFO_t + \beta_4 SOE_t + \beta_5 SOE_t \times DCFO_t + \beta_6 SOE_t \times CFO_t + \beta_7 SOE_t \times DCFO_t \times CFO_t + \beta_8 LSB_{-POLICY_t} + \beta_9 LSB_{-POLICY_t} \times DCFO_t + \beta_{10} LSB_{-POLICY_t} \times CFO_t + \beta_{11} LSB_{-POLICY_t} \times DCFO_t \times CFO_t + \beta_{12} LSB_{-Commerical_t} + \beta_{13} LSB_{-Commerical_t} \times DCFO_t + \beta_{14} LSB_{-Commerical_t} \times CFO_t + \beta_{15} LSB_{-Commerical_t} \times DCFO_t \times CFO_t + \varepsilon_t \quad (7-7)$$

β_{11} 代表政策性国有银行要求的额外稳健程度，β_{15} 代表商业性国有银行要求的额外稳健程度。如果H3是对的，则 $0 > \beta_{15} > \beta_{11}$。

实证结果

与预期相符合。

中国大陆的银行，除了本土银行之外，也有外资银行。所谓外资银行，泛指有外资持股的中国当地的银行，或是完全由外资持股的银行。由于外资银行是以利润最大化为导向，因此长期的营业绩效比本土银行要好，主要原因是外资银行的公司治理较佳。其次，由于外资银行无法像本土银行一样能够分析非财务性信息，即使可以，也不太愿意依赖此非财务信息，因此，外资银行更重视财务性的信息。基于这些原因，外资银行对于会计稳健性的需求会高于本土银行。

问　题

如果是你，你会如何检验此假说？

H4：外资银行对于会计稳健性的要求会高于本土银行。

实证过程

作者使用下式检验：

$$ACC_t = \beta_0 + \beta_1 DCFO_t + \beta_2 CFO_t + \beta_3 DCFO_t \times CFO_t + \beta_4 LOCAL_t + \beta_5 LOCAL_t \times DCFO_t + \beta_6 LOCAL_t \times CFO_t + \beta_7 LOCAL_t \times DCFO_t \times CFO_t + \beta_8 FOR_t + \beta_9 FOR_t \times DCFO_t + \beta_{10} FOR_t \times CFO_t + \beta_{11} FOR_t \times DCFO_t \times CFO_t + \varepsilon_t \quad (7-8)$$

FOR：代表向外资银行贷款金额占总借款的百分比；$LOCAL$：代表向本土银行贷款金额占总借款的百分比。如果H4是对的，则 $\beta_{11} > 0$，$\beta_7 < 0$。

实证结果

与预期相符合。

额外问题

如果要做敏感度分析，你将用何种稳健会计模型再重新检验？

会计信息的质量或者其他特性，是否会影响到债务契约的条件呢?债务契约的条件可以分为价格条款与非价格条款。

7.3 会计对债务契约的影响

债务契约中的债务条款，主要包括**价格条款**与其他**非价格条款**。本节分别介绍影响此二者的会计相关因素。

7.3.1 价格条款

代理理论的论点是，当公司经理人员采取自利行为而牺牲债权人的利益时，债权人会要求较高的利率作为补偿。当公司的会计信息质量较差或是信息较不透明时，此种情况会更加明显。因此，盈余质量会影响到公司的借款利率。

早期在检验此论点时，由于无法拿到实际利率而使用间接的方法，如使用利息费用或是信用评级(Ahmed et al.，2002；Ashbaugh et al.，2006)。之后由于实际利率(大于LIBOR的额外加码点数，文献称为spread；为方便说明，后面都将spread称为利率)可以取得，因而后来的研究就转而使用这一资料。

在会计文献中，曾提到一些影响债务契约价格条款的因素，本节将介绍这些影响利率的会计因素，包括会计稳健性、公/私债类别、公司治理、审计以及GAAP变动弹性等。

会计稳健性

Zhang(2008)发现，公司的会计越稳健，贷款者所面临的代理成本就越小，因此，贷款者会与借款公司分享此好处，常见的方法就是向借款公司要求较低的利率。同时，作者也发现，公司的会计越稳健，借款公司事后发生违约的机会也越高，且违反的速度也会更快。有关此文章的内容，本书于第5章最后一节中曾详加介绍，读者可以回顾一下。

公/私债

Bharath et al.(2008)曾提到，由于银行具有较佳的信息分析能力，且能够接触到公司内部私有的信息，再加上私债协议成本较低，因此盈余质量较差的公司会偏好选择私债市场融资。此外，在这两个市场上，盈余质量对于价格(利率)与非价格的契约条款的影响也不相同。就利率而言，盈余质量越高的公司,不论是公有债券或是私有债券,利率都会较低,但公有债券利率降低的幅度更大。

公司治理

除前述直接以盈余质量探讨其对债券市场利率的影响之外,另外也有一些文献以间接的盈余质量的衡量方式探讨其对利率的影响。较常见者,为探讨董事与审计委员会特性对于债务资金成本的影响,例如,当公司董事会较小且较独立时,或者审计委员会成员越独立,公司的债务成本也越小(Mansi and Reeb,2004)。Ashbaugh et al.(2006)使用不同公司治理的变量,发现其对公司债务成本也有类似影响。

审计

审计可以增加财务报表的可靠性,然而目前的实证研究,几乎都是以公开发行公司为研究样本,而这些公司都必须经过注册会计师鉴证。因此,目前有关审计可以增加财务报表的可靠性的研究,主要的焦点都是放在“四大”与“非四大”之间的审计质量是否有差异这一个议题上,例如,当公司聘雇“四大”会计师事务所时,债务成本会更低(Pittman and Fortin,2004)。

然而,Minnis(2011)以美国私有公司为样本,这些公司可以自己决定是否要经过注册会计师审计,因此,通过此样本的研究,就可以真正回答此问题。作者研究发现,经过注册会计师审计的公司,向银行贷款的利率比未经审计的公司低。此结果提供了比较可信的直接证据。

问题(Minnis,2012)

有注册会计师鉴证的公司,举债的利率比未经注册会计师鉴证的公司低。

实证模型

作者以私有公司为样本,发现约有2/3的公司没有经过注册会计师鉴证。作者使用OLS检验:

$$Spread = b_0 + b_1 AUDIT + Control + \varepsilon \qquad (7-9)$$

AUDIT:虚拟变量,有经过注册会计师审计者为1,否则为0。

实证结果

$b_1<0$。支持预期的看法。

疑问

AUDIT 为内生变量，因为这可以由公司自行决定，而非随机变量。在此情况下，使用OLS是否就足以解答作者的问题?（详见最后一节的导读内容）

GAAP变动弹性

借款公司与贷款者之间在订立债务契约时，常常会面临一个重要问题：未来自愿性会计原则变动或者强制性会计原则变动发生时，是否要调整债务契约呢？一方面，公司常会使用自愿性会计原则变动来规避违反债务契约，如此将产生严重的代理问题。另一方面，双方所订的契约通常是处在均衡下的最佳选择，因此当强制性会计原则变动时，则原来的契约已经不是最佳的契约，此时可能会产生道德风险的问题。例如，强制性原则的实施时间具有弹性时（如资产减值得提早实施），公司将操控实施时间以规避违反契约条款。此外，当强制性会计原则变动时，贷款银行需要调查借款公司是否有违约行为，此时的调查成本也是相当可观的。

根据Jensen and Meckling（1976）的说法，如果契约中允许会计变动，则将增加借款者投机行为的机会，而在理性预期的假设下，债权人预期会发生该代理成本。为弥补该代理成本以保护自己，贷款者将会提高贷款利率。Beatty，Ramesh，and Weber（2002）证实了这一观点，他们发现当契约的会计变动的弹性变大时，贷款者确实会要求较高的利率。

问　题

当债务契约允许较大弹性的会计变动时，贷款者会要求较高的利率。

研究设计

Beaty，Ramesh and Weber（2002）使用下列方法检验此问题：

$$Spread = b_0 + b_1 IMR + b_2 NO\_Voluntary\ (or\ NO\_Mandatory) + b_3 Secured + b_4 NO\_Rating + b_5 S\&P\_Rating + b_6 Maturity + Control + \varepsilon \quad (7-10)$$

NO_Voluntary（*NO_Mandatory*）为1，代表债务契约规定不允许自愿性（强制性）会计变动；*NO_Rating* 为1，未被S&P信用公司评级者；*Secured* 为1，当提供担保时；*Maturity* 为债券期间；*S&P_Rating* 为债券的评级等级(1~12，越小表示评级越佳)；*IMR* 为债务契约中是否包括自愿性(强制性)会计变动的条款的决定方程式（Probit回归式）所计算出来的 *Inverse Mill's Ratio*。（*IMR* 的计算过程，有兴趣的读者请参阅原文）

实证结果

$b_2 < 0$，与作者的预期相同。

7.3.2 非价格条款

债务契约中的条款，包括价格条款与非价格条款，前者如利率，后者如是否**提供担保**、**贷款期间**的长短以及其他**一般性的条款**等。前一节就利率因素加以说明，本节则就非价格条款加以说明。[①]此处我们将介绍五个影响非价格条款的会计变量：财务报表重述、**内部控制缺陷**、**会计稳健性**、**审计质量**与追回条款。

7.3.2.1 财务报表重述

> 重述公司通常利率会比较高、借款期限比较短，且常被要求提供担保。

Graham et al.(2008)探讨举债公司继续向银行借款时，财务报表重述是否会影响债务契约的设计。实证结果显示，重述公司在向银行借款时，通常利率会更高，借款期限更短，且常被要求提供担保。此外，在债务契约中，有关债务条款的限制数量也增加，特别是一般的债务条款；至于财务条款，则会减少。就财务报表重述的原因而言，违约所引起的重述是较为严重的，因此银行对于此类违约的重述公司，要求的利率大于其他原因的重述公司。此外，每一个贷款合约中，愿意贷款给重述公司的银行数量也比其他正常公司要少。总而言之，银行会通过较为严格的债务条款(价格与非价格条款)，来控制财务报表重述所引起的信息风险。

① 本节虽然是以介绍非价格条款为主，但是所介绍的文章，有些同时也探讨了价格条款，因此这一节在介绍时，有时也会同时提到价格因素，以保持所介绍文章的全貌。

问　题

作者(Graham et al.,2008)检验下列问题:

(1)H1:重述之后的借款利率比较高;

(2)H2:违约所引起的重述对利率的负面影响,大于非违约的重述公司。

研究设计

作者使用下列二式检验这两个问题:

$$Log(Spread) = b_0 + b_1 RESTATEMENT + b_2 Firm\_factors + b_3 Loan\_factors + Control + \varepsilon \tag{7-11}$$

$$Log(Spread) = b_0 + b_1 RESTATEMENT + b_2 RESTATEMENT \times FRAUD + b_3 Firm\_factors + b_4 Loan\_factors + Control + \varepsilon \tag{7-12}$$

式(7-11)、式(7-12)中,$RESTATEMENT=1$,代表样本为重述的公司。$FRAUD$:当样本为违约所引起的重述时为1,其他重述为0。

实证结果

(1)式(7-11)的 $b_1>0$。

(2)式(7-12)的 $b_1>0$,且 $b_2>0$。

整体结果:与作者的预期相同。

问　题

作者又检验下列问题:

(3)H3:重述之后的贷款契约,借款期间会减少,会被要求提供担保,且债务条款会增加。

(4)H4:在同一个贷款合约中,重述之后愿意贷款的银行数量会减少。

作者使用下列二式检验这两个问题:

$$Other\_TERMs = b_0 + b_1 RESTATEMENT + b_2 Firm\_factors + b_3 Loan\_factors + Control + \varepsilon \tag{7-13}$$

$$Num\_Lenders = b_0 + b_1 RESTATEMENT + b_2 Firm\_factors + b_3 Loan\_factors + Control + \varepsilon \quad (7-14)$$

式(7-13)、式(7-14)中，$Other\_TERMs = Log(Maturity)$，*Secure*，或 *Number of Covenants*，分别代表贷款期间、是否担保以及债务契约条款的数量。*Num_Lenders* =每个合约中愿意贷款的银行数量。

实证结果

(1)在式(7-13)中，当因变量分别为 $Log(Maturity)$，*Secure*，或 *Number of Covenants* 时，显示 b_1 的系数的符号分别是-、+与+，与作者的预期相同。

(2)在方程式(7-14)中，$b_1 < 0$，与作者的预期相同。

财务报表重述会引起两个效果，即财富效果与信息效果，前者是指因为重述而对未来现金流量的期望预期会改变(平均数)，因而影响到股东财富，后者是指因为重述而对未来的预期充满了不确定性(标准差)，因而增加了信息的风险。作者将此效果划分之后，发现两个效果都会增加贷款的利率，而此增加数中约有1/4是来自信息效果，而其他3/4则是来自财富效果。

问 题

如果是你，你要如何检验这两种效果的个别影响？作者使用下式检验此问题：

$$Log(Spread) = b_0 + b_1 RESTATEMENT + b_2 RESTATEMENT \times DISPERSION + b_3 Firm\_factors + b_4 Loan\_factors + b_5 Macro\_factors + b_6 Industry + \varepsilon \quad (7-15)$$

$DISPERSION = 1$，代表样本公司的分析师预测的离散度在重述之后增加的样本。如果财富效果存在，则 $b_1 > 0$；而当信息效果存在，则 $b_2 > 0$。

实证结果

$b_1 > 0$，且 $b_2 > 0$，与作者的预期相同。

内部控制缺陷会降低财务性的债务条款，条件也较严格。

7.3.2.2 内部控制缺陷

Costello and Wittenber-Moerman(2010)探讨内部控制缺陷是否会影响到银行贷款契约的设计。他们发现有内部控制缺陷的公司，银行通常会减少以会计数字为基础的债务条款的使用，反而通过增加利率来补偿。另外，银行也会要求提供担保品，因为财务报表不可信赖会增加信息不对称程度。除此之外，银行也会缩短借款的期限并增加其他一般性的债务条款(**非财务条款**)。

借款人会计稳健性与债务契约本身的稳健性，是互补还是替代呢？

7.3.2.3 会计稳健性

Beatty, Weber, and Yu(2008)探讨会计稳健性与财务条款之间的关系。作者发现，贷款契约的样本中约有2/3的比例，对于净值的定义与传统的GAAP不同；具体来说，这些契约规定的净值是指传统的净值再减去当期盈余的某一个百分比(如为亏损则不需调整)，此种做法称为**盈余调整条款(Income Escalator)**。他们认为当债务的代理成本越高时，由于对于稳健会计的需求增加，因而贷款人越可能使用该调整方式来修正契约以保护自己的权益。

除了调整契约中有关净值的定义之外，贷款人也可以直接要求借款公司采取比较稳健的财务报告。如果两种方法都是可行的，则贷款人应该会选择成本较小的方法。但是根据契约理论，契约是不完全的(Incomplete)，贷款人无法完全预期未来的所有状况，以致无法事先要求举债公司使用哪一种GAAP来达到所要求的稳健程度，或是签订符合贷款人的稳健契约。因此，为符合贷款人稳健的需求，贷款人不仅会调整契约的稳健性，同时也会要求借款公司提高财务报告的稳健程度。作者经实证研究发现，借款公司财务报告的稳健性，以及贷款公司采用盈余调整条款以增加契约稳健性，二者之间呈正相关关系。因此，单单调整契约似乎不足以满足贷款人的稳健需求。

此正相关的结果，可以用两个说法来解释。第一，由于贷款银行对于会计稳健的需求，因此不仅借款公司会采取稳健会计，同时也会采用盈余调整条款的稳健做法；第二，公司采取稳健会计的额度并非是无限的，且采取盈余调整条款这类契约可能也需付出代价，因此兼用此两种方法则可以达到最优的稳健组合。由此，实证结果才会出现：举债公司的会计稳健程度与贷款银行使用盈余调整条款以调整契约之间是呈正向关系的。

除债权人有稳健的需求之外，诉讼与税务等一般性的原因也会增加稳健的需求。在这些一般性稳健需求较高的情况下，通过稳健的财务报告以迎合贷款人稳健需求的边际成本就比较低，且贷款人无需调整契约即可满足稳健需求。因此，作者发现，这些一般性的稳健需求越高，贷款人越不需要使用盈余调整条款以调整契约的稳健性。此时，就产生了一个有趣的结论：当稳健是来自这些一般性因素（诉讼与税务需求等）而非来自贷款公司的要求时，贷款人会减少使用盈余调整条款以调整契约；相对的，控制住这些一般性因素对于稳健的需求之后，当贷款人本身的稳健需求越高时，越会使用盈余调整条款以调整契约的稳健性。

作者也发现，债务契约中约有一半的比例，在定义净值时将购买的无形资产（如商誉）自净值中剔除掉。然而实证结果却显示，契约中是否剔除无形资产与借款公司的稳健程度之间，并没有显著的关系。作者提出一个解释：如果将无形资产自净值中剔除，则未来各期摊销的费用就不能列入损益，如此反而让盈余变得更不稳健。该文献的主要贡献，在于提出债务契约可以解释为何长久以来财务报告会盛行使用稳健会计的原因。因此后面导读文章这一节中，将详细介绍这一篇文章的实证过程。

Nikolaev（2010）以公开债券市场为研究对象，进一步指出，在公债市场中，财务报告如果越稳健，则契约中越可能使用条款，且所使用的条款也越多样化。同时作者也发现，会计稳健性与债务契约都可以降低代理成本，且彼此之间呈互补的关系。

综上所述，会计稳健性与使用债务契约二者都是降低债务代理成本的有效工具，且二者之间呈互补的关系。此外，会计稳健性与债务契约稳健性二者之间呈正向的关系。

7.3.2.4 审计质量

审计质量越好，债务资金成木越小。

审计人员在资本市场中扮演两个角色：信息角色与保险角色。经过审计人员鉴证过后的财务报表，可以提高其可信度，因此资本市场的投资者可以使用此信息作有效的资源配置，同时在签订契约时，也可以减少订约的成本，此为审计人员的信息角色。另外，证券法规经常会规定，投资者在资本市场所产生的投资损失，如果是起因于错误陈述的财务报表，则鉴证注册会计师要负赔偿责任，此即审计人员的保险角色；近来对于审计人员诉讼的案例越来越多,即起因于审计人员的保险角色(Palmrose,1991)。由于审计人员扮演这两种角色,因此,他们对于资本市场是相当有价值的。

然而在学术研究上,以往主要都是在探讨审计与权益市场的关系,较少探讨审计与债务市场之间的关系,即便探讨审计对于债务市场的影响,也甚少区分信息与保险角色对资本市场的影响。Mansi et al.(2004)针对此议题进行探讨。他们研究发现,首先,在公共债券的市场中,由于规模较大的事务所的审计质量更好,因而其客户的债务资金成本较小;其次,由于审计人员的任期越长,越可以降低审计人员与委托人之间的信息不对称程度,因而产生较佳的审计质量。基于此,作者发现,审计人员的任期越长,债务资金成本也会越小。

另外,作者也发现,审计人员在资本市场中所扮演的信息与保险角色,对于降低资金成本而言,二者都是有助益的。最后,作者进一步指出,当公司被信用评级机构评为较不适合作为投资对象时,审计质量在降低资金成本上的功能将很明显。

问　题

作者 Mansi et al.(2004)检验下列问题:

(1)**H1**:好的审计质量与较长的审计任期都可以降低债务资金成本。

(2)**H2**:审计质量与审计任期降低债务资金成本的原因,是来自审计人员的:

(a)信息角色?或

(b)保险角色?或

(c)信息与保险角色都有?

(3)**H3**:当公司被信用评级机构评为较不适合作为投资对象时,审计质量在降低资金成本上的功能将会很明显。

研究设计

作者先使用下式抽离出审计人员的信息角色:

$$Rating = a_0 + a_1 Small\_Auditor + a_2 Tenure + Control + \varepsilon \qquad (7-16)$$

$$\qquad\qquad\quad (+) \qquad\qquad\qquad (-)$$

Rating 表示信用评级，数值越小评级越佳；*Small_Auditor* 为1，如果为非“四大”；*Tenure* 表示注册会计师任期。由上式估计出各系数值之后，将实际自变量代入，即可得到估计之 *Rating*（称为 *Predicted_Rating*）。此 *Predicted_Rating* 即为信息角色的影响，因为信评机构可以获得公司与注册会计师的私有信息，而将其反映在评级上。令 $\nu = Rating - Predicted\_Rating$。其次，再估计下式：

$$Credit\ spread = b_0 + b_1 Small\_Auditor + b_2 Tenure + b_3 Rating(or\ \nu) + Control + \varepsilon \tag{7-17}$$

式(7-17)中，*Credit spread* 为公司债利率减去国库券利率。在式(7-17)中，同时放入与审计有关的变量（*Small_Auditor* 与 *Tenure*）以及 *Rating*，是因为审计对 *Credit spread* 的影响是通过：(1)信用评级，(2)审计人员对投资者的直接影响。

实证结果

实证结果显示(7-16)式中的 $a_1 > 0$，且 $a_2 < 0$，表示小事务所评级较差，且审计任期越长评级越佳。回归式(7-17)的实证结果为(控制变量未列出)：

	(1)	(2)
Constant	0.138 (0.47)	3.030 (10.59)
Small_Auditor	0.431 (2.81) ***	0.634 (4.15) ***
Tenure	−0.009 (2.15) **	−0.015 (3.56) ***
Rating	0.153 (12.28) ***	
ν		0.125 (12.25)

(1)栏显示，当控制住 *Rating*（含信息效果）后，*Small_Auditor* 只剩下保险角色，其系数显著为0.431；(2)栏显示，当以 ν 取代 *Rating* 后(无信息效果)，*Small_Auditor* 同时兼具信息与保险角色，其系数为0.634；二者差额为0.203(0.634−0.431)，此即信息的角色。因此，审计质量与审计任期降低债务资金成本的原因，是同时来自两个角色。支持H2。

为检验H3，作者将样本分为：(1)被评为值得投资，(2)被评为不值得投资。这两组样本分别再执行一次回归式(7-17)的估计，结果发现被评为不值得投资这一组样本公司的 b_1 大于被评为值得投资这一组，且被评为不值得投资这一组样本公司的 b_2 小于被评为值得投资这一组。结果支持H3。

7.3.2.5 追回条款

为阻止会计丑闻的频繁发生，有些公司通过了所谓的**追回条款**(Clawback Provisions)；在该条款下，如果公司主管因为会计违法以致出现财务报表重述的情况时，董事会得要求主管退回公司之前支付的奖酬红利。采用此条款的公司，不仅可以抑制会计违法的情形，同时，主管可能因该处分的公开导致声誉连带受损，故该条款能够提高盈余的质量。例如，研究发现(Chan et al., 2015; DeHaan et al., 2013)，这些公司发生财务报表重述现象的可能性更低，而且投资者主观感受到盈余质量是较好的。近来更有研究发现，此类自发性采用**追回条款**的公司，由于盈余质量更好，因此在与银行签订债务契约时，银行会增加以会计数字为基础的财务条款比重，增加以盈余为基础的绩效定价(Performance Pricing，见7.4.2节的说明)且同时会降低贷款利率(Chan et al.,2013)。

7.3.3 其他特性

7.3.3.1 公共/私有债券

有些研究进一步探讨会计信息的质量对于债务契约的其他特性的影响。例如，前面曾提及，Bharath et al.(2008)发现银行具有较佳的信息解读能力，且借款公司宁可让少数的私有贷款人取得公司的私有信息也不愿让公众知道，因而银行握有较佳的信息；有鉴于此，会计信息质量较差的借款公司，会偏好向私债市场借款。

此外，由于银行拥有私有信息且投入较多的监督成本，未来再签协议的成本会较低。在此情况下，银行会更放心签发较详细的债务契约，因为未来再签协议的成本比较低。相对的，公司债的持有对象是不特定的资本市场的投资者，分析信息的能力比不上银行，且由于投资大众会有观望的心理(搭便车心态)，因此共同监督的效果不佳，如真要监督的话，成本相对高。由于成本较高，因而重签协议契约并不容易，因为对于此类重大事项通常要债权人会议2/3以上的人数通过。

私债通常有较大的再签协议空间，且在签约时为了可以回应借款公司的会计信息质量的状况，银行通常会对价格与非价格条款做整体性的考虑。因此，价格与非价格条款都会受到借款公司的会计信息质量的影响。具体来说，会计信息质量较差的公司在向私有债券市场举债时，通常会被要求较为严格的价格条款(利率较高),借款期间较短,且更需要担保品。

相对的,在公债市场,由于重签协议债务契约条款(如利率、借款期限以及提供担保品等)的门槛较高,故为了实务中方便运作,一旦订立了借款期限与担保品之后,通常就不再变更了。基于以上的说明,Bharath et al.(2008)实证发现,在公债市场,通常会以价格因素(利率)来回应会计信息质量的好坏;相对的,在私债市场,同时会以价格与非价格因素来回应会计信息质量的好坏。也就是说,当借款人会计信息质量较差时,公债的利率较高;然而,在私债市场,当借款人会计信息质量较差时,银行会要求较高利率、较短借款期限以及要求提供担保品。此外,盈余质量对于三种契约条款的影响,在公私债市场之间的差异是达到显著水平的(实证过程见7.4节的导读文章)。

7.3.3.2 股利支付率

此外,最近有一些文献探讨会计信息质量对于股利支付率的影响。一般而言,当公司的会计信息质量越差时,对于股利支付率的要求就越严格(Chava et al.,2010)。

7.4 文章导读

7.4.1 Chan,Chen,and Chen(2013)

问 题

追回条款规定,公司如果财务报表出现重述,董事会可以要求之前支付给主管的薪酬必须缴回公司。因此作者检验下列两个问题:

(1) **H1**:自愿采用追回条款的公司向银行借款时,贷款合约会:

H1a:更重视财务条款;

H1b:更重视绩效定价(Performance Pricing);

(2) **H2**:自愿采用追回条款的公司向银行借款时,

H2a:利率较低;

H2b:贷款期限更长;

H2c:更不需要担保。

由于作者以自愿采用追回条款的公司为研究主体，因此可能会有自我选择的问题。为解决此问题，在检验假说之前，作者采用倾向得分配比(Propsensity-Score Matching)方法配对，为每一个采用追回条款者找出配对公司。方法如下：

$$Probit\ (Claw=1)=a_0+a_1 Firm\ characteristics+a_2\ Governance+e \quad (7-18)$$

Claw：有采用追回条款者为1；否则为0；公司特性(*Firm characteristics*)与治理(*Governance*)变量包括：公司规模、会计获利能力、负债比率、成长机会、部门数目、以往是否有财务重述、董事独立性、机构持股、审计委员会规模、董事开会次数、内部人持股以及CEO任期。根据这些配对样本，检验假说。

为检验假说**H1a**，作者采用双重差分(Difference-in-Difference)方法，并使用下列泊松(*Poisson*)回归式：

$$\begin{aligned} Financial\ Covenant_{it} = a_0 + a_1 Claw_{it} + a_2 PostClaw_{it} + a_3 Relationship + \\ a_4 Revolver + a_5 Interest\_rate + a_6 Collateral + a_7 Maturity + \\ a_8 PPricing + a_9 Tangibility + a_{10} Lev + Control + e \end{aligned} \quad (7-19)$$

Financial Covenant：债务契约中财务条款的数目。*Claw*：采用追回条款者为1，否则为0。*PostClaw*：采取追回条款者，在采取该条款之后的年度；*Maturity*：代表贷款期限(以月作单位)。*PPricing*(Performance Pricing)：绩效定价，是指利率多寡视绩效而定的贷款定价，一般可以视会计营业绩效而定，也可以视公司信用评级而定。通常信息不对称程度越大时，越会包括此类条款。如果包括该类条款，则令其为1，否则为0。*Revolver*：当贷款类型属于循环性时，令其为1，否则为0。*Interest_rate*：是指超过*LIBOR*的点数，越大表示利率越高。*Collateral*：提供担保者为1，否则为0。*Relationship*：当次借款的牵头行，曾是过去五年间任一年的贷款的牵头行者，令其为1，否则为0。*Tangibility*：为固定资产净额加上存货，再除以总资产。*Lev*：为负债比率。实证结果发现，a_2显著为正，表示采取追回条款者，在采用该条款之后，于债务契约中会使用较多的财务条款，与**H1a**相符合。

为验证**H1b**，作者将(7-19)式的因变量改为*PPricing*，且将自变量中*PPricing*剔除，其他控制变量大同小异。实证结果发现，a_2显著为正，表示采取追回条款者，在采用该条款之后，于债务契约中会使用较多的绩效定价；同时，作者进一步将因变量改为*ACCT*Pr*icing*(也就是当绩效定价是视会计盈余而定时,则令其为1,否则为0),实证结果发现,a_2显著为正,表示采取追回条款者,在采用该条款之后,于债务契约中会使用较多以会计盈余为基础的绩效定价。

为验证H2,作者将(7-19)式的因变量分别改为 *Interest rate*,*Maturity*,*Collateral*,而其他控制变量大同小异(此时的回归式分别为OLS、OLS、Logit)。实证结果发现,当因变量分别为 *Interest rate* , *Maturity*, *Collateral* 时,a_2分别显著为负、正及负,与预期相符合,表示采取追回条款者,在采用该条款之后,贷款的利率较低、贷款期限较长且更不需要提供担保。

作者根据(7-19)式,首先,分别使用五个因变量检验各项假说。然而,银行在设定条款时,这些债务条款可能是从整体考虑的。此时,这五个回归式所产生的残差之间可能是相关的,违反OLS的基本假设,因此作者使用SUR(Seemingly Unrelated Regression)联合检验这些假说;实证结果并没有改变原来的结论。其次,作者使用两阶段最小平方法(2SLS),联合检验这些假说,实证结果也是稳健的。

作者额外做了以下的敏感性分析:

(1)使用全体样本而非仅限于配对样本(前面的Propensity-score Matching配对样本),实证结果基本保持一致;

(2)作者另外采用Heckman(1979)的选样偏误模式。Propensity-score Matching是在控制两组之间可观察的性质上的差异;但是,有可能不能控制无法观察因素的差异。因此,可以采用Heckman(1979)的选样偏误模式来克服。但是,使用此方法时,两阶段模型中需留意"排除限制(Excluding Restriction)"(也就是两阶段的自变量必须是有差异的)。换言之,需要找出至少一个与是否采用追回条款者有关的变量,但是却又与债务契约条款无关的变量(详见本书附录说明)。作者以同业采用追回条款的比率(*Peer Adoption*)作为次变量,因为它与公司是否采用追回条款有关,却又不影响债务条款的内容。换言之,第一阶段使用的 *Probit* 回归式:

$$Probit\ (Claw=1) = a_0 + a_1 PeerAdoption + a_2 Firm\ characteristics + a_3 Governance + e \tag{7-20}$$

由(7-20)式求出逆米尔斯比率(Inverse Mill's Ratio, IMR)放入(7-19)式中,重新检验假说。实证结果发现,结论并没有改变。

(3)以往研究发现,追回条款会降低诸如研发支出(RD)等应计费用以迎合预期。由于减少研发支出与资本支出可以减少资产替换的代理问题,因而会让贷款条件好。在此情况下,论文的部分结论是由于追回条款降低了代理风险,而非财务报告质量提升所致。为剔除此一竞争性解释,作者在(7-19)式中放入RD以及Cap(资本支出),实证结果仍然没有改变。

(4)作者进一步将采用追回条款者划分为高危险组与低危险组(以Dechow et al., 2011)①;令 *HClaw*(*LClaw*)为1,当为高(低)危险组,否则为0。令 *Post_HClaw*(*Post_LClaw*)为1,当为高(低)危险组采用追回条款之后的期间,否则为0。作者重新检验假说:

$$\begin{aligned} Financial\ Covenant = {} & a_0 + a_1 HClaw + a_2 LClaw + a_3 Post\_HClaw + \\ & a_4 Post\_LClaw + Control + e \end{aligned} \tag{7-21}$$

实证结果发现,a_3 显著为正,但 a_4 并不显著,此结果表示采取追回条款者,银行会采用较多的财务条款,主要来自于原来是高危险的追回条款者。其他债务条款(*PPricing*, *Interestrate*, *Maturity* 与 *Collateral*)也有类似结论。

7.4.2 Beatty, Weber, and Yu(2008)

问 题

作者主要检验下列问题:会计稳健性与使用盈余调整条款之间是否呈正相关。整篇文章的逻辑是:当债务代理成本增加时,贷款人对稳健的需求就会增加,此时有两种达成稳健性的方法可以选择:

(1)财务报表稳健性:要求贷款公司的财务报告应该要更稳健?或是

(2)盈余调整条款:在设计债务条款时要求修正传统的GAAP,以更稳健的修正数字取代原来的会计数字?例如,对于净值的定义,做更稳健的修正:使用盈余调整条款以变相地将净值余额拉高,如此可以减少支付清算股利的情况,甚至避免暴露在资产替换的风险中。此外,净值也是债务人常常会违反的会计数字之一,通过变相拉高此数字,可以对债权人产生一层保护的作用。

为检验(1)财务报表稳健性与(2)使用盈余调整条款之间的关系,作者

① 以采用追回条款者为对象,使用Dechow et al.(2011)的方法,算出在采用追回条款之前会发生财务报表重述的概率,高(低)于中位数者为高(低)危险组。

使用下列方程式：

$$
\begin{aligned}
IncEscalator = {} & \alpha + \beta_1 ConservMeasure + \beta_2 Cov\_Intensity + \beta_3 Maturity + \\
& \beta_4 Loan/Assets + \beta_5 Performance\ Pricing + \beta_6 Spread + \\
& \beta_7 Revolver + \beta_8 Abs(Current\ accruals) + \beta_9 Ratings + \\
& \beta_{10} Size + \beta_{11} Growth + \varepsilon
\end{aligned} \tag{7-22}
$$

1.因变量（*IncEscalator*）：当净值条款加回“正盈余的某一个百分比”时，令其值为1，否则为0。

2.自变量：

(1)稳健会计（Conserv Measure）

作者使用下列数个指标衡量公司的稳健程度：

(a)股东权益的市值/股东权益的账面价值，(b)Basu的指标，(c)偏度（*Skewness*）指标：盈余的偏态与现金流量的偏态的差异，(d)负的营业应计项目，(e)综合指标（*All-Rank*）：将前四项指标排序，再对四个排序的秩求和。任何一个指标的值越大，表示公司越稳健(这些指标会在第9章详加介绍)。

(2)债务代理成本——贷款层级

在自变量当中，除放入主要变量 *Conserv Measure* 之外，作者另外放入债务代理成本的替代变量，因为作者认为，稳健因素与债务代理成本都会影响 *IncEscalator* 的使用。作者使用下列指标衡量债务代理成本：

(a) *Cov_Intensity*：债务契约中所包含的债务条款数；越多代表公司违约风险越大，因而代理成本越大。

(b) *Maturity*：代表贷款期限(以年作单位)，越长则代理成本越大。

(c) *Loan/Assets*：贷款金额越大，则代理成本越大。

(d) *Performance Pricing*：是指绩效定价，也就是利率多寡**视绩效而定的贷款定价**。如果包括该类条款，则令其为1，否则为0。

(e) *Revolver*：当贷款类型属于**循环性**时，令其为1，否则为0。

(3)债务代理成本——公司层级

作者另外加入公司层级的代理成本的替代变量：应计盈余的绝对值，或是信用评级（*Ratings*）。

实证结果发现，*Conserv Measure* 的系数 β_1 都是正数，与预期相同，且除了 *Skewness* 之外，其他都达到显著水平，表示贷款人同时要求财务报表与债务契约都要达到稳健的要求。

问 题

对于会计稳健性的要求，除了贷款人之外，可能其他外部人士也有此需求，果真如此，则检验出来的稳健性有可能是回应这些其他的外部人士，而非债权人。因此，如何控制住其他人士对稳健需求的影响呢？

作者将综合指标(*All Rank*)分为两部分，其一是贷款人对稳健的需求，其二是贷款人以外的其他人士的需求。作者采用三个指标来衡量其他外部人士的需求。第一，Watts(2003)指出，诉讼成本越高，则稳健需求越大。因此，当公司属于诉讼风险较高的公司时，令诉讼(*Litigation*)之值为1。[①]第二，基于税务考虑，想节税的公司会越稳健，因此建立一个变量(Tax Rate)，代表公司的边际税率。第三，权益股东对稳健的需求也是另一个要考虑的因素。首先以机构投资者的持股比率(*Institution Own*)作为替代变量，其次以内部人(经理与董事)持股百分比(*Insider Own*)作为另一个替代变量。

作者使用下列回归式：

$$\begin{aligned} All\ Rank = {} & a_0 + a_1 Litigation + a_2\ Tax\ Rate + a_3 Institution\ Own + \\ & a_4 Insider\ Own + e \end{aligned} \tag{7-23}$$

经由上式估计出各系数值之后，将实际变量代入式中可以求得 *All Rank* 的配适值(*Predicted All Rank*)。此配适值代表其他人士对于公司稳健需求的程度。至于式(7-23)的残差项 *Residual All Rank*，则代表来自贷款人所要求的稳健程度。作者进一步将 *Predicted All Rank* 与 *Residual All Rank* 代入(7-22)式中取代 *Conserv Measure*，实证结果发现，*Predicted All Rank* 的系数显著为负，而 *Residual All Rank* 的系数显著为正。此结果表示，当其他人士对于稳健性需求很大时，贷款人就无需自行调整债务条款了。另外，控制住其他人士的稳健需求之后，债权人对稳健需求越大，他就越会使用盈余调整条款来调整净值。

作者认为，在检验他们的预期时，另一方法则是检验盈余调整条款对稳健的影响：

$$\begin{aligned} All\ Rank = {} & \alpha + \beta_1 Predicted\ IncEscalator + \beta_2 Litigation + \beta_3 Tax\ Rate + \\ & \beta_4 Institution\ Own + \beta_5 (Institution\ Own)^2 + \beta_6 Insider\ Own + \\ & \beta_7 (Insider\ Own)^2 + \beta_8 Abs(Current\ Accruals) + \beta_9\ Ratings + \\ & \beta_{10}\ Size + \beta_{11} Growth + \varepsilon \end{aligned} \tag{7-24}$$

① 公司的标准产业分类代码(SIC code)为2833-2836，5200-5961，7370-7374，3570-3577，3600-3674。

由于式(7-22)与式(7-23)为联立模型，因此使用两阶段最小平方法，经由第一阶段求出 *IncEscalator* 的工具变量 *Predicted IncEscalator*，代入式(7-24)。实证结果发现，*Predicted IncEscalator* 的系数显著为正，表示使用盈余调整条款与财务报告稳健性二者之间呈现正向关系，因此，债权人如果仅仅使用盈余调整条款，似乎无法完全迎合他的稳健性需求，故二者需要同时使用。

问　题

除了使用盈余调整条款之外，是否有其他的方法调整净值以达到稳健需求呢?作者另外发现，在债务契约中，约有一半的样本将无形资产（如购买的商誉）自净值定义中剔除。因此作者另外问了一个问题：稳健需求越大的债权人，是否越会在债务契约中将无形资产自净值中剔除呢?

为检验此观点，作者使用下列方程式：

$$\begin{aligned} Tangible = {} & \alpha + \beta_1 Conserv\ Measure + \beta_2 Maturity + \beta_3\ Loan/Assets + \\ & \beta_4\ Performance\ Pricing + \beta_5 Revolver + \beta_6 Abs\ (\ Current\ Accruals\ ) + \\ & \beta_7 Ratings + \beta_8\ Size + \beta_9 Growth + \beta_{10}\ Gwill + \beta_{11}\ Intang + \varepsilon \end{aligned} \tag{7-25}$$

式(7-25)中，*Tangible*：当债务契约将无形资产自净值定义中剔除时，令其为1。*Intang* 为无形资产，*Gwill* 为商誉，其他控制变量同式(7-24)。同样的，*Conserv Measure* 代表5种稳健的指标。大致而言，实证结果无法获得支持(β_1 并不显著)。

7.4.3 Minnis(2011)

问　题

作者Minnis（2011）检验下列问题：

（1）**H1**：有注册会计师鉴证的公司，举债的利率比无注册会计师鉴证者为低。

（2）**H2**：有注册会计师鉴证的公司，其财务比率与利率的关联性高于无注册会计师鉴证者。

（3）**H3**：有注册会计师鉴证的公司，其盈余的预测能力高于无注册会计师鉴证者。

为检验H1,作者使用一般的OLS检验:

$$Spread = b_0 + \beta_1 AUDIT + \beta_2 Interest\_Coverage + \beta_3 Current\_ratio + \beta_4 PPE + \beta_5 Leverage + \beta_6 SIZE + \beta_7 Sale\_growth + CONTROL + \varepsilon \tag{7-26}$$

$AUDIT$:有经过注册会计师审计者为1,否则为0。至于其他变量包括:获利能力(以利息保障倍数衡量, *Interest_Coverage*)、流动性 (*Current ratio*)、公司规模 (*SIZE*)、负债比率 (*Leverage*)、成长性 (*Sale_growth*) 与固定资产 (*PPE*) 等变量。实证结果发现, $b_1 < 0$,支持H1。

然而, *AUDIT* 为内生变量,因为这可以由公司自行决定,而非随机决定。在此情况下,使用OLS并不足以解答作者的问题。因此,作者另外使用下面的内生转换模型(Endogenous Switching Model):

$$\begin{aligned} & I_i = 1(AUDIT),\ 如果\boldsymbol{\gamma Z}_i + u_i > 0 \\ & I_i = 0(UNAUDIT),\ 如果\boldsymbol{\gamma Z}_i + u_i \leqslant 0 \\ & Regime\ 1(AUDIT):\ y_{1i} = \boldsymbol{\beta_1 X}_{1i} + \varepsilon_{1i},\ 如果 I_i = 1;\ and \\ & Regime\ 2(UNAUDIT):\ y_{2i} = \boldsymbol{\beta_2 X}_{2i} + \varepsilon_{2i},\ 如果 I_i = 0 \end{aligned} \tag{7-27}$$

式(7-27)前面两个式中的 $\boldsymbol{Z}_i$ 是指影响鉴证/不鉴证选择的决定因素,为一个自变量矢量, $\boldsymbol{\gamma}$ 则为其所对应的系数矢量,属第一阶段的模式。后两个模式则属第二阶段,式中 $\boldsymbol{X}_i$ 为在 i 市场中影响 y_i 的因素, $\boldsymbol{\beta}_1$ 与 $\boldsymbol{\beta}_2$ 则分别为鉴证与不鉴证样本下 $\boldsymbol{X}_i$ 所对应的系数矢量,相当于方程式中的自变量。通过此联立模型的估计,可以检验在两组样本下, $\boldsymbol{X}_i$ 系数的差异($\boldsymbol{\beta}_1 = \boldsymbol{\beta}_2$?)。 y_{1i} 与 y_{2i} 则为利率(以 *spread* 衡量)。

作者首先使用Probit回归式估计是否要注册会计师鉴证,自变量 Z_i 包括所在州的法治环境(*State*)、*Interest_Coverage*、*Current_Ratio*、*SIZE*、*Leverage*、*Sale_growth* 及 *PPE* 等变量:

$$Probit = \alpha + r_1\ State + r_2 Interest\_Coverage + Other\ Control + \varepsilon \tag{7-28}$$

至于影响利率的变量($\boldsymbol{X}_i$),与方程式(7-26)的控制变量是相同的。经由联立解出方程组(7-27)之后发现,有鉴证的这一组,其影响利率的这些控制变量组($\boldsymbol{X}_i$),系数都显著比无鉴证者更为敏感(也就是系数的绝对值比较大)。例如,鉴证与未鉴证两组回归式的 *Interest_Coverage* 的系数分别为-0.077与-0.056。估计出 $\boldsymbol{\beta}_1$ 与 $\boldsymbol{\beta}_2$ 之后,代入实际值,则可以得出 $\boldsymbol{\beta}_1 \boldsymbol{X}_{1i}$

与 $\beta_2 X_{2i}$ 的配适值，结果发现鉴证组与无鉴证组的配适值各为6.98%与7.67%，二者差异达到5%显著水平，表示有注册会计师鉴证的公司，其财务数字与利率的关联性高于无注册会计师鉴证者，因此H2获得支持。

为检验H3，作者分别使用下列模型：

$$CFO_{t+1} = \alpha + \beta_1 NI_t + YEAR_t + INDUSTRY_t + \varepsilon_t \quad (7-29)$$

$$CFO_{t+1} = \alpha + r_1 CFO_t + r_2 Accural_t + YEAR_t + INDUSTRY_t + \varepsilon_t \quad (7-30)$$

NI 与 *CFO* 分别代表盈余与经营活动的现金流量。实证结果发现，鉴证组的 β_1 大于未鉴证组的 β_1。同时，鉴证组的 $r_1(r_2)$ 也大于未鉴证组的 $r_1(r_2)$。这些结果都表示H3是获得支持的。在验证时，也都是根据类似(7-27)的内生转换模型来检验。

7.4.4 Bharath，Sunder，and Sunder(2008)

问 题

作者主要检验两个问题：

(1)会计信息质量会不会影响到公有债券与私有债券的选择。

(a)H1a：会计信息质量较差的借款公司(简称AQ_poor公司)，更偏好选择私债而非公债。

(b)H1b:成长性较高的AQ_poor公司，更偏好选择公债而非私债。

(2)会计信息质量对价格与非价格条款的影响，是否在公债与私债之间会有不同？

(a)H2a：在私债市场，AQ_poor公司通常会收到较严格的价格与非价格条款。

(b)H2b:在公债市场，AQ_poor公司通常仅会收到较严格的价格条款。

为检测第一个假说，作者使用下列Probit回归式：

$$\begin{aligned} Probit(Bond=1) = f(&a_0 + a_1 AQ + a_2 AQ \times MTB + a_3 Size + a_4 MTB + \\ &a_5 Default\ Risk + a_6 Tangibility + a_7 Lev + \\ &a_8 Capital\ Market\ Access + e) \end{aligned} \quad (7-31)$$

式(7-31)中：Bond=1(0)，如果债务为公司债(私债)；*AQ* 为盈余质量，作者使用下列步骤计算:(1)首先,使用Dechow and Dichev(2002)的方法、修正的琼斯模型以及Teoh et al.(1998)的方法分别算出应计盈余,分别称为DA_{DD}、DA_{MJ}与$DAT_{W.W.}$。其次,将三者都标准化。再次,使用主成分分析法萃取出共同因素。最后,将组合分数乘数-1。如此算得的*AQ*值越大,表示盈余质量越佳。作者使用的主成分法,会使得所计算的*AQ*值之平均数为0。*Size*为公司规模;*MTB*为成长机会;*Default Risk*为违约风险;*Tangibility*为固定资产净额除以总资产。*Lev*为负债比率;*Capital Market Access* = 1,如果之前曾发行过公司债者。实证结果显示,$a_1>0$, $a_2<0$,与预期相同,支持H1a与H1b。

由于H2a和H2b涉及价格与非价格各种契约条款,因此作者首先检测价格条款的差异,并分别以发行公债与私债的样本,进行下面价格条款的回归式估计:

$$Spread = b_0 + b_1 AQ + b_2 Log(Maturity) + b_3 Secured + b_4 Log(Amount) + Control + \varepsilon \tag{7-32}$$

作者以*Spread*作为价格条款的衡量变量。就私(公)债而言,*Spread*是指超过*LIBOR*的基本点数(超过国库券的利率点数);*Log(Maturity)*为到期日(通常以月为单位)的自然对数值;如有提供担保品,则*Secured* = 1;*Amount*代表贷款的金额。结果发现,不论是私债或是公债的样本都是$b_1<0$,代表不论是发行公司债或是向银行借款,盈余质量越佳,则利率越低。

另外,作者以贷款期限与是否提供担保作为非价格条款,通过下面两式进一步检测H2a和H2b:

$$Maturity = b_0 + b_1 AQ + b_2 Secured + b_3 Log(Amount) + Control + \varepsilon \tag{7-33}$$

$$\Pr(Secured = 1) = c_0 + c_1 AQ + c_2 Log(Maturity) + Control + \varepsilon \tag{7-34}$$

*Maturity*为契约贷款期限(以月为单位)。就私债样本而言,$b_1>0$且$c_1<0$;表示盈余质量越好的借款公司,债务契约期越长,且越不需要提供担保。至于公债,b_1与c_1都不显著,表示盈余质量的好坏并不会影响公司债的到期日,也不会影响是否要提供担保。这些都与预期相同。

问 题

在上面的检验过程当中，例如 *Spread* 的检验，作者是使用OLS分别对公债与私债样本估计回归（方程式（7-32）），但是选择公债或是私债并不是随机的，这可以由方程式（7-31）——公私债券市场的选择模式——得知，因此这三条回归的残差彼此间是相关的。然而，前面分析时分别各自估计回归式，此做法忽略残差彼此间相关的事实，这在计量上是有问题的。此外，如果要比较公债与私债样本的 b_1 哪一个更大（例如，就盈余质量对于 *Spread* 的影响而言，在私债市场更大还是公债市场更大），目前的实证方法并无法做到。同样的，在检验 *Maturity* 与担保品时，也有同样的问题。

解决方法

使用内生转换模型。

为解决此问题，作者使用下列内生转换模型检验：

$$
\begin{aligned}
&I_i = 1(Bond),\ \text{如果}\boldsymbol{\gamma Z}_i + u_i > 0 \\
&I_i = 0(Loan),\ \text{如果}\boldsymbol{\gamma Z}_i + u_i \leqslant 0 \\
&Regime\ 1(Bond):\ y_{1i} = \boldsymbol{\beta}_1 \boldsymbol{X}_{1i} + \varepsilon_{1i},\ \text{如果} I_i = 1 \\
&Regime\ 2(Loan):\ y_{2i} = \boldsymbol{\beta}_2 \boldsymbol{X}_{2i} + \varepsilon_{2i},\ \text{如果} I_i = 0
\end{aligned}
\tag{7-35}
$$

上面式（7-35）前两个式中的 $\boldsymbol{Z}_i$ 是指影响公/私债选择的决定因素，为一个自变量矢量，$\boldsymbol{\gamma}$ 则为其所对应的系数矢量，属第一阶段的模式。后两个模式则属第二阶段，式中 $\boldsymbol{X}_i$ 为在 i 市场中影响 y_i 的因素，$\boldsymbol{\beta}_1$ 与 $\boldsymbol{\beta}_2$ 则分别为不同市场下 X_i 所对应的系数矢量，相当于方程式中的自变量。通过此联立模型的估计，可以检验在两个债务市场下，$\boldsymbol{X}_i$ 系数的差异（ $\boldsymbol{\beta}_1 = \boldsymbol{\beta}_2$?）。

OLS	OLS			Switching		
因变量	自变量	*Loan*	*Bond*	*Loan*	*Bond*	差异
Spread	AQ	-4.69^{***}	-10.97^{***}	-4.31^{***}	-10.77^{***}	p=0.03
Maturity	AQ	0.03^{***}	-0.01	0.03^{***}	-0.03	p=0.00
Secured	AQ	-0.07^{***}	0.10	-0.05^{***}	0.14^{*}	p=0.00

（1）所有控制变量全部省略而未列示。（2）*，***分别代表10%与1%的显著水平。

实证结果显示，结论大致上与单一回归式的结果相同。就Spread而言，盈余质量越高的公司，不论是公有债券或是私有债券，利率都会比较低，但公有债券利率降低的幅度较大。同样的，在私债市场，盈余质量越高的公司，债券持有期会较长，但是在公债市场并没有此现象存在，不过二者的差异达到显著水平，与预期相同，也就是好的盈余质量降低债券持有期间的效果，在私债市场是更大的，因此支持H2a和H2b。

最后，第二阶段的因变量必须是连续变量，故无法用来检验担保品的问题（因为Secured是虚拟变量）。有鉴于此，作者将估计第一阶段的Probit模型所得到的IMR代入第二阶段的回归式(7-34)中。实证结果显示，在私债市场，盈余质量较低的公司会被要求提供抵押品，但是在公债市场，没有发现此现象。二者的差异达到显著水平，与预期相同，因此支持H2。

总而言之，在公债市场，通常仅会以价格因素（利率）来回应会计信息的好坏；相对的，在私债市场，则会同时以价格与非价格因素来回应会计信息的好坏。

附录　SAS/STATA实例

实例演练：Bharath, Sunder, and Sunder(2008)

此篇文献的作者们主要检验两个问题：(1)会计信息质量会不会影响公有债券与私有债券的选择；(2)会计信息质量对价格与非价格条款的影响，在公债与私债之间是否会有不同。本例针对1990—2002年间的187笔facility-year观测值进行实证演练。此实例所需变量有：*bond*（为公（私）债时之值为1(0)），*AQ*（盈余质量）[①]，MTB（成长机会），*Default Risk*（违约风险，采Altman's Z分数），*Tangibility*（固定资产净额），*Lev*（负债比率），*Maturity*（契约到期日的对数值），*Secured*（提供担保品时之值为1，否则其值为0），*Loan_Amount*（发行债之金额的对数值）等。相关程序语法与输出摘要，请登录本书网站www.dufep.cn下载所附实例演练程序示范。

---

① 采用Cohen and Zarowin(2010)研究中衡量应计基础盈余管理模式，该模式系采用Jones(1991)修正模式，对每一*industry-year*观测值估计下面的回归模式，取其残差作为每一*firm-year*之裁决性应计盈余，最后再取绝对值，如此计算出来的值越大表盈余质量越差：

$$(ACC_{jt}/ASSET_{jt-1}) = \alpha_{0t}(1/ASSET_{jt-1}) + \alpha_{1t}(\Delta SALES_{jt}/ASSET_{jt-1}) + \alpha_{2t}(PPE_{jt}/ASSET_{jt-1}) + \varepsilon_{jt}$$

（有关盈余质量之SAS/STATA程序将留待第8章再介绍）

习题

1. 股东与债权人之间的代理问题是什么？会计信息是否可以减少此种代理问题？
2. 私债契约所使用的会计数字更容易脱离GAAP的主要原因是什么？私债契约通常是如何脱离GAAP的数字的？
3. 债务契约所使用的盈余在何种情况下容易偏离GAAP的盈余？
4. 为何盈余与净值是债务契约中最常用的两个会计数字？契约中在调整这两种会计数字时，通常是如何调整的？
5. 哪些原因会影响到向公有或与私有债务市场举债的选择？
6. 哪些会计信息或其质量特性，会影响到银团贷款市场中牵头行的持有份额？你是否可以拟一份研究计划？
7. 哪些会计信息或其质量特性，会影响到银团贷款二级市场中的贷款价格？你是否可以拟一份研究计划？
8. 哪些会计信息或其质量特性，会影响到银团贷款市场中的贷款条款？你是否可以拟一份研究计划？
9. 小猪为风险中立者，正考虑率将资金3 500美元借给五月天公司，利率9%。小猪对于类似五月天公司的贷款，通常要求至少要7%的利率。五月天公司最近这几年的平均利息保障倍数为5。小猪评估未来的状况有三种：(1)本利都收到的概率为0.85；(2)仅收回本金的概率为0.13；(3)破产以致本利全部无法回收的概率为0.02。试问：

   (1)小猪是否应贷款给五月天公司？

   (2)假设五月天公司愿意在契约中加入额外的财务条款，规定当利息保障倍数小于5时，五月天将不得再额外举新债。小猪评估后发现，利息保障倍数小于5的概率为60%，此时，小猪预期：①本利都可收到的概率为0.95；②仅收回本金的概率为0.04；③破产以致本利全部无法回收的概率为0.01。如果利息保障倍数大于5时，小猪预期：①本利都可收到的概率为0.85；②仅收回本金的概率为0.14；③破产以致本利全部无法回收的概率为0.01。则小猪是否应同意新的合约？
10. 王阳明正在考虑是否要贷款给联积电公司8 000美元，一年期，利率8%。王阳明发现联积电公司目前的利息保障倍数仅有2.3，因此财务绩效并非相当理想。因此，王阳明精算之后预期联积电公司有5%会财务周转不灵，果真如此，仅能收回本金1 600美元，至于利息则无法回收。王阳明为保障贷款收回起见，要求在债务契约中加入一条财务条款：当利息保障倍数小于1.75时，联积电公司不得再额外举新债。在此债务条款下，王阳明预估仅有1%的破产机会，且届时可回收金额为1 600美元。联积电公司讨价还价说，如果利率由8%降为5%，他们就愿意接受此契约。假设王阳明效用函数为：

$$U(a)=\mu_a-(\sigma_a^2)/2$$

a为所采用的方案，μ_a为a方案的期望报酬，σ_a^2为a方案报酬的方差。试问：

(1)王阳明应选哪一个方案：

(a)8%借款利率，无需有债务条款。

(b)5%借款利率，但需有债务条款。

(2)自从签了合约之后，联积电公司很关切新会计准则的实施。为什么？例如，员工分红费用化于2013年IFRS实施后，是否会增加违约的机会？试讨论之。

11.Bharath, Sunder, and Sunder(2008)提出下列问题：

(1)会计信息会不会影响到公有债券与私有债券的选择？

(a)H1a：会计信息质量较差的借款公司(简称AQ_poor公司)，更偏好选择私债而非公债。

(b)H1b：成长性较高的AQ_poor公司，更偏好选择公债而非私债。

(2)会计信息质量对价格与非价格条款的影响，是否在公债与私债之间会有不同？

(a)H2a：在私债市场，AQ_poor公司通常会收到较严格的价格与非价格条款。

(b)H2b：在公债市场，AQ_poor公司通常仅会收到较严格的价格条款。

试问：如何检验此问题？

第 8 章

盈余、预期与文字管理

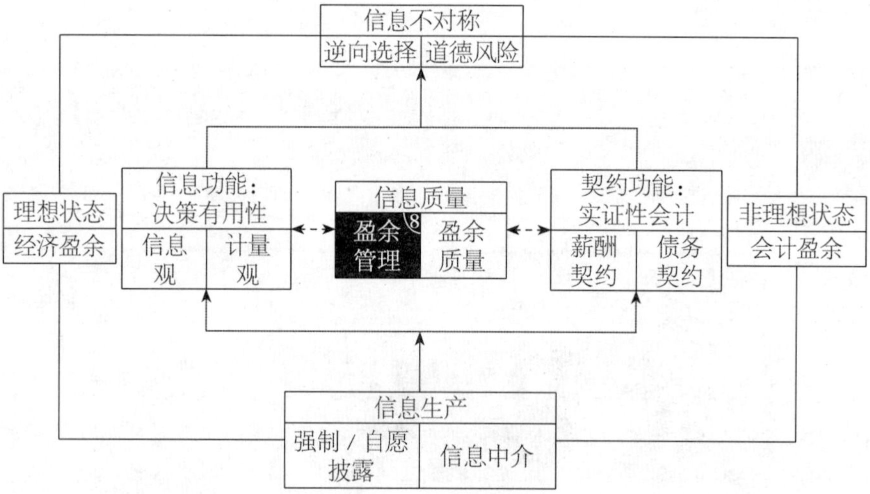

图8-1 第8章架构

介绍盈余管理、预期管理以及近来受到重视的文字管理。

本章包括三个部分，第一部分探讨**盈余管理**，第二部分探讨**预期管理**，第三部分则介绍文字管理。就第一部分盈余管理而言，本章探讨了盈余管理的意义、动机、方法、形态以及盈余管理的替代方法。第二部分为预期管理，本章将说明预期管理的意义、理论基础、计量模型以及迎合或是击败预期的方法。第三部分介绍近来引起会计界重视的文字管理，首先说明文字的语调管理，其次介绍会计文字的可读性，也就是财务报表中文字阅读的难易程度。图8-1为本章在整体架构图中的定位。

介绍盈余管理的意义、动机、方法与替代变量。

8.1 盈余管理

盈余管理的意义是相当广泛的。

8.1.1 盈余管理的意义

所谓**盈余管理**（Earnings Management），是指管理当局为达成特定目的，而刻意选择某些会计政策（含判断）或采用某些实质行动（如交易安排），以影响所报道盈余的行为。这些行为通常会改变利害关系人对公司基本经济绩效的看法，或是影响到以会计数字为基础的契约结果。

根据该说法，盈余管理是指管理当局为达到特定的报告盈余目的而采取的行为。由于会计盈余具有事前评价的信息功能与事后监管的契约功能，因此，盈余管理的目的可以从这两个角度来探讨。

就前者而言，为了迎合资本市场的需求，管理当局会通过盈余管理来改变财务报告的结果，以便改变市场参与者对公司基本经济绩效的看法。例如，为提高新股上市的承销价，或是迎合/击败市场预期以避免股价下跌，管理当局会刻意提高报告盈余。因此，一般而言，盈余管理常被认为会降低盈余质量。该负面观点的盈余管理，似乎认为市场是无效率的，因此公司可以"愚弄"市场参与者。然而，盈余管理也有正面的用处。由于管理当局有许多外人不知道的内部信息，此时他们可以通过盈余平稳化的方式来传递公司成长或是未来愿景看好的内部信息。因此，在市场是有效的观点下，盈余管理可以成为管理当局向资本市场沟通内部信息的有力工具。

盈余管理的目的，也可以从契约的角度来探讨。契约常常是不完整的。例如，在契约签订之后，常常会有不利于公司/管理当局的突发状况发生。然而要随时修订契约内容，也不是一件容易的事，因为重新签协议的成本很高，甚至不太可行（详见第7章说明）。在这种情况下，盈余管理可以成为保护公司/管理当局的一种方式。因此，当契约是不完整的时候，适度的盈余管理对于公司或是管理当局是有一定的保护作用的。当然，过度的盈余管理，会损害到债权人（债务契约）以及公司（薪酬契约）的利益。例如，为提高薪酬，管理当局刻意进行盈余管理，将降低管理当局努力工作的动机（见第6章），同时会降低财务报表对于投资者的有用性。

不完全契约

不完全契约（Incomplete Contract），是指契约双方在签订契约时，无法完全考虑到所有的突发状况或是未来可能会发生的事件，因此契约内容是"不完全"的。在第6章探讨薪酬契约时，假设仅有两种情况：成功与失败，且努力也仅有两种：努力与偷懒。然而实际上，未来的情况是无法一一预测与考虑到的，因此契约往往是不完整的。在契约不完整的情况下，如果发生契约原来并未考量到的状况（如新的会计原则的出现），则会对缔约当事人产生一定的影响。例如，债务条款规定公司的利息保障倍数须大于3，然而由于新的会计准则使得管理当局可以采用的弹性变小，以致在计算利息保障倍数时，很容易违

> 约。同时,新的会计准则也可能影响到原来订立的薪酬契约。例如,新准则会减少盈余或是增加盈余的波动性。因此,当契约是不完整的时候,适度的盈余管理对公司或者管理当局是有保护作用的。

盈余管理的方法包括会计政策(含判断)的选择或采取某些实质的行动(如交易安排)。就前者而言,在财务报告的过程当中,同一交易可能有许多公认会计原则可以选择,如存货会计流程的选择(如先进先出或是加权平均法)与折旧政策的选择(直线法、加速折旧法等)等。此外,也包括各种估计与判断,如固定资产的折旧年限与残值、坏账金额的估计、售后服务的估计等。这些选择都会影响到报告的盈余。

另外,管理当局也可以通过实质的交易进行盈余管理,这些活动包括实质的投资活动与交易的安排。就前者而言,如有关研发、广告与维修等操控性支出的管理、过度生产或是放松信用政策以便进行销货等;就后者而言,如固定资产应该在何时处分?有关租赁合约应该是安排成经营租赁或是融资租赁?因为这会涉及**资产负债表外融资**(Off Balance Sheet Financing)的问题;股权投资应该要购买到何种程度才会符合公允价值法、权益法,甚或编制合并报表的会计处理?凡此种种都会影响到财务报告的内容。虽然实质盈余管理的代价可能不小,甚至可能会影响到公司的长期经营,但是自从安然事件发生后,管理当局的责任加强且注册会计师审计的要求也提高,因此使用实质盈余管理虽然成本较高,但是却是合法的,故反而会比较常用。

首先,盈余管理的形式,可能是增加盈余,也可能是减少盈余,这要视情况而定(详见第5章);其次,另一种形式则是盈余平稳化(Income Smoothing),也就是让报告盈余呈现出平稳而非波动很大的情况。最后,也可能出现"**洗大澡**"的现象,意指既然当期要确认损失,那就干脆一次确认大量损失,以便下期轻装上阵。

盈余管理的另一个特性,是就长期而言,盈余总额是固定的,因此这一期将盈余向上调整,则未来盈余将会向下转回。如果操控的是短期项目(如流动应计盈余),则未来会较快转回;如果操控的是较长期项目(固定资产折旧),则转回的期间会较长。因此,盈余管理可能涉及多期的决策,而非仅有一期。

8.1.2 盈余管理的动机

盈余管理的动机包括市场动机、契约动机以及政治动机。

8.1.2.1 资本市场的动机

一般投资者以及专业的财务分析师常常使用会计信息，以评估公司的价格。因此，为提高公司的短期股价，管理当局有动机操控盈余。

为降低筹资成本，有动机进行增加盈余管理的行为。

首次公开发行股份或配股

公司在一级市场公开发行新股时，由于没有现成的股价，因此投资人如何评估公司或者股票价值，就成了一个重要的问题。首次公开发行股份的公司，通常会提供招股说明书给投资者，这其中包含了重要的会计信息。因此，招股说明书中的获利能力信息，就成了评估股价的重要信息。[①]为提高承销价并增加发行收入，公司有动机在招股说明书中将盈余提高。此外，公司要申请上市时，必须符合上市的基本条件，特别是有关申请公司的获利能力。[②]基于以上原因，首次公开发行股份的公司常常会有动机进行盈余管理。

Teoh, Wong and Rao(1998a)以1990—1992年之间首次公开发行股份的公司为样本，发现首次公开发行股份的公司在上市前一年，会使用应计盈余来提高盈余，而且新股上市后，由于应计盈余的回转，而使公司业绩(股价与盈余)呈现衰退的现象(Teoh, Welch, and Wong, 1998a)。另外，在二级市场配股时，公司也有类似的动机提高承销价格。例如，Teoh, Welch, and Wong(1998b)研究发现，公司在配股前一年也会将应计盈余调高以提高承销价格，而且在上市之后数年之间，由于应计盈余的回转，公司市场绩效与会计绩效都呈现衰退的现象。

然而，Fan(2007)以1987—1997年间的公司为样本，虽然发现公司在上市前使用应计盈余进行盈余管理，且上市后会使绩效呈现衰退的现象，但是

---

① 2005年之前，台湾地区新上市公司承销价格的订定，是根据证期局于1993年发布的《股票承销价格订定使用财务资料注意事项》规定，采用下列公式计算：

承销参考价格=40%A+20%B+20%C+20%D

上式中，A为发行公司近三年平均每股纯收益×标杆公司近三年度平均成本收益比；B为发行公司近三年每股股利÷标杆公司近三年度平均股利率；C为会计师查核签证发行公司近期每股净值；D为预估股利÷一年期定期存款利率。

此公式于2004年废止。现行承销价格的订定，是根据台湾地区证交所《证券承销商办理股票初次申请上市案之评估查核程序》第三条规定："承销商应于评估报告中说明承销价格订定所采用的方法、原则或计算方法，并与适用国际惯用之市价法、成本法及现金流量折现法比较。"基本上，根据此规定，新上市公司在设定承销价时，都会参考公司的获利能力。

② 例如，台湾地区上市公司必须符合下列的上市规定：最近年度累积亏损且其个别及及依《财务会计准则公报第七号》规定编制之合并财务报表之营业利益及税前纯收益占年度之财务报告所列示股本比率合于下列条件之一者：(1)最近两年度均达6%以上；(2)最近两年度平均达到6%以上，且后一年较前一年佳；(3)最近五年度均达到3%以上。

却没有发现股票报酬也出现衰退的情况。作者因此认为投资者理性地了解盈余管理的现象,在评估并支付公司股票价格时未被愚弄,因而上市之后市场绩效并未出现衰退的现象。

以上分析显示,首次公开发行股份的公司通过盈余管理来提高公司价值,是否是一个有效的方法,仍是一个有待厘清的问题。

迎合预期盈余

投资者在评估公司盈余绩效时,常使用某些标杆作为比较的基准,包括上一年度的盈余以及分析师的预测盈余。Bartov, Givoly, and Hayn(2002)以及Kasznik and McNichols(2002)发现,如果公司能够迎合或是击败分析师预期,则市场会出现正的较高的异常报酬,也就是会给予津贴;相反,如果公司盈余未能迎合或击败分析师预期,则市场会出现负向的异常报酬,也就是会给予处罚。另外,Skinner and Sloan(2002)发现,未迎合预期所产生的负向异常报酬,绝对数字大于迎合预期所产生的正向异常报酬,表明市场对于未迎合预期的处罚比迎合预期的津贴更大。有关这方面的内容,在本章后面会有更详细的说明。

最后,机构投资者的预期也常是公司要考量的对象,因为机构投资者买卖持股,也有可能影响公司的股价。一般而言,机构投资者之间的持股风格未必相同,有些是抱着长期持有的信念来持有公司的股票,有些则是采取**短视**(Myopic)的观点而持有公司股票,后者常常会抛售持有的股票。Bushee(1998)的研究发现,在公司股东当中,如果属于短视类型的机构投资者持股比重越高,公司为迎合这类投资者,越会减少研发的支出以提高当期的盈余;相反,持长期观点的机构投资者比重越高,则公司会投资越多的研发支出以增加未来的盈余。这一结果显示,公司会考量机构投资者的持股风格,以决定采取盈余管理策略还是投资策略。

为符合契约的各项条款,有诱因进行盈余管理。

8.1.2.2 契约的动机

公司与利益相关者(如管理当局或是债权人)之间所签订的契约,常常以会计盈余作为基础,如管理当局的薪酬契约以及借贷契约。根据第5章的实证性会计理论,管理当局或者公司常常有操纵盈余的动机。

薪酬契约

根据实证性会计理论,为获取较高的薪酬或者红利,管理当局会采用增加盈余的会计方法。一般而言,给予管理当局的薪酬计划内容,除固定薪资外,还常常包括基于股价的薪酬计划或者是基于盈余的薪酬计划;前者包括给予管理当局股票(含限制条款的股票)、期权等薪酬计划,后者包括红利计划与绩效计划等。以往的研究大致支持这一假说。[①]例如,第5章曾提及到 Healy(1985)的红利假说。

借贷契约

公司借款时常常会产生危害债权人权益的代理现象(Jensen and Meckling, 1976),如举借新债、过度发放股利、投资到高风险的投资方案、降低自有资本以及减少营运资金等。为了降低这些代理问题,借款公司与贷款者之间常常会签订债务契约,并以会计数字为基础。根据实证性会计理论的债务条款假说,由于违约的成本很高,因此,借款公司就有动机操控盈余以避免违反债务契约。

Sweeney(1994)以违约的 22 个公司为对象,探讨这些公司是否使用盈余管理以规避违反债务条款的可能性。实证结果发现,这些公司比正常公司更常使用增加盈余的会计方法。DeFond and Jiambalvo(1994)也发现违反债务契约的公司,在违反契约前一年与当年,会使用增加应计盈余的方法以规避违反契约的可能性。相对于以往使用公开债务的样本,Dichev and Skinner(2002)以私有债务作为研究对象。作者援引 Burgstahler and Dichev(1997)的研究方法,发现稍微违反流动比率条款的样本数比预期的样本少,而刚好等于或是略大于流动比率条款的样本比预期的多。综上所述,不论是公开举债还是私有债务,实证研究都大致发现,公司会进行盈余管理以规避违反债务条款。

除上述正式的显性债务契约之外,还有一些非正式的**隐性契约(Implicit Contracts)**,也可能为公司管理盈余提供动机。例如,Bowen et al.(1995)指出,公司与他们的利益相关者之间(如债权人、供应商、员工及客户等)存在非正式的隐性契约关系。当公司盈余表现比较好时,债权人愿意给予较低的贷款利率,供应商也愿意给予较好的销售条件;员工更愿意留下来工作,且客户愿意成为忠诚的客户。基于这些原因,公司会使用增加盈余的会计政策。

为避免引起过人的政治成本,进行盈余管理。

8.1.2.3 监管或政治动机

除薪酬与债务契约会提供盈余管理的动机之外,政治或者管制因素也

① 这些研究包括 Watts and Zimmerman(1978),Hagerman and Zmijewski(1979),Holthausen (1981), Zmijewski and Hagerman (1981),Collins,Rozeff and Dhaliwal (1981),以及 Bowen,Noreen and Lacey(1981)。

可能引起盈余管理的动机。例如，受管制产业会通过盈余管理规避监管，受监管机构调查的产业也可能采取盈余管理的应对方法。例如，银行、保险与水电等管制产业，常常会受到监管机构较多的监管，而这些监管也常与会计数字有关。例如，银行必须维持一定的资本充足率，保险公司必须保持一定的财务健全的基本要求，水电业的费率须视其投资报酬率而定。这些监管引起了受管制公司进行盈余管理的动机（Watts and Zimmerman, 1978）。

实务调查

盈余管理的动机，在学术上有相当多的研究；然而实务中究竟又是如何的呢？最近有一篇调查（Dichev, Graham, Harvey and Rajgopal, 2013），访问上市公司CFO与准则制定机构的成员。结果发现，盈余管理前七大动机依次为：(1)影响股价（93.5%同意）；(2)迎合华尔街预期（92.86%）；(3)来自内部的压力要达到盈余预期（91.02%）；(4)影响主管的薪酬（88.62%）；(5)业绩不佳会影响职场生涯（80.36%），如解聘或无法升迁；(6)避免债务违约（72.46%）；(7)盈余平稳化的压力（69.05%）。这些结果与学术研究不谋而合。

增加EPS的操控方法有两种：(1)操控分子，即盈余；(2)操控分母，即流通在外股数。

8.1.3 盈余管理的方法与形态

一般在探讨公司绩效时，常常使用每股盈余的大小作为公司经营绩效的衡量指标。由于每股盈余是指盈余除以股数后的数字，因此，增加每股盈余的操控方法有两种：第一，操控分子——盈余数字；第二，操控分母——加权流通在外股数。

操控盈余数字的方法是增加应计盈余。

8.1.3.1 操控盈余

为使盈余增加，企业可以采用较少涉及现金的应计盈余项目或者依赖于会计准则的变动，或者采用涉及现金的真实盈余管理。本章将介绍操控应计盈余的各组成部分的情况，至于完整的应计盈余管理与真实盈余管理，在8.1.4节再详细加以介绍。

公司的盈余可以表达如下：

$$\begin{aligned}盈余(Earn) &= 经营活动产生的现金流量(CFO) + \\ &\quad 应计盈余(ACC) \\ &= CFO + [(\Delta CA - \Delta CASH) - (\Delta CL - \Delta STD - \\ &\quad \Delta ITP) - DEP]\end{aligned} \tag{8-1}$$

式(8-1)中,Δ代表变动数;CA为流动资产;CASH为现金;CL为流动负债;STD为长期负债一年内到期的部分;ITP为应付所得税;DEP为当期的折旧费用。

相对于经营活动产生的现金流量,应计盈余是比较好操控的,因此文献上常以应计盈余的多少作为盈余管理的替代变量,而应计盈余通常是由几个盈余组成部分所构成,因此本节简要探讨这些组成部分。分别说明如下:

1.非现金的流动资产($\Delta CA-\Delta CASH$)的变化

这一项目的增加,可以提高应计盈余,进而增加盈余数字。非现金的流动资产主要包括应收账款净额以及存货。增加应收账款净额的方法很多,第一,纯粹是账面的操控,如故意低估坏账准备;McNichols and Wilson(1988)发现,为提高盈余以增加红利,管理当局会刻意少计提坏账准备。此外,银行业会使用计提坏账准备来提高盈余以及资本率。第二,公司可能会改变实际的经营模式,如改变信用政策、给予较为宽松的赊账条件,这样也可以增加当期的应收账款。第三,应收账款的变化可能是来自市场对于产品供需的变化,连带引起应收账款的变化,其原因并非管理当局刻意的操控。

首先,就学术研究而言,学者常无法了解应收账款净额变化的真实原因,只能通过方法推断出其中有多少是人为操纵的。例如 McNichols and Wilson(1988)将坏账费用划分为操控与非操控两部分,并使用操控的部分进行盈余管理的检验。

其次,增加存货也可以增加应计盈余与盈余数字。和应收账款一样,存货增加的原因至少有下列三点:(1)管理当局刻意增加产量以降低单位生产成本。例如,产量越多,则固定制造费用就被保留在资产负债表中,而非损益表,因而可以增加当期的盈余;(2)如果预期未来存货将发生短缺而预先增加存货数量,这虽然是管理当局刻意操控的结果,但是对公司却是有利的;(3)存货变化可能是市场供需发生变化所引起的,并非管理当局刻意操控的结果。

2.流动负债(ΔCL)的变化

这一项目的减少,可以提高应计盈余与增加盈余数字,而该项目主要包括应付账款或其他应计事项。例如,就售后服务保证成本而言,公司可以故意低估未来的售后服务成本,以提高当期盈余;其他如或有事项(或有费用)的估计,也涉及估计与判断,因此也可以作为操控盈余的工具。

问　题

你觉得售后服务保证成本越高越好还是越差?市场上看到售后服务保证成本增加时,会如何反应?学术上有两派说法,第一,经济学的信号传递观点认为,提供售后服务保证,表示公司是一个好公司,因而是正面的观点。另一方面,从会计学的操控盈余观点而言,较多的售后服务保证成本,会降低盈余,因而是负面的消息。

3.固定资产与折旧(*DEP*)

如果公司决定了固定资产的政策(如折旧方法、年限与残值等)之后,每一期的折旧费用就是一个无法变动的费用数字。然而,公司可以通过处置资产时点的抉择来操控各期的损益(因为会有处置利得或损失)。其次,由于近些年来会计的思潮倾向于公允价值会计,因此,固定资产损失的确认与价值的转回,也涉及估计与判断;减值本身可能并非管理当局所能决定,但减值损失的金额或价值转回的时点,仍有一部分可以由公司来决定。甚至,有些公司为了盈余管理的目的,而提早适用资产减值准则(《企业会计准则第8号——资产减值》)。

操控流通在外股数的方法,是影响库存股交易与可转换公司债券的交易。

8.1.3.2　操控流通在外股数

1.库存股交易

回购库存股是公司重要的理财手段之一,财务学界认为其是管理当局传递乐观的公司前景,或者公司股价被低估信息的有效工具。然而从财务会计的角度而言,却又有另一种解释:当公司的CFO被问到为何要回购库存股时,最常见的理由(76%)是"增加EPS"(Badrinath and Varaiya, 2001; Brav et al., 2005)。由于回购库存股,会减少计算EPS时分母的股数,因此会增加EPS。

Bens et al.(2003)发现,CEO执行期权而稀释每股盈余时,公司会回购库存股以维持每股盈余的成长。另外,当公司过去盈余呈现持续增加而当期却出现减少的情况时,投资者会认为公司开始衰退,致使公司股价遭受重创;因此,公司会策略性地选择回购库存股的时点,以维持盈余的成长,同时避免股价的下跌。这些都是利用库存股以操控每股盈余的现象。

Hribar et al.(2006)根据以上文献,提出下列问题:公司是否会通过回购库存股来提高盈余,以迎合或是击败分析师的预期?要回答这一问题,必须先确定回购库存股对每股盈余的影响。回购库存股是否会增加每股盈余，存在两股相反的力量。就股数（分母）而言，回购库存股会减少流通在外的股数，这是相当明确的。然而，对于盈余（分子）的影响，则要视情况而定。因为回购库存股会使用公司的现金，使得这些现金无法为公司赚取利润（机会成本），从而会降低公司盈余。一般而言，如果这项现金的机会成本 r，大于回购当时公司的**"盈余-股价报酬率"**（Earnings/Price），则回购库存股的成本高于利益，会使得回购之后的每股盈余降低；反之，则会增加回购之后的每股盈余。

回购库存股

库存股回购前的每股盈余 (EPS_b) 如果小于回购后的每股盈余 (EPS_a)，则表示该回购会增加每股盈余：

$$EPS_b = E_b/S_b < EPS_a = (E_b - C_b)/(S_b - w\Delta S)$$

$E_b(E_a)$ 代表回购前（后）的盈余；S_b 代表回购前的股数；C_b 代表回购库存股的现金所牺牲的机会成本；ΔS 代表回购股数；w 为回购股数流通在外的时间的权重（例如，期初回购者为 1，期末回购者为 0）。假设每股回购价格为 P，则因为回购库存股而发生的机会成本总额为 $C_b = w(\Delta Spr)$。将 $C_b = w(\Delta Spr)$ 代入上式，则

$$EPS_b/P < r$$

因此，现金的机会成本 r 大于现阶段公司的"盈余-股价报酬率"(EPS_b/P)，回购之后的每股盈余会降低；反之，则会增加回购之后的每股盈余。

另一个问题是必须知道回购股票的公司当中，哪些是回购库存股前并未达到分析师预期的公司，哪些是回购前已经达到分析师预期的公司。在研究设计时，作者使用两种方法计算"如果未回购时应有的 EPS"：第一个衡量方法 ($ASIF\_EPS1$) 为[①]：

$$ASIF\_EPS1 = \text{当期盈余}/(\text{期初流通在外股数} + 0.5 \times \text{当期发行股数})$$

这一方法是假设在没有策略性的动机时，当期发行的股票（如为负数则为所买回的库存股数）是均匀地分散于当年中发行。如果公司是策略性地回购

①此一方法是假设 $r=0$，也就是忽略回购对分子（盈余）的影响。

库存股,则该公司会较早回购,此时w将会较大,而这个衡量方法就可以识别这一策略性行为。第二个衡量方法($ASIF\_EPS2$)为:

$$ASIF\_EPS2 = (当期盈余 + C_b) / (期初流通在外股数 + 0.5 \times 当期发行股数)$$

这个方法考虑了回购库存股所使用现金的机会成本总额C_b,并从盈余中扣除。C_b的估计方法为当期超额现金乘以国库券的利率(所谓超额现金是指总资产的 6%(零售业)或是 2%(其他产业)(详见 Copleland et al.,2000)。[①]

实际报告的盈余减去$ASIF_EPS1$(或$ASIF_EPS2$),如果大于 0,就表示因为回购库存股而使盈余增加。作者将这一差额大于 0.001的称为增加盈余的股票回购。作者发现,对于增加盈余的股票回购,增加 EPS 的幅度大多集中在 0.01~0.02(占 84.1%)。实证结果也发现,如果将增加盈余的股票回购还原至未回购前的EPS,观察分配的情况,结果发现回购库存股之前,EPS 略小于分析师预期的样本比率,这种现象相当多;显示盈余略小于分析师预期的公司,会使用增加每股盈余的股票回购来向上操控盈余,从而使得 EPS 略大于分析师的预期。相对的,回购前已经迎合或是击败分析师预期的样本,很少会采取盈余减少的回购方式,而使公告的实际盈余略低于分析师预期。

然而,虽然达到分析师预期可以避免股价的下跌,但是市场投资者对于这类迎合或是击败分析师预期的股票回购会给予股价的折减。

2.可转换公司债券

传统的**可转换公司债券**是公司的重要融资方式之一,在计算稀释每股盈余时,使用**“假设转换法”(If Converted Method)**来决定是否纳入每股收益的计算,即如果公司债的个别每股盈余较原来的每股盈余为低(高)时,则具有稀释(反稀释)作用,从而应(不应)列入原 EPS 的计算。鉴于这个方法在实务中有一些公司发行**或有可转换公司债券(Contingent Convertible Bond,COCO)**,规定公司股价要达到某一要求时才能转换成普通股。SFAS 规范了有关这种 COCO 的会计处理,公司年底如果未达到这一或有要求,就可以不使用“假设转换法”,也就是无须纳入计算 EPS,以提高每股盈余。因此 COCO 可以延迟可转换公司债稀释 EPS 的效果。

Marquardt and Wiedman(2004)提出了一个基本的问题:在什么情况下公司偏好发行COCO而非传统的可转换公司债券?作者提出三种情况:(1)具有较大潜在稀释效果的可转债,在发行时比较容易加入限制条款而以 *COCO* 方式发行;(2)公司薪酬契约以EPS作为是否给予的判断基础时,比较容易发行

①当然,还要乘以流通在外的期间的百分比。

COCO;(3)声誉不好的公司一般不倾向于发行COCO。

为检验此假说,作者使用下列Probit模型:

$$Pr(COCO=1)=a_0+a_1IMPACT+a_2BONUS+a_3RESTATE+CONTROL+e \tag{8-2}$$

IMPACT 主要是衡量可转换公司债券对*EPS*稀释效果的影响,衡量方法为:或有条款下实际的*EPS*减去使用传统可转债券处理方法下的*EPS*。*BONUS*:如果CEO薪酬存在依赖*EPS*时为1,否则为0。*RESTATE*:财务报表重述者为1,否则为0;声誉不好的公司,一般不会发行COCO,使用*RESTATE*可以获得公司声誉是否有问题的信息。实证结果显示,a_1与a_2都显著为正,且a_3为负,与预期相同。

8.1.4 盈余管理替代变量

从上面的文献可以发现,公司进行盈余管理的类型包括了:(1)增加盈余的操控;(2)减少盈余的操控。有时候,公司也会有所谓盈余平稳化的操控手法。而不论是哪一种形态,都需要使用一些方法来操控。在会计文献内最常用来衡量盈余管理的两个方法就是应计盈余与真实盈余的管理。

盈余管理的类型包括:(1)增加盈余;(2)减少盈余;(3)盈余平稳化。最常用的盈余管理方法有两个,就是应计盈余管理与真实盈余管理。

8.1.4.1 应计盈余

琼斯模型(Jones Model)

最常用来计算操控性应计盈余的模型是由Jones(1991)提出来的。作者使用下式来计算非操控性应计项目:

$$TA_{it}/A_{it-1}=\alpha_i(1/A_{it-1})+\beta_{1i}(\Delta REV_{it}/A_{it-1})+\beta_{2i}(PPE_{it}/A_{it-1})+\varepsilon_{it} \tag{8-3}$$

$TA_{it}=i$公司在第t年的总应计项目;$\Delta REV_{it}=i$公司第t年的收入减去第$t-1$年的收入;$PPE_{it}=i$公司在第t年的不动产、厂房与设备;$A_{it-1}=i$公司在第$t-1$年的总资产;$\varepsilon_{it}=i$公司在第t年的误差项;$i=1,\cdots,N$,为公司编号。

在式(8-3)中,将PPE_{it}和ΔREV_{it}放在模型中的主要目的是控制经济环境对于非操控性应计项目的影响。由于ΔREV增加时,可能会同时增加应收账款与应付账款,这两股力量是相反的,因此对于总的应计影响方向是不确定的。也就是说,β_{1i}的方向是不确定的。由于固定资产越多的公司,折旧额越大,应计越小,因而β_{2i}预期为负的。由于公司规模越大的公司,残差项越大,因此违反了回归分析的基本假设——异质性(Heteroscedasticity)。为克服这个问题,作者使用加权最小平方法,也就是在方程式两边各除以期初资产(A_{it-1})。

由式(8-3)取得 $\alpha_i,\beta_{1i},\beta_{2i}$ 的估计数,分别以 a_i,b_{1i} 和 b_{2i} 来代表,然后将实际的 PPE_{it} 与 ΔREV_{it} 等自变量代入,则可以计算出残差,也就是所谓的操控性应计盈余 DA :

$$DA_{it}=TA_{it}/A_{it-1}-[a_i(1/A_{it-1})+b_{1i}(\Delta REV_{it}/A_{it-1})+b_{2i}(PPE_{it}/A_{it-1})] \qquad (8-4)$$

上述方法是每一家公司执行一条回归式,然而此举需要每家公司有许多年度样本才行(也就是成立年数)。为克服此问题,之后的研究大多采用横断面做法,也就是对每一年每一产业执行一条回归。此时(8-3)式改为:

$$TA_{it}/A_{it-1}=\alpha(1/A_{it-1})+\beta_1(\Delta REV_{it}/A_{it-1})+\beta_2(PPE_{it}/A_{it-1})+\varepsilon_{it}$$

修正的琼斯模型(Modified Jones Model)

在上述琼斯模型中,假设所有 ΔREV_{it} 均为非操控性的,也就是完全起因于大盘因素,而不是管理当局操控的。但事实上,收入包括现销与赊销两部分,相对于赊销部分而言,现销部分更不易被操纵,属于非操控性的(NDA)。因此,Dechow et al.(1995)将琼斯模型修正为下式(称为修正的琼斯模型):

$$NDA_t=a_1(1/A_{t-1})+b_1[(\Delta REV_t-\Delta REC_t)/A_{t-1}]+b_2(PPE_t/A_{t-1}) \qquad (8-5)$$

其中 ΔREC_t 为 t 期应收账款增加数。Dechow et al. 研究指出,修正的琼斯模型在许多情况下优于琼斯模型。

前瞻性琼斯模型(Forward-Looking Jones Model)

当修正的琼斯模型将应收账款全部视为操纵,从销售中剔除时却犯了矫枉过正的错误。因为期末应收账款中,有一部分是正常的,超出正常的部分才存在操纵。Dechow et al.(2003)使用下列方程式估计正常的应收账款:

$$\Delta REC=a+k(\Delta REV)+e \qquad (8-6)$$

ΔREC 为应收账款的变动;估计出 $\hat{k}$ 的值后,则正常的应收账款为 $\hat{k}(\Delta REV)$,异常的部分为 $\Delta REC-\hat{k}\Delta REV$ 。因此(8-5)式中的 $\Delta REV-\Delta REC$ 改为 $\Delta REV-(\Delta REC-\hat{k}\Delta REV)$;也就是将(8-5)式改为:

$$TA_t/A_{t-1}=\alpha_0+\beta_1\{[(1+\hat{k})\Delta REV_t-\Delta REC_t]/A_{t-1}\}+\beta_2(PPE_t/A_{t-1})+\beta_3(LogTA_{t-1})+\beta_4 GR\_Sale_t+\varepsilon_t \quad (8\text{-}7)$$

此外，由于作者认为上一期的应计盈余在下一期会转回，因而自变量中加入 $Log(TA_{t-1})$，也就是对上一期的 TA 取对数。另外，由于公司成长时，应计项目会受到影响。例如，存货可能会增加。因此作者另加入销售增长率 GR_Sale，作为另外一项控制变量。

Kothari et al. 模型

另外，Dechow et al.（1995）的研究发现，在琼斯模型下，具有极端绩效的样本，不论是极端好或是极端差的公司，他们的 DA 会与公司的绩效呈现显著的关系。也就是说，这些公司的 DA 会受到公司绩效的影响。为克服这一现象，Kothari et al.（2005）将公司的绩效放入琼斯模型的估计过程中，从而提出下列两个修正后的模型：

（1）**绩效调整法（Performance-adjusted Approach）**：直接在回归式中加入绩效变量：

$$TA_{it}/A_{it-1}=\alpha_0+\beta_0(1/A_{it-1})+\beta_1[(\Delta REV_{it}-\Delta REC_{it})/A_{it-1}]+\beta_2(PPE_{it}/A_{it-1})+\beta_3(ROA_{it-1})+\varepsilon_{it} \quad (8\text{-}8)$$

式（8-8）模型另有几点说明。第一，模型中加入 ROA 作为绩效的替代变量，以控制绩效对 DA 的影响。第二，模型扣除 ΔREC 应收账款增加数。第三，在琼斯模型中加入截距项 α_0。

（2）**绩效配对法（Performance-matched Approach）**：首先根据每一个产业内的公司，按照 ROA 排序并分类，然后将每一样本的 DA（根据琼斯模型或修正的琼斯模型计算而得），减去该产业同一组内的样本的 DA 的中位数。

Dechow and Dichev 模型

第 4 章提到，Dechow and Dichev（2002）使用下列模型检验每家公司的应计盈余和盈余的质量：

$$\Delta WC_t=b_0+b_1\times CFO_{t-1}+b_2\times CFO_t+b_3\times CFO_{t+1}+\varepsilon_t \quad (8\text{-}9)$$

在式（8-9）中，ΔWC_t 为营运资金的变动数。CFO_t 为 t 期经营活动产生的现金流量。在式（8-9）中，ε_t 越大或者 ε_t 的标准差越大，则表示这家公司的应计盈余质量越差,从而整个盈余的质量也越差。这一模型的基本精神是认为ε_t的大小可能受外在经营环境变动的影响,也可能来自盈余管理;然而不论是哪一个原因,大的ε_t都会让盈余质量变差,因为应计盈余与现金收支无法默契地配合。因此,这个方法并未区分出由外在因素所引起的“正常应计”以及人为操控引起的“异常应计”;同时也避免了估计正常应计所产生的测量误差。

然而,Francis, LaFond, Olsson and Schipper(2005)仍试图将Dechow and Dichev模型算出的残差ε_t划分为正常与异常两部分,其方法是使用下式:

$$\Delta WC_t = \beta_0 + \beta_1 CFO_{t-1} + \beta_2 CFO_t + \beta_3 CFO_{t+1} + \beta_4 \Delta REV_t + \beta_5 PPE_t + \varepsilon_t \quad (8-10)$$

ΔREV为营业收入变动数,PPE则为当年度不动产、厂房和设备。也就是比照琼斯模型使用ΔREV与PPE来控制外在的经营环境,因而所算出的新的残差,就是人为操控的部分。

Dechow et al.(2012)

截至目前所介绍的几个应计基础的盈余管理模型基本上都有一个特性,就是当期应计会在未来转回,然而这些模型都没有考虑到这一点,因而模型设定是有缺点的。鉴于上述原因,Dechow et al.(2012)将这一转回的事实,列入上述所有模型中,并重新进行检验,结果发现经过改良后的模型可以解决一些省略变量的问题,大约可以提高40%的检验势。

作者在琼斯模型、修正的琼斯模型与Kothari et al. 模型中,也就是式(8-3)、式(8-5)与式(8-8)三个回归式的右边,加入一个转回的虚拟变量$PART$,如果在下一年转回,该虚拟变量$PART$等于1,否则等于0。另一种方式是假设会在后面两年转回,则建立两个虚拟变量$PART1$与$PART2$,如果有转回时,该虚拟变量设为1,否则等于0。使用这些改良模型后,检验势将大幅提升。

8.1.4.2 真实盈余管理

应计盈余通常是一项不会直接动用现金的项目。然而在实务中,公司也可能通过偏离正常企业活动的真实交易来达到影响报告盈余的目的。这里我们介绍学术界常援引的Roychowdhury(2006)方法。Roychowdhury所发展的真实盈余管理(Real Earnings Management)的替代变量,包括异常经营现金流量、操控性支出以及生产成本。[①]现在分别说明如下。

①后续研究,例如Zhang(2007)提供证据指出这些替代变量具有构建效度(Construct Validity)。

1.异常经营现金流量——操控销货

公司会通过给予较大的销货折扣以及较宽松的信用政策将未来的销货吸引到当期,或是产生额外但非持续性的销货收入。然而未来恢复正常销货政策后,这些本期增加的销货将会消失。这种方式虽然会增加当期的销货收入总额,但每笔扣除销货折扣之后的销货净额却减少了,此举会减少边际净利润(相对于正常生产成本而言),同时由经营活动产生的现金流量也会比正常情况下少。换言之,这种由操控销货而产生的异常现金流量将为负的。

假设正常 CFO 是当期销货和销货变动数的线性方程式,作者对每一年度每一行业估计一条下列方程式:

$$CFO_{it}/A_{it-1}=k_1(1/A_{it-1})+k_2(REV_{it}/A_{it-1})+k_3(\Delta REV_{it}/A_{it-1})+\varepsilon_{it} \quad (8-11)$$

其中,CFO_{it}为i公司在第t期的经营现金流量;REV_{it}与ΔREV_{it}分别表示i公司第t期实际营业收入及营业收入变动数;A_{it-1}为i公司第t期期初总资产。所谓异常的经营现金流量(AB_CFO),是指公司当期实际发生的CFO减去上述回归式所估计出来的正常CFO。这一金额如果为负,就表示有操控销货的行为。

2.异常操控性支出

删减如 RD、广告支出以及销售和管理费用等操控性支出,可能影响公司长期的绩效,但却可以减少当期费用进而增加盈余。[①]这些正常操控性支出可以表示为同期销货收入的线性函数:

$$DisExp_{it}/A_{it-1}=k_1(1/A_{it-1})+k_2(REV_{it}/A_{it-1})+\varepsilon_{it} \quad (8-12)$$

其中 $DisExp_{it}$为 i 公司 t 期的操控性支出,包括广告费用(XAD)、研发支出(XRD)以及销售和管理(XSGA)合计数,其余变量定义同(8-11)式所述。所谓异常的操控性支出 AB_DIS,是指公司当期实际的操控性支出,减去根据上述回归式所估计出的正常操控性支出;如果这一金额为负,就表示有减少操控性支出的行为。

然而式(8-12)的估计可能会产生问题,如果公司向上操控销售以增加报告盈余时,即使公司没有降低操控性支出,上述回归式的估计残差也会较低。为克服这个问题,作者将操控性支出修正为前期销售收入的函数:

$$DisExp_{it}/A_{it-1}=k_1(1/A_{it-1})+k_2(REV_{it-1}/A_{it-1})+\varepsilon_{it} \quad (8-13)$$

①列入销售与管理费用是因为有些员工培训与维修费用等支出包括在该项目之内。

3.异常生产成本——过度生产

公司过量生产产品时,单位固定成本将降低,因此,过度生产会导致较低的销售成本,进而产生较高的盈余。

异常生产成本是当期实际生产成本与正常生产成本的差额。生产成本是销货成本($COGS$)与存货变动数($\Delta INVT$)的合计,其中销售成本为同期销售的线性函数,而存货变动数是当期销售收入变动数及前期销售收入变动数的线性函数,因此我们采用下式估计正常生产成本:

$$PROD_{it}/A_{it-1}=k_1(1/A_{it-1})+k_2(REV_{it}/A_{it-1})+k_3(\Delta REV_{it}/A_{it-1}) +k_4(\Delta REV_{it-1}/A_{it-1})+\varepsilon_{it} \tag{8-14}$$

$PROD_{it}$为i公司在第 t 期的销货成本和存货变动数合计数,其余变量定义同(8-11)式所述。异常生产成本AB_PROD为正,则表示有过度生产的可能性。

Roychowdhury 使用上述三个真实交易的变量衡量公司是否有盈余管理的现象,结果发现,公司会使用操控销售政策、减少操控性支出以及过量生产的方法来规避亏损。也就是发现盈余略为正的公司,异常的现金流量与异常的操控性支出是显著为负的,且异常生产成本为正。

问 题

Roychowdhury(2006)检验公司是否使用这些方法迎合分析师的预期。作者首先将未预期盈余按照"盈余/总资产"划分成各组,区间宽度为0.005,未预期盈余为 [0,0.005] 的这一组,作者认为是最可能使用应计盈余进行盈余管理的。

作者使用下式检验其假说:

$$Y_t=a_0+a_1LOG(SIZE_{t-1})+a_2MB_{t-1}+a_3NI_t+a_4SUSPECT\_NI_t+e_t$$

$Y_t=t$ 期的 AB_CFO、AB_DIS 或 AB_PROD; $LOG(SIZE)$ =权益市值的对数值,衡量公司规模;MB=权益市值/权益账面值;NI = 非常项目前盈余除以总资产,再扣除产业中位数。$SUSPECT\_NI=1$,当未预期盈余介于[0. 0.005]时。

实证结果

当Y分别为 AB_CFO、AB_DIS或AB_PROD 时,a_4 的系数分别为显著的负、负与正,因此与预期相同。

应计盈余管理与真实盈余管理各有优缺点。

8.1.4.3 应计盈余管理与真实盈余管理的比较

近来有越来越多的研究证据显示,公司采用真实交易来进行盈余管理(e.g., Gunny, 2005; Graham et al., 2005; Roychowdhury, 2006; Zang, 2007)。公司虽然有多种工具来操纵盈余,使用应计盈余的成本也比较低,但是这类积极式的会计选择较容易引起监管机构的注意,因而诉讼风险也较高。此外,应计盈余管理通常存在于资产负债表日,审计人员是否同意这类做法也是不确定的(Gunny,2005)。2002年《萨班斯-奥克斯利法案》施行后,会计监管更加严格,因此公司的盈余操控模式已逐渐由操控性改为真实交易的盈余管理(Cohen, Dey and Lys, 2008)。Zang(2007)也发现,操控性应计成本越大时,公司越会倾向于进行真实交易,因此二者之间存在替代性的关系。另外,在采用追回条款(Clawback Provisions)的公司,公司高管为了避免因为财务报表重述而被追回之前的红利或者薪酬,也常常会采取真实盈余管理而非应计盈余管理来操控盈余,因为前者虽然可能会伤害公司的价值,但却没有违反会计准则(Chan et al., 2015; DeHaan et al., 2013)。

真实盈余管理

Graham et al.(2005)的问卷调查发现,虽然采取真实交易的盈余管理会降低公司的价值,但许多财务总监(CFO)认为它并不违反GAAP,因而常常会被采用来迎合盈余的门槛。根据其研究,有80%的财务总监承认会减少研发费用、广告费用以及管理费用来进行真实交易的盈余管理,另有55%的CFO会通过递延新项目的方式来操控盈余。Dechow(1991)也发现,公司的首席执行官在最后一个任期时,常常会减少研发支出,以增加盈余并提高自己的薪酬。Bartov(1993)则发现,可能出现亏损的公司,管理当局常会通过处置固定资产或投资来达成获利的盈余目标。这些发现,都与Roychowdhury(2006)的实证结果是相似的。

让每股盈余平稳化,可以降低波动性,进而降低资金成本

8.1.4.4 盈余平稳化

除了增加盈余或是减少盈余之外,另一种盈余管理的类型,就是盈余平稳化(Income smoothing)。所谓盈余平稳化,是指管理当局使用财务报告的裁决

权,将波动较大的盈余趋势转化为较为平滑的盈余趋势。根据一份实务调查显示,有 96.9% 的被调查者偏好盈余是平稳化的趋势(Graham et al.,2005)。

在文献中,衡量盈余平稳化的方法有三种:

(1) $Cov(\Delta DA, \Delta PDI)$:应计盈余变动数 ΔDA 与操纵前盈余的变动数 ΔPDI 的相关系数。所谓操纵前盈余的变动数 ΔPDI,是盈余减掉 DA 的意思。负相关就表示有盈余平稳化的迹象,且负数值越大,平稳化幅度就越大(Tucker and Zarowin,2006)。

(2) $\sigma(Earnings)/\sigma(Cash\ flow)$:表示盈余波动性/现金流量的波动性;一般都是假设不会操控现金流量,因此以 $\sigma(Cash\ flow)$ 作为未操控的盈余的波动情况。当盈余平稳化程度越高时,$\sigma(Earnings)$将越小;换言之,$\sigma(Earnings)/\sigma(Cash\ flow)$越小,表示平稳化程度越高。至于Earnings,则有几种定义:① 非常项目前净利润(Francis et al.,2004);②营业净利润(Leuz et al.,2003);③操纵前盈余 PDI(Hunt et al.,2000)。

(3) $\Delta Accrual/\Delta Cash$:表示应计盈余变动数相对于现金流量变动数,越小表示平稳化程度越高。

盈余平稳化究竟会增加盈余的质量,还是降低盈余的质量,各有各的看法。有研究认为可以传递公司有关未来的私有信息;也有研究认为其可以反映出公司管理盈余以降低波动的弹性空间,由于波动的降低,公司可以向市场以较低资金成本筹措到资金。至于详细内容,我们将于下一章再予以探讨。

盈余平稳化

公司盈余管理的目的,除了绝对数字的大小之外,也很关注盈余的波动性。如前所述,如果盈余波动过高,则表示公司的风险较大,对于公司的筹资会有不利影响(即筹资成本将较高)。因此,公司有进行盈余平稳化的动机。公司盈余的波动(盈余的方差),可以分解为:

$$Var(EARN) = Var(CFO) + Var(ACC) + Cov(CFO,ACC)$$

上式中,$EARN$ 为盈余,CFO 为经营活动产生的现金流量,ACC 为应计盈余。为达到盈余平稳化的目的,可以从降低应计盈余与现金流量的波动性这两方面下手,应计盈余已于前面说明,至于降低现金流量的波动性,则可以通过购买衍生性金融商品来规避风险,而这两种方法之间也是存在着替代关系的(Barton,2001)。

盈余管理同时具有好与坏两个方面。

8.1.5 盈余管理是好是坏?

前面列举的许多文献显示,盈余管理常常是投机性的。首先,就财务报告的角度而言,公司在向市场筹措资金时,会使用应计盈余或是真实盈余管理以增加发行的价格,这样一来会使现有的股东获利,但因为所管理的盈余在未来有转回的特性,因而未来的股东将会因此受到伤害。

其次,就契约理论的角度而言,在 Healy(1985)的薪酬契约中,管理当局为提高自己的薪酬进行盈余管理,使得公司财富移转到管理当局自己的身上。另外如前面提到的,CEO 可以使用追溯授予日的策略,为自己谋利,而这种事后追认的现象,在公司治理较弱的公司尤其明显(Collins et al., 2009)。Aboody and Kasznik(2000)发现,CEO 在公司将发放认股权之前的一段时间,会刻意发布坏消息使得授予前一刻的股价偏低,当公司按授予日当天股价作为认股权的执行价格时,CEO 即可获利,但是却剥削了股东的财富。就债务契约而言,如前所述,Dechow et al.(1996)发现,因为违反公认会计原则而受到监管机构调查的公司,通常是负债比率较高,较常违反债务条款的公司,且在盈余管理的期间,会发行证券进行大量融资,这些都将使债务人财富被移转至公司股东手上。

虽然这些文献发现盈余管理是投机性的,但是也有一些理论与实证文献发现它们其实也有正向的一面。例如,代理人(如医生)常常会握有与委托人(如病人)有关的专业知识(如疾病与手术),而这些专业知识是很难与委托人口头沟通清楚的。同理,在会计这个专业领域中,管理当局也常拥有有关公司的专业知识,却难以对公司股东做可信而有效的沟通。这就是文献里面提到的**阻碍沟通(Blocked Communication)**的现象(Demski and Sappington, 1984)。此时,在现有的法律规范下,如果可以利用 GAAP 的弹性,在合理的权限内将拟沟通的内容画面,通过调整后的盈余表达出来,将可以实现有效的沟通。例如,公司可以将盈余调整为平稳化与成长的趋势,以传递未来盈余是持续成长的前景。

市场对于盈余管理的反应又是如何呢?是正面的还是负面的呢?Subramanyam(1996)将盈余拆解为现金流量、操控性应计盈余与非操控性应计盈余三项,结果发现,操控性应计盈余与股票报酬之间具有正向的关系;作者认为这一结果符合管理当局通过对应计盈余的调整来传递私有信息的说法。然而,这一结果也是有其他解读方式的。例如,以往 Sloan

(1996)的研究指出,当盈余拆解为现金流量与应计盈余之后,前者的持续性是高于后者的,但是市场却无法区分现金流量与应计盈余,导致市场似乎给予应计盈余过高的津贴。Sloan 认为市场是没有效率的,因而会存在此类应计的异常市场现象。果真如此,则 Subramanyam 的发现是否也可指出由于市场是没有效率的,因而随着盈余多少而随鸡起舞?事实上,Xie(2001)发现,非操控性应计盈余的盈余持续性是高于操控性应计盈余的,但是市场却给予操控性应计盈余过高的评价,因此,Subramanyam 的发现并不是在传递信息,而是一种市场无效率所引起的异常现象。

Liu et al.(1997)以银行业为样本,检验投资者对于应计贷款损失(属于应计盈余的一种)的解读情况。研究结果显示,资本较接近最低法定资本的"危险公司",当它们计提异常的应计贷款损失时,市场会给予正面的评价,但这种正面评价仅在第四季度时才出现;相对的,对于其他公司("非危险公司")而言,当它们计提异常的应计贷款损失时,市场却给予负面的评价。之所以产生不同的结果,可能是因为当危险公司计提坏账时,市场解读为这是他们正在改善体制的措施,而这一措施的利益优于抵销的坏账本身;相对的,非危险公司则没有必要采取这些改善体制的措施,因此计提坏账本身就是一项坏消息。另外,这一正面的市场反应仅出现在第四季度的原因,是第四季财务报表需要经过注册会计师的鉴证,将增加改善体制的可信度。这一研究结果与 Subramanyam 的观点是一致的,说明应计盈余是可以传递信息的。

Tucker and Zarowin(2006)就盈余平稳化进一步检验这一问题。他们认为,公司管理当局通过应计盈余,使盈余平稳化,究竟是传递未来前景的信息,还是盈余管理使得盈余质量降低的信息呢?哪一股力量较强呢?结果发现,通过应计项目达到盈余平稳化的公司,他们的盈余持续性会比较高。此外,他们也发现,市场不仅对盈余平稳化的公司给予较高的溢价,更重要的是,盈余平稳化程度大的公司,市场会将未来盈余的情况反映在当期的股价中。换言之,这些公司的盈余情况对预测未来盈余是更有用的,也就是能传递更多的信息给市场。就这点研究结果而言,盈余管理不仅可以提升盈余持续性,而且市场也会给予正面的评价反应。

综上所述,盈余管理是有其正面功能的,但是也可能有负面功能,这些需要视当时的情况而定。

8.1.6 文章导读

8.1.6.1 Tucker and Zarowin（2006）——盈余平稳化

问 题

公司管理当局通过应计盈余使盈余平稳化，究竟是会传递未来前景的信息，还是盈余管理使得盈余质量降低的信息呢？哪一股力量较强呢？如果是你，你会如何检验这个问题？

如果是传递私有信息的功能较强，则当期的平稳化会增加盈余对未来现金流量的预测能力。为检验该假说，首先，Tucker and Zarowin（2006）使用下式检验其命题：

$$EPS_{t3} = a_0 + a_1 EPS_t + a_2 IS_t + a_3 IS_t \times EPS_t + \varepsilon_t \tag{8-15}$$

式(8-15)中，IS为盈余平稳化的替代变量。作者令 $IS = -Rank[Cov(\Delta DA, \Delta PDI)]$，其中 $Cov(\Delta DA, \Delta PDI)$ 为应计盈余变动数ΔDA与操纵前盈余的变动数 ΔPDI的相关系数，负数值越大，代表平稳化幅度就越大。为便于解读，作者将其取负数，并将其排序（令其介于 0~1）。因此，IS 值越大代表平稳化的程度越高。EPS_t为 t年每股盈余，EPS_{t3} 为 t+1 年至 t+3 年 EPS 合计数。

这一逻辑背后的含义是，操纵前盈余的变动数 ΔPDI越小时，为了平稳化，就有动机增加当期的 DA 以调高盈余；如果盈余平稳化会增加当期盈余对未来盈余预测的能力，则式（8-15）a_3 应为正值，也就是盈余的持续性会越大。实证结果支持此一假设。

其次，作者使用股价来检验。他们先援引 Collins et al.(1994)的基本模型：

$$R_t = \alpha_0 + \beta_1 UX_t + \sum_{k=1}^{3} \gamma_k \Delta E_t(X_{t+k}) + \varepsilon_t \tag{8-16}$$

R_t 为 t 期股票报酬；UX_t 为 t 期末预期盈余；X_{t+k} 为 $t+k$ 期的盈余；$\Delta E_t(X_t+k) = E_t(X_t+k) - E_{t-1}(X_{t+k})$，是指 t 期期末对于 X_{t+k} 所做的预期，减去 $t-1$ 期期末对于 X_{t+k} 所做的预期，也就是 t 期期末对于 X_{t+k} 预测所做的预期的修正数。该式是指 t 期收到会计信息后，对未来各期预期的修正

(为简化分析仅列入三期)。为便于分析，令 $\Delta E_t(X_{t+1})=E_t(X_{t+1})-E_{t-1}(X_{t+1})=X_{t+1}-X_{t-1}$；也就是以真实盈余 X_{t+1} 代替 $E_t(X_{t+1})$，并假设 $E_{t-1}(X_{t+1})=X_{t-1}$。[①]同理假设：$\Delta E_t(X_{t+2})=E_t(X_{t+2})-E_{t-1}(X_{t+2})=X_{t+2}-X_{t-1}$；$\Delta E_t(X_{t+3})=E_t(X_{t+3})-E_{t-1}(X_{t+3})=X_{t+3}-X_{t-1}$。因此，式(8-16)可以简化为：

$$R_t=b_0+b_1X_{t-1}+b_2X_t+b_3X_{t3}+b_4R_{t3}+\varepsilon_t \tag{8-17}$$

X_{t3}是指 t+1—t+3年期间的盈余加总。其中要特别注意的就是为何要加入 R_{t3}（R_{t3}是指 t+1—t+3年期间的股票报酬）。原因是放入这个变量可以控制由于使用真实盈余 X_{t+1} 代替 $E_t(X_{t+1})$所产生的预测误差。[②]通过这一方程式，作者就可以修改该式来检验他的假说：

$$R_t=b_0+b_1X_{t-1}+b_2X_t+b_3X_{t3}+b_4R_{t3}+b_5IS_t+b_6IS_t\times X_{t-1}+b_7IS_t\times X_t+b_8IS_t\times X_{t3}+b_9IS_t\times R_{t3}+\varepsilon_t \tag{8-18}$$

b_7为当期盈余的反应系数，而 b_8为未来盈余增额的反应系数(Future Earnings Response Coefficient)。如果平稳化会增加当期盈余对未来盈余的预测能力，则 b_7与 b_8应该是正的。实证结果也证实这一看法。换言之，平稳化会增加当期盈余的反应系数；更重要的是，平稳化会增加当期盈余对未来盈余预测的能力，也就是传递信息的能力优于盈余操控的负面效果。[③]

8.1.6.2 Doyle，Ge and Mcvay (2007)

问 题

作者主要检验两个问题：

(1)内部控制有严重缺陷的公司，盈余质量是否较差？

(2)内部控制缺陷可以划分为公司层级与特定账户层级的缺陷，前者的严重性大于后者，因此内部控制缺陷对于应计质量的负面影响是否主要来自于公司层级的缺陷？如果是你，你会如何检验这个问题？

---

① 做此假设，才能以实际的资料进行实证分析。

② 假设 R_t=0.3+2$\Delta E_t(X_{t+1})+e_t$。如果真实盈余 X_{t+1}=3，而 $E_t(X_{t+1})$=4，再假设 X_{t-1}=0，则 R_t=8.3；但是方程式右边为0.3+6=6.3，6.3<8.3；也就是说，R_t过高了，因此未来会转回(也就是 R_{t3}会降低)；因此，R_t与 R_{t3}是负相关的，也就是说(8-17)式中的 b_4是负的。

③也有其他研究使用盈余相对于现金流量的波动性，或是以应计盈余变动数相对于现金流量变动数来衡量盈余平稳化，越小表示平稳化程度越高。

为检验这一假说，作者使用下式：

$$AQ = a_0 + a_1 ICW + control + e \tag{8-19}$$

$$AQ = b_0 + b_1 ICW\_firm + b_2 ICW\_account + control + e \tag{8-20}$$

AQ=应计盈余，是根据(8-3)式所计算而得；ICW=1，当有内部控制缺陷时；ICW_firm =1，当内部控制缺陷为公司层级，否则为0；$ICW\_account$=1，当内部控制缺陷为账户层级，否则为0。

实证结果发现，a_1 显著为正，表示有内部控制缺陷者确实有较高的应计盈余。另外，b_1 显著为正，而 b_2 虽为正但不显著，且 $b_1 > b_2$，因此公司层级缺陷的严重性大于账户层级的缺陷。

由于内部控制缺陷ICW为一个内生变量，也就是说它受到一些其他因素的影响，因此，使用一般的OLS在计量上是有问题的。作者使用两个方法解决这一问题。首先，使用Heckman(1979)的方法来克服这一选样偏误的计量问题。也就是分两阶段处理，在第一阶段，使用Probit回归式，探讨引起内部控制缺陷的原因：

$$\Pr(ICW = 1) = a_0 + a_1 Log(MV) + a_2 Age + Control + e \tag{8-21}$$

$Log(MV)$为公司市场价值的对数值，Age为公司上市年数。

在第二阶段，根据式(8-21)可以算出逆米尔斯比率，并将其代入式(8-19)与式(8-20)中，作为另一个控制变量。实证结果仍与之前相同，因此选样偏误并不影响分析结果。

除使用Heckman两阶段方法之外，作者还使用了**倾向分数配对(Propensity Score Matching)**法来解决这一选样偏误的问题。也就是先根据(8-21)式估计出每一个样本的概率值，然后从没有内部控制缺陷的样本中，为每一个内部控制缺陷样本找一个概率最接近的样本，作为配对的控制组，也就是形成1:1的样本。其次，再以1:1的样本对式(8-19)或者式(8-20)进行回归。实证结果发现，结论是一样的。

8.1.6.3 Cohen and Zarowin (2010)

问 题

以往文献发现，配股前公司会使用应计盈余进行盈余管理，另外有文献发现进行盈余管理的方式也可以通过真实盈余管理。因此，作者合并这两类文献而提出下列问题：

(1)配股时公司是否同时使用应计盈余管理与真实盈余管理?

(2)哪种情况下会使用应计盈余?哪种情况下会使用真实盈余管理?

(3)哪一种盈余管理的方法代价比较大?如果是你，你会如何检验这个问题?

作者使用本书介绍的几种应计盈余模型计算 DA，且使用Roychowdhury的方法计算真实盈余管理。结果发现在配股当年，应计盈余 DA 显著为正，且异常经营现金流量显著为负，异常生产成本显著为正，异常操控性支出显著为负，都与预期相同。因此，公司同时使用两种方法使增资当年盈余变高。

为了获得真实盈余管理的整体效果，作者将前述三个个别的真实盈余管理工具组合成两个综合衡量变量，分别为 $RM1=(AB\_DIS)\times(-1)+AB\_PROD$ 以及 $RM2=(AB\_DIS)\times(-1)+(AB\_CFO)\times(-1)$，金额越高，表示公司越可能进行销售操纵和缩减操控性支出以提高报告盈余。

作者的实证分为三步骤。第一，探讨哪些公司会进行盈余管理：

$$\begin{aligned}Total\_EM = &\beta_0+\beta_1 HAB\_BEAT+\beta_2 SHARES+\beta_3 ANALYST+\\&\beta_4 BONUS+\beta_5 OPTIONS+\beta_6 ROA+\beta_7 MKT\_CAPT+\\&\beta_8 BM+\beta_9 LEVERAGE+\beta_{10}\Delta GDP+\varepsilon_t\end{aligned} \tag{8-22}$$

$Total\_EM=1$，表示当 DA，$RM1$ 或是 $RM2$ 三者任何一个的数字大于其相对应的中位数，否则为0。HAB_BEAT 表示过去四个季度中击败分析师预期的次数，次数越多越可能进行盈余管理(+)；$SHARES$ 表示流通在外股数的对数(+)；$ANALYST$ 表示分析师报告的人数(-)；$BONUS$($OPTION$)表示盈余基础的红利(选择权市价)占总薪酬的比重，越大则越可能进行盈余管理(+)；ROA 表示获利能力；$LEVERAGE$ 表示负债比率；MKT_CAPT 表示公司市值的对数值；BM 表示权益账面价值除以市值；ΔGDP 表示 GDP 的变化数。

结果发现，除 BM 之外，其余都有显著性，且与预期符号相同。第二步骤是对于有进行盈余管理的公司而言，哪些公司会使用应计盈余?哪些会使用真实盈余管理?作者使用下式检验：

$$\begin{aligned}REAL = &a_0+a_1 BIG4+a_2 AUDIT\_TENURE+a_3 LITIGATION+\\&a_4 NOA+a_5 SOX+a_6 IMR+e\end{aligned} \tag{8-23}$$

$REAL$=1,如果真实盈余金额大于应计盈余金额。$BIG4$=1,当会计师是属于四大会计师事务所("四大"比较严格,使用应计机会降低,预期:$a_1>0$)。$AUDIT\_TENURE$:注册会计师鉴证该公司的年数(预期:$a_2>0$)。$LITIGATION=1$当公司为高风险公司(预期:$a_3>0$)①。NOA=股东权益-(现金+有价证券)+总负债,该值越大显示上一期使用应计盈余越严重,因此会让本期可用的应计变小(预期:$a_4>0$)。SOX=1,当样本属于2003年之后;SOX之后一般不会采用应计(预期:$a_5>0$)。IMR=由(8-22)式算得的逆米尔斯比率。

实证结果都与预期相同。最后,作者使用下式检验这些盈余管理的工具哪一个代价比较大:

$$\Delta ROA_{t+1}=a_0+a_1EM_t+a_2Sale\ Growth_t+a_3Capex\ Growth_t+e_t \qquad (8-24)$$

ΔROA_{t+1}=ROA变动率-按规模与绩效配对的公司的ROA变动率;EM=六种盈余管理任何一个(DA, AB_CFO, AB_DIS, AB_PROD, $RM1$与$RM2$);$Sale\ Growth$=销货的变动率;$Capex\ Growth$=资本支出变动数除以期初总资产。

当求出六种EM的系数$\hat{a}_1$后,再乘上各种EM的标准差std,详见下表。

	DA	*AB_CFO*	*AB_PROD*	*AB_DIS*	*RM1*	*RM2*
$\hat{a}_t$	−0.126	−0.158	−0.256	−0.167	−0.237	−0.221
std	19%	21%	28%	12%	22%	17%
ΔROA	−2.4%	−3.3%	−7.2%	−2%	−5.2%	−3.8%

由上表可以了解,总体而言,每变动EM一个标准差,对下一期ROA的负面影响中,DA是较小的,而大多数的真实盈余管理的影响相对是较大的。

8.2 迎合预期

介绍迎合预期的意义、方法以及经济后果。

8.2.1 迎合预期的意义

公司在报告盈余时,常会希望所报告的盈余是盈利的,而非亏损;同样的,公司希望所报告的盈余比前一期多,以呈现盈余增长的趋势。例如,Hayn(1995)发现盈余略小于0的样本比率比应有的分配数少,而略为正的

①公司的标准产业分类码为2833-2836,8731-8734,7371-7379,3570-3577,3600-3674。

盈余的分配数比应有的分配数还要多很多。因此,Hayn 认为略为亏损的公司是在进行盈余管理以规避损失这个门槛。另外,Barth et al.(1999)发现,长期呈现盈余增加的公司,当盈余报告时市场会给予较高的津贴,且这一津贴随着过去成长期数而增加。此外,他们也发现,当这些公司突然出现终止成长的现象时,这项津贴将消失甚至大幅下降。DeAngelo(1996)发现类似的结果,也就是这类持续成长的公司在停止成长的当年异常报酬会下降高达14%。

关于此一问题,Bursthaler and Dichev(1997)进行了系统的实证研究,从盈余的统计分配图中发现,盈余略负(或是盈余略小于前期)的公司,样本比率显著小于预期该有的数字,同样的,盈余略正(或是盈余略大于前期)的公司,样本比率显著大于预期该有的数字;且操纵前盈余略负的样本中,高达30%~44% 的公司会进行盈余管理以规避损失,同时在操控前盈余略小于前一期的公司中,有 8%~12% 的样本会进行盈余管理以规避业绩衰退的情形。作者也发现,当前几期盈余为正的次数越多,或是前几期盈余呈现成长的次数越多时,公司使用盈余管理以规避亏损或是业绩衰退的比率就越大。这些公司通常是使用经营活动产生的现金与营运资金以进行盈余管理。除此之外,Degorge et al.(1999)之后也提出了类似的发现。

除了 0 盈余与前期盈余这两个门槛之外,另一个重要的门槛是分析师的盈余预测。在资本市场成熟的国家,分析师是一种相当常见的信息中介者,因此他们对于公司的前景分析,常被视为市场投资者的一般性看法。因此,在学术研究的领域中,也常以分析师的预期作为资本市场预期的替代变量。Bartov, Givoly, and Hayn (2002) 以及 Kasznik and McNichols(2002)发现,公司**迎合或击败分析师预期**时,市场会出现较高的异常报酬;相对的,未能迎合或击败分析师预期时,市场会出现负向的异常报酬。他们还发现,迎合或击败分析师预期的公司,未来的会计绩效也会高于未迎合预期的公司,因此,是否迎合或是击败分析师的预期,本身也是一项未来绩效的领先指标。

> 介绍迎合预期的理论基础——**交易成本理论与前景理论。**

8.2.2 迎合门槛的理论基础

公司为何要迎合各种门槛?从理论上来看,有两个学说可以作为理论基础——**交易成本理论**(Transaction Cost Theory)与**前景理论**(Prospect Theory)。交易成本理论的基本假设有两个:第一,有关盈余的信息,会影响到公司与其利益相关者之间的交易条件。换言之,当盈余越高时,公司与其利益相关者之间的交易条件会越有利。第二,由于收集、处理与储存信息的成本很高,因此有一些利益相关者与公司协商交易条件时,会以例如0盈余、上一期盈余以及分析师预期的盈余,作为交易的基本参考点。

关于第一点,Bowen et al.(1995)提出几个利益相关者在与公司交涉条件时,可能会以盈余作为参考的例子。例如,顾客会愿意付比较高的价格,因为他们认为有较高盈余的公司意味着它们会有较好的服务保障;供应商会愿意提供较好的条件,因为他们认为有较高盈余的公司更有可能会准时付款,未来也可能有大量的采购行为;贷款者会相信有较高盈余的公司更有清偿本息的能力;有价值的员工会更愿意留在有较高盈余的公司。

就第二点而言,由于在解读公司相关信息时(含盈余信息),能力有限或成本过高,因此利益相关者可能会采取一些基本的参考点作为决策判断的基础,例如盈余是否出现亏损,盈余是否出现增长,或者盈余是否达到分析师的预期等。其中,**盈余亏损(Earnings Losses)**的情况通常比**盈余衰退(Earnings Decrease)**更严重(例如,盈余下降有时候通常会被解释为是因为整体环境变化,或是暗示着由上一期的异常超额盈余回归到正常盈余),因此盈余是否亏损可能比盈余是否衰退受到更大的关注。因此,盈余亏损、盈余衰退或者为迎合分析师预期的公司,由于交易成本较高,因而会有更高的动机去避免出现损失、呈现衰退,甚至未迎合分析师预期情况的发生。

其次,另一个理论为Kahneman and Tversky(1979)所提出的前景理论。依据前景理论,决策者的价值或效用是由是否达到某些参考点来判断(Reference Point),而非绝对的财富水平。第4章曾提及(图4-2),前景理论认为,在参考点(如0盈余)的右侧,效用函数会呈现凹状(Concave),左侧则呈现凸状(Convex),因此参考点的斜率最大。当财富由参考点从左侧移动到右侧时,价值会增加最多(S形态的价值函数)。在会计上,可能的参考点,就是0盈余、盈余变动数为0以及未预期盈余为0(盈余减去分析师预测)的点。也就是盈余是否跨越0盈余、上期盈余与分析师预测等三个参考点。

迎合预期有两个方法，此处介绍预期管理的意义与方法。

8.2.3 迎合各种门槛的方法——盈余管理与预期管理

8.2.3.1 预期管理的意义

预期管理是实务中常见的影响分析师预测的现象。

为了迎合0盈余与前期的盈余门槛，主要的方法就是通过增加盈余的盈余管理方法。如前所述，常用的增加盈余的方法是增加盈余本身，而方法除了应计盈余之外，也可以使用前述所提到的Roychowdhury(2006)的方法，选择出售固定资产与有价证券时点等真实盈余管理方法。此外，也可以通过回购库存股或者安排或有条件的可转换公司债券来降低流通在外股数。然而迎合分析师的预期的方法，除了通过盈余管理之外，另一种就是**预期管理(Expectation Management)**。

如前一节所述，管理当局常常为了迎合或击败分析师的预测数字，而在分析师预测后、公告实际盈余前进行盈余管理。但是盈余管理的空间有时很小，未必能尽如人意。这时另一方法就是在分析师预测盈余时，诱导他调低所预测的盈余，使得报告盈余时比较容易迎合或击败分析师的预测数字。管理当局这种影响或诱导分析师对未来盈余预测的操控行为，这里称为预期管理。

预期管理的方法，可以通过管理当局与分析师私下的交谈、**业绩发布会(Conference Call)**(Bowen, Davis, and Matsumoto, 2002)，公开发布私有信息(Kasznik and Lev, 1995)，盈余公告前进行盈余预测(Baginski and Hassell, 1990; Soffer, Thiagarajan, and Walther, 1999)，甚至正式盈余公告前披露坏消息(Skinner, 1994、1997)等。这些列举的方法都足以引导分析师修正他/她原来的盈余预期数字。

实证调查

有调查指出，业绩发布会已成为公司与管理当局沟通的一个重要渠道，例如，在1995年时，61%的受访公司举办了与分析师的座谈会议，但到了1998年，则有82%的受访公司举办(NIRI, 1998)。Bowen, Davis, and Matsumoto(2002)研究指出，业绩发布会会增加分析师预测时所获得的信息量，因而增加了分析师预测的准确性，以及分析师彼此之间的差异性，特别是对于分析较不准确的分析师而言尤其有用。

当公布的盈余无法达到分析师预测的数字时，股价将下跌，因此除了事后进行盈余管理外，另一种方法就是在事前影响或诱导分析师作盈余预测时，尽量不要太乐观。Matsumoto(2002)观察到许多著名的财经媒体报道，公司有倾向诱使分析师不要过于乐观。他以1985—1997年间样本作检验，发现分析师原来在预测时确实有乐观倾向，且随着盈余公告日的逼近，分析师的预测有逐渐向下调低的情形。例如，在初次预测时，有56.3%的样本无法迎合分析师的预期而产生负的预测误差(实际盈余减去预测盈余)，也就是分析师乐观的比重达到56.3%，但随着实际盈余公告日的逼近，负向预测误差的比率下降为37.1%。恰好迎合分析师预期的样本也由7.6%增加为16.7%。此外，预测误差的中位数也由-0.02变为0。这些迹象显示管理当局在有目的地诱导分析师；随着盈余披露日期的临近，公司希望分析师调低盈余预测，以避免届时产生负的预测误差。

问　题

在什么情况下，公司迎合或是击败分析师预期的动机较大？Matsumoto(2002)提出五个假说：

(1)机构投资人持股越多，动机越强：机构投资者有短期操作利好的压力，这也会促使管理当局重视短期利润，以提升股价。

(2)与利益相关者关系越紧密，迎合的动机越强：财务绩效制度健全时，利益相关者认为公司越有能力执行各项正式或是非正式的承诺，因而会给予较好的交易条件。

(3)盈余相关性越强，越有动机迎合预期：盈余质量低的公司在宣告盈余时，市场反应较不敏感，因此管理当局迎合预期的动机较弱。

(4)成长型公司迎合预期的动机较强：市场对于成长机会大的公司反应会比较敏感。另外，根据Skinner and Sloan(2002)的研究显示，市场对于正、负面消息的反应并不相同，特别是成长型的公司，由于市场预期它会继续成长，如果盈余公告时无法迎合或击败分析师的预期，股市将产生极大的负面反应。

(5)诉讼成本较大的公司迎合预期的动机较强：诉讼风险较大的公司，对于负的未预期盈余的成本会较大。

研究设计

作者使用下列 Logit 回归式检验假说：

$$\Pr(MEET=1)=a_0+a_1INST+a_2CLAIM+a_3LOSS+a_4EARNRET+a_5LTG+a_6LIT+CONTROL+e \quad (8-25)$$

$MEET=1$，当迎合或是击败分析师预期时。

$INST$ =机构投资者持股百分比（预期 $a_1>0$）。

$CLAIM$：衡量与利益相关者之间的关系紧密程度。使用三个变量衡量：(1) $DUR=1$，如果产品为耐用品（预期 $a_2>0$）①；(2) $R\&D=R\&D\div$总资产（预期 $a_2>0$）；(3) $LABOR=1-$(固定资产÷总资产)（预期 $a_2>0$），该指标旨在衡量劳动力密集度。用因素分析将三者合并为 $CLAIM$（预期 $a_2>0$）。

$LOSS=1$，如果前四季每一季都是亏损的（预期 $a_3<0$）。

$EARNRET=CAR$ 对UE进行回归所得到的 R^2，其后将 R^2 排序，分为十分位（预期 $a_4>0$）；$LOSS$ 与 $EARNRET$ 这两个变量在捕捉盈余的价值相关性。

LTG =期初分析师长期的成长预期（预期 $a_5>0$）。

$LIT=1$，如果公司属于高诉讼产业（预期 $a_6>0$）。②

实证结果

都与预期相同。

如同盈余管理一样，预期管理也是可以衡量的。

8.2.3.2 预期管理的检验模型③

和盈余管理一样，学术界对公司是否进行预期管理发展了检验的方法。

Matsumoto（2002）

这个方法的估计程序，基本上是参考估计操控性应计盈余的琼斯模型。Matsumoto 的逻辑是：分析师实际发布的盈余预期数字 E(*F*)，即是经过公司引导后的预期数字，减去未受到引导前打算公布的预期数字 (*E*(*F*)，其余额即为预期管理的幅度 ($UFE=F-E(F)$)。然而，由于无法观察到 $E(F)$，因此，第一个步骤就是先估计 $E(F)$。估计方法如下：

$$\Delta EPS_{ijtq}/P_{ijtq-4}=\alpha_{jt}+\beta_{1jt}(\Delta EPS_{ijtq-1}/P_{ijtq-5})+\beta_{2jt}(CRET_{ijtq})+\varepsilon_{ijtq} \quad (8-26)$$

① 公司的标准产业分类代码为 2833-2836,8731-8734,7371-7379,3570-3577,3600-3674,5200-5961.

② 公司的标准产业分类代码为 150-179 245,250-259,283,301,324-399。

③ 如果跳过本节，并不会影响阅读的完整性。

式(8-26)中，ΔEPS_{ijtq}=j产业中i公司第t年第q季每股盈余的变动数($EPS_{ijtq}-EPS_{ijtq-4}$)。P_{ijtq}=j产业中i公司第t年第q季调整过股票分割后的每股价格。$CRET_{ijtq}$=j产业中i公司第t年第q季的累积异常报酬(报酬累积期间为第$q-4$季盈余宣告日后3日,至第q季盈余宣告日前20日)。[①]

这个式子的逻辑是,由于季度盈余是如下所示的季度盈余时间序列：(EPS_q-EPS_{q-4})$=a+b(EPS_{q-1}-EPS_{q-5})+\varepsilon_q$,因此可以用$\Delta EPS_{ijtq-1}$来估计$\Delta EPS_{ijtq}$。然而,除了$\Delta EPS_{ijtq-1}$的信息之外,在$q-1$季盈余公告之后,至当季($q$季)盈余公告前,分析师仍有很多信息可以用来估计$\Delta EPS_{ijtq}$,而这些信息已经反映在这段期间的股价之中,因此在式(8-26)中用$CRET_{ijtq}$作为这些信息的替代变量。经过这个步骤分别估计出各产业j各期t所得的系数$\hat{\alpha}_{jt}$、$\hat{\beta}_{1jt}$与$\hat{\beta}_{2jt}$后,就可以用下式估计出$E(\Delta EPS_{ijtq})$：

$$E(\Delta EPS_{ijtq})=[\hat{\alpha}_{jt-1}+\hat{\beta}_{1jt-1}(\Delta EPS_{ijtq-1}/P_{ijtq-5})+\hat{\beta}_{2jt-1}(CRET_{ijtq})]\times P_{ijtq-4} \tag{8-27}$$

将上一季的盈余数字加上这一预期的修正数,就可以得到未受到引导前打算公布的预期数字($E(F)$)：

$$E(F_{ijtq})=EPS_{ijtq-4}+E(\Delta EPS_{ijtq}) \tag{8-28}$$

最后,预期管理的幅度$UFE=F-E(F)$可以计算如下：

$$UFE_{ijtq}=F_{ijtq}-E(F_{ijtq}) \tag{8-29}$$

如果公司进行引导分析师向下修正预测的预期管理,则UFE应该会小于0。[②]

研究问题

Matsumoto(2002)

公司有使用盈余管理与预期管理来达到迎合预期的目的吗？作者使用下式Probit模型检验假说：

$$Pr(MEET=1)=F(a_0+a_1Dum\_DA+a_2Dum\_UFE+CONTROL+e) \tag{8-30}$$

---

① 报酬累积期间的起算日为第$q-4$季盈余宣告日后3日,主要原因在于盈余宣告日之后的3日内股价反应包括了盈余宣告的效果;截止日期为第q季盈余宣告日前20日,主要原因在于确保报酬能代表分析师在预测第q季度盈余前可取得的其他信息。

② Matsumoto(2002)实证结果发现UFE的平均数显著为负,与预期相符合。

MEET=1，迎合或是击败分析师预期；

Dum_DA=1，代表 $DA>0$（使用琼斯模型）（预期 $a_1>0$）；

Dum_UFE=1，代表 $UFE<0$（预期 $a_2>0$）。

实证结果

a_1 不显著，$a_2>0$，表示公司有用预期管理达成迎合预期的目的，但是盈余管理的手段却不显著。

Bartov，Givoly，and Hayn（2002）

第二个方法为Bartov et al.（2002）所使用的方法。为便于介绍作者的研究设计过程，先使用下图解释几个相关的名词：

F_{first}-------------- F_{latest} -----------公告的 *EPS*

←---*Revision*-----→ ←-----*SURP*----→

←-------------*ERROR*-------------→

ERROR=（公告的 *EPS*−分析师首次预测 F_{first}）/期初股价，主要是衡量分析师**预测误差**；*SURP*=（公告的 *EPS*−分析师最后一次预测 F_{latest}）/期初股价，主要是衡量传统的**未预期盈余**；*Revision*=（分析师最后一次预测 F_{latest}−分析师首次预测 F_{first}）/期初股价，主要是衡量分析师的**预测修正幅度**。

作者认为，如果公司进行了预期管理，则 $SURP<0$ 的样本或者比率应该会少于 $ERROR<0$ 的样本或比率。另一种定义是：分析师预测误差为负数（$ERROR<0$），且之后的未预期盈余为非负数（$SURP\geqslant0$）的比率，应该要大于分析师预测误差为正数（$ERROR>0$），且之后的未预期盈余为负数（$SURP<0$）的比率。

衡量盈余管理除了使用绝对数字之外，也可以看看盈余门槛附近是否有异常分配的现象。此处介绍一些方法，用来衡量门槛附近的分配是否有异常的现象。

8.2.4 检验是否有使用盈余管理迎合门槛的方法

8.2.4.1 Burgstahler and Dichev（1997）

首先，根据样本的 x 值（本例为：盈余、以去年盈余为基础所计算的盈余增加数、以分析师预期为基础所计算的未预期盈余）的大小，划分为多个直方格以形成直方图。每一个直方格的间距 BW 为：

$$BW = 2(IQR)N^{1/3}$$

上式中，IQR 为四分位间距（$Q_3 - Q_1$），其中 Q_3 与 Q_1 分别表示 x 的第三与第一四分位；N 为总样本数。其次，Burgstahler and Dichev 推荐使用下列方法计算第 i 个区间的 Z_i 统计量：

这个方法是 Silverman (1986) 与 Scott (1992) 所推荐，而为 Degorge et al.(1999) 所采用。

$$Z_i = \frac{AQ_i - EQ_i}{SD_i}$$

上式中，AQ_i 为落入第 i 个区间的实际样本数，EQ_i 为落入第 i 个区间的期望样本数。EQ_i 等于区间 $i-1$ 与区间 $i+1$ 的实际样本数的平均数，也就是 $EQ_i = (AQ_{i-1} + AQ_{i+1})/2$。至于 SD_i 则为第 i 个区间内实际样本数的标准误：

$$SD_i = \left[Np_i(1-p_i) + (1/4)N(p_{i-1} + p_{i+1})(1 - p_{i-1} - p_{i+1})\right]^{1/2}$$

上式中，$p_i = AQ_i/N$，表示落入第 i 个区间内的样本比率。Z_i 为正数且其数值越大时，代表落入第 i 个区间内的实际样本数越大于邻近区间的实际样本数；此结果表示邻近区间的样本经过盈余管理而移动到第 i 个区间内，因此盈余管理的现象越明显。相对的，Z_i 为负数且其绝对数值越大时，代表落入第 i 个区间内的实际样本数越小于邻近区间的实际样本数，因此表示经过盈余管理而将第 i 个区间内的样本移动到邻近区间内，也就是说盈余管理的现象越明显。

问 题

Burgstahler and Dichev（1997）在检验盈余亏损附近样本是否有操控盈余时，发现盈余略小（大）于 0 的这组样本的 Z =−13.16（8.82），表示盈余略负的这组样本比率显著小（大）于预期应有的比率。同样的，在检验盈余变动为 0 的附近样本是否有操控盈余时，发现盈余变动略小（大）于 0 的样本这一组的 Z =−8（5.88），表示盈余变动略负的这一组样本比率显著小（大）于预期应有的比率。

8.2.4.2 Degorge et al.（1999）

Degorge et al. 建议使用下列方法，计算第 i 个区间的 t 统计量：

$$t_i = \frac{\Delta p_i - \underset{n \in R, n \neq i}{MEAN}(\Delta p_i)}{\underset{n \in R, n \neq i}{SD}(\Delta p_i)}$$

上式中，p_i 表示落入第 i 个区间内的实际样本比率；$\Delta p_i = p_i - p_i - 1$，表示第 i 与第 $i-1$ 个区间内的样本比例差。$MEAN(\Delta p_i)$意义说明如下：就第 i 个区间而言，将其前后邻近的多个区间（如前后各 r 个区间）所成的集合，称为 R_i，也就是 $R_i = \{$第n个区间；$n \in (i-r, i+r)\}$，此时将这 $2r$ 个区间（不含第 i 个区间）的 Δp 平均数算出，这个平均数称为 $MEAN(\Delta p_i)$。换言之，$MEAN(\Delta p_i)$被当成 Δp_i 的期望数。同理，利用这 $2r$ 个区间（不含第 i 个区间）的 Δp，计算出标准差，称为 $SD(\Delta p_i)$。实际在应用时，我们可以取前后5个区间，也就是将 r 定义为5。①同样的道理，统计值 t_i 的绝对数值越大时，代表盈余管理的现象越明显。

当学者在使用分配图法检验公司是否进行盈余管理时，如果发现有显著的跨越门槛的现象，则推论公司进行了盈余管理。使用这个方法的优点是，第一，学者不需要去找操控盈余的替代变量或衡量方法，例如操控性应计盈余，这种替代变量有可能会出现测量误差。第二，这种方法可以估计出在门槛附近的样本有多少被操控至门槛的右边。然而，研究者却无法得知，公司是使用什么方法进行盈余管理的。另外，为何要规避门槛而进行盈余管理？虽然目前有提出两种理论，即交易成本理论与前景理论，但却无法明确了解是起因于哪一个理论。

至于另一种方法，则是使用特定的盈余管理替代变量，如果该替代变量显著异于零，则推断进行了盈余管理。这一逻辑事实上是在检验联合假说，也就是被检验的事件确实引起盈余管理（如配股），且所使用的替代变量确实可以衡量盈余管理。然而，反过来说，当实证发现这个盈余管理的替代变量显著异于零时，有可能是该事件并未引起盈余管理，也有可能是所用的替代变量产生严重的测量误差所导致的。读者可以两个方法并用，汲取各个方法的优点。

迎合预期的门槛很多，包括有形与无形的其他门槛。

8.2.5 迎合其他门槛

8.2.5.1 债务条款门槛

通常管理当局不会愿意随意删减股利的发放，因为股利对于投资者而

① Degorge et al.(1999)将 r 定义为5。作者另外令 $r=7$ 或 $r=10$ 时，所得的主要结论并没有改变。

言是最重要的。随意删减股利,会导致股价的下滑。在许多债务契约中,限制股利发放是最常见到的条款。例如,Kalay(1982)发现,在随机选择的150个样本中,每一家公司都有股利发放的限制;Bradley and Roberts(2004)发现在私有债务契约中,约有84%的样本有股利发放的限制。这些限制大致上常常是以某个盈余或是净值为基础,加以限制发放的金额。基于这个原因,为方便发放股利并避免违反股利条款的限制,公司会操控盈余以实现股利的发放。Daniel et al.(2008)发现,当操控前盈余低于拟发放的股利时,公司会增加应计盈余来避免违反限制条款。作者也发现,盈余略大于拟发放股利水平的样本比率,有不寻常集中的现象。

另外,债务契约条款中,也可能包括其他的限制条款。Dichev and Skinner(2002)使用私有债务的借款条款作为研究对象,发现略小于债务条款门槛(流动比率与净值)的样本,呈现比率过小的现象,而略大于债务条款门槛的样本,呈现比率过多的现象,这一现象似乎也是公司刻意调整盈余以规避违反条款所导致的。

8.2.5.2 迎合法规规范

中国股市创建于20世纪90年代,是市场经济与计划经济混合的重要试验田,政府干预的成分比较强。为增加资本金,许多企业采取了配股的方式。据统计,101家在上海证券交易所上市的公司中有50家在1993年进行了配股。为限制该行为,中国证监会在1993年11月之后连续出台了一系列法规,对最低利润水平或最低*ROE*以及配股的数量进行了限制。从1993年至1999年,中国证监会共颁布了4项法规对利润水平和*ROE*加以规范。1993年的法规要求企业连续2年盈利,1994年的法规要求企业连续3年盈利并新增3年平均*ROE*不低于10%的要求。但研究表明,1994年的法规并未达到预期效果。于是,1996年1月24日,中国证监会再次颁布法规,规定在配股之前的3年内,每年均不低于10%的*ROE*。这项法规显著减少了符合配股要求的公司数量。

然而,为了达到1996年中国证监会配股的相关要求,许多公司进行了盈余管理,*ROE*仅仅略高于10%。

Chen and Yuan(2004)

问题

(1)H1:中国证监会的批准决策与盈余管理负相关。

(2)H2:配股后,获得中国证监会批准的公司比未获批准的公司业绩更好。

(3)H3:在获得配股批准的公司中,通过盈余管理获得配股资格的公司比行业中位数和未通过盈余管理获得配股资格的公司业绩更差。

研究设计

作者使用下式检验H1:

$$Prob(APPROVE_{i,t}=1)=1-F[-(\beta_0+\beta_1 EM_{i,t-1}+\beta_2 QO_{i,t-1}+\beta_3 MIND_{i,t-1}+\beta_4 SIZE_{i,t-1}+\beta_5 CR_{i,t-1}+\beta_6 TLTA_{i,t-1})]$$

APPROVE=1,代表获得证监会批准。其中两个衡量盈余管理的变量是建立在超额非经营性收益(*ENOI*)基础上的,它们分别为*EMNOI*和*MGNOI*。如果剔除超额非经营性收益后的净资产收益率(*ROE*)在从1995年直至申请配股之前的年份(即$t-1$年)的期间至少有一年低于10%,则*EMNOI*取值为1;在其他情形下,EMNOI取值为0。如果在申请配股之前的年份$(ROE-ENOI)<10\%$,则$MGNOI=10\%-(ROE-ENOI)$;在其他情形下,*MGNOI*取值为0。

回归结果显示,*EMNOI*系数在5%的水平上显著为负,支持H1。*EMNOI**YR98系数在5%的水平上显著为负,表明在1996—1998年期间中国证监会对企业的超额非经营性收益的监管越来越严格。

作者使用下式检验H2和H3:

$$IAOROE_{post,i}=b_0+b_1 YR98+b_2 APPROVE_i\times YR9697+b_3 APPROVE_i\times YR98+b_4 APPROVE_i\times EMNOI_i+e_i$$

回归结果显示,b_2为0.01,不显著,H2在1996—1997年未获得支持;b_3为0.04,在5%的水平上显著,H2在1998年得到支持;这表明中国证监会有能力区分企业1998年和此前(1996—1997年)的业绩好坏。b_4为-0.04,且在5%的水平上显著,表明在获得配股批准的公司中,进行盈余管理的公司比未进行盈余管理的公司业绩更差,实证结果支持了H3。

8.2.6 文章介绍

8.2.6.1 Bartov，Givoly，and Hayn（2002）

问　题

作者主要检验下列假设：

（1）H1：市场对于迎合或是击败分析师预期（简称 MBE）会给予额外津贴。

（2）H2：MBE公司击败预期的津贴大于刚好迎合预期的津贴。

（3）H3：未预期盈余对于异常报酬的影响，MBE这一组优于未MBE这一组。

（4）H4：处于财务困境公司的MBE所产生的津贴，大于财务健全的公司；主要是因为财务困境的公司，MBE会让市场认为它们可以继续存活下去。

（5）H5：通常MBE的公司所得到的市场津贴，高于偶发性的MBE所产生的市场津贴。

作者使用下式检验假设H1~H3：

$$CAR_{i,Q}=\beta_0+\beta_1 ERROR_{i,Q}+\beta_2 SURP_{i,Q}+\beta_3 DMBE_{i,Q}+\beta_4 DBEAT_{i,Q}+ \beta_5 DMBE_{i,Q}\times SURP_{i,Q}+\varepsilon_{i,Q} \tag{8-31}$$

CAR为累积异常报酬；$DMBE=1$，如果$SURP\geqslant 0$（表示有迎合或击败预期）；$DBEAT=1$，如果$SURP>0$（表示有击败预期）。H1预期$\beta_3>0$；H2预期$\beta_4>0$；H3预期$\beta_5>0$。实证结果发现，β_1~β_5全显著为正，与预期相符合。也就是说，控制分析师预测误差$ERROR$之后，未预期盈余仍显著为正（$\beta_2>0$）；市场对于迎合或者击败分析师预期（简称MBE）会给予额外津贴（$\beta_3>0$）；击败预期的津贴大于刚好迎合预期的津贴（$\beta_4>0$）；就未预期盈余对于异常报酬的影响而言，MBE这一组优于未MBE这一组（$\beta_5>0$）。

作者使用下式检验假设H4与H5：

$$CAR=\delta_0+\delta_1 ERROR+\delta_2 SURP+\delta_3 DMBE+\delta_4 DMBE^{subset}+ \delta_5 DMBE\times SURP+\delta_6 DMBE^{subset}\times SURP+\varepsilon \tag{8-32}$$

所有变量的定义与前式相同，除了 $DMBE^{subset}$ 之外。当检验H4时，如果 $DMBE=1$（$SURP \geq 0$）且公司又是处于财务困境的公司，则 $DMBE^{subset}=1$，否则 $DMBE^{subset}=0$。另外，当检验H5时，如果 $DMBE=1$（$SURP \geq 0$）且又是持续击败分析师的公司时，则 $DMBE^{subset}=1$，否则 $DMBE^{subset}=0$。实证结果与预期相同，也就是 δ_4 与 δ_6 都显著为正。换言之，财务困境公司的MBE所产生的津贴大于财务健全的公司，且时常MBE的公司所得到的市场津贴，高于偶发性的MBE所产生的市场津贴。

问　题

作者另外检验公司是否使用预期管理来达成MBE；

（1）H6: $SURP < 0$ 的样本比例小于 $ERROR < 0$ 的样本比例。

（2）H7:分析师预测修正为向下修正（$ERROR < 0$），且之后的未预期盈余为非负数（$SURP \geq 0$）的比例，大于分析师预测修正为向上修正（$ERROR > 0$），且之后的未预期盈余为负数（$SURP < 0$）的比例。

作者发现，$SURP<0$ 的样本比例为39.50%，显著小于 $ERROR<0$ 的样本比例48.65%，因此支持H6。此外，作者还发现，分析师预测修正为向下修正（$ERROR<0$）且未预期盈余为非负数（$SURP \geq 0$）的比例为34.80%，而分析师预测修正为向上（$ERROR>0$）修正但是未预期盈余为负数（$SURP<0$）的却仅有15.12%，二者差异达到显著水平。因此作者认为公司确实有使用预期管理来达到 *MBE* 的目的，支持H7。

问　题

H8a（8b）：通过预期管理（或是盈余管理）所达到的MBE，其市场津贴小于真实的迎合预期的津贴（也就是未操控就已经达到MBE的津贴）。

作者仍然使用方程式（8－32）检验假设H8，只是对 $DMBE^{subset}$ 的定义稍做修正。在检验H8a时，如果 $DMBE=1$（$SURP \geq 0$）且公司又是通过预期管理才达到MBE时，则 $DMBE^{subset}=1$，真实MBE的公司的 $DMBE^{subset}=0$。对于是否有预期管理的判断方法，就是前面提到的：分析师预测修正为向下修正（$ERROR<0$）且未预期盈余为非负数（$SURP \geq 0$）的公司。如果H8a是对的，那么 δ_4 与 δ_6 都应该为负。实证结果支持H8a。

另外，当检验H8b时，如果 $DMBE=1(SURP\geq 0)$ 且公司又是通过盈余管理才达到MBE时，$DMBE^{subset}=1$，真实MBE的公司的 $DMBE^{subset}=0$。对于是否有使用盈余管理的判断方法，则是将公告的EPS扣除操控的盈余[①]，然后观察这些MBE公司在调整盈余之后是否仍然是属于MBE公司，如果不是，就代表这些公司是通过盈余管理才达到MBE。此时，对于这些操控前不属于MBE但操控后属于MBE的样本，令 $DMBE^{subset}=1$。如果H8b是对的，则 δ_4 与 δ_6 都应该为负。实证结果支持H8b。

8.2.6.2 Brown and Pinello（2007）

问 题

由于第四季报表要经过注册会计师审计，且适用的GAAP也比前三季季报更严，因此作者检验下列假设：

（1）H1：相对于前三季的期中报表，在第四季报表中（年报）使用增加盈余以迎合预期的几率会较小。

（2）H2：相对于前三季的期中报表，在第四季报表出现非负的未预期盈余的机会也较小。

（3）H3：相对于前三季的期中报表，在第四季使用预期管理以迎合分析师预期的机会比较大。

作者分别使用下式检验假设H1~H3：

$$Prob(POSDA=1 \mid NNEGES=1)=F(\beta_0+\beta_1 PERIOD+\beta_2 MB+\beta_3|\mathrm{FE}|+\beta_4 LOGMV+\beta_5 LOSS+\varepsilon) \tag{8-33}$$

$$Prob(NNEGES=1)=F(r_0+r_1 PERIOD+r_2 MB+r_3|\mathrm{FE}|+r_4 LOGMV+r_5 LOSS+\varepsilon) \tag{8-34}$$

$$Prob(EXM=1 \mid NNEGES=1)=F(a_0+a_1 PERIOD+a_2 MB+a_3|\mathrm{FE}|+a_4 LOGMV+a_5 LOSS+\varepsilon) \tag{8-35}$$

① 操控的盈余如何计算?第一，使用琼斯模型计算出 DA；第二，使用非经营的应计项目。结果两种方法都是一样的稳健。

POSDA=1，如果 *DA*>0（使用修正的琼斯模型）；*NNEGES*=1，如果未预期盈余为非负数（*SURP*≥0）。*EXM*=1，如果分析师预测误差为负数（*ERROR*<0），且之后的未预期盈余为非负数（*SURP*≥0）的（引用 Bartov et al. 的方法）。*PERIOD*=1，如果属于第四季季报表者。*LOGMV*=权益市值取对数。*LOSS*=1，如果 *EPS* <0。*MB*=权益市值除以权益账面值。*FE*=前面提到的*ERROR*（分析师预测误差）。

作者用式（8-33）检验H1，表示在未预期盈余为非负数（*SURP*≥0）的样本下，也就是迎合预期的样本下，*PERIOD*对于使用盈余管理的影响。实证结果发现，β_1显著为负，与预期相同。同理，式（8-34）检验H2，r_1显著为负，也与预期相符。最后，式（8-35）检验H3，a_1显著为正，也与预期相符。

最后，作者做了两项有趣的敏感性分析。第一，在定义预期管理*EXM*时，其中一个条件是未预期盈余为非负数（*SURP* ≥0），然而对于*SURP*相当大的样本而言，应该不太可能是盈余管理或预期管理所引起的，也就是说*SURP*略大于0的样本更可能是操控来的，因此，作者将*SURP*≥0这一条件修正为0.01>*SURP* ≥0。实证结果是一样的。

第二，作者另外使用Matsumoto（2002）的预期管理的定义，只是将其中的*UFE*加上一个负号，并且定义为*WLKDN*。因此，*WLKDN*越大，表示预期管理的现象越大。实证结果发现，第四季*WLKDN*的平均数为0.108，显著大于其他三季的0.098，因此支持H3（相对于前三季的期中报表，在第四季使用预期管理以迎合分析师预期的机会比较大）。

犹如盈余管理，管理当局也会对文字叙述进行“文字管理”。

8.3 文字管理

公司披露的资料，除了包括各种数字性的信息外，也包括文字性信息，而公司行文用字的方式，包括语调或是可读性，都可能会影响读者对于信息的解读。因此，公司会通过文字管理来影响投资者。

管理当局的行文用字有些乐观，有些保守，形成所谓“语调管理”。

8.3.1 语调管理

公司所披露的信息，除了财务报表中的各种数字信息外，也包括了文字的叙述性信息。例如，管理当局常会在年报的管理当局讨论与分析（Management Discussion and Analysis，MD&A）中，通过文字叙述，说明公司的财务与经营状况、所面临的风险以及公司未来的前景，内容可能同时包括历史信息与前瞻性的前景信息。这些文字叙述可以给投资者提供有价值的信息。另外也有文献发现,甚至连分析师推荐报告中的行文用字,也会对投资者产生不同的影响(Previts et al.,1994)。

相对于财务报表数字而言,叙述性文字不太需要(或是不需要)经过注册会计师会计师的查核或复核。例如,MD&A的内容不需要经过注册会计师的查核或复核。①因此,管理当局的行文用字,具有相当程度的操纵空间。由于文字叙述对于投资者具有信息内涵,因此就和盈余管理或预期管理一样,管理当局可能会对此类文字信息进行所谓的“文字管理”。因此,SEC曾经对于MD&A的披露质量,表达了一定程度的疑虑(Glassman 2006)。其中,会计学者最有兴趣的,就是管理当局所使用的语调,也就是管理当局的行文用字,有些人刻意比较乐观,而有些人刻意比较保守,这一领域的研究称为“语调管理”(Tone Management)(Huang, Teoh, and Zhang, 2014)。

除了MD&A之外,公司也可能通过其他渠道,策略性地自愿披露一些文字性的说明。例如,在媒体上公告盈余(Earnings Press Release,简称EPR),发布盈余预测,在致股东说明书中强调这些事项等。文献发现,在媒体上公告盈余或是在MD&A的行文用字中,语调越乐观,股价反应越正面(Davis et al. 2012;Feldman et al.,2009)。

Huang et al.(2014)以EPR为对象探讨语调管理的影响。由于EPR是一种自愿性的披露,且有关内容与格式都有很大的操纵空间,因此可以作为策略性的工具。作者发现,(1)当未来绩效(盈余或是现金流量)会较差;(2)有迎合或是击败分析师预期;(3)未来可能发生财报重述;或(4)未来希望配股(或并购)的公司,语调会越乐观;而未来想发放认股权证的公司,管理当局的语调会越保守(以降低执行价格)。此外,过度乐观的语调,在短期内确实可以误导投资者,但是当时间拉长之后,投资者会了解真相而出现转回的现象。

问 题

Huang et al.(2014)以EPR为对象检验是否存在语调管理,并提出下列问题:

(1)语调越是过度乐观,则未来盈余或现金流量就越小;

① 虽然SEC对于MD&A定有一些披露的指引,但相对于财务报表而言,约束力没有那么强。

(2)语调管理可以传递信息或误导投资者?

(a)语调越是过度乐观的公司,越会迎合或是击败分析师预期;

(b)语调越是过度乐观的公司,未来越容易重述财务报表;

(c)语调越是过度乐观的公司,未来越可能配股或是进行并购;

(d)语调越是保守的公司,未来越可能给予管理当局认股权(以降低执行价格)。

(3) 语调的差异是否会引起投资者不同的反应?语调具有传递信息的效果还是仅仅是操控工具?

研究设计

为检验本研究的问题,关键点就是要先衡量"语调"(Tone)。作者使用下式衡量语调:

$$TONE = a_0 + a_1 EARN + a_2 RET + a_3 SIZE + a_4 BTM + a_5 STD\_RET + a_6 STD\_EARN + a_7 AGE + a_8 BUSSEG + a_9 GEOSEG + a_{10} LOSS + a_{11} \Delta EARN + a_{12} AFE + a_{13} AF + e$$

TONE:(正向语调频率-负向语调频率)/总文字数,越大表示越乐观。通过上式可以将*TONE*划分为异常乐观(*ABTONE*)与正常乐观(*NTONE*)幅度:首先根据上式可以估计出*TONE*的估计值*NTONE*[1],也就是正常的乐观语调幅度;其次,将实际的*TONE*减去*NTONE*之后可以得到异常的乐观幅度*ABTONE*。*ABTONE*越大,表示管理当局操控成为乐观语调的幅度也越大。

为检验问题(1),作者使用下式:

$$EARN_{t+n}(CFO_{t+n}) = a_0 + a_1 ABTONE_t + a_2 DA_t + CONTROL_t + e_t,\ n = 1,\ 2,\ 或3$$

*DA*为应计盈余;$EARN_{t+n}$(CFO_{t+n})为$t+n$期的盈余(现金流量)。结果发现$a_1 < 0$,表示语调过度乐观,则下期盈余(现金流量)越差。为检验问题(2),作者使用下式:

(2a) $MBE_t = a_0 + a_1 ABTONE_t + a_2 DA_t + CONTROL_t + e_t$,

(2b) $RESTATE_{t+n} = a_0 + a_1 ABTONE_t + a_2 DA_t + CONTROL_t + e_t, n = 1,2或3$

(2c) $SOE_{t+1}(M\&A_{t+1}) = a_0 + a_1 ABTONE_t + a_2 DA_t + CONTROL_t + e_t$,

---

① *EARN*:盈余;*RET*:年报酬;*SIZE*:公司规模;*BTM*:账面价值/市值;*STD_RET*:年报酬的标准差;*STD_EARN*:盈余的标准差;*AGE*:公司上市年数;*BUSSEG*:营业部门数量的对数;*GEOSEG*:地理部门数量的对数;*LOSS*:*EARN*<0时为1;$\Delta EARN$:*EARN*变动数;*AFE*:(盈余-分析师预测)/股价;*AF*:分析师预测/股价。

② 估计出方程式的各系数值,并以实际变量代入上述方程式,得出估计值*NTONE*。

(2d) $GRANT_{t+n} = a_0 + a_1 ABTONE_t + a_2 DA_t + CONTROL_t + e_t,\ \ n = 0,\ 1$

MBE=1,如果有击败或是迎合分析师预期;$RESTATE$=1,如果有重述报表;$SOE(M\&A)$=1,如果有配股(企业并购);GRANT =1,如果有给予股票期权。实证结果发现:(2a)~(2c)的 $a_1 > 0$,(2d)的 $a_1 < 0$,显示语调管理主要的目的是作为策略性的投机工具,因此,语调越是过度乐观的公司,越可能迎合或击败分析师预期,且越会成为配股、企业并购以及取得优惠执行价格的操控工具。为检验问题(3),作者使用下式:

$$CAR(2,31) or\ CAR(2,121) = [a0 + a1RABTONEt + a2RDAt] + a_3 RUE_t + CONTROL_t + e_t$$

所有的自变量都是原来的变量,只是将它们改为10分位,以便更容易获得经济意义。例如,将ABTONE改为10分位数,并以RABTONE代表;其余类推。结果发现,当因变量为CAR(2,31)时,$a_1 > 0$,而当因变量为CAR(2,121)时,$a_1 < 0$,表示短期内过度乐观的语调可以误导投资者,但当期间拉长之后,投资者会了解真相而出现转回的现象。

8.3.2 可读性管理

管理当局的行文用字,有时艰涩,有时简易,形成所谓"可读性管理"。

除了乐观/保守的语调管理之外,行文用字的难易程度,也就是所谓的文章可读性(Readability),也是研究者关注的议题。如果遣词用字较为艰涩,读者将不易理解。例如,朱自清《背影》的可读性,就比会计学术期刊的可读性高,因为前者的行文用字中学生就可以读懂,但后者需要研究生才读得懂。因此,文字信息的可读性越低,则信息的有用性就越低。

美国SEC自成立以来,就持续关注公司披露信息的可读性。1998年1月22日,发布了一项披露的指引,希望公司能够以通俗易懂的文字,披露相关的信息;这项指引的初衷,是要杜绝公司使用隐晦或是空洞的文字技巧,隐藏公司的负面信息,进而影响市场的解读。会计学术研究也发现SEC的疑虑是有道理的。例如,学术研究发现,当公司盈余绩效不好时,年报就越不具有可读性,而且年报越是复杂、不易阅读的公司,它们的盈余持续性越低,这些结果表示公司刻意通过文字的可读性来掩饰业绩不佳的事实(Li,2008)。此外,文字信息的可读性也会影响到投资者的反应。例如,分析师报告的可读性越高,投资者就越容易解读,因此股价的反应将越正面(Hsieh and Hui,2011),交易量也越大(Franco et al.,2014)。

另一方面，年报可读性较低的公司，市场更无法了解它们的情况，因此会吸引较多的分析师报导这些公司；此时报导这些公司的分析师所发布的报告反而更具有信息量；而分析师盈余预测的离散度越大，就越不精确。这些结果似乎说明，虽然年报可读性较差，让分析师预测得较不准确，但是投资者仍是有需要的。最后，当年报可读性越差时，分析师整体的信息环境也会变差（Kravet and Muslu，2013；Lehavy，Li，and Merkley，2011）。

整体而言，文字叙述的方式，特别是行文用字的难度（可读性），成为管理当局的一种策略性工具。

问　题

Li（2008）检验盈余绩效与年报可读性的关系，并提出下列问题：

（1）当期盈余的大小与年报可读性之间呈正相关；

（2）年报可读性与未来盈余的大小之间呈正相关。

研究设计

为检验本研究的问题，关键点就是要先衡量年报的“可读性”。作者使用两个衡量方法：（1）*Fox index* =（每一句子的平均字数[①]+整篇文章所使用的复杂文字数/整篇文章的文字数）×0.4；复杂文字定义为具有三个音节以上的文字。*Fox index* 越大，表示越适合高学龄的读者阅读，因为不易理解，所以可读性就越低。（2）年报的长度（*Length*）：*log*（报告的字数）。长度越长，可读性就越低[②]。因为长度越长的信息处理成本越高，因而公司就可以隐藏负面信息，使年报变得不透明，可读性就越低。

作者使用下式检验问题（1）：

$$Fox\ index\ (Length) = a_0 + a_1 EARN\ (or\ \Delta EARN) + CONTROL + e$$

$EARN(\Delta EARN)$ 为盈余（盈余变动数）。作者使用下式检验问题（2）（由于要检测盈余持续性，因此样本仅限于 $EARN>0$ 的样本）：

$$EARN_{t+i} = b_0 + b_1 EARN_t + b_2 Fox\ index(Length) + b_3\ EARN_t \times Fox\ index(Length) + CONTROL + e \quad i=1,\ 2$$

实证结果

$a_1<0$，与预期（1）相同。$b_3<0$，与预期（2）相同。

---

① 整篇报告的文字数/整篇报告的句数。

② SEC 曾建议公司不要使用太过冗长的文句以及文档。然而，也有学者持相反意见，认为这不是一个好的替代变量（Barker，2002）。

在上面介绍中,Li(2008)使用两种可读性的衡量方法。Hsieh and Hui(2011)在探讨分析师报告的可读性如何影响市场的反应时,使用了三种衡量方法:(1)*Fox index*:此方法与Li(2008)的第一种方法相同。(2)*Flesch reading ease score*=206.835−1.105×每个句子的平均字数−84.6×每个文字的平均音节,分数越高,表示文章越容易阅读(可读性越高)。(3)*Flesch-Kincaid grade level*=0.39×(每个句子的平均字数)+11.8×每个文字的平均音节)−15.59,数值越大,表示可读性就越低。读者在做类似研究时,可以参考Hsieh and Hui(2011)的改良方法。

8.3.3 其他

文字信息包含了许多数字信息没有表达的额外信息,因此,就投资者角度而言,可以从中获取额外有用的信息。以往心理学、犯罪学或语言学发现,当公司有说谎、舞弊或者诈欺行为的时候,公司高管的说话语调或者行文用字,会与诚实公司的高管不太一样。基于这个原因,有些会计学者就从业绩发布会上主管的行文用字来推测公司是否有说谎、舞弊或诈欺的行为(Larcker and Zakolyukina,2012)。作者认为,在业绩发布会上说谎的高管,较常使用一般性用语(如 you know,others know),较少使用非极端性的正面而带有情绪的字眼(如love,nice,accept等),也较少提到股东价值的字眼(如stockholder well-being,value for stockholders 等)。作者根据这些用词,来预测公司业绩发布会之后,是否出现财务报表重述的现象。结果发现,这种分类方法比传统以财务报表数字为基础的分类方法更加准确。此外,根据这种分类分法来选股可以赚到显著的超常报酬。

另外,也有会计研究发现,投资者可以根据公司所披露的文字信息了解到公司所面临的市场竞争情况。SEC发布的Exchange Act Release No 34-48960,曾建议公司在年报的MD&A中专文说明公司所面临的竞争情况。一般的财务报表分析的教科书也强调要以公司所面临的竞争情况以及公司的经营策略作为分析的第一步。然而,SEC却发现有许多公司都是敷衍了事,因此MD&A究竟是否可以提供公司所面临的竞争情况,成为学者探讨的一项有趣议题。Li et al.(2013)曾经以年报中提到"竞争"的次数,作为公司层级的竞争程度的指标,这项指标的优点,就是以管理当局本身所感受到的竞争强度衡量竞争状况。相对的,以往的指标则未考虑到管理当局的感受,而是以整个产业层级为基础。[1]作者发现,随着他们所估算的公司层级竞

① 例如,赫芬达尔指数(Herfindahl Index)。

争指标(COMP)的增加,资产的报酬率随之逐渐递减;同时也发现,随着公司层级竞争指标(COMP)的增加,公司边际报酬率下降的速度也越快。这些结果正符合经济学与管理学的基本理论:竞争会驱使投资报酬趋于稳定的数字。

8.3.4 文章导读(Merkley,2014)

问 题

作者探讨公司如何在年报中使用文字说明公司的研发状况,并提出下列假设:

(1)H1:年报中有关研发的文字叙述频率与当期盈余绩效呈负相关。

(2)H2:H1的现象在投资者对于信息需求较强烈时尤其明显。

(3)H3:H1的现象在公司对外披露所引起的成本越高时,尤其明显。

说明:研发信息披露时犹如泄密,引起竞争者的注意,因而披露成本增加。

(4)H4:研发文字叙述频率与分析师跟踪人数或预测正确性(预测离散度)呈现正(负)相关。

(5)H5:研发文字叙述频率与市场反应相关。

(a)H5a:研发文字叙述频率越多,市场股价反应越正面。

(b)H5b:研发文字叙述频率越多,信息不对称程度越低。

研究设计

为检验H1,作者使用下列方程式:

$$\ln(RD\_DISC_{\_QTY}) = a_0 + a_1 ROA_{\_ADJ} + a_2 \ln(Non\_RD\_DISC\_QTY) + CONTROL + e$$

Non_RD_DISC_QTY 为年报中有关研发叙述的句子(包括提及研发数字的叙述以及前瞻性的研发叙述);由于该数字具有偏态的情况,因此取其自然对数。*Non_RD_DISC_QTY* 为与研发无关的文字叙述的句数的对数。*ROA_ADJ*为扣除研发与广告之前的投资报酬率。研究发现,$a_1<0$,

支持H1。为检验H2,作者使用下列方程式:

$$\ln(RD\_DISC\_QTY) = a_0 + a_1 ROA\_ADJ + a_2 \ln(Non\_RD\_DISC\_QTY) + a_3 Inf\_demand + a_4 ROA\_ADJ \times Inf\_demand + CONTROL + e$$

*Inf_demand*代表投资者对信息需求的程度。作者使用5个替代变量：(1)分析师的跟踪人数；(2)机构投资者持股比率；(3)*Fair regulation*：虚拟变量，该法案通过之后(前)为1(0)；(4)管理当局盈余预测次数；以及(5)公司股票报酬：负(正)数为1(0)。

这5个指标越大，表示对于信息的需求也越高。研究发现，$a_4<0$，支持H2。

为检验H3，作者使用下列方程式：

$$\ln(RD\_DISC\_QTY) = a_0 + a_1 ROA\_ADJ + a_2 \ln(Non\_RD\_DISC\_QTY) + a_3 Private\_COST + a_4 ROA\_ADJ \times Private\_COST + CONTROL + e$$

*Private_COST*代表披露研发所产生的“披露成本”。作者使用4个替代变量：(1)产品替代性：公司所属产业的平均毛利率×(−1)；(2)产业进入障碍：(产业固定资产/产业销货)×(−1)；(3)产业集中度：产业前4家公司的市场占有率×(−1)；(4)成长性：权益市值/权益账面价值。这4个指标越大，代表披露成本越高。研究发现，虽然$a_3<0$，但a_4并非显著为负，因此H3并未获得支持。

作者想进一步了解公司在披露研发文字信息时，是否会策略性地使用语调管理或是可读性管理，并使用下列模型检验：

$$RD\_TONE\ (RD\_Readability) = a_0 + a_1 ROA\_ADJ + a_2 \ln(Non\_RD\_DISC\_QTY) + CONTROL + e$$

RD_TONE：(正向语调频率−负向语调频率)/总文字数，越大表示越乐观；*RD_Readability*：可读性使用*Fox index*。结果发现，当以*RD_TONE*(*RD_Readability*)为因变量时，$a_1<0$，表示并未绩效不好时，策略性地表达乐观的语调。然而，当以*RD_Readability*为因变量时，a_1虽为负但是并不显著，因而绩效不好时并未刻意在行文用字上修饰以掩饰绩效不佳的现象。

为检验H4，作者使用下列方程式：

$$ANALYST = a_0 + a_1 ROA\_ADJ + a_2 \ln(RD\_DISC\_QTY) + a_3 \ln(Non\_RD\_DISC\_QTY) + CONTROL + e$$

*ANALYST*为分析师属性，分别为：(1)分析师跟踪人数(*ANALY_NUM*)；(2)预测正确性(*ACCURACY*)：|预测每股盈余

-实际每股盈余|/股价；(3)预测离散度(*DISPERSION*)：分析师预测的标准差。实证发现，当因变量为 *ANALY_NUM*，$a_2>0$，且当因变量为 *ACCURACY* 与 *DISPERSION*，$a_2<0$，与预期H4相符。

为检验H5a，作者使用下列方程式：

$$CAR_{(-1,1)}=a_0+a_1ROA\_ADJ+a_2\ln(RD\_DISC\_QTY)+a_3\ln(Non\_RD\_DISC\_QTY)+CONTROL+e$$

实证发现，$a_2>0$，支持H5a。

为检验H5b，作者使用下列方程式：

$$SPREAD=a_0+a_1ROA\_ADJ+a_2\ln(RD\_DISC\_QTY)+a_3\ln(Non\_RD\_DISC\_QTY)+CONTROL+e$$

SPREAD：为(1,10)窗口期之间平均每日买卖价差，减掉(-1,-10)之间平均每日的买卖价差；*SPREAD*越大，表示信息不对称的情况越严重。研究发现，$a_2<0$，支持H5b。

附录 SAS/STATA实例

本章主要探讨盈余管理与预期管理两大主题，所以本章的SAS/STATA程序介绍将分为两个部分：第一部分为盈余管理的衡量，第二部分为分析师预测行为相关变量的衡量。下面为实例内容的简要说明：

实例演练1：盈余管理的衡量

本例将以 Cohen and Zarowin(2010)研究中所采用的盈余管理衡量变量作为程序介绍的主要对象，该研究中的应计盈余管理采用琼斯(1991)的*industry-year*模型，而真实盈余管理则是通过Roychowdhury(2006)所发展的异常经营现金流量、异常操控性支出以及异常生产成本等真实盈余管理替代变量形成。本例将分别就上述琼斯(1991)非操控性应计项目，以及Roychowdhury(2006)所发展的三种真实盈余管理替代变量的SAS/STATA程序作介绍与说明。所需的栏位资料有：*TA*(总应计项目，指以期初总资产平减后的继续营业部门净利与经营现金流量的差额，即 *ibc*-（*oancf*-*xidoc*）/ *at_lag1*，*intercept*（1/*at_lag1*），ΔREV（以期初总资产平减后的当年销货收入的变动量，即（$sale_t$-$sale_{t-1}$）/*at_lag1*），*PPE*（以期初总资产平减后的当年财产、厂房与设备，即 *ppeg*/*at_lag1*），*CFO*（经营现金流量，即（*oancf*-*xidoc*）/*at_lag1*），*disx*（操控性支出，包括广告费用（若资料为缺失时令其值为 0）、研发支出（若资料为缺失时令其值为 0）及销售费用、管理费用合计数，即（*xad*+*xrd*+*xsga*）/ *at_lag1*））以及 *prod*（销货成本与存货变动数，即（*cogs*+Δ*invt*）/*at_lag1*））等。相关程序语法与输出摘要，请登录本书网站 www.dufep.cn 下载所附实例演练程序示范。

实例演练 2：分析师预测行为相关的衡量

本例将以 Bartov，Givoly and Hayn（2002）研究中所定义的变量 *Error*，*Revision* 及 *Surp* 作为程序介绍的主要对象。所需的栏位资料有：F_{last}（分析师最后一次修正），F_{fast}（分析师首次预测）及 *EPS*（公告的 eps）。因为衡量分析师预测修正变量，需要分析师的第一次及最后一次预测数字，所以资料集内必须有分析师在不同时间点的预测。本例将以分析师的年盈余预测为例，并假设已整理好原始资料集 froe.xls（包括以下变量：*ticker*、*analysis*（分析师代码）、*feps*（分析师年盈余预测）、*forepedat*（预测数字的有效时间）、*revdats*（预测数字最近一次的确认日）、*eps_act*（公告的 *eps*）、*anndats*（年盈余公告日）。相关程序语法与输出摘要，请登录本书网站 www.dufep.cn 下载所附实例演练程序示范。

习题

1. 广义的盈余管理的意义是什么？
2. 盈余管理的动机是什么？ 试解释说明。
3. 为使盈余增加，企业可以采用较少涉及现金的应计盈余项目。应计盈余是由许多项目构成的，请说明公司如何使用各个组成项目进行操控。
4. 由于每股盈余是指盈余除以股数后的数字，因此，增加每股盈余的操控方法，也可以通过操控加权流通在外股数。试问：

   (1)回购库存股是好消息还是坏消息？ 市场反应如何？

(2)回购库存股同时会减少 EPS 的分子与分母,则 EPS 究竟是增加还是减少? 何时会增加? 何时会减少?

5. 由于每股盈余是指盈余除以股数后的数字,因此,增加每股盈余的操控方法,也可以通过操控加权流通在外股数。试问:

(1)可转换公司债券的存在,如何影响 EPS?

(2)可转换公司债券转换时机的选择,是否会对 EPS 有不同的影响?

(3)如果是你,你将如何通过可转换公司债券来影响 EPS?

6. 当期应计会在未来转回,然而大多数应计模型都没有考虑到这一点。Dechow et al.(2012)将这个转回的事实,列入所有传统模型中,并重新检验,结果发现经过改良后的模型可以解决一些省略变量的问题,因而大约可以提高 40% 的检验势。你觉得实际使用这个模型是否有障碍? 请加以评论。

7. Roychowdhury 所发展的真实盈余管理的替代变量,包括异常经营现金流量、操控性支出以及生产成本。你觉得这个模型是否有问题? 请加以评论。

8. 盈余管理是好是坏? 请列举课本以外的文献加以说明。

9. 美国通用电气公司(General Electric, GE)被控诉使用会计技巧操控盈余,使盈余长期呈现稳定成长的假象。1994 年至 2008 年的盈余如下所示(百万美元):

年度	盈余	年度	盈余	年度	盈余
1994	4 726	1999	10 717	2004	17 160
1995	6 573	2000	12 735	2005	16 711
1996	7 280	2001	13 684	2006	20 829
1997	8 203	2002	14 118	2007	22 208
1998	9 296	2003	15 002	2008	17 335

该公司所用的方法包括:(1)公司所属的财务部门(GE Capital)对于放款,常常计提巨额坏账准备,未来收现时可以确认巨额利得,如此可以将盈余挪移至未来;(2)出售固定资产,立即确认巨额利得,之后再售后租回;(3)销售部门,产生营业外收入;(4)采用加速折旧法计提折旧,再找一个适当时机出售,以获得利润;(5)找一个有利时机,支出部门的重组成本(Restructure Cost)。以上利得和损失所产生的时机与金额,都是公司可以掌控

的。试问:

(1)如果你是投资者,会如何留意损益表中隐约透露的操控玄机?

(2)公司为何要故意表现出盈余呈增长的趋势?

(3)你是否可以去查一下奇异公司在这段时期的股价是否也呈增长趋势?有效市场假说成立吗?还是被愚弄了呢(功能锁定)?

(4)盈余平稳化究竟是好还是坏?可否各举其他例子?

(5)在奇异公司的例子中,读者是否可以将盈余平稳化拆解成真实与管理两部分?分别看看市场反应如何?

第 9 章

盈余质量

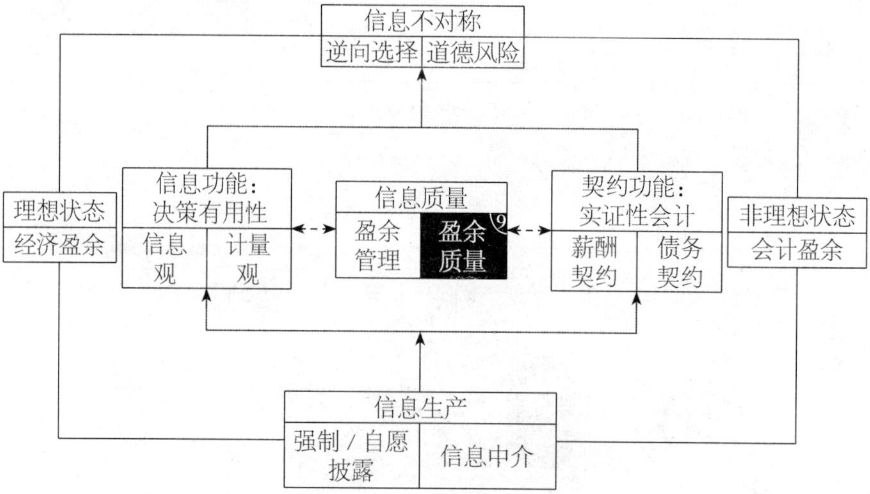

图9-1 第9章架构

盈余质量对于投资者，犹如产品质量对于消费者。本章介绍盈余质量的衡量方法、影响原因以及经济后果。

财务报告的质量，关乎资本市场的运作与稀有资源的分配，而其中盈余的质量尤为投资大众与学者所关注。本章首先就盈余质量的影响因素与经济后果加以说明。其次针对学术文献上各种盈余质量的替代变量加以介绍，包括**盈余本身的特性**、**市场的认知**以及**外部指标**等。最后，有用的会计信息具有一些基本的质量特征，因此，除了介绍盈余质量替代变量之外，本章也介绍目前有关会计信息质量特征（包括相关性、可靠性与可比性）的相关研究。

本章主要是从提供评价用的会计信息的角色出发，探讨盈余具有决策有用观的质量特征，至于契约功能所使用的盈余或是信息的特性，本书已于第7章说明，在此不再赘述。图9-1为本章在整体架构图中的定位。

9.1 前言

美国财务会计准则委员会《财务会计概念公告第1号》指出："财务报告应该提供有关企业各期财务绩效的信息。"因此，一个好的盈余质量应该能够对于特定决策者的特定决策提供公司财务绩效的相关信息（Dechow, Ge, and Schrand, 2010）。这一定义有几个特性：第一，不同的决策者或者不同的决策情境所需要的相关信息是不同的，因此一个盈余是否具有好的质量，必须视所面临的情况而定；第二，由于财务绩效并不是完全可以观察到的，因此好的盈余应该能够提供更多这些财务绩效的相关信息；第三，会计质量的好坏同时决定于下列两个因素:(1)被衡量的财务绩效应该与决策者所作的决策有关;(2)会计信息能够衡量出财务绩效。当这三个条件同时具备时,才能产生所谓好的盈余质量。

9.1.1 影响盈余质量的因素

影响盈余质量的因素包括企业内(外)在的原因。

一般而言,盈余质量的好坏受到许多因素的影响,本节将其划分为六类,分别说明于后。

9.1.1.1 管理当局的特性

首先,公司财务报表是由管理当局编制的,因此管理当局的特性成为影响财务报告质量的重要因素。一般而言,管理当局的特性与风格(如教育背景、年龄与学历等)会影响公司会计方法的选择,进而影响到盈余质量(Ge et al.,2011)。例如,能力强的管理当局对于公司及产业未来的发展方向较为了解,涉及会计上的估计与判断时也会比较精准(如计提坏账与售后服务保证等),因此,公司整体的盈余质量比较高(Demerjian,Lev,Lewis and McVay,2013)。然而,另外一个有趣的发现是管理当局声誉越好时,盈余质量竟然越低,进一步追查原因发现,通常经营环境较复杂的公司会指派声誉较好的管理当局去负责经营,而这类公司本身的盈余特性就比较难掌握(Francis,Huang,Rajgopal and Zang,2008)。除此之外,Jensen(2006)指出,管理当局本身的正直性,是公司治理最基本且重要的一环,同时也会影响到盈余质量;实证结果支持他的论点(Sue et al.,2013)。最后,也有研究指出,管理当局如果过度自信,财务报表就会偏向乐观,从而使盈余质量受到影响(Ahmed and Duellman,2013)。

其次,审计委员会虽然是负责公司财务报表的主要单位,但是管理当局仍然可以通过直接或是间接方法,影响财务报告的质量。例如,在《萨班斯-奥克斯利法案》实施前,管理当局可以介入董事的任命而影响审计委员会的运作,因此即便审计委员会有财务专家,也可能变成橡皮图章(Carcello et al.,2011)。在《萨班斯-奥克斯利法案》之后,虽规定董事任命应改由独立董事负责,但是当管理当局的职权或者影响力很大时,审计委员会的财务专家仍然不易发挥专业能力;仅在管理当局的职权或者影响力较小时,审计委员会财务专家才能使盈余质量变好(Lisic et al.,2014)。

综上所述,管理当局的个人特性与风格,对盈余质量具有一定程度的影响力。

9.1.1.2　公司特性/信息系统

公司本身的特性以及财务报告的信息系统也会影响财务报告的质量。第一,有些公司的特性本身就比较容易将财务绩效转化为财务报告来沟通,但是有些公司则并非如此。例如,高成长的公司,盈余持续性较低,因此当以盈余持续性作为盈余质量的替代变量时,成长性与盈余质量呈负向的关系。同样的,高成长的公司,盈余的衡量比较容易产生误差,更容易产生盈余管理的动机(Richardson et al.,2005),而后也更易受到主管机关的行政处分(Dechow et al.,2011),且迎合分析师盈余预期的动机较强(McVary et al.,2006),这些都是盈余质量较低的现象。第二,公司经营绩效越差时,越容易出现盈余管理,因而降低盈余质量。第三,负债比率越高的公司,为避免违反债务条款,也比较容易出现盈余质量较差的情况。第四,早期研究指出,基于政治成本假说,为避免引起关注,规模越大的公司越会采取降低盈余的策略,因而盈余质量较差;然而后期研究却指出,建立健全的内部控制需要投入相当的固定成本,因此大公司的盈余质量较好。总而言之,公司特性会影响盈余的质量。

生产信息的信息系统对于盈余质量具有一定的影响。然而,直接探讨信息系统对盈余的影响,在学术上与实务中是有困难的,因此文献上有关这方面的研究是比较少见的。不过,有关内部控制制度的质量优劣则是信息系统研究的一部分。后面会提到,当公司内部控制有重大缺陷时,容易出现故意的欺诈与非故意的错误,因而会降低盈余质量。因此,内控是否有缺陷可以视为这一领域的研究。有关这一点,将于9.4.3节详细说明。

9.1.1.3　公司监管机制

董事会

董事会是公司最高的治理机构,对于公司盈余质量具有决定性的影响。它具有两项主要的职能:咨询(Advisory)与监督(Monitoring)。前者是协助管理当局拟定并执行重要的经营决策,后者则是监督公司管理当局执行决策的过程,以降低代理问题,其中包括对财务报报表的监督。在中国,股份有限公司董事会成员规模为5~19人，成员多虽然可以收到头脑风暴的成效，但也可能出现搭便车的情况，或是会议出现议而不决、决而不行的无效率现象。董事会一般常包括审计委员会、薪酬委员会以及提名委员会等二级委员会，它们各司其职，其中财务报告的监督是由审计委员会负责。这些委员会常常由独立董事来担任，希望通过他们的独立性执行所要求的职责。一般而言，董事会独立性越高（外部董事比率越高），盈余质量越好（Klein，2002）。

董事会改选的方式，可能是一次性全部改组，也可能是多次局部改组（如1/3），前者所选出来的董事称为**统一任期董事**（Unitary Boards），而后者则称为**局部改选董事**（Staggered Boards）；后者虽有利于董事会的稳定，但是不利于推动全面的改革或长期性的重大投资案（如购并）。

公司董事也可能兼任其他公司的董事，形成董事之间的**社会网络**（Board Network，Board Interlocks），此类董事称为**连锁董事**（Interlocked Director）。在这种情况下，某一董事的行为可能会通过网络而扩散到其他公司。例如，甲公司盈余管理的现象可能会通过同一位连锁董事而扩散到乙公司。

相关问题

由以上的说明可知，董事会的结构、组成成员的背景以及运作的方式等都会影响到董事会的成效，进而可能影响到财务报表的质量。因此，在会计学术文献中，常有文献探讨这些特性对财务报告质量的影响。例如：（1）兼具咨询与监督双重职责是否会互相排斥？（2）董事会规模对于盈余质量的影响是好是坏？（3）局部改选制会提高盈余质量吗？（4）董事会网络的大小对于财务报告会产生哪些影响？（5）董事背景（教育、性别等）会影响盈余质量吗？（6）连锁董事在哪些情况下会让事件扩散得更快？（7）强势的CEO是否会干涉董事会运作，进而影响到盈余质量？

审计委员会

审计委员会的主要职责之一，就是监督公司财务报表的编制过程，该项职责因此也包括负责会计师的聘任、决定会计师的审计费用，以及监督会计师的审计工作，而会计师的审计工作也必须直接对审计委员会负责。一个有效率的审计委员会，通常具有下列四个特征：找到适当的委员人选、委员会拥有较大的职权、可动用的资源较多，以及委员的企图心较强。一般而言，具备这些特性的审计委员会，财务报告的质量较好(DeZoot et al., 2002)。

根据上述四项委员会的特征，能否找到适当委员人选常常是学术界研究的焦点。所谓适当的人选，是指委员具有独立性及执行能力。首先，就独立性而言，通常审计委员会委员的独立性越强，财务报表的质量也越好，因此，2002年的《萨班斯-奥克斯利法案》要求所有的委员都必须是独立的委员。然而，有些公司的审计委员会委员虽然符合《萨班斯-奥克斯利法案》独立性的要求，但是仍与CEO之间具有不错的关系。例如，都是红十字会或是壹基金的会员，或是以往是同班同学等。这些特征会丧失独立性，从而使财务报告的质量受到负面的影响(Bruynseels and Cardinaels, 2014)。这种"形式上"的独立委员，在中国也是时有所闻。

其次，就委员能力而言，审计委员会成员的能力越强，不仅可以客观地增加财务报表的可信度，同时也可以主观地增加使用者对财务报表质量的信任。实证研究发现，如果审计委员会成员包括了**会计专家**(Dhaliwal et al., 2010)、**法律专家**(Krishnan, et al., 2011)，或者是**行业专家**(也就是审计委员会成员对该行业本身就具有管理的经验)时[①]，对于提高财务报表的质量也是具有正面效果的。

其他公司治理

另一个影响盈余质量的监管机制是所有权结构以及薪酬契约。第一，关于管理当局的所有权对盈余质量的影响，有两种看法：**掠夺假说**(Entrenchment Hypothesis)与**动机一致假说**(Incentive Alignment Hypothesis)。而这两种假说都有实证支持。掠夺假说认为，当管理当局持股较多时，他们会通过会计方法的选择或是通过稳健会计所给予的裁量空间，来掠夺私有的利益，然而却牺牲了少数股东的权益(LaFond and Roychowdhury, 2008)；Fan and Wong(2002)也发现，当现金流量权偏离投票权时，盈余的信息质量会降低。动机一致假说则指出，管理当局持股较多，会与股东利益趋于一致，因而盈余质量较高(例如应计盈余较少，或是

① 例如，审计委员会成员目前或者之前曾任职于同行业的其他公司，此时审计委员会成员称为行业专家(Industry Expert)。

ERC较大)(Warfiled et al.,1995);王(2006)也发现,第一代家族企业持股越多,与股东利益也越趋于一致。

第二,薪酬契约的机制也会影响到盈余质量。许多研究发现,为了提高薪酬(包括红利、期权等),管理当局会刻意进行盈余管理,以影响盈余、股价或是期权的价格;更有甚者,通过盈余管理的时机来进行内部交易、买卖手中的股票或者执行期权(详见6.4.1节的说明)。

9.1.1.4 审计人员

外部审计人员可以通过他们的工作降低故意或非故意的误导性陈述,因而可以提高公司财务报表的可信度。审计人员降低财务报表误导性陈述的能力受到两个因素的影响:检查误导性陈述的能力与报告误导性陈述的动机(DeAngelo,1981);前者受到审计努力(Auditor's Effort)/审计效果的影响,后者受到诸如诉讼风险、声誉成本以及审计独立性等因素的影响。

由于审计努力/审计效果与报告动机无法直接观察,因此实证上就以审计费用的多寡以及是否聘请"四大"(Big 4)来作为替代变量。一般说来,审计费用越高或是聘请"四大",审计努力/审计效果较好。此外,就"四大"而言,又可以划分为**行业专家**与非行业专家,由于专业知识的熟悉度以及人力资源的优越性,前者的审计质量普遍优于后者(Krishnan,2003)。

行业专家

行业专家可以把整个国家的事务所作为分类的基础,也可以把每一个城市内的事务所作为分类的基础。一般而言,使用城市层级分类的行业专家,在财务报告质量的提升上比使用国家层级分类的行业专家更为有效。原因是城市层级的专家对当地比较熟悉,有因地制宜的优点(Reichelt and Wang 2010)。另外,如果在同一个城市分所中曾出现审计失败的现象,则该分所其他委托人出现盈余质量较低的可能性也会增加,而这种"扩散(Contagion)"现象在非"四大"事务所中比较严重;或者,该分所出现城市层级的行业专家时,由于分所其他合约可以使用这种知识优势或者人力资源,因而也相对不会出现这种扩散效应(Francis and Michas,2013)。

近年来，关于是否披露注册会计师名字的讨论甚嚣尘上。一般而言，这类研究有几个结论：(1) 财务报告质量会随着会计师个人的特质而不同，包括教育程度、四大事务所的审计经验以及政治关联性（Gul et al.，2013）；(2) 披露会计师事务所的名字，会提高财务报告的质量（Carcello and Li，2013）；(3) 除了国家以及城市层级之外，个人层级的行业专家更能有效地提高盈余的质量，原因是审计与鉴证是以注册会计师个人为单位的（Chi and Chin，2011）。

另外,也有研究使用注册会计师任期作为审计努力/审计效果的替代变量,检测其对盈余质量的影响。然而,研究结论却是存在分歧的。

9.1.1.5 资本市场动机

第8章曾介绍新上市或现金增资以及迎合预期都是公司盈余管理的因素,由于盈余管理会降低盈余质量,因此这些因素也是影响盈余质量的因素。读者可参阅8.1.2.1节,在此不再赘述。

9.1.1.6 外部监管规范/制度背景

监管机构的各项监管是否有效,会影响公司的盈余质量。例如,《萨班斯-奥克斯利法案》通过之后,由于管理当局与审计人员的责任加重,因此降低了应计盈余的操控,但却改用真实盈余的管理方法。其他如税法的规定、金融业资本充足率的规定,都会影响公司采用盈余管理来避税或是符合最低的资本充足率的要求。因此,外部监管或规范一旦发生变动,有可能会引起公司盈余管理行为的变动,进而影响盈余的质量。同样的,主管机关GAAP的规范也会影响到整个国家的盈余质量的高低。例如,如果要从本土的GAAP改采国际会计准则,这一改变,将会影响这一国家所有公司的盈余质量,而这一影响程度,可能又与法制背景息息相关(详见第11章)。

各国制度背景未必相同,这将影响到国家层级的盈余质量。例如,国家有成文法/非成文法的区别,执法有强弱的区别等,这些都会塑造出不同的盈余质量水平(Ball,Kothari and Robin,2000)。在学习本章后面的各种盈余质量的替代变量之后,读者应该要与这些影响因素相结合,并思考彼此之间的关联性,才能收到事半功倍的学习效果。另外,各国家媒体的监督能力也是影响公司盈余质量的重要因素。一般而言,媒体监督能力越强,该国整体盈余质量也越好(Leuz et al.,2003)。

盈余质量的好坏会对公司产生各种经济后果。

9.1.2 盈余质量的经济后果

一般而言,盈余质量的好坏,会对公司产生许多经济后果,本节简要说明如下。

9.1.2.1 诉讼风险

盈余质量的好坏,会影响到公司的诉讼风险。质量越差的话,被投资者控诉的机会也越大。例如,财务报表重述的公司,会增加诉讼风险(Palmrose and Scholz,2004)。

9.1.2.2 审计意见

财务报表需要经过会计师的鉴证,因此,如果盈余质量较低时,比较容易收到会计师出具的非标准审计意见。

9.1.2.3 市场评价

第8章曾提及,迎合分析师预期的公司,股价会比较高,即使是通过盈余管理或是预期管理;同时,由于财务报表误导性陈述而受到主管机关行政处分的公司,市场价值也会降低。因此,盈余质量会影响到公司的价值。

9.1.2.4 实质活动

首先,第8章曾提及,公司进行盈余管理时,除使用操控会计数字之外,也可能使用真实的盈余管理。例如,删减原来应该要投入的研发支出。在此情况下,会损害公司未来的获利能力。其次,由于财务报表信息可以降低公司与市场参与者(资金提供者)之间的信息不对称,因此可以让公司容易筹措到所需的投资资金,因而提高了公司的投资效率(Biddle et al.,2009)。最后,由于公司常根据财务报表的信息决定未来投资的金额,因此如果盈余质量不佳,可能会误导投资决策,出现无效率投资的现象(包括投资过度与投资不足)(Jackson et al.,2009)。

9.1.2.5 薪酬金额

盈余质量越高时,公司主管的薪酬也越高。例如,盈余持续性越高时,薪酬委员会越会强调盈余在设定薪酬计划的重要性,在此情况下,盈余对薪酬的影响力也会越大。又如,美国企业在设计薪酬契约时,常有所谓的追回条款(Clawback Provisions),规定如果公司财务报表出现重大误导性陈述(如重述),则必须缴回原来的薪酬红利。

9.1.2.6 劳动力市场

盈余质量的优劣,也会引起劳动力市场对公司主管的不同评价。一般而言,盈余质量越好,劳动力市场对于该公司主管的评价会越高。例如,发生财务报表重述的公司主管比较容易被解聘,且之后所找的工作会比较差,薪资也会比较低(Desai et al.,2006)。

9.1.2.7 权益资本成本

盈余质量越高,公司在资本市场上筹资的权益资本成本通常会越低。例如,有内部控制缺陷的公司,由于财务报表质量较差,因此资金成本较高。又如,盈余持续性比较高时,向资本市场融资的权益资本成本通常会比较低;盈余比较平稳的公司或是内控良好的公司,权益资本成本也会比较低(Dechow et al.,2010)。

9.1.2.8 债务资本成本

债权人常以会计数字作为签订契约的基础,当盈余质量越高时,越会使用会计数字作为债务条款的基础。由于高质量的会计数字(如内控良好、未曾出现重述,或者比较稳健等)可以降低信息风险,因而债务资本成本会比较低(详见第7章及本章后续说明)。

9.1.2.9 分析师行为

分析师发布盈余预测时,常以公司盈余数字作为参考,因此,高质量的盈余数字可以降低分析师盈余预测的误差。更有甚者,近期也有研究发现,由于IFRS基础的盈余具有较高的质量,因而分析师预测会变得比较准确。

本节仅就文献上常见的经济后果做简要说明,在下一节介绍各种盈余质量的替代变量时,会列举相关重要的文献,供读者参考。

盈余质量的替代变量可以划分为三类。

9.1.3 盈余质量的替代变量

由于盈余质量是一个不易衡量的概念,因此在学术领域中,必须要找出适当的盈余质量的替代变量才有办法进行实证研究。这里参考 Dechow et al.(2010)的方法,将盈余质量的替代变量划分为三大类:

1. 盈余本身的特性

(1)应计盈余、盈余持续性、盈余平稳化、迎合预期与可预测性;

(2)会计稳健性。

2. 市场对于盈余的认知

盈余反应系数、盈余与股价之间的 R^2 等与市场投资者认知有关的衡量方法。

3. 来自外部的指标

包括内部控制缺陷、财务报表重述以及主管机关的行政处分等。

盈余反应系数已于第3章介绍,在此不再重复说明。至于应计盈余、迎合预期以及平稳化等的基本概念也曾在第8章加以说明,此处仅说明当以这些变量作为盈余质量的替代变量时所可能面临的一些问题。另外,有关盈余质量与债券市场之间的相关议题,本书已在第7章加以介绍,至于本章则集中在盈余信息与权益市场关系的议题上。

审计质量

学术界也常出现"审计质量"的概念,用来检验审计人员审计的成果。由于审计可以提高财务报导的可信度,因此审计质量是财务报导质量的一部分。审计质量的衡量方法可以从两个角度来区分(DeFond and Zhang,2014):

(1)产出方面:包括重大误述(重编与 AAERs)、审计人员的意见沟通(继续经营的审计意见)、财务报告质量(操控性应计盈余、迎合/击败门槛、应计盈余质量、稳健会计)与投资者的感受(ERC、资金成本、市占率的变动等)。

(2)投入方面:包括审计人员特性("四大"/非"四大"、行业专家)、审计人员/委托人之契约特性(审计公费或其变化)。

读者可以发现,有很多地方与本节的分类是大同小异。

9.2 盈余的特性（一）

9.2.1 应计盈余

应计盈余是最常被使用的替代变量，但常出现第一类和第二类错误。

第8章曾就应计盈余的计算方法介绍了几个衡量模型。基本观念是认为应计盈余可以划分为正常的(非操控的)应计以及异常的(操控的)应计，前者反映公司的基本绩效，后者则反映管理当局操控的幅度。然而，这些模型所计算出的操控性应计盈余，基本上与总应计之间是呈正向关系的，因此让人怀疑:这些模型是否都犯了第一类错误？也就是将基本绩效误归类为操控的盈余。

随着时间的推移，由早期的琼斯模型逐渐发展为其他模型。基本上，这些模型都是要克服先前模型的第一类或第二类错误。琼斯模型所计算的残差(操控性应计)与总应计之间呈高度正相关，同时也与盈余呈高度正相关，但却与现金流量之间呈负相关(Dechow et al., 1995; Dechow et al., 2003)，因而呈现出第一类错误的现象。修正的琼斯模型主要是克服琼斯模型的缺点，然而本身却也犯了第二类错误。例如，迪乔等人(2012)发现，对于被证监会列入重述的样本，如果使用修正的琼斯模型所算的残差，则无法检测出这些公司的异样，因此，犯了第二类错误。此外，Dechow et al.(1995)发现修正的琼斯模型也会在一定程度上犯第一类错误。至于绩效配对模型(Kothari et al., 2005)，则是在考量各类误差与检验势(Error Probabilities and Power of Test)之后一个效果较佳的可行方法。

Dechow and Dichev(2002)则采取另一观点，将当期盈余作为前期、当期与下期现金流量的函数。由该模式所估计的残差的标准差被认为是另一种盈余质量的替代变量。这一模式在预测公司是否会被列为AAERs公司时，具有辨识的侦测能力，因此就这方面而言，检验势(Power of Test)是优于前面的几个模型。然而，该模型将重点放在短期的应计盈余(前期、本期、以及下期三期)，未考虑到长期的应计盈余，这将是一大限制，因为诸如固定资产与商誉等长期性资产的减值准备或是折旧(这将涉及很多期)，将是管理当局进行盈余管理的一个重要方法。因此，由长期应计所产生的估计误差，就无法由此模型呈现出来。再者，此模型所产生的估计误差不像应计盈余一样，它是没有方向的，仅有大小的概念。另外，此模型仅指出盈余质量好不好，并没有说是人为或者经济环境所引起的，因此，如果研究者要探讨大小方向或是否起因于人为的因素时，此模型就无法检测了。

之前介绍的几个应计基础的盈余管理的模型基本上都有一个特性，就是当期应计会在未来转回，然而这些模型都没有考虑到这一点，因而模型设定是有缺点的。因此 Dechow et al.(2012)将这一转回的事实列入上述所有模型中，并重新检测，结果发现这样可以提高40%的检验势。

9.1.1节曾提到几项影响盈余质量的因素，而探讨这些因素的学术文献常常以应计盈余作为盈余管理的替代变量，因此此处不再一一说明。仅列举一篇近期文章做简要介绍。

研究问题

董事网络(Chiu，Teoh，and Tian，2012)：作者想了解一家公司的病毒(此处为财报重述)是否会通过连锁董事(传染渠道)而传染到另一家公司(受感染公司)。他们检定两个假说：

H1：盈余管理会通过董事网络而扩散到其他公司。

H2：当连锁董事在公司中的职务对于编制财报过程有重大影响力时，此类扩散效果更为明显。

研究设计

作者使用下列模型检验H1：

$$Logit\ (RES) = F\ (a_0 + a_1 EMLINK\ (\#EMLINK) + a_2 \#BOARDLINK + CONTROL + e)$$

RES=1，代表公司财务报表被重述的年度。为便于说明，先介绍一个概念：传染期间。如果i公司的董事网络中，有一家病毒公司j(也就是财报有重述的公司)的财报在t年度被重述，由于病毒需要一段时间传染(假设2年)，则在t~t+2年之间，如果i公司的董事中也包括了j公司的董事，则表示i公司是高危险群，因而EMLINK=1(如果并非高危险群，则为0)。#EMLINK：董事连锁网络中，病毒(财报重述)公司的数量。# BOARDLINK：所有董事网络中的公司数目，扣除病毒公司的数目(也就是非传染源的其他网络内的公司数目)。如果$a_1 > 0$，则则支持H1。如果$a_2 < 0$，则表示网络中正常公司(没有重述的病毒公

司)越多,i公司越不会感染(不会重述)。

作者使用下列模型检测H2:

$$Logit(RES)=F(b_0+b_1EMLINK+b_2EMLINK\_VIP+b_3\#BOARDLINK +CONTROL+e)$$

EMLINK_VIP:i公司的连锁董事在i公司同时是CEO、董事长、审计委员会主席、审计委员会委员或其他与财务报表编制有关的重要职位。如果$b_2>0$,则支持H2。

实证结果

(1)H1:$a_1>0$,支持H1;同时也发现$a_2<0$,表示网络中正常公司越多,i公司越不会感染重述病毒。

(2)$b_2>0$,支持H2。

进一步的问题

同样特征的公司(如本例进行盈余管理而产生重述),通常会"物以类聚"而去聘任那些允许盈余管理的董事,因此,有人说这里的实证结果是"物以类聚"的关系,而非来自于假说(也就是这一结果存在另一种解释,而非来自于假说的内容)。请问:如果是你,要如何排除"物以类聚"这类非传染的其他竞争性解释呢?

9.2.2 迎合预期门槛

前一章曾提到,公司有动机迎合三个门槛:**避免损失**、**避免业绩衰退**以及**迎合分析师预期**。一般认为,略小于门槛的样本越少,且略大于门槛的样本越多,就是一种盈余管理的行为。就避免损失的研究而言,虽然大多数的人认为是盈余管理所致,但却也有一些研究显示,未必一定是因为盈余管理,也就是说结论是存在分歧的。例如,如果此种盈余在0这一点出现断层的现象是由于盈余管理所导致的,则小亏损的样本的应计盈余应该会小于小盈余的样本。然而,Dechow et al.(2003)却发现,两组之间是没有显著差异的。其次,Beaver et al.(2007)认为分配出现断层的原因是所得税所引起的;具体而言,小盈余的样本群由于要缴税,因而税后盈余会向0靠近;相对的,至于小亏损样本群,由于无法退税,因而无法向0靠近,因此,形成略小于0这一区间的密度小、样本少,而在小盈余区间则出现密度高且样本多的现象。最后,Durtschi and Easton(2009)则从平减盈余的方法来解释盈余在0附近断层的原因。他们认为,同样是赚1元与赔1元的两家公司,赚钱公司的市价会比较大,而赔钱公司的市价会比较小,因而同样以股价平减时,也会形成略小于0这一区间的密度小、样本少,而在小盈余区间,则出现密度高且样本多的现象。

在目前探讨迎合或击败分析师预期的研究中,结论则比较一致。有关这方面的研究,主要有三类:

第一,探讨迎合预期所使用的工具。目前研究发现,主要的方法为通过会计方法的选择。例如,使用应计盈余、管理或操控所得税费用、通过重组损益与时机的安排、真实盈余管理、出售固定资产或者有价证券等。当然,也可以通过前一章所提到的回购库存股或者发行“或有条件的可转换公司债”等。另外,则是通过前一章所提的预期管理。无论是哪一种方法,基本上都是支持盈余操控动机的。

第二,探讨何时有比较强的动机去迎合预期。有关这方面的研究,我们已经在第8章做过说明。例如,当公司想要现金增资时,就有比较强的动机去迎合预期。

第三,探讨何种情况下迎合预期的机会比较高。例如,第四季比前三季不太容易通过盈余管理来达到迎合预期的目标(Brown and Pinello,2007);或者“四大”事务所审计时不太容易迎合分析师的预期。

前一章提到,不论是实质迎合预期,还是通过盈余管理而迎合分析师的预期,市场都会给予额外的补偿(Bartov et al.,2002)。就此点而言,在市场效率的假设下,似乎投资者并不认为通过操控损益而迎合预期的这些行为是盈余管理所致,或者不认为此举会损及盈余的质量。另外,分析师在预测盈余的时候,竟然也没有将公司会进行盈余管理这一事实纳入预测时的考量(Burgstahler and Eames,2003),这些多少也有一些与原预期不符合的地方。

9.2.3 盈余平稳化

美国财务会计准则委员会《财务会计概念公告第1号》指出:相对于现金收支所提供的信息,应计盈余所产生的信息更能够提供有关企业未来现金流量的能力。因为应计基础可以避免现金收入无法与现金支出适当匹配的问题。因此,这些概念或者叙述就隐含了应计会计将会产生盈余平稳化的结果，这一盈余平稳化是来自于企业实际的基本绩效。然而，除了企业实际财务绩效之外，管理当局也可以通过应计的弹性而产生投机性的盈余平稳化。例如，管理当局可能蓄意提早或是延后披露一些信息，虽然产生盈余平稳化，但却隐藏了实际的情况。因此，实际看到的盈余平稳化究竟是哪一类无法区分。换言之，从盈余的决策有用观来探讨盈余平稳化究竟是盈余质量的增加还是降低，仍有讨论与研究的空间。

9.2.3.1 盈余平稳化的种类

目前对于盈余平稳化有两派看法：一派认为会曲解盈余的信息，另一派则认为可以作为有效率地沟通私有信息的渠道。就前者而言，管理当局可能会以盈余平稳化迎合红利目标（Healy，1985），并保障自己的工作（Arya et al.，1998），因此，会降低公司盈余对未来绩效的预测能力。在契约理论下，经理人员具有信息优势，他们会操纵盈余以达到盈余平稳化是一个均衡解，因为这样可以避免让自己（指经理人员）承受额外风险而使委托人负担更高的津贴。在这些情况下，盈余的信息量已被降低，即使是在效率契约之下。另一方面，一些分析性的文章指出，管理当局可以使用盈余平稳化作为信息传递的工具，对私有信息做有效的沟通。

在实证文献中，有两篇有趣的文章，结论是相反的。第一，Leuz et al.（2003）在探讨跨国之间盈余质量的比较时，所使用的盈余质量的替代变量之一就是盈余平稳化。他们认为，各国之间盈余平稳化产生差异的原因主要是来自于投机性而非基本绩效。因此，当他们发现较高的盈余平稳化时，就将这些国家或企业归因于投机性盈余平稳化。他们之所以这样假设，是因为发现这些盈余平稳化较高的地区或是企业通常是在 GAAP 质量较低、执法较弱或者股东权较无保障的地区，而这些地区同时也常是盈余质量较差的地方。另一派看法则认为真实盈余平稳化可以传递信息，其力量大于投机性的盈余平稳化，因此盈余平稳化的最终效果将是能够提供有用的信息，预测公司未来的现金流量。这一说法以 Tucker and Zarowin（2006）为代表（详见第8章的说明）。他们以比较成熟的美国市场为研究对象，基本上支持了这一预期。这两篇文献为何会产生相反的看法？基本上，一篇是以跨国为研究对象，一篇是以美国为研究对象，因此差异是否起因于此仍有待未来的了解。为解决这一问题，Dou，Hope and Thomas（2013）进一步将盈余平稳化拆解成两部分：传递信息以及噪声（包括盈余管理）平稳化两部分。前者可以传递公司未来的信息,后者则纯粹是由噪声或者盈余管理所引起,无法传递有效的信息。这一结果似乎对以上两种分歧的说法提出了合理的解释。

9.2.3.2 盈余平稳化的决定因素

投资者保护

世界各国对于投资者保护的程度并不相同,在保护程度较差的国家,公司内部人会剥削少数股东的权益,且会通过盈余管理来隐藏这一事实。而其中常用的盈余管理的方法就是使用盈余平稳化(Leuz et al. 2003)。作者使用第8章介绍的几个盈余平稳化的替代衡量方法,以29个国家为样本,实证结果支持了这一结论。事实上,作者是以投资者保护的程度作为国家层级的公司治理指标,探讨国家层级公司治理对盈余质量的影响。结果发现,投资者保护越差者,盈余平稳化的操控情况越严重。

关系专用性资产

公司与其供应商(或客户)之间为了加强双边的合作关系而进行了一些有形或是无形投资,如果双方交易关系不存在,这种资产的价值将不会存在,此时所投资的资产称为关系专用性资产(Relationship Specific Assets)。由于这种资产的价值仅存在于交易关系存在的时候,因此一旦其中一方违约退出交易,则投资这一专用性资产的另一方将会蒙受损失,因而常会出现关系专用性资产投资不足的现象(Williamson,1975)。例如,为了避免客户未来不再进货的风险,供应商对于专用性资产的投资会出现投资不足的现象(Dou et al.,2013)。Dou et al.(2013)进一步提出一个问题:在何种情况下,交易一方(如进货商)比较容易出现违约退出交易的情况?作者认为,当所在国的法律对于契约执行的保护成效比较不显著时,由于违约较为频繁,因此这个国家就比较不会生产需要较多关系专用性投资的产品。综上所述,如果一家公司位于保护程度较差的国家,且又是处在需要较多的关系专用性投资的行业时,供应商将相对不会想投资较多资金在关系专用性上。在此情况下,为了促使供应商增加投资关系专用性资产,以维持稳定且便宜的货源,公司(客户)会通过盈余平稳化来传递信息,让供应商知道公司的业绩是稳定的,且需求也是长期性的,如此,供应商就会比较敢做专用性资产的投资,进而降低双方的交易成本。

9.2.4 盈余持续度

盈余持续性之所以被认为是盈余质量的一个重要指标,是因为它对于权益评价具有重要的功能。一般而言,持续性越大,在评价权益时将越有用。文献上常使用下式估计盈余的持续性:

$$EARNING_{t+1} = a + bEARNING_t + e_t \tag{9-1}$$

b即为盈余持续性的指标,越大表示盈余持续性越高。在式(9-1)中,通常是以总资产平减盈余。持续性越大,表示目前盈余在预测未来盈余将越有用,进而在评价权益时也更为有用。

目前有些盈余持续性的研究是探讨盈余组成分子的相对持续性,如Sloan(1996)将盈余划分为现金流量与应计盈余,结果发现前者的持续性大于后者($c > b$):

$$EARNING_{t+1} = a + b\,ACCRUAL_t + c\,CFO_t + e_t \tag{9-2}$$

Xie(2001)进一步将应计盈余划分为操控(DA)与非操控(NDA)应计,发现非操控应计持续性大于操控性应计($d > c > b$):

$$EARNING_{t+1} = a + b\,DA_t + c\,NDA_t + d\,CFO_t + e_t \tag{9-3}$$

另外有文献进一步探讨其他财务信息或非财务信息对于盈余持续性的影响,例如专利与商标等。

盈余持续性高的话,具有哪些影响?第一,持续性盈余会让市场产生比较高的评价,如第3章提到的盈余反应系数比较高。第二,有一些学者利用市场无法解读出应计盈余与现金流量持续性的差异而形成投资组合。例如Sloan(1996)发现,虽然现金流量的持续性大于应计盈余,但市场无法区别出差异,因此买入应计盈余较低的投资组合,并卖出应计盈余较高的投资组合,结果在持有一年后可以赚到超常报酬。

除对权益市场的影响之外,对于薪酬契约的设计也有影响。如第6章所述,Baber et al.(1998)发现,公司薪酬委员会在使用盈余设定现金薪酬(底薪与红利)时,会比较重视盈余的持续性。也就是当盈余的持续性越高时,会计盈余对于薪酬的影响力会越大。

早期的研究在探讨盈余持续性时,常使用时间序列的方法。例如,在第3章介绍盈余信息内涵与盈余反应系数的研究时,常假设盈余呈现ARIMA(0,1,1)的走势(如 Beaver et al.,1980;Beaver et al.,1987;Collins and Kothari,1989),也就是假设盈余 x 的走势为 $x_t = x_{t-1} - \theta a_{t-1} + a_t$,因而持续性可以$(1-\theta)$表示。然而,使用时间序列的主要困难是估计每一家公司的盈余持续性时,需要至少 20~30 个样本,这会使样本受到相当大的限制。

9.2.5 其他

有些研究则使用盈余的**可预测性(Predictability)**,作为盈余质量的替代变量(Lipe,1990)。它的衡量方法有两种。第一种为下列模型的残差的标准差 $\sqrt{\sigma^2(e)}$:

$$EARNING_{t+1} = a + b\,EARNING_t + e_t \tag{9-4}$$

另外一种为使用分析师预测误差绝对值的平均数。不论是哪一种方法,他们的基本想法是:第一,盈余数字如果会重复出现的话,就是一种好的盈余质量。第二,盈余的波动性,也就是过去数期经过平减后的盈余的标准差越大,则盈余质量越差。

9.3 盈余的特性(二):会计稳健性

历史成本下的财务报告,另一个主要的特性就是稳健原则。稳健原则对于财务报告的影响已经超过500年的历史,而且约有1/3的会计准则与稳健会计有关。

9.3.1 采取稳健会计的原因

介绍稳健会计盛行的四大原因。

稳健会计盛行的主要原因有4个(Watts,2003):

1. 诉讼因素。高估盈余所引起的诉讼远高于低估盈余,因此管理当局与审计人员就有采用稳健会计的动机。

2. 税务因素。为了少缴税,管理当局在编制财务报告时也有采用稳健会计的动机。相同的盈余越晚确认,则所缴的税的现值越小。

3. 监管因素。监管机构或者准则制定机关本身也会承受政治压力而在制定相关法规时,有采取较为稳健的动机。当受管制的上市公司采取低估盈余或者净资产的方法时,就相对不会引起社会大众的注意。

4. 契约因素。会计信息其中的一个功能,就是契约功能。为使契约能顺利运作,常会使用稳健会计的观念。就薪酬(红利)契约而言,管理当局常比股东或董事拥有更多内部信息(如公司新开发产品的未来现金流入),如果对确认盈余不设定较为严格的验证门槛,则管理当局为提高自己的薪酬(红利),有可能提高近期盈余而牺牲长期利益。这种情况在管理当局即将退休时尤其明显。另一种常见的契约就是债务契约。公司与债权人之间常会出现代理问题,特别是债权人无法分享公司的上方风险,而却必须承担下方风险的情况下,签订较为稳健的债务契约;有助于缓和下方风险的代理疑虑。同时,在债务契约下,管理当局常会规避发放股利的限制,如果采用稳健会计,则可以限制管理当局这一规避的能力。

稳健会计划分为条件式稳健与非条件式稳健两类。

9.3.2 稳健原则的种类

稳健会计可以划分为**条件式稳健**(Conditional Conservatism)与**非条件式稳健**(Unconditional Conservatism)两类(Beaver and Ryan,2005)。前者是指会计原则应该能反映"当前"的经济情况,因此有坏消息时即应提早确认,而有好消息时则应延迟确认,因而好坏消息确认的时间存在不对称的情况。例如,存货发生跌价损失时,当期期末应采用成本市价孰低法,以便当期立即确认;长期资产或是商誉发生减值损失时,亦应于当期确认。由于这种稳健观念是随着"当前"经济情况而反映,因此又称为**依赖消息的稳健**(News Dependent Conservatism)、**损益表稳健**或**事后稳健**(Ex-post Conservatism)。

至于非条件式稳健,是指与当前经济情势无关,而是公司在资产或负债初始确认即采用保守的会计方法,因而会出现持续的净资产账面价值低于市场价值的现象。例如,固定资产采用加速折旧法,以至于所提的会计折旧大于实质的经济折旧;净现值为正的计划在历史成本下并未确认其市场价值;自行研发的无形资产采用费用化而非资本化。由于这一稳健概念与"当前"的好坏消息无关,因此又称为**非依赖消息的稳健**(Non-news Independent Conservatism)、**资产负债表稳健**或者**事前稳健**(Ex-ante Conservatism)。

两种稳健的观念都会导致净资产的账面价值低于市场价值,同时也有可能减少诉讼、税务或监管等的成本，但是二者所强调的重点仍是有差异的。条件式稳健比较强调的是在契约有效性上的功能。例如，就薪酬契约而言，管理当局有调高盈余以增加薪酬的动机，如提早确认损失就可避免这一现象。就债务契约而言，提早确认损失可以提供债权人有关公司是否无法清偿的预警信息，而使债权人提早采取应对措施，如提早收回贷款或者重新协议贷款条件，甚至，由于提早确认损失，可以使管理当局不采行净现值为负的投资计划，因而有助于公司治理的提升。

相对的，非条件式稳健所强调的是，由于经济资产（如研发支出）与负债的评价以及估计其未来的盈余时是相当困难的，因此，“事前”为了保守起见，采用稳健的费用化方式来入账。例如，美国《财务会计准则公告第2号》指出，研发支出于发生时确认为费用的主要原因是其所产生的未来经济利益是相当不确定的，因而资本化无助于估计未来盈余潜能。

由于非条件稳健是事前的，在坏消息出现前即已先行采取了稳健的会计政策（如固定资产的加速折旧），因此会减少事后条件稳健的空间（如固定资产的减值损失）。也就是说，这两者的影响是呈负相关的。因此，在使用时，这两种稳健性在某种程度上是互相取舍的。根据上面的说明，公司可能为了降低税额（通过非条件稳健）而牺牲了契约的效率性（通过条件稳健）。此外，就学术研究而言，在探讨条件稳健的影响时，有必要控制住条件稳健与非条件稳健呈现负向关系的情况。

问　题

如前所述，采取稳健的原因有四种：税务、诉讼、监管与契约因素；而稳健的形式有两种：条件与非条件，而二者是负向关系的。你认为，这四个因素中，哪些因素对条件式稳健的影响比较大？哪些对非条件式稳健的影响比较大？事实上，瓦茨（2003）在提到四大因素时，大部分是从条件式稳健性去探讨的。

Qiang（2007）得出了下面的结论：

（1）契约因素导致了条件式稳健：如前所述，条件式稳健立即确认坏消息，会导致债权人与投资者提早预警，因此是有利契约的效率性。但是，非条件式稳健则没有使用到事后发生的这些重大坏消息并予以立即入账，因而降低了契约效率性。

(2)诉讼因素导致两类稳健性:由于非条件式稳健在事前即已采取稳健措施,因而具有较高的预警效果;但是,可能有些潜在的原告会希望公司在知道有坏消息时也能立即确认出来。

(3)监管因素导致非条件式稳健:条件式稳健常会出现突发的重大损失(如重大资产减损),较易引起社会关注与讨论,而非条件式稳健则是在事发前已将损失平稳化(通过加速折旧),因而相对不会有突发事件。另外,公司采用条件式稳健时,如有突发事件易引起主管机关介入,因而也不愿意采用条件式稳健。

(4)税务因素导致非条件稳健:税法常会允许非条件式稳健所产生的费用(如采用 FIFO 下的销售成本),但却比较容易排除条件式稳健所产生的损失(因为常常是未实现的损失)。非条件式稳健具有几项特征:(a)提早确认损失有助于降低税额;(b)比较容易掌控与规划(因为与事件无关);(c)执行成本较低(如无须减值测试);(d)盈余较平稳而非产生突发事件也有助于降低税额。

常见的会计稳健性的衡量方法,包括:(1)盈余/报酬回归法;(2)盈余/盈余回归法;(3)应计盈余/现金流量回归法;(4)应计盈余法;(5)净资产法;(6)C - score法。

9.3.3 会计稳健性的检测方法

学术上检测会计稳健性的常见方法,可以归纳为:(1)**盈余/报酬回归法**;(2)**盈余/盈余回归法**;(3)**应计盈余/现金流量回归法**;(4)**应计盈余法**;(5)**净资产法**;(6)**C-score法**。分别介绍如下。

9.3.3.1 盈余/报酬回归法

学术上较常使用的稳健会计的衡量方法如下所示(Basu,1997):

$$X/P_{it}=\alpha_0+\alpha_1 D_{it}+\beta_0 R_{it}+\beta_1 R_{it}\times D_{it}+\varepsilon_{it} \tag{9-5}$$

X为每股盈余,P为股价,D为虚拟变量,当公司存在坏消息,也就是$R<1$时(R为股票报酬),$D=1$;否则为0。如果公司提早确认坏消息,且延迟确认好消息,则$\beta_1>0$。原因是当为坏(好)消息时,由于$D=1(0)$,因此坏/好消息的模型分别为:

$$\begin{aligned}X/P_{it}&=(\alpha_0+\alpha_1)+(\beta_0+\beta_1)R_{it}+\varepsilon_{it}\\X/P_{it}&=\alpha_0+\beta_0 R_{it}+\varepsilon_{it}\end{aligned} \tag{9-6}$$

由于坏消息是实时确认,因此与股价关联性比好消息强,因此$\beta_1>0$。另一方面，坏消息的解释力 R^2_{bad} 会比好消息的解释力 R^2_{good} 大。综上所述，公司越是稳健时，应具有下列特征：(1) $\beta_1 > 1$，且其值越大表示越稳健；(2) $(\beta_0 + \beta_1)/\beta_0 > 1$，且其值越大表示越稳健；(3) $R^2_{bad}/R^2_{good} > 1$，且其值越大表示越稳健。

Basu 使用1963—1990年的美国资料，发现 $(\beta_0 + \beta_1)/\beta_0$ =([0.216+0.059]/0.059)=4.66，且 R^2_{bad}/R^2_{good} =6.64%/2.09%=3.18，因此显示稳健会计在美国是一个普遍的现象。

9.3.3.2 盈余/盈余回归法

学术上另一种较常使用的稳健会计的衡量方法如下所示(Basu，1997)：

$$\Delta X_{it}/P_{it-1} = \alpha_0 + \alpha_1 D + \beta_0 \Delta X_{it-1}/P_{it-2} + \beta_1 D \times \Delta X_{it-1}/P_{it-2} + \varepsilon_{it} \quad (9\text{-}7)$$

ΔX_{it} 为 t 年盈余减去 $t-1$ 年盈余的差额，也就是 t 年盈余的变动数。D 为虚拟变量，当公司存在坏消息，也就是 $\Delta X_{it-1}/P_{it-2}<0$ 时，D=1；否则为0。由于当年度过于稳健，将使得下一年度变得比较不稳健，因此当年度盈余变动数越大时，下一期盈余转回的越快，也就是 $\beta_1<0$；同样的，其值越小表示越稳健。巴苏也发现 $\beta_1=-0.652$，且 R^2_{bad} 为24.19%，大于 R^2_{good} 的0.68%，与预期相符合。

9.3.3.3 应计盈余/现金流量回归法

Ball and Shivakumar(2005)发展了另一个稳健会计的衡量方法：

$$ACC_t = \alpha_0 + \alpha_1 DCFO_t + \beta_0 CFO_t + \beta_1 DCFO_t \times CFO_t + \varepsilon_t \quad (9\text{-}8)$$

ACC 为非常项目前的净利减去经营活动现金流量，除上期初总资产。CFO 为经营活动现金流量，除上期初总资产。$DCFO=1$，当 $CFO<0$，如果公司是采取稳健会计，则 $\beta_1 > 0$。

9.3.3.4 应计盈余法

就长期而言，应计制与现金制之下的盈余应该会收敛。换言之，在稳健会计下，虽然之前较慢承认利得、较快承认损失，但随着时间的推移，差异会越来越小，最终自然会相等。例如，资产减值损失。但是，如果公司刻意采用稳健会计，则盈余会持续地小于现金流量。换言之，累计的应计盈余如果持续是负的，则表示有稳健行为的现象。Givoly and Hayn(2000)将盈余拆解为：

应计盈余=盈余-经营活动现金流量(CFO)

=(由营业而来的净利润+非营业应计盈余)-CFO

=(由营业而来的净利润-CFO)+非营业应计盈余

=营业应计+非营业应计盈余

Givoly and Hayn 认为,营业应计与公司的成长有关,因此,不宜作为稳健的替代变量,因此作者就以非营业应计盈余作为衡量稳健的程度。具体而言:(1)相对于经营活动现金流量而言,非营业应计越小,特别是负的,表示公司会计政策越稳健;(2)由于采取稳健会计者,相对于正向或是较大的盈余而言,负盈余或是小的盈余相对较多,因此应计盈余的分配会出现在左边(负项盈余)的情况比较多,因而出现应计盈余的分配呈现左偏的现象。

9.3.3.5 净资产法

如果公司采取稳健会计,则账面与市价比(Book-to-market Ratio)应该小于1,且越稳健时该比率越小。然而,这一比率小于1或是比率越小时,可能是起因于公司成长,因此在使用这一方法时,必须控制成长机会。

另外,3.5节所提到的,即使没有采取稳健策略,也会因历史成本的延迟确认特性,而使账面与市价比率小于1。因此,我们可以将第3章模型(3-28)拿来回归:

$$BV_{t,i}/MV_{t,i} = \alpha + \sum_{j=0}^{6} \beta_j R_{t-j,i} + \varepsilon_{t,i} \tag{9-9}$$

式(9-9)中,$\varepsilon_{t,i}$ 除了具有一般残差的特性之外,可能也包括了公司之间的差异因素以及跨时间的因素。因此,可以假设如下:

$$\varepsilon_{t,i} = \alpha_t + \alpha_i + \varepsilon^*_{t,i} \tag{9-10}$$

也就是说,残差 $\varepsilon_{t,i}$ 可以划分为三个因素:(1)公司之间的差异因素(Firm Effect) α_i ;(2)各期的时间差异因素(Time Effect) α_t ;(3)真正的残差因素 $\varepsilon^*_{t,i}$。如果将(9-10)式代入(9-9)式,则可以得到:

$$BV_{t,i}/MV_{t,i} = \alpha + \alpha_t + \alpha_i + \sum_{j=0}^{6} \beta_j R_{t-j,i} + \varepsilon^*_{t,i} \tag{9-11}$$

Beaver and Ryan(2000)认为,权益账面价值对市值比包含两个部分:第一，是会计本身因为延迟确认所引起的账面价值低估，这一部分由 $\sum_{j=0}^{6}\beta_j R_{t-j,i}$ 衡量；如前所述，这一部分是因为未实现的损益尚未确认所致，但随着时间过去，当未实现损益逐期在未来实现后，会自然消退，因而是一种暂时性的引起 *BV/MV* 低估。第二，是公司所刻意采取的稳健会计政策造成的，这一偏误使得账面值持续低于市值，这便是上述的 α_i 。这一数字越小，则左边的 *BV/MV* 也越小，因而表示公司越稳健。这种刻意的稳健政策并不会随着时间而消失。

问　题

债权人与股东之间的一项代理冲突，就是股东希望多发放股利，但债权人却希望少发股利，对于这一股利政策的冲突，Ahmed et al.(2002)认为稳健会计是一项有效的解决机制，公司可以通过稳健会计来解决这一代理问题。他们的第一项假说为：债权人与股东之间的股利政策冲突越大，则公司越会采取稳健会计。如果使用本节的稳健衡量方法，你要如何检测此一假说？

思考

债权人与股东之间的股利政策冲突的大小，作者以三个变量衡量：(1)STDROA：ROA 的变异性，这一比率越大，表示风险越大，公司越可能多发放股利(为什么)；(2)DIV(股利/总资产)：比率越大则冲突越大；(3)LEV(负债比率)：比率越大，债权人与股东之间的代理问题越大。因此作者建立下列回归式检验这一假说：

$$\alpha_i = \beta_0 + \underset{(-)}{\beta_1} STDROA + \underset{(-)}{\beta_2} DIV + \underset{(-)}{\beta_3} LEV + Control + \varepsilon$$

第二个假说是：债权人与股东之间的股利政策冲突越大，则因越稳健而使信用评级越好。作者使用下式检验：

$$RATING_i = \gamma_0 + \underset{(+)}{\gamma_1}\alpha_i + Control + u_i$$

RATING 为标准普尔公司的债券信用评级，由1至21，越大表示评级越差，因此预期 $\gamma_1 > 0$ 。

实证结果

与预期相符合。

截至目前为止，所介绍的方法除净资产法之外，大多是采用时间序列的方式估计，也就是每一家公司使用时间序列资料估计一个 α_i。相对于Basu而言，这一方法的优点是每家公司可以估计出一个稳健会计的程度，但缺点是这一方法假设每一个公司各年度的稳健程度是相同的。为克服这一缺点，Khan and Watts (2009)于是为每家公司每一年度(Firm-year)设计出一个稳健指标：C-score。

C－score 的优点是：可以为每家公司计算每年的稳健分数。

9.3.3.6 C-score 法

Basu 所设计的模型(9－5)的稳健模型中，β_0 代表好消息的稳健程度，而 β_1 代表坏消息的增额稳健程度，也就是说坏消息的稳健程度为 $\beta_0+\beta_1$。Khan and Watts(2009)认为，好消息的实时确认程度(G-Score)与坏消息的实时确认程度(C-Score)将随公司与年度的不同而异，因此他们建立下列模型：

$$G-Score_i \equiv \beta_0 = \mu_1 + \underset{(+)}{\mu_2} Size_i + \underset{(-)}{\mu_3} M/B_i + \underset{(-)}{\mu_4} Lev_i \tag{9-12-1}$$

$$C-Score_i \equiv \beta_1 = \lambda_1 + \underset{(-)}{\lambda_2} Size_i + \underset{(+)}{\lambda_3} M/B_i + \underset{(+)}{\lambda_4} Lev_i \tag{9-12-2}$$

模型(9－12－1)与模型(9－12－2)是假设G-Score与C-Score都是受到公司规模(*Size*)、市价与账面价值比(*M/B*)以及负债比率(*Lev*)的影响。

首先，就公司规模而言，规模大，信息环境较好，因而订立契约时，对于稳健的要求较低，因此 $\lambda_2<0$（相反的，$\mu_2>0$）；另一原因是公司规模越大，租税规划越容易(如部门之间)，因而对于稳健需求较低。

其次，就 *M/B* 而言，*M/B* 越大表示成长机会越高，因而代理成本越大，由于稳健会计是缓和代理成本的一项有效的公司监管机制，因而对于稳健的需求也越大。另外，成长机会较大的公司的盈余变异性也较大，比较容易发生诉讼，就诉讼角度而言，高成长的公司对于稳健的需求也越大，因此，$\lambda_3>0$（相反的，$\mu_3<0$）。

最后，就公司负债而言，为保障债权人权益，也就是下方风险(Downside Risk)，在订立债务契约时，对于稳健会计的需求较大。从诉讼观点而言，陷入财务困境的公司容易被诉讼，对于稳健的需求也大，因而 $\lambda_4>0$（相反的，$\mu_4<0$）。

将模型(9－12－1)与模型(9－12－2)代入模型(9－5)，则可以得到下列回归式：

$$\begin{aligned}X/P_i =&\ \beta_1+\beta_2 D_i+R_i(\mu_1+\mu_2 Size_i+\mu_3 M/B_i+\mu_4 Lev_i)+D_i R_i(\lambda_1+\\&\lambda_2 Size_i+\lambda_3 M/B_i+\lambda_4 Lev_i)+\delta_1 Size_i+\delta_2 M/B_i+\delta_3 Lev_i+\\&\delta_4 D_i Size_i+\delta_5 D_i M/B_i+\delta_6 D_i Lev_i+\varepsilon_i\end{aligned} \tag{9-13}$$

分年度对式(9-13)进行回归，可以估计出 μ_i 与 λ_i (i=1,2,3 4)的估计值，然后再将每一家公司当年的Size、M/B与Lev代入模型(9-12-1)与(9-12-2)，则可以得出每家公司各年度的G-Score与C-Score。实证结果发现，这一方法在实证使用上可以得出与Basu相同的结果。

实证证据显示，平均而言，公司是越来越稳健。

9.3.4 实证证据

9.3.4.1 时间序列——Givoly and Hyan（2000）

Givoly and Hyan(2000)以1950—1998年的上市公司为样本，使用上述各种稳健的操作定义，检验美国是否有越来越稳健的趋势(见图9-2)。第一，使用应计盈余的稳健方法。他们发现美国公司过去40年来获利能力(ROA)逐期在降低，作者深入了解原因，发现应计盈余有逐年降低的趋势，比率约占盈余的16%，但是现金流量却未逐年降低，再进一步分析显示，应计盈余逐年降低的主要原因，是其中的非营业应计盈余在逐年降低的缘故，比率约占盈余的16%；至于营业应计盈余呈现逐年上扬的趋势，与样本公司呈现成长的特征相符。他们发现亏损公司的比率也由早期的2%~3%增加到35%。因此，作者推论是稳健会计有越来越盛行的趋势。

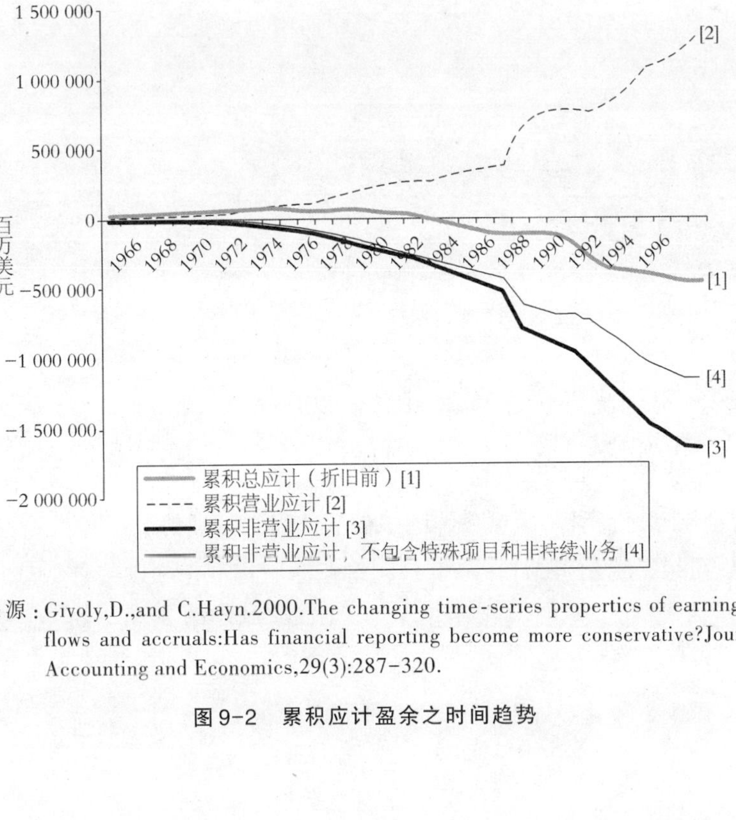

资料来源：Givoly,D.,and C.Hayn.2000.The changing time-series propertics of earnings,cash flows and accruals:Has financial reporting become more conservative?Journal of Accounting and Economics,29(3):287-320.

图9-2 累积应计盈余之时间趋势

一个数字的分配，除了常用的平均数与标准差之外，另一个常用到的统计量，就是偏态系数。该系数主要是在衡量分配的偏态。如果数字小于0，表示左偏；如果大于0，表示右偏。

第二，作者探讨在研究期间，盈余与现金流量的**偏态系数**(Skewness of Earnings)的变化，发现盈余有逐渐向左偏的趋势，也就是较小或是负盈余的样本变多，而现金流量却没有这种趋势。

第三，作者另外使用**盈余的波动性**(Volatility of Earnings)来探讨这一问题。这一方法的逻辑是，如果公司刻意采取稳健的方法，也就是早期确认损失，较晚确认利得，则盈余的分配会出现较大的标准差。他们发现，ROA的标准差由早期的0.043增加为0.517，表示盈余的波动性确实逐年增加，但是现金流量的标准差呈现稳定的状态，也证实稳健会计逐年盛行的现象。作者进一步发现，盈余标准差的主要来源为应计盈余，特别是非营业的应计盈余，这一论点与上述相同，表示公司使用非营业的应计盈余这一稳健的会计方法。

第四，作者使用Basu的稳健衡量方法，发现在过去约40年间：(1) $\beta_1>0$，且逐年递增；(2) $(\beta_0+\beta_1)/\beta_0>1$，也是逐年递增；(3) $R^2_{bad}/R^2_{good}>1$，亦是逐年递增。这一结论再次支持公司有越来越稳健的现象。

第五，作者发现，过去40年来，*MV*/*BV*也是逐期增加，表示因为稳健会计的关系而使*BV*变小，因而*MV*/*BV*增加。作者另外使用一个将*MV*/*BV*稍作调整的*MV*/*BV*比率，也就是：*MV*/(*BV*+非营业应计盈余)，结果发现这一调整后的*MV*/*BV*比率并未呈现逐期增加的趋势，因而进一步验证公司使用非营业应计盈余作为实行稳健会计的工具。

问　题

在学术领域中，*MV/BV*常常是成长机会的衡量方法，因此当*MV/BV*逐期增加时，是否也表示因为公司呈现成长而非稳健会计造成的呢？你要如何区分这两种因素呢？

在31个国家(地区)中，奥地利、意大利与韩国高居盈余管理的前三名，至于盈余管理最少的三个国家分别是美国、澳大利亚以及爱尔兰。

9.3.4.2　跨国比较——Leuz et al.（2003）

作者比较31个国家(地区)之间的盈余管理的情况。他们使用四个指标以及一个综合指标，衡量各国国家层级的盈余管理情况：

1. 盈余平稳化(*EM*1)：每家公司营业净利标准差除以经营活动现金流标准差，再取中位数，即可得出每个国家的盈余平稳化幅度。越小表示平稳化越严重。

2. 盈余平稳化(*EM*2)：计算每个国家(地区)各公司应计盈余变动数与

经营活动现金流变动数之间的相关系数，即可得出每个国家（地区）另一个盈余平稳化幅度。强烈负相关表示平稳化严重。

3. 应计盈余（*EM*3）：每个国家（地区）各公司应计盈余绝对值除以经营活动现金流绝对值，再取中位数。越大表示盈余管理越严重。

4. 避免损失门槛（*EM*4）：小盈余样本除以小亏损样本。越大表示盈余管理越严重。小盈余是指盈余/期初资产介于 [0,0.01] 之间的样本，小亏损则是介于 [−0.01,0)之间的样本。

另外，作者也使用一个综合指标（*EM*5）。其计算步骤如下：

$$EM5 = [Rank(-EM1) + Rank(-EM2) + Rank(EM3) + Rank(EM4)]/4$$

$Rank(-EM1)$ 是指先将 *EM*1 乘上一个负号，然后按照大小加以排序。因此，综合指标是指先将四个指标分别排序（*EM*1 与 *EM*2 要先乘上负号），再算出这四个排序值的平均数。因此，*EM*5 越大，表示整体的盈余管理情况越严重。表 9-1 显示，在综合指标排名下，奥地利、希腊与韩国高居盈余管理的前三名，至于盈余管理最少的三个国家或地区分别是美国、澳大利亚以及爱尔兰。作者也发现，这些盈余管理较少的国家或地区，通常是发达国家或地区、股权较为分散的国家或地区、投资者保护较好的国家或地区以及执法较为严格的国家或地区。

表 9-1　　各国家盈余管理的比较

	盈余平稳		操控性盈余		盈余管理综合指标
	*EM*1 $\sigma(OpInc)/\sigma(CFO)$ (−)	*EM*2 $\rho(\Delta Acc.\Delta CFO)$ (−)	*EM*3 $\lvert Acc\rvert/\lvert CFO\rvert$ (+)	*EM*4 #SmProfit/#SmLoss (+)	
奥地利	0.345	−0.921	0.783	3.563	28.3
希腊	0.415	−0.928	0.721	4.077	28.3
韩国	0.399	−0.922	0.685	3.295	26.8
葡萄牙	0.402	−0.911	0.745	3.000	25.1
意大利	0.488	−0.92	0.630	4.154	24.8
瑞士	0.473	−0.873	0.547	5.591	22.0
新加坡	0.455	−0.882	0.627	3.000	21.6
德国	0.510	−0.867	0.848	3.006	21.5
日本	0.560	−0.905	0.567	3.996	20.5
比利时	0.526	−0.831	0.677	3.571	19.5
印度	0.523	−0.867	0.509	6.000	19.1
西班牙	0.539	−0.865	0.514	6.000	18.6

续表

	盈余平稳		操控性盈余		盈余管理综合指标
	*EM*1 $\sigma(OpInc)/\sigma(CFO)$ (-)	*EM*2 $\rho(\Delta Acc.\Delta CFO)$ (-)	*EM*3 |Acc|/|CFO| (+)	*EM*4 #SmProfit/ #SmLoss (+)	
印度尼西亚	0.481	−0.852	0.506	7.200	18.3
泰国	0.602	−0.868	0.671	3.136	18.3
巴基斯坦	0.508	−0.913	0.513	2.643	17.8
荷兰	0.491	−0.861	0.480	3.313	16.5
丹麦	0.559	−0.875	0.526	2.708	16.0
马来西亚	0.569	−0.857	0.578	2.658	14.8
法国	0.561	−0.845	0.579	2.370	13.5
芬兰	0.555	−0.818	0.517	2.633	12.0
菲律宾	0.722	−0.804	0.555	2.455	8.8
英国	0.574	−0.807	0.397	1.802	7.0
瑞典	0.621	−0.764	0.466	2.568	6.8
挪威	0.713	−0.722	0.556	1.235	5.8
南非	0.643	−0.840	0.297	1.667	5.6
加拿大	0.649	−0.759	0.478	2.338	5.3
爱尔兰	0.607	−0.788	0.371	1.667	5.1
澳大利亚	0.625	−0790	0.450	1.486	4.8
美国	0.765	−0.740	0.311	1.631	2.0

资料来源：Leuz, C., D. Nanda, and P. D. Wysocki. 2003. Discussion of ADRs, analysts, and accuracy: Does cross-listing in the United States improve a firm's information environment and increase market value? *Journal of Accounting Research* 41: 347–362.

介绍稳健会计的各种经济后果。

9.3.5 稳健会计的经济后果

稳健会计的经济后果颇多，此处仅列举两个常见的：资金成本与薪酬契约。

9.3.5.1 资金成本

稳健会计会影响到债务与权益市场的融资成本。首先，Zhang(2008)探讨了债务资金成本与会计稳健性的关系。他发现借款公司的会计政策稳健，由于对贷款者有保障，因此贷款人会通过降低事前的举债资金成本，来与借款公司共享这一利益；但是在签约后，借款公司违约的机会相对也会比较大。其次，Lara et al.(2010)探讨了权益资本成本与会计稳健性的关系。以往研究显示，公司在以现金增资时由于信息不对称，常会出现股价的负面反应。原因是管理当局常常利用信息优势牺牲外在的投资人利益,进而图利于现有股东,为了避免这一风险,投资者会降低股价以自保。如果公司采用稳健会计,不仅可以避免管理当局高估盈余,同时也可以为投资者提供一个监督公司的有利工具,因此,采取稳健会计的公司,以现金增资时投资者就相对不会要求自保而提高权益资本成本,进而降低股价,因而公司宣告增资时股价的负面情况并不严重。

9.3.5.2 薪酬契约

Leone et al.(2006)探讨薪酬契约与稳健会计的关系。他们发现,现金薪酬(包括薪资与红利)虽常以盈余作为发放的基准,但是因为股价常常也可以提供有关管理当局努力程度的额外信息(Holmstrom,1979),因而股价也常会影响到现金酬劳。作者发现,当以市场报酬是否为正(负)作为未实现利得(损失)的替代变量时,市场报酬为负的公司(也就是有未实现损失),其现金薪酬与股价之间的关联性比其他公司为强。也就是说,当股价并入未实现损失而下跌时,则会要求管理当局对该损失负责,因而发放较低的现金报酬;相对的,虽然股价也会并入未实现利得而上涨,但却因尚无法验证该未实现利得,因而公司在发放现金报酬时,并不会随着高股价而调高发放的股利,而是常常会做一些限制。

这一不对称的薪酬设计具有两个特点:第一,如果薪酬是根据未实现利得来发放,有可能这一利得在未来未实现,此时已发放薪酬将无法再要回来。相对的,此处不对称的设计方式,却是要求利得实现时才给予薪酬,就可避免多发薪酬的现象。第二,此处不对称的设计方式,要求薪酬是随着未实现损失而变化,因此,不仅可以要求管理当局对此损失负责,同时也可以提早避免管理当局采取净现值为负的投资计划。基于这些理由,市场报酬为负的公司,其现金薪酬与市场报酬之间的关联性是比较强的;相对的,市场报酬为正的公司,其现金薪酬与市场报酬之间的关联性是比较弱的。

截至目前为止,作者是以市场报酬是否为正(负)作为未实现利得(损失)的替代变量才有这些结果。相对的,如以盈余变动数(如ΔROA)作为未实现利得(损失)的替代变量时,则没有发现这种不对称的薪酬给予的现象,因为盈余本身已经自动反映未实现损失,而且并未反映未实现利得;相对的,有效市场下市场报酬已同时反映未实现损失与利得,因而现金薪酬仅会对负报酬(未实现损失)做出较大的反应。

9.3.5.3 诉讼概率

公司及早公告坏消息的话,会降低投资者的疑虑——公司在隐匿某些负面消息,因而可以减少被告的机会与成本。Watts(2003a)进一步研究指出,当公司会计方法越是稳健时,也就是越早确认坏消息时,公司被起诉的可能性就越低。

9.3.5.4 降低购并动机

稳健会计的主要精神是实时确认坏消息,因此稳健会计可以作为有效的监管机制,降低采取净现值为负的投资计划。进一步,我们可以问另一个问题:稳健会计是否可以减少经理人员采取风险性资产的动机?为回答这一问题,Kravet(2014)以购并案为对象,探讨稳健会计对于购并动机的影响。他发现,购并案具有很高的不确定性,因此采取稳健会计的公司为避免未来出现坏消息而须提早确认损失,通常会避免这种高风险性的购并投资案。此外,当公司具有较多的债务条款时,这类风险性投资会增加违约的风险,因此,稳健公司降低购并决策的情况会随着债务条款的增加而更明显。

9.3.6 影响稳健会计的因素

9.3.6.1 信息不对称

财务报告可以降低股东与经理人员之间的信息不对称,因此如果担心管理当局隐藏重要的信息时,股东可以通过实时性的财务报表来解决这一问题。LaFond and Watts(2008)发现,当股东与管理当局之间的信息不对称越大时,公司(管理当局)越会承诺采取稳健会计,以缓和这一现象,因为稳健会计可以降低管理当局操控盈余的动机与能力。其次,当信息不对称的情况变化时,稳健的程度也会跟着改变。换言之,当股东与管理当局之间存在信息不对称时,董事与管理当局会承诺采用实时披露坏消息的会计方法。

FASB 主张稳健会计会增加信息不对称,因此将删除稳健会计;作者则提供了相反的实证结果,认为删除稳健会计反而会增加信息不对称,因此FASB 删除稳健会计的做法将会引发较大的信息不对称。

问 题

LaFond and Watts(2008)提出下列假说：

(1)H1：信息不对称越大，则公司财务报告的稳健度越高；

H1a：信息不对称越大，则公司越不会确认利得；

H1b：信息不对称越大，则公司越会确认损失；

H1c：信息不对称越大，则公司确认利得与损失的时间差异会越大。

(2)H2：信息不对称的变化，会导致稳健会计的变化。

实证方法

作者使用下列模型检验H1a与H1b：

$$NI = \beta_0 + \beta_1 RET + \beta_2 PIN + \beta_3 RET \times PIN + \varepsilon$$

NI 为盈余，RET 为股票报酬，PIN 为信息不对称的指标，数值越大表示信息不对称越大。对于好消息（$RET > 0$）样本，H1a预期 $\beta_3 < 0$；对于坏消息（$RET < 0$）样本，H1b预期 $\beta_3 > 0$。作者使用下式检验H1c：

$$NI = \beta_0 + \beta_1 DR + \beta_2 RET + \beta_3 DR \times RET + \beta_4 PIN + \beta_5 PIN \times DR + \beta_6 PIN \times RET + \beta_7 PIN \times RET \times DR + \varepsilon$$

H1c预期 $\beta_7 > 0$。为检验H2，作者使用下式：

$$NI_t = \beta_0 + \beta_1 DR_t + \beta_2 RET_t + \beta_3 DR_t \times RET_t + \beta_4 \Delta PIN_{t+x} + \beta_5 \Delta PIN_{t+x} \times DR_t + \beta_6 \Delta PIN_{t+x} \times RET_t + \beta_7 \Delta PIN_{t+x} \times RET_t \times DR_t + \beta_8 PIN_{t+x} + \beta_9 PIN_{t+x} \times DR_t + \beta_{10} PIN_{t+x} \times RET_t + \beta_{11} PIN_{t+x} \times RET_t \times DR_t + \varepsilon_t$$

x=−1,0,或1。H2主要探讨：究竟是信息不对称导致稳健，或是稳健导致信息不对称，或是同期发生。为检测这三种情况中哪一种情况才是对的，作者在自变量中分别放入 PIN_{t-1}，PIN_t 与 PIN_{t+1}。

(1)如果是信息不对称导致稳健，则 $\Delta PIN_{t-1} \times RET_t \times DR_t$ 系数 $\beta_7 > 0$。

(2)如果是信息不对称与稳健同期变化，则 $\Delta PIN_t \times RET_t \times DR_t$ 系数 $\beta_7 > 0$。

(3)如果稳健导致信息不对称，则 $\Delta PIN_{t+1} \times RET_t \times DR_t$ 系数 $\beta_7 > 0$。

实证结果

与H1预期相符合；至于H2，实证发现 $\Delta PIN_{t-1} \times RET_t \times DR_t$ 系数 $\beta_7 > 0$，且 $\Delta PIN_t \times RET_t \times DR_t$ 系数 $\beta_7 > 0$；但是 $\Delta PIN_{t+1} \times RET_t \times DR_t$ 系数 β_7 不显著，因此作者认为是信息不对称导致稳健，因而支持H2。

9.3.6.2 所有权结构

LaFond and Roychowdhury(2008)进一步指出,管理当局持股越少时,公司与管理当局之间的代理问题越严重,因此,对于稳健会计的要求就越高。然而,这又引发了另一个问题:哪些股东会希望通过稳健会计来降低这种信息不对称呢?股东可以分为散户与机构投资者,后者通常是比较具有专业知识与判断的投资者,且通常也是股价的决定者,因此,如果稳健会计可以提供监督与监管的利益时,这些机构投资者通常会比散户清楚,因而会有较高动机要求管理当局采用稳健会计,相对的,散户就没有这种分析能力。

然而,机构投资者也有不同类型,例如Bushee(1988)提到,有些机构投资者是长期经营的,有些是短视的;因此,Ramalingegowda and Yong(2012)预期并发现,具有监督动机的机构投资者,持股越多则公司越会采取稳健会计。此外,当公司成长机会越多,或是信息不对称越严重时,这些机构投资者越不容易监督管理当局是否有采取利益最大化的行动,此时,他们就越需要依赖稳健会计来监管公司。如前所述,稳健会计可以限制管理当局投资净现值为负的计划,且限制其盈余灌水的行为。因此,作者发现,当公司有很高的成长机会或者信息不对称越严重时,这些机构投资者要求的稳健程度因而会增加。

9.3.6.3 审计委员会/董事会

审计委员会成员主要职责是监督财务报告产生的过程,同时监督外部的审计人员。近年来国内外会计丑闻让大家的焦点转移到审计委员会是否效率不高。为重拾投资者信心,美国2002年的《萨班斯-奥克斯利法案》第407节,对组成成员做了重要规定:规定公司审计委员会应包括**财务专家**,如果没有必须说明原因。此类财务专家可以分为**会计财务专家**与**非会计财务专家**。研究显示,审计委员会有财务专家时,盈余质量比较高(Abbott et al., 2004;Carcello et al.,2011),而这一效果主要来自于会计财务专家而不是非会计财务专家(Krishnan and Visvanathan,2008;Dhaliwal et al.,2010)。例如,Krishnan and Visvanathan(2008)发现,会计财务专家会增加财务报表的稳健性,但是这一现象并没有出现在非会计财务专家上。

另外,董事会的好坏,也会影响到财务报表的稳健程度。例如,Erken et al.(2014)研究指出,如果贷款银行的高层也同时是借款公司董事会的董事时(该董事称为**Affliated Banker**),他/她可以及时获得公司私有信息,以提早采取应对之道，避免发生信息不对称所引发的借/贷者之间的代理问题；因此 Affliated Banker的存在可以取代对稳健会计的需求。

9.3.6.4 过度自信

管理当局过度自信的态度，不仅会影响到投资、理财以及股利政策，同时也会影响到会计政策的选择以及盈余的质量。研究指出(Ahmed and Duellman，2013)，过度自信的管理当局对未来抱持较乐观的预期，因而不会提早确认坏消息，也就是不会采用条件式稳健会计；同时，由于对未来较乐观，因而在预估公司价值时会过于高估，进而也不会采用非条件式稳健会计。最后，作者也发现，外部监督机制越强时，会限制过度自信的管理当局偏离采用稳健会计的现象。

问　题

Ahmed and Duellman(2013)建立下列两个假说：

H1a：过度自信与条件式稳健会计呈负相关。

H1b：过度自信与非条件式稳健会计呈负相关。

H2：外部监督机制越强时，过度自信与稳健会计负向相关将会越弱。

研究设计

作者首先使用Basu(1997)模型检验H1a：(第一种条件式稳健法)

$$NI_t = \beta_0 + \beta_1 D_t + \beta_2 RET_t + \beta_3 OverCon_{t-1} + \beta_4 D_t \times RET_t + \beta_5 OverCon_{t-1} \times D_t + \beta_6 OverCon_{t-1} \times RET_t + \beta_7 OverCon_{t-1} \times RET_t \times D_t + Control + \varepsilon_t$$

上式中，作者使用四种方法衡量过度自信(*OverCon*)：

(1) *Holder*67：首先，计算每股认股权价内价格(*Money*)：(每股股价 *S* - 可执行但尚未执行认股权的价格 *C*)/ 可执行但尚未执行认股权的价格 *C*；其次，如果研究期间至少两次 *Money*>0，则令 *Holder*67 = 1，否则为0(看好未来，因此即使可以执行，也不执行，因为明天会更好)。

(2) *Purchase*：如果CEO净购买股票数（买-卖）位于样本的前1/4，则令 *Purchase* = 1，否则为0（看好未来，因此买入多一点）。

(3) *CAPEX*：如果（资本支出/期初总资产）大于产业中位数，则令 *CAPEX* = 1，否则为0(看好未来，因此CEO会投资比较多)。

（4）*Over-Invest*：总资产增长对于总销售增长作回归，所得到的残差（表示超额投资）>0，则令 - *Over-Invest* = 1，否则为0（总资产增长超过总销售增长，表示超额投资）。

实证结果发现，大部分的过度自信（*OverCon*）的衡量方法下，$\beta_7 < 0$，因此支持H1a。作者另外使用*C-score*作为条件式稳健会计的另一替代变量，并使用下式检验H1a：（第二种条件式稳健法）

$$C\text{-}score_t = \beta_0 + \beta_1 OverCon_{t-1} + Control_t + e_t$$

实证结果

实证结果发现，各种过度自信（*OverCon*）的衡量方法下，$\beta_1 < 0$，也支持H1a。为检验假说H1b，作者使用两个非条件式稳健会计的替代变量：（1）*CON_CC*：应计盈余乘上-1；（2）*Skewness*：现金流量偏态与盈余偏态的差额。这两个值越大，则越稳健。作者使用下式检验假说H1b：

$$CON\_CC_t(\,or\,)\ Skewnes_t = \beta_0 + \beta_1 OverCon_{t-1} + Control_t + e_t$$

实证结果发现，不论是*CON_CC*还是*Skewnes*，$\beta_1 < 0$，因此支持H1a。为检验假说H2，作者使用下式：

$$Con = \beta_0 + \beta_1 OverCon_{t-1} + \beta_2 Monitoring_t + \beta_3 Monitoring_t \times Overcon_{t-1} + Control_t + e_t$$

Con 是指下列任何一者：$C\text{-}score_t$，*CON_CCt* 或 $Skewnes_t$。*Monitoring*是指外部监督的强弱，如果公司符合下列4个条件之中的3个，则令 *Monitoring* = 1，否则为0：（1）内部董事比率小于样本中位数；（2）外部董事比率大于样本中位数；（3）机构投资人持股比率大于样本中位数；（4）CEO并非董事长。实证结果发现，β_3并不显著大于0，因此不支持H2。

9.3.6.5　制度背景：法规因素

国家之间由于制度背景以及因其所产生的编制财务报表动机的差异，会塑造出不同的财务报告的质量。因此，仅仅具有一套好的强制性会计准则，本身并不能产生高的财务报告的质量。例如，Ball et al.（2000）发现，相对于**成文法系**（Civil Law）的国家而言，在**非成文法系**（Common Law）的国家，投资者较依赖健全的资本市场，因此公司在向资本市场融资时，一般而言，财务报告会采取比较稳健的做法，也就是早确认损失，晚确认利得。Ball et al.(2003)进一步发现，曾被非成文法系国家统治过的四个亚洲成文法系的国家或地区[①]，虽有高质量的会计准则，但却因为制度背景仍属于仅具有低度报告动机的地区，因此财务报告的质量仍是比较低的。

市场参与者是否使用会计信息订立契约，依赖于国家在执行证券法规时，是否确实与严谨；因为资本市场参与者签订的契约是否有效，依赖国家是否保障这些契约会被认真执行。而要认真执行这些契约，必须是契约所使用的会计信息是高质量的。例如，一般而言，国家整体的司法体系以及执行法律越是有效率时，资金成本越低(Hail and Leuz，2006)。

了解执法效率，有助于了解制度背景如何影响与塑造出财务报告的质量。因此，Jayaraman(2012)以 16 个实施**内部交易法**的国家为样本，检测实施前后稳健会计的程度是否不同。为实施内部交易法，该国同时会强化多项法制措施以改善财产权的水平。例如，有些国家在实施内部交易法之后，会改革金融法规，放宽外来投资，这些都将增加该国的信用评级。此举将对财务信息的质量要求更殷切，进而降低了实施内部交易法国家的资金成本。

基于以上的分析，Jayaraman 发现，首先，这16个国家在实施内部交易法之后，会计信息的质量变得比较高，也就是财务报告变得比较稳健。其次，内部交易法的实施对稳健需求的增加幅度，在对债务需求比较多的公司尤其明显。因为提供高质量(较稳健)的会计信息可以作为贷款人监督债务人的一个有效机制，进而降低代理问题。例如，如果债务人财务恶化以致信用产生了问题时，稳健会计可以提供实时性的预警信息(因为坏消息要实时确认)。

再次，当公司内部监督机制较健全时，投资者将可以通过减少外部契约的安排来监督公司，进而就会减少对于稳健会计的需求。例如，大股东对于公司具有监督的效果，因此当公司存在大股东时，投资者对于稳健会计的需求就会降低(Bushman and Piotroski，2006)。基于同样的逻辑，作者预期并发现，内部交易法对会计稳健性的正面影响，在内部监督机制不好的公司尤其明显。

最后，Jayaraman 提出了第四个问题：实施内部交易法对于会计稳健性的正面影响，是否与权益市场的重要性有关？也就是说，有些公司常向权益市场融资，有些则比较少，因此内部交易法对于会计稳健性的影响，是否在

---

① 新加坡、泰国、马来西亚与中国香港。

这些公司之间会有程度上的差异呢？事实上，有两派看法。赞成对经常融资者有较大影响的人认为，管理当局持股越少时公司与管理当局之间的代理问题越严重(LaFond and Roychowdhury,2008)。因此，对于稳健会计的要求就越高。在此情况下，如果要常融资的话，对于稳健性的需求应该是更加殷切的。但是另一方面，反对者则认为，稳健会计的主要需求是来自债务市场而非权益市场(Ball et al.,2008)。在权益市场中，股价已经反映了各类信息来源，因此相比之下，稳健信息在权益市场仅是一个相对不重要的次要信息，因此，稳健会计在权益市场是不重要的，对于是否常融资的公司而言，应该是没有差异性的影响。由于正反意见都有，作者不做方向预期。实证结果发现，实施内部交易法对于会计稳健性的正面影响，与是否常向权益市场融资没有程度上的差异。

问　题

Jayaraman(2012)检验下列假说：

(1)H1:内部交易法实施后,会计稳健性增加。

(2)H2:内部交易法对会计稳健性的正面影响,对于债务需求较高的公司尤其明显。

(3)H3:内部交易法对会计稳健性的正面影响，在内部监督机制不好的公司尤其明显。

(4)H4:内部交易法对会计稳健性的影响，在是否常向权益市场融资的公司之间,是没有差异的。

实证方法

作者先使用双重差分(Difference-in-Difference)模型检验 H1:

$$C\_SCORE = \beta_0 + \beta_1 POST + \beta_2 IT + \beta_3 POST \times IT + Control + \varepsilon$$

C_SCORE 为前述 Khan and Watts(2009)所提的方法计算出的稳健程度；$POST = 1$，表示样本为实施内部交易法后的样本；IT=1(0)，表示公司有(没有)实施内部交易法。实证结果发现 $\beta_3 > 0$，表示实施内部交易法之后，有实施内部交易法的国家的公司比没有实施内部交易法的国家的公司，在会计上更加稳健。

另外，将样本分为高低负债两群，并按上述模型分别进行回归，结果显示高负债这一群 $\beta_3 > 0$，但低负债这一群 β_3 不显著，且差异达到显著水平,因此支持H2。为检验H3,按照是否存在大股东(持股50%以上)将样本分为有无两群,结果显示无大股东这一群 $\beta_3>0$,但有大股东这一群 β_3 不显著,且差异达到显著水平,因此支持H3。最后,为检测H4,按照权益发放多寡将样本分为有无两群,结果两组 $\beta_3>0$,但差异未达显著水平,因此支持H4。

9.3.6.6 其他决定因素

影响会计稳健性的因素颇多,其他诸如公司治理、审计专家、内部控制等,这些在学术文献都有相当多的探讨,下列问题来自几个常见到的文章,有兴趣的读者可自行参阅。

问　题

在学术领域中,还有一些影响稳健会计的因素,现在列举几篇有趣的文章于下:如果是你,你会如何检测?

(1)公司治理越好的公司,越倾向于采用稳健会计(Ahmed and Duellman,2007)。

(2)审计行业专家鉴证的公司,其委托人较稳健。

(3)不成文法国家与成文法的国家相比,一般而言,会计是比较稳健的(Ball et al.,2000)。

(4)内部控制的质量,会影响到稳健会计的使用程度(Goh and Li,2011)。

(5)国有银行与民营银行之间的差异;外资银行与本土银行之间的差异(Chen et al.,2010)。

9.4 盈余质量:外部指标

介绍外部产生的盈余优劣指标:主管机关的行政处分、财务报表重述以及内部控制缺陷。

由外部产生的盈余优劣指标,通常比较具有客观性,不需要人为使用统计方法来计算,因此可以避免出现第一类错误的情况,也就是将没有问题(如没有盈余管理)的公司误认为有问题的公司。这类外部产生的指标包括:受主管机关行政处分的公司、财务报表重述以及内部控制有缺陷的公司。虽然这类指标具有明确辨认的优点,但是缺点是会有选样偏误的可能性,而这也正是学者在研究设计时应该小心的地方。

9.4.1 主管机关的行政处分

9.4.1.1 评述

受到AAERs(SEC Accounting and Auditing Enforcement Releases)处分的公司,主要都是证监会认为盈余有误导性陈述或是盈余有高估的公司。因此,一般不会有第一类错误的问题。相对的,其他方法因必须自己计算(如应计盈余),较容易出现第一类错误。然而在使用时,必须有几点需要留意:第一,证监会的资源有限,通常仅会调查最严重的公司,甚至是已经被披露或自行承认有误导性陈述的公司,至于那些隐匿较好的严重公司,常常因为资源有限而没有去调查,因此容易出现第二类错误。第二,证监会的主要责任之一是保护资本市场的投资者,因此常将焦点放在对资本市场影响较大的事件上。例如,IPO与现金增资等重大事件。第三,并非所有被告公司都认同SEC的处分(Bonner et al.,1988)。

9.4.1.2 经济后果

AAERs公司通常会有几项不利的经济后果。第一,这些公司的经理人员通常会离职(被解聘或是主动离职)(Karpoff et al.,2008);第二,违法事件公开后公司股价会显著下跌(如Dechow et al.,1996);第三,这些公司的审计人员面临诉讼的风险。

公司如果出现高获利的状况时,会引起同业其他公司的注意,进而增加投资的幅度(Bushman and Smith,2001)。因此,公司报导的盈余状况会影响同业的投资行为。Beatty et al.(2013)研究发现,当AAERs公司违约报导高额的盈余时,确实会促使同业增加投资幅度。另外,这些AAERs公司的盈余管理幅度越大时,误导其他公司的投资行为也越大。

9.4.2 财务报表重述

当公司以往的财务报表出现重大误导性陈述(不论是有意或是无意)时,公司必须重新编制以往年度的财务报表,而重述的根源,可能来自主管机关(如证券期货监管部门)、会计师或者公司自己。因此学者又常将其分为**强制性重述**与**自愿性重述**。当公司发布财务报表重述的消息时，往往会引起股价的下跌。此外，随着重述的严重性不同，股价的跌幅也会出现不同程度的幅度。因此，在学术上，也常使用是否重述作为财务报表质量好坏的替代变量。一般而言，当公司获利能力较低、负债比率较高、非“四大”审计、公司规模大、成长速度快或董事会独立性较差时，较可能发生财务报表重述。

财务报表重述会引发两种效果，分别为财富效果与信息效果。前者是指因重述而改变了对公司未来现金流量期望值的预期，进而影响到股东的财富；而后者则是指因为重述而对未来的预期产生了不确定性，因而增加了信息的风险。

使用财务报表重述作为盈余质量的替代变量，优点是一般不会有第一类错误的问题，也就是没有误导性陈述却被当作有误导性陈述的错误发生。然而，重述样本中包括了使用新会计方法的追溯调整、重分类、更正非故意的错误，甚至因为同一原因而重述数次，如果没有将这些样本剔除，反而会成为一个噪声很大的替代变量。

9.4.2.1 影响财务报表重述的因素

公司治理

公司治理是一项有用的监督公司的机制，因此，当公司治理较好时，同时也会提高盈余的质量。就财务报表重述而言，好的公司治理机制会降低公司财务报表重述的几率。

公司治理机制可分为内部与外部两类，内部治理机制包括董事会及审计委员会。过去研究（Dechow et al.，1996）发现，若公司未设置审计委员会、董事长兼任首席执行官或创办人或内部董事占董事会席位超过50%（亦即独立性较低），则对管理阶层的监控能力较低，因此财务报表受到操纵进而发生重述的概率会大幅提升。Beasley（1996）实证结果则显示，外部董事与独立董事具有降低财务报表舞弊的功能。外部的治理机制则包括市场机制（如竞争因素与产品质量）、专业机构（如会计师、投资银行及公司治理分析人员等）以及资本市场对股东权益的保护及对公司的规范。学术研究（Barber et al.，2006）发现，外部加诸公司的治理机制，会降低公司财务报表重述的机会。

会计师

会计师审计质量的好坏,也会影响到公司是否会出现重述的现象。一般而言,四大事务所当中,又可以划分为是否是行业专家。现有文献发现,四大事务所的行业专家的委托人,比较不会出现财务重述的情形。Chin and Chi(2009)以台湾地区上市公司为研究对象,证实结果支持这一推论。

问 题

Chin and Chi (2009) 使用下列Logit回归式检测会计师是否是行业专家对财务报表重述的影响:

$$Pr\,(RES=1)=\beta_0+\beta_1 CPA1+\beta_2 CPA2+\beta_3 CPA3+Control+\varepsilon$$

$RES=1$,表示有重述的公司,反之为0; $CPA1$:当不仅事务所是行业专家,同时鉴证会计师也是行业专家时,其值为1; $CPA2$:当事务所是行业专家,且鉴证会计师不是行业专家时,其值为1; $CPA3$:当事务所不是行业专家,而鉴证会计师为行业专家时,其值为1。实证结果发现,β_1与β_3显著为负,表示只要有鉴证会计师是行业专家时,不论事务所是否是行业专家,都会降低财务报表重述的概率。

诉讼成本

曾经发生诉讼的会计师,经过学习而知道以往审计的缺失之后,可以正确认识到这些缺失以避免诉讼事件的再次发生。由于财务报表重述会引起股价下跌,而这一下跌的事实可以成为投资者控告公司的理由。因此,学术研究(Lennox and Li,2014)预期并发现,以往曾经历诉讼的会计师,未来发生财务报表重述的概率会比较低。这一现象不仅在整个事务所,即使在同一事务所内,也会有学习效果的出现。

追回条款

第7章曾提及,为阻止会计丑闻的频繁发生,有些公司通过了所谓的**追回条款**(Clawback Provisions);在该条款下,如果公司主管因为会计违法以致出现财务报表重述的情况时,董事会得要求主管退回公司之前支付的薪酬红利。在此条款下,由于潜在的金钱损失以及声誉损失,主管当局一般不会违法,因而这些公司一般不会发生财务报表重述的情形(Chan et al.,2015;DeHaan et al.,2013)。

审计委员会

首先,如前所述,审计委员会成员主要职责是监督财务报告产生的过程,同时监督外部的审计人员。因此,审计委员会有财务专家时,盈余质量比较高,例如,在实施《萨班斯-奥克斯利法案》前,审计委员会中有财务专家的公司,一般不会出现财务报表重述的现象(Abbott et al,2004;Agrawal and Chadha,2005)。其次,如果董事成员目前或者之前曾经任职于同一行业的其他公司时,由于兼具该行业的管理能力与知识,因而财务报表一般不会发生重述的现象(Cohen et al.,2014)。

另外,公司主管的影响力会影响到审计委员会的运作。当公司主管的影响力很大时,他们会通过各种方法影响审计委员会的运作,以致降低审计委员会监督财务报告的功能。例如,《萨班斯-奥克斯利法案》实施前,公司主管可以直接介入委员会成员的聘任,在此情况下,即便是独立董事/财务专家,也无法发挥监督功能,因而财报质量会变得比较差(Carcello et al.,2011)。然而,当《萨班斯-奥克斯利法案》要求公司主管不得介入审计委员会成员的聘任后,如果公司主管的影响力仍很大时,审计委员会的财务专家仍然无法发挥专业的作用。也就是说,公司主管的影响力很大(小)时,财务专家与财报重述的可能性呈现正(负)相关,而当公司主管的影响力持平时,财务专家与财报重述的可能性是无关的。因此,即便是在《萨班斯-奥克斯利法案》实施之后,如果公司主管的职权很大时,仍无法遏制主管对报导质量的干涉,以致此时财务专家仍然是公司主管的橡皮图章,仅有形式而不具实质意义(Lisic et al.,2014)。

问　题

Lisic et al.(2014)建立下列假说:

H1:《萨班斯-奥克斯利法案》实施之后,财务专家与财务报表重述的负相关情况会因为CEO职权的影响力的扩张而变小。

研究设计

作者使用下列Logit模型检验H1:

$$Restatement = \beta_0 + \beta_1 ACC_{EXPERT} + \beta_2 CEOPOWER\_MID + \beta_3 CEOPOWER\_HIGH + \beta_4 ACC_{EXPERT} \times CEOPOWER\_MID + \beta_5 ACC_{EXPERT} \times CEOPOWER\_HIGH + Control + \varepsilon_t$$

$Restatement = 1$,表示样本有重述; $ACC_{EXPERT} = 1$,表示审计委员会有会计专家;*CEOPOWER*:代表CEO的职权大小,作者使用了11个指标[①],每一个指标区分为大小两个值(即1与0),最后予以加总,因此理论上*CEOPOWER*应该介于[0,11]之间,但实际样本却仅介于[0,9]之间,越大表示职权越大。作者将*CEOPOWER*划分为三群:(1) *CEOPOWER_HIGH*: [6,9];(2)*CEOPOWER_MID*: [3,5];(3)*CEOPOWER_LOW*: [0,2]。

实证结果

(1) $\beta_1 < 0$ (-0.146, $p<0.05$):表示当CEO职权很小时,会计专家会降低重述的可能性;(2) $\beta_5 > 0$ (0.477, $p<0.01$):表示CEO职权很大时,会使会计专家降低重述可能性的功能大打折扣;(3) β_4 不显著(0.03, $p>0.10$):表示CEO职权持平时,会计专家降低重述可能性的功能与CEO职权很小时是一样的。

作者进一步做了一件有趣的检测:(1) $\beta_1 + \beta_5 > 0$ (0.331, $p<0.01$):表示公司主管的影响力很大(小)时,财务专家与财报重述的可能性呈正相关;(2) $\beta_1 + \beta_4 < 0$,但不显著(-0.116, $p>0.1$):当公司主管的影响力持平时,财务专家与财报重述的可能性是无关的。(3) $\beta_1 < 0$ (-0.146, $p<0.05$):表示当CEO职权很小时,财务专家与财报重述的可能性呈负相关。

其他——中国议题 [①]

有关中国的重述议题,也是一个有趣的研究对象。Firth et al.(2011)探讨哪些因素会导致公司被要求重编财务报表。在检测这一议题时,作者特别提醒,其实这是由两个问题构成的:首先,公司是否违约(Fraud)受到哪些因素影响?作者发现,在董事会的成员中具有会计或财务背景的董事、公司位于法律环境较完备的省份时,一般不会违约,但是当公司属于中央国有企

① 对于这11项指标,有兴趣的读者可自行阅读文章。例如,CEO是否兼任董事长,CEO是否是公司的创立者,以及CEO的任期是否大于样本中位数等。

业、负债比率越高或是将有增资活动时,公司较容易出现违约的可能。

其次,就已经发生违约的公司而言,哪些公司会被发现而被要求重编财务报表？作者发现,公司位于法律环境较完备的省份或是不属于中央的国有企业时,已违约者较容易被发现而被要求重编报表。

问 题

作者建立双变量回归(Bivariate Probit)模型检测前面提到的两个问题:

(1)违约模型:

$$Pr(FRAUD=1)=\beta_0+\beta_1 OUT\%+\beta_2 CFO+\beta_3 FINBACK+\beta_4 CENTRAL+\beta_5 BIG4+\beta_6 LEGAL+\beta_7 LEV+\beta_8 LOSS+\beta_9 SEO+\varepsilon$$

(2)条件侦测模型:

$$Pr(RES=1 \mid FRAUD=1)=\beta_0+\beta_1 OUT\%+\beta_2 CFO+\beta_3 FINBACK+\beta_4 CENTRAL+\beta_5 BIG4+\beta_6 LEGAL+\varepsilon$$

$FRAUD=1$,表示公司发生违约；$RES=1$,表示公司有重述；$OUT\%$:非管理团队的董事比率；CFO:CFO 或者主管会计不在董事会内时,令其为1；$FINBACK$:在董事会的成员中具有会计或财务背景的董事比率；$CENTRAL$:当公司属于中央国有企业时,令其为1；$BIG4$:四大事务所审计者,令其为1；$LEGAL$:企业所在省份的法律环境指数,越大表示法律环境越完备；$LOSS$:亏损时,令其为1；SEO:次年度有现金增资者,令其为1；LEV:负债比率。

实证结果

(1)违约模型:$\beta_3<0$, $\beta_6<0$, 且$\beta_4>0$, $\beta_7>0$, $\beta_9>0$。

(2)条件侦测模型:$\beta_4<0$, $\beta_6>0$。

讨论

以往在探讨类似问题时,都是假设有重述的公司,令 $RES=1$,没有重述的公司(包括:没有违约以及有违约但未被发现者这两类公司),令 $RES=0$,这一情况可以下表说明。

	被发现	未被发现
有违约	重述(*RES*=1)	没有重述(*RES*=0)
无违约	没有重述(*RES*=0)	没有重述(*RES*=0)

在此重述的分类下，以往研究使用下式检测：

$$Pr\ (\ RES=1\ )\ =\beta_0+\beta_1 OUT\%+Control+\varepsilon$$

在实证上，这与作者的实证模型是有差异的。因为在作者的违约模型中，作者先划分有无违约，其次，在条件侦测模型中，再探讨已发生违约的公司中，那些会被发现而被要求重述。

9.4.2.2 财务报表重述的经济后果

管理当局/董事的离职

财务报表重述之后，公司管理当局离职的概率通常比未重述者还要高。此外，由于信誉受到影响，因此这些高级主管在离职后再找到工作的机会会减少，且即便找到工作，薪酬也会比之前还要少（Desai et al.，2006）。此外，重述内容较为严重的公司，董事成员的离职率也比较高；这一现象在董事是审计委员会的成员时尤其明显（Srinivasan，2005）。

会计师的解聘

财务报表的重述，不仅会增加资金成本、降低公司价值，并导致管理当局/董事的离职，同时也表示是会计师的失职。因此，当财务报表的重述是属于情节较为严重的情况时，会计师也可能面临解聘的风险。研究发现，在重述发生之后的一年内，重述的情节越严重，会计师遭到解聘或更换的可能性越大；其次，由于更换"四大"的会计师的成本比更换非"四大"的会计师高，且更换"四大"的会计师后的选择性也比较小，因此重述导致更换会计师的情况在非"四大"的会计师中较为严重（Hennes，Leone，and Miller，2014）。

公司价值（或是资金成本）

财务报表重述的宣告，平均会产生约−9.2% 的异常报酬（Palmrose et al.，2004），显示市场是给予负面的解读。然而，当重述是因为舞弊所引起时，会产生高达−20%的异常报酬。此外，除了舞弊之外，其他诸如涉及较多科目的重述、会降低盈余的重述以及会计师要求的重述，负向的市场影响是较显著的。Anderson and Yohn(2002)发现重述公司的盈余反应系数是比较小的。Lev et al.(2008)发现,当重编报表之后,会影响到以往盈余的历史趋势时(例如重述之后盈余增长的趋势就反转了),股价下跌的幅度会比较大。

另外,重述公司会增加未来的资金成本。例如,Hribar and Jenkins (2004)发现,重述公司不仅会降低投资者对该公司未来盈余的预期,同时也会有比较高的权益资本成本。此外,如果重述是由会计师要求的,此时对于权益资本成本的负向影响是最大的。同样,负债比率高的公司也是有类似的效果。有关资金成本的估计过程,详见第4章的说明与介绍。

诉讼概率

Palmrose and Scholz(2004)发现,重述公司中约有38%会涉及诉讼,包括公司、董事、主管以及会计师。此外,他们也发现,随着重述幅度以及违约程度的增加,这种诉讼的概率也随之增加。此外,如果重述涉及**核心盈余**(**Core Earnings**,也就是因主要业务而产生的盈余)或是涉及比较多的会计科目,则诉讼概率就会增加。另外,如果重述之后,会让重述之前呈现持续成长或是获利的公司出现反转的现象时,也容易受到投资者的集体诉讼(Lev et al.,2008)。

采取修补信誉丧失的措施

公司与利害关系人之间订有各种显性与隐性的契约,作为公司对这些利害关系人的承诺,通过这些承诺,公司对这些利害关系人表达出公司的正直以及执行契约的能力;同样的,利害关系人也根据这些契约或是承诺,与公司进行交易,并建立交易的条件。如果发生严重的财务报表重述,无疑表示公司是没有信誉的,也没有意愿或能力执行契约。为避免利害关系人采取不利的交易条件,在发生重述之后,公司会有动机采取各种修补信誉丧失的措施。也就是说,除了资金提供者,公司也会对客户、员工及社区等利害关系人采取修补关系的动作。例如,出售耐用品或者长期劳务的公司,一般会想办法修补与客户的关系;具有专业高技术的公司,一般会想办法修补与这些员工的关系;在许多地区都有营业的公司(如零售业),会加强与社区的互动,否则不利于在其他地区设立新的营业点。而以上这些补救措施,会让资本市场给予正面的评价(Chakravarthy,DeHaan,and Rajgopal,2014)。

内控缺失可分为公司层级与账户层级，前者对于盈余质量的影响大于后者。

9.4.3 内部控制缺陷

美国在2002年7月通过《萨班斯–奥克斯利法案》(SOX),目的在于监督公开发行公司,希望它们能够提供正确、可靠的信息;而其中的重点之一就是要求企业建立与维护健全的内部控制制度。其中SOX 302要求公司管理当局须于申报的季报或年报中,评估公司内部控制的有效性,且必须对其提供完整的评估报告。另外,SOX 404除要求管理层须对内部控制的有效性自我评估之外,也要求注册会计师对该评估报告发表意见。在SOX法案通过之前,公司(银行除外)仅须在更换注册会计师时,在8-Ks中披露内部控制的信息(Ge and McVay,2005;Krishnan,2005;Altamuro and Beatty,2010)。

当公司的内部控制具有重大缺陷时,会出现非故意的会计错误以及故意的欺诈,因此注册会计师应该提出否定的意见。由于这一资料是可以公开取得的,因此很多研究就以内部控制是否**有重大缺陷**(Internal Control Weaknesses)作为盈余质量的替代变量。然而,内部控制缺陷又可以划分为**公司层级**(Firm-level)的内控缺陷以及**账户层级**(Account-specific)的内控缺陷。公司层级内控缺陷系指内部控制缺陷与公司整体控制程序有关,例如控制环境、财务报告程序、权责划分及职能分工上有缺陷,这类内部控制缺陷影响层面较大。账户层级内控缺陷系指内部控制缺陷与特定会计科目有关,也就是公司特定会计科目并未按照既定的内部控制程序执行,以至于产生会计科目层级的内部控制缺陷。例如,销售收入、应收账款与应付所得税等会计科目,未确实遵循应有的内部控制程序。因此,一般而言,公司层级的内部控制缺陷对于盈余质量所造成的负面影响会大于账户层级的内控缺陷。

9.4.3.1 影响内部控制缺陷的因素

审计委员会

如前所述,在SOX法案通过之前,公司仅须在更换会计师时披露内控缺陷。审计委员会的功能之一就是监督内部控制制度是否有效设计与实施。因此,Krishnan(2005)以SOX通过前的样本,检测审计委员会的质量对于内部控制缺陷的影响。实证结果发现,审计委员会的独立董事越多,或者财务专家的人数越多,则内部控制的质量越好,越不会出现缺陷。

问 题

Krishnan(2005)使用下列Logit回归式检测审计委员会质量与内部控制质量的关系：

$$Pr(ICW=1)=\beta_0+\beta_1 AC\_SIZE+\beta_2 AC\_DEP+\beta_3 AC\_EXPERTISE+CONTROL+\varepsilon$$

作者以更换过会计师的公司为样本。$ICW=1(0)$,表示有(无)内控缺陷。作者使用三个变量衡量审计委员会的质量:(1)$AC\_SIZE=1(0)$,表示委员人数大于等于(小于)3人;(2)AC_DEP:独立委员人数所占的比率;(3)$AC\_EXPERTISE$:委员为财务专家的人数。如与预期相符合,则β_1,β_2与β_3都小于0。

实证结果

三个系数都为负,与预期相同,但是仅有β_2与β_3达到显著水平。因此,整体而言,是支持假说的。

组织复杂性与其他因素

事实上,除了审计委员会之外,公司内部的特性也会影响到公司的内部控制制度。当公司的组织复杂度越高(例如多角化经营)、组织结构产生重大改变(例如重整或购并)、复杂的会计程序、产业成长过于快速、经常报导损失以及财务困境等因素,都会影响到公司的内部控制的质量。另外,一旦该公司有会计师辞职、过去发生过财务报表重述、受到主管机关惩戒以及外部股东监督能力薄弱等因素,亦会提高公司发生内部控制缺陷的概率(Ashbaugh-Skaife et al.,2007;Doyle et al.,2007b)。

9.4.3.2 内部控制缺陷的经济后果

研究SOX 302与SOX 404的经济后果时,有可能发现前者的效果会比后者强。原因是:(1)SOX 302的主要责任在管理当局,相对的,SOX 404要求会计师也要承担主要责任,而通常会计师的要求是比较严的,因此在决定公司是否已经跨越了内控制缺陷的门槛时,通常是会计师将门槛放得比较低(较易达到缺陷的门槛);(2)主管机关在实施SOX 404时,对于小公司会有延迟实施或是免予实施的排除规定,因此,实施的公司通常是比较大的公司,而这些公司的信息环境是比较好的;(3)在 SOX 302 之下,重大内控缺陷是否是强制性披露仍有疑义,因此有些较不严重的内控缺陷就没有披露;(4)SOX 404 的内控缺陷是要在年报披露,因而会有其他同时披露的干扰因素存在,相对的,SOX 302 的内控缺陷则可以选择在没有其他干扰的期间宣告(Dechow et al.,2010)。

盈余质量

目前探讨内控缺陷对于盈余质量影响的研究,将盈余质量的焦点放在应计盈余与会计稳健性上。基本上,这些研究都发现内控缺陷对盈余质量是有负面影响的。首先,Doyle et al.(2007b)发现:(1)有内控缺陷的样本(含 SOX 302 与 SOX 404),应计盈余都比较大;(2)内控缺陷对于应计盈余的影响,主要是公司层级的缺陷所引起的。另外,Ashbaugh-Skaife et al.(2008)发现类似结果:(1)有重大内控缺陷的公司(含 SOX 302 与 SOX 404),应计盈余的质量比较差;(2)更正内控缺陷的公司,应计盈余的质量会优于一直未更正者。

内部控制的质量也会影响到稳健会计的使用程度。例如,Goh and Li(2011)研究指出,有重大内控缺陷的公司(SOX 404),会计稳健的程度比较低。此外,更正内控缺陷的公司,会计稳健程度会优于未更正者。

问　题

Ashbaugh-Skaife et al.(2008)使用下列 Tobit 回归式检测第一个问题[①](有内控缺陷的公司,应计盈余比较大):

$$AQM = \beta_0 + \beta_1 ICW + \beta_2 CONTROL + \varepsilon$$

$ICW = 1\ (0)$,表示有(无)内控缺陷。AQM:作者使用三种应计盈余的绝对值(由于第 8 章对此已有详细介绍,在此不再赘述)。实证发现,β_1 显著为正,表示 ICW 公司有较高应计。

作者认为有更正内容缺陷者的应计盈余,小于未更正者。为检测第二个问题,作者将样本限制在有 ICW 的公司,并用 Tobit 回归式检测:

$$AQM = \beta_0 + \beta_1 WEAKCONTROLS + \beta_2 ICW\_FIXED + CONTROL + \varepsilon$$

① 因为因变量是左边设限的资料形态,因此使用 Tobit 回归式。

WEAKCONTROLS = 1,表示当年或是过去有内控缺陷;*ICW_FIXED* = 1,表示 *WEAKCONTROLS* = 1的公司在后来更正了缺陷。如与预期相符合,则 $\beta_1 > 0$且$\beta_2 < 0$。

实证结果

与预期相符合。

讨论

由于*ICW*为内生变量,因此计量上该如何解决?

股价/权益资本成本

在 SOX 302 之下,内控缺陷的公告会对股价造成负向影响(Hammersley,et al.,2008;Beneish et al.,2008),然而在 SOX 404 之下,内控缺陷的公告却未发现类似的情况(Ogneva et al.,2007;Beneish et al.,2008)。有关权益资本成本方面,研究也是有分歧的;Beneish et al.(2008)发现在 SOX 302 之下,内控缺陷会增加权益资本成本;至于在 SOX 404 之下,部分研究发现内控缺陷并不会影响权益资本成本(Ogneva et al.,2007;Beneish et al.,2008),而有些研究则发现内控缺陷会对权益资本成本产生不利的影响(Ashbaugh-Skaife et al.,2009)。

问 题

Ogneva et al.(2007)问了两个主要问题:

(1)内控缺陷是否会增加权益资本成本?

(2)弥补内控缺陷之后,是否会降低权益资本成本?

模型

作者使用下列回归式检测这两个问题:

$$COC = \alpha_0 + \alpha_1 ICW + \alpha_2 CONTROL + \varepsilon$$

$ICW = 1\ (0)$,表示有(无)内控缺陷。COC:权益资本成本的替代变量,作者使用七种替代变量,其中四种最常用的就是本书第4章介绍的方法,读者可以参阅。

为检测第二个问题,作者将样本限制在有*ICW*的公司,并用下式检测:

$$COC = \beta_0 + \beta_1 ICW + \beta_2 ICW\_FIXED + CONTROL + \varepsilon$$

$ICW\_FIXED = 1$，表示公司更正了缺陷，则 $\beta_1 > 0$ 且 $\beta_2 < 0$。

实证结果

（1）实证发现 α_1 并不显著，因此与预期不符合。

（2）β_1与β_2 都不显著，与预期不符合。

讨论

由于 *ICW* 为内生变量，计量上该如何解决？

这些研究结论的分歧，有待未来进一步的检测。然而，前面提到，SOX 302 与 SOX 404 的制度背景具有四点差异，这些差异是否是研究结论产生分歧的主要原因？这也有待未来进一步研究加以厘清。

分析师预测

由于公司的财务报告是分析师从事财务预测与推荐股票的重要依据，因此公司盈余信息质量的好坏会影响到分析师盈余预测的准确性。Kim et al.（2011）研究指出，当公司有内控缺陷时，分析师一般不愿意报导这家公司，而报导的预测误差与离散度也大。

管理当局预测

管理当局预测是公司自愿披露的一种重要渠道，不仅可以藉此传递管理当局对于公司未来的预期，也可以藉此来减少可能的诉讼。因此，精确的管理当局预测，对于降低公司与投资者之间的信息不对称具有相当的功能。此外精确的管理当局预测会建立公司与管理当局的信誉，因此市场投资者（特别是分析师）将会更倚重公司的财务报告或者管理当局预测信息（Williams，1996）。由于管理当局在做决策或发布预测时，常常是依据公司的会计信息，因此当公司的财务报告质量不高时，很可能会影响到财务预测的精确性。Feng et al.（2009）即在检测这一想法。实证结果发现，内控缺陷有问题的公司，管理当局的预测一般是不精准的。

债务资金成本

公司除了从权益市场筹措资金之外，也会向债务市场举债，而债务市场包括公债与私债。在向债券市场举债时,会计信息常常是订约的依据或者参考资料。如果公司发生了内部控制的缺陷,将影响到订约的资金成本以及各项债务条款。由于盈余在债务市场的功能与权益市场略有不同,因此本书已于第7章专章介绍会计信息与债券市场的相关问题,在此不再赘述。

投资效率

良好的财务报表质量可以使公司的投资更有效率。例如,如果公司资金不足时,由于高质量报表可以让投资者了解公司他们是具有投资潜力的,因此可以比较容易筹措到资金,减少投资不足的现象。同理,公司资金过多时,高质量报表可以让投资者发挥监督的机制,因而避免投资过多(如净现值为负的投资计划)的情况(Biddle et al.,2009)。

就内部控制有缺陷的公司而言,在披露内控缺陷报告之前,由于财报质量不高,因而如果资金有限(过多),就容易出现投资不足(过度);然而一旦公告内控缺陷之后,这些公司将会改善内控缺陷,因此在公告内控缺陷之后一段时间,将会减少投资不足(过度)的情况(Cheng,Dhaliwal,and Zhang,2013)。

9.5 财务报表的质量特征

截至目前为止,我们将焦点放在盈余质量的替代变量上,进而探讨它们的决定因素与经济后果。然而,财务会计教科书常提到,良好的会计信息应该具有一些重要的质量特征。一般而言,财务报表的广泛性标准,就是决策有用观。第3与第4章分别从信息与计量观探讨了决策有用观的内容。首先,在决策有用观之下,相关性与可靠性是两个最重要的基本特性;其次,可比性是一项可以增加相关性与可靠性的重要质量特征。虽然教科书言之凿凿,但是学术上探讨这些特性的文献并不多。本节就这些少数的文献加以介绍。

9.5.1 相关性/可靠性

相关性与可靠性是财务报表最重要的质量特性,但彼此之间常面临取舍。

FASB(1978,1980)在财务会计概念框架中提到相关性与可靠性是决策有用观的两个基本且重要的质量特征。同时进一步指出,在考虑某一会计方法所产生的相关性是否优于可靠性时,也常常出现看法不一致的现象

(FASB,1980,第8页)。而近来广受大家重视的公允价值会计,进一步引发了如何在相关性与可靠性之间作取舍的讨论。例如,FASB曾提到公允价值是可以提高相关性的;而有些学者则认为公允价值会降低可靠性(Watts,2003)。

然而,有关相关性与可靠性的学术性文章并不多见,这是因为相关性与可靠性并不容易衡量。最近有一篇论文,探讨准则制定者(FASB与SEC)的委员背景对SFAS各项公告的相关性与可靠性的影响(Allen and Ramanna, 2013)。作者以FASB自1993年以来至2007年所发布的所有SFAS公告作为研究对象,探讨准则制定者(FASB与SEC)的委员背景,包括是否有金融业背景、受访者是否有会计师背景、所属政党(民主党/共和党)及任期长短等对SFAS各项公告的相关性与可靠性的影响。作者以"四大"会计师事务所对每号公告的回复意见中提及相关性与可靠性的频率,作为相关性与可靠性的衡量指标。

研究发现,具有金融业背景的委员一般会提出公允价值为基础的会计准则,因而相关性比较高,且可靠性比较低。由于1990年至2007年之间,具有金融业背景的委员的比重越来越高,因此这也是为何公允价值越来越受重视的原因之一。另外,当不考虑委员是否具有金融业背景时,作者发现,如果委员具有民主党的政党身份时,比较重视可靠性而非相关性,这一结果正符合民主党重视消费者而非公司利益的特点。

在所有受检测的公告中,相关性较高的通常是与公允价值有关的公告,例如SFAS 107(金融工具市价的披露)、SFAS 141R(企业合并)与SFAS 123R(股份权益基础)等;而可靠性较低者通常也与采用公允价值有关,如SFAS 157(公允价值计量)、SFAS 141R与SFAS 142(企业合并)等。

然而,目前相关研究主要仍限于公告层级的相关性与可靠性,尚未到达公司层级的相关性与可靠性。

9.5.2 可比性

9.5.2.1 可比性的意义

可比性是指可以让使用者分辨出两家公司财务绩效之间是否存在相似或者相异的一项信息特性。FASB/IASB(2010)联合概念框架中提到,可比性是强化质量特性的四项重要特性之一。FASB(1980,112段)更指出,提高财务报告的可比性是发展会计准则的主要原因。然而,会计准则本身无法全然决定财务报告的可比性,而是必须有整体的机制动机的配合(例如整个社会提供可比性的需求与动机,审计人员的审计差异情况以及诉讼的压力等)。因此,学术研究也探讨了可比性的决定因素与经济后果。

在学术研究上,有关这方面的研究主要可以划分为两类。第一,可比性的决定因素。例如,会计准则的改变是否会影响可比性。研究发现,公司在采用IFRS之后,不仅这些国家之间的可比性会增加(Lang et al.,2010),同时,也可以提高这些采用IFRS的国家与美国之间的可比性(Barth et al.,2012)。有一些研究则探讨会计师与可比性之间的关系。如前所述,可比性与整体社会的机制动机有关,如审计人员对可比性的影响。由于任何一家“四大”会计师事务所本身都自行发展出训练员工的方式以及面对问题的解决方法,因此同一家“四大”事务所审计的可比性会大于任两家“四大”事务所之间的可比性;同时,由于“四大”有较多的资源与较大的动机进行审计的管控,因此同一家“四大”事务所审计的可比性会大于同一家非“四大”事务所的可比性(Francis et al.,2014)。由于IFRS是原则性基础的会计准则,因此将会要求审计人员投入更多的判断;这一特性,将会让各所在查核委托人时产生标准化的审计程序,也因为如此,可能会加重“四大”事务所之间的产品差异性或者比较性。

第二,探讨可比性的经济后果。由于IFRS可以增加可比性,因此,海外的互助基金会增加对这些采用IFRS国家的投资(DeFond, et al.,2011)。另外,同一产业内的盈余可比性可以增加分析师的报告人数,并提高分析师预测的正确性,同时也会降低分析师预测的分歧性,最后,也可以避免分析师预测时过于乐观的情况(Bradshaw et al.,2011;De Franco et al.,2011)。

9.5.2.2 可比性的衡量

> 可比性衡量方法包括投入与产出两种观点。

可比性的衡量方法包括:一是投入观点的衡量方法;二是产出观点的衡量方法。前者是指公司之间在编制财务报表时,采用的会计方法是否具有差异性,如果方法差异很大,就表示可比性很低;后者则是指公司所编制出来的财务数字彼此之间是否可以比较。

较早期的研究偏好使用投入观点的衡量方法。例如,DeFond and Hung(2003)指出,当公司所使用的会计方法偏离行业各个产业惯用的方法时,盈余就无法与其他公司做比较。作者使用下列五种会计方法:存货估价方法、投资减值、折旧方法、探勘成本/全部成本法以及企业合并方法。如果公司所使用的任何一个方法与该产业常用的方法不同时,给予1分,因此每个公司的分数介于0至5分，越大表示该公司的盈余越无法与该公司同行业的其他公司做比较，此时该公司的现金流量信息就相对地越重要。

最近的会计研究则发展出各种以投入与产出为基础的可比性衡量方法。本节主要就这一方法加以说明。常见的包括下列几种方法。

1.投入观点：会计制度的可比性

一个经济事件，根据一套会计制度就可以编制出会计数字，也就是说：

$$财务报表_i = f_i(经济事件_i) \quad (9-14-1)$$

$f_i(\quad)$可以视为i公司的会计制度。由于报酬可以视为公司所有经济事件的净影响，而盈余是常用的财务报表数字，因此上式可以转化为：(De Franco et al.，2011)

$$盈余_{it} = \alpha_i + \beta_i 报酬_{it} + e_{it} \quad (9-14-2)$$

$\hat{\alpha}_i$与$\hat{\beta}_i$可以作为衡量i公司整套会计制度的方法。如果i与j两家公司的会计制度对于同一经济事件报酬$_i$的反映(财务报表$_i$与财务报表$_j$)是很接近的，则我们可以说i与j两家公司的会计制度是具有较高的可比性。也就是说：

$$E(盈余)_{iit} = \hat{\alpha}_i + \hat{\beta}_i 报酬_{it} \quad (9-15)$$

$$E(盈余)_{ijt} = \hat{\alpha}_j + \hat{\beta}_j 报酬_{it} \quad (9-16)$$

$E(盈余)_{iit}$与$E(盈余)_{ijt}$分别代表同一经济事件报酬$_i$发生后，在$i(j)$公司的会计制度，即$\hat{\alpha}_i$与$\hat{\beta}_i$($\hat{\alpha}_j$与$\hat{\beta}_j$)下，编制出来的盈余数字。如果$E(盈余)_{iit}$与$E(盈余)_{ijt}$的差距越小，则i与j两家公司的会计制度是具有较高的可比性。文献(如：De Franco et al.，2011)使用$ComAcct_{ijt}$表示i与j两家公司的会计制度的可比性：

$$ComAcct_{ijt} = (-1/16)\sum_{t-15}^{t}|E(盈余_{iit}) - E(盈余_{ijt})| \quad (9-17)$$

也就是将过去16期的$E(盈余)_{iit}$与$E(盈余)_{ijt}$的差距的平均数取绝对值之后，再乘上(−1)。$ComAcct_{ijt}$越大，表示i与j两家公司t期的会计制度的可比性越高。

另有学者(如Barth et al.，2012)使用下列(9−18)式中的任何一个模型，取代(9−14)式，进而采取类似式(9−15)至式(9−17)的逻辑，计算出其他三种类似的$ComAcct_{ijt}$：

$$P_{it} = \beta_0 + \beta_1 BVE_{it} + \beta_2 NI_{it} + e_{it} \quad (9\text{-}18\text{-}1)$$

$$RETURN_{it} = \beta_0 + \beta_1 NI_{it}/P_{it-1} + \beta_2 \Delta NI_{it}/P_{it-1} + \beta_3 LOSS_{it} + \beta_4 LOSS_{it} \times [NI_{it}/P_{it-1}] + \beta_5 LOSS_{it} \times [\Delta NI_{it}/P_{it-1}] + e_{it} \quad (9\text{-}18\text{-}2)$$

$$CF_{it+1} = \beta_0 + \beta_1 [NI_{it}/TA_{it-1}] + e_{it} \quad (9\text{-}18\text{-}3)$$

上式中，P为股价，BVE为每股账面价值，NI为每股盈余，$RETURN$为报酬，$LOSS$为虚拟变量，亏损时为1；CF为经营活动现金流量/期初总资产；TA为总资产。

2.产出观点：会计盈余的可比性

(1)盈余的相关性

如果i与j两家公司财报资料的可比性很高，则两家公司的盈余具有较高的相关性。因此，另一衡量可比性的方法为估计下列模型的R^2（以EV_COV_{ij}表示）：

$$盈余_{it} = \alpha_{ij} + \beta_{ij} 盈余_{jt} + e_{ijt} \quad (9\text{-}19)$$

R^2越高，也就是说EV_COV_{ij}越高，就表示i与j两家公司盈余具有较高的可比性。

(2)应计差异法

这一方法的基本逻辑是认为i与j两家公司的应计盈余越是接近，则表示i与j两家公司的盈余的可比性越高。这一概念可以下式表示（以$DIFF_TA_{ijt}$表示）：

$$DIFF\_TA_{ijt} = |TA_{it} - TA_{jt}| \quad (9\text{-}20)$$

$DIFF_TA_{ijt}$越大，表示i与j两家公司的可比性越低。此处所指的应计盈余，可以是总应计或是操控性应计，都有学者使用。

问 题

De Franco et al.(2011)检测下列三个问题：

H1：公司财报可比性与分析师报告人数呈正相关。

H2：公司财报可比性与分析师盈余预测的正确性呈正相关。

H3：公司财报可比性与分析师盈余预测的离散度呈负相关。

研究设计

为检测H1,作者使用下列回归式：

$$Coverage_{it+1}=\beta_0+\beta_1 Comparability_{it}+\beta_2 Ccontrol_{it}+\varepsilon_{it}$$

$Coverage_{it+1}$ 是指 $t+1$ 年分析师报告的人数；$Comparability_{it}$ 的计算方法有两个：(1)对于i公司t年度的每一个 $ComAcct_{ijt}$,由大排到小,然后将前四个最大值予以平均,得出 $ComAcct4_{it}$ ；(2)对于与i公司t年度同产业的每一个 $ComAcct_{it}$ ，由大排到小，然后将中位数命名为 $ComAcctInd_{it}$ 。$ComAcct4_{ijt}$ 与 $ComAcctInd_{it}$ 越大,代表i公司t年度的可比性越高。作者预期：$\beta_1>0$ 。

为检验H2与H3,作者使用下列回归式：

$$Accuracy_{it+1}=\alpha_0+\alpha_1 Comparability_{it}+\alpha_2 Ccontrol_{it}+\varepsilon_{it}$$

$$Dispersion_{it+1}=\beta_0+\beta_1 Comparability_{it}+\beta_2 Ccontrol_{it}+\varepsilon_{it}$$

$Accuracy$ 为预测正确性,衡量方法为-|预测盈余-实际盈余|/期初股价;越大表示预测正确性越高。$Dispersion_{it+1}$ 为预测离散度,衡量方法为预测盈余的标准差/期初股价;越大表示预测离散度越大。作者预期：$\alpha_1>0$，$\beta_1<0$ 。

实证结果

$\alpha_1>0$，$\beta_1<0$,与预期相同。

问　题

Francis et al.（2014）

作者检测会计师与盈余可比性之间的关系。

H1：同一“四大”事务所客户之间的盈余可比性，优于不同“四大”事务所客户间的可比性。

H2：同一“四大”事务所客户之间的盈余可比性，优于同一非“四大”事务所客户间的可比性。

研究设计

为检验H1,作者使用下列回归式：

$$TA\_DIFF_{ijt}(DA\_DIFF_{ijt})=\beta_0+\beta_1 SAME\_BIG4_{jt}+\beta_2 Ccontrol_{jt}+\varepsilon_{jt}$$

$$EA\_COV_{ijt}=\beta_0+\beta_1 SAME\_BIG4_{jt}+\beta_2 Ccontrol_{jt}+\varepsilon_{jt}$$

TA_DIFF_{ijt}(DA_DIFF_{ijt})即是模型(9-20)所提到的 $DIFF\_TA_{ijt}$，越大表示i与j两家公司的可比性越低。EA_COV_{ijt} 即是模型(9-19)所提到的方法,越大表示i与j两家公司的可比性越高。$SAME\_BIG4$：如果i与j两家公司的会计师都是同一间"四大"者,令其为1,如果是不同的"四大"者,令其为0。

实证结果

实证结果发现：当以 TA_DIFF_{ijt}(EA_COV_{ijt})为因变量时，β_1 <(>) 0，表示同一四大事务所客户之间的盈余可比性，优于（劣于）不同四大事务所客户间的可比性。支持H1。

为检验H2,作者使用下列回归式：

$$TA\_DIFF_{ijt}(DA\_DIFF_{ijt}) = \beta_0 + \beta_1 SAME\_BIG4_{jt} + \beta_2 Control_{jt} + \varepsilon_{jt}$$
$$EA\_COV_{ijt} = \beta_0 + \beta_1 SAME\_BIG4_{jt} + \beta_2 Control_{jt} + \varepsilon_{jt}$$

$SAME\_BIG4$：如果 i 与 j 两家公司的会计师都是同一间"四大"者，令其为1，如果是相同的非"四大"者，令其为0。

实证结果

实证结果发现：当以 TA_DIFF_{ijt}(EA_COV_{ijt})为因变量时，β_1 <(>) 0，表示同一四大事务所客户之间的盈余可比性，优于（劣于）同一非四大事务所客户间的可比性。支持H2。

9.6 盈余质量的经济后果：权益资本成本

盈余质量对权益资本成本的影响。

一般而言,盈余质量越差的公司,权益资本成本会比较高。Olssonm, and Schipper(2004)检测七个盈余质量的替代变量对于资金成本的影响。这七个盈余质量包括:Dechow and Dichev(2002)的应计盈余的残差的标准差、盈余持续性、盈余的可预测性、盈余平稳化、价值相关性(R^2)以及 Basu 的两个盈余稳健程度指标(本章模型(9-6)的 β_1 与($\beta_0+\beta_1$)/β_0)。权益资本成本则是第4章介绍的模型的简化。基本上,支持盈余质量越差,则权益资本成本越高的假设。

Francis et al.(2004)使用的七个盈余质量的替代变量,基本上是本章9.1.2节三大类的前两类:盈余本身的特性与市场对盈余的认知。事实上,第三类盈余质量的替代变量,也有研究在探讨。例如,前面有提到,Hribar and Jenkins(2004)使用三种资金成本的衡量方法,发现重述公司的权益资本成本比较高。Beneish et al.(2008)也发现在SOX 302之下,内控缺陷会增加权益资本成本;至于在 SOX 404 之下,Ogneva et al.(2007)与 Beneish et al.(2008)未发现内控缺陷会影响权益资本成本,而有些研究则发现内控缺陷会对权益资本成本产生不利的影响(Ashbaugh-Skaife et al.,2009)。

整体而言,实证研究发现,本章所提及的大多数的盈余质量的替代变量都与权益资本成本有关,也就是说,盈余质量越好时,权益资本成本会越低。至于债务资金成本,则已于第7章介绍过。

9.7 文章导读

9.7.1 Kanagaretnam (2014)

问 题

Kanagaretnam检测国家文化的差异,是否会导致采用不同程度的稳健会计方法(以银行业为样本)。

H1:国家文化越偏向个人主义者(较少集体主义者),越不会采取稳健会计。

H2:国家文化越偏向规避风险者,越会偏向采取稳健会计。

H3:金融危机期间,国家文化会影响当地银行出现失败或是陷入困境的机会。

H3a:国家文化越偏向个人主义者,当地银行越容易出现失败或陷入困境;

H3b:国家文化越偏向规避风险者,当地银行越不容易出现失败或陷入困境。

研究设计

为检验H1与H2,Ball and Shivakumar(2005)的稳健模式检测:

$$\Delta NI_t = \alpha_0 + \alpha_1 D\Delta NI_{t-1} + \alpha_2 \Delta NI_{t-1} + \alpha_3 \Delta NI_{t-1} \times D\Delta NI_{t-1} + \alpha_4 CULTURE + \alpha_5 CULTURE \times D\Delta NI_{t-1} + \alpha_6 CULTURE \times \Delta NI_{t-1} + \alpha_7 CULTURE \times \Delta NI_{t-1} \times D\Delta NI_{t-1} + \alpha_8 SIZE + \alpha_9 SIZE \times D\Delta NI_{t-1} + \alpha_{10} SIZE \times \Delta NI_{t-1} + \alpha_{11} SIZE \times \Delta NI_{t-1} \times D\Delta NI_{t-1} + \gamma W_k + YEAR + \varepsilon_{i,k}$$

ΔNI_t 为 t 年盈余变动数/$t-1$ 年底总资产； $D\Delta NI_{t-1}$：等于1，表示 $\Delta NI_{t-1}<0$。正盈余要求较严，因而持续性较高，因此 $\alpha_2>0$；相对的，负盈余较快确认，持续性较低，因而 $\alpha_3<0$。*CULTURE* 为国家文化的差异，作者分别采用两种Hofstede（2001）常用的替代变量来检验H1与H2：

（1）H1：个人主义的分数（*IND*）：越大（小）代表国家文化越是偏向个人主义（团队主义）者（该数值介于6~91之间）。H1预期：$\alpha_7>0$。

（2）H2：风险规避指数（*UA*）：越大（小）代表国家文化越是风险规避（风险偏好）者（该数值介于8~112之间）。H2预期：$\alpha_7<0$。

实证结果

与预期相同：H1：$\alpha_7>0$；H2：$\alpha_7<0$。

为检验H3，作者使用下列模型：

$$\begin{aligned} Bank\ failure\ or\ trouble = {} & \gamma_0+\gamma_1 CULTURE+\gamma_2 SIZE+\gamma_3 GROWTH+ \\ & \gamma_4 LOANS+\gamma_5 LEV+\gamma_6 \Delta CASH+\gamma_7 LLP1+ \\ & \gamma_8 RISK+\gamma_9 W+\varepsilon \end{aligned}$$

Bank failure：2007—2009年金融危机期间，银行出现失败的为1；*Bank failure*；等于1，如果2007—2009年之间任何一年：（1）出现亏损；（2）资本率（权益/总资产）<10%；（3）当年计提大笔的贷款损失，即坏账费用/总放款<10%。*SIZE*：公司规模；*GROWTH*：成长性；*LOANS*：总贷款金额/总资产；*LEV*：负债比率；Δ *CASH*：现金流量变动数/总资产；*LLP*1：坏账/总资产；*RISK*：2000—2006年期间盈余波动性。

实证结果

当 *CULTURE* 为 *IND*（或 *UA*）时，$\gamma_1<0$（$\gamma_1>0$），表示个人主义倾向越高（风险规避越大）的地区的银行，在金融危机期间越容易（不容易）出现银行失败或是陷入困境的情况，支持H3。

额外测试

为检验H2，作者额外做了一些测试。首先，探讨文化差异对于坏账计提的影响：

$$LLP_t=\beta_0+\beta_1\Delta NPL_{t-1}+\beta_2\Delta NPL_t+\beta_3\Delta NPL_{t+1}+\beta_4 NCO_t+\beta_5 NCO_{t+1}+\beta_6 CULTURE+\beta_7 CULTURE\times\Delta NPL_{t-1}+\beta_8 CULTURE\times\Delta NPL_t+\beta_9 CULTURE\times\Delta NPL_{t+1}+\beta_{10} CULTURE\times NCO_t+\beta_{11} CULTURE\times NCO_{t+1}+Control+\varepsilon_{i,k}$$

LLP_t 为t年当期贷款损失准备；ΔNPL_t 为t年不良贷款变动数/总放款；NCO_t 为t年坏账冲销数/总放款。在推论上，β_1~β_5 都应该是正的，表示 $t-1$~$t+1$ 期不良贷款变动数越大，或是 t 与 $t+1$ 期坏账冲销数越大，当期贷款损失准备越大。因此，当 *IND* 越大越会偏好风险时，β_7~β_9 都应该是负的；相对的，当 *UA* 越小越会偏好风险时，β_7~β_9 都应该是正的。实证结果大致支持这一结果。

其次，作者探讨文化差异对备抵坏账准备的影响：

$$LLA_t=\beta_0+\beta_1 CULTURE+\beta_2 SIZE_t+\beta_3 CAP_t+\beta_4 LNGRO_t+\beta_5 NPL_t+CONTROL+\varepsilon_{i,k}$$

LLA_t 为备抵坏账准备；CAP_t 为权益/总资产；$LNGRO_t$ 为总贷款/总资产。作者预期 *IND*（*UA*）的系数 β_1 应该是负的(正的)。实证结果支持这一预期。

最后，作者探讨文化差异对坏账冲销金额的影响：

$$LCO_t=\beta_0+\beta_1 CULTURE+\beta_2 SIZE_t+\beta_3 CAPt+\beta_4 LNGROt+\beta_5\Delta NPL_{t-1}+\beta_6 CULTURE\times\Delta NPL_{t-1}+\beta_7\Delta NPL_t+\beta_8 CULTURE\times\Delta NPL_t+CONTROL+\varepsilon_{i,k}$$

LCO_t 为坏账冲销金额/总贷款；t年坏账的冲销金额代表 $t-1$ 年预期无法收回的贷款（ΔNPL_{t-1}）而在 t年证实无法收回的部分，因此其系数 β_5 应该为正数。由于 *IND* 越小（*UA* 越大）表示银行越会及时冲销较大的坏账，因此 $IND\times\Delta NPL_t$ 的系数（$UA\times\Delta NPL_t$）应该是负的（正的）。实证结果支持这一预期。

9.7.2 Hui et al.（2012）

背　景

供应商与客户在评估公司是否有能力履行交易债务与承诺时，会参考公司的会计绩效。例如,如果想与公司作长期的生意,则供应商会问:如果我专门购买制造该公司产品的机器后,公司可以长期提供订单吗?客户会问:如果我投资某种特殊设备(无其他用途)以加工公司卖给我的零件,将其生产成制成品后出售,该公司可以长期提供该零件吗?也就是说,供应商与客户在做重大投资,以与公司做长期生意时,他们很关心公司的未来绩效。因此,公司财务报表越是稳健,则供应商与客户越会依赖该公司的会计信息来做决策!

问题

供应商与客户是否会影响到公司稳健会计的程度(坏消息及早确认的程度)?作者提出几个假说:

(1)H1:供应商与客户对公司的议价能力越强时,公司会越稳健。

(2)H2:供应商对公司的议价能力越强时公司越稳健的情况,在公司所经营的产业为材料成本相对较高时(相对于人工成本)更明显。

理由:当供应商的产出是公司的重要投入时,公司对供应商的依赖加深,因而会接受供应商要求公司采取比较稳健的做法。

(3)H3:客户对公司的议价能力越强时公司越稳健的情况,在客户所经营的产业为材料成本相对较高时(相对于人工成本)将较不明显。

理由:此时公司的产品是客户的重要投入,因此公司议价能力较强,而客户议价能力较弱。

(4)H4:供应商与客户对公司的议价能力越强时公司越稳健的情况,在公司所处产业的进入障碍越高时将较不明显。

理由:此时公司具有相对议价优势,而供应商与客户因为选择有限,因而相对没有议价空间。

(5)H5:供应商对公司的议价能力越强时公司越稳健的情况,在供应商所生产的产品为耐用品时越明显。

理由:供应商产品如果是耐用品时,通常也是需要特殊服务与零件的独特产品,此时供应商非常需要公司未来与他们签订服务合约或者长期合约,如此供应商才有稳定收入,因此供应商对公司稳健的需求也就大增。

(6)H6:客户对公司的议价能力越强时公司越稳健的情况,在公司所生产的产品为独特产品时越明显。

理由:公司产品具有独特性时,客户购入以后,未来需要公司提供售后服务与零件的需求大增,因此客户对公司稳健的需求也就大增。

作者使用下式检验假说H1：

$$TimeLiness_i = b_0 + b_1 Supplier\_power + b_2 Customer\_power + b_3 Size + b_4 MB + Control + e \quad (9-21)$$

$TimeLiness_i$ 为会计稳健程度，使用 Basu 模型所计算出来的 $(\beta_0+\beta_1)/\beta_0$。*Supplier_power*（供应商的议价能力）有三种衡量方法：(1) Relative Size (Supplier)：供应商该产业所有公司的平均市价，除以公司市价，再乘以100；(2) MajorSupplier：等于1，当自某一供应商进货成本占当年该公司销售成本5%以上者；(3) *Concentration Ratio-S*：供应商所处产业的产业集中度指标(HHIV)的平均数。这三个指标值越大，表示供应商的议价能力越强。*Customer_power*（客户的议价能力）也有三种衡量方法：(1) *Relative Size*(*Customer*)：客户该产业所有公司的平均市价，除以公司市价，再乘以100；(2) *Major Customer*：等于1，当公司有重大客户时；(3) *Concentration Ratio-C*：客户所处产业的产业集中度指标(HHIV)的平均数。这三个指标值越大，表示客户的议价能力越强。因此，如果 $b_1>0$，即表示H1成立。实证结果显示，$b_1>0$，因此H1得到支持。

作者使用下式检验H2与H3：

$$TimeLiness_i = b_0 + b_1 Supplier\_power + b_2 Customer\_power + b_3 Supplier\_power \times HiML + b_4 Customer\_power \times HiCustomerML + b_5 Size + b_6 MB + Control + e \quad (9-22)$$

$HiML=1$，表示该公司所处产业的“材料成本/人工成本”比率大于产业中位数。$HiCustomerML=1$，表示客户所处产业的“材料成本/人工成本”比率大于产业中位数。因此，如果 $b_3>0$，即表示H2成立；如果 $b_4<0$，即表示H3成立。实证结果与预期相同。

为检验H4，作者将每一产业的进入障碍 *HiBTE* 定义为：该产业每一公司的固定资产总额，以该公司销售市场占有率加权后算得加权平均数，并以下式检测：

$$TimeLiness_i = b_0 + b_1 Supplier\_power + b_2 Customer\_power + b_3 Supplier\_power \times HiBTE + b_4 Customer\_power \times HiBTE + b_5 Size + b_6 MB + b_7 Control + e \quad (9-23)$$

实证结果发现 b_3 与 b_4 显著为负数，因此H4成立。

为检验H5与H6，作者定义 *DDurSupplier* 为1时，表示供应商所属产业的公司为耐用品生产者之比率,大于所有产业之中位数者。*DDur*:为 1,当该公司为耐用品生产者。在(9-23)式中,*HiBTE* 分别以 *DDurSupplier* 与 *DDur* 取代,也就是使用下式检测:

$$TimeLiness_i = b_0 + b_1 Supplier\_power + b_2 Customer\_power + b_3 Supplier\_power \times DDurSupplier + b_4 Customer\_power \times DDur + b_5 Size + b_6 MB + Control + e \quad (9-24)$$

结果发现 $b_3(b_4) > 0$,即表示H5(H6)成立。实证结果与预期相同。

9.7.3 Goh and Li(2011)

问 题

作者提出两个假说:

(1)H1:有内控缺陷的公司会计比较不稳健。

(2)H2:更正内控缺陷之后,公司变得比之前稳健。

作者使用 Basu的盈余/盈余回归法检验假说H1:

$$\Delta NI_t = a_0 + a_1 D\_\Delta NI_{t-1} + a_2 \Delta NI_{t-1} + a_3 \Delta D\_NI_{t-1} \times NI_{t-1} + a_4 ICW + a_5 D\_NI_{t-1} \times ICW + a_6 D\_NI_{t-1} \times ICW + a_7 \Delta D\_NI_{t-1} \times NI_{t-1} \times ICW + CONTROL + e_t \quad (9-25)$$

式(9-25)中,$ICW = 1$,当公司有内部控制缺陷时。根据H1,作者预期 $a_7 > 0$。为验证H2,作者将样本集中在 $ICW = 1$ 的公司,并将 *ICW* 改为 *FIXED*($FIXED = 1$,表示公司更正了内控缺陷)。根据H2,作者预期 $a_7 < 0$。实证结果支持预期方向。

此外,作者也使用Basu的盈余/报酬法检测H1:

$$NI = b_0 + b_1 DR + b_2 R + b_3 DR \times R + b_4 ICW + b_5 DR \times ICW + b_6 R \times ICW + b_7 DR \times R \times ICW + e \quad (9-26)$$

根据H1,作者预期 $b_7 < 0$。为验证H2,作者将样本集中在 $ICW = 1$ 的公司,并将 *ICW* 改为 *FIXED*($FIXED = 1$,表示公司更正了内控缺陷)。根据H2,作者预期 $b_7 > 0$。实证结果支持预期方向。

最后,作者使用Ball and Shivakumar(2005)的应计盈余/现金流量法检验H1:

$$Accrual = r_0 + r_1 DCFO + r_2 CFO + r_3 DCFO \times CFO + r_4 ICW + r_5 DCFO \times ICW + r_6 CFO \times ICW + r_7 DCFO \times CFO \times ICW + e \quad (9-27)$$

根据H1,作者预期 $r_7 < 0$ 。为验证H2,作者将样本集中在 $ICW = 1$ 的公司,并将 *ICW* 改为 *FIXED*(*FIXED* = 1 ,表示公司更正了内控缺陷)。根据H2,作者预期 $r_7 > 0$ 。实证结果支持预期。

9.7.4 Feng et al.(2009)

问　题

Feng et al.(2009)要检测下列问题:

(1)内部控制有缺陷的公司,管理当局所发布的预测相对不准。

(2)不同的内控缺陷原因,对于管理当局预测准确性的影响是不同的。

(a)与 SALE/COGS 有关的 *ICW*:比较严重。

(b)与 SALE/COGS 无关的 *ICW*:相对不严重。

(3)内控缺陷修正之后,是否会影响管理当局的管理预测行为?

(a)修正之后,比较愿意发布引导的预测。

(b)修正之后,所发布的预测更加具体。

(c)修正之后,管理当局的预测将会更早发布。

(4)管理当局的预测对于分析师而言,是具有相当的引导作用的,且管理当局预测越准确时,分析师越会参考并引用(Williams,1996),因此:

(a)内控缺陷会降低分析师在预测盈余时对管理当局预测的信赖度。

(b)管理当局预测的可信度越高时,分析师越会参考并引用。

为检测第一个问题,作者使用Heckman两阶段处理。第一阶段估计下式Probit回归式[①]:

$$GUIDANCE = b_0 + \sum r_i All\ Control\ Variable + \sum b_i Industry\ and\ Year\ indicators \quad (9-28)$$

① 完整的模型如下,由于并非本书要讨论的重点,因而不在此说明,有兴趣读者可以参阅原来的文章:

$$GUIDANCE = b_0 + b_1 LN\_TA + b_2 BIG4 + b_3 BETA + b_4 ABSCHFROA + b_5 STD\_CF + b_6 VOLATILITY + b_7 ORGANIZTIONAL\ CHANGE + b_8 COMPLEXITY + b_9 FINANCIAL\ CHALLENGES + b_{10} MW + b_{11} LN\_ANALYSTS + \sum b_i Industry\ and\ Year\ indicators \quad (9-28)$$

该式中的自变量都援引自以往研究。当公司有发布盈余预测时，令 $GUIDANCE=1$，否则为 0(由于这些控制变量并非本文主要讨论的重点，因此此处不予介绍)。第二阶段则是主测试：

$$ABS\_ERROR = a_0 + a_1 ICW + a_2 Control + a_3 IMR + e$$

$ABS\_ERROR_t=$ | 实际盈余$_t$−管理当局预测$_t$ | /每股总资产$_t$，为管理当局的预测误差。$ICW=1$，表示公司有内控缺陷时。IMR 为经过式(9−28)算出来的逆米尔斯比率(Inverse Mill's Ratio)，用来克服选样偏误。结果发现 $a_1>0$，与预期相同，表示内部控制有缺陷的公司，管理当局所发布的预测不准。

其次，为避免省略变量所引起的问题，作者使用下列变动分析模型：

$$\Delta ABS\_ERROR = b_0 + b_1 \Delta ICW + b_2 \Delta Control + b_3 \Delta IMR + \varepsilon \quad (9-29)$$

结果发现 $b_1>0$，代表由正常公司变成有内控缺陷的公司时，管理当局的预测会变得不准确。

为检测第二个问题，作者进一步将内控缺陷划分为：(1)与销售收入及销售成本有关的缺陷；(2)其他：与销售收入及销售成本无关的缺陷。作者认为前者对于管理当局预测的影响是较大的。作者使用下式检测：

$$ABS\_ERROR = r_0 + r_1 SALE/COGS + r_2 OTHER + r_3 Control + r_4 IMR + e \quad (9-30)$$

当内控缺陷与销售收入及销售成本有关时，令 $SALE/COGS=1$，否则为 0；当内控缺陷与销售收入及销售成本无关时，令 $OTHER=1$，否则为 0。实证结果发现 r_1 与 r_2 都显著为正，且 $r_1>r_2$，与预期相同。表示与销售收入及销售成本有关的内控缺陷，对于管理当局预测的负面影响，比与销售收入及销售成本无关的内控缺陷更严重。

为检测第三组的(a)~(c)三个问题，作者分别使用下列三式：

$$\Delta GUIDANCE = a_0 + a_1 ICW\_IMPROVE + a_2 ICW\_NOIMPROVE + a_3 Control + \varepsilon_1 \quad (9-31-1)$$

$$\Delta SPECIFICITY = b_0 + b_1 ICW\_IMPROVE + b_2 ICW\_NOIMPROVE + b_3 Control + \varepsilon_2 \quad (9-31-2)$$

$$\Delta HORIZON = c_0 + c_1 ICW\_IMPROVE + c_2 ICW\_NOIMPROVE + c_3 Control + \varepsilon_3 \quad (9-31-3)$$

有关自变量方面,将 *ICW* 公司分为两组:当期 t 与下期 $t+1$ 都有内控缺陷的(表示当期 *ICW* 未于下期改善),令 $ICW\_NOIMPROVE = 1$;当期有 *ICW* 但下期更正者,令 $ICW\_IMPROVE = 1$。没有 *ICW* 的公司当作控制组。

式(9-31-1)中的 $\Delta GUIDANCE$ 代表发布预测的行为是否有改变。$\Delta GUIDANCE = -1$(1)表示当期有(没有)发布预测,但下期不再(会再)发布预测。至于 $\Delta GUIDANCE = 0$ 则表示当期与本期都没有发布预测,作为控制组。

式(9-31-2)中的 $\Delta SPECIFICITY$ 代表所发布的预测内容是否变得更具体。管理当局所发布的预测,其具体程度(SPECIFICITY)由小至大可以划分为:最不具体的定性叙述(以 1 表示)、上限或者下限的估计(以 2 表示)、区间估计(以 3 表示)以及最具体的点估计(以 4 表示)。*SPECIFICITY* 越大代表预测越具体。因此 $\Delta SPECIFICITY_t = SPECIFICITY_{t+1} - SPECIFICITY_t$;$\Delta SPECIFICITY_t$ 越大代表次年度预测的具体性增加了。

式(9-31-3)中的 $\Delta HORIZON$ 代表发布的预测是否提前。*HORIZON* 是指年底与发布日之间的天数,因此越大代表越早发布预测。$\Delta HORIZON$ 越大代表次年度预测的发布日提前的日期越多,因此变得比较具有时效性了。

实证结果显示:a_1, b_1 与 c_1 都未达到显著水平,表示改善内控缺陷者,他们的管理当局并没有更大的动机去发布预测,盈余具体性也并没有因此而改善,更有甚者,内控缺陷改善后也没有因而提前发布预测。实证结果也显示:a_2, b_2 与 c_2 都显著为负,表示没有改善内控缺陷者,他们的管理当局变得更不愿意发布预测,即便发布预测,具体性也降低了,且次年度预测的发布日也变晚了。

作者使用下式回答第四组第一个问题(a):

$$ANA\_REV = a_0 + a_1 MANAG\_REV + a_2 ICW + a_3 MANAG\_REV \times ICW + a_4 Control + \varepsilon \quad (9-32)$$

MANAG_REV:为管理当局预测的信息量,定义为:(管理当局预测 - 预测前的一致性分析师预测)/期初总资产;该值越大,表示管理当局预测的信息量越大。*ANA_REV*:为分析师预测修正的信息量,定义为:(管理当局发布预

测之后 15 天内的一致性分析师预测－管理当局发布预测之前 2~30 天之间的一致性分析师预测)/期初总资产,该值越大表示分析师修正预测的数字越大。实证发现 $a_1>0$,与以往结果相同。也就是说分析师会使用管理预测作为自己预测修正的基础;同时也发现 $a_2<0$,表示分析师会对 *ICW* 公司的盈余做较小幅度的预测。然而,a_3 并没有达到显著水平。

作者使用下式回答第四组第二个问题(b)(管理当局预测的可信度越高时,分析师越会参考并引用):

$$ANA\_REV = a_0 + a_1 MANAG\_REV + a_2 ICW + a_3 DOWN + a_4 REPUTATION + a_5 AGREE + a_6 MANAG\_REV \times ICW + a_7 MANAG\_REV \times DOWN + a_8 MANAG\_REV \times REPUTATION + a_9 MANAG\_REV \times AGREE + a_{10} Control + \varepsilon \tag{9-33}$$

作者援引三个管理当局预测的可信度的替代变量:*DOWN*,*REPU TATION* 与 *AGREE*。$DOWN=1$,当 $MANAG\_REV<0$,表示管理当局是向下修正预期。过去三年管理当局预测误差平均数小于(大于)同期分析师预测误差平均数,则 $REPUTATION=1\ (-1)$,如果二者相同,则 $REPUTATION=0$,该变量的数值越大则表示管理当局声誉越好。管理预测前后三天的 *CAR* 与分析师预测修正的 *CAR* 如果有相同的方向,则 $AGREE=1$。当这三个数值越大时,表示管理当局预测的可信度越大,因而分析师越会引用。

实证发现,a_7,a_8 与 a_9 都显著为正,表示当管理当局向下修正预期、过去预测比较准(信誉较好)以及过去与分析师预期较一致时,分析师会更加倚重管理当局预测的信息。

附录 SAS/STATA 实例

会计信息的有用性是否会因稳健性原则或新经济环境的到来而产生变化,该议题长久以来一直被学者所关注,而会计信息的有用性在于能否提供企业评价的基础,而判定的标准常视财务报表信息可以解释权益价值的程度而定。有关盈余质量的衡量,在第 8 章曾提及盈余管理程度大小即是其中一种衡量方法,故该部分的实证演练可参考第 8 章内容。本章 SAS/STATA 程序将主要介绍衡量稳健会计的程序。本实例介绍 Basu(1997)的盈余/报酬回归法(式(9-5))、盈余/盈余回归法(式(9-7))及 Khan and Watts (2009)的 *G/C-score*(式(9-12-1)及式(9-12-2))。现以美国20家上市公司为研究对象,样本期间为2000—2010 年的 220 个 *firm-year* 观测值,为了保留样本期间内资料的完整性,如果研究变量计算过程有可能会损失观测值(例如,需用到滞后变量,或者需要滚动一定期间计算方差或者标准差等),则一开始取样的期间必须自动加长。相关程序语法与输出摘要,请登录本书网站www.dufep.cn下载所附实例演练程序示范。

习题

1.盈余质量近来成为一个备受瞩目的名词。试问:

(1)何谓盈余质量?

(2)财务报告具有事前评价的功能以及事后监督的功能,你觉得这两类功能所需要的信息,对于"盈余质量"的特性是否相同?

(3)权益市场与债务市场对盈余质量的需求是否相同?

(4)私债与公债市场对盈余质量的需求是否相同?

2.本书将衡量盈余质量的替代变量分为:盈余本身的特性、市场对盈余的认知以及来自外部的指标。试问:

(1)试评述这三类衡量盈余质量方法的优缺点。

(2)如果你是投资者,你偏好哪一个方法?为什么?

(3)如果你想做实证研究,你偏好哪一个方法?为什么?

3.Leuz et al.(2003)与 Tucker and Zarowin(2006)两篇文章,对于盈余平稳化的解读是不一样的,你个人的看法呢?

4.Watts(2003)提出了几个稳健会计盛行的原因,请评述之。

5.稳健会计划分为条件式稳健与非条件式稳健两类。试问:

(1)你觉得要如何衡量这两类稳健的程度呢?

(2)本书介绍的各种方法,哪些是属于条件式稳健?哪些是属于非条件式稳健?

(3)Watts(2003)在提到四大因素时,大部分是从条件式稳健去探讨的。而稳健的形式有两种:条件与非条件,而二者是负向关系的。你认为,这四个因素中,哪些因素对于条件式稳健的影响比较大?哪些对于非条件性稳健的影响比较大?

6. 稳健会计近来引起学术界相当大的讨论，FASB 主张稳健会计会增加信息不对称，因此将删除稳健会计的做法。试问：

(1)你是否同意 FASB 的看法？

(2)文献上发现哪些原因会导致稳健会计呢？

(3)除文献所述之外，还有哪些原因会导致稳健会计？

(4)文献上发现稳健会计具有哪些经济后果呢？

(5)除文献所述之外，稳健会计还有哪些经济后果呢？

(6)财务报告具有事前评价的功能以及事后监管的功能，你觉得这两类功能对稳健会计的需求，哪一个比较大？试评述之。

7. 近来许多财经媒体提到上市公司盈余质量不佳，以致投资者对财务报表的信心降低，而常举的例子就是财务报表重述。试问：

(1)文献上发现哪些原因会导致财务报表重述呢？

(2)除文献所述之外，还有哪些原因会导致财务报表重述呢？

(3)文献上发现财务报表重述具有哪些经济后果呢？

(4)除文献所述之外，财务报表重述还有哪些经济后果呢？

8. 美国在2002年7月通过《萨班斯-奥克斯利法案》，除要求管理层对内部控制的有效性进行自我评估之外，也要求注册会计师对该评估报告发表意见。试问：

(1)文献上发现哪些原因会导致内控缺陷呢？

(2)除文献所述之外，还有哪些原因会导致内控缺陷呢？

(3)文献上发现内控缺陷有哪些经济后果呢？

(4)除文献所述之外，内控缺陷还有哪些经济后果呢？

9. 本章中曾提到，公司与供应商及客户之间的互动也会影响到公司的稳健会计的程度(Hui et al., 2012)。Hui et al. 主要是指条件式还是非条件式的稳健需求呢？试评述之。

第10章

信息中介

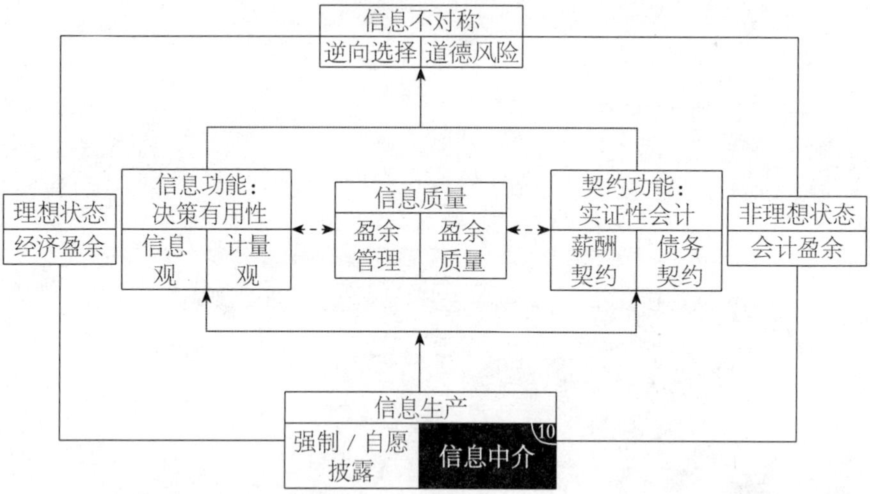

图 10-1　第 10 章架构

财务分析师是重要的信息中介者。

财务分析师是资本市场中相当重要的信息中介者，他们将各种来源的资料转化为一种有用的信息。因此，他们执行了与信息有关的三个功能：(1)**私有信息搜寻**(Private Information Search)的功能；(2)**前瞻性分析**(Prospective Analysis)的功能：分析、处理以及解释现有的信息，以用于预测；(3)**回顾性分析**(Retrospective Analysis)的功能：在重要事件之后作进一步的解释。因此，如第1章图1-2所示，它们是经济体系以及资本市场中相当重要而不可或缺的一环。

本章包括下列主题：第一节就财务分析师的重要性加以介绍。第二节探讨分析师的决策过程，包括分析师所使用的信息、决策模型以及包括在分析师报告中的各项产出。第三节探讨分析师本身是否是有效率的。第四节为分析师的预测准确性。第五节为分析师的属性，也就是各种分析师的类型。第六节为分析师报告的信息内涵，包括盈余预测、**长期成长预测**、盈余组成分子的预测、**目标价格**以及股票推荐等。第七节为分析师的规范环境。最后则为文献导读。图10-1为本章在整体框架图中的定位。

介绍分析师的三大功能。

10.1 概述

在资本市场中，第一，分析师常常扮演着重要的信息中介角色，凭借着他/她们的专业能力与行业关系，收集公司与行业的相关资料，进行专业的分析，进而发布各种预测，并做成最后的买卖推荐。因此在资本市场中，分析师占有相当重要的地位。

第二,由于分析师的预测能力,实务上或者学术研究常以分析师的预期作为整体市场的预期指标。换言之,实务与学术上常以分析师作为市场或者投资者的代理人,如果分析师对市场或是公司表示悲观(乐观),则实务上或者学术上通常就假设整体市场或者投资者也是悲观(乐观)的。

第三,资本市场的研究常需要用到公司的预期盈余数字,以计算未预期盈余并进一步检验某特定事件的信息内涵。如果预期盈余计算错误,则会使所计算的未预期盈余以及各项推论产生错误。例如,原来某一事件可能没有信息内涵,但是因为未预期盈余出现严重的计量误差,而推论该事件具有信息内涵(假设检验中的第一类误差);或者是某事件具有信息内涵,但因计算未预期盈余时有计量误差,而做出没有信息内涵的推论(假设检验中的第二类误差)。目前的研究一致发现,分析师预期是一个比较好的计量预测盈余的方法。

第四,如前所述,使用会计评价模型估计公司价值或是资金成本时,需要使用分析师的**多期盈余预测**。因此,分析师的预测资料让我们可以估计出公司的真实价值以及公司所适用的资金成本,这些数字对于实务界与学术界都是相当重要的。

财务分析师可以分为两种,**买方**(Buy-side)分析师与**卖方**(Sell-side)分析师。诸如共同基金(Mutual Fund)或是退休基金(退抚基金)等机构投资者,其经理人的主要目的,就是要帮助散户管理财富。基金经理人必须选股以做最佳的投资组合,扩大财富。此时他们可以自己聘任分析师进行研究与推荐选股。此类分析师的推荐报告仅供基金内部自己参阅,因此称为买方分析师。而经纪商作为投资银行的业务之一,就是帮助投资者买卖股票。为了给客户买卖股票提供建议,他们也会聘任分析师。如果投资者因为分析师的建议而买卖股票,则券商或者投资银行可以赚得更多的佣金,甚至承销更多的股票。这类受聘于券商或者投资银行的分析师,称为卖方分析师。由于**买方分析师**的推荐报告不公开,而**卖方分析师**的报告则是公开的,且投资者确实常常据以选股;再者,学术研究也大多是以卖方分析师的报告作研究,因此除非另有说明,本章都是以卖方分析师为介绍对象。

为了提供有用的分析报告,分析师通常会选一到两个行业来分析。对于所报告的公司,分析师通常会评估该公司的财务与营运状况、公司短期与长期的发展趋势、所属行业的未来远景,以及整体经济情势的分析。在分析报告中,分析师会对公司当期与未来各期的盈余做出预测,而这一预测数字常常是投资者选股的重要依据。例如,许多投资者是根据P/E比率来选股,此时的每股盈余可能是历史每股盈余,也可能使用预测的每股盈余。除了有关盈余的预测信息之外,分析师报告中另一项重要的信息,是分析师的推荐。分析师在推荐股票时常尝试使用简单的买进(Buy)、持有(Hold)或是卖出(Sell)等词句,简单明了。

不论是盈余预测或者股票的推荐,都是在某一个时点根据手边最新信息发布的。然而,随着时间的经过,分析师很可能会收集到更多更新的信息,此时分析师会随时修正原来的盈余预测与推荐。距盈余公告日越近,所发布的盈余预测也就越准确。

介绍分析师使用的投入、决策过程以及产出。

10.2 分析师的决策过程

分析师所使用的投入相当广泛。

10.2.1 投入

分析师在做各种分析、预测与推荐时,通常会用到哪些投入或者信息呢?研究显示,平均而言,分析师出具的报告中,约有一半的内容使用年报的信息,另外一半则来自于其他渠道,如业绩发布会(Rogers and Grants, 1997)、管理当局的盈余预测、媒体的报告以及相关行业所组成的协会的相关报告等。至于所使用的年报中的这一半资料,除盈余信息之外,分析师亦使用了股利(Denis et al., 1994)、其他基本分析的资料(Lev and Thiagarajan, 1993)、年报中的**管理当局讨论与分析**(**Management Discussion and Analysis, MD&A**)(Barron et al., 1999; Healy et al., 1999)以及**部门报告**(Bouwman et al., 1995; Healy et al., 1999)等。

分析师很喜欢报告无形资产比较多的公司,而且在分析的时候会用比较多的私有信息。

分析师在使用信息时,会同时用到历史资料与预测资料。例如,Williams(1996)发现,以往管理当局的盈余预测的质量越好,则分析师当期越会依赖管理当局的盈余预测。另一方面,分析师在做预测时,可能会根据已公开的**公有或共同信息**(**Public or Common Information**),也就是大家都看得到的信息,如由公司披露给所有分析师的信息,以及其他共同的信息来源,包括报纸杂志及总体经济信息。此外,财务分析师也可能根据未公开的**私有信息**(**Private or Idiosyncratic Information**),亦即分析师个人所特有的信息。至于使用的相对偏好,则视情况而定。例如,巴伦(Barron)等人(2001)

发现，无形资产越多的公司，由于未入账的重要"经济资产"越多，因而这种因为会计准则规定所引起的信息不对称的情况越严重，在做分析与推荐时，分析师依赖个人私有信息的比重也越高[①]。

问　题[②]

分析师的公有信息和私有信息使用量如何划分？

Barron et al.(1998)通过可以观察到的分析师预测离散度(Forecast Dispersion)与预测误差(Error in Mean Forecast, SE)这两项特性，推导出分析师预测时使用的公有信息量(*COMMON*)和私有信息量(*IDIOSYNC*)分别如下：

$$COMMON = \frac{SE - D/N}{[(1 - 1/N)D + SE]^2}$$

$$IDIOSYNC = \frac{D}{[(1 - 1/N)D + SE]^2}$$

式中的D为各分析师对i公司t年预测盈余的离散程度，也就是$D_{it} = \frac{1}{N_{it} - 1}\sum_{i=1}^{N_{it}}(F_{ijt} - \bar{F}_{it})^2$，$F_{ijt}$为分析师$j$对$i$公司$t$年的预测盈余，$\bar{F}_{it}$为各分析师对$i$公司$t$年预测盈余的平均数。$N_{it}$为对$i$公司$t$年度盈余作预测的预测个数。$SE$为各分析师对$i$公司$t$年预测盈余平均数的离差平方和，即$SE_{it} = (A_{it} - \bar{F}_{it})^2$，该变量主要在计量所有分析师的平均预测误差。因此可知：

IDIOSYNC：分析师私有信息**精确度**。这一指标计量分析师在预测盈余时使用的私有信息量。换言之，当分析师的预测离散度越大时，表示分析师使用私有信息的程度越大。

COMMON：分析师共同信息的精确度。计量分析师在预测盈余时，所使用的共同或公开信息的程度。当预测离散度越小时，表示分析师在预测时较依赖共同信息。

分析师在预测公司的**目标价格**(Target Price)以及做出选股的推荐决策时，会参考市盈率(P/E)(Bradshaw, 2002; Demirakos et al., 2004)。毫无疑

① 私有信息是个别分析师所特有的，通常是分析师通过个人的分析所掌握的信息。当年报公告时，由于个别分析师的背景与能力不同，因而会有不同的解读，由此造成了各分析师之间拥有不同的私有信息。

② 这一范例可以跳过而不影响本章的完整性。其实读者了解"直觉"意义即可，有兴趣使用这一模型进行研究时，再详阅原文。

问,也应该会用到自己所预测的盈余数字。此外,分析师发布的预测较准确时,其所推荐的证券获利也较好(Loh and Mian,2006)。换言之,分析师会使用他们自己的盈余预测数字来进行推荐。

分析师在决定要不要报告这家公司的时候,会受到一些因素的影响。

10.2.2 分析师跟随或报告的对象

在实务中,未必每一家上市公司都有分析师跟随或者报告。因此,接下来的问题是,在有限的时间与资源下,分析师比较喜欢挑哪些公司来跟随或者报告呢?这是一个重要的问题,因为有多个分析师报告或者跟随的公司,信息会比较透明,且在资本市场上的资金成本也比较低。如果可以知道分析师偏好报告的公司特性,则公司可以通过提升分析师的报告意愿来降低公司的资金成本。

一般而言,最重要的因素之一,就是公司所披露的信息质量。公司披露的信息质量越高的话,分析师报告的意愿也就越高(Lang and Lundholm,1996;Botosan and Harris,2000),因为此时报告的成本比较低,且风险也比较低。另外分析师也偏好盈余平稳的公司(Previts et al.,1994),因为这些公司让分析师在做股价预测和买卖推荐时面临比较低的风险。

分析师报告决策除了考量报告的成本外,也会考虑报告的利益。例如,分析师较愿意报告他们认为具有乐观前景的公司(McNichols and O' Brien,1997)。此外,分析师也比较喜欢报告无形资产较多的公司,因为这些公司的股价一般无法反映其真实价值,而比较容易出现定价偏误(Mispricing)的情形。分析师经由分析找出这些定价偏误的股票,将可以取得较大的利益。因此,分析师对这些公司有较高的动机,通过私有渠道取得信息并加以报告(Barth,Kasznik and McNichols,2001)。

分析师将投入转化为产出的过程,其实是相当简单而非复杂的。

10.2.3 分析师的决策模型

分析师是一位专业的信息中介者,因此他们如何使用前面提到的各种信息,并将其转换为各种产出(如盈余预测、公司的目标价格以及推荐情况等),实为一般大众所关注。换言之,我们想问的是:分析师的决策模型是什么?分析师的决策模型在实务中并没有办法直接观察到,但是由学术性的研究结果可以得到初步的了解。

盈余预测通常与公司价值有关,而推荐本身则是反映分析师对股价看法(偏高或偏低),因此,盈余预测应该是分析师推荐的重要参考资料。问题是分析师如何将盈余预测转化为推荐呢？Bradshaw(2004)即在研究这一问题。作者使用三类决策模型。首先，类似Frankel and Lee (1998)的方式，将分析师的预测盈余代入会计评价模型，得到公司的真实价值V_{RI}，再除以实际股价P，得到V_{RI}/P。理论上，如果分析师确实使用会计评价模型选股的话，则V_{RI}/P越高(低)，分析师越会推荐买入(卖出)该股票。

其次，实务中常使用的选股模型，是参考**PEG模型**(Price-earnings-to-growth Model)。所谓PEG Ratio，是指**前瞻性的股价盈余比率**(Forward P/E)，也就是价格除以预期盈余之后，再除以盈余的成长率(LTG)：

$$PEG\ Ratio = (P/E)\ /\ LTG \tag{10-1}$$

P/E较高的公司通常盈余成长率也较高，因而需加以平减盈余成长率，以判断股价是否偏高或者偏低。实务中的行情是，PEG=1表示股价是合理的，因而应该持有(Hold)；当PEG<0.5时，表示股价低估因而应买进；当PEG>1.5时，表示股价高估，因而应该卖出(Gerstein 2002)。当PEG=1时，由于股价是处于均衡的情况，因而式(10-1)可以转化为：

$$P_t^* = E_t(EPS) \times LTG \times 100 \tag{10-2}$$

这一公式的意义是说，公司的理论价格为预期盈余乘以盈余的成长率。作者使用下式来代替：

$$V_{PEG,t} = E_t(EPS_{t+2}) \times LTG \times 100 \tag{10-3}$$

最后，作者直接使用LTG来选股。作者使用这个指标，以探讨分析师如何将预测盈余的信息转化为股票的推荐。结果发现，V_{RI}/P越低(高)，分析师越会推荐买入(卖出)，与预期相反，显示分析师并未使用折现模型将预测盈余转化为真实价值以进行推荐。然而作者发现，V_{PEG}/P越高(低)，分析师越会推荐买入(卖出)，这一结果与预期相同。由以上分析可以了解，分析师并未使用理论上较为完美的会计评价或者股利折现模型，相对的，却使用实务上较为简单的PEG模型。最后，作者也发现，盈余的成长率(LTG)越高，分析师越会做有力的推荐。这一结果显示，分析师喜爱成长性较高的公司。

整体而言，分析师偏好使用实务中常见到的选股方法(PEG或LTG)，而非理论上的会计评价模型或是现值折现模型。这一论点与其他研究相呼应。例如,Block(1999)调查也发现使用现值模型的比率并不高,仅约15%;Bradshaw(2002)与Demirakos et al.(2004)也发现,分析师偏好使用*PEG*模型,而非现值模型来推荐股票。

然而,不能否认的是,盈余预测比较精确的分析师,他们所推荐的股票所能赚取的利润,的确比预测不太精确的分析师的推荐要高(Loh and Mian,2006)。

分析师的产出是相当多的,而非仅仅盈余预测或者股票推荐。

10.2.4 产出

如前所述,财务分析师的主要产出,就是预测公司的盈余,并做选股的推荐。然而,在做盈余预测与推荐股票之时,分析师可能是针对季度盈余做预测,也可能是针对年度盈余做预测。此外,有些分析师在做预测时,可能是对连续几期的盈余(季度或者年度盈余)做预测,有些则仅针对当期盈余做预测。甚至有些分析师会针对未来几年后的盈余成长做出预测。除了盈余之外,分析师也可能针对未来的销售收入与现金流量等盈余组成分子做出预测。预测现金流量的分析师,相对是比较少的。一般而言,若分析师认为现金流量预测有助于解释盈余和评估盈余时,如公司有(1)较大的应计数;(2)使用的会计方法和同业有很大的差异;(3)盈余波动性高;(4)资本密集度高;(5)财务较不健全,分析师将较可能会发布现金流量预测(DeFond and Hung,2003)。

分析师在做短期盈余预测的时候,会比较偏向公认会计原则的盈余定义,也就是预测盈余内包括了持续与暂时盈余的成分;相对的,在做长期盈余的预测时,则比较偏向持续性的预测,而较少包括暂时性盈余的部分。分析师在预测盈余时,常常会将一些**非重复性的项目**(**Non-Recurring Items**)剔除掉,因为这些项目通常不具有持续性。因此,分析师预测的盈余,常常被称为"**华尔街盈余**"(**Street Earnings**)(Gu and Chen,2004)。

分析师所预测的盈余常被称为"华尔街盈余",与一般盈余是不同的。

华尔街盈余

(1)干净盈余=*GAAP*盈余-(+)未列入损益的盈余(Dirty Surplus)

(2)非常损益前之*GAAP*盈余=*GAAP*盈余+(-)非常损失(非常利得)

(3)我们又可以将非常损益前之*GAAP*盈余分解成几个成分:

非常损益前之 $GAAP$ 盈余

$= CORE\ EPS + (-)$ [非重复性项目(Nonrecurring Items),简称 NON_ITEM)]

$= CORE\ EPS + (-)$ [$First\ Call$ 认定的 NON_ITEM +非 $First\ Call$ 认定的 NON_ITEM

(简称为 $OEXC$)]

$= CORE\ EPS + (-)(First\ Call$ 认定的 $NON\_ITEM) + OEXC$

$= CORE\ EPS + (-)(INC + EXC) + OEXC$

$=(CORE\ EPS + (-) INC) + EXC + OEXC$

$= Street\ EPS + EXC + OEXC$

INC 是被列入分析师预测的数字之中的非重复性项目; EXC 则是未被列入分析师预测的数字之中的非重复性项目。上式中的 $Street\ EPS$ 就常常是分析师预测的 EPS 数字。

分析师在使用信息时,也常常是无效率的。

10.3 分析师是否有效率

10.3.1 分析师是否有效率使用公开信息?

一般文献大多发现,分析师似乎对盈余信息(Chan, Jegadeesh, and Lakonishok, 1996)或者盈余以外的一些信息(Elliott et al., 1995)有反应不足的现象。例如, Elliott et al.(1995)发现,分析师对信息会反应不足,特别是在向下修正盈余的时候。为说明这一命题,现举一例。假设分析师于5月1日对某公司做第一次盈余预测($F_{\_FIRST}$),预期为3美元,然而次年4月30日公告的实际盈余(AE)为6美元,如果分析师在年度当中陆续收到相关的信息,则应该修正预测为6美元,但由于其反应不足,则仅修正为5美元($F_{\_LAST}$),此时预测误差(Forecast Error, FE)为1美元($AE - F_{\_LAST} = 6-5$),而盈余修正(Forecast Revision, REV)为2美元($F_{\_LAST} - F_{\_FIRST} = 5-3$)。换言之,当分析师反应不足时,预测误差(FE)与盈余修正(REV)都呈现正(负)向的数字,也就是呈现正相关。

反之,如果分析师对于信息是反应过度的,则预测误差(FE)与盈余修正(REV)将是一正一负,或是一负一正,也就是呈现负相关。现仍以上例说明。假设上例中,分析师对于新的信息是反应过度的,因而修正盈余预期($F_{\_LAST}$)为7美元,大于实际盈余,则此时预测误差(*FE*)为-1美元,但盈余修正(*REV*)却为4美元,因此二者之间是负相关的。Elliott et al.(1995)就是使用这一观念建立下列回归式检验这一命题:

$$FE = a + b\ (REV)\ + control\ variables + e \qquad (10\text{-}4)$$

如果分析师是反应不足(反应过度),则 $b>(<)0$。实证结果发现 $b>0$,证实分析师常是反应不足的。

然而,也有部分研究(Easterwood and Nutt,1999)认为,我们并不能够以单纯的反应不足或者反应过度来对分析师下结论。他们发现,分析师对于好消息是反应过度,但是对于坏消息是反应不足,这一结果,其实就是分析师刻意的过度乐观所致,至于为何是刻意的过度乐观,在下一节会详细说明。

分析师在使用公开信息时,会出现反应不足的现象。

Abarbanell and Bushee(1997)探讨分析师如何使用财务报表中的基本分析资料来预测盈余,包括应收账款、存货、销售收入、销售毛利、税率以及资本支出等各项信息之变动。首先,作者发现,这些基本分析的资料有一些与未来盈余有关系,因此可以预测未来的盈余;其次,作者发现,这些资料与分析师的盈余预测或者修正有关,显示这些资料所包含的未来盈余信息,确实为分析师所用;但是作者也发现,分析师并未将这些信息全部用到,而是有一部分并未被充分利用,因此分析师似乎对于基本资料有一些反应不足,未全然消化。

虽然以上文献发现分析师对于信息是反应不足的,但是也有研究发现,由于分析师会预期到公司操控盈余的行为,因而在预测盈余时,会将公司操控行为考虑进来。也就是说,分析师所发布的盈余数字,为已经考虑到公司操控之后的数字。例如,之前曾提及,公司会有迎合或是击败盈余门槛的行为,以致略小于零的样本比预期少,而略大于零的样本比预期的多;或是略小于零的盈余变动数的样本比预期少,而略大于零的盈余变动数的样本比预期的多。公司为达到这一目的,常常会通过盈余管理来达成。当分析师在发布盈余预测的时候,他们是否会将公司此项操控盈余的行为,纳入所预测的盈余数字中呢?研究显示,分析师确实会将此盈余管理的行为纳入预测数字之中,因此,分析师预测的盈余数字的分配,也呈现略小于零之预期盈余的样本数比预期的少,而略大于零之预期盈余的样本数比预期的多。

10.3.2 市场是否有效率使用分析师的报告？

市场投资者在使用分析师报告时会出现反应不足的无效率现象。

当分析师对盈余或者其他信息会有反应不足的无效率的情况时，市场投资者对于分析师的盈余预测与推荐，是否能够有效率地使用呢？一些研究发现，投资者对于分析师的盈余预测（Gleason and Lee，2003）以及推荐（Womack，1996），都无法有效率地使用，也就是有反应不足的情况。

首先，就盈余预测而言，Barth and Hutton（2004）指出，以往市场对于应计盈余是无效率使用的，因此买入应计盈余小的这一组，并卖出应计盈余较大的这一组，持有一年的报酬为15.5%。换言之，根据已公开应计盈余的信息，投资者可以击败市场而赚取超额报酬。这一结果与Sloan（1996）的发现是类似的。相对的，如果买入分析师预测修正较有利这一组，并卖出预测修正较不利这一组，可以赚得5.5%的异常报酬。这一结果显示，市场无法充分反映当下可以掌握的信息，包括分析师盈余预测，因而当分析师发布盈余预测之后，持有有利的修正预测的股票，或卖出不利修正的股票，仍可以赚取异常的报酬。作者进一步同时使用此两种选股策略，也就是买入应计盈余较低且分析修正预测较有利的股票，卖出应计盈余较高且修正盈余较不利的股票，竟然能赚到高达28.5%的异常报酬。

其次，就分析师推荐信息而言，Womack（1996）研究发现，在分析师发布买入与卖出推荐的前后三天，市场异常报酬分别为3%与-4.7%；然而，作者也发现，在推荐之后，股价仍会按原来的涨跌趋势持续涨跌。例如就卖出推荐而言，发现推荐之后的9个月的异常报酬为-9.1%。就买入推荐而言，推荐之后1个月的异常报酬为2.4%。因此，投资者对于分析师推荐的反应，也会有反应不足以至于出现公告后持续涨或跌的现象。[①]

在分析信息时，市场投资者比分析师更没有效率。

当投资者与分析师都是没有效率地处理信息时，有个有趣的问题会发生：他们两个哪一个相对没有效率？资本市场的无效率主要是由谁引起的？Elgers et al.（2003）以Sloan（1996）的研究当基础，建立下列回归式：

$$E_{t+1}(\text{ or } FAF_{t+1}) = a + a_1 CF_t + a_2 WCA_t + a_3 Other_t + Control_t + e_t \quad (10\text{-}5)$$

$$CAR_{t+1} = b + b_1 E_{t+1} + b_2 CF_t + b_3 WCA_t + b_4 Other_t + b_5 Control_t + e_t \quad (10\text{-}6)$$

① 然而也有研究指出(Barber et al., 2001)，买入最有利的分析师推荐的股票，并卖出最不利的分析师推荐的股票，虽然可以赚取9%的年报酬，但是扣除交易成本之后，就没有异常报酬出现了。这一研究似乎指出，投资者并非是没有效率使用分析师推荐信息，而是受限于交易成本的关系。

上式中，E_{t+1} 代表 $t+1$ 年的实际盈余，CAR_{t+1} 为 $t+1$ 年的异常报酬，WCA_t 代表 t 年的营运资金之应计盈余，$Other_t$ 代表 t 年的其他应计盈余，$Control$ 为控制变量。研究结果显示，当以 E_{t+1} 为因变量时，WCA 的系数 a_2 为 0.439，表示当期每一单位的 WCA，会在下一期产生 0.439 单位的盈余，但是 b_3 却为 0.938，表示当期每一单位的 WCA，会在下期产生 0.938 的异常报酬，因此市场投资者过度高估 WCA 的权重，高达 0.499。另一方面，如果式(10-5)的因变量为 FAF_{t+1}，也就是 $t+1$ 年的分析师盈余预测，此时 WCA 的系数 a_2 为 0.584，表示当期每一单位的 WCA，会促使分析师对于 $t+1$ 年的盈余预测增加 0.584；分析师给予 WCA 的权重 0.584，虽然仍高于实际该有的数字(0.439)，但远比投资大众好，因为分析师偏离的权重仅有 0.145(0.584-0.439)，而投资大众偏离程度几乎达到分析师的 3.44 倍(0.499/0.145)。因此，一般投资大众的无效率程度，比分析师严重。

分析师发布过于乐观的预期，助长了公司的上市热潮，以及上市之后长期业绩衰退的现象。

10.3.3 分析师对市场无效率是否也要负责呢？

以上分析显示，投资大众与分析师都有无效率使用信息的状况，因而分析师对于市场无效率也应承担一些责任。分析师常常会做长期性的年度成长预测，这一预测助长了市场无效率。首先，分析师对于公司长期盈余成长的预期，往往过度乐观，平均而言，为实际成长的两倍。因此，分析师预期为高(低)成长股的股票，通常在未来会有负(正)向的报酬，此时如果使用**反向的投资策略**(Contrarian Strategy)，反而可以赚到高额的报酬(La Porta, 1996; Dechow and Sloan, 1997)。其次，就新上市公司而言，分析师对于这些公司长期盈余成长，也常发布过度乐观的预期，此举助长了公司的上市热潮(Hot Market)，甚至会进一步误导投资大众，以致上市后产生长期业绩衰退的异常现象(Purnanandam and Swaminthan, 2004; Rajan and Servaes, 1997)。这种对于公司长期盈余成长的乐观预期，在主办承销商的分析师预测方面表现得尤其明显(Dechow et al., 2000)。

10.4 预测的准确性

分析师盈余预测是否准确，在会计上是很重要的：

第一，就学术研究而言，分析师的盈余预测，常被当作整体市场预期的替代变量，因而预测准确与否，关系到未预期盈余的计量是否有计量上的误差。如前所述,文献上可以使用时间序列的统计模型作为预测盈余的替代变量,也可以使用分析师预期作为替代变量。一般而言,分析师的预期比统计模型更为准确。会产生最准确的盈余预测模型,应该也就是最佳的市场预期的替代变量(Brown,1993)。也就是说,如果分析师可以产生最精确的预期盈余,则此预期盈余与股价之间的关联性(Association)应该也是最大的。因此,精确性与关联性是同一事物的两面。[①]

就精确性而言,分析师的预测比时间序列预测来的准确。最主要的原因是,分析师预测所使用的信息具有**多样性**(**Dimensionality**),相对的单变量时间序列仅使用了盈余信息。当然,当这些多样性的信息来源彼此之间的相关性很大,或者较不精确时,则多样性的作用也将降低。

是否可以选上明星分析师,预测准确性常常是关键因素之一。

第二,对于投资者而言,分析师盈余预测越准,则他的推荐将越有用,因而可以赚得较高报酬(Loh and Main,2005)。第三,就分析师本身而言,分析师的报酬往往跟他的盈余预测的准确性有关。美国有一本杂志,叫做"**机构投资人**"(*Institutional Investors*),在每年10月会公告当年度的**明星分析师**(**All Star**),而该明星分析师的选拔要件之一,就是盈余预测的准确性。另外,预测越准,则在公司内比较容易升迁,而不会被解聘(Hong and Kubik,2003)。

具备哪些特性的分析师预测会比较准确呢?一般而言,明星分析师比非明星分析师准确(Stickel,1992)。对于某特定公司预测的经验越久(称为**特定经验**,**Specific experience**),越有助于预测的准确。但是,从事分析师行业的一般经验,却无助于某特定公司的预测(称为**一般经验**,**General Experience**)(Mikhail et al.,1997)。分析师所属券商的属性也有助于分析师的预测,通常大券商能提供较多的资源,因此其分析师就会比较准。分析师追随较少的公司(Clement,1999)或者具有行业专业研究(Jacob et al.,1999)时,因为时间和精力不会分散,所以预测准确性也会比较高。

会计信息在同业之间会有信息移转的效果。也就是说,某公司公告的信息,会影响另一公司的股价。例如,甲公司盈余预测宣告时不仅影响公司自己的股价,也会影响其他同业的股价(Baginski,1987)。如前所述,分析师在预测盈余时常常会用到管理当局的盈余预测资料。实证研究发现,当某公司管理当局发布盈余预测时,分析师会根据这些资料,不仅修正对该公司所做的盈余预测,同时也会修正同业其他公司的盈余预测。此外,如果分析

---

① Wiedman (1996)研究支持精确性与关联性是一体两面的说法,但O'Brien (1988)却发现,最精确者未必具有最大的关联性。

师对于发布管理当局预测的公司曾做过预测时,对于同业其他公司的盈余预测,准确度会更高。例如,某行业有A与B两家公司,甲分析师一直跟踪报告这两家公司,而乙分析师只报告B公司,当A公司发布管理当局预测后,甲与乙分析师都会对B公司更新盈余预测,且甲会比较准。此时,我们称甲分析师具有管理预测经验(MF-experience)(Hillary and Shen,2013)。具有管理预测经验的分析师会比较准的原因有二:第一,甲分析师在使用A公司管理预测资料来修正B公司盈余预测时,比较清楚A公司管理预测资料的真正内涵,因此所做的同业其他公司(B公司)的修正预测,相对会抓到重点。第二,具有管理预测的经验,对于甲分析师而言,不仅有助于预测A公司盈余,同时也有助于预测B公司盈余;相对的,由于乙分析师没有这种经验,因此A公司管理预测对于乙分析师而言,只有在预测B公司盈余的时候才有用。两相比较,甲分析师将会花更大努力去了解A公司管理预测资料的真正内涵,从而导致比较精准的预测(Hillary and Shen,2013)。

10.5 分析师的属性

在学术研究上,对于分析师有不同的分类。常见者包括关联分析师/非关联分析师、大胆分析师/从众分析师、领先分析师/跟随分析师以及本土分析师/国外分析师。下面我们将分别说明。

一般而言,分析师撰写报告的主要信息来源之一,就是来自公司内部的信息,而为了获得这一信息,必须与管理当局保持良好的互动,否则将增加分析的难度,因此分析师有可能会为此而牺牲掉一些独立性。例如,以往研究发现,分析师在发布盈余预测时,常常有乐观的倾向,以便与管理当局建立互利的关系。此即一般文献常看到的**管理关系假说**(Management Relations Hypothesis)。

> 根据管理关系假说,关联性分析师在发布预测时,通常较不客观。

假设某投资银行的承销部门承销甲公司的股票,而该投资银行的研究部门的分析师也同时报告这家公司,则此类分析师就属于**关联性分析师**(Affiliated Analysts),否则就是**非关联性分析师**(Non-affiliated Analysts)。前面提到牺牲客观性与独立性的倾向,在关联性分析师尤其明显。投资银行常设有经纪部门与承销部门,他们通过经纪业务与承销业务赚取佣金。如果该投资银行的分析师对于所承销的股票发布负面的预测,则将令承销部门不易承销,且可能丧失未来继续与被承销公司合作的机会。因此,这种关联性分析师往往会让步而做出较不客观的预测(例如较乐观的预测),以提高公司的获利,而事实上,分析师的收入来源,也常常视公司的获利情况而定。

华尔街分析师

著名的美林公司,就是因为分析师不独立而受到质疑。1998 年初期,财务分析师 John Olson 对恩隆公司的股票发出持有中性评级,此时负责美林投资银行业务部的人员向公司首席执行官抱怨,说此举将不易再争取恩隆公司的业务。确实,后来这一业务被其他发出买进或是强力买进评级的投资银行拿去了。因为该事件,1998 年分析师 John Olson 离开美林公司,当年 8 月份美林公司聘请另一位分析师 Donato Eassey,当年底他将恩隆公司的评级改为买进之后,美林公司从恩隆收到的业务又增加了许多。[①]

投资银行的分析师较不独立,而独立研究公司的分析师较独立。

分析师可以受雇于独立的研究公司、经纪公司或是投资银行,Barber et al.(2007)研究发现,受雇于独立研究公司的分析师是最独立的,而投资银行的分析师是最不独立的。这一研究结果也支持关联性分析师比非关联性分析师较不独立的论述。

买/卖方分析师

买方分析师与卖方分析师的预测行为是不一样的。由于买方分析师的报告仅给自家机构的经理看,而不公开,就不会刻意去讨好被分析公司,也没有利益冲突的问题,因此,就没有像卖方分析师那样面临较大的压力。换言之,他们的推荐报告相对没有过于乐观的倾向。

然而,令人意外的是,在作盈余预测时,买方分析师竟然是比较乐观的。投资于买方分析师的买入推荐,赚得的异常报酬显著比卖方分析师更低。可能的原因有二:第一,卖方分析师服务的公司,聘任的分析师业务能力较好,而买方分析师服务的公司,聘任的分析师业务能力较差;第二,在给予卖方分析师报酬的时候,是要比较各分析师彼此之间的绩效,相对的,买方分析师的报酬则是以某些绝对的绩效为基础(如标普 500 指数)。详细内容见后面的导读(Groysberg, Healy and Chapman 2008)。

---

① Richard Opple. 2002. Merrill Replaced Search Analyst Who Upset Enron. New York Times, July 30,1.1.

领先分析师的盈余预测较具时效性,因此市场反应较大,但却相对不太精确。

另一种分类是按照分析师预测的先后,划分为**领先分析师**(Lead Analysts)与**跟随分析师**(Follower Analysts)(Cooper et al.,2001)。现举一个例子来解释二者的意义。假设胡姓分析师发布预测的时点以0代表,在他之前最紧邻的两位分析师,分别是在前11天与前13天发布预测。同理,在他发布之后最紧邻的两位分析师分别在之后的1天与3天发布预测。因此,前后两分析师发布预测的天数比率为24/4((11+13]/(1+3))。这一比率越大,表示分析师越是领先分析师。另一方面,假设吕姓分析师的比率为4/24((1+3)/(11+13)),这一比率越小,表示分析师越是跟随分析师。因此,相对而言,胡姓分析师归类为领先分析师,而吕姓分析师归类为跟随分析师。

Cooper et al.(2001)研究发现,领先分析师较重视时效性而牺牲可靠性,相对的,跟随分析师较重视可靠性而忽略时效性。因此,领先分析师的预测误差通常比较大,但公布预测时所引起的市场反应却是比较强的。

问 题

Cooper et al.(2001):领先分析师的预测盈余的市场反应是否优于跟随分析师?

模型

作者使用下式检验:

$$CAR = b_0 + b_1 FSL + b_2 FSF + e$$

CAR:为异常报酬;FSL:领先分析师的未预期的预测盈余。计量方法为:(预测盈余 - 预测发布前的一致性分析师预测)/分析师预测的标准差,至于是跟随分析师发布的预测,此数字为0。FSF:跟随分析师的未预期的预测盈余,计量方法同前;至于是领先分析师发布的预测,此数字为0。

实证结果

$b_1 > b_2 > 0$,与预期相同。

大胆型分析师的预测比从众型分析师准确,因而市场反应也较大。

第三类常见到的分析师分类,是**大胆型分析师**(Bold Analysts)与**从众型分析师**(Herding Analysts)。分析师在修正盈余预测时,如果重大偏离现有的一致性预测的数字,则表示他很大胆,敢于重大偏离,因而称为大胆型分析师。相对的,如果修正的预测跟大家的看法很一致,则称为从众型分析师。一般而言,有经验的分析师较可能发布大胆预测。此外,券商较可能解雇那些做出不正确或大胆预测的年轻分析师(Hong et al.,2000)。Trueman (1994)也指出,有自信的分析师较可能提供大胆预测,较没信心的分析师所提供的预测较接近于之前的平均预测。大胆预测的市场反应较大,而从众预测的市场反应较小,Clement and Tse(2005)推论造成这种差异的主要原因,在于大胆预测的预测准确性较高。在控制了其他影响预测准确性因素后,作者的研究结果支持这一推论,也就是大胆预测的正确性较从众预测的准确性高,因而市场反应较大。

本土分析师的预测比国外分析师准确。

最后,有研究探讨国外与国内分析师的差异(Bae, Stulz, and Tan, 2008)。他们以32个国家的分析师为样本,发现**本土分析师**(Local Analysts)的盈余预测比国外分析师还要准,主要是因为本土分析师与当地公司建立了长期而良好的关系,因而可以获得较多信息,或者是可以直接去了解当地公司的营业状况。因此,本土分析师具有相对的信息优势。作者进一步将本土分析师划分为本土券商雇用的分析师,称为**纯本土分析师**(Pure Local),以及外国券商在当地雇用的分析师,称为**外籍分析师**(Expatriates),结果发现两类当地分析师的预测绩效,并没有差异。然而,当地分析师的优势,随着当地公司信息透明度的增加而降低。

问　题

本土分析师的盈余预测,比国外分析师准吗?(Bae, Stulz, and Tan, 2008)

假设

H1:本土分析师的盈余预测比国外分析师准;

H2:本土分析师盈余预测的优势,随着公司信息透明度的增加而降低。

模型

作者以32个国家或地区的分析师为样本,使用下式检验**H1**:

$$AFE = b_0 + b_1 LOCAL + Control + e$$

AFE :为预测误差绝对值,计量如下:分析师预测误差绝对数,减去平均预测误差绝对数,再乘以-1;因此, AFE 越大代表越准确。 $LOCAL$:为虚拟变量,当分析师为本土分析师时为1,否则为0。实证结果发现 $b_1 > 0$,代表本土分析师的盈余预测确实比国外分析师准。

作者进一步按照国别对模型进行回归,发现所有 32 个 b_1 都为正,但显著的只有10个国家或地区。

作者以下式检验H2:

$$AFE = b_0 + b_1 LOCAL + b_2 Dum\_Tran + b_3 Dum\_Tran \times LOCAL + Control + e$$

Dum_Tran :为信息透明度的指标,是一个虚拟变量。作者使用两个方法计量:(1)跨国到美国发行 ADR 的公司, Dum_Tran =1,否则为 0;(2)利用标普公司的透明度与信息披露评级数据库(Standard & Poor's Transparency and Disclosure dataset)。该数据库有各公司的信息披露指数,当指数大于中位数时,Dum_Tran=1,否则为 0。实证结果发现 b_3 <0,表示本土分析师盈余预测的优势随着公司信息透明度的增加而降低。

10.6 分析师研究报告的信息内涵

分析师研究报告中所提供的信息颇多,截至目前为止所有介绍者,都是集中在短期的盈余预测以及股票推荐。此外,尚有长期成长率的预测、目标价格与盈余组成分子的预测等。下面将分别说明。

分析师的长期盈余预测可以用来估计公司的真实价值与权益资金成本。

10.6.1 盈余预测

除了当年与近期的短期盈余预测(如3~5年的盈余预测)之外,分析师有时也会对公司的盈余做长期性成长的预测。分析师这种长期预测,让Ohlson的会计评价模型发挥了更大的效果。例如,在第4章介绍会计基础的评价模型时,我们介绍了将分析师长期盈余预测的资料代入该模型时,可以估计出公司的真实价值以及公司的资金成本。

真实价值以及公司的资金成本的资料,对于实务界与学术界都是相当重要的。就投资者而言,可以找出定价偏误的股票,因而有助于选股并形成投资策略。例如,第4章曾提及,根据Frankel and Lee(1998)的做法,我们先估计出公司真实价值,然后比较真实价值与股价,如果真实价值大于股价,则应该买入;相反,如果真实价值小于股价,则应该卖出。根据第4章估计的资金成本,可以知道公司适当的资金成本,有助于融资双方的议价。就学术界而言，这两个变量是相当重要的，例如盈余质量或是信息不对称会影响到资金成本。然而以往研究不易找到适当的资金成本的替代变量，因而研究推论或有误差。相对的，根据分析师资料所估计出来的资金成本，则可以解决部分这方面的问题。具体请参阅第4章。

10.6.2 盈余组成分子的预测

分析师也会对诸如销货与现金流量等盈余组成分子做预测。

除了当年度盈余预测之外，分析师有时也会对公司的盈余组成分子做预测，如销售收入与现金流量等。由于可以取得销售收入的预期资料，因此就可以将未预期盈余拆解成未预期销售与未预期费用两项，并检验相对的信息内涵。一般而言，销售收入的持续性是比费用高的，因为销售收入通常同质性是比较高的，相对的，费用是由许多性质不同的项目所组成，因而同质性比较小。例如，有些费用具有长期的利益（如研发支出），有些则仅影响当期；有些是重复发生的，而有些则是非重复性的支出；将这些性质互异的支出汇总成为一个费用数字，会让投资者觉得这是一个噪音很高的数字，因而预测其对股价的影响就会打折扣。最后，就盈余操纵而言，收入是比费用较难操控的，且事后也比较容易检查出来。因此，基于持续性与噪音的不同，Ertimur et al.(2003)发现，未预期销售收入的反应系数比未预期费用的反应系数大。因此，将未预期盈余划分为销售收入与费用两部分，对于投资者而言，是具有增量信息的。

除了销售收入之外，另一项分析师常常预测的盈余组成分子，为经营活动现金流量的预测。DeFond and Hung(2003)指出，当市场参与者需要额外的信息来补充盈余信息以评估公司价值时，这一需求会促使分析师提供现金流量的预测。具体而言，当(1)公司盈余的应计盈余的成分很高；(2)公司用了大量的会计方法，而这些方法与同业并不相同；(3)公司的盈余波动性很大；(4)资本密集度很高；以及(5)财务状况较差时，这些情况会使盈余的有用性降低，此时现金流量的信息就可以提供额外的评价股票的信息。

分析师发布现金预测的公司，一般不会用应计盈余进行盈余管理。

Mclnnis and Collins(2006)进一步指出，当分析师同时提供盈余与现金流量的预测时，这一做法就已间接预测公司的应计盈余，因此，此类公司在事后（年底）使用应计盈余进行盈余管理的现象将受限，转而使用实质性的盈余管理的方法。

10.6.3 分析师报告中的各类信息

在分析师的研究报告中,除了盈余预测与股票推荐之外,尚有**长期成长预测与目标股价**等其他信息。一般而言,股票推荐分为强力买进、买进、持有、卖出、与强力卖出等五类,但此类**信息过于粗糙**(Coarse Information),如能与其他信息并用的话,将可以更加了解被分析股票的特性。由于分析师偏好发布买入或者持有公司股票,因此当投资者看到买入或者持有推荐时,所含意义并不大,此时如果再佐以盈余预测的信息时,市场此时会转向或者更依赖盈余预测的信息,因此,此时市场对盈余预测的反应会更明显(Francis and Soffer,1997)。

在分析师的报告中,大约有2/3的样本包括了目标价格的预测信息;当控制住其他信息时(如盈余控制与推荐等),市场对目标价格是有显著的反应的,也就是说目标价格具有增额的信息内涵(Bra and Lehavy,2003)。分析师通常在推荐买进或者强力买进时会提供这一信息,目的就是要投资者购买这只股票。Bra and Lehavy(2003)进一步检验发现,当推荐修正的方向与目标价格修正的方向一致(相反)时,市场报酬对分析师的推荐修正会大幅增加(减少)。

10.7 分析师的监管环境

分析师是资本市场上重要的信息中介者,对资本市场的影响相当重大。然而长久以来,一方面,由于分析师利用其信息优势,与公司之间结盟,导致了其他人在信息取得上的弱势,此将引起市场的不公平;另一方面,如前所述,分析师本身所预测的盈余数字或股票推荐,也可能因为一些外在因素,而失去客观性,甚至刻意出具偏误的报告。这些现象对于资本市场的负面影响至深且巨。因此,美国主管机关发布新的规范,以矫正分析师的偏误行为。其中最重要的就是:**《公允披露条例》**(Regulation Fair Disclosure,Reg. FD)与《全球分析师研究和解》两项法案的通过。

《公允披露条例》目的在于提高市场投资者取得信息的公平性。

10.7.1 《公允披露条例》

以往公司在发布信息时(如召开业绩发布会),邀请的对象常常是与公司互动关系不错的分析师,而对于公司较不友善,或是小额的散户,往往无法参与。因此,分析师往往比一般投资者拥有更多的信息优势。这种选择性的披露,至少具有下列几项缺点:(1)为与公司维持良好关系,分析师会有动机发布有失客观的报告;(2)分析师或者机构投资者取得内线消息后可能会私下交易而赚取报酬,形成不公平的现象;(3)在这种选择性披露的情况下,由于信息不对称,可能会降低市场的流动性而增加公司的资金成本。

为避免公司选择性地针对特定人发布重要信息,2000年2月23日美国证监会通过《公允披露条例》,要求自当年10月份起,所有公开公司不得选择性地将重大信息披露给特定人(如分析师),如果要公开,需要同时对大众披露。这一规定的目的是要维持资本市场的公平性,让所有投资者都有相同的机会获得公司信息,进而增加投资者对于资本市场的信心。然而,这一法案受到很多人的反对,特别是分析师,他们认为此举将会降低公司自愿披露的质与量,因而不利于资本市场的运作。例如,此举加深投资者与公司之间的信息不对称,因此当公司公告盈余时,会引起相当大的股价波动。

Heflin et al.(2003)研究指出,首先,在实施Reg. FD之后,盈余公告前后期间股价差异是比较小的,显示在Reg. FD之后,盈余公告前的股价比较有效率提早纳入较多盈余的信息,因此反驳了Reg. FD会降低信息流通至市场的说法。其次,在实施Reg. FD之后分析师预测误差与预测离散度并没有变差。最后,在实施Reg. FD之后,公司自愿披露未来有关盈余信息的频率是增加的,以代替与分析师之间的沟通。整体而言,在Reg. FD实施之后,并未伤害到盈余公告前的信息环境。Bushee et al.(2003)发现在实施Reg. FD之后,公司减少召开封闭式业绩发布会(Closed Conference Call)的比率,比开放式业绩发布会(Open Conference Call)来的多;但是,并未发现在实施Reg.FD之后,业绩发布会的信息量会变少。

实施Reg. FD之后,分析师盈余预测与推荐对于股价的影响大概降低约32%,显示实施Reg. FD已达到减少选择性披露的目的。Mohanram and Sunder(2006)发现,公有信息的精确性在实施Reg. FD之后并没有变差,显示分析师自公司收集到的信息的质量并没有比之前差。然而,私有信息的精确性变好了,原因是分析师花更多时间在此类私有信息的挖掘与分析上,以便能提供更佳预测。也因为需花更多努力挖掘与分析私有信息,因而实施Reg. FD之后,每位分析师能分析的公司家数,由之前的11.6家减少为10.79家公司。另外一点有趣的发现,是分析师在实施Reg.FD之后,将分析的对象,由之前较常报告的公司转换为之前不熟悉的公司;原因是挖掘与分析私有信息时,可以凸显与其他分析师之间的差异。最后，作者也发现，Reg. FD实施前与管理当局关系良好的分析师，受到 Reg. FD的负面冲击是较大的，因为Reg. FD实施之后他们不再具有此等优势了。

然而，也有研究发现Reg. FD会增加投资者之间的信息不对称。Sidhu et al.(2008)认为，实施Reg. FD之后，如果更多投资人拿到内线消息的话，则股价会立即反映这一信息，因而平均而言没有人会获得超常报酬；但是，如果这一规定阻碍了公司信息流向知情投资者时，私有信息就变得更有价值，而估计风险的增加，此举将会促使市场造市者要求额外补偿，因而买卖价差会变大。作者实证结果支持这一价差变大的看法，因此他们认为Reg. FD并未达到原来的目的。

Reg. FD的规定，并不适用于信用评级单位，因此Jorion et al.(2005)想了解，由于不能选择性披露重要信息，公司是否反而会转向信用评级机构透漏更多信息。实证结果支持这一预期。因此，Reg. FD实施之后信用评级的信息变得更有内涵了。

整体而言，Reg. FD已经在某种程度上平衡了投资者之间的信息不对称，但是却也降低了分析师原来可以获得的私有信息。

全球分析师研究和解法案，旨在提高分析师的独立性。

10.7.2 全球分析师研究和解

分析师预测或推荐，与投资银行业务之间是息息相关的，而投资银行的获利情况，也可能影响到分析师的酬劳。因此，此类利益冲突将使分析师的研究报告不具有客观性与独立性。

在《萨班斯-奥克斯利法案》的激荡下，全国券商协会(National Association of Securities Dealers，NASD)与纽约证券交易所(NYSE)分别于2000年与2002年向证管会提出Rule 2711 与 Rule 472 的修正条款，以解决分析师与投资银行之间的利益冲突，并于2002年经证管会核准通过。该条款规定，(卖方)分析师不应受到投资银行的监督，分析师的酬劳不应视投资银行的特定交易活动而定，且不应以有利的研究报告来招揽投资银行的业务。同时，为了能对研究报告作更佳的解读，以及降低利害冲突，在撰写研究报告时，分析师应就下列事项加以说明：(1)所收到的酬劳是否与投资银行的收入有关联；(2)是否担任被预测公司的经理或者董事；以及(3)被预测公司是否是该分析师所属公司的客户。最后，为增加各研究报告之间的可比性，投资报告中应说明所采用的推荐评级等级(买入、持有与卖出)的意义，以及各种推荐等级的比率。

2001年期间,《华尔街日报》曾撰文指出美林证券分析师的不法行为,此举引起美国司法部门的调查[①],特别是投资银行对分析师的研究报告有无干涉的现象。美林证券遂与其他九家银行[②],于2003年与证管会、NYSE、NASD、与司法部门达成和解,支付14亿美元的和解金额。这一和解案称为**"全球分析师研究和解"**(Global Analysts Research Settlement)。在该和解案之下,分析师须承诺未来将遵守NASD与NYSE提出的Rule 2711与Rule 472条款,同时投资银行与研究部门也须分开,研究部门需有自己专属的法务部门。

和解法案实施之后,发挥了减少分析师乐观预测或推荐的功能。

这一规范对于分析师研究报告的内容有相当的影响。在法规实施之前,推荐的分配情况是大幅的偏向乐观推荐;法规实施之后,则呈现比较平衡的状况(Barber et al., 2006; Kadan et al., 2009)。例如,法规实施之前,买进、持有与卖出的比率分别是57.9%,38.36%与3.74%,而在法规实施之后,买进、持有与卖出的比率分别是42.19%,46.92%与10.39%。这一比率显示,法规实施之前,分析师偏向发布乐观的买进推荐,而在法规实施之后,乐观的买进推荐已有一定幅度的降低,而悲观的卖出推荐则大幅增加(Kadan et al.,2009)。因此,这一规范减少了分析师过度乐观的预测,但是似乎并没有完全消除。

作者进一步按照是否是关联性分析师,将样本划分为两群,结果如表10-1所示。该表显示,不论是关联性或非关联性分析师样本,法规实施之后的情况,乐观的倾向都有改善,但是非关联性分析师的样本,改善的情况似乎比较多。

表10-1 **关联/非关联股票推荐种类之比较**

推荐种类(%)	关联性分析师		非关联分析师	
	法规前	法规后	法规前	法规后
卖出	2.1	6.5	3.4	9.2
持有	28.3	44.5	32.7	42.8
买入	69.6	49.0	63.9	48.0

以上分析显示,新法规会改变分析师的报告行为。然而,在新法规之后,分析师研究报告能够提供投资者更多的信息吗?由于新法规实施之后,乐观推荐的样本变少,因而变得比较可靠。因此,新法规实施之后,乐观推

① 美林证券的分析师对有些公司出具的是有利的预测与推荐,但是在私下使用email与朋友聊天时,却指出这些公司是多么的不堪,显见公开与私下的陈述是不同的。

② "Global Settlement"和解案的十家投资银行包括:Bear, Stearns & Co. Inc.(Bear Stearns), Credit Suisse First Boston LLC(CSFB), Goldman, Sachs & Co.(Goldman), Lehman Brothers Inc.(Lehman), J.P. Morgan Securities Inc.(J.P. Morgan), Merrill Lynch, Pierce, Fenner & Smith, Inc.(Merrill Lynch), Morgan Stanley & Co. Inc.(Morgan Stanley), Citigroup Global Markets Inc. f/k/a Salomon Smith Barney Inc.(SSB), UBS Warburg LLC(UBS Warburg) and U.S. Bancorp Piper Jaffray Inc.(Piper Jaffray)。

荐所包含的正面信息量,比新法规实施之前的多。同理,以往分析师对于持负面印象的股票,通常是发布持有或者卖出的推荐,因而负面的推荐比较少,但市场的反应就较为强烈,相对的,在新法规实施后,归类为负面的推荐就比较多,因而负面的市场反应就相对的比法规实施之前小。

由以上分析显示,新法规实施之后,乐观样本变少,但所含的信息较大。与此同时,持有/卖出的样本变得比较多,但信息量变得比较少。因此,新法规实施之后,总信息量究竟是变多还是变少呢? 根据 Kadan et al.(2009)的研究,新法规实施之后,分析师推荐的总信息量是减少的,这点可能是主管机关始料未及的。

10.8 文章导读

10.8.1 Jung, Shane, and Yang (2012)

背 景

长期成长预测(LTG)是耗时、耗成本的,且是困难的,因此,作者认为发布LTG的目的是作为传递分析师能力与努力的工具,而这种好的能力与努力会展现在分析师最终产品——推荐之上(市场较佳的反应)。高能力分析师在未来的职场上将会有向上升迁的较高机会。在《公允披露条例》(Reg. FD)对于内线信息披露作了限制之后,发布LTG的传递信息的效果应该会更强。

问 题

Jung et al.(2012)要检验下列假设:

H1:有同时发布LTG的分析师,其发布股票推荐时市场反应比较大(相较于未发布 LTG 的分析师而言)。

H2:就发布推荐的分析师样本而言,其中发布 LTG 的分析师:

(a)较不可能被解聘;(b)较不可能被降级(Demote);(c)较可能被升迁(Promote)。

H3a:Reg. FD 公布后,H1的现象会更明显。

H3b:Reg. FD 公布后,H2的现象会更明显。

为检验H1，作者以下面的模型来验证市场对于推荐修正的反应：

$$CAR = \alpha_0 + \alpha_1 LTGISS + \alpha_2 \Delta REC + \alpha_3 \Delta REC \times LTGISS + \alpha_4 \Delta REC \times CFISS + \alpha_5 CFISS + CONTROL + \varepsilon \quad (10-7)$$

CAR 是分析师股票推荐日起连续三天(0,2)的累积异常报酬。ΔREC 是分析师股票推荐的修正，当推荐 REC 为 $Strong\ buy(=5)$，$Buy(=4)$，$Hold(=3)$，$Underperform(=2)$ 和 $Sell(=1)$ 时，推荐的修正数 ΔREC 将介于−4和+4之间。$LTGISS=1$，表示分析师发布 LTG 预测。$CFISS=1$，表示分析师发布现金流量预测。

作者认为分析师会通过发布 LTG 作为传递其能力和努力的信号。如果投资者认为有同时发布 LTG 的分析师其推荐股票的价值较高时，预期 $\alpha_3>0$。结果符合预期，因为 $\Delta REC \times LTGISS$ 系数不仅达到统计显著，也达到经济显著，也就是说，投资者认为有同时发布 LTG 预测的分析师其推荐修正时的信息量更多，相较于未发布 LTG 的分析师，市场给予多27%的报酬。

作者利用下列Probit模型检验假设H2：

$$\begin{aligned} & Prob(TERMINATION_{t+1}, or\ DEMOTION_{t+1}, or\ PROMOTION_{t+1} \\ & = \beta_0 + \beta_1 LTGISS_t + \beta_2 EPS\_ACCUR_t + \beta_3 BOLD_t + \beta_4 LNEXP_t + \\ & \beta_5 LN\#FIRM_t + \beta_6 LN\#ANALYST_t + CONTROL + \varepsilon \end{aligned} \quad (10-8)$$

因变量有三个，分别代表分析师是否被解聘($TERMINATION$)、降级($DEMOTION$)或升迁($PROMOTION$)的三个虚拟变量：

(1) $TERMINATION$：被解聘，值为1；计量方法为：若分析师的预测或推荐是最后一次出现在IBES当年度(t年度)上，则视为已被解聘。

(2) $DEMOTION$：被降级，值为1；计量方法为：在次年度($t+1$年)从大券商跳槽到小券商时，则视为已降级。

(3) $PROMOTION$：被升迁，值为1；计量方法为：在次年度($t+1$年)从小券商跳到大券商时，则视为已升迁。

$LTGISS$ 表示分析师在 t 年度对任何一家公司发布 LTG 预测的虚拟变量；EPS_ACCUR 为被分析师预测的各公司的平均预测准确性；$BOLD$ 为分

析师大胆预测的程度(很类似第10.5节大胆分析师的概念);*LNEXP* 为分析师从事预测的经验年数的自然对数值;*LN#FIRM* 为分析师所追随的公司数的自然对数值;*LN#ANALYST* 为被分析师报告的公司中平均分析师追随人数。

实证结果显示,*LTGISS* 在 *TERMINATION* 和 *DEMOTION* 回归中系数显著为负,与预期相同,表示发布 *LTG* 预测的分析师一般不会被解聘(*TERMINATION*)或降级(*DEMOTION*)。*LTGISS* 在 *PROMOTION* 回归式的系数为正,与预期相同,但并不显著。整体而言,有同时发布 *LTG* 预测的分析师,工作存活的概率较高,也不会被解雇或去小券商公司工作,原因是借此奖励他(她)们的努力。

为检验假设 H3a,作者根据推荐发布日,将样本划分为 Reg. FD 实施日前后(2000 年 10 月 23 日前或后)两组:pre-FD 与 post-FD,并重新执行回归式(10-7)。结果发现,pre-FD 与 post-FD 这两组样本 $\Delta REC \times LTGISS$ 的系数分别为 0.261 和 0.470,且 post-FD 的系数显著较大,表示在 Reg.FD 实施后,发布 *LTG* 预测的分析师,其所发布的推荐更具有信息内涵。

同理,为检验假设 H3b,作者也将样本划分为 pre-FD 与 post-FD 两组,并重新执行回归式(10-8)。结果发现,在 post-FD 期间,发布 *LTG* 的分析师解聘和跳槽到小公司(降级)的概率较低,而在 pre-FD 期间,发布 *LTG* 的分析师被解聘的概率仅达到边际显著水平,而跳槽到小公司(降级)的概率则不显著。这些结果大致与预期相同。

然而,与预期不符的是,Reg. FD 实施前发布 *LTG* 的分析师晋升到大券商的概率显著较高,实施后则不显著。为了解背后原因,作者推论,原因可能是在 Reg. FD 实施前,分析师对于所发布的 *LTG* 是比较乐观的,因为此举可以取得管理者的私有信息,以及投资银行的业务,因此晋升的机会比较高;相对的,Reg. FD 实施后限制发布乐观的 *LTG* 预测,因此分析师无法再次借此取得升迁的渠道。为证实这一推论的正确性,作者进一步检验 Reg. FD 实施前后,分析师对所发布 *LTG* 预测的乐观性是否存在差异,结果证实在 pre-FD 期间分析师对所发布的 *LTG* 的预测确实是比较乐观的。